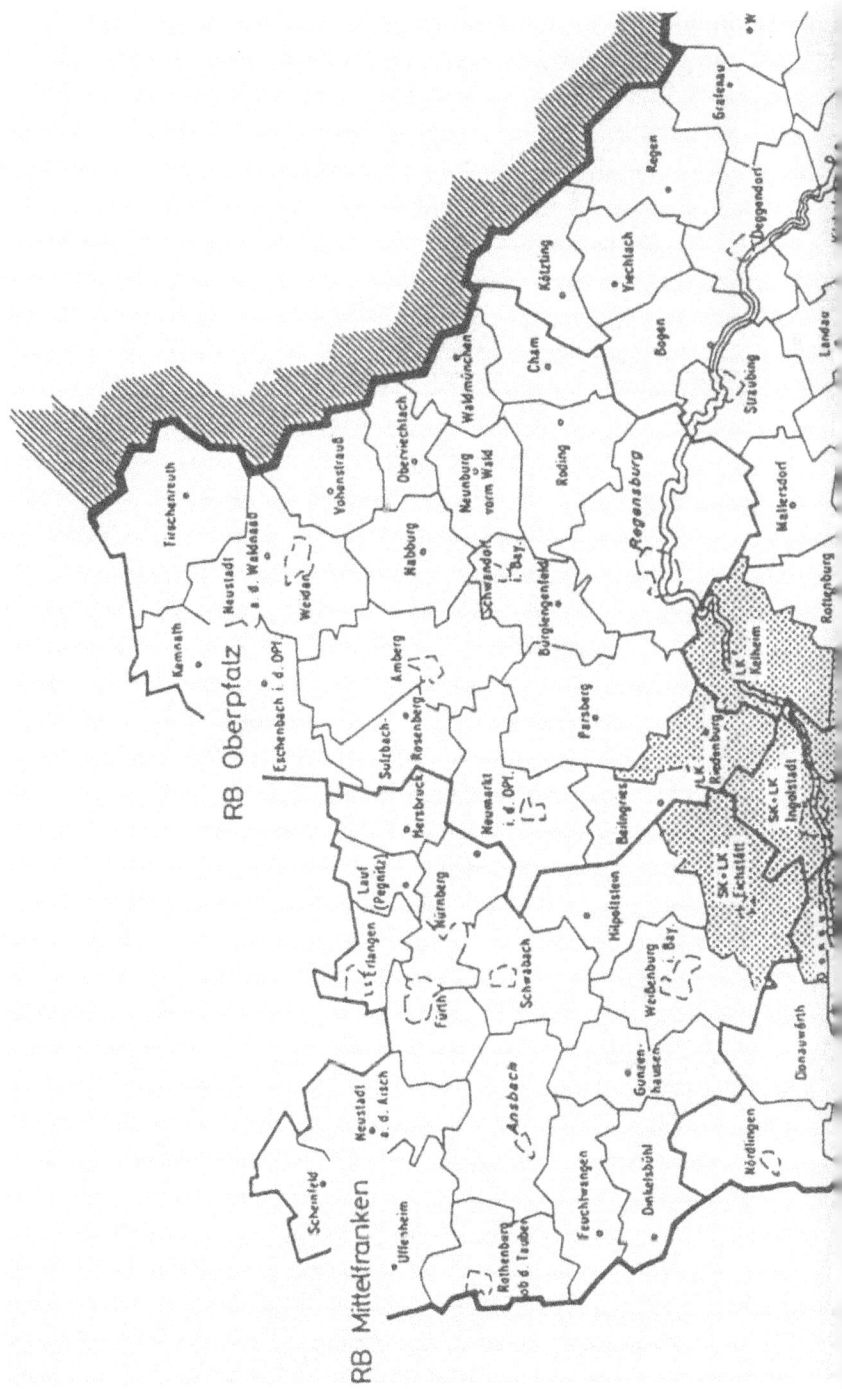

RB Mittelfranken

RB Oberpfalz

Schweinfurt

Neustadt a. d. Aisch

Uffenheim

Rothenburg ob d. Tauber

Feuchtwangen

Dinkelsbühl

Ansbach

Fürth

Erlangen

Lauf (Pegnitz)

Nürnberg

Schwabach

Gunzenhausen

Weißenburg i. Bay.

Hilpoltstein

Nördlingen

Donauwörth

SK + LK Eichstätt

SK + LK Ingolstadt

LK Kelheim

Neumarkt i. d. OPf.

Hersbruck

Sulzbach Rosenberg

Amberg

Parsberg

Beilngries

Regensburg

Kemnath

Tirschenreuth

Neustadt a. d. Waldnaab

Eschenbach i. d. OPf.

Weiden

Vohenstrauß

Nabburg

Schwandorf i. Bay.

Oberviechtach

Neunburg vorm Wald

Burglengenfeld

Roding

Waldmünchen

Cham

Kötzting

Viechtach

Bogen

Straubing

Mallersdorf

Rottenburg

Regen

Grafenau

Deggendorf

Landau

W

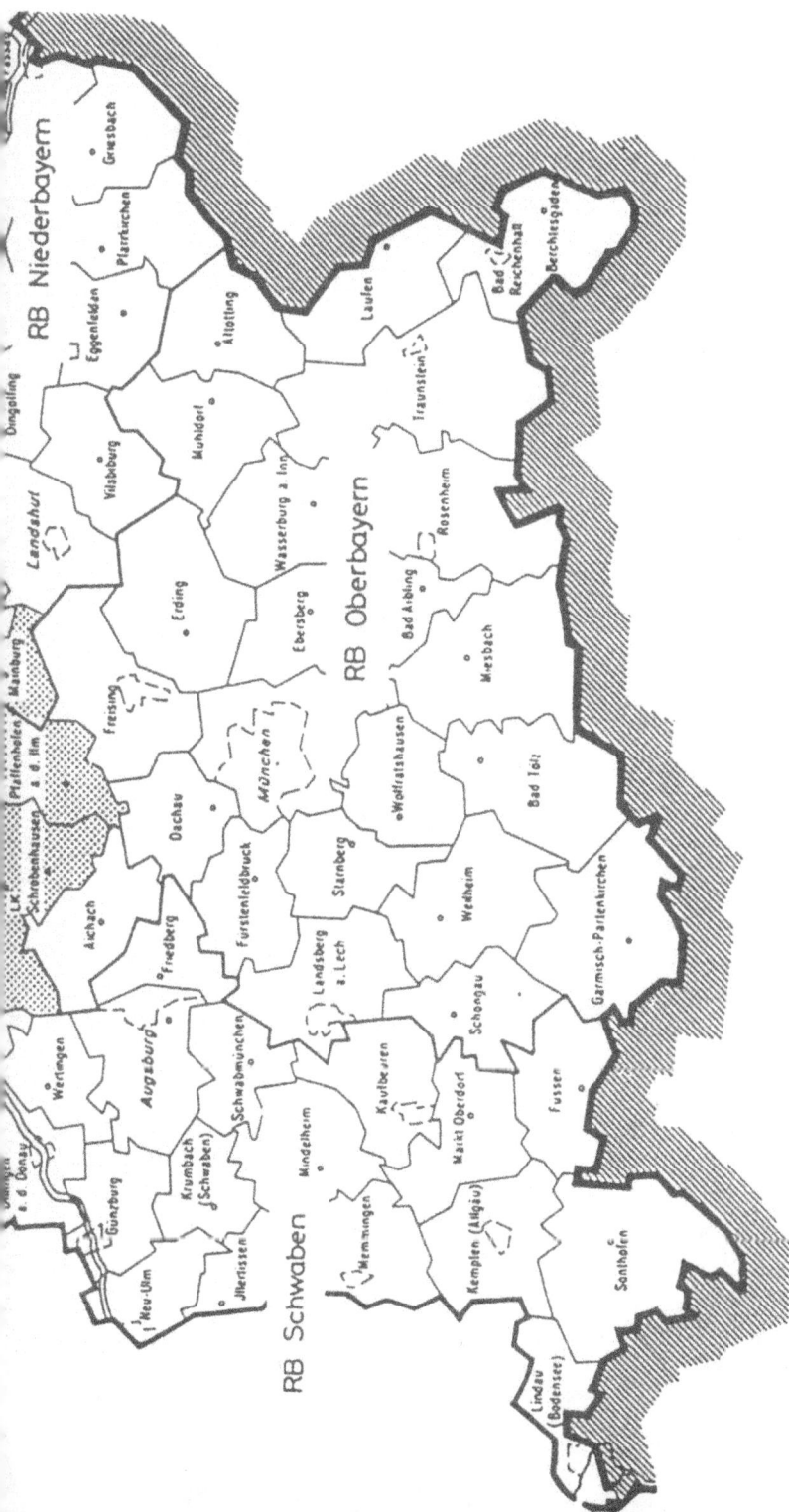

Thomas Schlemmer
Industriemoderne in der Provinz

Quellen und Darstellungen zur
Zeitgeschichte
Herausgegeben vom Institut für
Zeitgeschichte

Band 57

Bayern im Bund
Band 6

R. Oldenbourg Verlag München 2009

Thomas Schlemmer

Industriemoderne in der Provinz

Die Region Ingolstadt
zwischen Neubeginn, Boom und Krise
1945 bis 1975

R. Oldenbourg Verlag München 2009

Gefördert durch das Bayerische Staatsministerium für Wissenschaft, Forschung und Kunst

Bibliografische Information Der Deutschen Nationalbibliothek
Die Deutsche Nationalbibliothek verzeichnet diese Publikation in der Deutschen Nationalbibliografie; detaillierte bibliografische Daten sind im Internet über <http://dnb.d-nb.de> abrufbar.

© 2009 Oldenbourg Wissenschaftsverlag GmbH, München
Rosenheimer Straße 145, D-81671 München
Internet: oldenbourg.de

Umschlaggestaltung: Dieter Vollendorf
Umschlagabbildung: Weihe der Erdölraffinerie in Ingolstadt, November 1963; SV-Bilderdienst

Gedruckt auf säurefreiem, alterungsbeständigem Papier (chlorfrei gebleicht).
Satz: Schmucker-digital, Feldkirchen b. München
Druck: Memminger MedienCentrum, Memmingen
Bindung: Buchbinderei Klotz, Jettingen-Scheppach

ISBN 978-3-486-56599-7

Inhalt

I. Einleitung

1. Gesellschaft im Aufbruch

Als die Bundesrepublik 1949 aus der Taufe gehoben wurde, gab es keinen Anlaß für Optimismus. Die Kriegsfolgen waren noch allgegenwärtig, die Mittel des neuen Staates, eines Provisoriums unter der Kontrolle der Alliierten, mehr als begrenzt und seine Fundamente brüchig[1]. Aber bereits um 1955 waren die größten Schwierigkeiten überwunden. Die Bundesrepublik mauserte sich zu einem weitgehend souveränen Staat, der innenpolitisch erstaunlich stabil war und außenpolitisch langsam in die Rolle eines wichtigen Partners in der europäisch-atlantischen Gemeinschaft hineinwuchs; kein Wunder, daß immer wieder das Ende der Nachkriegszeit proklamiert wurde[2]. Diese Erfolge waren nicht zuletzt auf die Dynamik des wirtschaftlichen Aufschwungs zurückzuführen, der nach der Währungsreform vom Juni 1948 eingesetzt hatte und in den sechziger Jahren seinen Höhepunkt erreichte[3]. Das anhaltende Wachstum schuf die Rahmenbedingungen für den Ausbau der sozialen Sicherungssysteme und machte die Bundesrepublik auch für Bevölkerungsgruppen attraktiv, die ihr anfangs indifferent oder sogar skeptisch gegenübergestanden hatten. Nicht zuletzt dadurch verloren gefährliche Protestpotentiale verhältnismäßig rasch viel von ihrer ursprünglichen Sprengkraft.

Der Boom der „Langen Fünfziger Jahre"[4] führte auch zu einer Beschleunigung des sozialen Wandels, wobei die ökonomischen Verteilungsspielräume und die Hoffnung auf Wohlstand entscheidend zur „Konfliktverminderung" und „Konsensverbreiterung" beitrugen[5]. Arbeitslosigkeit war in diesen Jahren ein Fremdwort, Realeinkommen stiegen, und die Arbeiterschaft nahm mit den Jahren Abschied von der Proletarität, ohne daß Schelskys harmonisierende Vorstellung ei-

---

[1] Vgl. dazu Hans Günter Hockerts, Integration der Gesellschaft. Gründungskrise und Sozialpolitik in der frühen Bundesrepublik, in: Manfred Funke (Hrsg.), Entscheidung für den Westen. Vom Besatzungsstatut zur Souveränität der Bundesrepublik 1949–1955, Bonn 1988, S. 39–57.

[2] Vgl. dazu Axel Schildt, Nachkriegszeit. Möglichkeiten und Probleme einer Periodisierung der westdeutschen Geschichte nach dem Zweiten Weltkrieg und ihrer Einordnung in die deutsche Geschichte des 20. Jahrhunderts, in: GWU 44 (1993), S. 567–584, insbesondere S. 571 ff.

[3] Vgl. Gerold Ambrosius, Gesellschaftliche und wirtschaftliche Folgen des Booms der 1950er und 1960er Jahre, in: Hartmut Kaelble (Hrsg.), Der Boom 1948–1973. Gesellschaftliche und wirtschaftliche Folgen in der Bundesrepublik Deutschland und in Europa, Opladen 1992, S. 7–32.

[4] Werner Abelshauser, Die Langen Fünfziger Jahre. Wirtschaft und Gesellschaft der Bundesrepublik Deutschland 1949–1966, Düsseldorf 1987.

[5] Hans Günter Hockerts, Das Ende der Ära Adenauer. Zur Periodisierung der Bundesrepublikgeschichte, in: Winfried Becker/Werner Chrobak (Hrsg.), Staat, Kultur, Politik. Beiträge zur Geschichte Bayerns und des Katholizismus. Festschrift zum 65. Geburtstag von Dieter Albrecht, Kallmünz 1992, S. 461–475, hier S. 465.

ner „nivellierten Mittelstandsgesellschaft" jedoch Realität geworden wäre[6]. Aufs
Ganze gesehen, boten die fünfziger Jahre aus sozial- und kulturgeschichtlicher
Perspektive ein zwiespältiges Bild, ja „die Innenseite des Wirtschaftswunders
zeigt eine Fülle ambivalenter Phänomene, eine Gleichzeitigkeit des Ungleichzei-
tigen", so daß sich „einfache Etikettierungen" verbieten[7]. Während Alltag und
Lebensstil vor allem im ländlichen Raum in den frühen fünfziger Jahren noch
stark an die Zwischenkriegszeit erinnerten, gewann die Gesellschaft der Bundesrepublik im zweiten Nachkriegsjahrzehnt mehr und mehr Züge einer Konsum-,
Freizeit- und Mediengesellschaft[8]. Die Bundesrepublik Deutschland befand sich
im Aufbruch, die Zukunft schien nur wachsenden Wohlstand, soziale Sicherheit
und technischen Fortschritt bereitzuhalten, und die meisten Zeitgenossen hatten
noch keinen Blick für die Schattenseiten dieser Entwicklung, wie sie sich etwa in
der fortschreitenden Umweltzerstörung zeigten.

Bis 1965/66 erzeugte die problemlösende Kapazität des sogenannten Wirtschaftswunders hauptsächlich optimistische Zukunftserwartungen; dann wurde
allmählich seine „problemerzeugende Dimension" entdeckt[9]. Man begann, intensiv über die „Grenzen des Wachstums" zu diskutieren, ökologische Probleme
schärfer als früher wahrzunehmen und die Erschütterung der vertrauten Lebenswelt als bedrohlich zu empfinden. Einst festgefügte soziale Milieus begannen sich
nun sichtbar und mit immer höherer Geschwindigkeit aufzulösen. Der Werte-
wandel, der diesem komplexen Prozeß zugrunde lag, beeinflußte die Politik
ebenso wie die politische Kultur. Neue Themen standen auf der Agenda, Prioritäten verschoben sich, Forderungen nach mehr Demokratie und Partizipations-
möglichkeiten waren immer lauter zu hören. Überlagert wurden diese Entwicklungen seit 1973 durch die Ölkrise, die dem „Traum immerwährender Prosperität"[10] ein jähes Ende setzte und schon von zeitgenössischen Beobachtern als
scharfe Zäsur wahrgenommen wurde[11].

Der Strukturwandel der fünfziger, sechziger und frühen siebziger Jahre wies
bestimmte Signaturen auf, die sich in der gesamten Bundesrepublik – und nicht
nur dort, sondern in fast allen Industriestaaten des Westens – finden lassen. Allerdings verliefen diese Veränderungsprozesse nicht linear, sondern phasenverschoben und regionalspezifisch. Bayern, das größte Land der Bundesrepublik, litt dabei unter ausnehmend ungünstigen Startbedingungen. Die „geminderte Industrialisierung"[12], die Bayern im 19. Jahrhundert durchlaufen hatte, ließ nur wenige

[6] Vgl. hierzu Manfred Görtemaker, Geschichte der Bundesrepublik Deutschland. Von der Gründung bis zur Gegenwart, München 1999, S. 177ff.
[7] Edgar Wolfrum, Die Bundesrepublik Deutschland 1949–1990, Stuttgart 2005, S. 201.
[8] Vgl. Axel Schildt, Ankunft im Westen. Ein Essay zur Erfolgsgeschichte der Bundesrepublik,
Frankfurt am Main 1999, S. 50.
[9] Hockerts, Ende der Ära Adenauer, in: Becker/Chrobak (Hrsg.), Staat, Kultur, Politik, S. 469.
[10] Burkart Lutz, Der kurze Traum immerwährender Prosperität. Eine Neuinterpretation der industriell-kapitalistischen Entwicklung im Europa des 20. Jahrhunderts, Frankfurt am Main/New
York 1984.
[11] Vgl. Jens Hohensee, Der Stillstand, der ein Fortschritt war. Zwischen Ölkrise und neuer Lebensqualität: Eine Erinnerung an die autofreien Sonntage im Herbst 1973, in: Die Zeit vom 19.11.
1998, S. 106.
[12] Karl Bosl, Die „geminderte" Industrialisierung in Bayern, in: Aufbruch ins Industriezeitalter,
Bd. 1: Linien der Entwicklungsgeschichte, hrsg. von Claus Grimm, München 1985, S. 22–39.

Industrieinseln entstehen. Weite Teile des Landes, in denen es meist an der nötigsten Infrastruktur fehlte, waren fast ausschließlich von der Landwirtschaft geprägt. Allein deshalb war es nach 1945 schwierig, den rund zwei Millionen Flüchtlingen und Vertriebenen nicht nur eine neue Heimat, sondern auch eine neue wirtschaftliche Existenz zu verschaffen. Die Teilung Deutschlands und Europas kam erschwerend hinzu. Gewachsene und eng miteinander verflochtene Wirtschaftsräume wurden zerschnitten, und Bayern drohte aufgrund seiner geographischen Lage ins Abseits zu geraten. Dennoch beschleunigte sich in den fünfziger Jahren auch in Bayern ein Prozeß, den Alf Mintzel als „späte Vollindustrialisierung" und Paul Erker als langen „Abschied vom Agrarland" beschrieben haben[13].

Allerdings kam der Wachstums- und Industrialisierungsschub, den Bayern nach 1945 erfuhr, nicht von ungefähr. Schon nach 1918 hatte ein industrieller Aufholprozeß begonnen, der ein beachtliches Tempo erreichte. Zusammen mit kriegsbedingten Entwicklungen zwischen 1939 und 1945 – beispielsweise der Verlagerung von Betrieben und qualifizierten Arbeitskräften in den vor Bombenangriffen lange Zeit vergleichsweise sicheren Süden des Deutschen Reiches – liegen hier wesentliche Voraussetzungen für den dynamischen Strukturwandel der fünfziger und sechziger Jahre[14]. Betrachtet man die Erwerbsstruktur, so wird gleichsam auf einen Blick deutlich, wie sehr sich Bayerns Wirtschaft und Gesellschaft nach dem Zweiten Weltkrieg verändert haben: 1933 waren 41,2 Prozent der Beschäftigten in der Landwirtschaft tätig gewesen, 1950 waren es noch 30,6 Prozent, 1961 21,6 Prozent und neun Jahre später nur noch 13,2 Prozent. Parallel dazu stieg die Zahl der Arbeitnehmer in Industrie und Handwerk sowie im tertiären Sektor kontinuierlich: 1970 arbeiteten 47,4 Prozent der Erwerbstätigen in Industrie und Handwerk und 39,4 Prozent im Dienstleistungsbereich[15].

Anfängliche Standortnachteile begannen sich in Standortvorteile zu verwandeln. Da es in Bayern wenig Montanindustrie gab, hatte man kaum mit den Auswirkungen der Krisen bei Kohle und Stahl zu kämpfen, sieht man von regionalen Brennpunkten einmal ab. Bayern wurde dagegen zu einem bevorzugten Standort von Betrieben aus zukunftsorientierten Branchen wie der Elektrotechnik, der Luft- und Raumfahrttechnik, des Maschinenbaus und des Fahrzeugbaus. Zudem präsentierte sich der Arbeitsmarkt vor allem in den ländlichen Regionen des Freistaats auch zu Zeiten der Vollbeschäftigung nie so angespannt wie in anderen Bundesländern, da in der Landwirtschaft ständig Arbeitskräfte freigesetzt wurden. Diese waren zwar selten gut für eine Tätigkeit in der Industrie qualifiziert, dafür war das Lohnniveau jedoch auch niedriger als anderswo. Nicht zuletzt deswegen siedelten sich viele Betriebe in wirtschaftlich wenig entwickelten Landkreisen an, so daß die Dezentralisierung der Industrie zu einem Kennzeichen des ökonomi-

---

[13] Alf Mintzel, Geschichte der CSU. Ein Überblick, Opladen 1977, S. 35, und Paul Erker, Der lange Abschied vom Agrarland. Zur Sozialgeschichte der Bauern im Industrialisierungsprozeß, in: Matthias Frese/Michael Prinz (Hrsg.), Politische Zäsuren und gesellschaftlicher Wandel im 20. Jahrhundert. Regionale und vergleichende Perspektiven, Paderborn 1996, S. 327–360.

[14] Vgl. Paul Erker, Keine Sehnsucht nach der Ruhr. Grundzüge der Industrialisierung in Bayern 1900–1970, in: GuG 17 (1991), S. 480–511; die folgenden Zahlen finden sich ebenda, S. 486 und S. 491.

[15] Zur Entwicklung seit den sechziger Jahren vgl. jetzt die stark faktenorientierte Gesamtdarstellung von Wolfgang Zorn, Bayerns Geschichte seit 1960, Regensburg 2007, hier insbesondere S. 13–78.

schen Strukturwandels in Bayern wurde, obwohl die „Standortgrundmuster", wie sie sich im späten 19. Jahrhundert herausgebildet hatten, weiterhin sichtbar blieben[16].

Die bayerische Staatsregierung versuchte früh, diese Entwicklung durch eine gezielte Strukturpolitik zu unterstützen. Die Erschließung des Landes sollte auch abgelegene Regionen für Investoren attraktiv machen und zugleich zu einer Angleichung der Lebensverhältnisse in Stadt und Land beitragen. Trotz einer Tendenz zur Urbanisierung des ländlichen Raumes – Heinz Burghart hat überspitzt sogar vom „Ende der Provinz" gesprochen[17] – änderte sich nur wenig an der kleinräumigen Siedlungsstruktur Bayerns; historisch-kulturelle Traditionen blieben ebenfalls wirkungsmächtig, wenn sie auch durch den Einbruch der Moderne in den ländlichen Raum nur allzu oft ihren Wurzelgrund verloren. Die Verbindung von Tradition und Fortschritt gehörte zu den Zielen bayerischer Politik, die insbesondere von der CSU immer wieder beschworen wurden. Bayern wurde so zum Modell für eine „Modernisierung unter konservativen Auspizien"[18].

2. Fragestellung, Untersuchungszeitraum und Aufbau der Studie

Das Erkenntnisinteresse dieser Arbeit gilt dem Strukturwandel, dem Wirtschaft und Gesellschaft der Bundesrepublik in den fünfziger, sechziger und frühen siebziger Jahren unterworfen waren, also tiefgreifenden Veränderungsprozessen, die regionalspezifische Profile aufwiesen und nicht überall mit derselben Geschwindigkeit verliefen. Im Zentrum steht dabei die Region Ingolstadt, eine bayerische Region, die sich in den ersten Nachkriegsjahren wenig von anderen agrarisch geprägten Gebieten mit einigen industriellen Kernen unterschied, dann aber eine Phase geradezu stürmischer Veränderung erlebte und vom großen Boom in besonderer Weise betroffen war. An diesem Beispiel sollen gängige Thesen und Periodisierungen auf den Prüfstand gestellt sowie neue Einsichten zur Gesellschaftsgeschichte Bayerns und der Bundesrepublik gewonnen werden. Denn erst die Nahoptik einer Regionalstudie läßt es zu, „über die Tatsache des Wandels hinaus, das ‚wie' des Wandels", also „seine Funktionsweise, seine Dynamik, Reichweite und Prozeßhaftigkeit" zu erkennen[19], und ihre größere Tiefenschärfe ermöglicht

---

[16] Wolfgang Poschwatta, Industrialisierung und Regionalpolitik in Bayern, in: Konrad Goppel/ Franz Schaffer (Hrsg.), Raumplanung in den 90er Jahren. Grundlagen, Konzepte, politische Herausforderungen in Deutschland und Europa – Bayern im Blickpunkt. Festschrift für Karl Ruppert, Augsburg 1991, S. 109–121, hier S. 113.

[17] Heinz Burghart, Das Ende der „Provinz", in: Georg Jenal (Hrsg.), Gegenwart in Vergangenheit. Beiträge zur Kultur und Geschichte der neueren und neuesten Zeit. Festschrift für Friedrich Prinz zum 65. Geburtstag, München 1993, S. 391–417.

[18] Christoph Kleßmann, Ein stolzes Schiff und krächzende Möwen. Die Geschichte der Bundesrepublik und ihre Kritiker, in: GuG 11 (1985), S. 476–494, hier S. 484; vgl. auch Thomas Schlemmer/ Dietmar Süß, Una modernizzazione di segno conservatore? Il caso della Baviera, in: Stefano Cavazza (Hrsg.), La rinascita dell'occidente. Sviluppo del sistema politico e diffusione del modello occidentale nel secondo dopoguerra in Italia e Germania, Soveria Mannelli 2006, S. 65–78.

[19] Axel Flügel, Der Ort der Regionalgeschichte in der neuzeitlichen Geschichte, in: Stefan Brakensiek u. a. (Hrsg.), Kultur und Staat in der Provinz. Perspektiven und Erträge der Regionalgeschichte, Bielefeld 1992, S. 1–28, hier S. 15; aus der Sicht einer kulturhistorisch orientierten Regio-

es auch, verschiedene „Dimensionen der gesellschaftlichen Entwicklung miteinander in Beziehung zu setzen"[20].

Einen Schwerpunkt der vorliegenden Studie bildet dabei die Untersuchung der ökonomischen Entwicklung und der Überformung einer ganzen Region durch die expandierende Großindustrie aus den Bereichen Fahrzeugbau und Mineralölverarbeitung zwischen der Währungsreform von 1948 und der Öl(preis)krise von 1973. Daß diesem Problemkomplex besonderes Gewicht zugemessen wird, ist vor allem der Überlegung geschuldet, daß der ökonomische Strukturwandel der Nachkriegszeit Veränderungsprozesse in den Sektoren Sozialstruktur und Politik induziert oder zumindest dynamisiert hat. Damit ergänzt dieses Buch die Arbeiten von Jaromír Balcar[21], Stefan Grüner[22] und Dietmar Süß[23], die alle im Rahmen des Projekts „Gesellschaft und Politik in Bayern 1949 bis 1973" am Institut für Zeitgeschichte entstanden sind[24], um für die bayerische Nachkriegsgeschichte wesentliche Aspekte. Im Gegensatz zu Balcars Monographie, die sich mit den eher windstillen Zonen der Modernisierung im ländlichen Raum befaßt, untersucht diese Studie einen der Brennpunkte des Strukturwandels in Bayern, im Gegensatz zur Dissertation von Süß, die soziopolitische und sozioökonomische Entwicklungen in bereits im 19. Jahrhundert entstandenen altindustriellen „Inseln" nachzeichnet, stehen hier Branchen im Mittelpunkt, die man in den fünfziger und sechziger Jahren als Zukunftsindustrien gefeiert hat, und im Gegensatz zur Habilitationsschrift von Grüner, deren Schwergewicht auf der Genesis der bayerischen Industrie- und Strukturpolitik liegt, geht es in der vorliegenden Arbeit nicht um die Formulierung von Konzepten, sondern vielmehr um ihre Implementierung.

Der Hauptteil der vorliegenden Regionalstudie gliedert sich in drei Kapitel, die soweit wie möglich der Chronologie folgen, aber inhaltlich jeweils unterschiedliche Schwerpunkte setzen. In Kapitel II soll zunächst eine Topographie des Untersuchungsraums anhand seiner Wirtschafts- und Bevölkerungsstruktur gezeichnet werden. Die Studie setzt dabei mit den letzten Friedensjahren vor dem Zweiten Weltkrieg ein, um die zeitliche Perspektive zu erweitern und den sozioökonomischen Strukturwandel der fünfziger und sechziger Jahre besser einordnen zu können. Ein zweiter Abschnitt beschreibt die Jahre zwischen Kriegsende und Gründung der Bundesrepublik, wobei es nicht um den wiederholt an anderen Beispielen beschriebenen politischen Neubeginn geht, sondern um Entwicklungen und Veränderungen in Bereichen wie Ökonomie oder Demographie.

nalwissenschaft polemisch dazu Detlef Briesen, „Kultur" oder „Gesellschaft" als Paradigmen für die Regionalgeschichte? Eine Replik, in: Westfälische Forschungen 43 (1993), S. 572–587.
[20] Karl Ditt, Stadtgeschichte in Deutschland nach 1945: Bestandsaufnahme und Perspektiven, in: Storia della Storiografia 2 (1992), S. 115–140, hier S. 120.
[21] Vgl. Jaromír Balcar, Politik auf dem Land. Studien zur bayerischen Provinz 1945 bis 1972, München 2004.
[22] Vgl. Stefan Grüner, Industrie- und Strukturpolitik in Bayern zwischen Wiederaufbau und „Wirtschaftswunder" 1945 bis 1969/70, Habil.-Schrift, Augsburg 2007.
[23] Vgl. Dietmar Süß, Kumpel und Genossen. Arbeiterschaft, Betrieb und Sozialdemokratie in der bayerischen Montanindustrie 1945 bis 1976, München 2003.
[24] Vgl. die Projektbilanz von Thomas Schlemmer/Dietmar Süß, An der Wiege der „zweiten Moderne". Gesellschaft und Politik in Bayern 1920–1975, in: Michael Prinz (Hrsg.), Gesellschaftlicher Wandel im Jahrhundert der Politik. Nordwestdeutschland im internationalen Vergleich 1920–1960, Paderborn u.a. 2007, S. 433–447.

Kapitel III thematisiert die Dekade zwischen 1955 und 1965, die vor allem
außerhalb der urbanen Zentren von einer eigentümlichen Mischung von Alt und
Neu, von Tradition und Fortschritt geprägt war. Gefragt wird nach der strukturprägenden Kraft der Automobilindustrie, die mit der Auto Union (später: Audi
AG) binnen zehn Jahren zum dominierenden Wirtschaftsfaktor und größten Arbeitgeber der Region avancierte. Dabei läßt sich auch hier die These belegen, „daß
die Wechselwirkungen zwischen Unternehmen und kleinstädtisch-ländlicher
Umwelt um so deutlicher zutage treten, je größer das Unternehmen ist"[25]. Gefragt
wird aber auch nach dem Strukturwandel in den Bereichen Handwerk und Landwirtschaft, die für den Untersuchungsraum trotz der fortschreitenden Industrialisierung nach wie vor erhebliche Bedeutung besaß. Dieser Strukturwandel war
Mitte der sechziger Jahre noch in vollem Gange – ebenso wie die Erschließung des
Landes durch moderne Infrastruktur, die als wesentliche Voraussetzung für wirtschaftlichen Erfolg und die Verbesserung der Lebenschancen breiter Bevölkerungsschichten angesehen werden muß. Ein weiterer Abschnitt dieses Kapitels ist
der Entwicklung politischer Strukturen unter den Bedingungen beschleunigten
sozialen Wandels gewidmet. Dabei geht es unter anderem um die Frage, wie sich
demographische Verschiebungen und Umschichtungen in der Erwerbsstruktur
auf das Wahlverhalten der Bevölkerung ausgewirkt haben, wie sich die Zusammensetzung der basisnahen politischen Eliten dadurch verändert hat.

    Neben den Fahrzeugbau trat in den sechziger Jahren die Erdölindustrie. Wie in
Kapitel IV zu zeigen sein wird, veränderte die Errichtung des Raffineriezentrums
Ingolstadt zwischen 1962 und 1967 zwar das Gesicht der Region und ihr Image
nachhaltig, die euphorischen Hoffnungen, die damit verbunden waren, sollten
sich jedoch nur ansatzweise erfüllen. Das Raffineriezentrum und der damit verbundene Ausbau der Infrastruktur ließen die Region Ingolstadt zu einem bevorzugten Experimentierfeld der Landesplaner werden. Akzeptiert man Michael
Rucks Feststellung, daß Planung neben Prosperität und Partizipation zu den
wichtigsten Signaturen der sechziger Jahre gehört habe[26], so bietet sich hier die
Möglichkeit, die Arbeit der Landesplaner an konkreten Beispielen zu untersuchen
und nach dem Stellenwert sowie den Zukunftschancen zu fragen, die man der Region Ingolstadt im bayerischen Rahmen einräumte. Nochmals aufgegriffen wird
in Kapitel IV die Frage nach den politischen Folgen des Strukturwandels, wobei
insbesondere die Sozialdemokratie und die Gewerkschaften im ländlichen Raum[27]
in den Blick genommen werden, um der Frage nachzugehen, warum es nur ansatzweise gelang, organisatorische Erfolge der Gewerkschaften in Wahlerfolge für
die SPD umzumünzen. Die Studie schließt mit einem Ausblick auf die Krise der
siebziger Jahre nach dem Ölpreisschock, die sich in der Region Ingolstadt als

---

[25] Hartmut Berghoff, Zwischen Kleinstadt und Weltmarkt. Hohner und die Harmonika 1857–1961.
    Unternehmensgeschichte als Gesellschaftsgeschichte, Paderborn u.a. 1997, S. 28.
[26] Vgl. Michael Ruck, Ein kurzer Sommer der konkreten Utopie – Zur westdeutschen Planungsge-
    schichte der langen 60er Jahre, in: Axel Schildt/Detlef Siegfried/Karl Christian Lammers (Hrsg.),
    Dynamische Zeiten. Die 60er Jahre in den beiden deutschen Gesellschaften, Hamburg 2000,
    S. 362–401, hier S. 362.
[27] Eine der wenigen Studien, die mit ähnlichen Fragen operiert: Hans-Rainer Engelberth, Gewerk-
    schaften auf dem Lande. Gewerkschaftsbund und Industriegewerkschaft Metall 1945–1971, Köln
    1997.

einem Zentrum des Fahrzeugbaus und der Mineralölverarbeitung in besonderer Weise auswirkte. Die einstigen Hoffnungsträger drohten zu Problemkindern zu werden, anstatt Fortschrittsoptimismus machte sich nun Verunsicherung breit.

3. Forschungsstand und Materiallage

Die Bundesrepublik Deutschland ist schon seit langem keine Terra Incognita mehr; die historische Forschung befaßt sich seit nunmehr dreißig Jahren mit ihrer Geschichte, politischen Entwicklung und gesellschaftlichen Struktur[28]. Die Zahl der einschlägigen Monographien, Sammelbände und Quelleneditionen läßt sich kaum mehr überblicken, und auch an gewichtigen Synthesen und Überblicksdarstellungen fehlt es nicht[29]. Während sich die Historiker jedoch zunächst vor allem mit der Grundlegung des politischen Systems der zweiten deutschen Demokratie sowie den konstitutiven innen- und außenpolitischen Weichenstellungen der Ära Adenauer befaßt haben, waren Arbeiten zur Sozial- und Wirtschaftsgeschichte der Bundesrepublik die Ausnahme[30]. Dies lag nicht zuletzt daran, daß sich die Zeitgeschichte als wissenschaftliche Disziplin erst allmählich von der politischen Wissenschaft emanzipierte und daß die inzwischen verworfene Auffassung, die Ära Adenauer/Erhard sei lediglich eine Ära der Restauration gewesen[31], differenzierte Studien entbehrlich erscheinen ließ. Die Sozialgeschichte des Wiederaufbaus geriet erst in den frühen neunziger Jahren verstärkt in den Blick und wurde zum Wegbereiter für zahlreiche Untersuchungen, die sich mit dem gesellschaftlichen Aufbruch der sechziger Jahre, mit Prozessen der Liberalisierung und Demokratisierung sowie unter dem Schlagwort „Planung als Reformprinzip" mit der Modernisierung der Politik beschäftigten[32]. Die Geschichte der „Reformära"[33] hat dabei inzwischen feste Konturen gewonnen. Gegenwärtig ist man dabei, die Phase nach dem großen Boom in den Blick zu nehmen[34] und danach zu fragen,

---

[28] Die vielleicht beste Orientierung bieten die Forschungsüberblicke von Rudolf Morsey, Die Bundesrepublik Deutschland. Entstehung und Entwicklung bis 1969, München 4., überarbeitete und erweiterte Aufl. 2000, S. 117–214; Andreas Rödder, Die Bundesrepublik Deutschland 1969–1990, München 2004, S. 109–222, und Axel Schildt, Die Sozialgeschichte der Bundesrepublik Deutschland bis 1989/90, München 2007, S. 67–109.

[29] Besonders anläßlich des 40. und des 50. Geburtstags der Bundesrepublik häuften sich die Publikationen. Hervorzuheben sind vor allem: Karl Dietrich Bracher u.a. (Hrsg.), Geschichte der Bundesrepublik Deutschland, 5 Bde., Stuttgart/Wiesbaden 1981–1987, und Peter Graf Kielmansegg, Nach der Katastrophe. Eine Geschichte des geteilten Deutschland, Berlin 2000.

[30] Zum Gang der Forschung vgl. Hans Günter Hockerts, Zeitgeschichte in Deutschland. Begriff, Methoden, Themenfelder, in: Historisches Jahrbuch 113 (1993), S. 98–127.

[31] Vgl. Ernst-Ulrich Huster u.a., Determinanten der westdeutschen Restauration 1945–1949, Frankfurt am Main 1972; kritisch Gerhard A. Ritter, Über Deutschland. Die Bundesrepublik in der deutschen Geschichte, München 1998, S. 13–24.

[32] Einen Überblick über Themen und Zugriffe bieten die Sammelbände: Schildt/Siegfried/Lammers (Hrsg.), Dynamische Zeiten; Ulrich Herbert (Hrsg.), Wandlungsprozesse in Westdeutschland. Belastung, Integration, Liberalisierung 1945–1980, Göttingen 2002; Matthias Frese/Julia Paulus/Karl Teppe (Hrsg.), Demokratisierung und gesellschaftlicher Aufbruch. Die sechziger Jahre als Wendezeit der Bundesrepublik, Paderborn u.a. 2003.

[33] Hans Günter Hockerts, Rahmenbedingungen: Das Profil der Reformära, in: ders. (Hrsg.), Geschichte der Sozialpolitik in Deutschland seit 1945, Bd. 5: 1966–1972 – Bundesrepublik Deutschland. Eine Zeit vielfältigen Aufbruchs, Baden-Baden 2006, S. 1–155.

[34] Vgl. Andreas Rödder, Das „Modell Deutschland" zwischen Erfolgsgeschichte und Verfallsdia-

wie Politik und Gesellschaft auf Phänomene wie Massenarbeitslosigkeit oder die beginnende Schieflage der sozialen Sicherungssysteme ab Mitte der siebziger Jahre reagiert haben[35]. Inzwischen gerät auch die folgende Dekade zunehmend in den Fokus der Historiker.

Freilich hat die Geschichtswissenschaft auf ihrem immer zügigeren Marsch durch die Jahrzehnte zahlreiche Themen nur angerissen oder exemplarisch behandelt, wie ein Blick in die Forschungen zur bayerischen Zeitgeschichte zeigt. Obwohl das Thema „Bayern im Wirtschaftswunder" mittlerweile auch von populären Veröffentlichungen aufgegriffen worden ist[36], hat die Wissenschaft erst einige Schneisen in die Geschichte von Politik, Wirtschaft und Gesellschaft des Freistaats seit 1949 geschlagen – nicht zuletzt durch die Monographien und Sammelbände, die im Rahmen des Bayern-Projekts erschienen sind[37]. Nach wie vor liegen aber nur wenige fundierte Spezialstudien zu dieser entscheidenden Phase der neuesten bayerischen Geschichte vor. Zu nennen wären etwa die Untersuchungen von Klaus Schreyer, dessen Pionierstudie über die „importierte Industrialisierung" nach 1945 schon 1969 erschienen ist[38], und Alfons Frey über die industrielle Entwicklung Bayerns bis 1975[39] sowie die Dissertationen von Andreas Eichmüller über die Geschichte der Landwirtschaft und der bäuerlichen Bevölkerung[40], von Stephan Deutinger über die Wissenschaftspolitik[41] oder von Alexander Gall über die Verkehrspolitik[42]. Verstärktes Interesse haben in den letzten Jahren überdies auch die Versuche zur politischen Steuerung des sozioökonomischen Strukturwandels im allgemeinen und die Geschichte der Landesplanung im besonderen gefunden[43].

gnose, in: VfZ 54 (2006), S. 345–363; Anselm Doering-Manteuffel, Nach dem Boom. Brüche und Kontinuitäten der Industriemoderne seit 1970, in: VfZ 55 (2007), S. 559–581, und Hans Maier, Fortschrittsoptimismus oder Kulturpessimismus? Die Bundesrepublik in den 70er und 80er Jahren, in: VfZ 56 (2008), S. 1–17.

[35] Vgl. dazu die Aufsätze zum Rahmenthema „Der Sozialstaat in der Krise. Deutschland im internationalen Vergleich", in: AfS 47 (2007).

[36] Robert Meier, Bayern im Wirtschaftswunder. Unser Aufbruch in die 50er Jahre, Gudensberg-Gleichen 2007.

[37] Vgl. neben den bereits zitierten Studien von Balcar, Grüner und Süß die drei von Thomas Schlemmer und Hans Woller herausgegebenen Sammelbände: Die Erschließung des Landes 1949 bis 1973 (München 2001), Gesellschaft im Wandel 1949 bis 1973 (München 2002) und Politik und Kultur im föderativen Staat 1949 bis 1973 (München 2004).

[38] Vgl. Klaus Schreyer, Bayern – ein Industriestaat. Die importierte Industrialisierung. Das wirtschaftliche Wachstum nach 1945 als Ordnungs- und Strukturproblem, München/Wien 1969.

[39] Vgl. Alfons Frey, Die industrielle Entwicklung Bayerns von 1925 bis 1975. Eine vergleichende Untersuchung über die Rolle städtischer Agglomerationen im Industrialisierungsprozess, Berlin 2003; der Autor bietet keine Analyse der Industriepolitik, seine zahlenlastige Studie kommt daher praktisch ohne Akten aus.

[40] Vgl. Andreas Eichmüller, Landwirtschaft und bäuerliche Bevölkerung in Bayern. Ökonomischer und sozialer Wandel 1945–1970. Eine vergleichende Untersuchung der Landkreise Erding, Kötzting und Obernburg, München 1997.

[41] Vgl. Stephan Deutinger, Vom Agrarland zum High-Tech-Staat. Zur Geschichte des Forschungsstandorts Bayern 1945–1980, München 2001.

[42] Vgl. Alexander Gall, „Gute Straßen bis ins kleinste Dorf!" Verkehrspolitik in Bayern zwischen Wiederaufbau und Ölkrise, Frankfurt am Main/New York 2005.

[43] Vgl. Thomas Schlemmer/Stefan Grüner/Jaromír Balcar, „Entwicklungshilfe im eigenen Lande". Landesplanung in Bayern nach 1945, in: Frese/Paulus/Teppe (Hrsg.), Demokratisierung und gesellschaftlicher Aufbruch, S. 379–450; Stephan Hofmann, Industriepolitik- und Landesplanung in Bayern 1958–1970, Diss., München 2004; jetzt auch Grüner, Industrie- und Strukturpolitik.

Das Defizit an sozial-, wirtschafts- und erfahrungsgeschichtlichen Arbeiten sowie an fundierten Politikfeldanalysen ist deshalb erstaunlich[44], weil die Jahre der Besatzung inzwischen auch jenseits des *politischen* Neubeginns relativ gut erforscht sind. Die Geschichtswissenschaft hat es offensichtlich versäumt, Fragen und Themen, wie sie etwa im stark sozialgeschichtlich orientierten US-Zonen-Projekt des Instituts für Zeitgeschichte gestellt und bearbeitet worden sind[45], für die Erforschung der fünfziger und sechziger Jahre fruchtbar zu machen. Daran mag es auch liegen, daß exemplarische Regionalstudien für die ereignisreichen Jahre zwischen Währungsreform und Gebietsreform fast vollständig fehlen, obwohl gerade dieser Ansatz bei der Erforschung der ersten Nachkriegsjahre seine Tragfähigkeit wiederholt unter Beweis gestellt hat[46].

Allzu viele Vorarbeiten oder Orientierungspunkte für eine Studie über die Boom-Region Ingolstadt gibt es daher nicht[47]. Zurückgreifen kann man lediglich auf Schriften ortsgeschichtlicher Provenienz, die – wie etwa Siegfried Hofmanns „Streifzug" durch die Geschichte Ingolstadts[48] – oft wertvolle Informationen liefern, aber nur selten die größeren Zusammenhänge beachten, auf mehr oder weniger gelungene Veröffentlichungen anläßlich von Gedenktagen und Jubiläen[49], auf universitäre Qualifizierungsarbeiten, die schon früh auch die Entwicklung der Region im Zeichen der Automobil- und Erdölindustrie thematisiert haben[50], jedoch zumeist ungedruckt geblieben sind[51], auf Untersuchungen zur Stadtentwicklung im engeren Sinne[52] sowie auf weitgehend unkritische oder produktbe-

---

[44] Dieser Forschungsstand spiegelt sich auch wider in: Rainer Gömmel, Gewerbe, Handel und Verkehr, in: Alois Schmid (Hrsg.), Handbuch der bayerischen Geschichte, Bd. 4/2: Das neue Bayern – von 1800 bis zur Gegenwart: Die innere und kulturelle Entwicklung, München 2007, S. 216–299.

[45] Vgl. Martin Broszat/Klaus-Dietmar Henke/Hans Woller (Hrsg.), Von Stalingrad zur Währungsreform. Zur Sozialgeschichte des Umbruchs in Deutschland, München 1988.

[46] Vgl. Hans Woller, Gesellschaft und Politik in der amerikanischen Besatzungszone. Die Region Ansbach und Fürth, München 1986.

[47] Vgl. für Baden-Württemberg: Michaela Häffner, Nachkriegszeit in Südwürttemberg. Die Stadt Friedrichshafen und der Kreis Tettnang in den vierziger und fünfziger Jahren, München 1999, und für Bayern die Mikrostudie: Stephan Deutinger, Garching: „Deutschlands modernstes Dorf". Die Modernisierung Bayerns nach 1945 unter dem Mikroskop, in: Katharina Weigand (Hrsg.), Neue Ansätze zur Erforschung der neueren bayerischen Geschichte. Werkstattberichte, Neuried 1999, S. 223–247.

[48] Vgl. Siegfried Hofmann, 170 Jahre erfolgreiche Partnerschaft. Ein Streifzug durch die Geschichte von Ingolstadt, Umland und Sparkasse, Ingolstadt 1997.

[49] Hilfreich hier insbesondere: Ingolstadt im Nationalsozialismus. Eine Studie, Ingolstadt 1995, und Ingolstadt – vom Werden einer Stadt. Geschichten und Gesichter, hrsg. von der Stadt Ingolstadt u. a., Ingolstadt 2000, sowie Chronik 1250–2000. 750 Jahre Stadt Ingolstadt – von „ingoldes stat" zur modernen Großstadt mit Flair, hrsg. von der Stadt Ingolstadt, Ingolstadt 2000.

[50] Vgl. etwa Helmut Eichinger, Ingolstadt. Junge Wandlungen einer Stadt und ihres Umlandes, unveröffentlichte Zulassungsarbeit, Erlangen 1967; Renate Falkner, Die wirtschaftliche Bedeutung der Raffinerien für Ingolstadt, gezeigt am Beispiel der ESSO AG, unveröffentlichte Zulassungsarbeit, Eichstätt 1968; Maria Kipfelsberger, Ingolstadt: Raffinerien und Umfeld – Sozialstruktur und Landschaft im Wandel, unveröffentlichte Zulassungsarbeit, Eichstätt 1979; Andrea Meier, Die Entwicklungsphasen der Audi AG von 1945 bis 1972, unveröffentlichte Diplomarbeit, Regensburg 1989, und Eva Weber, Die Region Ingolstadt unter dem Einfluß der Automobilindustrie 1949 bis 1973, unveröffentlichte Diplomarbeit, Passau 1999.

[51] Zudem nützlich: Josef Kubasta, Die politischen Strömungen in Ingolstadt von 1919–1933, unveröffentlichte Zulassungsarbeit, Regensburg 1978, und Harald Pohl, Kommunale Wirtschafts- und Finanzpolitik in Bayern zur Zeit der Weimarer Republik. Dargestellt am Beispiel der Wirtschaftsregion Ingolstadt, Regensburg 1985.

[52] Vgl. Karl Ganser, Grundlagenuntersuchung zur Altstadtentwicklung Ingolstadts, Kallmünz/Regensburg 1973; Waltraud Vogl, Die ehemaligen Festungsanlagen von Ingolstadt. Heutige Nutzung

zogene Firmengeschichten[53]. In diesem Zusammenhang ist es besonders erstaunlich, daß die höchst erfolgreiche Audi AG anders als etwa die Konkurrenz von BMW bisher wenig für die Erforschung der eigenen Geschichte nach 1945 getan hat[54].

Dabei ist die Materiallage so schlecht nicht. Schon die publizierten oder ursprünglich zur Publikation vorgesehenen Denkschriften, Bestandsaufnahmen und Prognosen aus dem Bereich der Stadt- und Landesplanung sind eine wahre Fundgrube für jeden, der sich mit dieser Region beschäftigt. Die meist umfangreichen Raumordnungs- oder Stadtentwicklungspläne liefern nicht nur erstklassiges Zahlen- und Kartenmaterial, sondern lassen auch Rückschlüsse auf den Horizont der Verfasser und ihre Zukunftserwartungen zu. Sie können so gleichsam als Sonde dienen, mit der sich so schwer faßbare Phänomene wie Zeitgeist und zeitspezifisches Problembewußtsein aufspüren lassen. Für die Region Ingolstadt sind vor allem vier Dokumente wichtig, die teilweise zeitgleich entstanden sind, aber von verschiedenen Stellen verfaßt wurden. 1965 erarbeitete die Landesplanungsabteilung im bayerischen Staatsministerium für Wirtschaft und Verkehr den Entwurf für einen „Raumordnungsplan Mittelbayerisches Donaugebiet"[55]. Nur zwei Jahre später stellte das renommierte Prognos-Institut im Auftrag der Stadt Ingolstadt eine Planstudie über die Entwicklung von „Wirtschaft, Bevölkerung und Infrastruktur in Stadt, Kerngebiet und Landkreis Ingolstadt" bis 1980 fertig[56]. Eine Fülle von Daten enthält auch der fünfteilige „Entwicklungsplan Ingolstadt", für den Anfang der siebziger Jahre Fachleute von der Technischen Universität München verantwortlich zeichneten[57]. Ein echter Stadtentwicklungsplan wurde jedoch erst erheblich später verabschiedet; 1977 veröffentlichte die Stadtverwaltung die Bestandsaufnahme, 1985 die Ziele des Entwicklungsplans[58].

Ausgesprochen nützlich sind auch die Jahresberichte des Landkreises Ingolstadt[59] und die Rechenschaftsberichte der Ingolstädter Stadtverwaltung; letztere liegen in Buchform vor und umfassen den Zeitraum von 1945 bis 1982[60]. Zunächst

---

und Auswirkungen auf die Stadtentwicklung, Nürnberg 1978; Detlef Schreiber/Franz Schlamp, Altstadtsanierung: zum Beispiel Ingolstadt, in: Die alte Stadt 8 (1981), S. 337–357.

[53] Vgl. Gerhard Mirsching, Audi. Vier Jahrzehnte Ingolstädter Automobilbau. Der Weg von DKW und Audi nach 1945, Gerlingen 1988; Hans-Rüdiger Etzold/Ewald Rother/Thomas Erdmann, Im Zeichen der vier Ringe, Bd. 1: 1873–1945, Bd. 2: 1945–1968, Ingolstadt, Bielefeld 1992 und 1995; für die Folgezeit vgl. Christian Steiger/Thomas Wirth, Die entscheidenden Jahre. Audi 1965–1975, Königswinter 1995.

[54] Vgl. Jürgen Seidl, Die Bayerischen Motorenwerke (BMW) 1945–1969. Staatlicher Rahmen und unternehmerisches Handeln, München 2002.

[55] Vgl. Raumordnungsplan Mittelbayerisches Donaugebiet (Vorentwurf), hrsg. vom Bayerischen Staatsministerium für Wirtschaft und Verkehr, Landesplanungsstelle, o.O. 1965.

[56] Vgl. Wolfgang Uebe/Markus Furler, Wirtschaft, Bevölkerung und Infrastruktur in Stadt, Kerngebiet und Landkreis Ingolstadt 1980, Basel 1967.

[57] Vgl. Entwicklungsplan Ingolstadt, bearb. von Jochen Bauer u.a., 5 Teile, München 1971/72.

[58] Vgl. Stadtentwicklungsplan. Teil 1: Bestandsaufnahme, Teil 2: Ziele, hrsg. von der Stadt Ingolstadt, o.O. (Ingolstadt) 1977 und 1985.

[59] Vgl. Jahresberichte des Landkreises Ingolstadt 1949–1960, hrsg. vom Landratsamt Ingolstadt, Ingolstadt 1949–1961.

[60] Vgl. Ingolstadt baut auf. Ein Rechenschaftsbericht 1945–1960, hrsg. von der Stadt Ingolstadt, o.O. (Ingolstadt) o.J.; Ingolstadt baut auf. Ein Rechenschaftsbericht 1960–1965, hrsg. von der Stadt Ingolstadt, o.O. (Ingolstadt) o.J.; Ingolstadt plant und baut. Ein Rechenschaftsbericht 1966–1971, hrsg. von der Stadt Ingolstadt, o.O. (Ingolstadt) o.J.; Ingolstadt plant und baut. Ein Rechenschaftsbericht 1972–1982, hrsg. von der Stadt Ingolstadt, o.O. (Ingolstadt) o.J.

erschienen sie unter dem Titel „Ingolstadt baut auf", ab Anfang der siebziger Jahre dann unter dem Titel „Ingolstadt plant und baut", und schon dieser Schwenk vom (Wieder-)Aufbau zur längerfristigen Planung ist bezeichnend für das politische Klima dieser Jahre, das sich gerade in einer aufstrebenden Industriestadt wie Ingolstadt manifestierte. Diese Rechenschaftsberichte enthalten neben einem chronologischen Abriß der wichtigsten Ereignisse vor allem wertvolles Zahlenmaterial, das – stellenweise sogar vergleichende – Aussagen über Finanzen, Stadtentwicklung und kommunale Strukturpolitik zuläßt.

Neben diesen im weiteren Sinne gedruckten Quellen bilden Akten aus kommunalen, staatlichen und nichtstaatlichen Archiven das Fundament der vorliegenden Arbeit. Von besonderer Bedeutung ist dabei zweifellos das Schriftgut der Stadtverwaltung Ingolstadt, das im Kavalier Hepp, einer zum Stadtarchiv umgebauten Festungsanlage, verwahrt wird. Die Überlieferung ist vergleichsweise gut, vor allem, was den Themenbereich kommunale Infrastrukturpolitik angeht. Als ergiebige Quelle haben sich die Protokolle des Stadtrats erwiesen, die zunächst nur als karge Beschlußprotokolle, seit der zweiten Hälfte der fünfziger Jahre aber mehr und mehr als ausführliche Verlaufsprotokolle geführt wurden. Der Stadtrat war auch das Forum für die jährlichen Haushaltsreden der Oberbürgermeister, die in den sechziger und siebziger Jahren wiederholt zu umfassenden Bestandsaufnahmen der Kommunalpolitik gerieten. Aus dem Landratsamt des 1972 aufgelösten Landkreises Ingolstadt hat sich für die Jahre nach 1945 dagegen nur wenig Material erhalten. Der Bestand, der im Staatsarchiv München eingesehen werden kann, ist lückenhaft und reicht kaum über das Jahr 1955 hinaus. Ein regelrechter Glücksfund waren dagegen die Akten des Arbeitsamts Ingolstadt, die ebenfalls im Staatsarchiv München aufbewahrt werden und für die es im gesamten Einzugsbereich des Landesarbeitsamts Südbayern kein Pendant gibt. Dieser Bestand enthält neben einer Fülle von Statistiken auch umfangreiche Strukturberichte für den Arbeitsamtsbezirk Ingolstadt, so daß sich die Entwicklung des regionalen Arbeitsmarktes zwischen 1948 bis 1975 eingehend analysieren läßt.

Während die Überlieferungen der Stadtverwaltung, des Landratsamts und des Arbeitsamts vorwiegend die regionale Perspektive widerspiegeln, ermöglichen die Akten der Zentralbehörden im Bayerischen Hauptstaatsarchiv eine Einordnung der Entwicklung in der Region Ingolstadt in den gesamtbayerischen Kontext. Dies gilt insbesondere für das Schriftgut des Staatsministeriums für Wirtschaft und Verkehr und seiner Landesplanungsabteilung, die in den frühen sechziger Jahren in besonderer Weise mit dem aufstrebenden Industriezentrum befaßt war. Die Region Ingolstadt war einige Zeit sogar so etwas wie das bevorzugte Experimentierfeld der Landesplaner, die hier ihr Instrumentarium erprobten. In diesem Zusammenhang wurden Analysen erstellt, Informationen zusammengetragen und Prognosen versucht, die tiefe Einblicke in die sozioökonomische Struktur der Region und in die Zukunftserwartungen der Planer zulassen.

Ergänzt werden diese Bestände durch Dokumente aus Partei-, Gewerkschafts-, Firmen- und Verbandsarchiven, wobei sich insbesondere die Arbeit in Archiv und Zentralregistratur von Audi als schwierig erwiesen hat. Dagegen lieferten die Recherchen im Ingolstädter Gewerkschaftshaus sowie im Archiv der Sozialen Demokratie, wo das DGB-Archiv und das Zentralarchiv der IG Metall verwahrt werden, Antworten auf die Frage, wie sich die Expansion der Gewerkschaften im Untersuchungsraum vollzog und warum die Sozialdemokratie aus der starken Stellung der Arbeitnehmerorganisationen nur begrenzt Kapital zu schlagen verstand.

4. Der Untersuchungsraum

Es ist selten leicht, eine Region von anderen abzugrenzen; je nach dem, ob man historisch-kulturelle Traditionen, soziale und wirtschaftliche Zusammenhänge oder politisch-administrative Definitionen als Maßstab heranzieht, können sich verschiedene Möglichkeiten ergeben[61]. Für die vorliegende Studie wurden sowohl sozioökonomische als auch verwaltungstechnische Kriterien berücksichtigt. Der Untersuchungsraum baut sich aus drei gleichsam konzentrischen Kreisen auf: Den *ersten* Kreis bilden die traditionsreiche Universitäts- und Festungsstadt Ingolstadt und die etwa 20 Gemeinden der unmittelbaren Umgebung, von denen mehr als die Hälfte im Zuge der Gebietsreform nach Ingolstadt eingemeindet wurde[62]. Marieluise Fleißer, die vor 1933 mit Bertolt Brecht in Berlin gearbeitet hatte und später einer neuen, gesellschaftskritischen bayerischen Literatur den Weg bereiten sollte[63], hat ihre Heimatstadt 1930/31 auf dem Höhepunkt der Weltwirtschaftskrise folgendermaßen beschrieben:

„Die Altstadt hat neun Kirchen, ein Männer- und zwei Frauenklöster. Sie hat vier Hauptstraßen, die genau im Zentrum ein Kreuz bilden. Die beiden Balken sind von einem Stadttor bis zum anderen einen Kilometer lang. Sie hat zwischen diesen Balken ein Gewirr von alten, oft krummen Gassen, die nach Zünften benannt sind oder andere altertümelnde Namen tragen. [...] Sie hat einen volkstümlichen Heiligen, dem man nachsagt, daß er jeden Brand durch dreimaliges Pochen voranmeldet und der seit vier Jahrhunderten durch seine Fürbitte verhütet hat, daß bei einem Brand mehr wie ein einziges Haus in Flammen aufging. [...] Die Stadt hat viele Häuser, die schon zur Zeit des Dreißigjährigen Krieges standen. Sie hat einen Moorbach, der teilweise unterirdisch durch die halbe Stadt läuft und an dessen Lauf die Gärtner und Färber sich angesiedelt haben. Sie hat einen breiten Fluß, der nicht schiffbar ist, eine steinerne Brücke für Fußgänger und Lastwagen und eine Eisenbahnbrücke aus Stahl. Sie hat ein weites Hinterland, das Ackerbau und Hopfenzucht treibt, das aber der Stadt als Käufer mehr und mehr untreu wird, seitdem die direkten Agenten der Industrie das flache Land überschwemmen. Sie hat einen regelmäßigen Viehmarkt, der viel zu oft wegen eingeschleppter Maul- und Klauenseuche gesperrt und an einen anderen Ort verlegt wird, so daß die Kaufkraft eines ganzen Landstrichs abwandert. Sie liegt weit entfernt von den Industriezentren des Reichs, zahlt hohe Fracht- und Transportkosten. Sie liegt gefährlich nahe der Landeshauptstadt, deren leistungsfähige Warenhäuser ihren Geschäften durch Prospekte und Inserate systematisch Konkurrenz machen. Sie hat außerhalb des mittelalterlichen Kerns neugebaute Beamten-, Villen- und Arbeiterviertel, die längst zur Größe der Altstadt angeschwol-

[61] Zur Abgrenzungsproblematik vgl. Otto Dann, Die Region als Gegenstand der Geschichtswissenschaft, in: AfS 23 (1983), S. 652–661, hier S. 658 ff., und Ernst Hinrichs, Regionalgeschichte, in: Carl-Hans Hauptmeyer (Hrsg.), Landesgeschichte heute, Göttingen 1987, S. 16–34, hier S. 18 f. und S. 22 f.
[62] Vgl. Uebe/Furler, Wirtschaft, Bevölkerung und Infrastruktur, S. 2 ff.
[63] Vgl. Hans Pörnbacher/Karl Pörnbacher, Die Literatur, in: Handbuch der bayerischen Geschichte, Bd. 4/2, S. 537–615, hier S. 602 f. und S. 613.

len sind oder darüber hinaus, die aber durch den veralteten Festungsgürtel, durch den Fluß und das selten unterführte Schienennetz unglücklich von ihr abgeschnürt bleiben."[64]

Die sicherlich bedeutendste Schriftstellerin Ingolstadts im 20. Jahrhundert zeichnete das Bild einer Stadt, die mit einem Bein in der Vergangenheit stand, mit dem anderen aber – wenn auch etwas unsicher – in der Moderne. Die Bürger Ingolstadts galten als traditionsbewußt, behäbig und dem Fortschritt wenig zugetan[65], mit einem Wort: als provinziell. Marieluise Fleißer begnügte sich nicht damit, den matt gewordenen Glanz einstiger Größe zu beschreiben, sie hatte auch einen scharfen Blick für die Schattenseiten der jüngsten Vergangenheit, die etwa im wachsenden Gefälle zwischen Zentrum und Peripherie oder der Krise traditioneller Wirtschaftssegmente ihren Ausdruck fanden. Zwischen den Zeilen scheinen die Verunsicherung und die Zukunftsangst der Menschen auf, die in einer Stadt lebten, die beinahe jede überregionale Bedeutung verloren hatte.

Die Krise begann mit dem Ende des Ersten Weltkriegs. Dabei war es nicht das schlimmste, daß mit der Entmilitarisierung der „Schanz" die einst beeindruckende Garnison auf kümmerliche Reste reduziert wurde. Der Verlust zahlloser Arbeitsplätze in der Rüstungsindustrie, die in Ingolstadt unter staatlicher Regie Munition und Geschütze für die königlich-bayerische Armee produziert hatte[66], traf die Stadt noch um einiges härter, zumal sich die Umstellung der Betriebe auf Friedensproduktion schwierig gestaltete[67]. Die wirtschaftliche Krise der Zwischenkriegszeit ging mit einer sozialen Krise Hand in Hand und war eine wesentliche Ursache für die politische Radikalisierung, die Ingolstadt früher erfaßte als andere Regionen Bayerns. Es war allerdings nicht das erste Mal, daß die Stadt an der Donau in besonderer Weise von übergeordneten historischen Entwicklungen betroffen war. Die Entscheidung, Ingolstadt zur zentralen Festung Bayerns auszubauen, die seit 1828 umgesetzt wurde, ließ das Militär für fast ein Jahrhundert zum dominierenden Faktor der Region werden[68]. Soldaten, Kasernen und Festungsbauten, die bis 1897 immer weiter ins Umland vorgeschoben wurden, um der Bedrohung durch moderne Geschütze zu begegnen, prägten das Gesicht der Stadt, die Struktur der Wirtschaft in der Region und die Mentalität der Bevölkerung in spezifischer Weise.

Die Militärs entdeckten Ingolstadt nicht erst im 19. Jahrhundert, als Grenzfestung des alten Kurfürstentums hatte die Stadt im Gegenteil eine lange Tradition,

---

[64] Marieluise Fleißer, Eine Zierde für den Verein. Roman vom Rauchen, Sporteln, Lieben und Verkaufen, in: dies., Gesammelte Werke, Bd. 2: Roman, erzählende Prosa, Aufsätze, Frankfurt am Main 1994, S. 108 f.

[65] Vgl. Rudolf Koller, Die vier Gesichter Ingolstadts, in: Wirtschaftsbeilage des Donau-Kurier vom 25. 10. 1962, S. 4.

[66] Vgl. Brigitte Huber, Wege aus der Stagnation – Ingolstadts Entwicklung zum überregionalen Wirtschaftsstandort, Teil 1, in: Ingolstadt – vom Werden einer Stadt, S. 180–247, hier S. 237 ff. und S. 245 ff.

[67] Vgl. Pohl, Kommunale Wirtschafts- und Finanzpolitik, S. 128–132, S. 181–184, S. 201 ff., S. 239 ff. und S. 260 ff., sowie Edmund Hausfelder, Kommunalpolitik und Verwaltung in Ingolstadt während der Weimarer Zeit, und Beatrix Schönewald, Die NSDAP in Ingolstadt. Organisationen und die ihr angeschlossenen Verbände, in: Ingolstadt im Nationalsozialismus, S. 124–141 und S. 147–172 (hier insbesondere S. 150–163).

[68] Vgl. Ernst Aicher, Die bayerische Landesfestung Ingolstadt, in: Ingolstadt – vom Werden einer Stadt, S. 140–169, hier insbesondere S. 145 und S. 151–168.

die bis ins 16. Jahrhundert zurückreicht, aber fast dreihundert Jahre lang durch die Universität ausbalanciert wurde, die 1472 gegründet worden war. Nach der Reformation avancierte die Universität Ingolstadt zu einer Bannerträgerin des alten Glaubens[69]. So lehrte Johannes Eck, Martin Luthers Erzfeind, an der Hohen Schule, an der aber auch bedeutende Mathematiker wie Peter Apian oder Astronomen wie Christoph Scheiner unterrichteten; die Medizin genoß insbesondere im späten 18. Jahrhundert ebenfalls hohes Ansehen, so daß es nur auf den ersten Blick verwundert, daß Mary Shelley den Protagonisten ihres opus magnum, Victor Frankenstein, in Ingolstadt Medizin studieren ließ[70]. Ingolstadt konnte sich bis 1800 im Glanz der Universität sonnen; dann ließ Kurfürst Max IV. Joseph die Hohe Schule nach Landshut verlegen. Der Verlust der Universität hätte Ingolstadt in jedem Fall hart getroffen, da aber zugleich die Festung geschleift wurde, die im September 1799 den Franzosen hatte übergeben werden müssen, wuchs er sich zu einer wahren Katastrophe aus. Ares und Athene hatten Ingolstadt gleichzeitig verlassen; die Region Ingolstadt sollte sich von diesem Schlag erst in der zweiten Hälfte des 20. Jahrhunderts erholen.

Der *zweite* Kreis des Untersuchungsraums ist identisch mit dem im Zuge der Gebietsreform aufgelösten Landkreis Ingolstadt, der Anfang der siebziger Jahre mit 39 zum Teil noch stark agrarisch geprägten Gemeinden und fast 60 000 Einwohnern zu den kleineren Landkreisen Oberbayerns zählte. Allerdings zeigt ein Blick auf die Bevölkerungsentwicklung, daß der Landkreis Ingolstadt nach einer Phase der Stagnation in den fünfziger Jahren von den Impulsen profitierte, die von der Stadt ausgingen. Zwischen 1961 und 1969 stieg die Einwohnerzahl in den kreisangehörigen Gemeinden um fast ein Viertel und wies damit die höchste Zuwachsrate unter allen bayerischen Landkreisen auf[71]. Der *äußere* Kreis des Untersuchungsraums umschließt die 1972 konstituierte Planungsregion 10, die aus der Anfang der sechziger Jahre definierten Planungsregion Mittelbayerisches Donaugebiet hervorgegangen ist und zu der heute neben der kreisfreien Stadt Ingolstadt die Landkreise Eichstätt, Pfaffenhofen an der Ilm und Neuburg-Schrobenhausen gehören. Die größte Ost-West-Ausdehnung der Planungsregion 10 beträgt etwa 55 Kilometer, die größte Nord-Süd-Ausdehnung etwa 70 Kilometer; 1975 lebten in 152 Gemeinden rund 332 000 Menschen, mehr als ein Viertel davon in der Stadt Ingolstadt[72].

Das Mittelbayerische Donaugebiet, dessen Zentrum Ingolstadt nicht nur geographisch bildet, liegt gleichsam im Herzen Bayerns und im Schnittpunkt der Verdichtungsräume um München, Augsburg, Nürnberg und Regensburg. Die Flüsse Donau und Altmühl haben dieser Region ihr Gesicht gegeben, die in drei Land-

---

[69] Vgl. die geraffte Darstellung bei Benno Hubensteiner (Hrsg.), Ingolstadt, Landshut, München. Der Weg einer Universität, Regensburg 1973.

[70] Vgl. Theodor Straub, Die Mutter des Mythos vom modernen Menschen. Zum 200. Geburtstag Mary Shelleys, in: Donau-Kurier vom 30./31.8.1997, o.P. (Beilage zum Wochenende).

[71] Vgl. Landkreis Ingolstadt, hrsg. von der Landeszentrale für politische Bildungsarbeit, München o.J. (1971), S. 39f.

[72] Vgl. Raumordnungsplan Mittelbayerisches Donaugebiet (1965), S. 69–108 (das Exemplar, mit dem hier gearbeitet wurde, befindet sich in der wissenschaftlichen Bibliothek der Stadt Ingolstadt), und Region Ingolstadt, hrsg. vom Bayerischen Staatsministerium für Landesentwicklung und Umweltfragen und dem Planungsverband der Region Ingolstadt, o.O. 1977, S. 7–12.

schaftstypen zerfällt. Im Süden liegt das Donau-Isar-Hügelland. Flache, oft bewaldete Höhenzüge und ein Netz fein verzweigter Täler bestimmen das Bild; eine etwas eintönige Landschaft gewiß, aber gesegnet mit fruchtbaren, leicht zu bebauenden Böden. Daß man es hier mit altem Bauernland zu tun hat, zeigt sich noch heute an der kleinräumigen Siedlungsstruktur mit vielen Dörfern, Marktflecken und kleinen Städten, die ihren ländlichen Charakter nicht verleugnen können, obwohl die Landwirtschaft seit 1950 Zug um Zug an Bedeutung verloren hat[73]. Nach Norden, zur Donau hin, werden die Hügel flacher. Dort breitet sich das Donaumoos aus, ein ausgedehntes Talbecken, das fast völlig eben ist; größere Waldgebiete fehlen, lediglich Auwälder folgen dem Lauf der Donau, die vor ihrer Regulierung in den Jahren 1861 bis 1867 regelmäßig über die Ufer trat und Überschwemmungen auslöste, von denen romantische Altwasser und Kiesbänke zeugen. Das Donaumoos, das sich von Neuburg an der Donau bis östlich von Ingolstadt erstreckt, wurde erst um 1790 trockengelegt und kultiviert; wo bis dahin nur eine kümmerliche Weidewirtschaft möglich war, konnte seither auch Ackerbau betrieben werden[74]. Nördlich der Donau erstreckt sich die Südliche Frankenalb, ein hügeliges, aus Kalkstein aufgebautes Hochland, das sich bis zu 580 Meter über den Meeresspiegel erhebt[75]. Diese Landschaft hat etwas Schroffes, ja Wildes; dafür ist nicht zuletzt die Altmühl verantwortlich, die sich 100 Meter und tiefer in die Albhochflächen eingegraben und bizarre Gesteinsformationen oder steile Abbrüche hinterlassen hat.

Das Mittelbayerische Donaugebiet ist eine alte Siedlungs- und Kulturlandschaft. Im dritten Jahrhundert vor Christus gehörte die Region zum Herrschaftsbereich der Vindeliker, eines keltischen Volksstamms, der bei Manching sein wirtschaftliches und kulturelles Zentrum hatte. Von diesem einst prosperierenden Gemeinwesen – laut Peter Claus Hartmann „die älteste Stadt nördlich der Alpen"[76] – sind noch heute Reste eines mächtigen Ringwalls zu bewundern, der als der größte seiner Art in Europa gilt[77]. Als die Römer im Jahr 15 vor Christus an die Donau vorstießen, lag die Keltenstadt bereits einige Jahrzehnte in Trümmern. Unter den neuen Herren wurde das Land an der mittleren Donau Teil der Provinz Raetien, durch Straßen und Siedlungen erschlossen und durch Kastelle – etwa bei Oberstimm, Gaimersheim, Kösching, Pförring oder Manching – gesichert. Als vergleichsweise weit vorgeschobener Außenposten der römischen Zivilisation war die Region besonders exponiert, zumal in der späten Kaiserzeit, als die Donau die Nordgrenze des römischen Reiches bildete. Auch nachdem die Herrschaft Roms in Süddeutschland in der zweiten Hälfte des fünften Jahrhunderts zusammengebrochen war, blieb das mittelbayerische Donaugebiet ein attraktives Siedlungsgebiet; fruchtbare Böden und ein gemäßigtes Klima versprachen gute

---

[73] Vgl. Raumordnungsplan Mittelbayerisches Donaugebiet (1965), S. 5–18.
[74] Vgl. Die Kreisfreien Städte und Landkreise Bayerns in der amtlichen Statistik: Kreisfreie Stadt und Landkreis Neuburg a. d. Donau, hrsg. vom Bayerischen Statistischen Landesamt, o. O. 1971, S. 2f.
[75] Die Kreisfreien Städte und Landkreise Bayerns in der amtlichen Statistik: Kreisfreie Stadt und Landkreis Eichstätt, hrsg. vom Bayerischen Statistischen Landesamt, o. O. 1969, S. 2f.
[76] Peter Claus Hartmann, Bayerns Weg in die Gegenwart. Vom Stammesherzogtum zum Freistaat heute, Regensburg 1989, S. 45.
[77] Vgl. Markt Manching. Von der Keltenstadt zum Markt und Luftfahrtzentrum, hrsg. vom Markt Manching, Friedberg 1996, S. 10ff.

Ernten, die strategische Lage – da sich die Donau hier in mehrere Arme teilte, ließ sich der Strom leichter überwinden – begünstigte den Handel.

Das Land an der mittleren Donau wurde in den Jahrhunderten nach der Völkerwanderung zu einem integralen Bestandteil des bayerischen Stammesherzogtums[78]. Früh entstanden Märkte und Städte, die zum Teil auf römische oder sogar auf keltische Siedlungen zurückgehen. Eichstätt erhielt bereits 908 Stadtrechte, nachdem das Kloster schon 741 zum Bischofssitz erhoben worden war. Für fast 350 Jahre blieb Eichstätt die einzige Stadt weit und breit; Ingolstadt, das als karolingisches Kammergut 806 erstmals in einer Urkunde Erwähnung fand, wurde um 1250 zur Stadt erhoben und gewann vor allem zwischen 1392 und 1447 als Residenz des Herzogs von Bayern-Ingolstadt rasch an Bedeutung[79]. Westlich von Ingolstadt lag mit Neuburg an der Donau das dritte Zentrum der Region. Erste Befestigungen waren dort schon in römischer Zeit entstanden, um einen strategisch wichtigen Flußübergang zu sichern, 680 wurde der Ort Civitas Nova erstmals urkundlich erwähnt und 1332 zur Stadt erhoben; wie Ingolstadt war auch Neuburg an der Donau zeitweise Residenz und profitierte kulturell wie ökonomisch vom Glanz des fürstlichen Hofes. Pfaffenhofen konnte da – obwohl schon 1318 von Kaiser Ludwig dem Bayern mit Stadtrechten privilegiert und trotz der Nähe zu so bedeutenden Klöstern wie Ilmmünster und Scheyern – ebensowenig mithalten wie Schrobenhausen, das 1447 zur Stadt aufstieg, aber nie mehr war als ein lokaler Knotenpunkt inmitten einer bäuerlichen Umgebung. Das Mittelbayerische Donaugebiet mit Ingolstadt als Zentrum hat also eine ausgesprochen reiche Geschichte, die Wirtschaftsentwicklung, Sozialstruktur, politische Kultur und Mentalität entscheidend prägte. Der Eigen-Wert dieser Region ist somit ebenso in hohem Maße historisch determiniert wie der Eigen-Sinn[80] ihrer Bewohner.

[78] Zur römischen Herrschaft in Südbayern, zur Genesis des bayerischen Volksstamms und zum bayerischen Stammesherzogtum vgl. Hartmann, Bayerns Weg, S. 44–59.
[79] Zu Eichstätt vgl. Kreisfreie Stadt und Landkreis Eichstätt (1969), S. 3 ff., zu Ingolstadt vgl. Gerd Riedel, Vom Kammergut zur Stadt – Aussagen der Archäologie zur Frühzeit Ingolstadts, und Beatrix Schönewald, Ingolstadt – vom Werden einer Stadt. Geschichten und Gesichter, in: Ingolstadt – vom Werden einer Stadt, S. 10–21 und S. 34–61, hier S. 35–52, zu Neuburg an der Donau vgl. Kreisfreie Stadt und Landkreis Neuburg a.d. Donau (1971), S. 3 ff., zu Pfaffenhofen vgl. Die Kreisfreien Städte und Landkreise Bayerns in der amtlichen Statistik: Landkreis Pfaffenhofen a.d. Ilm, hrsg. vom Bayerischen Statistischen Landesamt, o.O. 1969, S. 3 f., zu Schrobenhausen vgl. Die Kreisfreien Städte und Landkreise Bayerns in der amtlichen Statistik: Landkreis Schrobenhausen, hrsg. vom Bayerischen Statistischen Landesamt, o.O. 1967, S. 3.
[80] Zum Konzept vgl. Alf Lüdtke, Eigen-Sinn. Fabrikalltag, Arbeitererfahrungen und Politik vom Kaiserreich bis in den Faschismus, Hamburg 1993, S. 9–15.

II. Wirtschaft und Bevölkerung zwischen Krieg und Frieden

1. Wirtschaftskrise und Rüstungskonjunktur

Der Leiter des Arbeitsamts Ingolstadt brauchte im Sommer 1937, als die Ausläufer der Rüstungskonjunktur auch die agrarisch geprägten Regionen Bayerns erreicht hatten, nicht viele Worte zu machen, um die Wirtschafts- und Sozialstruktur seines Bezirks zu beschreiben, zu dem neben der Stadt und dem Landkreis Ingolstadt auch die Landkreise Aichach, Schrobenhausen und Pfaffenhofen gehörten. Die „Stammesunterschiede" in dieser altbayerisch-katholischen Region seien ebenso unerheblich wie die Bekenntnisunterschiede, die „Aufteilung der Bevölkerung in Stadt- und Landbewohner" könne als „ziemlich ausgeglichen" bezeichnet werden. „Ausgesprochene Zusammenballungen von Industrien" gebe es nicht, der „überwiegende Teil der Bevölkerung" lebe von der Landwirtschaft. Allerdings sei seit dem Ende der Weltwirtschaftskrise „eine zunehmende Abwanderung aus der Landwirtschaft zu beobachten, die durch die schlechten sozialen Verhältnisse auf dem Lande und durch den Mangel an Arbeitskräften vor allem im Baugewerbe begünstigt" worden sei. „Der Wunsch nach besserer Ausbildung oder besserer Bezahlung" mache es verständlich, daß es viele „Arbeiter in die Großstadt" ziehe, „gute Fachkräfte" aber kaum motiviert werden könnten, „aufs flache Land" zu gehen[1].

Damit waren nicht nur die strukturellen Probleme der Region Ingolstadt vor dem Zweiten Weltkrieg, sondern ganz allgemein diejenigen der bayerischen Provinz benannt: die mangelhafte Infrastruktur auf allen Ebenen, die mit einer Schwäche des Dienstleistungssektors korrespondierte, die Gefahr der sozialen Erosion durch die Abwanderung junger Männer und Frauen in die urbanen Zentren, die trotz eines erkennbaren Aufschwungs ungenügenden Impulse aus der Industrie, die zumeist aus kleinen, für den regionalen Markt produzierenden Betrieben bestand und nur vergleichsweise wenige krisensichere Arbeitsplätze bot, und die Dominanz der Landwirtschaft. Es war jedoch nicht nur die Wirtschafts- und Sozialstruktur, die weiten Teilen Bayerns den Charakter eines Agrarlands gab, sondern es waren auch die damit verbundenen Wertehorizonte und mentalen Dispositionen der Bevölkerung[2].

Das Bayerische Statistische Landesamt klassifizierte die Landkreise Eichstätt, Ingolstadt, Neuburg an der Donau, Pfaffenhofen und Schrobenhausen 1939 wie

---

[1] StA München, Arbeitsämter 1419, Ausarbeitung: „Die Wirtschaftsstruktur des Arbeitsamtsbezirks Ingolstadt", undatiert (1937).
[2] Vgl. Maximilian Lanzinner, Zwischen Sternenbanner und Bundesadler. Bayern im Wiederaufbau 1945–1958, Regensburg 1996, S. 166.

zwei Drittel aller bayerischen Landkreise als Landkreise des Typs A, also als überwiegend bäuerlich geprägte Gebiete, in denen mehr als 50 Prozent der Erwerbspersonen in der Land- und Forstwirtschaft arbeiteten[3]. Allerdings zeigt sich spätestens auf den zweiten Blick, daß die Landkreise des Mittelbayerischen Donaugebiets keine homogene Einheit bildeten. So waren im Landkreis Neuburg an der Donau noch drei Viertel und in den Landkreisen Pfaffenhofen und Schrobenhausen rund zwei Drittel aller Erwerbstätigen in der Land- und Forstwirtschaft beschäftigt. Der Landkreis Ingolstadt dagegen hatte offensichtlich bereits einen anderen Entwicklungspfad eingeschlagen; hier lag der Anteil der Erwerbspersonen im primären Sektor mit circa 53 Prozent am niedrigsten. Dieser Wert überstieg zwar den Landesdurchschnitt noch immer bei weitem, der Landkreis Ingolstadt hatte sich 1939 aber als einziger Landkreis des Mittelbayerischen Donaugebiets dem von den Statistikern als Typ B bezeichneten Strukturtypus des gemischtwirtschaftlichen Kreises mit landwirtschaftlicher Orientierung angenähert. Es ist daher auch nicht überraschend, daß hier mehr Menschen in Industrie und Handwerk arbeiteten als in allen Nachbarlandkreisen, nämlich etwa 24 Prozent; im Landkreis Neuburg an der Donau waren kaum 15 Prozent der Erwerbstätigen in diesem Segment der Wirtschaft beschäftigt. Fast noch stärker fielen die Entwicklungsunterschiede in den Bereichen Handel und Verkehr beziehungsweise öffentlicher Dienst und private Dienstleistungen ins Auge: Im Landkreis Ingolstadt war die Expansion des tertiären Sektors für eine ländliche Region nämlich relativ weit fortgeschritten; der Anteil von 15 Prozent der Erwerbspersonen auf dem Feld öffentlicher Dienst und private Dienstleistungen lag nahe am Landesdurchschnitt, der für die anderen Landkreise des Untersuchungsraums ein abstrakter Richtwert blieb.

Der tertiäre Sektor war eine Domäne der drei regionalen Zentren Ingolstadt, Eichstätt und Neuburg an der Donau, die vom Bayerischen Statistischen Landesamt 1939 als Städte des Typs S – also als Städte mit besonderen Funktionen in den Wirtschaftsbereichen Handel und Verkehr beziehungsweise öffentlicher Dienst und private Dienstleistungen – eingestuft wurden. Der Anteil der Beschäftigten in diesen Wirtschaftsbereichen war in den traditionsreichen Schul- und Verwaltungsstädten Neuburg und Eichstätt am höchsten. In Ingolstadt war dagegen das produzierende Gewerbe weitaus stärker vertreten; absolut und relativ arbeiteten in den Landkreisen und Städten des Mittelbayerischen Donaugebiets nirgends mehr Menschen in Industrie und Handwerk als hier, wo aufgrund verschiedener, zum Teil sehr personalintensiver Dienststellen der Reichsbahn auch das Segment Handel und Verkehr einen auffallend hohen Stellenwert besaß.

Die Industriebetriebe, die sich im Mittelbayerischen Donaugebiet niedergelassen hatten, sind vielfach einem Unternehmenstypus zuzuordnen, den man in Bayern häufig antreffen konnte. Diese meist kleinen Betriebe produzierten Konsum-

[3] Vgl. hierzu und zum folgenden Die bayerischen Stadt- und Landkreise. Ihre Struktur und Entwicklung 1939 bis 1950, hrsg. vom Bayerischen Statistischen Landesamt, München 1953, Bd. 1: Regierungsbezirke Oberbayern, Niederbayern, Schwaben, S. 5*–21*, S. 6f., S. 38f., S. 50f., S. 56f., S. 136f. und S. 168f., sowie Bd. 2: Regierungsbezirke Oberpfalz, Oberfranken, Mittelfranken, Unterfranken, S. 108f. und S. 126f. Die Zahlenangaben sind den nachstehenden Tabellen entnommen, wobei anzumerken ist, daß die Daten in den verschiedenen Veröffentlichungen des Bayerischen Statistischen Landesamts offensichtlich wegen veränderter Berechnungs- oder Erhebungsgrundlagen zum Teil signifikant differieren.

güter, insbesondere Nahrungs- und Genußmittel, auf der Basis heimischer landwirtschaftlicher Produkte oder spezieller standortnaher Rohstoffe[4]. In den Land-
strichen nördlich der Donau spielte etwa die Natursteinindustrie eine gewichtige
Rolle, wo nicht nur Dolomit für den Straßenbau, sondern auch – vor allem in der
Nähe von Eichstätt – Kalkstein und Marmorkalk gewonnen wurden; im Landkreis Eichstätt fanden sich auch ein Kreidewerk (Wellheim) und eine Glashütte
(Konstein), deren Bedeutung über das Mittelbayerische Donaugebiet hinausreichte[5].

Reiche Vorkommen an Sand und Kies, die die Donau angehäuft hatte, wurden
nicht nur im Landkreis Ingolstadt für das Baugewerbe ausgebeutet; eines der bekanntesten Unternehmen dieser Branche, die Donau-Kies-Baggerei Ingolstadt,
war von Sebastian Weinzierl bereits 1898 gegründet worden[6]. Da sich zudem Zie-
gellehm und Tonerde fanden, ließen sich auch zahlreiche kleinere und größere
Ziegeleien im Mittelbayerischen Donaugebiet nieder. Die waldreichen Gebiete im
Süden und Norden dieser Region lieferten dagegen den Rohstoff für Sägewerke
und die Herstellung von Papier.

Auch die Verarbeitung und Veredelung agrarischer Erzeugnisse hatten im Mittelbayerischen Donaugebiet Tradition; man denke nur an die Brauwirtschaft, die
hier besonders günstige Standortbedingungen vorfand, weil Bayerns „grünes
Gold", der Hopfen, in der Hallertau um Pfaffenhofen und Mainburg angebaut
wurde. Allerdings ist zu beobachten, daß in den dreißiger Jahren industrielle Pro-
duktions- und Fertigungsmethoden gegenüber handwerklichen Traditionen mehr
und mehr an Boden gewannen. So entstanden in Schrobenhausen eine große
Hanf- und Flachsröste und eine Fabrik für Kartoffelflocken und Kartoffelstärke[7].
In Reichertshausen, wo bis 1918 Munition und dann bis 1927 Dreschmaschinen
hergestellt worden waren, produzierte eine 1935 von der Firma Kraft aus Linden-
berg im Allgäu übernommene Molkerei Chester-Käse und verarbeitete dabei pro
Tag 4000 bis 6000 Kilogramm Milch, die von Bauernhöfen aus der näheren Umgebung angeliefert wurden[8]. In Pfaffenhofen entwickelte sich die Firma Hipp aus
bescheidenen Anfängen zu einem überregional bekannten Hersteller von Nah-
rungsmitteln für Babies und Kleinkinder; das 1932 aus einer Konditorei mit Café
herausgewachsene Unternehmen produzierte bald etwa 200 000 Pakete des Kin-
der-Zwiebackmehls, das der Wachszieher und Lebzelter Josef Hipp einst für seine
eigenen Kinder erfunden hatte[9]. Ausnahmen bestätigten jedoch auch im Mittel-

---

[4] Vgl. Walter L. Bühl, Die Sondergeschichte der Bayerischen Industrialisierung im Blick auf die postindustrielle Gesellschaft, in: Aufbruch ins Industriezeitalter, Bd. 1, S. 203–227, hier S. 207.
[5] Hierzu und zum folgenden vor allem StA München, Arbeitsämter 1419, Ausarbeitung: „Die Wirtschaftsstruktur des Arbeitsamtsbezirks Ingolstadt", undatiert (1937), und den Strukturbericht des
Arbeitsamts Ingolstadt vom 23. 4. 1947.
[6] Vgl. Huber, Wege aus der Stagnation, in: Ingolstadt, Teil 1, S. 228.
[7] Vgl. Unsere Stärke: 1938–1988. 50 Jahre Kartoffelstärke Schrobenhausen eG, Schrobenhausen o.J.
(1988).
[8] Vgl. Martin Sedlmeier, Reichertshausen. Ein Streifzug von der Vergangenheit zur Gegenwart, Pfaffenhofen an der Ilm 1994, S. 38 f.
[9] Vgl. Werner Bader, Mit Babynahrung groß geworden. Die Pfaffenhofener Unternehmerfamilie
Hipp schaffte es, ein Weltunternehmen als Familienbetrieb zu erhalten, in: Karl Jörg Wohlhüter/
Kurt Hogl (Hrsg.), Tradition verpflichtet. Große Familien in Bayern, Regensburg 1999, S. 86–91,
hier S. 86 f.

Bevölkerungsentwicklung in den kreisfreien Städten und Landkreisen der Region Ingolstadt 1939 bis 1970[10]

	Ingol- stadt	LK Ingol- stadt	Eich- stätt	LK Eich- stätt	LK Schro- benhausen	LK Pfaffen- hofen	Neuburg	LK Neu- burg	Bayern
1939	33394	33416	8150	25388	22652	40160	9616	32113	7084086
1950	40523	44715	10883	32496	32915	54391	13966	45394	9184466
	+ 7129	+11299	+ 2733	+ 7108	+10263	+14231	+ 4350	+13281	+ 2100380
	+ 21,3%	+ 33,8%	+ 33,5%	+ 28,0%	+ 45,3%	+ 35,4%	+ 45,2%	+ 41,4%	+ 29,6%
1961	53405	49251	10625	29785	29061	49898	16461	39792	9515479
	+12882	+ 4536	- 258	- 2711	- 3854	- 4493	+ 2459	- 5602	+ 331013
	+ 31,8%	+ 10,1%	- 2,4%	- 8,3%	- 11,7%	- 8,3%	+ 17,6	- 12,3%	+ 3,6%
1970	70414[11]	56462[12]	10401	31978	31340	55628	18699	42507	10479386
	+17009	+ 7211	- 224	+ 2193	+ 2279	+ 5730	+ 2238	+ 2715	+ 963907
	+ 31,8%	+ 14,6%	- 2,1%	+ 7,4%	+ 7,8%	+ 11,5%	+ 13,6%	+ 6,8%	+ 10,1%

10 Vgl. Bayerische Gemeinde- und Kreisstatistik, hrsg. vom Bayerischen Statistischen Landesamt, München 1942, H. 1: Oberbayern, S. 2, S. 66, S. 98 und S. 122, H. 6: Mittelfranken, S. 18, und H. 8: Schwaben, S. 90 und S. 98; Bayerische Gemeinde- und Kreisstatistik 1949/50, hrsg. vom Bayerischen Statistischen Landesamt, München 1952, H. 1: Oberbayern, S. 2, S. 62, S. 102 und S. 122, H. 5: Mittelfranken, S. 2 und S. 22, und H. 7: Schwaben, S. 2 und S. 102; Bayerische Gemeindestatistik 1960/61. Teil 1: Bevölkerung und Erwerbstätigkeit. Ergebnisse der Volks- und Berufstätigkeit am 6. Juni 1961, hrsg. vom Bayerischen Statistischen Landesamt, München 1963, Bd. A: Regierungsbezirke Oberbayern, Niederbayern, Oberpfalz, S. 2, S. 60, S. 80 und S. 88, Bd. B: Regierungsbezirke Oberfranken, Mittelfranken, Unterfranken, Schwaben, S. 346, S. 358, S. 490 und S. 546; Bayerische Gemeindestatistik 1970, Bd. 4: Bevölkerung und Erwerbstätigkeit. Ergebnisse der Volkszählung am 27. Mai 1970 (Gebietsstand: 27. Mai 1970), hrsg. vom Bayerischen Statistischen Landesamt, München 1972, Teil A: Regierungsbezirke Oberbayern, Niederbayern, Oberpfalz, Oberfranken, Mittelfranken, Unterfranken, S. 18.

11 Das Bevölkerungswachstum dieser Dekade erklärt sich nicht zuletzt aus der Eingemeindung der Kommunen Unsernherrn (1. 1. 1962) und Friedrichshofen (1. 7. 1969).

12 Hier ist der Verlust der Gemeinden Unsernherrn und Friedrichshofen zu berücksichtigen.

bayerischen Donaugebiet die Regel, und zwar nicht nur – wie noch zu zeigen sein wird – in Ingolstadt. Mit den Amperwerken[13] fand sich in Pfaffenhofen ein Unternehmen der zukunftsorientierten Elektrizitätswirtschaft, das für die Stromversorgung der gesamten Region von erheblicher Bedeutung war.

Zu einem wichtigen Wirtschaftsfaktor avancierte in relativ kurzer Zeit das Militär. Nachdem 1935 die allgemeine Wehrpflicht wiedereingeführt worden war und die Rüstungsanstrengungen des Deutschen Reiches massiv verstärkt wurden, entstanden im Raum Ingolstadt diverse Einrichtungen militärischer Infrastruktur[14]. Um 1937 beschäftigte die Wehrmacht mehr als 2000 Arbeiter und Angestellte und zählte damit zu den größten Arbeitgebern der Region. In Manching und Zell bei Neuburg an der Donau baute die Luftwaffe Flugplätze, in Desching und Ebenhausen[15], wo es bereits vor 1918 Anlagen zur Herstellung von Pulver und Munition gegeben hatte, wurden Munitionsfabriken errichtet. In einem ausgedehnten Waldgebiet südlich von Schrobenhausen begannen 1938 die Arbeiten an einer geheimen chemischen Fabrik; im Auftrag der Degussa waren bis zu 800 Arbeiter aus dem näheren Umkreis, aber auch aus Niederbayern, Franken und Schwaben damit beschäftigt, ein Werk zu errichten, das ausschließlich chemische Grundstoffe für militärische Zwecke produzieren sollte[16].

Ingolstadt selbst verlor zwar im August 1938 seinen Status als Festung[17], das Militär konnte jedoch dennoch einen erheblichen Teil des Terrains zurückerobern, das es nach dem Ersten Weltkrieg verloren hatte. Die kleine Garnison der Reichswehr, die der Stadt in der Weimarer Zeit geblieben war, wuchs erheblich an; zudem wurde Ingolstadt wie schon vor 1918 zu einem stattlichen Arsenal ausgebaut. Besonderes Gewicht kam dabei dem Heereszeugamt zu, das vor allem während des Zweiten Weltkriegs Arbeitskräfte in großem Stil – darunter viele Zwangsarbeiter – beschäftigte und als Teil der wehrmachtseigenen Logistik für die Produktion von Munition, die Wartung von beschädigten Geschützen und Fahrzeugen sowie für die Instandsetzung von erbeutetem Kriegsmaterial verantwortlich zeichnete[18]. Der Ausbau der militärischen Infrastruktur stieß in Ingolstadt ebenso auf Zustimmung wie die Verstärkung der Garnison. Die hohe Akzeptanz der Rüstungsmaßnahmen beruhte jedoch weniger auf wehmütigen Reminiszenzen an die königlich-bayerische Armee als auf der weitverbreiteten Annahme, die „Phase der Depression und der urbanen Krise"[19], die Ingolstadt nach dem Ersten

---

[13] Vgl. Manfred Pohl, Das Bayernwerk 1921 bis 1996, München/Zürich 1996, S. 152 ff.
[14] Vgl. Raumordnungsplan Mittelbayerisches Donaugebiet (1965), S. 216 ff.; Hans Fegert, Luftangriffe auf Ingolstadt. Geheime historische Dokumente, Fotos und Zeitzeugenberichte aus den Jahren 1939 bis 1945, Kösching 1989, S. 43, S. 75 f. (Übersetzung des Informationsblatts der U.S. Air Force über den Fliegerhorst Manching, 1944), S. 226–230 und S. 267 ff.
[15] Stadtarchiv Ingolstadt, A 7275, Josef Kopold: Chronik der Gemeinde Ebenhausen von 1966.
[16] Vgl. Bernhard Rödig, Das unheimliche Werk im Wald. Der Rüstungsbetrieb Paraxol, in: ders./Mathias Petry (Hrsg.), Der Tag, an dem die Amerikaner kamen. Kriegsende in Schrobenhausen, Schrobenhausen 1995, S. 101–118, hier S. 101–105.
[17] Stadtarchiv Ingolstadt, A 7304, Der Oberbefehlshaber des Heeres (gez. Franz Halder) an den preußischen Ministerpräsidenten und die bayerische Staatskanzlei vom 19. 9. 1938.
[18] Vgl. Fegert, Luftangriffe, S. 71 f. (Übersetzung des Informationsblatts der U.S. Air Force über das Heereszeugamt Ingolstadt vom 5. 9. 1944).
[19] Huber, Wege aus der Stagnation, Teil 1, in: Ingolstadt – vom Werden einer Stadt, S. 247.

Weltkrieg erfaßt und bis Anfang der dreißiger Jahre nicht losgelassen hatte, sei nun ein für alle Mal zu Ende.

1919 hatte sich schließlich das Trauma des Jahres 1800 wiederholt, als die Stadt nach der Verlegung der Universität durch die Demilitarisierung auch das zweite strukturprägende Element von Wirtschaft und Gesellschaft verloren hatte. Dieses Trauma begann zu verblassen, als die Wehrmacht nach 1935 die Stadt Zug um Zug in Besitz nahm, war mit dem Einzug der Soldaten und dem Bau militärischer Anlagen doch die Hoffnung auf neue Arbeitsplätze, belebende Impulse für Handel und Gewerbe oder neue Mittel zur Modernisierung der kommunalen Infrastruktur verbunden. Tatsächlich setzte in den letzten Vorkriegsjahren ein spürbarer Aufschwung ein, doch der Preis dafür war hoch: Zum einen litt die Stadtentwicklung unter den Anforderungen und Bedürfnissen der Wehrmacht, zum anderen aber machte die Konzentration militärischer Einrichtungen Ingolstadt in der Endphase des Zweiten Weltkriegs zu einem begehrten Ziel für feindliche Bomberpiloten, wie die Bürgerinnen und Bürger der Stadt bitter erfahren mußten[20].

Vor der kurzlebigen Rüstungskonjunktur hing das wirtschaftliche Wohl und Wehe der Stadt nicht zuletzt vom Erbe des königlich-bayerischen Heeres ab, das nicht nur wuchtige Festungs- und Kasernenbauten, sondern auch zwei große Rüstungsschmieden – die königlich-bayerische Geschützgießerei und Geschoßfabrik sowie das königlich-bayerische Hauptlaboratorium – hinterlassen hatte, in denen bis zu 17000 Männer und Frauen Tag und Nacht damit beschäftigt gewesen waren, Waffen und Munition zu produzieren[21]. Nach dem Waffenstillstand vom November 1918 hieß das Zauberwort: Konversion. Die bayerischen Heeresbetriebe in Ingolstadt wurden mit Billigung des Landtags dem Reichsschatzministerium unterstellt und als Reichswerk Ingolstadt, Abteilung Hüttenwerk, und als Reichswerk Metallwarenfabrik Teil des staatlichen Industriekonzerns Deutsche Werke AG[22].

Es war freilich alles andere als einfach, dort Pflugscharen herzustellen, wo zuvor Schwerter geschmiedet worden waren. Zunächst übernahm man Reparaturaufträge für die Reichsbahn und fertigte Armaturen für Wasser- oder Heizungsanlagen, 1920 begann dann die von schmerzhaften Geburtswehen begleitete Produktion von Spinnereimaschinen. Der Ingenieur Otto von Großmann erinnerte sich noch Jahrzehnte später daran, daß die Aufgabe, aus einer „Munitionsfabrik eine Maschinenfabrik zu machen, so schwierig" gewesen sei, „daß man immer wieder am Erfolg" habe „zweifeln" müssen[23]. Trotz dieser Probleme wurden die Ingolstädter Betriebe 1925 als Deutsche Spinnereimaschinenbau AG aus dem Verbund der Deutschen Werke herausgelöst; 74 Prozent des Aktienkapitals hielt die

[20] Vgl. Josef Listl, Ingolstadts Situation vor dem 2. Weltkrieg, abgedruckt in: Fegert, Luftangriffe, S. 45 f., und Hofmann, Partnerschaft, S. 274; vgl. auch S. 27 f. der vorliegenden Studie.

[21] Vgl. Huber, Wege aus der Stagnation, Teil 1, in: Ingolstadt – vom Werden einer Stadt, S. 245.

[22] Vgl. Egon Karplus, Die Deutschen Werke. Ein Beispiel für die Stellung des Staates als Unternehmer in Konkurrenz mit der Privatindustrie, Diss., Gießen 1927; zur Geschichte der Heeresbetriebe und der Despag vgl. vor allem 75 Jahre Textilmaschinenbau, hrsg. von der Schubert und Salzer Maschinenfabrik AG, Ingolstadt 1958, S. 41–52, und Hofmann, Partnerschaft, S. 208–212, S. 246 f. und S. 293.

[23] Zit. nach Brigitte Huber, Wege aus der Stagnation – Ingolstadts Entwicklung zum überregionalen Wirtschaftsstandort, Teil 2, in: Ingolstadt – vom Werden einer Stadt, S. 254–291, hier S. 260.

VIAG, 26 Prozent der Freistaat Bayern, der 1932, auf dem Höhepunkt der Weltwirtschaftskrise, alle Aktiva übernahm. Die Despag, wie das Unternehmen allgemein genannt wurde, war von Anfang an der wichtigste Arbeitgeber der Stadt und der größte Industriebetrieb der gesamten Region. Allerdings zeigte sich rasch, daß die Despag nicht gerade ein stabiles Unternehmen war, wie ein Blick auf die quantitative Entwicklung der Belegschaft erkennen läßt. 1925 startete die Despag mit 2500 Beschäftigten, mußte den Personalstand aber trotz der an sich nicht ungünstigen wirtschaftlichen Lage bald drastisch reduzieren. 1928 zählte man nur noch 1800 Arbeiter und Angestellte. Zu den größten Einschnitten kam es jedoch im Zuge der Weltwirtschaftskrise, als die Belegschaft auf ganze 580 Mitarbeiter – die noch dazu kurzarbeiten mußten – reduziert wurde. Obwohl es zeitweise so aussah, kam aber für die Despag nicht wie für so viele andere Firmen das Aus; seit 1932 ging es im Gegenteil wieder langsam aufwärts, so daß die Belegschaft bis 1934 wieder auf mehr als 1500 Arbeiter und Angestellte aufgestockt werden konnte. Mit der Konsolidierung des Betriebs – die Bilanz des Geschäftsjahrs 1938/39 wies einen Umsatz von rund 12,5 Millionen Reichsmark auf – begann auch die Konkurrenz ein Auge auf die Despag zu werfen, und es sollte nur wenige Jahre dauern, bis die Maschinenfabrik Schubert & Salzer aus Chemnitz, die bereits seit 1916 über ein Standbein in Ingolstadt verfügte, die Mehrheit der Despag-Aktien erwarb.

Der zweite strukturprägende Großbetrieb Ingolstadts war das Ausbesserungswerk der Reichsbahn, mit dessen Bau zwar schon vor 1914 begonnen worden war, das aber erst 1919 hatte in Betrieb gehen können, weil die großräumigen Montagehallen im Ersten Weltkrieg zu einem Lazarett umfunktioniert worden waren[24]. Dem Reichsbahnausbesserungswerk kam vor allem die Funktion eines Krisenpuffers zu. Nicht wenige Metallarbeiter, die 1919 von den ehemaligen Heeresbetrieben entlassen wurden, fanden hier eine neue Anstellung, und da die öffentliche Hand als Arbeitgeber fungierte, erwiesen sich diese Arbeitsplätze auch in Zeiten ökonomischer Turbulenzen als vergleichsweise sicher. Die Reichsbahn beschäftigte in verschiedenen Dienststellen immerhin 2000 bis 3000 Personen, wobei der Löwenanteil auf das Ausbesserungswerk entfiel, in dem vor allem Dampflokomotiven gewartet und instand gesetzt wurden. Dieser Betrieb – übrigens einer der größten seiner Art in Süddeutschland – war südlich der Donau in der Nähe des Hauptbahnhofs errichtet worden, also in einiger Entfernung von der Altstadt und außerhalb der Kernbefestigungen, aber noch innerhalb des ersten Rings von Forts und Vorwerken. Soweit hatte die Stadt bisher nicht ausgegriffen; mit einigen wenig urbanen Gebäudekomplexen an der Ausfallstraße nach München gab es hier zwar erste Ansätze für einen neuen Stadtteil, doch erst als sich nach dem Bau des Ausbesserungswerks zahlreiche Beamte und Arbeiter zwischen den Dörfern Ringsee und Haunwöhr niederließen, begann das sogenannte Südviertel in den zwanziger und dreißiger Jahren Gestalt anzunehmen[25].

---

[24] Vgl. hierzu und zum folgenden Hofmann, Partnerschaft, S. 247 und S. 293, sowie Ingolstadt baut auf 1945–1960, S. 19, und Fegert, Luftangriffe, S. 69 (Übersetzung des Informationsblatts der U.S. Air Force über das Reichsbahnausbesserungswerk und die Bahnhofsanlagen in Ingolstadt vom 8. 11. 1943).

[25] Vgl. Eichinger, Wandlungen, S. 8–13.

Sieht man von den beiden Großbetrieben einmal ab, unterschied sich die Industriestruktur Ingolstadts nicht grundsätzlich von der benachbarter Landstädte wie Pfaffenhofen, auch wenn die Zahl der Beschäftigten höher und die Palette der Produkte breiter war. Unter den mittelständischen Unternehmen, die Mitte der dreißiger Jahre zusammen etwa 1000 Personen beschäftigten, dominierten Betriebe, die – wie eine Großsattlerei – Konsumgüter auf der Basis agrarischer Rohstoffe oder – wie zwei große Brauereien und die Schnupftabakfabrik Lotzbeck[26], die sich 1928 in Ingolstadt niedergelassen hatte und schließlich 300 Mitarbeitern einen Arbeitsplatz bot – Nahrungs- und Genußmittel produzierten. Eher untypisch war die schon 1903 gegründete Firma der Gebrüder Karl und Hans Peters, die sich auf die Installation elektrischer Kraft- und Beleuchtungsanlagen spezialisiert hatten. Zu einem der größten Unternehmen auf dem Bausektor entwickelte sich die Firma Uhlmann & Co. Holzindustrie AG, die ein Architekturbüro, ein Baugeschäft, eine Schreinerei und ein Sägewerk unter einem Dach vereinigte, jedoch schon vor dem Ausbruch der Weltwirtschaftskrise in eine gefährliche Schieflage geriet. Ende der zwanziger Jahre mußte die Firma daher liquidiert werden und konnte sich erst nach 1933 als Spezialunternehmen für den Bau von Holzbaracken – nicht zuletzt im Dienste des NS-Regimes – neu etablieren[27].

In der Altstadt dominierten das (Klein-)Bürgertum und der alteingesessene Besitzmittelstand in Handwerk, Handel und Dienstleistungsgewerbe. Allerdings war die Lage vieler Handwerksbetriebe und Einzelhandelsgeschäfte ausgesprochen prekär. Nicht wenige bestanden erst seit dem Ende des Ersten Weltkriegs, als die Selbständigkeit einen Ausweg aus der Krise zu bieten schien, und das wenige Betriebskapital, über das sie verfügten, wurde vielfach wenn nicht schon in den Jahren der Inflation, dann in den Wirren der Weltwirtschaftskrise aufgezehrt. Schon 1924 mußten 176 Betriebe aufgeben, und dieser Trend setzte sich in den folgenden Jahren fort. Zwischen 1926/27 und 1929/30 sank die Zahl der Geschäfts- und Gewerbetreibenden in Ingolstadt von 648 auf 579[28]. Dennoch wurden 1929/30 unter anderem noch 63 Gastwirtschaften, 46 Bäckereien und Konditoreien, 39 Kolonialwarengeschäfte und 14 Gärtnereien in der Stadt gezählt. Das Gespenst der Armut und der sozialen Deklassierung ging um, und es machte weder vor der Eisenwarenhandlung und Werkzeugschmiede halt, die dem Vater von Marieluise Fleißer gehörte, noch vor dem Tabakwarengeschäft von Josef Haindl, das der spätere Ehemann der Schriftstellerin 1919 eröffnet hatte[29]. Wie hart die Existenz als selbständiger Kaufmann oder Handwerker sein konnte, hat der bayerische Kommunist Georg Fischer anschaulich beschrieben, dessen Vater seine Familie als Schuster in Ingolstadt durchzubringen suchte. Sein Verdienst war so gering, daß

---

[26] Vgl. Susanne Stieß, Die Schnupftabakfirma Lotzbeck & Cie., Ingolstadt 1928–1987, unveröffentlichte Zulassungsarbeit, Regensburg 1987.

[27] Vgl. Pohl, Wirtschafts- und Finanzpolitik, S. 100 und S. 180, sowie Huber, Wege aus der Stagnation, Teil 1, und Huber, Wege aus der Stagnation, Teil 2, beide Beiträge in: Ingolstadt – vom Werden einer Stadt, S. 227, S. 261 f., S. 266 f. und S. 269.

[28] Vgl. Pohl, Wirtschafts- und Finanzpolitik, S. 179; die Zahl der Industriebetriebe wurde aus dieser Statistik herausgerechnet; die folgenden Angaben nach Hofmann, Partnerschaft, S. 247 f.

[29] Zu Biographie und Werk vgl. Günther Rühle (Hrsg.), Materialien zum Leben und Schreiben der Marieluise Fleißer, Frankfurt am Main 1973, und Moray McGowan, Marieluise Fleißer, München 1987.

Erwerbstätigkeit der Bevölkerung in den Gemeinden des Landkreises Ingolstadt 1939[30]

	Erwerbspersonen	Land- und Forstwirtschaft		Industrie und Handwerk		Handel und Verkehr		öff. Dienst, priv. Dienstleistungen		Häusliche Dienste	
Appertshofen	214	156	72,9%	43	20,1%	5	2,3%	6	2,8%	4	1,9%
Baar	356	199	55,9%	88	24,7%	49	13,8%	16	4,5%	4	1,1%
Brunnenreuth	237	152	64,1%	30	12,7%	32	13,5%	21	8,9%	2	0,8%
Demling	199	166	83,4%	21	10,6%	2	1,0%	4	2,0%	6	3,0%
Dünzing	214	171	79,9%	30	14,0%	4	1,9%	7	3,3%	2	0,9%
Dünzlau	97	86	88,7%	8	8,3%	1	1,0%	1	1,0%	1	1,0%
Ebenhausen	506	180	35,6%	237	46,8%	47	9,3%	36	7,1%	6	1,2%
Eitensheim	519	330	63,6%	126	24,3%	30	5,8%	25	4,8%	8	1,5%
Etting	414	242	58,5%	116	28,0%	20	4,8%	32	7,7%	4	1,0%
Ettling	146	135	92,5%	11	7,5%	–	–	–	–	–	–
Friedrichshofen	132	101	76,5%	12	9,1%	6	4,5%	13	9,8%	–	–
Gaimersheim	971	443	45,6%	356	36,7%	73	7,5%	84	8,7%	15	1,5%
Gerolfing	478	343	71,8%	91	19,0%	6	1,3%	35	7,3%	3	0,6%
Großmehring	916	599	65,4%	197	21,5%	25	2,7%	92	10,0%	3	0,3%
Hagau	123	103	83,7%	10	8,1%	6	4,9%	4	3,3%	–	–
Hepberg	261	131	50,2%	72	27,6%	8	3,1%	46	17,6%	4	1,5%
Irgertsheim	198	168	84,8%	18	9,1%	8	4,0%	2	1,0%	2	1,0%
Kasing	312	253	81,1%	35	11,2%	8	2,6%	12	3,8%	4	1,3%
Kösching	1223	522	42,7%	403	33,0%	70	5,7%	200	16,4%	28	2,3%
Lenting	403	185	45,9%	130	32,3%	29	7,2%	55	13,6%	4	1,0%
Mailing	593	258	43,5%	199	33,6%	35	5,9%	93	15,7%	8	1,3%
Manching	1402	454	32,4%	262	18,7%	116	8,3%	541	38,6%	29	2,1%
Menning	181	162	89,5%	10	5,5%	4	2,2%	4	2,2%	1	0,6%
Mühlhausen	85	77	90,6%	4	4,7%	–	–	2	2,4%	2	2,4%
Niederstimm	75	54	72,0%	10	13,3%	4	5,3%	7	9,3%	–	–
Oberdolling	296	216	73,0%	42	14,2%	14	4,7%	20	6,8%	4	1,5%
Oberhartheim	125	121	96,8%	2	1,6%	–	–	2	1,6%	–	–
Oberhaunstadt	510	182	35,7%	184	36,1%	43	8,4%	87	17,1%	14	2,7%
Oberstimm	190	117	61,6%	22	11,6%	35	18,4%	14	7,4%	2	1,1%
Pettenhofen	101	92	91,1%	6	5,9%	–	–	2	2,0%	1	1,0%
Pförring	629	399	63,4%	163	25,9%	25	4,0%	29	4,6%	13	2,1%
Pichl	93	78	83,9%	9	9,7%	5	5,4%	–	–	1	1,1%
Reichertshofen	653	202	30,9%	258	39,5%	113	17,3%	66	10,1%	14	2,1%
Stammham	469	283	60,3%	142	30,3%	18	3,8%	19	4,1%	7	1,5%
Theißing	310	271	87,4%	28	9,0%	4	1,3%	5	1,6%	2	0,6%
Unsernherrn	1925	531	27,6%	478	24,8%	670	34,8%	194	10,1%	52	2,7%
Unterdolling	141	129	91,5%	10	7,1%	1	0,7%	–	–	1	0,7%
Wackerstein	188	136	72,3%	40	21,3%	4	2,1%	4	2,1%	4	2,1%
Wettstetten	453	298	65,8%	109	24,1%	11	2,4%	33	7,3%	2	0,4%
Winden	63	59	93,6%	–	–	3	4,7%	–	–	1	1,6%
Zuchering	440	269	61,1%	82	18,6%	52	11,8%	32	7,3%	5	1,1%

30 Vgl. Bayerische Gemeinde- und Kreisstatistik, Stand 1939, H. 1, S. 66–81.

er kaum zum Leben reichte, obwohl sich die Mutter als Stallmagd verdingt hatte und auch die Kinder versuchten, so bald wie möglich ein paar Pfennige zum Unterhalt der Familie beizusteuern[31].

Trotz der krisenhaften Entwicklung nach 1918 begann Ingolstadt zaghaft, ins Umland auszugreifen und die Sozialstruktur nahegelegener Gemeinden vor allem im Norden und Süden der Stadt zu beeinflussen. 1939 gab es von den 41 Gemeinden des Landkreises nur vier, in denen mehr Menschen in Industrie und Handwerk beschäftigt waren als in der Land- und Forstwirtschaft. Eine davon war Oberhaunstadt, ein regelrechtes Industriearbeiterdorf, in dem sich viele Arbeiter der Despag niedergelassen hatten, eine zweite Unsernherrn, wo zahlreiche Eisenbahner mit ihren Familien wohnten[32]. Abgesehen von Reichertshausen und Ebenhausen – hier war die Fabrikation von Pulver und Munition die Keimzelle des Strukturwandels – an der Grenze zum Landkreis Pfaffenhofen, dominierten im Süden des Landkreises und vor allem im Osten die klassischen Bauerndörfer, wie man sie in Südbayern überall antreffen konnte. In nicht weniger als 14 Gemeinden arbeiteten noch mehr als achtzig Prozent der Erwerbspersonen in der Land- und Forstwirtschaft, wobei Oberhartheim mit einem Anteil der Beschäftigten im primären Sektor von 96,8 Prozent an der Spitze lag.

2. Kriegsende und Neubeginn

Schwerter zu Pflugscharen.
Militärische Einrichtungen als Bedrohung und Chance

Der Zweite Weltkrieg mit seinen Schrecken hielt erst spät im Mittelbayerischen Donaugebiet Einzug. Vom Luftkrieg waren die Städte und Gemeinden der Region bis 1945 weitgehend verschont geblieben; zunächst hatten sie sich lange Zeit außerhalb der Reichweite der alliierten Bomber befunden, dann gab es in Süddeutschland lohnendere Angriffsziele als den vergleichsweise dünn besiedelten und schwach industrialisierten Raum um die Städte Neuburg, Eichstätt, Ingolstadt, Schrobenhausen und Pfaffenhofen. Und als Bayern Ende März 1945 selbst zum Kampfgebiet geworden war, hatte die Wehrmacht ihre letzten Kräfte bereits bei der Verteidigung fränkischer Städte wie Aschaffenburg, Schweinfurt oder Nürnberg verschlissen. Daher war an organisierten Widerstand kaum mehr zu denken, als die Divisionen General Pattons am 22. April die Donau erreichten, die zwischen Ulm und Passau von den Resten der 1. deutschen Armee verteidigt werden sollte. Für die Ortschaften in der Kampfzone war dies eine glückliche Fügung, denn wo Hitlers letztes Aufgebot den Amerikanern noch etwas entgegenzusetzen hatte wie in Neustadt an der Donau nordöstlich von Ingolstadt, reagier-

---

[31] Vgl. Georg Fischer, Vom aufrechten Gang eines Sozialisten. Ein Parteiarbeiter erzählt, Berlin/Bonn 1979, S. 13–48 und S. 106 ff.
[32] Zu Oberhaunstadt vgl. Wilhelm Ernst, Zur 900-Jahrfeier. Heimatbuch Oberhaunstadt, Eichstätt 2., ergänzte Aufl. 1987, S. 276 f., zu Unsernherrn vgl. Günther Birzl/Elly Kulbat, Unsernherrn. Bilder aus vergangener Zeit, Horb am Neckar 1989.

ten diese mit einem wahren Hagel von Bomben und Granaten, der weite Teile der Stadt in Trümmer legte[33].

Als Verkehrsknotenpunkt an der Autobahn von Nürnberg nach München war Ingolstadt mit seinen Donaubrücken ein wichtiges Scharnier der deutschen Verteidigungslinie und als solches besonders gefährdet. Doch zu größeren Kampfhandlungen sollte es nicht mehr kommen. Das Gros der im Raum Ingolstadt eingesetzten deutschen Truppen wurde über die Donau nach Süden zurückgezogen, und der Kampfkommandant, Major Paul Weinzierl, der aus einer bekannten Ingolstädter Familie stammte, dachte weniger an sinnlose Heldentaten als daran, weiteren Schaden von seiner Heimatstadt abzuwenden. Nach kurzen Scharmützeln mit den Soldaten der 86. US-Infanteriedivision kapitulierten die Verteidiger noch am 26. April bedingungslos[34]. Am selben Tag war auch Neuburg an der Donau nach kurzem Artilleriebeschuß kampflos von amerikanischen Einheiten besetzt worden. Südlich des Flusses traf die U.S. Army kaum mehr auf Widerstand, so daß sich die Zerstörungen in Grenzen hielten. Schrobenhausen blieb weitgehend unversehrt[35], und in Pfaffenhofen, wo die Amerikaner am 28. April einzogen, hatten Fliegerangriffe zwar den Ortskern in Mitleidenschaft gezogen, doch nur sieben Wohnhäuser und drei Wirtschaftsgebäude mußten als Totalverlust abgeschrieben werden[36].

Ingolstadt dagegen war nicht so glimpflich davongekommen. Als die alliierten Bomberflotten 1945 dazu übergingen, zunehmend Ziele zweiter Ordnung zu bekämpfen, um der Infrastruktur des Deutschen Reiches den Todesstoß zu versetzen, die Moral der Zivilbevölkerung weiter zu untergraben und den eigenen Bodentruppen den Weg zu bahnen, rückte auch die bislang weitgehend unbehelligt gebliebene Stadt an der Donau ins Visier der Einsatzplaner. Lohnend schienen vor allem Angriffe auf die Anlagen der Reichsbahn mit ihrem großen Ausbesserungswerk und auf die logistischen Einrichtungen der Wehrmacht mit dem Heereszeugamt sowie in der näheren Umgebung Angriffe auf die Munitionsfabriken in Desching und Ebenhausen und auf die Luftwaffenstützpunkte in Manching und Zell. Am 15. Januar 1945 erfolgte der erste Großangriff amerikanischer Bomber, am 1. März der zweite, bei dem die U.S. Air Force mehr als 250 schwere Bomber einsetzte. Im April verging kaum ein Tag, an dem nicht Fliegeralarm gegeben wurde; am 20. April wurde die Munitionsfabrik in Desching durch Volltreffer zerstört, am 21. April griffen amerikanische Bomber die Altstadt und den Hauptbahnhof Ingolstadts an, wobei sie einen dichten Bombenteppich über das Zielgebiet legten, und noch am 24./25. April machten Luftangriffe die Produktion in der Munitionsfabrik Ebenhausen unmöglich[37].

[33] Vgl. Joachim Brückner, Kriegsende in Bayern 1945. Der Wehrkreis VII und die Kämpfe zwischen Donau und Alpen, Freiburg 1987, S. 137–158; Lanzinner, Sternenbanner und Bundesadler, S. 13–16.

[34] Vgl. Hans Fegert, Die Luftangriffe und der Einmarsch der Amerikaner, in: Ingolstadt im Nationalsozialismus, S. 543–562, hier S. 559 ff.

[35] Vgl. Brückner, Kriegsende, S. 143 f., sowie die Kapitel „Kriegsende in Schrobenhausen" und „Kriegsende im Schrobenhausener Land" in: Rödig/Petry (Hrsg.), Tag, S. 15–76.

[36] Vgl. Willihard Kolbinger, Eine politische Geschichte der bayerischen Kreisstadt Pfaffenhofen a. d. Ilm von 1945 bis 1996, Pfaffenhofen 1996, S. 59 f.

[37] Vgl. Fegert, Luftangriffe, in: Ingolstadt im Nationalsozialismus, S. 547–559; Stadtarchiv Ingolstadt, A 7275, Chronik der Gemeinde Ebenhausen.

Bei Kriegsende zog sich eine Schneise der Verwüstung durch die Stadt, die von den außerhalb der Festungsmauern gelegenen Bahnhofsanlagen südlich der Donau über die Altstadt bis zu den im Norden des Stadtgebiets konzentrierten Einrichtungen der Wehrmacht reichte. Insgesamt waren rund 650 Tote und der Totalverlust von 176 Wohngebäuden (bei insgesamt 3805) mit 518 Wohnungen (bei insgesamt 9512) zu beklagen; zudem wiesen weitere 111 Häuser mit 387 Wohnungen schwerste Schäden auf. Auch die Infrastruktur und die öffentlichen Einrichtungen der Stadt waren stark in Mitleidenschaft gezogen worden. Das städtische Verwaltungsgebäude war den Luftangriffen ebenso zum Opfer gefallen wie das Landratsamt oder das Stadttheater, die Krankenhäuser konnten ihrer Funktion nach Bombentreffern nur noch mit großen Einschränkungen gerecht werden. Auch historische Bauten wie der Salzstadel, die Kommandantur, das Franziskanerkloster oder die Augustinerkirche – ein Kleinod des bayerischen Rokoko – waren unwiederbringlich aus dem Stadtbild getilgt worden, das sie so lange mitgeprägt hatten. Schwer wog auch die Zerstörung aller Brücken über die Donau, die die Stadt von den lebenswichtigen Verkehrswegen nach Süden abschnitt.

Mit dem Einzug der U.S. Army hatte die Gewalt noch kein Ende, denn Tausende von befreiten Zwangsarbeitern, die vor allem im Reichsbahnausbesserungswerk, aber auch im Heereszeugamt hatten schuften müssen, erhielten gleichsam als Kompensation für ihre Leiden das Recht zugesprochen, drei Tage lang zu plündern, wobei etwa das bereits beschädigte Bahnhofsgebäude endgültig in Flammen aufging[38]. Dennoch hätte es auch für Ingolstadt viel schlimmer kommen können, wie ein Blick auf andere bayerische Mittelstädte zeigt: In Donauwörth waren etwa 74 Prozent des Vorkriegsbestands an Wohnungen vollkommen zerstört, in Aschaffenburg wie in Neu-Ulm 38 Prozent und in Bayreuth 37 Prozent[39].

Die Schatten des Krieges ließen Ingolstadt auch nach dem 8. Mai 1945 nicht los, denn die Beschlüsse der Alliierten zur Entmilitarisierung Deutschlands trafen die Stadt und ihre nähere Umgebung in besonderer Weise. Obwohl die ausgedehnten Anlagen aus dem 19. Jahrhundert militärisch gesehen bedeutungslos waren und auch bei den spärlichen Kampfhandlungen Ende April 1945 keine Rolle gespielt hatten, sollte die Festung vollständig geschleift werden. So blieben von dem engmaschigen Netz aus Forts, Batteriestellungen und Zwischenwerken, das von Lenting im Norden bis Oberstimm im Süden und von Gerolfing im Westen bis Katharinenberg im Osten reichte, mit Ausnahme des Forts „Prinz Karl" bei Katharinenberg nur Trümmer übrig. Bei der Sprengung der Werke wurden zuweilen so heftige Explosionen verursacht, daß Häuser in den benachbarten Ortschaften zu Schaden kamen[40]. In Ingolstadt selbst war die Gefahr solcher Kollateralschäden besonders groß, denn hier hatte die amerikanische Militärregierung schon im September 1946 angekündigt, alle militärischen Objekte, Festungswälle und unterirdischen Gänge im Stadtgebiet sprengen zu wollen. Die Stadtverwaltung konnte diese drastische Maßnahme mit Mühe verhindern, und indem die Bürger

---

38 Vgl. Fegert, Luftangriffe, in: Ingolstadt im Nationalsozialismus, S. 561f.
39 Vgl. Wolfgang Zorn, Bayerns Geschichte im 20. Jahrhundert. Von der Monarchie zum Bundesland, München 1986, S. 541.
40 Vgl. Vogl, Festungsanlagen, S. 51 und S. 76–84.

Ingolstadts 1946/47 selbst Teile des inneren Festungsringes abtrugen (später wurden die Arbeiten als Lose zum Selbstabbruch an interessierte Firmen vergeben), konnten sie weitere Zerstörungen abwenden, wertvolle Keimzellen für den wirtschaftlichen Neubeginn erhalten und unzählige Ziegelsteine für den Wiederaufbau gewinnen[41].

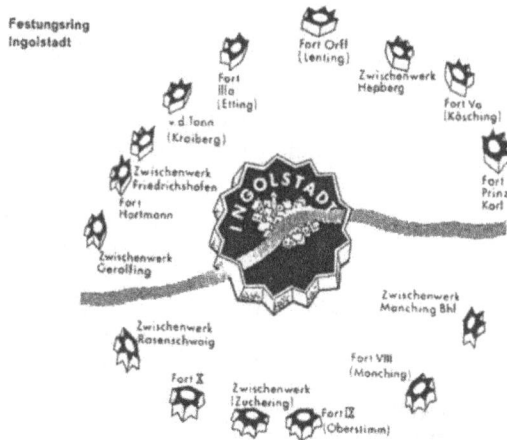

Festungsring
Ingolstadt

Nach dem Ende des Ersten Weltkriegs war der Bruch mit der militärischen Tradition der Stadt allgemein bedauert worden. Nach 1945 hielt sich die Trauer über das Ende der „Schanz", wie die Festung Ingolstadt im Volksmund allgemein genannt wurde, jedoch offensichtlich in Grenzen. Zumindest offiziell wurden immer wieder die Chancen betont, die sich der Stadt, ja der gesamten Region jetzt endlich boten. Der Landtagsabgeordnete Franz Schäfer (CSU) erklärte im März 1948, er habe „nur den einen Wunsch: daß wir darin die notwendige Unterstützung der Staatsregierung bekommen, um den Festungsgürtel auch tatsächlich vollständig umlegen zu können, damit unserer Stadt endlich dieser militärische Charakter genommen wird"[42]. Auch die Lokalzeitung „Donau-Kurier" rechnete in scharfen Worten mit der kriegerischen Vergangenheit Ingolstadts ab. Und indem man den Nostalgikern unter den Mitbürgern den Marsch blies, versuchte man zugleich, eine Perspektive für die Zukunft aufzuzeigen:

„Es ist hohe Zeit, daß wir folgendes einsehen und danach handeln: Abgesehen von der DE-SPAG und einigen kleinen Betrieben, die nicht ausschlaggebend sind, wurde in Ingolstadt wenig produziert. Ingolstadt lebte zu seinem größeren Teil vom stehenden Heer und der Rüstungsindustrie. Es war damit, nüchtern betrachtet, in die Rolle gedrängt, sich von einem volkswirtschaftlichen Parasiten, nämlich der ‚Wehrmacht', auf Kosten anderer Volksteile zu ernähren. Das ist kein Vorwurf, sondern eine Feststellung. [...] Damit ist Ingolstadt für die Gegenwart und Zukunft in seiner überkommenen wirtschaftlichen Struktur nicht mehr lebensfähig. Deshalb muß es sich (Schicksale vollziehen sich immer ohne Mitleid, ohne

---

[41] Vgl. Donau-Kurier vom 26. 11. 1946: „Sprengung kann verhindert werden", vom 9. 4. 1947: „... und wieder droht Sprengung des Festungswalles" und vom 22. 6. 1948: „Die ‚Festung' Ingolstadt und ihre Entmilitarisierung".
[42] Stenographischer Bericht über die 59. Sitzung des bayerischen Landtags am 4. 3. 1948, S. 1004.

Rücksicht oder Sentimentalität) grundlegend ändern – oder verarmen, verelenden oder zur Null herabsinken. Der einzig mögliche Weg in die Zukunft ist klar: Die ‚Schanz‘ muß in eine Industriestadt umgewandelt werden; die überwiegend Werte verbrauchende Stadt muß zu einer Werte schaffenden gemacht werden."[43]

Aus der Stadtverwaltung waren ähnliche Stimmen zu vernehmen. Es sei „eine Fessel" gefallen, die „Ingolstadt eingeschnürt und in seinen Entwicklungsmöglichkeiten beschränkt" habe, eine Fessel, „die Ingolstadt an die 100 Jahre eingeengt, an einer freien Ausdehnung und gesunden wirtschaftlichen Entwicklung gehindert und förmlich zum korporativen Militärdienst gezwungen" habe, hieß es in einem Rechenschaftsbericht[44]. Ein Journalist lenkte im Juni 1950 die Aufmerksamkeit seiner Leser auf einen besonderen Aspekt, als er aus Ingolstadt über eine Gewerbeausstellung berichtete:

„Unter den Jahrhunderte währenden Zeitabschnitt ‚Festung‘ hat die Kapitulation einen endgültigen Schlußstrich gezogen. [...] Doch es nutzte nichts, dem Verlorenen nachzutrauern. Die leerstehenden Befestigungsanlagen wiesen geradezu darauf hin, wo die Stadt den Hebel anzusetzen habe. Alte und neue Betriebe ziehen in die leeren Räume. Und wo der Befestigungsgürtel wie ein Brustpanzer beklemmend um die Stadt gelegen hatte, bot sich jetzt die Möglichkeit, ihn zu sprengen und dem Entwicklungsdrang der Stadt Luft zu schaffen."[45]

Tatsächlich standen in Ingolstadt nach Kriegsende etwa 300 ha an bebautem und unbebautem Gelände zur Verfügung, das einst militärischen Zwecken gedient hatte und nun brachlag[46]. Diese Liegenschaften waren jedoch nicht nur ein Kapital für die zukünftige Stadtentwicklung von geradezu unschätzbarem Wert, sondern übten mit ihren – wenn auch teilweise beschädigten – Kasernen, Verwaltungsgebäuden, Instandsetzungshallen und Remisen große Anziehungskraft auf Unternehmen aus, die sich – aus welchen Gründen auch immer – eine neue Bleibe und neue Produktionsstätten suchen mußten. Schließlich erwies sich der „allgegenwärtige Mangel an Wohn- und Gewerberäumen" rasch als „Zentralproblem jeglicher Industrieansiedlung"[47]. Die günstige Lage Ingolstadts im Herzen Bayerns und im Schnittpunkt wichtiger Verkehrsverbindungen von Osten nach Westen wie von Norden nach Süden trug ein übriges dazu bei, die Stadt als Standort attraktiv erscheinen zu lassen. Dies galt für Firmen, für die in ihren schwer zerstörten Heimatstädten kein Platz mehr war, ebenso wie für Betriebe, die man in der Sowjetischen Besatzungszone enteignet hatte, die aus den ehemaligen deutschen Ostgebieten verlegt worden waren oder denen die Lage an der Grenze zum sowjetischen Machtbereich zu unsicher erschien. Andere Regionen litten schwer unter der Teilung Deutschlands. Ingolstadt konnte jedoch von dieser folgenschweren Entwicklung profitieren, und es gab durchaus Kommunalpolitiker, die diese Chance früh erkannten. Der von der amerikanischen Militärregierung eingesetzte Oberbürgermeister Heinrich Runte etwa sah es Ende Februar 1946 als ein

---

[43] Donau-Kurier vom 15. 6. 1948: „Industrialisierung – eine lebenswichtige Notwendigkeit für Ingolstadt".
[44] Ingolstadt baut auf 1945–1960, S. 16 f.
[45] Münchner Merkur vom 29. 6. 1950: „Ingolstadt nicht mehr ‚Schanz‘".
[46] Vgl. Ingolstadt baut auf 1945–1960, S. 20; Stadtarchiv Ingolstadt, A 2994, Oberbürgermeister Georg Weber an das bayerische Finanzministerium vom 20. 9. 1949 mit Denkschrift über die Festung Ingolstadt.
[47] Grüner, Industrie- und Strukturpolitik, S. 140.

„allgemeines Hauptziel" der Politik, neue Industrien nach Ingolstadt zu holen, „ohne die bestehenden zu vernachlässigen". Ingolstadt werde dann „Produkte aus erster Hand liefern, die bisher nur in anderen Zonen angefertigt wurden, die für Bayern also unerreichbar waren"[48].

Von einer gezielten Verwertung der militärischen Liegenschaften oder gar von einer rational geplanten kommunalen Wirtschafts- und Industriepolitik konnte – nicht nur in Ingolstadt, sondern überall in Bayern[49] – unter den chaotischen Bedingungen der unmittelbaren Nachkriegszeit freilich nicht die Rede sein. Zu vieles war von Zufällen abhängig, zu schlecht war die Informations- und Verkehrslage und zu unübersichtlich waren die Besitzverhältnisse der Grundstücke und Gebäude, die sich bis Kriegsende in Besitz der Wehrmacht befunden hatten. Den ersten Zugriff hatten selbstredend die amerikanische Besatzungsmacht und die mit der Betreuung der Displaced Persons betraute United Nations Relief and Rehabilitation Administration. Über den beachtlichen Rest konnte nach einer Ermächtigung durch die für Vermögenskontrolle zuständige Abteilung der amerikanischen Militärregierung zunächst die Stadt verfügen. Als sich jedoch die Lage zu normalisieren begann, machte der Freistaat Bayern erfolgreich seine Eigentumsansprüche geltend. Damit hatte nicht mehr die Stadt das letzte Wort, sondern das bayerische Landesamt für Vermögensverwaltung und Wiedergutmachung; noch 1946 wurde die Aufhebung aller bisher geschlossenen Miet- und Pachtverträge verfügt[50]. Stadtrat und Stadtverwaltung konnten zwar auch künftig ihr Votum abgeben oder eigene Vorschläge unterbreiten, wenn es darum ging, welcher Gewerbebetrieb in welchem Teil der weitläufigen Anlagen des geschlagenen Heeres unterkommen sollte, aber auch die Landesplanungsbehörden, die Arbeitsverwaltung und die Selbstverwaltungsorgane der Wirtschaft wurden gehört[51]. Bei Unstimmigkeiten, die angesichts dieser Situation ebensowenig ausbleiben konnten wie die Blockade expandierender Firmen durch Kleinbetriebe, die auf bestehende Mietverträge pochten, zogen jedoch zumeist die Stadtväter den Unmut von Unternehmern und Presse auf sich, die ihnen vorwarfen, durch mangelnde Unterstützung, Passivität und politische Kurzsichtigkeit so manche Gelegenheit versäumt zu haben, die Industrieansiedlung voranzutreiben und neue Arbeitsplätze zu schaffen[52].

Wieviel Kapital Ingolstadt letztendlich aus dem Erbe der Wehrmacht würde schlagen können, ließ sich zunächst kaum abschätzen, denn die Unternehmen, die sich in der Stadt niederließen oder die es hierher verschlagen hatte, waren zumeist Provisorien, deren Zukunft so ungewiß war wie die des neuen westdeutschen Staates, der seit 1947 langsam Konturen gewann. Sicher war jedoch eines: Die

[48] Donau-Kurier vom 24. 2. 1946: „Neue Industrien für Ingolstadt".
[49] Vgl. – aus der Perspektive der Staatsregierung – Grüner, Industrie- und Strukturpolitik, S. 71 f. und S. 133–141.
[50] Stadtarchiv Ingolstadt, A 2994, Niederschrift über eine Besprechung zwischen Vertretern des Landesamts für Vermögensverwaltung und Wiedergutmachung und der Stadtverwaltung beim Oberbürgermeister der Stadt Ingolstadt am 4. 12. 1946.
[51] Dokumente dazu finden sich im Stadtarchiv Ingolstadt, A 2994, z.B. Bezirksplanungsstelle bei der Regierung von Oberbayern an das bayerische Landesamt für Vermögensverwaltung (Außenstelle Ingolstadt) vom 11. 2. 1949 betr. Verpachtung des ehemaligen Patronenhauses in Ingolstadt an die Firma Franz Horn.
[52] Vgl. Donau-Kurier vom 15. 6. 1948: „Stimmen neuer Industrie-Unternehmen".

Wirtschaftsstruktur der Stadt würde sich künftig grundlegend von jener der Vergangenheit unterscheiden, und zwar nicht nur, weil die technischen und logistischen Einrichtungen der Wehrmacht zerstört oder demontiert worden waren, sondern auch, weil sich die Branchenstruktur durch die Neuansiedlung von Industriebetrieben diversifiziert hatte. Der Sektor Nahrungs- und Genußmittel – bisher vor allem durch das Brauereigewerbe vertreten – wurde beispielsweise durch die in Bremen beheimatete Rauchtabak- und Zigarettenfabrik Martin Brinkmann verstärkt, die schon 1945 einen Teil ihrer Produktion nach Ingolstadt verlagert hatte. Zunächst im ehemaligen Proviantamt, dann in zwei wieder instandgesetzten Gebäuden des Heereszeugamts auf dem weitläufigen Exerzierplatz im Norden der Stadt untergebracht, konnte die Produktion von Tabak und Zigaretten seit Oktober 1946 schrittweise aufgenommen werden. Die Belegschaft wuchs von 110 Arbeitern und Angestellten im April 1947 auf rund 500 im Jahr 1950, und als die Firma Brinkmann im Herbst 1950 den Standort Ingolstadt zugunsten des Stammsitzes in Bremen aufgab, wurden die Produktionsstätten von der Zigarettenfabrik Kristinius aus Speyer übernommen[53].

Neu in der Stadt waren größere Betriebe der Textil- und Bekleidungsindustrie. Schon während des Krieges hatte die Herrenkleiderfabrik Hans Bäumler ihre Produktion von Mainz nach Ingolstadt ausgelagert. Sie blieb ihrem Ausweichquartier, wo 1950 rund 300 Personen beschäftigt wurden, auch nach 1945 treu – anders als etwa die Firma Modestar, ein Betrieb der Damenkonfektion, der bereits nach wenigen Jahren wieder abwanderte. Aus dem sächsischen Crimmitschau stammte die Süddeutsche Woll- und Seidenmanufaktur, die ebenfalls in Räumlichkeiten des Heereszeugamts untergekommen war und sich mit ihren im Jahr 1950 rund 300 Beschäftigten auf die Herstellung von Wolltuchstoffen spezialisiert hatte. Den neu angesiedelten Betrieben der Textil- und Bekleidungsindustrie kam nicht zuletzt deswegen eine große Bedeutung zu, weil sie – wie die Tabakwarenfabrik – vor allem Frauen beschäftigten, für die es ansonsten sehr schwierig war, einen Arbeitsplatz in der Industrie zu finden[54].

Vier Ringe für Ingolstadt. Die Anfänge der Auto Union an der Donau

Zu den neuen Branchen gehörte auch der Straßenfahrzeugbau, wobei es freilich weniger die triste Realität eines 1946 improvisierten Neubeginns war, welche die Phantasie von Stadtvätern und Lokalpresse beflügelte[55], als der glanzvolle Name eines europaweit bekannten Unternehmens: der Auto Union. Dieser Konzern hatte 1932 als Kind der Weltwirtschaftskrise das Licht der Welt erblickt, als unter

---

[53] StA München, Arbeitsämter 1419, Strukturbericht über den Arbeitsamtsbezirk Ingolstadt vom 24. 4. 1947; vgl. auch Donau-Kurier vom 26. 7. 1946: „Firma Brinkmann baut auf"; A. Höchstädter, Ingolstadt – ein aufstrebendes bayerisches Wirtschaftszentrum, in: Bayerische Wirtschaft. Tatsachen, Erfahrungen, Meinungen 2 (1950) H. 2, S. 12–16, hier S. 16 (ein Exemplar dieser Zeitschrift findet sich im BWA, In 12); Ingolstadt baut auf 1945–1960, S. 24.

[54] Vgl. Höchstädter, Ingolstadt – ein aufstrebendes bayerisches Wirtschaftszentrum, S. 15 f.; Hofmann, Partnerschaft, S. 350; StA München, Arbeitsämter 1419, Strukturbericht über den Arbeitsamtsbezirk Ingolstadt vom 13. 4. 1953.

[55] Vgl. Donau-Kurier vom 18. 1. 1946: „Ersatzteilsendung aus Ingolstadt ..." und vom 24. 2. 1946: „Neue Industrien für Ingolstadt".

der Federführung der sächsischen Staatsbank die traditionsreichen, aber stark
angeschlagenen Automobil- und Motorradbauer Zschopauer Motorenwerke
J.S. Rassmusen AG (besser bekannt unter dem Namen DKW), Horch Werke AG
und Audi Werke AG in Zwickau mit der Automobilabteilung der Wanderer
Werke in Siegmar bei Chemnitz zur Auto Union AG mit einem Aktienkapital von
14,5 Millionen RM verschmolzen wurden[56]. Aller inneren und äußeren Schwierigkeiten zum Trotz reüssierte der neue Konzern, dessen Angebot von den DKW-
Kleinwagen bis zu den Luxuskarossen der Marke Horch reichte, und avancierte
rasch zur Nummer zwei der deutschen Kraftfahrzeughersteller hinter Daimler-
Benz. Zwischen 1932 und 1938 wuchs der Konzernumsatz von 65 auf 276 Millionen RM, während die Zahl der Beschäftigten von 8000 auf mehr als 23 000 stieg.
Ähnlich beeindruckend entwickelte sich die Produktion: Waren 1932 noch etwa
12 000 Motorräder und 17 000 Automobile hergestellt worden, so zählte man im
letzten Vorkriegsjahr 59 000 Motorräder und 67 000 Automobile[57]. Überdies
engagierte sich die Auto Union, deren Markenzeichen vier ineinander verschlun-
gene Ringe waren, erfolgreich im Motorsport. Die legendären Duelle mit den
Silberpfeilen von Mercedes in den „Rennschlachten"[58] für den „Führer" wurden
vom NS-Regime ebenso propagandistisch ausgebeutet wie die Popularität von
Werksfahrern der Auto Union wie Bernd Rosemeyer, der im Januar 1938 tödlich
verunglückte[59].

Zu dieser Zeit produzierte die Auto Union – vor allem in den Werken von
Horch und Wanderer – bereits in erheblichem Umfang für die Wehrmacht und
profitierte so von der forcierten Rüstungspolitik des Dritten Reiches. Nach dem
deutschen Überfall auf Polen und der Entfesselung des Zweiten Weltkriegs wurden die Fabriken der Auto Union bis 1942/43 nach und nach vollständig auf die
Herstellung von Rüstungsgütern umgestellt[60]. Um die wachsende Nachfrage nach
Zugmaschinen, Kübelwagen, Motorrädern, Transport- und Gefechtsfahrzeugen
oder Motoren für Panzer und Flugzeuge befriedigen zu können, baute die Auto
Union ihre Produktionskapazitäten aus und setzte dabei auch Tausende von
Zwangsarbeitern, Kriegsgefangenen und KZ-Häftlingen als Arbeitskräfte ein,
wobei der Konzern insbesondere in der letzten Phase des Krieges, als versucht
wurde, wichtige Teile der Produktion vor den alliierten Bomberflotten zu schützen und unter die Erde zu verlagern, offen mit der SS kooperierte. Aus der Auto
Union war so eine Waffenschmiede geworden, deren 1944/45 durch Luftangriffe

---

[56] Vgl. Etzold/Rother/Erdmann, Vier Ringe, Bd. 1, S. 245–265; ein konziser Überblick über die Fusion, der zugleich die archivalische Überlieferung erschließt, findet sich in: Einführung und Hinweise, in: Findbuch zu den Beständen Auto Union AG, Horchwerke AG, Audi-Automobilwerke
AG und Zschopauer Motorenwerke J.S. Rasmussen AG, Bd. 1, bearb. von Martin Kukowski,
Halle an der Saale 2000, S. XLIV–LIV; einen kurzen Überblick und zahlreiche Photos bietet Auf
den Spuren der Auto Union AG. Fotodokumentation zum 75-jährigen Gründungsjubiläum am
29. Juni 2007, bearb. von Peter Kober und Martin Kukowski, Zwickau 2007.
[57] Vgl. Das Rad der Zeit. Die Geschichte der Audi AG, Bielefeld ²1997, S. 109; viele Details finden
sich bei Etzold/Rother/Erdmann, Vier Ringe, Bd. 1, S. 267–281.
[58] So der Titel von Eberhard Reuß, Hitlers Rennschlachten. Die Silberpfeile unterm Hakenkreuz,
Berlin 2006.
[59] Zur Renngeschichte der Auto Union vgl. Etzold/Rother/Erdmann, Vier Ringe, Bd. 1, S. 335–375.
[60] Vgl. ebenda, S. 377–395 und S. 403–407, sowie Einführung und Hinweise, in: Findbuch Auto
Union, Bd. 1, S. LXXXVI–XCV.

zum Teil schwer beschädigte Werke in Mitteldeutschland konzentriert waren. Dieser Teil des Reiches wurde jedoch im Frühjahr 1945 größtenteils von der Roten Armee erobert; Chemnitz, wo sich die Hauptverwaltung der Auto Union befand, lag bereits Mitte April 1945 in Reichweite schwerer feindlicher Geschütze.

Zwar waren die amerikanischen Panzerspitzen nicht weit, als sich aber in den letzten Kriegstagen immer deutlicher herauskristallisierte, daß die Rote Armee das Rennen um Chemnitz machen würde, gab es auch für viele Mitarbeiter der Konzernzentrale nur noch eine Devise: Rette sich, wer kann! Der Vorstandsvorsitzende der Auto Union, Dr. Richard Bruhn, hatte mit seinen Kollegen schon Anfang 1945 überlegt, den Vorstand zusammen mit einem kleinen Stab nach Süddeutschland zu verlegen, womit aber das Risiko verbunden war, jeden Einfluß auf die Produktionsanlagen zu verlieren. Als die Besetzung der Stadt durch sowjetische Truppen unmittelbar bevorstand, zog Bruhn diese Option und setzte sich nach Westen ab, nicht ohne jedoch einen Interimsvorstand zu ernennen, der bis auf weiteres die Geschäfte führen sollte. Die Befürchtungen, die Bruhn für seine Person – immerhin bekleidete er das Amt eines Wehrwirtschaftsführers – und seinen Konzern offensichtlich hegte, waren alles andere als unbegründet. Leitende Angestellte der Auto Union, die zurückgeblieben waren, wurden nach dem Einmarsch der sowjetischen Truppen vorübergehend festgesetzt, wiederholt verhört, an der Ausübung ihrer Dienstgeschäfte gehindert oder verloren nach der Deportation später gar ihr Leben[61]. Am 21. Juni 1945 beschlagnahmte die Sowjetische Militäradministration dann das gesamte Unternehmen und gab die Werke zur Demontage frei, die bis 1946 mehr oder weniger vollständig vollzogen wurde[62].

Während die sowjetischen Besatzungsbehörden ihre Beute sicherten, beratschlagten die in die amerikanische Besatzungszone geflüchteten Führungskräfte der Auto Union um Richard Bruhn und seinen Vorstandskollegen Carl Hahn über die Zukunft des Unternehmens[63]. Groß war ihr Handlungsspielraum nicht, denn – abgesehen von einem weitgehend zerstörten Werk in Berlin-Spandau – befanden sich alle Produktionsstätten der Auto Union jenseits des Eisernen Vorhangs, der sich über Europa herabzusenken begann. Ihr Kapital bestand lediglich in den Filialen der Auto Union westlich der Elbe, ihren Beziehungen zu Händlern und Zulieferern sowie in einer erfolgversprechenden Geschäftsidee, die bei der Versorgung der verbliebenen Auto Union-Kraftfahrzeuge mit Ersatzteilen ansetzte. Da eine rasche Wiederaufnahme der Produktion ausgeschlossen schien, Transportraum aber ebenso knapp wie lebenswichtig war, kam der Instandhaltung der noch funktionsfähigen Fahrzeuge eine wichtige Rolle zu. Damit hatten die ansonsten weitgehend mittellosen Manager der Auto Union aber zumindest einen Trumpf in der Hand. Die Wehrmacht hatte nämlich darauf verzichtet, Automobile vom Typ DKW mit ihrer brennbaren Holzkarosserie zu requirieren, deren Zahl man 1945 allein in den Westzonen auf 60000 schätzte und für die nun alle möglichen Ersatz- und Austauschteile fehlten. Bruhn und seine Mitstreiter ver-

---

[61] Dieses Schicksal erlitten etwa Audi-Betriebsdirektor Heinrich Schuh und sein Kollege Arlt von DKW; vgl. Rad der Zeit, S. 152.
[62] Vgl. Etzold/Rother/Erdmann, Vier Ringe, Bd. 1, S. 408 f.; Einführung und Hinweise, in: Findbuch Auto Union, Bd. 1, S. XCVIff.
[63] Vgl. hierzu und zum folgenden Etzold/Rother/Erdmann, Vier Ringe, Bd. 2, S. 17–21 und S. 41–44.

folgten das Ziel, die Fahne der Auto Union durch die zentrale Organisation der Ersatzteilversorgung in den Westzonen so lange hochzuhalten, bis sich das Schicksal des Konzerns in seinen mitteldeutschen Stammlanden geklärt hatte oder – falls die Werke dort dauerhaft verloren sein sollten – im Westen die Voraussetzungen für einen echten Neubeginn gegeben waren.

Wichtige Vorgespräche fanden in München statt, und vermutlich spielte Richard Bruhn auch zunächst mit dem Gedanken, vorerst in der bayerischen Landeshauptstadt seßhaft zu werden. Als sich jedoch herausstellte, daß die provisorische Münchner Stadtverwaltung aufgrund des hohen Zerstörungsgrades und der allgemeinen Notsituation keine effektive Hilfe zu leisten imstande war, wich man nach Ingolstadt aus. Dafür sprachen neben der verkehrsgünstigen Lage der Stadt vor allem die mögliche Nutzung unzerstörter Militärbauten und die Aussicht, problemlos Metallfacharbeiter anwerben zu können; auch die Unterbringung des Personals schien hier eher gewährleistet zu sein, zumal Vertreter der Stadt ihr Wohlwollen erkennen ließen[64]. Dem Führungszirkel der Auto Union war die Region Ingolstadt nicht gänzlich unbekannt. Carl Hahn hatte Schloß Sandizell bei Schrobenhausen als Fluchtpunkt für die Mitglieder seiner Familie im Westen gewählt und schon während des Krieges neben persönlichen Besitztümern auch wertvolle Konstruktionszeichnungen dort deponieren lassen[65]. Zudem kam Bruhn und seinen Mitstreitern auch der Zufall zu Hilfe: Mit Oswald Heckel, dem Generalvertreter der Auto Union in Bulgarien, war im Mai 1945 ein hochrangiger Repräsentant des Konzerns nach Ingolstadt verschlagen worden, der seine positiven Eindrücke über die Chancen in der Stadt an der Donau an die in München versammelten Kollegen weitergab[66].

Doch bevor mit der eigentlichen Arbeit begonnen werden konnte, galt es noch, eine Reihe weiterer Hürden zu überwinden. Daß die amerikanische Militärregierung am 1. Dezember 1945 eine Lizenz zum „Großhandel in Einzelteilen und Zubehör für Motorfahrzeuge sowie Gesamtausrüstung für Reparaturwerkstätten und Herstellung" ausstellte, war eine Grundvoraussetzung[67], die Beschaffung des notwendigen Kapitals eine andere. Es war die Bayerische Staatsbank, die einen Kredit von 100 000 RM gewährte, wobei die aus der Vorkriegszeit herrührende Wertschätzung des Staatsbankpräsidenten Karl Max von Hellingrath für Richard Bruhn anscheinend fehlende Sicherheiten aufwog. Bruhn und sein Vorstandskollege Carl Hahn überließen die Leitung der im Dezember 1945 offiziell gegründeten Zentraldepot für Auto Union Ersatzteile Ingolstadt GmbH drei Kollegen, die für diese Aufgabe ebenso geeignet, aber in der nationalsozialistischen Kriegswirtschaft wesentlich weniger exponiert gewesen waren als sie selbst. Es waren dies Karl Schittenhelm, der als ehemaliger Leiter des gesamten Kundendienstes der Auto Union AG auch für das Ersatzteilwesen verantwortlich gewesen war, Erhard Burghalter, der frühere Leiter der Auto Union-Filiale in Stettin, und der erfahrene Kaufmann Oswald Heckel.

[64] Vgl. Donau-Kurier vom 24. 2. 1946: „Neue Industrien für Ingolstadt".
[65] Vgl. Carl H. Hahn, Meine Jahre mit Volkswagen, München 2005, S. 16f.
[66] Vgl. Etzold/Rother/Erdmann, Vier Ringe, Bd. 2, S. 58f., und Donau-Kurier vom 22. 11. 1946: „Das größte Auto-Ersatzteillager Deutschlands".
[67] Zit. nach Etzold/Rother/Erdmann, Vier Ringe, Bd. 2, S. 42; zum folgenden vgl. ebenda, S. 42f.

Das Zentraldepot bezog Räumlichkeiten in der ehemaligen Standortverwaltung an der Schrannenstraße und im angrenzenden Heeresproviantamt, das sich nach Instandsetzungsarbeiten bestens als Lager nutzen ließ[68]. Zunächst mußten Ersatzteile beschafft werden. Dabei bemühte man sich um von der Militärregierung beschlagnahmte Bestände ebenso[69] wie um die letzten Vorräte der erreichbaren Auto Union-Filialen. Zugleich ergingen erste Aufträge zur Produktion neuer Teile. Burghalter, Schittenhelm und Heckel aktivierten alte Geschäftsbeziehungen zu bekannten Zulieferbetrieben der sächsischen Stammwerke, anfangs nur in den Ländern der amerikanischen Besatzungszone, dann aber auch im rheinisch-westfälischen Industriegebiet. Das Unternehmen aus dem Nichts konnte allen Widrigkeiten der unmittelbaren Nachkriegszeit zum Trotz rasch erste Erfolge vorweisen. Hanns Schüler, der die noch immer bestehende Auto Union AG in Chemnitz vertrat und im Februar 1946 nach Ingolstadt reiste, berichtete nicht ohne Überraschung:

„Wir hatten in Ingolstadt Gelegenheit, die Räume und das Lager des Zentraldepots zu besichtigen. Beides machte einen durchaus guten Eindruck. Das Lager, das sich in einem ehemaligen Gebäude [...] des früheren Wehrmachts-Proviantamtes befindet, erstreckt sich vom Kellergeschoß über drei Etagen bis in das Dachgeschoß. In den einzelnen Stockwerken befinden sich die Lager für DKW-, Wanderer-, Horch- und Audi-Ersatzteile. Das Lager wurde in verhältnismäßig kurzer Zeit bestens aufgefüllt. Man hat zunächst auf die ZEL zurückgegriffen, deren Bestände man von der Militärregierung gekauft hat. Es sind aber auch bereits Teile speziell für DKW aus Neufertigung vorhanden. [...] Es muß bemerkt werden, daß das Zentraldepot mit den Geschäftsführern Heckel und Burghalter an der Spitze nach unseren Feststellungen den engsten Kontakt zu den städtischen und politischen Körperschaften von Ingolstadt unterhält. Auch die Zusammenarbeit mit der Militärregierung klappt ausgezeichnet."[70]

Für den „Donau-Kurier" war das Zentraldepot acht Monate später das „größte Auto-Ersatzteillager Deutschlands", in dem 70 Arbeiter und Angestellte im laufenden Jahr einen Umsatz von 2,5 Millionen RM erwirtschaftet hatten und die drei Westzonen mit Ersatz- und Austauschteilen versorgten, die von mehr als 150 Zulieferbetrieben hergestellt wurden. Das Zentraldepot begann, ein echter Faktor in der Wirtschaft Ingolstadts zu werden, zumal andere metallverarbeitende Betriebe vor Ort wie die Firma Küchen mit einer Belegschaft von immerhin 120 Personen direkt davon profitieren konnten[71].

Freilich wollten es die Gründer des Zentraldepots nicht bei der bloßen Organisation der Ersatzteilversorgung für Auto Union-Fahrzeuge bewenden lassen. Sie verfolgten das viel weitergehende Ziel, so bald wie möglich selbst in die Produktion einzusteigen, angefangen von Austauschteilen, über Motoren bis hin zum Bau neuer Automobile, wovon schon im Februar 1946 die Rede war[72]. Ein Meilenstein auf diesem Weg war ein am 11. Februar 1947 geschlossener Vertrag zwi-

[68] Vgl. Karl Bauer, Das Werden und Vergehen des ehem. königlichen Proviantamtes in Ingolstadt, Ingolstadt 2002, S. 189–196.
[69] BWA, In 2, Zentraldepot für Auto Union Ersatzteile (gez. Oswald Heckel) an das Industrie- und Handelsgremium Ingolstadt vom 11. 4. 1946.
[70] Zit. nach Etzold/Rother/Erdmann, Vier Ringe, Bd. 2, S. 48.
[71] Vgl. Höchstädter, Ingolstadt – ein aufstrebendes bayerisches Wirtschaftszentrum, S. 14 f.; Donau-Kurier vom 22. 11. 1946: „Das größte Auto-Ersatzteillager Deutschlands".
[72] Vgl. Donau-Kurier vom 24. 2. 1946: „Neue Industrien für Ingolstadt".

schen der Auto Union AG in Chemnitz und dem Zentraldepot in Ingolstadt, der letzterem gegen eine Option auf den Kauf von mindestens 50 Prozent seiner Geschäftsanteile das ausschließliche Recht einräumte, Originalersatzteile und komplette Fahrzeuge zu produzieren und über das Händlernetz der Auto Union in den Westzonen sowie im Ausland zu vertreiben[73]. Doch um diese hochfliegenden Pläne verwirklichen zu können, benötigte das Zentraldepot neben Werkzeugmaschinen vor allem Fachkräfte und geeignete Produktionsstätten. Was den Maschinenpark anging, so mußte man sich mit dem begnügen, was der Markt für gebrauchte Werkzeugmaschinen hergab und ansonsten auf Improvisation setzen. Spezialisten wie Entwicklungsingenieure und Konstrukteure wurden aus den Reihen der ehemaligen Auto Union-Mitarbeiter rekrutiert, die entweder selbst den Weg nach Ingolstadt fanden oder dorthin gelotst wurden[74]. Als Produktionsstätten hatten die Verantwortlichen des Zentraldepots Wehrmachtsliegenschaften in der Nähe des bereits genutzten Gebäudekomplexes wie die Heeresbäckerei im Blick, auf die jedoch auch andere Bewerber ein Auge geworfen hatten und über deren Vergabe das Landesamt für Vermögensverwaltung in Zusammenarbeit mit der Stadt Ingolstadt entschied.

Das Verhältnis zwischen Zentraldepot und Stadtverwaltung war allerdings zwischen 1946 und 1948 nicht immer einfach. Angesichts des verheißungsvollen großen Namens versicherten Repräsentanten der Stadt zwar wiederholt, man werde dem Unternehmen unter die Arme greifen, wo immer es möglich sei. Aber das Zentraldepot war ein zartes Pflänzchen, von dem man nicht wußte, ob es den Einsatz lohnte und ob es wirklich in Ingolstadt Wurzeln schlagen würde. Verschiedentlich wurden gar Bedenken bezüglich der „Leistungsfähigkeit" des gesamten Unternehmens laut[75] oder Anträge mit der Begründung in Zweifel gezogen, „daß diese Firma nicht das erforderliche Vertrauen genießt"[76]. Reibereien gab es immer wieder bei Zuzugsgenehmigungen – im Mai 1947 betonte der Oberbürgermeister, die Stadt werde dem Zentraldepot letztmalig den Zuzug von fünf Spezialisten genehmigen und auch dies nur ohne Familienangehörige[77] – und der Zuweisung von Unterkünften. Dies lag nicht nur an der allgemeinen Wohnungsnot, sondern offensichtlich auch daran, daß die kleine Auto Union-Kolonie, die sich inzwischen gebildet hatte, in Ingolstadt wie ein Fremdkörper wirkte. Für zusätzliche Irritationen sorgten die Unsicherheit über den rechtlichen Status des Zentraldepots und seine Beziehungen zur eigentlichen Auto Union AG in der Sowjetischen Besatzungszone sowie monatelang ausbleibende Zahlungen für die angemieteten Gebäude[78]. Der Stadtrat präferierte daher nach anfänglich wohlwollender Be-

---

[73] Vgl. Mirsching, Audi, S. 14.
[74] Vgl. Etzold/Rother/Erdmann, Vier Ringe, Bd. 2, S. 45–48.
[75] Stadtarchiv Ingolstadt, A 3129, Niederschrift über „die Besprechung mit Auto-Union" am 10. 1. 1947.
[76] Stadtarchiv Ingolstadt, A 2994, Niederschrift über eine Besprechung zwischen Vertretern des Landesamts für Vermögensverwaltung und Wiedergutmachung und der Stadtverwaltung beim Oberbürgermeister der Stadt Ingolstadt am 4. 12. 1946.
[77] Stadtarchiv Ingolstadt, A 3129, Zentraldepot für Auto Union Ersatzteile (gez. Erhard Burghalter und Oswald Heckel) an Oberbürgermeister Weber vom 14. 5. 1947 und Bestätigung des Oberbürgermeisters vom 17. 5. 1946.
[78] Stadtarchiv Ingolstadt, A 3129, Niederschrift über „die Besprechung mit Auto-Union" am 10. 1. 1947.

handlung des Gesuchs[79] zumindest zeitweilig andere Bewerber für die vom Zentraldepot dringend benötigten Räume in der ehemaligen Heeresbäckerei.

Die Führungsmannschaft des Zentraldepots setzte auf vertrauensbildende Maßnahmen, ließ sich von Vertretern der Bayerischen Staatsbank finanzielle Bonität, einwandfreies Geschäftsgebaren sowie „mustergültige und straffe Organisation" bescheinigen[80], bemühte staatliche Stellen, um „im Interesse der bayerischen Wirtschaft" zu den eigenen Gunsten zu intervenieren[81] oder ließ das örtliche Industrie- und Handelsgremium erklären, das Zentraldepot habe „sich am hiesigen Platze im allgemeinen volkswirtschaftlichen Interesse günstig entwickelt" und stelle „einen Betrieb dar, der in unserer Stadt erwünscht ist"[82]. Zudem ließen die Geschäftsführer des Zentraldepots kaum eine Gelegenheit aus, um ihr Unternehmen ins rechte Licht zu setzen. In diesem Sinne schrieben Erhard Burghalter und Oswald Heckel selbstbewußt an einen führenden Wirtschaftsvertreter der Stadt:

„Das ZDI wurde am 19. 12. 1945 gegründet, nachdem durch die Trennung der Westorganisation vom Fabrikations-Stammhaus in Chemnitz die gesamte Organisation durch die Unmöglichkeit der Versorgung mit KfZ.-Ersatzteilen notleidend zu werden drohte. Mit Zustimmung der amerikanischen Militärregierung und Unterstützung zunächst des Wirtschaftsministeriums, dann der Zweizonenverwaltung hinsichtlich der Produktionserlaubnis und Zurverfügungstellung der entsprechenden Kontingente haben wir einen umfangreichen Produktionsapparat aufgezogen, der sich zunächst mangels eigener Maschinen auf unsere bisherigen und [wieder] neu geworbenen Lieferanten stützte. Nach Fühlungsnahme mit der Auto Union AG Chemnitz wurde das Zentraldepot für Auto Union Ersatzteile G.m.b.H. Ingolstadt allein zur Vertretung der Auto Union-Interessen für die Westzonen und für das gesamte Ausland autorisiert, so dass wir zwar als eigene Gesellschaft auftreten, jedoch die gesamte Organisation und den sich heraus bietenden Geschäftsumfang übernommen haben. Zahlenmäßig ausgedrückt bedeutet dieses, dass uns nahezu 1900 Generaldepots, Filialen, Großhändler, Händler und autorisierte Werkstätten angeschlossen sind, wozu noch ca. 6000 Motorradhändler, Elektro-Dienst- und Hilfsstellen sowie eine umfangreiche Auslandsorganisation kommen. Der derzeitige materialmässige Fabrikationsumlauf beziffert sich auf rd. 2500 to Einsatzgewicht und stellt den ungefähren Jahresbedarf der durch die Organisation zu versorgenden ca. 200 000 Kfz. und ebenso vielen Motorrädern dar. Es ist ganz selbstverständlich, dass die Ersatzteilversorgung für uns nur den ersten Schritt bedeuten konnte und dass wir mit allen Mitteln darnach streben mussten, die Neufertigung wieder in Gang zu bringen. Ohne damit irgendwie ein Geschäftsgeheimnis zu verletzen, können wir Ihnen sagen, daß die Vorbereitungen von der technischen Seite aus hierfür schon sehr weit gediehen sind und dass wir starke Vergrösserungsabsichten haben, um unser Vorhaben in eigener Produktion durchzuführen."[83]

[79] Stadtarchiv Ingolstadt, A 3129, Beschlüsse des Wirtschaftsausschusses des Stadtrats, undatiert (Sommer 1946).
[80] Stadtarchiv Ingolstadt, A 3129, Bayerische Staatsbank Ingolstadt an den 2. Bürgermeister Schreiben vom 29. 10. 1946.
[81] Stadtarchiv Ingolstadt, A 3129, Staatliches Außenhandelskontor Bayern an das Landesamt für Vermögensverwaltung und Wiedergutmachung, Außenstelle Ingolstadt, vom 26. 9. 1946.
[82] BWA, In 6/9, IHG Ingolstadt (gez. Friedrich Drausnick) an die Städtischen Werke Ingolstadt, Herrn Direktor Weinisch, vom 13. 10. 1947.
[83] BWA, In 6/9, Zentraldepot für Auto Union Ersatzteile (gez. Erhard Burghalter und Oswald Heckel) an das Industrie- und Handelsgremium Ingolstadt, Friedrich Drausnick, vom 2. 3. 1948, ähnlich auch das Schreiben der Geschäftsleitung des Zentraldepots an die Regierung von Oberbayern vom 16. 2. 1948.

Ein gewisses Mißtrauen blieb jedoch trotz dieser Werbemaßnahmen in eigener Sache bestehen. Dennoch konnte das Zentraldepot nicht nur die 1946 bezogenen Gebäude behalten, sondern im Laufe des Jahres 1947 auch die Heeresbäckerei übernehmen, wenn auch zunächst nur provisorisch; 1948 gelang es darüber hinaus, Teile des Zeughauses anzumieten[84]. Mit dem Beginn der Ersatzteilherstellung in eigener Regie wandelte sich der Charakter des Unternehmens grundlegend. So ließ die Geschäftsleitung des Zentraldepots die Regierung von Oberbayern wissen, es handle sich bei ihrer Firma nicht um einen „Grosshandelsbetrieb mit Ersatzteillager", wie man fälschlicherweise annehmen könne, sondern vielmehr um einen Fertigungsbetrieb sowie um eine Reparatur-Abteilung und Zylinderschleiferei, wie dies auch in den Werken der Auto-Union A.G. Chemnitz üblich gewesen sei, „um die Händlerwerkstätten bei schwierigen Teile- u. Aggregate-Reparaturen zu entlasten"[85]. Das Zentraldepot stellte deshalb immer mehr Metallfacharbeiter wie Schlosser, Spengler und Mechaniker ein. Ende 1948 zählte die Belegschaft bereits rund 300 Arbeiter und Angestellte, die monatlich unter anderem mehr als 200 komplette Antriebsaggregate für DKW-Automobile fertigten. Überdies liefen die Planungen für die Produktion von Motorrädern und kompletten Kraftfahrzeugen auf Hochtouren[86]. Erzählungen über die bisweilen geradezu abenteuerlichen Arbeitsbedingungen, von denen etwa Christoph Rosenberg zu berichten weiß, gehören noch heute zum Gründungsmythos des Unternehmens:

„Die Ingolstädter Autopioniere wurden zu Meistern der Improvisation: Aus Waschbrettern entstanden Zeichenpulte, uralte Maschinen wurden zusammengekauft und für die eigenen Zwecke ‚aufgemöbelt‘. An den Werkbänken teilte sich oft ein halbes Dutzend Arbeiter ein paar wenige Werkzeuge, die sie zum Teil selber mitgebracht hatten."[87]

Auf den ersten Blick schien das Zentraldepot dazu prädestiniert zu sein, als Keimzelle der Automobilproduktion das Banner der Auto Union zumindest im Westen hochzuhalten. Bei genauerem Hinsehen erwies sich die Situation jedoch als reichlich kompliziert. Die Eigentums- und Vermögensverhältnisse im Vier-Zonen-Deutschland waren verworren, die Perspektiven der Auto Union AG als juristische Person und ihre etwaigen Ansprüche auf materielle und immaterielle Werte jenseits des immer undurchlässigeren Eisernen Vorhangs ungeklärt. Auf diesem schwankenden Boden versuchten prominente Mitglieder der inzwischen in alle Winde zerstreuten Führungsriege der Auto Union durch organisatorische Initiativen und rechtliche Vereinbarungen ein Stück Sicherheit und damit auch neue Handlungsoptionen zu gewinnen. Eine Schlüsselfigur war dabei Hanns Schüler, der 1945 zum Mitglied des Vorstands der Auto Union in Chemnitz ernannt und in dieser Funktion auch von der sowjetischen Besatzungsmacht bestätigt worden war. Schüler verfügte über eine Generalvollmacht für alle Rechtsgeschäfte in den

---

[84] BWA, In 6/9, Bezirksplanungsbehörde bei der Regierung von Oberbayern an das Landesamt für Vermögensverwaltung und Wiedergutmachung, Außenstelle Ingolstadt, vom 20. 11. 1948.
[85] BWA, In 6/9, Geschäftsleitung des Zentraldepots für Auto Union Ersatzteile an die Regierung von Oberbayern vom 16. 2. 1948.
[86] Vgl. Donau-Kurier vom 11. 11. 1948: „In Ingolstadt werden monatlich über 200 DKW-Motoren erzeugt".
[87] Christoph Rosenberg, Vom Zentral-Ersatzteillager zur Automobilfabrik. Die Anfänge der Auto Union in Ingolstadt, in: Ingolstädter Heimatblätter 47 (1984) Nr. 10, S. 37–40, hier S. 39; vgl. auch Etzold/Rother/Erdmann, Vier Ringe, Bd. 2, S. 61.

drei westlichen Besatzungszonen, die sich bei den weiteren Verhandlungen über die Zukunft der Auto Union als ausgesprochen wertvoll erweisen sollte. Zunächst kam es darauf an, Vermögenswerte wie Ansprüche des Unternehmens in den Westzonen zusammenzufassen und zu sichern[88]. In diesem Sinne wurde im März 1947 die Auto Union GmbH mit Sitz in Ingolstadt gegründet, als deren Gesellschafter die Auto Union AG in Chemnitz, das Bankhaus Lenz & Co. sowie Erhard Burghalter fungierten, der zugleich der Geschäftsführung des Zentraldepots angehörte. Das Kapital der GmbH stammte aus Mitteln der Aktiengesellschaft; dafür boten sowohl Burghalter als auch das Bankhaus Lenz der Aktiengesellschaft die Übernahme ihrer Geschäftsanteile an, wobei diese Option freilich erst in einem vereinigten Deutschland wirksam werden sollte. Noch 1947 räumte die Aktiengesellschaft der Auto Union GmbH ein kostenloses Mitnutzungsrecht an ihren gewerblichen Schutzrechten ein und überließ der neuen Gesellschaft für einen Kaufpreis von knapp drei Millionen RM den größten Teil ihrer Vermögenswerte in den Westzonen. Die Auto Union AG wurde freilich im August 1948 aus dem Chemnitzer Handelsregister gelöscht. Hanns Schüler erwirkte daraufhin, daß die Auto Union AG, die ihren Sitz ebenfalls in Ingolstadt nahm, in das Münchner Handelsregister eingetragen wurde. Zugleich aktivierte er gegen den Widerstand Burghalters die Ansprüche der Aktiengesellschaft auf die Geschäftsanteile der Auto Union GmbH, die so zu einer hundertprozentigen Tochter der AG wurde.

Es gab allerdings noch einen weiteren Mitspieler, der ebenfalls um das Erbe der Auto Union würfelte: die im Juni 1948 gegründete Arbeitsgemeinschaft Auto Union. Initiatoren dieses Zusammenschlusses leitender Angestellter der alten Auto Union waren Richard Bruhn und Carl Hahn, die nach ihrer Flucht in den Westen und den ersten Weichenstellungen für einen Neubeginn in Bayern zunächst von der Bildfläche verschwunden waren. Sie mußten erst die Entnazifizierung abwarten – Bruhn tat dies unter anderem 15 Monate lang in britischen Internierungslagern –, bis sie wieder aktiv in das Geschehen eingreifen konnten. Was Bruhn und Hahn im Sommer 1948 vorfanden, konnte ihnen nicht gefallen. Sie hatten das Zentraldepot lediglich als Übergangslösung mit begrenztem Verfallsdatum betrachtet, das dann ablaufen sollte, wenn die Auto Union entweder wieder selbst agieren konnte oder wenn sich die Möglichkeit für einen echten Neubeginn in der Tradition des sächsischen Automobilkonzerns abzeichnete. Die Geschäftsleitung des Zentraldepots hatte sich jedoch inzwischen emanzipiert und war nicht bereit, ohne weiteres ins zweite Glied zurückzutreten, zumal das Unternehmen gute Aussichten hatte, am Markt zu reüssieren.

Konflikte zwischen der Mannschaft um Richard Bruhn und dem Zentraldepot waren somit vorprogrammiert. Zunächst gehörten Karl Schittenhelm, Erhard Burghalter und Oswald Heckel jedoch ebenso der Arbeitsgemeinschaft Auto Union an wie Richard Bruhn, Carl Hahn und Hanns Schüler. Die Arbeitsgemeinschaft war „als Plattform" für die „systematische Vorarbeit und die einschlägige Planung zwecks Vorbereitung" für die Produktion von Automobilen und Motor-

---

[88] Vgl. hierzu und zum folgenden Mirsching, Audi, S. 14–19; Etzold/Rother/Erdmann, Vier Ringe, Bd. 2, S. 52–58 und S. 62–85, sowie Meier, Entwicklungsphasen, S. 13–25.

rädern gedacht[89]. Dieses Ziel wurde auch im Protokoll der Gründungsversammlung der Arbeitsgemeinschaft vom 17. Juni 1948 festgehalten:

„Das klare Ziel der Arbeitsgemeinschaft ist es, schnellstens die Voraussetzungen für die Fabrikation [...] zu schaffen [...]. Das ZDI fährt ungestört in seiner Planung fort, wird sich aber von den übergeordneten Gesichtspunkten des Auto Union Begriffes und der ‚Arbeitsgemeinschaft Auto Union' leiten lassen."

In den Monaten nach der Gründung der Arbeitsgemeinschaft wurde hart um das Zentraldepot gerungen, dem bei den Plänen für eine Wiederaufnahme der Kraftfahrzeug- und Motorradproduktion eine Schlüsselrolle zukam. Sowohl Hanns Schüler für die Aktiengesellschaft als auch Richard Bruhn für die Arbeitsgemeinschaft setzten die Geschäftsleitung des Zentraldepots unter Druck, die ihrerseits bei den Bemühungen, das für die Fahrzeugproduktion nötige Kapital zu beschaffen, auf schwer zu überwindende Hindernisse stieß. Nachdem Hanns Schüler und Ludwig Hensel für die Auto Union AG die Arbeitsgemeinschaft am 15. November 1948 offiziell legitimiert hatten, „die Wiederaufnahme einer Fertigung von Auto Union-Fabrikaten in den Westzonen vorzubereiten und alle dafür notwendigen konstruktiven und fabrikatorischen Entwicklungs- und Vorbereitungsarbeiten [...] zu leisten"[90], gaben die Gesellschafter schließlich nach und verkauften das Zentraldepot für einen Kaufpreis von einer Million DM einschließlich aller Konstruktionsunterlagen an die Auto Union GmbH[91]. Damit waren zwar materielle Voraussetzungen für die Aufnahme der Fahrzeugherstellung gesichert und potentielle Widersacher ausgeschaltet, eine entscheidende Frage blieb jedoch offen: Wie sollte die Produktionsgesellschaft aussehen, der letztlich das operative Geschäft obliegen würde? Zwar gab es mehrere Gesellschaften, welche die Bezeichnung Auto Union im Wappen führten, doch die

„äußerst komplizierten und verschachtelten Rechtsverhältnisse um die Auto Union Aktiengesellschaft und auch um die Firmenneugründungen im Zusammenhang mit der Aktiengesellschaft ließen bei den verantwortlichen Männern die Befürchtungen aufkommen, es könnten eines Tages Ansprüche aus der Ostzone auf die vorhandenen Firmen in Ingolstadt angemeldet werden"[92].

Dieser Unsicherheitsfaktor konnte nicht zuletzt dringend benötigte Geldgeber abschrecken, und so entschloß man sich zur Gründung einer neuen Gesellschaft, um die aus der deutschen Teilung entstandenen Risiken so gering wie möglich zu halten. Diese Gesellschaft wurde am 3. September 1949 unter dem Namen Auto Union GmbH ins Leben gerufen, die ihren Sitz in Ingolstadt hatte und mit einem

[89] Richard Bruhn an Hanns Schüler vom 14. 6. 1948; zit. nach Etzold/Rother/Erdmann, Vier Ringe, Bd. 2, S. 68; das folgende Zitat findet sich ebenda, S. 72.
[90] Vorstand der Auto Union AG (gez. Hanns Schüler und Ludwig Hensel) an die Arbeitsgemeinschaft Auto Union vom 15. 11. 1948, zit. nach ebenda, S. 73.
[91] Die Geschäftsleitung des Zentraldepots bemühte sich darum, die Firma unter dem neuen Namen Zentraldepot für Industriebedarf weiterzuführen. 1950 fertigten immerhin 110 Arbeitskräfte in der ehemaligen Feldbäckerei in der Ingolstädter Schrannenstraße Werkzeuge und Vorrichtungen für die verarbeitende Industrie (vgl. Donau-Kurier vom 20. 3. 1950: „Arbeiterzahl könnte verdoppelt werden"). Im Sommer 1953 mußte das Unternehmen, dessen Gesellschafter noch immer Burghalter, Heckel und Schittenhelm waren, den Geschäftsbetrieb jedoch wegen fehlender Aufträge einstellen.
[92] Etzold/Rother/Erdmann, Vier Ringe, Bd. 2, S. 77.

Abb. 1: Werkstor der Auto Union in Ingolstadt, 1949

Stammkapital von 300 000 DM ausgestattet war. Als Gesellschafter fungierten die bereits 1947 gegründete Auto Union GmbH, die nun Industrie-Auffang GmbH heißen sollte, das Bankhaus Salomon Oppenheim, die Arbeitsgemeinschaft Auto Union in Person von Richard Bruhn und Carl Hahn sowie der Düsseldorfer Rechtsanwalt Walter Schmidt. Die Geschäftsführung des jungen Unternehmens bestand durch die Bank aus erfahrenen Führungskräften der alten Auto Union. Den Vorstandsvorsitz übernahm Richard Bruhn, als sein Stellvertreter wurde Carl Hahn nominiert; Paul Günther war für betriebswirtschaftliche Belange zuständig, Hanns Schüler für Verwaltung, Rechts- und Personalwesen und Fritz Zerbst für die Technik. Im Aufsichtsrat führte Baron Friedrich Carl von Oppenheim den Vorsitz, der bereits bei der Finanzierung der Arbeitsgemeinschaft eine wichtige Rolle gespielt hatte, zu seinem Stellvertreter wurde Karl Max Freiherr von Hellingrath gewählt, der Präsident der Bayerischen Staatsbank, die der Auto Union GmbH einen Betriebsmittelkredit von 1,75 Millionen DM und einen langfristigen Investitionskredit von zwei Millionen DM gewährt hatte. Letzterer wurde trotz anfänglichen Widerstands aus dem Landtag vom Freistaat Bayern verbürgt[93], wobei insbesondere das Wirtschaftsministerium die Auto Union als gewichtigen „Beitrag zur Industrialisierung Bayerns" betrachtete[94].

---

[93] Vgl. Stenographischer Bericht über die 157. Sitzung des bayerischen Landtags am 18. 4. 1950, S. 273.

[94] Donau-Kurier vom 26. 7. 1949: „Wirtschaftsministerium setzt sich für Auto-Union ein".

Über das Fertigungsprogramm des Unternehmens war man sich bereits im Laufe des Jahres 1948 klar geworden. Aus dem reichen Sortiment der Auto Union, die bis 1939 Kleinwagen ebenso hergestellt hatte wie Luxuskarossen, sollte zunächst nur die Marke DKW reaktiviert werden[95]. Die von Zweitaktmotoren angetriebenen Motorräder und Automobile dieser Marke galten als robust, sparsam und kostengünstig, hatten sich schon vor dem Krieg großer Beliebtheit erfreut und paßten mit ihrem auf Zweckmäßigkeit ausgerichteten Design in die Kargheit der ersten Nachkriegsjahre. Im einzelnen plante die Geschäftsleitung, zunächst drei Produkte auf den Markt zu bringen: das Motorrad RT 125, einen kleinen Pkw sowie einen Kleintransporter. Da für aufwendige Neuentwicklungen nahezu alle Voraussetzungen fehlten, knüpften die Ingenieure – und dies nicht nur in Ingolstadt, sondern auch bei der Konkurrenz – direkt an ihre Modelle aus der Vorkriegszeit an, die vielleicht nicht mehr dem letzten Stand der Technik entsprachen, aber dennoch den Grundstein für den Neubeginn bilden sollten. Dies galt auch für den sogenannten Schnell-Laster von DKW, der angesichts der anhaltenden Probleme auf dem Transportsektor noch im Zentraldepot als kleines, vielseitig einsetzbares Nutzfahrzeug neu konzipiert worden war[96].

Obwohl diese Produktpalette nicht eben reichhaltig war, stand rasch fest, daß es unmöglich sein würde, Motorräder, Pkw und den Schnell-Laster in Ingolstadt herzustellen, wo nach wie vor Improvisation Trumpf war. Auf der Suche nach einem Standort für die Pkw-Produktion bewies die Geschäftsleitung der Auto Union, daß sie weit über die Region hinausdachte und daß ihre Bindungen an Bayern im allgemeinen und Ingolstadt im besonderen noch nicht allzu stark waren; den Ausschlag für die Entscheidung gaben schließlich unternehmensstrategische und betriebswirtschaftliche Erwägungen. Während das teilindustrialisierte Bayern durch die Teilung Deutschlands und Europas nach 1945 in eine periphere Lage geraten war und zudem wenige attraktive Partner zu bieten hatte, die der Auto Union etwa als Zulieferer hätten dienen können, zeigte sich rasch, daß die alten Schwerpunkte des Maschinen- und Fahrzeugbaus in Südwest- und Westdeutschland allen Zerstörungen zum Trotz zumindest anfangs auch die neuen sein würden. Die Idee, den neuen Pkw der Auto Union im rheinisch-westfälischen Industriegebiet zu produzieren und damit das gesamte Unternehmen zentraler zu positionieren, hatte daher einigen Charme. Dazu kamen eine zumindest potentiell erheblich bessere Infrastruktur und eine Landesregierung, die über mehr Mittel und offensichtlich auch über mehr industriepolitische Erfahrung verfügte[97]. In Bayern zeigten sich Städte wie Regensburg oder München an der Auto Union interessiert, wobei diese Angebote aber für die Entscheidungsträger nicht attraktiv genug waren[98].

[95] Vgl. Etzold/Rother/Erdmann, Vier Ringe, Bd. 2, S. 69 und S. 91 f.
[96] Vgl. Thomas Erdmann, Das erste Automobil aus Ingolstadt. Die Geschichte des DKW Schnell-laster F 89 L, Teil 1, in: Club-Nachrichten 98 (1999), S. 4–11.
[97] Vgl. Donau-Kurier vom 26. 7. 1949: „Wirtschaftsministerium setzt sich für Auto-Union ein" und vom 15. 4. 1950: „Es gibt keine ‚bittere Pille' für Ingolstadt".
[98] So erklärte Carl Hahn aus der Rückschau: „Eine große Zahl von Städten [...] haben sich beworben oder uns eingeladen, nach dort zu kommen. Und da haben wir uns gesagt, wir möchten in das industrielle Herz Deutschlands." Zit. nach Etzold/Rother/Erdmann, Vier Ringe, Bd. 2, S. 114.

Abb. 2: Fertigung des Schnell-Lasters der Auto Union in provisorischen Werkshallen

Abb. 3: Fahrgestell-Montage für Schnell-Laster der Auto Union in Baracken

Ende 1949/Anfang 1950 schien sich jedoch eine unerwartete Wende anzubahnen. Zum einen gab es einige Probleme bei den Verhandlungen um den Aufbau einer Produktionsstätte in Nordrhein-Westfalen. Zum anderen stand das BMW-Werk in München-Allach, das für die U.S. Army in großem Stil Reparatur- und Instandsetzungsarbeiten leistete und sowohl von der technischen Ausstattung als auch vom Facharbeiterstamm her für die Automobilproduktion ideal war, nach dem sich abzeichnenden Ende der Armeeaufträge zur Disposition[99]. Die Verhandlungen, die bis Januar 1950 geführt wurden, machten deutlich, „daß die Staatsregierung großes Interesse daran hatte, möglichst alle Fertigungsstätten der Auto Union in Bayern anzusiedeln". In Verhandlungen mit dem Wirtschafts- und Finanzministerium erklärte sich der Freistaat schließlich bereit, der Auto Union bei der Verpachtung und einem späteren Kauf des Werks weit entgegenzukommen und zudem vier Millionen DM Betriebskapital zu günstigen Bedingungen bereitzustellen. Aus diesen Plänen wurde freilich nichts. Die Geschäftsleitung der Auto Union entschied sich letztlich doch für ein schwer zerstörtes Werk der Rheinmetall-Borsig AG in Düsseldorf – eine Entscheidung, die wesentlich damit zu tun hatte, daß Nordrhein-Westfalen mit einem Wiederaufbaukredit von fünf Millionen DM, einem verlorenen Baukostenzuschuß von zwei Millionen DM und einem Remontagekredit von drei Millionen DM[100] erheblich mehr in die Waagschale geworfen hatte als Bayern, wo man sich „des Eindrucks nicht erwehren" konnte, daß die Auto Union „mit uns nur deshalb Verhandlungen geführt hat, um in Düsseldorf rascher zum Ziel zu kommen"[101].

Für Bayern war der Ausgang der Verhandlungen eine Enttäuschung, für Ingolstadt jedoch eine reale Bedrohung, mußte man doch die Verlagerung weiterer Teile eines Unternehmens fürchten, in das so große Hoffnungen gesetzt worden waren. Diese Befürchtungen wurden durch die Entscheidung genährt, die Hauptverwaltung der Auto Union in absehbarer Zeit ebenfalls nach Düsseldorf zu verlegen, wo noch 1950 die ersten Pkw vom Typ DKW F 89 vom Band rollten. Die Auto Union dementierte entsprechende Gerüchte[102]. Man fühle sich in Bayern wohl und habe keinen Anlaß, die bisher in Ingolstadt investierten drei Millionen DM abzuschreiben, hieß es[103]. Zudem belebe Konkurrenz auch innerhalb einer Familie das Geschäft:

„Es kommt nicht auf das Recht der Erstgeburt an, sondern allein darauf, daß die Leistungsfähigkeit des Unternehmens sowohl in Ingolstadt als auch in Düsseldorf zur höchsten Blüte gebracht wird. Es soll eine Idealkonkurrenz sein zwischen den beiden Schwestern – aber keine Eifersucht und kein Neid."[104]

[99] Zum Karlsfeld Ordnance Depot vgl. Seidl, BMW, S. 33–48; das folgende Zitat findet sich ebenda, S. 36.
[100] Vgl. Mirsching, Audi, S. 26.
[101] Stenographischer Bericht über die 157. Sitzung des bayerischen Landtags am 18. 4. 1950, S. 273; das Zitat stammt von Wirtschaftsminister Hanns Seidel, der zuvor die Bemühungen der Staatsregierung referiert hatte. Der Sozialdemokrat Josef Seifried kommentierte das Verhalten der Auto Union mit den Worten: „Kapitalistische Methoden!"
[102] Vgl. Süddeutsche Zeitung vom 14. 4. 1950: „Eine bittere Pille für Ingolstadt"; Gerüchte über weitergehende Pläne werden bei Etzold/Rother/Erdmann, Vier Ringe, Bd. 2, S. 117, kolportiert.
[103] Vgl. Donau-Kurier vom 20. 3. 1950: „Ingolstadt bleibt eines der wichtigsten Auto-Union-Werke".
[104] Donau-Kurier vom 15. 4. 1950: „Es gibt keine ‚bittere Pille' für Ingolstadt".

Gleichwohl ließ sich die Tatsache, daß sich das Unternehmen ein zweites Standbein verschafft hatte, in Verhandlungen mit der Stadtverwaltung oder dem Freistaat trefflich als Druckmittel instrumentalisieren. Wie schon in den Jahren zuvor ging es dabei immer wieder um die Belegung ehemals militärisch genutzter Flächen und Gebäude, auf die die Auto Union Anspruch erhob, um die Produktion von Schnell-Lastern und Motorrädern beginnen oder ausweiten zu können. Führende Repräsentanten der Stadt, allen voran Oberbürgermeister Weber, brachten dabei wiederholt ihr starkes Interesse daran zum Ausdruck, die Auto Union in der Stadt zu halten, und bemühten sich darum, denjenigen den Wind aus den Segeln zu nehmen, die davor warnten, einem heimatlosen Unternehmen aus der Ostzone allzu großes Vertrauen entgegenzubringen[105]. Die Repräsentanten der Auto Union dagegen waren sich trotz vieler offener Fragen ihres Wertes bewußt und traten entsprechend selbstbewußt auf.

Selbst die alteingesessene Despag mußte sich Ende 1949 zähneknirschend das von der Bundesbahn aufgegebene Eisenbahn-Ausbesserungswerk Nord auf dem Gelände des ehemaligen Heereszeugamts mit der Auto Union teilen[106]. Auch der amerikanische Resident Officer und Funktionäre der International Refugee Organisation (IRO) bekamen das Selbstbewußtsein des ambitionierten Unternehmens zu spüren, als es darum ging, zur Unterbringung oder Ausbildung von Displaced Persons (DPs) genutzte Räumlichkeiten möglichst rasch und vollständig zu räumen[107].

Mit der Ausweitung und Vertiefung der Produktion stieg der Raum- und Flächenbedarf des Unternehmens ständig. Die Auto Union fraß sich zwischen 1949 und 1951 geradezu in den Norden Ingolstadts hinein und bestimmte das Strukturbild eines zentrumsnahen Stadtviertels, das größtenteils innerhalb des alten Festungsrings gelegen und für industrielle Zwecke nur bedingt geeignet war[108]. Von der ehemaligen Standortverwaltung am Schrannenplatz und dem Heeresverpflegungsamt in der Proviantstraße erstreckten sich die Anlagen der Auto Union über die Heeresbäckerei und das Zeughaus bis zu neuen Werkshallen hinter der Friedenskaserne und auf dem ehemaligen Kohlenhof, wo der Schnell-Laster vom Band lief. Die Motorräder wurden zunächst im Festungskornspeicher, dann auch in Neubauten auf ehemaligem Militärgelände gefertigt. Rationell war das nicht. Im Jargon der Mitarbeiter wurde die Auto Union nicht umsonst auch als „Vereinigte Hüttenwerke" bezeichnet[109]. Zudem waren die alten Militärgebäude, die die Auto Union in Beschlag genommen hatte, mit den Produktionsstätten anderer Firmen verschachtelt, die sich nach 1945 ebenfalls in Ingolstadt niedergelassen hatten, als niemand von einem solchen Aufschwung des Fahrzeugbaus auch nur

---

[105] Vgl. Donau-Kurier vom 15. 1. 1949: „Ingolstadt an Auto Union stark interessiert" und vom 26. 11. 1949: „Auto-Union, Despag, Eisenbahn-Ausbesserungswerk" bzw. „Diskussion über die Frage Auto-Union – Despag".
[106] Stadtarchiv Ingolstadt, A 2994, Notiz über die Besprechung bei der Auto Union betreffend die voraussichtliche räumliche Entwicklung des Unternehmens auf ehemaligem Wehrmachtgelände vom 29. 11. 1949.
[107] Vgl. Donau-Kurier vom 18. 2. 1950: „Neue Räume für Ausweitung der Industrie".
[108] Dieser Prozeß ist prägnant dokumentiert in dem Photoband von Thomas Erdmann, Auf den Spuren der Auto Union. Ein Rundgang durch die ehemaligen Fertigungsstätten der Auto Union in Ingolstadt, Bochum ²2007.
[109] Vgl. Mirsching, Audi, S. 23 ff.

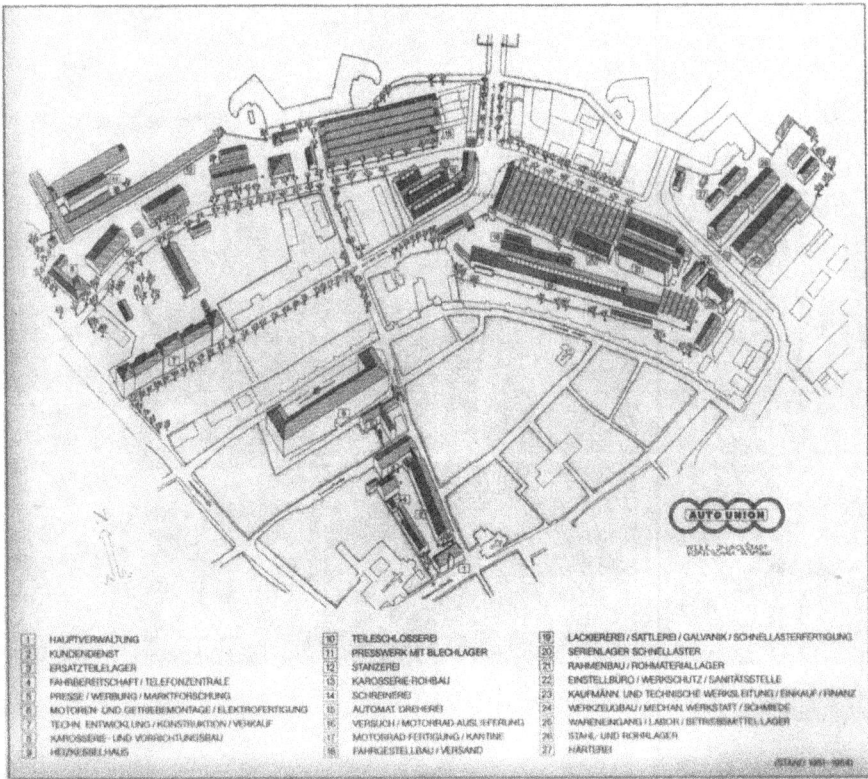

zu träumen wagte. Die örtliche IG Metall-Verwaltungsstelle urteilte daher zwar ungerecht, beschrieb aber die Konsequenzen des Wildwuchses der unmittelbaren Nachkriegszeit durchaus zutreffend:

„Bei einer vernünftigen Planung wäre es möglich gewesen, das ehem. Wehrmachtsgelände (Fabriken, Kasernen und Exerzierplätze) so an die Firmen zu verteilen, dass diese räumlich gut lägen. Durch die planlose Ansiedlung von Kleinbetrieben ist wertvolles Industriegelände verloren gegangen. Heute sind Korrekturen mit finanziellen Aufwendungen verbunden, da die meisten Betriebe in den Gebäuden Investitionen vorgenommen haben. Die meisten Betriebe leiden jedoch unter Raummangel. Eine Ausweitung der Betriebe mit wirtschaftlicher Raumeinteilung ist aus Gründen der planlosen Aufteilung der Gebäude meist nicht möglich."[110]

Doch nicht nur betriebswirtschaftlich warf diese Entwicklung Probleme auf, auch städtebaulich war sie alles andere als erfreulich, wie sich schon früh zeigte, als die Expansionspläne der Auto Union im Nordosten der Stadt Ende 1950 mit den Planungen der Katholischen Wohnungsbaugesellschaft in Konflikt gerieten. Im Einklang mit dem geltenden Bebauungsplan hatte sich diese um Baugrund am Rande der alten Festungsmauern bemüht und auch zugesagt bekommen. Doch dann

[110] IG Metall-Verwaltungsstelle Ingolstadt, Quartalsberichte (Mitglieder und Veranstaltungen) 1951–1968, Bericht: „Metallindustrie im Verwaltungsbereich Ingolstadt" vom 28. 11. 1950.

Abb. 4: Fertigung von DKW-Motorrädern, 1955

Abb. 5: Motorradwerk der Auto Union an der Esplanade – im Hintergrund die historische Altstadt

hörte man von Plänen der Stadt, den Forderungen der Auto Union nachzugeben, das in Frage stehende Areal nicht mehr als Wohngebiet, sondern als Industriegelände auszuweisen. Rupert Brems, Pfarrer bei Sankt Moritz im historischen Kern Ingolstadts, reagierte auf solche Überlegungen empört, und zwar nicht nur, weil sie den Absichten der Katholischen Wohnungsbaugesellschaft zuwiderliefen, sondern auch, weil er sie grundsätzlich für verfehlt hielt. Stadtbild und Stadtentwicklung würden durch eine weitere Ausdehnung der Auto Union in gefährlicher Nähe des Stadtzentrums irreparabel geschädigt, die Anwohner durch den wachsenden Verkehr und den zunehmenden Lärm in unzumutbarer Weise belastet, ohne daß der chronischen Raumnot des Unternehmens dauerhaft abgeholfen werden könne. In diesem Sinne beklagte sich der Stadtpfarrer bei einem Vertreter des für militärische Liegenschaften zuständigen bayerischen Finanzministeriums:

„Im letzten Krieg verursachten hier in Ingolstadt militärische Objekte wie der Militärbahnhof, das Proviant- und Zeugamt, die innerhalb der Altstadt lagen, besondere Bombardierung und viele Tote. Und nun gefährdet man durch eine neue kriegswichtige Industrie innerhalb der Wohnviertel noch einmal die Stadt! [...] Schliesslich müsste es vor allem im Interesse der Auto-Union selbst liegen, auf einem einheitlichen Industriegelände das Werk aufzubauen und zu entfalten. Die Auto-Union hat bisher an mehreren Ecken und Strassen bereits vorhandene Werkräume und Büros ausgenützt und musste ihre Teilerzeugnisse von einer Halle zur anderen transportieren und viel Zeit auf dem Weg verlieren. Diese Unrentabilität wird bei der vorgesehenen Ausweitung nicht besser. Solch ein Grossunternehmen muß sich *ständig* entfalten und auch räumlich ausbreiten können. Hier an diesem Gelände ist keine grosse Ausweitungsmöglichkeit mehr vorhanden, oder will man später gar auch noch den Parkgürtel opfern? Er wird ohnedies durch die vorgesehene Planung stark entwertet. So ist es nicht zu verdenken, wenn von massgebenden Kreisen und aus allen Schichten der Bevölkerung immer wieder die Befürchtung laut wird, dass die Auto-Union nicht auf Dauer in Ingolstadt bleiben kann und will. Denn die ruhige Überlegung folgert: ‚Wenn die Auto-Union ihren bleibenden festen Sitz in Ingolstadt aufschlagen wollte, müsste sie auf einheitlichem Gelände einen rentablen, sicheren und konkurrenzfähigen Betrieb aufbauen.' Dadurch wären auch die vielen Fragen hinfällig, die an uns Seelsorger, die wir mitten im Volk stehen, immer wieder herangetragen werden: ‚Kann man die knappen Steuergelder Bayerns nicht sicherer anlegen?' So sehr wir vom seelsorgerlichen Standpunkt aus die Arbeitsbeschaffung durch die Auto-Union begrüssen, so furchtbar wäre der Schaden für die Stadt und für die Arbeiterschaft im Falle eines Wegzugs der Auto-Union, der wohl bei der jetzigen eingeengten Anlage unvermeidlich einmal erfolgen muss."[111]

Der Stadt waren solche Bedenken ebensowenig fremd wie den Planungsbehörden bei der Regierung von Oberbayern und im bayerischen Wirtschaftsministerium. Freilich gab es dabei eine eindeutige Prioritätensetzung, die wirtschaftlichen Notwendigkeiten den Vorzug vor städtebaulichen Erwägungen einräumte, wie ein Beamter der für Ingolstadt zuständigen Bezirksplanungsstelle in München im Dezember 1951 unumwunden zugab. Gerade bei der Ansiedlung der Auto Union seien die „wirtschaftlichen Verhältnisse für die Firma ausschlaggebender gewesen als die immer wieder von den Planungsstellen geäußerten Bedenken über die ungünstige Lage des Betriebes in der Stadtmitte". Alternativen habe man „unter dem Druck der Verhältnisse, auf Veranlassung der Auto-Union" und wegen der Furcht verwerfen müssen, ansonsten die Abwanderung eines Unternehmens zu provo-

---

[111] Stadtarchiv Ingolstadt, A 2994, Stadtpfarrer Rupert Brems an Ministerialrat Dr. Kiefer, bayerisches Finanzministerium, vom 15. 11. 1950 betr. „Industriegelände im geplanten Wohnviertel".

zieren, „welches das wirtschaftliche Rückgrat Ingolstadts und seiner Umgebung bildet"[112].

Die Serienfertigung der DKW-Schnell-Laster und Motorräder hatte in Ingolstadt noch im Sommer beziehungsweise Herbst 1949 begonnen; bis Ende des Jahres wurden immerhin noch 504 Exemplare des Transporters (davon allein 224 im Dezember) und 500 Motorräder hergestellt. Anfang 1950 konnte die Auto Union gleich zwei kleine Jubiläen feiern, als das 1000. Motorrad und der 1000. Schnell-Laster das Werk verließen. Damit war man zwar noch ein gutes Stück von der geplanten Monatsproduktion von 2000 Krafträdern und 600 Transportern entfernt, doch bestand die Hoffnung, diesen Ausstoß in absehbarer Zeit zu erreichen[113]. Ein Markt für diese Fahrzeuge war jedenfalls vorhanden, auch wenn die Preise für breite Bevölkerungsschichten noch ein kaum zu überwindendes Problem darstellten. Immerhin kosteten die in Düsseldorf gebauten Limousinen vom Typ DKW F 89 5830 DM und die Schnell-Laster in ihrer Basis-Version 5500 DM. Erschwinglicher war da schon ein Motorrad vom Typ RT 125, für das Interessenten im Jahr nach der Währungsreform 945 DM anlegen mußten[114]. So ist es nicht verwunderlich, daß die Massenmotorisierung der fünfziger Jahre zunächst von den Motorrädern getragen wurde und daß die Zahl neuzugelassener Krafträder (1950: 250000, 1953: 350000) deutlich über derjenigen neuzugelassener Pkw (1950: 146000, 1953: 244000) lag[115]. Davon profitierte nicht zuletzt die Auto Union mit ihren in Ingolstadt gebauten Motorrädern, deren Produktion zwischen 1950 und 1953 von 24606 auf 65866 stieg; 1955 kam sogar jedes vierte Motorrad, das in Westdeutschland neu zugelassen wurde, aus der Stadt an der Donau[116]. Bis 1953 liefen auch mehr als 19000 Schnell-Laster und etwa 41000 Pkw vom Band[117], die sich seit 1951 zum wichtigsten Produkt des Unternehmens entwickelten. Damit etablierte sich die Auto Union hinter Volkswagen, Opel, Daimler-Benz und Ford als fünfte Kraft unter den westdeutschen Pkw-Herstellern, wobei ihre Modelle die Größenklasse von 500–1000 ccm dominierten; hier beherrschten die Automobile mit den vier Ringen und dem Emblem von DKW mit einem Marktanteil, der bis 1955 zwischen 53 Prozent und 67 Prozent lag, die Szenerie[118].

Die Ausweitung der Produktion und die Herstellung von immer mehr Komponenten in eigener Regie führte zu einer raschen Vergrößerung der Belegschaft, die im gesamten Unternehmen 1951 um 69,4 Prozent, 1952 um 17,1 Prozent und 1953 noch immer um 9,6 Prozent wuchs und damit mehr als 9000 Köpfe zählte[119]. In

112 Stadtarchiv Ingolstadt, A 2994, Bezirksplanungsstelle bei der Regierung von Oberbayern (gez. Regierungsdirektor Scheublein) an die Landesplanungsstelle im bayerischen Wirtschaftsministerium vom 28. 12. 1951 betr. Verwertung ehemaliger Wehrmachtsanlagen in Ingolstadt.
113 Vgl. Donau-Kurier vom 16. 2. 1950: „Zweites Jubiläum bei der Auto-Union" und vom 23. 2. 1950: „Auto-Union will bald ihre Produktion verdoppeln"; detaillierte Produktionsziffern für 1949 finden sich bei Etzold/Rother/Erdmann, Vier Ringe, Bd. 2, S. 88.
114 Vgl. Mirsching, Audi, S. 33, S. 84 und S. 106.
115 Vgl. Thomas Südbeck, Motorisierung, Verkehrsentwicklung und Verkehrspolitik in der Bundesrepublik Deutschland der 1950er Jahre, Stuttgart 1994, S. 30.
116 Vgl. Etzold/Rother/Erdmann, Vier Ringe, Bd. 2, S. 130.
117 Vgl. Mirsching, Audi, S. 103 und S. 113, sowie Etzold/Rother/Erdmann, Vier Ringe, Bd. 2, S. 132 (die Zahlen differieren geringfügig); ebenda, S. 137, findet sich die im folgenden zitierte Aufstellung der Produktionszahlen westdeutscher Pkw-Hersteller.
118 Vgl. Südbeck, Motorisierung, S. 34.
119 Historisches Archiv der Auto Union, ohne Signatur, Jahresbericht der Personalabteilung für 1954.

Abb. 6: Journalisten bei der Vorstellung eines DKW F 89

Ingolstadt waren Ende 1949 1250 Arbeiter und Angestellte beschäftigt; ein Jahr später zählte man mit 3071 bereits mehr als doppelt so viele. 1951 und 1952 wurde die Belegschaft weiter aufgestockt: Bei Jahresende waren 4085 beziehungsweise 5025 Männer und Frauen in Ingolstadt für die Auto Union tätig. Der leichte Rückgang im folgenden Jahr auf 4848 Arbeiter und Angestellte fiel angesichts der Entwicklung seit 1949 kaum ins Gewicht[120].

Was die Struktur der Belegschaft betrifft, so fallen mehrere Besonderheiten auf: Zum einen dominierten – vor allem bei den Arbeitern – die Männer; 1952 waren lediglich 650 von etwa 5000 Beschäftigten Frauen, also keine 15 Prozent. Zum zweiten beschäftigte die Auto Union in Ingolstadt überdurchschnittlich viele Flüchtlinge. Ihr Anteil erreichte 1952 30 Prozent und überschritt den Anteil der Flüchtlinge in der Region deutlich; die Auto Union, so könnte man überspitzt sagen, war damit in doppelter Hinsicht ein „Flüchtlingsbetrieb". Zum dritten wohnte nur der kleinere Teil der Arbeitskräfte – nämlich 40 Prozent – in Ingolstadt selbst; die übrigen pendelten aus den Gemeinden des Landkreises Ingolstadt oder sogar aus den Nachbarlandkreisen zu ihren Arbeitsplätzen, was angesichts der Verkehrswege und der Transportmittel nicht selten langwierig und belastend war[121]. Der Verdienst eines Karosseriespenglers lag im März 1949 bei 95 Pfennig;

---

[120] Audi AG, Ablage der Abteilung Personalstatistik, Bericht der betriebswirtschaftlichen Abteilung der Auto Union GmbH (streng vertraulich) über die Personalentwicklung, Dezember 1959.
[121] Archiv des Betriebsrats der Audi AG, Betriebsversammlungen, Protokoll der Betriebsversammlung am 15. 10. 1952.

die Arbeitszeit war auf 48 Stunden festgesetzt, wobei in zwei Schichten gearbeitet wurde und Überstunden bei guter Auftragslage die Regel waren[122]. Leicht war die Arbeit insbesondere in der Produktion nicht, zumal sanitäre Einrichtungen, Heizung, Anlagen zum Gesundheitsschutz oder zur Unfallverhütung in den vielfach improvisierten Fertigungsstätten zu wünschen übrig ließen. Dieser unerfreuliche Zustand war auf die Genesis des Werkes der Auto Union in Ingolstadt ebenso zurückzuführen wie auf die Tatsache, daß „bisher die Schaffung von Arbeitsplätzen und die Ausweitung der Produktion im Vordergrund" gestanden habe und daher „noch nicht alles so sein kann, wie wir es uns wünschen", wie es in einem verständnisvollen Bericht des Betriebsrats aus dem Jahr 1952 heißt[123].

Dennoch waren die Arbeitsplätze bei der Auto Union begehrt, und wer einmal dort untergekommen war, der blieb in der Regel auch. Die Quote derer, die auf eigenen Wunsch aus dem Unternehmen ausschieden, lag zwischen 1950 und 1953 bei höchstens 13,8 Prozent und damit signifikant niedriger als im Werk Düsseldorf[124], und das obwohl die Arbeiter in Düsseldorf deutlich mehr verdienten als ihre Kollegen in Ingolstadt. 1953 betrug der Durchschnittsaufwand des Unternehmens für einen Arbeiter in Düsseldorf 452,09 DM, in Ingolstadt jedoch nur 353,46 DM[125]. Daß die Beschäftigten der Auto Union in Ingolstadt ihrem Arbeitgeber die Treue hielten, hatte vermutlich weit mehr mit wirtschaftlichen Notwendigkeiten und mangelnden Alternativen zu tun als mit antiquiert anmutenden Appellen an den Gemeinschaftssinn der Belegschaft in der großen Familie der Auto Union, die sich die Arbeiter und Angestellten in diesen Jahren immer wieder anhören mußten. So erklärte beispielsweise Direktor Fritz Zerbst anläßlich der Fertigstellung des 10 000. Schnell-Lasters:

„Kameradinnen und Kameraden! Sie haben gehört und gesehen, was hier geschaffen worden ist. Alle haben Sie an diesen Erfolgen teilgenommen. Die Erfolge waren aber nur dadurch möglich, daß Ruhe, Disziplin und Zusammenarbeit da war. So nur ist es gelungen, den Namen der Auto Union wieder in Deutschland und der Welt aufzurichten und zu zeigen, daß deutsche Wertarbeit die Welt wieder erobert. Wir sind wieder im Kommen, zeigen uns in Deutschland und werden das Ausland suchen. Aber wir alle müssen unser Licht, unsere Kraft geben, um unser Fabrikat einwandfrei herauszubringen."[126]

An der Schwelle des Booms. Wirtschaft und Gesellschaft um 1950

Neben der Auto Union bildeten die beiden alteingesessenen Großbetriebe, die Despag und das Reichsbahnausbesserungswerk, in den ersten Nachkriegsjahren das Rückgrat der Industrie im Raum Ingolstadt. Die Despag hatte vergleichsweise wenig unter den Zerstörungen der letzten Kriegswochen gelitten. Daher konnte zumindest in der Abteilung Hüttenwerk schon Ende Juli 1945 wieder in kleinem

[122] Vgl. Rosenberg, Zentral-Ersatzteillager, S. 40.
[123] Archiv des Betriebsrats der Audi AG, Betriebsversammlungen, undatiertes Protokoll einer Betriebsversammlung aus dem Jahr 1952.
[124] Zentralregistratur der Audi AG, Box 106525, Aufstellung: bereinigte Abgänge (Ingolstadt), 1950–1955.
[125] Historisches Archiv der Auto Union, ohne Signatur, Jahresbericht der Personalabteilung für 1954.
[126] Archiv des Betriebsrats der Audi AG, Betriebsversammlungen, Protokoll der Betriebsversammlung am 18. 4. 1951.

Rahmen mit der Produktion begonnen werden, während die Maschinenfabrik von den Amerikanern beschlagnahmt wurde, die das Werk erst im Frühjahr 1946 freigaben. Dafür blieb die Despag von Demontagen verschont, und da es in Westdeutschland nur wenige Betriebe gab, die wie die Despag auf den Bau von Spinnereimaschinen spezialisiert waren, begann das Unternehmen insbesondere nach der Währungsreform zu prosperieren. Dies zeigte sich nicht zuletzt an der Stärke der Belegschaft, die im April 1947 schon 1200 Köpfe zählte und bis zum Sommer 1950 auf 2700 Arbeiter und Angestellte anwuchs[127]. Als ähnlich krisenfest erwies sich das Reichsbahnausbesserungswerk an der südlichen Peripherie der Stadt, das zwar stark unter den Bombenangriffen im Frühjahr 1945 gelitten hatte und erst nach 1948 systematisch wiederhergestellt und ausgebaut werden konnte, aber schon zuvor nach Kräften dazu beigetragen hatte, daß die Dampflokomotiven in Süddeutschland wieder rollten. 1950 zählte das Ausbesserungswerk der Bundesbahn mit 1500 Beschäftigten zu den größten Arbeitgebern der Stadt[128].

Im Oktober 1950 gab es in Ingolstadt 34 Industriebetriebe mit mehr als zehn Beschäftigten, in denen 8185 Menschen arbeiteten[129]. Nach den Angaben des Bayerischen Statistischen Landesamts betrug die Zahl der Erwerbspersonen in diesem Jahr insgesamt 17500; damit war sie gegenüber 1939 um 3100 gestiegen. Dabei hatte sich der Anteil der Beschäftigten im Sektor Handel und Verkehr, Geld- und Versicherungswesen mit 24 Prozent kaum verändert, während sich die Gewichte zwischen den Sektoren Industrie und Handwerk (einschließlich Baugewerbe) auf der einen und öffentlicher Dienst und Dienstleistungen auf der anderen Seite gravierend verschoben hatten[130]. Nun arbeiteten mit 51 Prozent mehr als die Hälfte aller Erwerbspersonen in Industrie- und Handwerksbetrieben (1939 waren es noch 34 Prozent gewesen), während der Anteil der Erwerbspersonen im Bereich öffentlicher Dienst und Dienstleistungen von 38 Prozent auf 21 Prozent zurückgegangen war – eine Entwicklung, die direkt mit der Auflösung aller militärischen Einrichtungen nach 1945 zusammenhing. Ingolstadt wurde daher als einzige Stadt Oberbayerns nicht mehr als Typ S (Kreise mit besonderen Funktionen in den Wirtschaftsbereichen Handel und Verkehr, öffentlicher Dienst und Dienstleistungen), sondern als Typ D (überwiegend gewerbliche Kreise) eingestuft. Auch in den beiden anderen kreisfreien Städten des Mittelbayerischen Donaugebiets, Eichstätt und Neuburg an der Donau, hatte es ähnliche Verschiebungen zwischen dem sekundären und tertiären Sektor gegeben, die in Neuburg so gravierend waren, daß die Stadt aus der Kategorie S in die Kategorie C (gemischtwirtschaftliche Kreise mit gewerblicher Orientierung) umgruppiert wurde, während Eichstätt aufgrund seines mit 35 Prozent nach wie vor sehr hohen Anteils an Erwerbspersonen im Bereich öffentlicher Dienst und Dienstleistungen weiterhin in die Kategorie S fiel. Der Oberbürgermeister Ingolstadts, Georg Weber, über-

[127] StA München, Arbeitsämter 1419, Strukturbericht über den Arbeitsamtsbezirk Ingolstadt vom 24. 4. 1947 und Bericht des Arbeitsamts Ingolstadt an das Landesarbeitsamt vom 2. 6. 1950; vgl. auch Donau-Kurier vom 7. 3. 1947: „Ingolstadts größter und wichtigster Industriebetrieb", und Ingolstadt baut auf 1945–1960, S. 17 ff.
[128] StA München, Arbeitsämter 1419, Bericht des Arbeitsamts Ingolstadt an das Landesarbeitsamt vom 2. 6. 1950; vgl. auch Donau-Kurier vom 12. 9. 1947: „Im ‚Jungbrunnen' für Lokomotiven".
[129] Vgl. Bayerische Stadt- und Landkreise – Struktur und Entwicklung 1939 bis 1950, Bd. 1, S. 7.
[130] Vgl. hierzu und zum folgenden ebenda, S. 9*–13*.

trieb mit seinen pathetischen Worten sicherlich, aber er lag nicht völlig falsch, als er im Februar 1950 für die Zeitschrift „Bayerische Wirtschaft" über die noch kurze Nachkriegsgeschichte seiner Stadt schrieb:

„Wer Schanz sagt und Ingolstadt als Stadt der Kasernen meint, heißt die Stadt zu verkennen. Erkennen der Stadt aber heißt ihre Wandlung zu einem Kultur- und Industriezentrum sehen. Was wir in diesen Tagen erleben, ist eine Wiedergeburt und eine Neugeburt. Aus alter Kultur und neuer Wirtschaft formte sich in glücklicher Synthese eine neue Stadt. Und diese neue Stadt heißt nicht Schanz. Es ist das andere Ingolstadt. Das *neue* Ingolstadt."[131]

Dieses „neue Ingolstadt" konnte indes dem umliegenden Landkreis noch keine entscheidenden Impulse geben. „Unser Kreis ist immer noch ein Landkreis vorwiegend bäuerlicher Struktur. Wir sind ausgesprochen industriearm", erklärte Landrat Gerhard Kramer in seinem Jahresbericht für 1949[132]. Dabei arbeiteten von den 21 800 Erwerbspersonen des Landkreises 1950 immerhin 41 Prozent in Industrie und Handwerk (einschließlich Baugewerbe); dies entsprach in etwa dem Landesdurchschnitt und bedeutete gegenüber 1939 einen Anstieg um 17 Prozent. Damit gehörte der Landkreis nicht mehr zu den überwiegenden landwirtschaftlich orientierten Kreisen (Typ A), sondern wurde als gemischtwirtschaftlicher Kreis mit landwirtschaftlicher Orientierung (Typ B) eingestuft[133]. Freilich waren im Landkreis Ingolstadt selbst im Oktober 1950 nur 14 Industriebetriebe mit mehr als zehn Beschäftigten ansässig, die insgesamt 618 Arbeiter und Angestellte zählten. In der Regel hatten diese wenigen größeren Betriebe mit der Verarbeitung heimischer Rohstoffe oder Agrarprodukte zu tun, so daß Ziegeleien, Sägewerke, Mühlen und Brauereien das Strukturbild prägten. Firmen wie die Metallwarenfabrik Reichertshofen im äußersten Süden des Landkreises, wo zeitweise mehr als 100 Beschäftigte unter anderem moderne Produkte wie Kühlanlagen fertigten, waren die Ausnahme[134].

Viele abhängig Beschäftigte fanden keinen Arbeitsplatz in den Gemeinden ihres Landkreises und waren gezwungen, mehr oder weniger lange Anfahrtswege zurückzulegen, wobei es ihnen zugute kam, daß die Industrie in Ingolstadt expandierte; die bayerische Gemeinde- und Kreisstatistik verzeichnete zum Stichtag 13. September 1950 die hohe Zahl von 4948 Auspendlern[135]. Hier zeigt sich schon, wie stark der Landkreis von der Stadt Ingolstadt als dem ökonomischen und kulturellen Zentrum der Region abhängig war. Unter den 41 Gemeinden des Landkreises war in den ersten Nachkriegsjahren keine, die zentralörtliche Funktionen hätte wahrnehmen können. Die Marktgemeinden Gaimersheim, Kösching, Pförring und Reichertshofen, von denen 1950 keine mehr als 3700 Einwohner hatte, verfügten weder über die Infrastruktur noch über die notwendige wirtschaftliche

[131] Georg Weber, Ingolstadts neue Entwicklung, in: Bayerische Wirtschaft. Tatsachen, Erfahrungen, Meinungen 2 (1950) H. 2, S. 10 ff., hier S. 12; Hervorhebung im Original.
[132] Auszug aus dem Jahresbericht 1949 des Landrats Dr. Gerhard Kramer in der Kreistagssitzung vom 22. Dezember 1949 in Ingolstadt, o.P., in: Jahresberichte des Landkreises Ingolstadt.
[133] Vgl. Bayerische Stadt- und Landkreise – Struktur und Entwicklung 1939 bis 1950, Bd. 1, S. 13*; zum folgenden vgl. ebenda, S. 39.
[134] StA München, LRA 144170, Jahresbericht über die wirtschaftliche Lage im Landkreis Ingolstadt für das Jahr 1952.
[135] Vgl. Bayerische Gemeinde- und Kreisstatistik 1949/50, H. 1, S. 65.

Stärke, um eine Strahlkraft zu entwickeln, die über die engere Umgebung hinausreichte.

Die Mehrzahl der Kommunen des Landkreises waren nach wie vor Bauerndörfer. In 28 von 41 Gemeinden arbeiteten 1950 noch mehr als die Hälfte aller Erwerbspersonen in der Land- und Forstwirtschaft, in 16 Gemeinden betrug dieser
Anteil sogar noch mehr als 70 Prozent, wobei Oberhartheim (89,0 Prozent), Ettling (88,9 Prozent) und Pettenhofen (81,5 Prozent) an der Spitze lagen[136]. Vor
allem der östliche Teil des Landkreises ab der Linie Kasing – Demling – Großmehring war wie der südwestliche Winkel zwischen Winden und Pettenhofen
nach wie vor fast ausschließlich agrarisch strukturiert. Verglichen mit den Verhältnissen im Jahr 1939 hatte sich dennoch einiges verändert. Damals war für 32 von
41 Gemeinden ein Anteil von Erwerbspersonen in der Land- und Forstwirtschaft
ermittelt worden, der über 50 Prozent lag; in sechs Gemeinden hatte er sogar über
90 Prozent betragen. 1939 hatte – Unsernherrn mit seinen zahlreichen Eisenbah-
nern mitgerechnet – der Anteil der Erwerbspersonen in Handwerk und Industrie
den Anteil der Erwerbspersonen im Agrarsektor nur in vier Gemeinden übertroffen. 1950 zählte man davon fünf – zu Ebenhausen, Oberhaunstadt, Reichertshofen und Unsernherrn war die Ortschaft Mailing gekommen. Zudem hatten sich
in Gaimersheim, Hepberg, Kösching, Lenting und Manching die Anteile der Erwerbspersonen im primären und sekundären Sektor so stark angeglichen, daß sie
sich mehr oder weniger die Waage hielten. Hier hatte sich ein Prozeß fortgesetzt,
der bereits vor dem Zweiten Weltkrieg zu beobachten gewesen war: Das ökonomische Kraftfeld der Stadt Ingolstadt beeinflußte die Sozialstruktur nahegelegener
Gemeinden mehr und mehr, so daß sich vor allem im Norden der Stadt zwischen
Gaimersheim und Mailing ein Gürtel von Ortschaften herausbildete, die sich zunehmend auf Ingolstadt hin orientierten und sich gleichsam zu einem Ergän-
zungsraum der Stadt entwickelten.

Aus eigener Kraft konnte der Landkreis Ingolstadt also vergleichsweise wenig
bewegen. Allerdings hatten der Landkreis und eine Reihe seiner Gemeinden zumindest ein As im Ärmel, das sich ausspielen ließ, wenn es um Industrieansiedlungen ging: die ehemals militärisch genutzten Liegenschaften, die einer neuen Verwendung harrten. Allein im Gebiet der Gemeinde Gerolfing lagen ein Fort und
zwei Zwischenwerke, die zum Festungsgürtel aus dem 19. Jahrhundert gehört
hatten und zusammen eine Fläche von 54 ha umfaßten. Darüber hinaus gab es den
Flugplatz in Manching sowie die Munitionsfabriken in Desching (93 ha) und
Ebenhausen (150 ha)[137]. Die gesprengten Festungswerke boten jedoch ohne umfangreiche Trümmerbeseitigungs- und Erschließungsmaßnahmen kaum Anreize
für Industrie- und Gewerbebetriebe, anders als das Werk Ebenhausen, dessen
kriegswirtschaftlich relevante Anlagen zwar zerstört oder demontiert worden waren, das aber mit einigermaßen intakten Gebäuden ebenso aufwarten konnte wie

---

[136] Diese und die folgenden Angaben nach den Tabellen Erwerbstätigkeit der Bevölkerung in den Gemeinden des Landkreises Ingolstadt 1939 und Erwerbstätigkeit der Bevölkerung in den Gemeinden des Landkreises Ingolstadt 1950 (S. 25 und S. 57).
[137] StA München, LRA 144722, Aufstellung über militär- und militärähnliche Gelände im Landkreis
Ingolstadt vom 30. 1. 1950.

mit eigens angelegten Straßenzubringern und Industriegleisen[138]. 2000 bis 3000 Menschen könnten hier Lohn und Brot finden, so hoffte man im Landratsamt noch Ende 1949[139]. Diese optimistischen Erwartungen erfüllten sich jedoch zunächst nicht, auch wenn sich eine ganze Reihe zumeist kleiner Betriebe auf dem riesigen Areal niederließ. Darunter waren durchaus einige zukunftsträchtige Unternehmen wie die Firma der Gebrüder Wacker, die immerhin rund 100 Personen beschäftigte und moderne Ausrüstung für das Baugewerbe produzierte.

Doch das ländliche Umfeld und die schwache Kaufkraft der näheren Umgebung wirkten sich ebenso hemmend auf die Entwicklung dieses wichtigsten Industriegebiets im Landkreis aus wie die Eigentumsverhältnisse – das gesamte Gelände war nach 1949 in die Hände des Bundes übergegangen –, die es schwierig machten, die Gebäude, die die eigenen Anlagen beherbergten, und den Grund und Boden, auf dem sie standen, käuflich zu erwerben. Gerade die Unternehmen mit Perspektive waren daher unter den ersten, die an Abwanderung dachten[140].

Auch in den angrenzenden Landkreisen des Mittelbayerischen Donaugebiets war die Zahl der Erwerbspersonen im Sektor Industrie und Handwerk zwischen 1939 und 1950 gestiegen, obwohl trotz eines Zuwachses zwischen neun und elf Prozent weder Pfaffenhofen (31 Prozent) noch Schrobenhausen (29 Prozent), Neuburg an der Donau (25 Prozent) oder Eichstätt (31 Prozent) an die Quote des Landkreises Ingolstadt herankamen. Alle vier Landkreise wurden vom Statistischen Landesamt daher nach wie vor als Typ A klassifiziert und gehörten damit zu einem geschlossenen „Raum überwiegend landwirtschaftlicher Landkreise", der Teile des Regierungsbezirks Schwaben einschließlich des Landkreises Neuburg an der Donau, „den nördlichen Teil von Oberbayern mit Ausnahme des Landkreises Ingolstadt und große Teile von Niederbayern" umfaßte[141].

Von den Landkreisen des Mittelbayerischen Donaugebiets (ohne Ingolstadt) schnitt im Oktober 1950 – gemessen an der Zahl der Betriebe mit mehr als zehn Mitarbeitern – Pfaffenhofen mit 28 (889 Beschäftigte) am besten ab; es folgten die Landkreise Eichstätt mit 21 (1375 Beschäftigte), Neuburg an der Donau mit 15 (359 Beschäftigte) und Schrobenhausen mit 14 (947 Beschäftigte). Die Branchenstruktur hatte sich im Vergleich zur Vorkriegszeit nicht nennenswert verändert. Nach wie vor dominierten Betriebe, die für den Bedarf der Land- und Forstwirtschaft produzierten oder deren Erzeugnisse verarbeiteten. In der Stadt Pfaffenhofen wurden etwa Brauereianlagen, Hopfendarren oder Gatter für Sägewerke hergestellt, die im gesamten Landkreis wiederum zahlreiche Arbeiter beschäftigten. Die Velveta Milchwerke in Reichertshausen bestanden ebenso weiter wie die Firma Hipp in Pfaffenhofen, auch wenn dieses Unternehmen Ende 1949 fast vor dem Aus stand und erst durch den Auftrag der Militärregierung, Kakao, Zucker und Milchpulver für die Schulspeisung zu mischen, wieder Boden unter den

---

138 Zur Bedeutung solcher Militäranlagen im Kalkül der bayerischen Staatsregierung vgl. Grüner, Industrie- und Strukturpolitik, S. 71.
139 Vgl. Auszug aus dem Jahresbericht 1949, o. P., in: Jahresberichte des Landkreises Ingolstadt.
140 StA München, LRA 144170, Jahresbericht über die wirtschaftliche Lage im Landkreis Ingolstadt für das Jahr 1952; Stadtarchiv Ingolstadt, A 7275, Josef Kopold: Chronik der Gemeinde Ebenhausen von 1966.
141 Vgl. hierzu und zum folgenden Bayerische Stadt- und Landkreise – Struktur und Entwicklung 1939 bis 1950, Bd. 1, S. 12f.*, S. 17* (Zitat), S. 50f., S. 56f., S. 168f., und Bd. 2, S. 126f.

Erwerbstätigkeit der Bevölkerung in den Gemeinden des Landkreises Ingolstadt 1950[142]

	Erwerbs-personen	Land- und Forst-wirtschaft		Industrie und Handwerk		Handel, Verkehr, Geld-, Versicherungs-wesen		Öff. Dienst und Dienst-leistungen	
Appertshofen	195	136	69,7%	47	24,1%	7	3,6%	5	2,6%
Baar	390	199	51,0%	104	26,7%	58	14,9%	29	7,4%
Brunnenreuth	291	139	47,8%	76	26,1%	53	18,2%	23	7,9%
Demling	226	177	78,3%	31	13,7%	8	3,5%	10	4,4%
Dünzing	225	167	74,2%	44	19,6%	4	1,8%	10	4,4%
Dünzlau	137	103	75,2%	24	17,5%	4	2,9%	6	4,4%
Ebenhausen	609	173	28,4%	291	47,8%	62	10,2%	83	13,6%
Eitensheim	636	321	50,5%	191	30,0%	68	10,7%	56	8,8%
Etting	423	209	49,4%	122	28,8%	59	13,9%	33	7,8%
Ettling	135	120	88,9%	10	7,4%	3	2,2%	2	1,5%
Friedrichshofen	171	101	59,1%	45	26,3%	15	8,8%	10	5,8%
Gaimersheim	1116	427	38,3%	405	36,3%	170	15,2%	114	10,2%
Gerolfing	533	360	67,5%	110	20,6%	35	6,6%	28	5,3%
Großmehring	975	578	59,3%	257	26,4%	74	7,6%	66	6,8%
Hagau	136	103	75,7%	20	14,7%	8	5,9%	5	3,7%
Hepberg	291	126	43,3%	114	39,2%	27	9,3%	24	8,2%
Irgertsheim	236	179	75,8%	36	15,3%	13	5,5%	8	3,4%
Kasing	357	273	76,5%	52	14,6%	21	5,9%	11	3,1%
Kösching	1226	473	38,6%	436	35,6%	147	12,0%	170	13,7%
Lenting	546	203	37,2%	197	36,1%	74	13,6%	72	13,2%
Mailing	671	242	36,1%	287	42,8%	91	13,6%	51	7,6%
Manching	1198	488	40,7%	410	34,2%	178	14,9%	122	10,2%
Menning	219	175	79,9%	31	14,2%	5	2,3%	8	3,7%
Mühlhausen	101	73	72,3%	18	17,8%	4	4,0%	6	5,9%
Niederstimm	96	62	64,6%	16	16,7%	12	12,5%	6	6,3%
Oberdolling	314	199	63,4%	67	21,3%	23	7,3%	25	8,0%
Oberhartheim	127	113	89,0%	5	3,9%	–	–	9	7,1%
Oberhaunstadt	664	193	29,1%	313	47,1%	74	11,1%	84	12,7%
Oberstimm	250	121	48,4%	71	28,4%	41	16,4%	17	6,8%
Pettenhofen	124	101	81,5%	14	11,3%	5	4,0%	4	3,2%
Pförring	655	389	59,4%	155	23,7%	36	5,5%	75	11,5%
Pichl	100	72	72,0%	13	13,0%	11	11,0%	4	4,0%
Reichertshofen	823	205	24,9%	354	43,0%	154	18,7%	110	13,4%
Stammham	459	267	58,2%	132	28,8%	23	5,0%	37	8,1%
Theißing	332	255	76,8%	50	15,1%	12	3,6%	15	4,5%
Unsernherrn	1872	499	26,7%	536	28,6%	676	36,1%	161	8,6%
Unterdolling	161	128	79,5%	27	16,8%	3	1,9%	3	1,9%
Wackerstein	187	134	71,7%	34	18,2%	9	4,8%	10	5,3%
Wettstetten	516	316	61,2%	140	27,1%	29	5,6%	31	6,0%
Winden	81	62	76,5%	9	11,1%	5	6,2%	5	6,2%
Zuchering	508	294	57,8%	106	20,9%	69	13,6%	39	7,7%

[142] Vgl. Bayerische Gemeinde- und Kreisstatistik 1949/50, H. 1, S. 64–74.

Füßen gewann[143]. Ein Eckpfeiler waren nach wie vor die Amperwerke, die schon 1947 wieder mehr als 300 Arbeitskräfte beschäftigten und an der Wiederherstellung der Stromversorgung in der Region arbeiteten. Mit dem aus Berlin verlagerten Betrieb von Ernst Herion gewann der Landkreis überdies ein entwicklungsfähiges Unternehmen aus dem Sektor Maschinenbau und Antriebstechnik[144].

Im Landkreis Schrobenhausen dagegen war 1950 eine Papier- und Zellulosefabrik mit 255 Beschäftigten der größte industrielle Arbeitgeber, während die Flachs- und Hanfröste sowie die Kartoffelflockenfabrik nach wie vor die enge Verbindung dokumentierten, die in diesem stark agrarisch strukturierten Landkreis zwischen dem primären und dem sekundären Sektor der Wirtschaft bestand[145]. Das Werk der zur Degussa gehörenden Paraxol Gesellschaft, das seit 1942 in den Wäldern südlich von Schrobenhausen chemische Vorprodukte für die Herstellung von Sprengstoff lieferte, schied dagegen als Keimzelle für den ökonomischen Strukturwandel aus. Zwar wäre es möglich gewesen, die Produktion auf Güter des zivilen Bedarfs umzustellen – tatsächlich wurde auf Weisung der amerikanischen Militärregierung noch einige Zeit Formaldehyd als Desinfektionsmittel hergestellt –, doch das Werk wurde schließlich demontiert und teilweise gesprengt. Die verbliebenen Gebäude dienten bis in die fünfziger Jahre als Notunterkünfte für Flüchtlinge und Heimatvertriebene[146].

Welche Bedeutung der Landwirtschaft im Mittelbayerischen Donaugebiet noch Anfang der fünfziger Jahre zukam, läßt sich schon aus dem Anteil der Erwerbspersonen im Sektor Land- und Forstwirtschaft ersehen, der zwar zwischen 1939 und 1950 in allen Landkreisen des Untersuchungsraums um zwischen 12 und 14 Prozent zurückgegangen war, aber mit Ausnahme des Landkreises Ingolstadt (41 Prozent) noch überall bei mehr als 50 Prozent lag: in Pfaffenhofen bei 51 Prozent, in Schrobenhausen und Eichstätt bei 56 Prozent sowie in Neuburg an der Donau bei 64 Prozent[147]. Landesweit betrug der Anteil der Erwerbspersonen im Sektor Land- und Forstwirtschaft dagegen nur noch 30,6 Prozent[148]. Der im innerbayerischen Vergleich verzögerte Strukturwandel in den Landkreisen des Mittelbayerischen Donaugebiets hatte vor allem zwei Gründe: Zum einen fehlten die Ansatzpunkte für eine stärkere Durchdringung des Raumes mit Industrie und Gewerbe, zum anderen zählte das Mittelbayerische Donaugebiet vor allem südlich der Donau zum bäuerlichen Kernland Bayerns, wo die Landwirtschaft lange Zeit ein einträgliches Auskommen sichergestellt hatte. Die Struktur der Besitzverhältnisse war vergleichsweise günstig, da in allen Landkreisen Familienbetriebe mittlerer Größe zwischen fünf und 20 ha dominierten – ihr Anteil betrug 1949 zwischen 42,9 Prozent im Landkreis Eichstätt und 59,5 Prozent im Landkreis Neuburg an der Donau, der Landkreis Ingolstadt lag mit 48,5 Prozent dazwischen –, und mit

[143] Vgl. Bader, Babynahrung, in: Wohlhüter/Hogl (Hrsg.), Tradition, S. 88f.
[144] Vgl. Kolbinger, Pfaffenhofen, S. 105.
[145] StA München, Arbeitsämter 1419, Strukturbericht über den Arbeitsamtsbezirk Ingolstadt vom 24. 4. 1947 und Bericht des Arbeitsamts Ingolstadt an das Landesarbeitsamt vom 2. 6. 1950.
[146] Vgl. Rödig, Werk im Wald, in: Rödig/Petry (Hrsg.), Tag, S. 106–118.
[147] Vgl. hierzu und zum folgenden Bayerische Stadt- und Landkreise – Struktur und Entwicklung 1939 bis 1950, Bd. 1, S. 12f.*, S. 38f., S. 50f., S. 56f., S. 168f., und Bd. 2, S. 126f.; StA München, Arbeitsämter 1419, Strukturbericht über den Arbeitsamtsbezirk Ingolstadt vom Januar 1953.
[148] Vgl. Erker, Keine Sehnsucht, S. 491.

dem Anbau von Getreide und Hackfrüchten ließ sich ebenso Geld verdienen wie mit der Zucht von Rindern und Schweinen. Sonderkulturen wie Hopfen und Spargel trugen ein übriges dazu bei, daß Landwirtschaft nicht wie in der Rhön oder Teilen des Bayerischen Waldes Armut verhieß, sondern relativen Wohlstand. Freilich waren auch hier bereits die Prozesse im Gange, die die Entwicklung der bayerischen Landwirtschaft im gesamten Untersuchungszeitraum kennzeichnen sollten: die stetige Abnahme der Zahl der Betriebe und der Beschäftigten, der Trend zu größeren Höfen, der nach zögerlichem Beginn immer stärkere Einsatz von Maschinen anstatt menschlicher oder tierischer Arbeitskraft[149]. „Die Landwirtschaft hat weiterhin Arbeitskräfte entlassen", hieß es Ende Februar 1953 in einem Bericht zur Wirtschaftslage im Raum Ingolstadt, dessen Verfasser jedoch fortfuhr: „Abgesehen von wenigen Ausnahmen haben die zur Entlassung gelangten landwirtschaftlichen Arbeitskräfte das Bestreben, nicht mehr in die Landwirtschaft zurückzukehren, und versuchen, in der Industrie unterzukommen."[150] Die Folgen dieser Entwicklung zeigten sich rasch, und sie wurden im Einzugsbereich Ingolstadts besonders deutlich. Wie das Landwirtschaftsamt Ingolstadt im Juli 1953 berichtete, zog „die Industrialisierung der Stadt" zahlreiche „Arbeitskräfte von der Landwirtschaft des Landkreises, besonders von den nächstgelegenen Gemeinden ab". Die Bauern seien daher „gezwungen, menschliche Arbeitskräfte größtenteils durch Maschinen zu ersetzen"[151].

Dennoch beschäftigte die Landwirtschaft im Arbeitsamtsbezirk Ingolstadt, zu dem neben dem gleichnamigen Stadt- und Landkreis die Landkreise Pfaffenhofen, Schrobenhausen und Aichach gehörten, neben der Metallindustrie noch 1952 die meisten versicherungspflichtigen Arbeitnehmer[152], wobei festgestellt werden muß, daß der regionale Arbeitsmarkt nach wie vor unter den Verwerfungen litt, die der Krieg und die ersten Nachkriegsjahre mit sich gebracht hatten. So schrieb das Arbeitsamt Ingolstadt im Januar 1953 in einem Strukturbericht:

„In seinen Grundzügen landwirtschaftlich ausgerichtet, leidet der Arbeitsamtsbezirk Ingolstadt an dem gleichen Übel wie eine Reihe anderer Agrarbezirke: die Kriegs- und Nachkriegsjahre brachten zuviel Menschen in das industriearme Hinterland. Eine Folgeerscheinung hiervon ist eine grosse Arbeitslosigkeit und ein starker Pendelverkehr aus den Landgemeinden zu den nahe gelegenen mehr oder weniger industrialisierten Städten."

Landkreise wie Pfaffenhofen und Schrobenhausen waren dabei vergleichsweise weniger stark von der Arbeitslosigkeit der späten vierziger und frühen fünfziger Jahre betroffen als der Stadt- und der Landkreis Ingolstadt mit ihrer stärker gewerblich-industriell ausgerichteten Wirtschafts- und Bevölkerungsstruktur. Hier wog nach wie vor die Tatsache schwer, daß das Militär und die Rüstungsindustrie als Wirtschaftsfaktor ausfielen. Hatte das Heereszeugamt in Ingolstadt in Friedenszeiten 2300 Menschen Arbeit geboten, so wuchs dessen Belegschaft während

---

[149] Vgl. Max Böhm, Stärker als 10 Pferde. Die Motorisierung der Landwirtschaft bis 1950. Die Entwicklung in Bayern und im Raum Ingolstadt, Ingolstadt 2002, S. 111–114.
[150] Stadtarchiv Ingolstadt, A 3013, Material für den Wirtschaftsbericht für den Monat Februar vom 26. 2. 1953.
[151] Stadtarchiv Ingolstadt, A 3013, Bericht des Landwirtschaftsamts Ingolstadt für den Oberbürgermeister vom 27. 7. 1953.
[152] StA München, Arbeitsämter 1419, Strukturbericht über den Arbeitsamtsbezirk Ingolstadt vom Januar 1953; das folgende Zitat findet sich ebenda.

des Krieges auf 7000 an; in den Munitionsfabriken in Desching und Ebenhausen waren noch einmal etwa 5000 Männer und Frauen beschäftigt[153]. Auch wenn sich unter diesen Arbeitskräften vor allem in der letzten Phase des Krieges zahlreiche Fremd- beziehungsweise Zwangsarbeiter befunden hatten[154], hatten doch auch viele Einheimische in diesen Betrieben Arbeitsplätze gefunden, die 1945 mit einem Schlag wegfielen. Gemeinden wie Ebenhausen, wo es zunächst kaum andere Beschäftigungsmöglichkeiten außerhalb der Landwirtschaft gab, bekamen die Folgen der Entmilitarisierung besonders schmerzhaft zu spüren. Aber auch in Ingolstadt war es trotz fortbestehender Großbetriebe wie der Despag und des Reichbahnausbesserungswerks sowie der neu angesiedelten Unternehmen mit guter Perspektive bei weitem nicht möglich, alle Arbeitsuchenden in Lohn und Brot zu bringen.

Schwierig war die Lage im gesamten Arbeitsamtsbezirk vor allem nach der Währungsreform. Die Zahl der beschäftigten Arbeitnehmer, die im Juni 1948 noch 50 481 betragen hatte, sank bis zum Juni 1949 auf 46 412. Ein Jahr später registrierte das Arbeitsamt Ingolstadt 47 350 beschäftigte Arbeitnehmer, und noch im Juni 1951 lag diese Zahl mit 50 013 geringfügig unter der vom Juni 1948; erst im Juni 1952 konnte sie mit 51 462 übertroffen werden[155]. Bezogen auf alle Arbeiter und Angestellten waren im Arbeitsamtsbezirk Ingolstadt 1948 9,4 Prozent, 1950 17,3 Prozent und 1951 14,3 Prozent der Arbeitnehmer ohne Beschäftigung. Damit lag die Arbeitslosenquote deutlich über dem Landesdurchschnitt von 5,6 Prozent (1948), 13,9 Prozent (1950) und 11,4 Prozent (1951)[156]. Als besonderes Problem erwiesen sich die saisonalen Schwankungen auf dem Arbeitsmarkt, wo die Zyklen von Säen und Ernten ebenso zu Buche schlugen wie die jahreszeitlich bedingten Höhen und Tiefen im Baugewerbe oder in Industriebetrieben, die landwirtschaftliche Produkte verarbeiteten. So schwankte die Arbeitslosenquote im Bezirk des Arbeitsamts Ingolstadt im Laufe des Jahres 1952 zwischen 12 und 22 Prozent[157]. Auch die Tatsache, daß die bedeutendsten Industriebetriebe der Region allesamt der Metallbranche zuzurechnen waren, trug nicht gerade zur Stabilisierung des Arbeitsmarktes bei. Denn wenn diese Betriebe aufgrund konjunktureller Schwankungen, die in Bereichen wie Maschinen- oder Fahrzeugbau immer wieder auftraten, in Schwierigkeiten gerieten, gab es nur wenige krisendämpfende Puffer aus anderen Branchen[158]. Hier deutete sich schon früh eine Entwicklung an, die der gesamten Region Ingolstadt noch schwer zu schaffen machen sollte.

Problematisch war auch die doppelte Spaltung des regionalen Arbeitsmarktes. Während einheimische Männer gute Chancen auf einen Arbeitsplatz hatten, war-

[153] Vgl. Münchner Merkur vom 29. 6. 1950: „Ingolstadt nicht mehr ‚Schanz‘"; Donau-Kurier vom 15. 6. 1948: „Industrialisierung – eine lebenswichtige Notwendigkeit für Ingolstadt"; Stadtarchiv Ingolstadt, A 7245, Chronik der Stadt Ingolstadt 1946–1948, Eintrag vom 21. 10. 1946.
[154] Vgl. Tobias Schönauer, Zwangsarbeiter in Ingolstadt während des Zweiten Weltkriegs, Ingolstadt 2005.
[155] StA München, Arbeitsämter 1419, Strukturbericht über den Arbeitsamtsbezirk Ingolstadt vom Januar 1953.
[156] Vgl. Statistisches Jahrbuch für Bayern 24 (1952), S. 99; die Zahlen für Bayern ohne Lindau.
[157] StA München, Arbeitsämter 1419, Strukturbericht über den Arbeitsamtsbezirk Ingolstadt vom Januar 1953.
[158] Stadtarchiv Ingolstadt, A 3013, Material für den Wirtschaftsbericht für den Monat Oktober vom 30. 10. 1953.

tete auf zahlreiche Heimatvertriebene und viele Frauen das harte Los der Arbeits-losigkeit. Was die Frauen betraf, so stellte sich das Problem, daß schon aufgrund des kriegsbedingten Männermangels – allein bei den 25- bis 40jährigen gab es im Arbeitsamtsbezirk 1953 über 15 Prozent mehr Frauen als Männer – weibliche Arbeitsuchende verstärkt ins Berufsleben drängten, daß aber die einseitige Branchenstruktur der Region eindeutig Männer bevorzugte[159]. Und bei den Heimatvertriebenen zeigt schon ein Blick auf die Arbeitslosenzahlen das ganze Ausmaß des Problems. Im Juni 1948 waren von 5072 Arbeitslosen im Bezirk des Arbeitsamts Ingolstadt 2375, also fast die Hälfte, Heimatvertriebene. Bis Juni 1951 hatte sich die Lage nicht gebessert; von 7949 Arbeitslosen waren nun 3498 Heimatvertriebene[160].

Das Grundproblem des regionalen Arbeitsmarktes lag in der ersten Nachkriegsdekade zweifellos in der Diskrepanz zwischen der demographischen und der ökonomischen Entwicklung. Denn während der nach 1945 zu verzeichnende Bevölkerungszuwachs nur exorbitant zu nennen ist, litt die Wirtschaft lange Zeit unter den Kriegsfolgen, auch wenn sich Anfang der fünfziger Jahre ein Silberstreif am Horizont abzuzeichnen begann. Es ist eigentlich paradox, daß die Bevölkerungsbilanz nach dem Ende eines langen und blutigen Krieges, der allein im rechtsrheinischen Bayern rund 280 000 Soldaten und Zivilisten das Leben gekostet hatte, positiv war[161]. Doch der Zustrom von zwei Millionen Menschen aus den deutschen Siedlungsgebieten in Ostmittel- und Südosteuropa glich diese Verluste mehr als aus und führte im Zeichen der totalen Niederlage zu einem ungeheuren Problemdruck in den Bereichen Versorgung, Wohnraum und Arbeitmarkt. Da die großen Städte zerstört waren, verfrachtete man die Vertriebenen in ländliche Gebiete, wo zwar die Chancen, eine Unterkunft zu finden, größer als in den urbanen Zentren waren, die Aussicht auf einen Arbeitsplatz als Voraussetzung für den Neubeginn aber erheblich geringer[162].

Den höchsten Bevölkerungszuwachs zwischen 1939 und 1950 hatten unter den Landkreisen des Mittelbayerischen Donaugebiets Schrobenhausen (45,3 Prozent) und Neuburg an der Donau (41,4 Prozent) zu verzeichnen, aber auch Pfaffenhofen (35,4 Prozent) und Ingolstadt (33,8 Prozent) lagen über dem Landesdurchschnitt von etwa 30 Prozent, der in der Region lediglich im Landkreis Eichstätt (28 Prozent) unterschritten wurde. Mit 21,3 Prozent wies die Stadt Ingolstadt unter den Land- und Stadtkreisen des Mittelbayerischen Donaugebiets den geringsten Bevölkerungszuwachs auf[163]. Hier war freilich auch der Zerstörungsgrad am höchsten und die Wohnungsnot am größten. Im November 1947 mußten sich 2,61 Einwohner einen Wohnraum teilen – landesweit waren es nur 1,98[164]. 1948 lebten

[159] StA München, Arbeitsämter 1419, Strukturbericht über den Arbeitsamtsbezirk Ingolstadt vom April 1953.
[160] Vgl. Statistisches Jahrbuch für Bayern 24 (1952), S. 93; die Zahlen für Bayern ohne Lindau.
[161] Vgl. Lanzinner, Sternenbanner und Bundesadler, S. 15 f.
[162] Für Bayern hierzu immer noch grundlegend: Franz J. Bauer: Flüchtlinge und Flüchtlingspolitik in Bayern 1945–1950, Stuttgart 1982.
[163] Vgl. die Tabelle Bevölkerungsentwicklung in den kreisfreien Städten und Landkreisen der Region Ingolstadt 1939 bis 1970 (S. 20); vgl. auch Statistisches Jahrbuch für Bayern 24 (1952), S. 490–501; die Zahlen für Bayern ohne Lindau.
[164] Vgl. Hans Nauderer, Eingliederung und Wiederaufbauleistung der Flüchtlinge und Heimatvertriebenen in Ingolstadt, Ingolstadt 1986, S. 23.

etwa 4000 Heimatvertriebene in der Stadt, die in ehemaligen Kasernen und Festungsbauten unter der Regie der IRO zudem bis zu 7000 Displaced Persons beherbergte[165]. Wie die Flüchtlinge, so lebten die DPs oft in Massenquartieren und unter unwürdigen Bedingungen, und wie bei den Flüchtlingen so wurde auch bezüglich der sogenannten heimatlosen Ausländer rasch klar, daß zumindest ein Teil von ihnen Ingolstadt nicht mehr verlassen würde; 1953 war das Lager in der Friedenskaserne noch immer mit 1176 Personen belegt[166].

In der Landeshauptstadt München hatte der Flüchtlingszustrom auch in konservativen Kreisen schon früh zu der Einsicht geführt, daß die Zeit agrarromantisch-ständestaatlicher Träume vorbei war und daß an einer weiteren Industrialisierung Bayerns allen Gefahren, die man damit verband, zum Trotz kein Weg vorbeiführte[167]. Auch in Ingolstadt gab es Stimmen, die in dieselbe Richtung gingen und nachdrücklich darauf hinwiesen, daß die demographischen Verwerfungen des Krieges nur diesen Ausweg offenließen. Dem „Donau-Kurier" war diese Frage im Juni 1948 eine ganze Seite wert. Unter der Überschrift „Industrialisierung – eine lebenswichtige Notwendigkeit für Ingolstadt" hieß es:

„In den Nachkriegsjahren strömten 14 600 Flüchtlinge in den Stadt- und Landkreis Ingolstadt ein. Nicht nur für die Erwachsenen der 4000 unmittelbar im Stadtgebiet wohnenden Flüchtlinge müssen Arbeitsmöglichkeiten innerhalb des Ingolstädter Wirtschaftsgebietes beschafft werden, sondern auch für die Erwachsenen der 10 600 in den vorwiegend bäuerlichen Gemeinden des Landkreises untergebrachten Flüchtlinge, die der Mehrzahl dieser Menschen keine dauernden Existenzgrundlagen bieten können. [...] Aus diesen Tatsachen ergibt sich, daß im Ingolstädter Wirtschaftsgebiet so bald wie irgend möglich rund 10 000 bis 11 000 Arbeitsplätze beschafft werden müssen, wenn in Zukunft eine weite Kreise erfassende Arbeitslosigkeit und die ihr folgende Verelendung vermieden werden soll. Dies kann nur durch eine großzügige Ansiedlung neuer Industrien bewerkstelligt werden."[168]

Es war freilich unter den Bedingungen der ersten Nachkriegsjahre leichter gesagt als getan, in großem Stil Industriebetriebe in Ingolstadt und Umgebung anzusiedeln. Anfang der fünfziger Jahre gab es zwar einige hoffnungsvolle Ansätze, aber von der Forderung des „Donau-Kurier" aus dem Jahr 1948, baldmöglichst mehr als 10 000 neue Arbeitsplätze zu schaffen, war man noch weit entfernt. Der Strukturbericht des Arbeitsamts Ingolstadt für 1952 endete daher auch alles andere als optimistisch:

„Zusammenfassend ist zu sagen, daß die Wirtschaft derzeit mit Arbeitskräften gesättigt ist. Dem heimischen Arbeitsmarkt ist damit eine Grenze gesetzt, über die es wohl kaum ein Hinaus geben wird, wenn die Struktur des Bezirkes nicht eine nennenswerte Bereicherung in industrieller Hinsicht erfährt. Dringend notwendig erscheint die Ansiedlung von Betrieben, die in der Lage sind, eine grössere Anzahl von Frauen und Jugendlichen zu beschäftigen."[169]

---

[165] Vgl. Ingolstadt baut auf 1945–1960, S. 29.
[166] Vgl. Nauderer, Eingliederung, S. 35 f.
[167] Vgl. Thomas Schlemmer/Hans Woller, Einleitung zu: dies. (Hrsg.), Erschließung, S. 1–31, hier S. 12; zum Themenkomplex „Industriepolitik als Flüchtlingspolitik" die neue Darstellung von Grüner, Industrie- und Strukturpolitik, S. 133–180.
[168] Donau-Kurier vom 15. 6. 1948: „Industrialisierung – eine lebenswichtige Notwendigkeit für Ingolstadt".
[169] StA München, Arbeitsämter 1419, Strukturbericht über den Arbeitsamtsbezirk Ingolstadt vom Januar 1953.

III. Mitten im Umbruch: Die Region Ingolstadt in den langen fünfziger Jahren

1. Auf dem Weg zur Vollbeschäftigung: „Wirtschaftswunder" und regionaler Arbeitsmarkt

Am Ende der fünfziger Jahre war von Pessimismus kaum mehr etwas zu spüren. Die tiefgreifende Verunsicherung, die noch die Gründung der Bundesrepublik begleitet und im Zuge der Korea-Krise 1950/51 neue Nahrung erhalten hatte, war einem Klima der Zuversicht, ja der Zukunftsgewißheit gewichen, für das nicht zuletzt das sogenannte Wirtschaftswunder und die damit verbundene Aussicht auf „Wohlstand für alle"[1] verantwortlich war. Zwar setzte der Aufschwung in Bayern mit Verspätung ein – das Bruttoinlandsprodukt pro Kopf lag im Freistaat noch 1952/53 um 16 bis 17 Prozent unter dem Bundesdurchschnitt und Bayern schien mit seinen „geringen Zuwachsraten [...] auf dem Weg, Schleswig-Holstein als ,Armenhaus der Bundesrepublik' abzulösen"[2] –, doch dann konnte man einen Aufholprozeß beobachten, der sich an Indikatoren wie Industriedichte, Arbeitslosigkeit oder Steueraufkommen ablesen ließ und der Bayern Jahr für Jahr näher an bislang erfolgreichere Bundesländer wie Nordrhein-Westfalen oder Baden-Württemberg heranführte. Diese Entwicklung hinterließ auch in der Region Ingolstadt deutliche Spuren, wo sich nach den schwierigen Nachkriegsjahren eine fortschrittsfrohe Hochstimmung breitzumachen begann. Hatte man den Wiederaufbau bewältigt, so der Tenor, so würden sich auch die kommenden Herausforderungen auf dem Weg in eine erfolgreiche Zukunft meistern lassen. In diesem Sinne hieß es 1960 in einem Rechenschaftsbericht der Ingolstädter Stadtverwaltung:

„Wer vor eineinhalb Jahrzehnten durch Bombenschutt und Glassplitter watete, sah vor seinem geistigen Auge weder die gläserne Schaufensterfront moderner Geschäftshäuser noch neondurchflutete Straßen. [...] Befürchtungen wurden widerlegt, Sorgen zerstreut, Unerwartetes traf ein. Ist ein Wunder geschehen? Keines, wenn man darunter den überheblichen Ausdruck Unmögliches vollbringender Tüchtigkeit versteht. Aber doch eines im Sinne einer glücklichen Fügung, für die man dankbar ist und sein muß. Freilich auch kein Glück, das einfach in den Schoß fällt. Es galt genug, sich zu regen. Not und Entbehrungen waren zu überstehen, bis Klugheit und Fleiß sichtbare Erfolge einbringen konnten. [...] So steht die Stadt nach diesen fünfzehn Jahren noch mitten in der Entwicklung, die von der Neuorientierung

---

[1] Ludwig Erhard, Wohlstand für alle, Düsseldorf 1957.
[2] Lanzinner, Sternenbanner und Bundesadler, S. 253; vgl. hierzu auch das Kapitel „Bayern als Nachzügler im bundesdeutschen ,Wirtschaftswunder'" bei Grüner, Industrie- und Strukturpolitik, S. 181–257.

nach dem Kriege ihren Ausgang genommen hat. Wie wird sie weitergehen? Ein weiteres Anwachsen der Stadt ist sicher."[3]

Das Zauberwort, dem noch nicht der negative Beigeschmack späterer Jahre an-
haftete, hieß also Wachstum und verhieß Fortschritt, Modernität, Infrastruktur,
zunehmenden Wohlstand und sichere Arbeitsplätze. Diese Zuversicht kam in
Ingolstadt nicht von ungefähr, denn schon 1954 hatte das Institut für Raumforschung die Region zu einem „Aktivraum der Bundesrepublik" erklärt[4]. Diese
Entscheidung hatte vor allem mit der Entwicklung der Wirtschaft und des regionalen Arbeitsmarktes zu tun, der sich im Vergleich zu den ersten Nachkriegsjahren oder auch zur Weimarer Zeit grundlegend verändert hatte. Überspitzt könnte
man sagen, daß mit dem sogenannten Wirtschaftswunder ein Arbeitsmarktwun-
der Hand in Hand ging. So erhöhte sich die Zahl der Beschäftigten stetig, und
zwar von 14 700 im September 1954 auf 16 300 im Dezember 1957 und 19 700 im
März 1961. Anfang der sechziger Jahre beschleunigte sich diese Entwicklung
spürbar und ließ die Zahl der Beschäftigten bis März 1964 auf 26 300 steigen. Damit betrug der Zuwachs an Beschäftigten in knapp zehn Jahren 11 600 oder 44,1
Prozent[5].

Diese Zuwachsrate lag sowohl weit über dem Plus, das in Oberbayern zu verzeichnen war und 32,3 Prozent betrug, als auch über dem Durchschnitt der kreisfreien Städte des Regierungsbezirks, wo die Zahl der Beschäftigten zwischen 1954
und 1964 um 38,8 Prozent zugenommen hatte. Für Städte wie Rosenheim oder
Freising, die unter den kreisfreien Städten Oberbayerns hinter Ingolstadt gemessen an der Bevölkerungszahl auf Rang drei und vier rangierten, notierte man weit
geringere Zuwachsraten; in Rosenheim erhöhte sich die Zahl der Beschäftigten
nur um 20,2 Prozent, in Freising immerhin um 25,3 Prozent. Im Mittelbayerischen Donaugebiet, wo es neben Ingolstadt mit Eichstätt und Neuburg an der
Donau zwei weitere kreisfreie Städte gab, die zu den Regierungsbezirken Mittelfranken und Schwaben gehörten, lagen Aufschwung und Stagnation nahe beieinander. Während die Zahl der Beschäftigten in Eichstätt zwischen 1954 (3500) und
1964 (3800) praktisch unverändert blieb, verzeichnete Neuburg an der Donau
einen wahren Boom, wobei freilich die absoluten Zahlen – 4700 Beschäftigte 1954
und 11 200 Beschäftigte 1964 – nicht so beeindruckend waren wie die Daten, die
das benachbarte Ingolstadt zu vermelden hatte.

Wie die Zahl der Beschäftigten in Ingolstadt stieg, so sank die Zahl der Arbeitslosen, wobei auch hier festzustellen ist, daß die entscheidenden Fortschritte erst
im letzten Drittel der Dekade zu verzeichnen waren. Hatte man noch im September 1954 2200 Arbeitslose in der Stadt gezählt, so waren es Ende Dezember 1957 –
also in einem für den Arbeitsmarkt besonders neuralgischen Monat – 2900. Ende
März 1961 erfaßten die Statistiker dagegen nur noch 500 Arbeitslose, und auch

---

³ Ingolstadt baut auf 1945–1960, S. 117.
⁴ Max Bohla, Im Herzen Bayerns – Aktivraum des Landes. Rasche Erholung des Arbeitsmarktes.
  Haushalten mit den Kräften, in: 1945–1955: 10 Jahre danach. Ingolstadt im Aufbau. Sonderbeilage
  des Donau-Kurier vom 5. 5. 1955, S. 8.
⁵ Vgl. hierzu und zum folgenden Statistisches Jahrbuch für Bayern 25 (1955), S. 493, S. 497 und
  S. 499; 26 (1958), S. 337, S. 341 und S. 343; 27 (1961), S. 327, S. 331 und S. 333; 28 (1964), S. 383,
  S. 387 und S. 389.

wenn drei Jahre später mit 700 wieder mehr Menschen arbeitslos waren, so fiel diese Entwicklung angesichts der Zahl der in diesen Jahren geschaffenen Arbeitsplätze nicht wirklich ins Gewicht. Das zeigt sich auch daran, daß 1962/63 im Stadt- und Landkreis Ingolstadt 36,6 Prozent der Ausbildungsplätze unbesetzt blieben – die meisten davon übrigens im Handwerk, das für die Schulabgänger immer weniger attraktiv schien[6]. Dennoch lag Ingolstadt damit beim Abbau der Arbeitslosigkeit unter dem Durchschnitt der kreisfreien Städte Oberbayerns, wo sich die Zahl der Arbeitslosen zwischen 1954 und 1964 um mehr als 78 Prozent verringerte, während sich Ingolstadt mit einem Rückgang von gut 68 Prozent zufriedengeben mußte.

Im Arbeitsamtsbezirk Ingolstadt lagen die Verhältnisse ähnlich[7]. Gemessen an allen Arbeitern und Angestellten (seit 1955 auch Beamten) betrug die Arbeitslosenquote hier 1952 13,7 Prozent und 1954 noch immer 11,2 Prozent. Ein erster Durchbruch gelang zwischen 1954 und 1955, als die Arbeitslosenquote auf 6,2 Prozent fiel, um sich dann bis 1958 bei fünf Prozent einzupendeln. In diesen Jahren machte sich auch erstmals in bestimmten Branchen und Berufen ein Mangel an Arbeitskräften bemerkbar; dies betraf Saisonarbeiter in der Landwirtschaft ebenso wie Facharbeiter in der Metallindustrie und in der Bauwirtschaft[8]. Zwischen 1958 und 1960 sank die Arbeitslosenquote im Arbeitsamtsbezirk Ingolstadt dann noch einmal deutlich auf zwei beziehungsweise ein Prozent. Damit konnte man auch im Arbeitsamt Ingolstadt ein weiteres Zauberwort in den Mund nehmen: Vollbeschäftigung[9]. Ein Blick auf die Entwicklung im Freistaat zeigt allerdings, daß sich der Abbau der Arbeitslosigkeit im Bezirk Ingolstadt langsamer vollzog als im Landesdurchschnitt und daß die Arbeitslosenquote auch in den besten Jahren zum Teil signifikant über dem bayerischen Vergleichswert lag: 1954 stand einer Arbeitslosenquote von 11,2 Prozent im Bezirk Ingolstadt eine bayerische Quote von 8,2 Prozent gegenüber, 1958 ermittelte man 4,8 Prozent beziehungsweise 2,3 Prozent und 1962 0,8 beziehungsweise 0,5 Prozent.

Der verzögerte Abbau der Arbeitslosigkeit in der Region Ingolstadt verweist auf eine Reihe von strukturellen Verwerfungen, mit denen Wirtschaft und Gesellschaft im Mittelbayerischen Donaugebiet auch in den Jahren des Booms zu kämpfen hatten. Zum einen bestand ein deutliches Gefälle zwischen Zentrum und Peripherie sowie zwischen Stadt und Land. Während Ingolstadt zu einem Industriezentrum aufstieg, das Anfang der sechziger Jahre bayernweite Bedeutung gewann und die stadtnahen Gemeinden des Landkreises immer stärker beeinflußte, ging der Strukturwandel vor allem an den abseits wichtiger Verkehrsverbindungen gelegenen Landgemeinden mehr oder weniger vorbei. In den Landkreisen Eichstätt, Neuburg an der Donau, Pfaffenhofen und Schrobenhausen verhielt es sich nicht viel anders, und auch wenn sich keine der Städte, die diesen Landkreisen ih-

---

6 BayHStA, MWi 21741, Bericht des Landesarbeitsamts Südbayern an die Landesplanungsabteilung im bayerischen Wirtschaftsministerium vom 8. 1. 1965.
7 Vgl. hierzu und zum folgenden Statistisches Jahrbuch für Bayern 25 (1955), S. 144; 26 (1958), S. 120; 27 (1961), S. 117; 28 (1964), S. 132.
8 StA München, Arbeitsämter 321, Strukturbericht über den Arbeitsamtsbezirk Ingolstadt, undatiert (1955).
9 StA München, Arbeitsämter 349, Bericht über die Prüfung des Arbeitsamts Ingolstadt vom 23. 1.– 4. 2. 1961.

ren Namen gaben, mit Ingolstadt messen konnte, so entwickelten sie sich doch zu
ersten Adressen für die Ansiedlung neuer Gewerbebetriebe oder den Ausbau der
öffentlichen Infrastruktur. So wurden auch kleine Landstädte wie Schrobenhausen und Pfaffenhofen, die ihre Urbanität in den fünfziger und sechziger Jahren gewissermaßen erst verdichten mußten, zu Kristallisationspunkten ökonomischer
und sozialer Veränderungsprozesse, deren Strahlkraft freilich begrenzt war.

Zudem zeigte der regionale Arbeitsmarkt nach wie vor Züge jener doppelten
Fragmentierung, die bereits Ende der vierziger Jahre deutlich geworden waren.
Die Flüchtlinge und Vertriebenen waren zwar „nach und nach in einer Weise in
das Arbeitsleben des Bezirkes hineingewachsen, daß sie arbeitsmarktpolitisch
kein Problem mehr darstellen", wie es 1959 in einem Strukturbericht für das Landesarbeitsamt Südbayern hieß[10], doch zeigte sich auch, daß unter den verblie-
nen Arbeitslosen nicht wenige waren, die der Krieg aus der Bahn geworfen und
physisch oder psychisch so sehr geschädigt hatte, daß sie auch unter den günstigen
Bedingungen der späten fünfziger Jahre nicht mehr in der Lage waren, den Anforderungen des Erwerbslebens gerecht zu werden. Wo der Arbeitsmarkt die gut
Ausgebildeten, Flexiblen, Anpassungsfähigen und Mobilen bevorzugte, hatten es
auch viele Frauen schwer. Zwar hatte die Zahl der beschäftigten Frauen im Arbeitsamtsbezirk Ingolstadt zwischen September 1948 und September 1958 mit
54,2 Prozent wesentlich stärker zugenommen als die Zahl der beschäftigten Männer (38,8 Prozent), aber da nach wie vor Arbeitsplätze fehlten, die den spezifischen Bedürfnissen vor allem verheirateter Frauen mit Kindern gerecht wurden –
Wohnortnähe und die Möglichkeit zur Teilzeitarbeit waren hier meist die entscheidenden Kriterien –, blieb die Frauenarbeitslosigkeit in der Region Ingolstadt
vergleichsweise hoch. Dazu kam, daß die günstige Konjunktur in der Bauwirtschaft zahlreichen gering qualifizierten, aber körperlich leistungsfähigen Arbeitskräften eine Chance gab, die ansonsten schwer zu vermitteln gewesen wären. Da
die Tätigkeit des Bauhilfsarbeiters jedoch traditionell zu den männlichen Domä-
nen gehörte, blieb den Frauen dieser Ausweg aus der Arbeitslosigkeit anders als
etwa Männern, die in der Landwirtschaft kein Auskommen mehr fanden, verschlossen. Allerdings war diese Berufsgruppe nicht nur stark von konjunkturellen
Einflüssen, sondern auch von der Witterung abhängig. Die Arbeitslosenquote in
der gesamten Region wies daher starke saisonale Schwankungen auf, die um so
stärker wurden, je mehr Menschen in den entsprechenden Branchen und Berufen
tätig waren. Im Landkreis Ingolstadt nahm die Zahl der Arbeitslosen zwischen
September und Dezember 1954 beispielsweise von 1914 auf 2411, also um 26 Prozent, zu[11]; zwischen September und Dezember 1958 war ein Anstieg um 114,1
Prozent von 1181 auf 2528 Arbeitslose zu verzeichnen, und selbst 1962, als – wie
es im Jargon der Arbeitsvermittler hieß – nur noch „Restarbeitslosigkeit"[12] zu

10 StA München, Landesarbeitsamt Südbayern 5022, Wirtschafts- und Arbeitsmarktstruktur des
Arbeitsamtsbezirks Ingolstadt, Bearbeitungsstand Mai 1959; das folgende nach diesem Strukturbericht.
11 Vgl. Die Kreisfreien Städte und Landkreise Bayerns in der amtlichen Statistik: Kreisfreie Stadt und
Landkreis Ingolstadt, hrsg. vom Bayerischen Statistischen Landesamt, o.O. 1963, S. 19.
12 StA München, Landesarbeitsamt Südbayern 5022, Wirtschafts- und Arbeitsmarktstruktur des
Arbeitsamtsbezirks Ingolstadt, Bearbeitungsstand Mai 1959.

verzeichnen war, schwankten die Arbeitslosenzahlen um gut 130 Prozent zwischen 194 im September und 447 im Dezember.

Ein weiterer Beleg für die sozioökonomischen Disparitäten im allgemeinen und das im Mittelbayerischen Donaugebiet herrschende Stadt-Land-Gefälle im besonderen war die ständig wachsende Pendelwanderung, die sich zwischen 1950 und 1961 verdreifachte und damit erheblich stärker zunahm, als es die landesweite Entwicklung hätte erwarten lassen. „Das zuerst gesunde Pendlerwesen", so bilanzierten aufmerksame Beobachter in der Landesplanungsabteilung des bayerischen Wirtschaftsministeriums, drohe „mehr und mehr zu einem Pendlerunwesen zu werden"[13]. Vor allem an der Peripherie der Region waren die angrenzenden Industrie- und Wirtschaftsräume für die Arbeitnehmer attraktiv, im Norden Nürnberg, im Südwesten Augsburg mit seiner Textil- und Maschinenbauindustrie, im Süden München, das Gravitationszentrum des bayerischen Wirtschaftswunders, und im Osten Regensburg.

Das Zentrum der Pendlerströme lag mit Ingolstadt jedoch in der Region selbst. 1950 hatte man noch 5496 Einpendler gezählt, elf Jahre später waren es bereits 15 279, denen nur 598 Auspendler gegenüberstanden. Damit hatte rund die Hälfte aller Berufspendler im Mittelbayerischen Donaugebiet ihren Arbeitsplatz in der aufstrebenden Industriestadt, wobei die Großbetriebe mit ihren überdurchschnittlich hohen Löhnen zu den bevorzugten Arbeitgebern gehörten, so daß von allen Einpendlern knapp 12 000 im produzierenden Gewerbe tätig waren. Von den restlichen Berufspendlern des Mittelbayerischen Donaugebiets konzentrierte sich ein Viertel auf acht kleinere Kristallisationspunkte des Strukturwandels, und zwar auf die kreisfreien Städte Eichstätt und Neuburg an der Donau, die Kreisstädte Pfaffenhofen, Schrobenhausen und Mainburg, die zum Landkreis Kelheim gehörende Stadt Neustadt an der Donau sowie die Gemeinden Manching und Ebenhausen, die zum Landkreis Ingolstadt gehörten.

Wie die Stadt Ingolstadt im Mittelbayerischen Donaugebiet den größten Anteil an Einpendlern und den größten Einpendlerüberschuß zu verzeichnen hatte, so wurden für den Landkreis Ingolstadt die größte Zahl an Auspendlern und der höchste Auspendlerüberschuß ermittelt. Dabei wuchs die Zahl der Auspendler zwischen 1950 und 1961 von 4948 auf 11 981 um mehr als das Doppelte. Allerdings galt zumindest das Pendeln nach Ingolstadt wegen der geringen Entfernungen „nicht als Belastung [...]. Da die Menschen auf dem Land billiger wohnen" könnten und zumeist „sogar einen landwirtschaftlichen Kleinbetrieb im Nebenerwerb mitbewirtschaften", argumentierte Landrat Otto Stinglwagner im August 1960, sei „diese Art der Pendelwanderung als sozial befriedigende Lösung" anzusehen[14].

Mit der Zahl der Pendler stieg auch die Zahl der Gemeinden, die der benachbarten Stadt als vorgelagerter Wohnort und Arbeitskräftereservoir dienten. Von den 41 Gemeinden des Landkreises hatte man 1950 lediglich in acht mehr als 200 Aus-

[13] Raumordnungsplan Mittelbayerisches Donaugebiet (1965), S. 109; zum folgenden vgl. ebenda, S. 109–123.
[14] BayHStA, MWi 21736, Vormerkung der Landesplanungsabteilung im bayerischen Wirtschaftsministerium (gez. Wilhelm Henninger) über eine Besprechung bezüglich des Raumordnungsplans „Industrieregion Ingolstadt" am 26. 8. 1960.

pendler gezählt, 1961 waren es bereits 19. Daß die Verflechtung zwischen Stadt und Umland im Nahbereich von Ingolstadt und der Funktionswandel der stadtnahen Kommunen weiter fortgeschritten war als in den anderen Teilen des Mittelbayerischen Donaugebiets und daß hier die Pendelwanderung eine entscheidende Rolle spielte, zeigt auch eine in der Landesplanungsabteilung des bayerischen Wirtschaftsministeriums erarbeitete Karte. Im Norden der Stadt, in der Nähe der Produktionsstätten der Auto Union, gab es mit Hepberg, Lenting, Etting, Oberhaunstadt und Mailing gleich fünf Gemeinden, die einen Auspendleranteil von mehr als 61 Prozent aufwiesen. Auch die anderen Ortschaften, die Ingolstadt umgaben, ließen einen signifikant höheren Anteil an Auspendlern erkennen, als er ansonsten im Mittelbayerischen Donaugebiet zu verzeichnen war, wo insbesondere im Süden und Osten nur in wenigen Gemeinden für mehr als 20 Prozent der Erwerbspersonen der Arbeitsort nicht auch der Wohnort war[15].

2. Große Sprünge und kleine Schritte – die industrielle Entwicklung der Region

Es war die im Zeichen „einer einmaligen Aufwärts-Entwicklung" stehende Industrie[16], die entscheidend zur Attraktivität Ingolstadts beitrug und nicht nur im Mittelbayerischen Donaugebiet eine Sonderstellung einnahm. Dies zeigte sich bei der Anzahl der Beschäftigten in Industriebetrieben mit zehn und mehr Beschäftigten ebenso wie beim Anteil der Industriebeschäftigten an der Gesamtbevölkerung und am Umsatz, den die Industriebetriebe der Stadt erwirtschafteten, wobei Ingolstadt unter den kreisfreien Städten Oberbayerns hinter München, das jedoch gleichsam in einer eigenen Liga spielte, jeweils den zweiten Platz belegte[17]. Die Zahl der Arbeiter und Angestellten in den größeren Industriebetrieben der Stadt betrug Ende 1954 11 639; bis Ende 1957 stieg sie nur leicht auf 12 697. Doch dann beschleunigte sich das Wachstum rapide, so daß bis Ende 1960 fast 6600 zusätzliche Arbeitsplätze entstanden. Damit stellte Ingolstadt bei einem Anteil von 1,9 Prozent an der Gesamtbevölkerung Oberbayerns immerhin 6,2 Prozent der Industriebeschäftigten und wies damit gegenüber 1954 ein Plus von einem halben Prozentpunkt auf, während der Anteil von Städten wie Rosenheim und Freising, die 1954 wie 1960 mit deutlichem Abstand die Plätze hinter Ingolstadt belegten, an den Beschäftigten in der oberbayerischen Industrie zurückgegangen war, obwohl die Industriebetriebe auch hier in absoluten Zahlen mehr Menschen beschäftigten.

Der Jahresumsatz, der in Ingolstadt erzielt wurde, betrug 1954 rund 340 Millionen DM und 1960 bereits 560 Millionen DM, wobei auch hier der Löwenanteil des Zuwachses auf das letzte Drittel der fünfziger Jahre entfiel. Der Anteil des Gesamtumsatzes der Ingolstädter Industriebetriebe am Umsatz der oberbayerischen

---

[15] Vgl. Raumordnungsplan Mittelbayerisches Donaugebiet (1965), Abbildung 31.
[16] Vgl. ebenda, S. 149.
[17] Hierzu und zum folgenden – soweit nicht anders belegt – BWA, In 12, Regionale Übersicht über die Industrie in Oberbayern. Industriebetriebe mit zehn und mehr Beschäftigten – Jahreszusammenstellungen für 1954, 1957 und 1961 (mit Zahlen für 1960); die Angaben zur Zahl der Betriebe und der Beschäftigten beziehen sich jeweils auf den 31. 12.

Industrie sank dennoch von 7,02 Prozent auf 5,18 Prozent, allerdings war dieser Rückgang nicht der Schwäche Ingolstadts, sondern der Stärke der Landeshauptstadt zu verdanken, deren Dynamik unerreicht blieb. In einer Rubrik lag Ingolstadt freilich sogar vor München, und dies sagt viel über die Entwicklung der Stadt in den Jahren des sogenannten Wirtschaftswunders aus. Der Anteil der Industriebeschäftigten an der Bevölkerung Ingolstadts, der 1954 schon 25,27 Prozent betragen hatte, stieg bis 1960 auf 36,7 Prozent und lag damit um mehr als 20 Punkte über dem Anteil Münchens und dem Durchschnitt der oberbayerischen Stadtkreise, der mit 15,89 Prozent angegeben wurde. Keine andere größere oberbayerische Stadt war so sehr von der Industrie geprägt wie Ingolstadt, und es ist bemerkenswert, daß die Zuwachsrate bei den Industriebeschäftigten gemessen an der Gesamtbevölkerung in der zweiten Hälfte der fünfziger Jahre sowohl die oberbayerischen als auch die bayerischen Vergleichswerte bei weitem übertraf. Damit lag Ingolstadt 1964 bei der Zahl der Industriebeschäftigten bayernweit hinter München, Nürnberg, Augsburg, Schweinfurt und Erlangen an sechster Stelle[18].

Was die Branchenstruktur angeht, so war diese nominell breit gefächert; 1964 waren immerhin fünfzehn Industriegruppen im Stadtgebiet ansässig[19]. Tatsächlich hatte sich an der Dominanz des metallverarbeitenden Sektors jedoch kaum etwas geändert, wobei – untypisch für oberbayerische Verhältnisse – ausgesprochene Großbetriebe das Rückgrat der Wirtschaft bildeten. Die alteingesessene Despag – nach einer Vermögensübertragung im Mai 1950 eine Zweigniederlassung der Schubert & Salzer AG, die 1955 auch ihren Sitz von Stuttgart nach Ingolstadt verlegte – machte mit Gießereiprodukten und vor allem für den Export gebauten Spinnereimaschinen so gute Geschäfte, daß die Belegschaft von rund 3200 Personen im Jahr 1950 auf knapp 4800 im Jahr 1957 aufgestockt werden konnte. Allerdings erwies sich der Markt zunehmend als schwierig, da die heimische Textilindustrie mit billiger Importware zu kämpfen hatte und nur zögerlich in neue Maschinen investierte[20], während im Ausland neue Anbieter auftraten und mit der Despag um Marktanteile rangen. Die Folge dieser „Unsicherheit im Wirtschaftswunder"[21] waren Kurzarbeit, Rationalisierung und Personalabbau, so daß Schubert & Salzer 1962 in Ingolstadt nur noch etwa 4100 Arbeiter und Angestellte beschäftigte[22]. Damit entwickelte sich die Despag von einer dynamischen Kraft, die in den fünfziger Jahren den Aufschwung der Stadt und der gesamten Region mitgetragen hatte, mehr und mehr zu einer zwar verläßlichen Stütze der Wirtschaft, deren Potential aber ziemlich ausgereizt war.

Davon konnte bei der Auto Union, zu der im folgenden noch mehr zu sagen sein wird, keine Rede sein. Die Zukunft dieses Unternehmens stand noch 1949 auf

---

18 Vgl. Ingolstadt baut auf 1960–1965, S. 28.
19 Vgl. Raumordnungsplan Mittelbayerisches Donaugebiet (1965), S. 157.
20 Vgl. Karl Lauschke, Strategien ökonomischer Krisenbewältigung. Die Textilindustrie im Westmünsterland und in Oberfranken 1945 bis 1975, in: Schlemmer/Woller (Hrsg.), Politik und Kultur, S. 195–279.
21 Mitteilungen der IG Metall (Verwaltungsstelle Ingolstadt) vom Februar 1959: „Unsicherheit im Wirtschaftswunder. Die Despag arbeitet kurz – Entlassungen gehen weiter".
22 Vgl. 75 Jahre Textilmaschinenbau, S. 55–58, und Wirtschaftsbeilage des Donau-Kurier vom 23. 10. 1962, S. 9.

wackeligen Beinen, aber binnen weniger Jahre trat es gleichberechtigt neben die
Despag und löste diese Ende der fünfziger Jahre als wichtigstes Unternehmen Ingolstadts ab. Ein Blick auf die Belegschaftsstärke verdeutlicht diese Entwicklung:
Ende 1949 waren im Ingolstädter Werk der Auto Union 1250 Arbeiter und Angestellte beschäftigt, drei Jahre später waren es bereits mehr als 5000. Und als nach
der Überwindung einer ersten Krise Ende der fünfziger Jahre mit dem Bau moderner Fertigungsstätten ein Neuanfang gemacht wurde, wuchs die Belegschaft
rasch auf 8310 Männer und Frauen im Jahr 1960 und auf 11 655 im Jahr 1962 an[23].
Wie noch zu zeigen sein wird, ließ sich der enorme Arbeitskräftebedarf der Auto
Union schon bald nicht mehr aus den Ressourcen der Stadt und der stadtnahen
Gemeinden decken. Indem sie immer weiter ausgriff, avancierte die Auto Union
aber nicht nur zum strukturprägenden Betrieb der Region Ingolstadt, sondern
mauserte sich zu einem Unternehmen, das bayernweit zur ersten Garnitur gehörte und dessen Bedeutung über die weiß-blauen Grenzen hinausreichte: Denn
gemessen an den Produktionszahlen war die Auto Union Ende der fünfziger
Jahre nach VW, Opel, Daimler-Benz und Ford die Nummer fünf unter den Automobilherstellern in der Bundesrepublik[24].

Trotz der Sogwirkung, die der Straßenfahrzeugbau entwickelte, war in der
zweiten Hälfte der fünfziger Jahre noch Raum für die Ansiedlung weiterer Großbetriebe in der Stadt. Dies lag vor allem daran, daß nach wie vor gut erschlossene
Gewerbeflächen zur Verfügung standen und daß der weibliche Arbeitsmarkt
erhebliche Reserven bot. Schließlich waren sowohl die Despag als auch die Auto
Union stark männlich dominierte Betriebe – bei der Auto Union betrug der Anteil der Lohnempfängerinnen 1956 4,9 Prozent und 1957 sogar nur noch 3,4 Prozent[25] –, so daß es Frauen schwerfiel, einen Arbeitsplatz in der Produktion zu
finden, auf den vor allem un- und angelernte Kräfte angewiesen waren. 1955 eröffnete die Firma Spießhofer und Braun, die unter dem Markennamen „Triumph"
Miederwaren herstellte, eine Filiale in Ingolstadt und begann zunächst unter eher
improvisierten Bedingungen und in gemieteten Räumen mit der Produktion.
Während solche „Tanzsaal Industrien" im ländlichen Raum oftmals keine Zukunft hatten und schon nach kurzer Zeit wieder aufgegeben wurden[26], etablierte
sich Triumph in Ingolstadt, bildete Näherinnen aus und errichtete schließlich eigene Produktionsanlagen im Norden der Stadt, wo 1965 etwa 1300 – überwiegend
weibliche – Arbeitnehmer beschäftigt waren[27]. 1959 richtete außerdem die Firma
Telefunken in Ingolstadt ein Zweigwerk ein, in dem vor allem Teile für Fernseh-
geräte gefertigt wurden. Auch die Belegschaft dieses Betriebs, mit dem die bisher
eher schwach vertretene Zukunftsbranche Elektrotechnik gestärkt wurde und in
dem 1962 etwa 1550 Personen arbeiteten, war ausgesprochen weiblich struktu-

---

[23] Audi AG, Ablage der Abteilung Personalstatistik, Personalstatistik der Auto Union GmbH vom
    Dezember 1966.
[24] Vgl. Rad der Zeit, S. 156.
[25] Audi AG, Ablage der Abteilung Personalstatistik, Personalstatistik der Auto Union GmbH vom
    Dezember 1959.
[26] Erker, Keine Sehnsucht, S. 501.
[27] Vgl. Wirtschaftsbeilage des Donau-Kurier vom 23. 10. 1962, S. 11; Ingolstadt baut auf 1945–1960,
    S. 27; Huber, Wege aus der Stagnation, Teil 2, in: Ingolstadt – vom Werden einer Stadt, S. 284.

riert, so daß Anfang der sechziger Jahre auch diese Arbeitsmarktreserven weitgehend ausgeschöpft waren[28].

Freilich hatte Ingolstadt nicht nur Gewinne zu verzeichnen, auch wenn die Zahl der Industriebetriebe mit zehn und mehr Beschäftigten von 37 Ende 1954 auf 45 Ende 1963 wuchs[29]. Der Zigarettenhersteller Kristinius beispielsweise wanderte 1957 nach Berlin ab[30], und die Südmanufaktur, die nach Kriegsende zu den großen Hoffnungsträgern gehört hatte, konnte sich den Turbulenzen in der Textilbranche nicht entziehen und mußte nach vergeblichen Sanierungsversuchen letzten Endes ihre Pforten schließen[31]. Der Zusammenbruch der Südmanufaktur und der zeitgleiche Aufstieg der Auto Union zeigt auch in Ingolstadt ein Phänomen, auf das Paul Erker nachdrücklich hingewiesen hat, nämlich die Ablösung alter durch neue industrielle Leitsektoren und die Krise bestimmter traditionsreicher Branchen, die es auch in Bayern gab, deren Auswirkungen aufgrund der Wirtschaftsstruktur des Freistaats und unter den Bedingungen des sogenannten Wirtschaftswunders jedoch so begrenzt waren, daß sie rasch aus der Wahrnehmung der Zeitgenossen verschwanden und auch von Historikern nicht selten übersehen wurden[32].

Ähnlich verhielt es sich im Fall des Ingolstädter Ausbesserungswerks der Bundesbahn, das seit dem Ersten Weltkrieg als verläßlicher Arbeitgeber und Krisenpuffer fungiert hatte und lange Zeit hinter der Despag die wirtschaftliche Nummer zwei der Stadt gewesen war, seit Anfang der sechziger Jahre aber einer ungewissen Zukunft entgegenging. Mit dem allmählichen Verschwinden der Dampflokomotiven gab es immer weniger Bedarf für ein großes Werk, das auf deren Instandsetzung spezialisiert war. Die Bundesbahn, die sich ohnehin in einer schwierigen Situation befand und an vielen Fronten kämpfte, reagierte mit Personalabbau, Rationalisierung und der Verlagerung von Betriebsteilen an andere Standorte[33]. Solche Verluste hätten noch Anfang der fünfziger Jahre kaum aufgefangen werden können und ohne Zweifel zu einer schweren Krise geführt. Zehn Jahre später konnte der Verlust von Industriebetrieben und Arbeitsplätzen jedoch rasch kompensiert werden, ohne größere Verwerfungen hervorzurufen. Entsprechend gelassen wurde 1965 von offiziöser Seite die drohende endgültige Schließung des Ausbesserungswerks der Bundesbahn kommentiert:

„Eine völlige Stillegung wäre besonders für den alten Stamm unter der noch ca. 300 Köpfe zählenden Belegschaft eine Härte, da diese Arbeiter sich nach auswärts versetzen lassen oder in Ingolstadt außerhalb des Bundesbahnbereichs Arbeit suchen müßten. Das wäre in menschlicher Hinsicht ein Problem, ein wirtschaftliches – das sei an dieser Stelle betont – ist

---

[28] Vgl. Wirtschaftsbeilage des Donau-Kurier vom 23. 10. 1962, S. 9 f.; Ingolstadt baut auf 1945–1960, S. 29.

[29] Vgl. Statistisches Jahrbuch für Bayern 25 (1955), S. 509, und 28 (1964), S. 399.

[30] Vgl. Hofmann, Partnerschaft, S. 350.

[31] Vgl. Donau-Kurier vom 13./14. 9. 1958: „Die Südmanufaktur ist wieder saniert"; Wirtschaftsbeilage des Donau-Kurier vom 23. 10. 1962, S. 11; Ingolstadt baut auf 1960–1965, S. 32.

[32] Vgl. Paul Erker, Industriewirtschaft und regionaler Wandel. Überlegungen zu einer Wirtschaftsgeschichte Bayerns 1945–1995, in: Maximilian Lanzinner/Michael Henker (Hrsg.), Landesgeschichte und Zeitgeschichte. Forschungsperspektiven zur Geschichte Bayerns nach 1945, Augsburg 1997, S. 41–51, hier S. 44 und S. 48.

[33] Vgl. Ingolstadt baut auf 1960–1965, S. 32; das folgende Zitat findet sich ebenda.

es jedoch nicht, weil der hiesige Arbeitsmarkt in der Lage wäre, die freiwerdenden Arbeitskräfte sofort in entsprechender Beschäftigung unterzubringen."

Im Schatten Ingolstadts machten in der zweiten Nachkriegsdekade auch andere Teile des Mittelbayerischen Donaugebiets „überdurchschnittliche Fortschritte" bei der Industrialisierung[34]. Dies zeigte sich beispielsweise an der Zahl der Industriebeschäftigten, die in allen Stadt- und Landkreisen der Region wuchs, wobei der Stadt- und Landkreis Neuburg an der Donau sowie der Landkreis Pfaffenhofen zu den größten Gewinnern gehörten. Im Landkreis Pfaffenhofen stieg deren Zahl in Betrieben mit mehr als zehn Beschäftigten von 1081 Ende 1954 auf 2425 Ende 1963. In der Stadt Neuburg wuchsen die Belegschaften der größeren Industriebetriebe im selben Zeitraum von insgesamt 1220 Arbeitern und Angestellten (bei gut 13 000 Einwohnern im Jahr 1954) auf immerhin 2778 (bei etwa 17 300 Einwohnern im Jahr 1963), und auch im Landkreis Neuburg stieg die Zahl der Arbeiter und Angestellten in Industriebetrieben mit mehr als zehn Beschäftigten von 484 – einem ausgesprochenen niedrigen Ausgangswert – auf 1587, wobei nicht zuletzt die Ansiedlung einer Zuckerfabrik in Rain am Lech im Jahr 1955/56 für diesen positiven Trend verantwortlich war[35]. Am anderen Ende der Skala standen die Zuwachsraten im Stadt- und Landkreis Eichstätt, wo sich größeren Betrieben offensichtlich weniger günstige Standortbedingungen boten[36].

Ein guter Indikator für die Geschwindigkeit, mit der der sozioökonomische Strukturwandel die einzelnen Teilregionen des Mittelbayerischen Donaugebiets erfaßte, ist die Industriedichte, also das Verhältnis der Beschäftigten in der Industrie je 1000 Einwohner. Die Stadt Ingolstadt, wo die Industriedichte zwischen Herbst 1954 und Herbst 1964 um 90 Punkte von 253 auf 343 stieg, segelte gleichsam außer Konkurrenz und übertraf sowohl den Landesdurchschnitt (1955: 107, 1965: 131) als auch den Bundesdurchschnitt (1955: 126, 1965: 143) bei weitem[37]. Von den übrigen Stadt- und Landkreisen des Untersuchungsraums fand nur die Stadt Neuburg an der Donau den Anschluß an die bayerische Entwicklung. Hier nahm die Industriedichte zwischen 1954 und 1964 um 56 Punkte auf 159 zu; die wichtigsten Betriebe der Stadt gehörten dabei zu den Industriegruppen Steine und Erden sowie Bekleidung. Nach der Stadt Neuburg wies der Landkreis Ingolstadt mit 36 Punkten auf 57 den größten Zuwachs auf. Hier zählte man 1957 27 Industriebetriebe mit zehn und mehr Beschäftigten; drei Unternehmen beschäftigten immerhin jeweils mehr als 100 Arbeiter und Angestellte: die unter anderem für die Auto Union produzierende Metallwarenfabrik in Reichertshofen, ein Generatoren- und Motorenwerk in Unsernherrn bei Ingolstadt und die Firma Wacker auf dem Gelände der zerstörten Munitionsfabrik in Ebenhausen, wo sich die Hoffnungen auf die Ansiedlung großer Industriebetriebe trotz günstiger Bedingungen

---

[34] Raumordnungsplan Mittelbayerisches Donaugebiet (1965), S. 150; zum folgenden – soweit nicht anders belegt – vgl. ebenda, S. 147–158, einschließlich der Abbildungen 42: „Industriestandortkarte – Stand 30. 9. 1964" und 43: „Industriebesatz (Herbst 1964)".

[35] Vgl. Manfred Pohl, Die Geschichte der Südzucker AG 1926–2001, München/Zürich 2001, S. 266–269.

[36] Vgl. Statistisches Jahrbuch für Bayern 25 (1955), S. 498, S. 509, S. 513 und S. 515, und 28 (1964), S. 380, S. 399, S. 403 und S. 405.

[37] Die Angaben zur Industriedichte in Bayern und der Bundesrepublik finden sich bei Erker, Keine Sehnsucht, S. 494.

bislang nicht erfüllt hatten. Ansonsten war das gewerbliche Rückgrat des Landkreises noch immer schwach: Der Jahresbericht des Landkreises für 1957 führte
24 zumeist kleine Bauunternehmen, sieben Sägewerke, zwei Mühlen, vier Ziegeleien und ein Kieswerk auf[38]. Hinter dem Landkreis Ingolstadt reihten sich beim
Zuwachs der Industriedichte die Landkreise Pfaffenhofen (plus 29 auf 51), Schrobenhausen (plus 27 auf 73) und Neuburg an der Donau (plus 26 auf 40) ein. Das
Schlußlicht bildete der Landkreis Eichstätt (plus vier auf 72) mit seiner traditionsreichen, aber wenig entwicklungsfähigen Natursteinindustrie. Besser sah es zwar
in der gleichnamigen kreisfreien Stadt aus (plus 28 auf 88), doch auch Eichstätt
blieb sowohl hinter der durchschnittlichen Zuwachsrate des Mittelbayerischen
Donaugebiets als auch derjenigen Bayerns zurück; der Norden des Mittelbayerischen Donaugebiets drohte so von der positiven Entwicklung abgekoppelt zu
werden.

Sieht man noch genauer hin und wirft einen Blick auf die Industriedichte in den
Gemeinden des Mittelbayerischen Donaugebiets, wie sie sich im Herbst 1964 darstellte, so fällt dreierlei auf: Zum einen waren außer Ingolstadt und etablierten
Standorten wie Marienstein und Kipfenberg im Landkreis Eichstätt oder Ebenhausen und Reichertshofen im Landkreis Ingolstadt vor allem die kleineren Zentren Neuburg, Schrobenhausen und Pfaffenhofen und bis zu einem gewissen
Punkt auch Eichstätt die Kristallisationspunkte der Industrialisierung, die bereits
auf die Nachbargemeinden auszustrahlen begonnen. Zum zweiten hatte der Aufschwung Ingolstadts nahezu alle Gemeinden erfaßt, die in einem Radius von ungefähr zehn Kilometern um die Stadt lagen und einen Industriebesatz bis 50 oder
sogar bis 100 erreichten. Zum dritten gab es jenseits dieser mehr oder weniger großen Inseln weite Bereiche, in denen sich kaum größere Industriebetriebe fanden.
Dies verweist darauf, daß das Konzept der dezentralen Industrialisierung, das
sowohl die Landesplaner als auch die Entscheidungsträger in der bayerischen
Staatsregierung verfolgten[39], bis Mitte der sechziger Jahre im ländlichen Raum erst
teilweise gegriffen hatte[40].

Ob es gelang, einen Industriebetrieb abseits bereits bestehender Standorte
anzusiedeln, war dabei von verschiedenen Faktoren abhängig, zu denen günstige
Verkehrsanbindung und Infrastruktur ebenso gehörten wie aufgeschlossene
Kommunalpolitiker oder engagierte Verwaltungsbeamte. Ein Beispiel dafür war
Wolnzach im Landkreis Pfaffenhofen, eine bäuerlich geprägte, eher strukturschwache Marktgemeinde, in der sich außerhalb der Landwirtschaft nur in einer
Brauerei, verschiedenen Handwerksbetrieben und im Einzelhandel Beschäftigungsmöglichkeiten boten[41]. Nachdem Wolnzach zwischen 1950 und 1961 rund
14 Prozent seiner Bevölkerung verloren hatte, sah sich die durch diese Entwicklung alarmierte Gemeindeverwaltung zum Handeln gezwungen. Daß es nicht
lange dauerte, bis drei Industriebetriebe für den Markt gewonnen werden konn-

---

[38] Vgl. Jahresbericht 1957 des Landkreises Ingolstadt, S. 17, in: Jahresberichte des Landkreises Ingol-
    stadt.
[39] Vgl. Schlemmer/Grüner/Balcar, Landesplanung in Bayern, in: Frese/Paulus/Teppe (Hrsg.), De-
    mokratisierung und gesellschaftlicher Aufbruch, S. 386 ff.
[40] Beispiele bei Balcar, Politik auf dem Land, S. 446 ff.
[41] Hierzu und zum folgenden: StA München, Arbeitsamt Ingolstadt 1446, Arbeitsamt Ingolstadt an
    den Präsidenten des Landesarbeitsamts Südbayern vom 21. 5. 1962.

ten, hatte vor allem zwei Gründe: die Anbindung an die Autobahn München –
Nürnberg – Berlin und an die Bahnstrecke München – Ingolstadt – Nürnberg sowie die vor Ort vorhandenen Arbeitsmarktreserven. Alles in allem wurden 1961/
62 mehr als 200 Arbeitsplätze in einer Filiale der Mannesmann Stahlblechbau
GmbH, einer kleinen Polstermöbelfabrik und einem Unternehmen für den Im-
und Export von Därmen geschaffen, wobei neben Frauen, für die es bislang keine
Jobs gegeben hatte, vor allem Bauernsöhne und Kleinhandwerker die Chance
ergriffen, aus der unbefriedigenden Situation des mithelfenden Familienangehöri-
gen oder einer prekären Selbständigkeit als Arbeiter in die Industrie zu wechseln.
Damit, so urteilte das zuständige Arbeitsamt zufrieden, sei der Negativtrend der
letzten Jahre gestoppt und der örtliche Arbeitsmarkt in erfreulicher Weise ausbalanciert worden.

In der südöstlich von Ingolstadt gelegenen Marktgemeinde Manching spielte
bei der Ansiedlung neuer Industriebetriebe zudem die große Politik eine Rolle,
und zwar in Form der Wiederbewaffnung und der Entscheidung für den Aufbau
einer westdeutschen Luftfahrtindustrie, deren Schwerpunkt im süddeutschen
Raum liegen sollte[42]. Als die Messerschmitt AG Anfang der sechziger Jahre einen
neuen Standort für ihre Flugzeugwerft in München-Riem suchte, fiel die Wahl
nicht nur deshalb auf Manching, weil der Markt wie Wolnzach verkehrsgünstig an
der Autobahn gelegen war. Eine große Rolle spielte auch die Tatsache, daß hier bereits 1935 ein nicht unbedeutender Fliegerhorst der Luftwaffe des Dritten Reiches
errichtet worden war, dessen Anlagen nun ausgebaut und neu genutzt werden
konnten. Die Dimension des Projekts zeigte sich schon anhand der kilometerlan-
gen Startbahnen, die mehrmals verlängert wurden und schließlich fast an besiedel-
tes Gebiet heranreichten. Seit 1961 wurden in der Flugzeugwerft Manching mit
ihren rund 1500 Beschäftigten Kampfflugzeuge vom Typ F 104 „Starfighter"
montiert, gewartet und eingeflogen. Mit dem NATO-Flugplatz und einer technischen Erprobungsstelle der Bundesluftwaffe, deren Errichtung im Raum Ingolstadt Bundesverteidigungsminister Strauß im Zusammenspiel mit der bayerischen
Staatsregierung gegen Widerstände aus der Rüstungswirtschaft und aus seinem eigenen Haus nicht zuletzt deswegen durchgesetzt hatte, um die zukunftsträchtige
Luftfahrtindustrie in Bayern insgesamt zu stärken[43], entstand in Manching ein
frühes Zentrum der neuen Militärluftfahrt.

Unbedingt glücklich war man in Manching über die flächenverschlingenden
Bauvorhaben im Zeichen der Wiederbewaffnung freilich nicht; insbesondere
Landwirte fürchteten um ihre Existenz. Die Bezirksplanungsstelle bei der Regierung von Oberbayern versuchte, hier steuernd einzugreifen, und konnte zumindest in einem Fall einen bemerkenswerten Erfolg feiern: die neue Truppenunterkunft in Oberstimm westlich von Manching wurde auf dem Gelände des nach
1945 gesprengten Forts IX errichtet – einem rund 20 ha großen Areal, das einer

---

[42] Vgl. Helmuth Trischler, Nationales Innovationssystem und regionale Innovationspolitik. Forschung in Bayern im westdeutschen Vergleich, in: Schlemmer/Woller (Hrsg.), Politik und Kultur,
S. 117–194, hier S. 134–147.
[43] Vgl. Mark S. Milosch, Modernizing Bavaria. The Politics of Franz Josef Strauß and the CSU,
1949–1969, New York/Oxford 2006, S. 115.

Trümmerwüste glich und sich einer landwirtschaftlichen Nutzung entzog[44]. Auf Schießanlagen oder Munitionsdepots verzichtete die Bundeswehr nach heftigen Protesten von Bürgern und Kommunalpolitikern[45]. Dennoch hatte der Anfang der sechziger Jahre entstandene militärisch-industrielle Komplex einen erheblichen Einfluß auf die Wirtschafts- und Sozialstruktur der nun rasch wachsenden Marktgemeinde. Nicht umsonst zählte Manching bereits im Herbst 1964 zu den Gemeinden des Mittelbayerischen Donaugebiets mit dem höchsten Industriebesatz[46], was vor allem den Landkreis Ingolstadt stärkte. Doch damit nicht genug: Die neuen Einnahmen aus der Gewerbesteuer erweiterten den Handlungsspielraum der Kommunalpolitiker erheblich und trugen ebenso dazu bei, daß Manching sein Gesicht veränderte, wie die Notwendigkeit, Wohnraum für die neu zugezogenen Arbeitskräfte und Soldaten mit ihren Familien zu schaffen. Mit der modernen Donaufeldsiedlung kam gleichsam die Stadt ins Dorf[47].

Manching war nicht der einzige Standort der Bundeswehr im Mittelbayerischen Donaugebiet[48]. Auch in Zell bei Neuburg an der Donau wurde der 1945 zerstörte Fliegerhorst wiederaufgebaut und modernisiert; 1961 fand ein Jagdgeschwader der Bundesluftwaffe hier seine Basis. Für die kreisfreie Stadt und den Landkreis Neuburg mit seiner agrarischen Grundierung war die Garnison zweifellos ein Gewinn, wobei die Arbeitsplätze für Zivilisten in der Bundeswehrverwaltung ebenso willkommen waren wie der Ausbau der Infrastruktur. Zu diesem Punkt notierten die Landeplaner zufrieden:

„Manche Entwicklungsvorteile haben dem mittelbayerischen Donauraum die Errichtung sowie der Ausbau von Garnisonen und militärischen Anlagen für die NATO-Streitkräfte und Bundeswehr gebracht. Sie sind nicht nur allgemein wirtschaftlicher Art, sondern hatten auch eine Verbesserung der Infrastruktur in mehreren Städten und Gemeinden zur Folge."

Von den Investitionen in die neuen Anlagen sowie den konsumtiven Ausgaben der Standortverwaltungen und der einzelnen Soldaten profitierten auch der Handel und das Gewerbe vor Ort. Wolfgang Schmidt hat zwar zurecht darauf hingewiesen, daß man solche Effekte nicht überschätzen darf[49], doch wird man dazu anmerken können, daß gerade in einer Region wie Neuburg, wo der sozioökonomische Strukturwandel erst vergleichsweise spät Fahrt aufnahm, die Errichtung einer Garnison dazu beitrug, daß sich der Übergang von der Agrar- zur Industrie- und Dienstleistungsgesellschaft ohne schmerzhafte Brüche vollzog.

---

[44] Vgl. Karlheinz Witzmann, Historischer Rückblick auf die Tätigkeit der Landesplanung in Oberbayern, in: Beiträge zur Entwicklung der Landesplanung in Bayern, Hannover 1988, S. 63–89, hier S. 75.

[45] Vgl. Pfaffenhofener Kurier vom 12. 5. 2005: „Vor 45 Jahren nahm der Flugplatz Manching seinen Betrieb auf".

[46] Vgl. Raumordnungsplan Mittelbayerisches Donaugebiet (1965), Abbildung 43 „Industriebesatz (Herbst 1964)".

[47] Vgl. Landkreis Ingolstadt (1971), S. 53 ff.; Markt Manching, S. 20; Ingolstadt baut auf 1960–1965, S. 33.

[48] Vgl. Raumordnungsplan Mittelbayerisches Donaugebiet (1965), S. 218 f.; das folgende Zitat findet sich ebenda, S. 230.

[49] Vgl. Wolfgang Schmidt, „Eine Garnison wäre eine feine Sache." Die Bundeswehr als Standortfaktor 1955 bis 1975, in: Schlemmer/Woller (Hrsg.), Erschließung, S. 357–441, hier insbesondere S. 424–438.

In Ingolstadt spielten solche Überlegungen nur eine untergeordnete Rolle, oder besser: die Hoffnungen auf positive ökonomische Effekte konkurrierten mit Befürchtungen, die Bedürfnisse des Militärs könnten wie schon vor 1945 unerwünschte Folgen für die Stadtentwicklung haben. So war der Empfang, den Ingolstadt den Soldaten des Pionierbataillons der 4. Panzergrenadierdivision im Dezember 1957 bereitete, zwar freundlich, aber nicht euphorisch[50]. Die Stadtverwaltung konstatierte zufrieden, daß die Einkäufe für die Verpflegung der Truppe, die Ausgaben für die Instandsetzung von Fahrzeugen und Gerätschaften oder der finanzielle Aufwand für die Reinigung von Wäsche und Uniformen rund fünf Millionen DM pro Jahr in die Kassen der lokalen Wirtschaft spülten und sich die Bundeswehr auch am Wohnungsbau beteiligte[51]. Doch noch zufriedener war man damit, daß es gelungen war, die neuen Streitkräfte mehr oder weniger aus der Stadt herauszuhalten und sie an die südöstliche Peripherie der Stadt zu verweisen[52]. Die Erleichterung darüber, nicht wieder den Sachzwängen militärischer Logik unterworfen zu werden, wog dabei sichtlich schwerer als der Stolz auf die neue Garnison. In diesem Sinne hieß es in einem Rechenschaftsbericht der Stadtverwaltung:

„Seit 1957 ist Ingolstadt wieder Garnisonsstadt. Die Rolle, die die Bundeswehr heute spielt, ist aber eine andere als die des Militärs vor dem ersten Weltkrieg. Damals regierte die Armee; alle zivilen Bedürfnisse waren den militärischen Belangen untergeordnet; ein Wirtschaftsleben konnte sich nicht entfalten. Heute hat die Bundeswehr ihre Kasernen, Depots und Anlagen am Rande oder außerhalb der Stadt, wo sie den Verkehr nicht stören. Man kann mit ihr verhandeln, um die Interessen der Stadtplanung und industriellen Entfaltung zur Geltung zu bringen [...]."[53]

In der Tat bestand erheblicher Abstimmungsbedarf zwischen den militärischen, kommunalen und privaten Bau- oder Planungsträgern. Das lag vor allem daran, daß der Landhunger der Bundeswehr – die zuständigen Behörden sprachen von 700 ha – so weit ging, daß selbst die Bezirksplanungsstelle bei der Regierung von Oberbayern Bedenken gegen die Konzentration militärischer Anlagen in der Region zu hegen begann[54]. Doch es waren nicht nur Fragen der Raumordnung und Stadtentwicklung, die im Zusammenhang mit der Bundeswehr diskutiert wurden. Auch die Angst – lebensgeschichtliche Erfahrungen und die Folgen der „doppelten Demilitarisierung"[55] lassen sich hier gleichsam mit Händen greifen –, Ingolstadt könne im Kriegsfall wie schon 1945 wieder ein militärisches Ziel werden, saß tief. Wie wenig später in Manching, so reagierte der Stadtrat im September 1959

50 Vgl. Donau-Kurier vom 9. 12. 1957: „Ingolstadt hat seine Pioniere wieder".
51 Vgl. Ingolstadt baut auf 1945–1960, S. 87, und Ingolstadt baut auf 1960–1965, S. 33.
52 Diese Zufriedenheit wurde auch von der Bezirksplanungsstelle bei der Regierung von Oberbayern geteilt: „Im engsten Einvernehmen mit der Stadt Ingolstadt wurde ein neues Kasernengelände südlich der Donau und westlich der Autobahn [...] ausgewählt, nachdem eine Wiederverwendung der innerstädtischen Truppenunterkünfte wegen der in der Zwischenzeit erfolgten zivilen Nutzung sowie der ungünstigen Verkehrslage ausscheiden mußte." BayHStA, MWi 21736, Zusammenfassung des Referats von Karlheinz Witzmann zum „Raumordnungsplan Industrieregion Ingolstadt" am 15. 12. 1960.
53 Ingolstadt baut auf 1960–1965, S. 33.
54 BayHStA, MWi 21736, Zusammenfassung des Referats von Karlheinz Witzmann zum „Raumordnungsplan Industrieregion Ingolstadt" am 15. 12. 1960.
55 Helmut R. Hammrich, Kommiß kommt vom Kompromiß. Das Heer zwischen Wehrmacht und U.S. Army (1950 bis 1970), in: ders. u. a., Das Heer 1950 bis 1970. Konzeption, Organisation, Aufstellung, München 2006, S. 17–351, hier S. 20.

auf Überlegungen, nahe der Stadt ein Munitions- und Raketendepot sowie eine Schießanlage zu errichten, mit eindeutiger Ablehnung. In einer einstimmig verabschiedeten Resolution forderten die Stadtväter nicht nur, im Interesse der künftigen wirtschaftlichen Entwicklung Ingolstadts auf diese Projekte zu verzichten, sondern stellten auch fest: „Der Stadtrat sieht in dieser weiteren Ballung militärischer Anlagen eine große Gefahr für die Sicherheit unserer Bevölkerung und eine erhebliche Gefährdung der mühsam aufgebauten Industrie."[56]

3. Die Automobilindustrie als strukturprägende Kraft

Aufbruch und Krise im Zeichen von DKW

Als der „Donau-Kurier" 1955 das erste Nachkriegsjahrzehnt in Ingolstadt bilanzierte, fehlte auch die Auto Union nicht, deren Auferstehung aus Ruinen ebenso gefeiert wurde wie die vermeintlich rosige Zukunft im Zeichen der vier Ringe:

> „Das Schicksal der *Auto Union* schien besiegelt zu sein. Doch der alte Vorstand konnte sich nicht damit abfinden, daß der stolze Begriff *Auto Union* der Vergangenheit angehören sollte. So scharten sich 1948 unter Führung von Dr. Bruhn und Dr. Hahn einige Männer um das Symbol der Vier Ringe und faßten den Entschluß, das alte wertvolle Gut zu retten und den Grundstein zu einer neuen *Auto Union* zu legen. Gegen einen Wall fast unübersehbarer Schwierigkeiten wurde das scheinbar unmögliche geschafft: Anfang 1949 wurde in *Ingolstadt* die neue DKW-Fertigung aufgebaut. [...] Kaum glaublich, daß noch vor fünf Jahren dort, wo heute eines der neuzeitlichsten Motorradwerke bis zu 400 DKW-Motorräder am Tage fertigt, mit einer Monatsproduktion von fünf Maschinen der Wiederaufbau begonnen wurde. Als dann das erste Fließband für eine monatliche Kapazität von 80 Maschinen errichtet war, wagte wohl kaum jemand zu hoffen, daß lebendiger Unternehmergeist und ehrliche Leistung in fünf Jahren das Wunder vollbringen würden, jene bescheidene Anfangskapazität fast zu verhundertfachen."[57]

Tatsächlich schien die Situation des Unternehmens zumindest auf den ersten Blick nicht ungünstig zu sein. 1954 hatte die Auto Union bei einem Umsatz von 317,43 Millionen DM mit 380 500 DM erstmals einen nennenswerten Gewinn erwirtschaften können; ein Jahr später stiegen sowohl der Umsatz (auf 339,23 Millionen DM) als auch die Fahrzeugproduktion (von 107 123 auf 119 351 Kraftfahrzeuge, Motorräder und Motorroller)[58]. Dabei kam es der Auto Union entgegen, daß sie ihre Erzeugnisse auf einem expandierenden Markt anbieten konnte und die Kunden vorerst auch mit dem zufrieden waren, was sie aus der Vorkriegszeit kannten.

---

[56] Stadtarchiv Ingolstadt, Stadtratsprotokolle, Text der in der Sondersitzung am 15. 9. 1959 verabschiedeten Resolution. Auch die IG Metall und ihre führenden Repräsentanten protestierten: Vgl. Mitteilungen der IG Metall (Verwaltungsstelle Ingolstadt) vom Oktober 1959: „Desching nicht für die Bundeswehr". Anfang 1968 erhob sich erneut Protest gegen ein Bauvorhaben der Bundeswehr im Nordwesten der Stadt; man dürfe „aus der aufstrebenden Industriestadt Ingolstadt nicht wieder ‚eine Schanz' seligen Angedenkens" machen. AsD, SPD-Bezirk Südbayern I/136, Monatsbericht des Unterbezirks Donau/Ilm für Februar 1968.

[57] Die Wiedergeburt eines Werkes. Unternehmergeist schuf leistungsfähige Werke, in: 1945 – 1955: 10 Jahre danach. Ingolstadt im Aufbau. Sonderbeilage des Donau-Kurier vom 5. 5. 1955, S. 9; Hervorhebungen im Original.

[58] Vgl. hierzu und zum folgenden Etzold/Rother/Erdmann, Vier Ringe, Bd. 2, S. 125–214, und Mirsching, Audi, S. 33 f. und S. 43.

Auf den zweiten Blick traten die strukturellen Probleme der Auto Union jedoch zumal dann offen zutage, wenn sich der Wettbewerb verschärfte und neue Produkte gefragt waren. Innovationskraft gehörte freilich nicht zu den größten Stärken der Auto Union. Die Bereiche Forschung und Entwicklung genügten schon rein quantitativ den Anforderungen nicht, und die vorhandenen Kapazitäten rieben sich zunächst in unerfreulichen Rivalitäten zwischen Ingolstadt und Düsseldorf auf, wo konkurrierende Entwicklungsbüros nicht für einen produktiven Wettstreit der Ideen, sondern für deren Blockade sorgten. Die Verschwendung ohnehin knapper Ressourcen und der Verlust wertvoller Zeit waren die Folge. Schon 1954 machte man sich in der Unternehmensführung ernsthaft Gedanken darüber, „ob wir es schaffen werden, mit den großen Konkurrenten der Auto Union fertig zu werden" und „durch geschicktes und kluges Vorausschauen ein Programm zu schaffen, das standhält, auch wenn auf der anderen Seite ein großer Kapitaleinsatz erfolgt"[59]. Professor Robert Eberan von Eberhorst, Veteran der Rennsportabteilung der Auto Union aus alten Tagen und seit 1953 Leiter der technischen Entwicklung des Unternehmens, war jedoch insbesondere bezüglich der aktuell angebotenen Kraftfahrzeuge alles andere als optimistisch. Der Schnell-Laster sei zu schwer und verfüge über keine ausreichende Traglast; eine „nüchterne Beurteilung" der Pkw vom Typ F 91 (Sonderklasse) ergebe „die technische Hypothek ,unmodern im Fahrwerk wie in den Fertigungsmethoden der Karosse' und von der Verkaufsseite her das Urteil ,zu klein, zu unbequem, zu wenig Komfort'". Aus dieser Analyse folgte fast zwingend die Frage, welches Fahrzeug in den nächsten Jahren die Lücke bis zu einer echten Neuentwicklung schließen sollte – eine Frage, auf die auch der Entwicklungschef keine Antwort parat hatte, die sich aber um so dringender stellte, als am Horizont des Marktes für Motorräder dunkle Wolken heraufzuziehen begannen.

1954 war die Zahl der neuzugelassenen Krafträder gegenüber dem Vorjahr um 16,3 Prozent zurückgegangen; in den folgenden beiden Jahren brach die Zahl der Neuzulassungen sogar um 24,6 Prozent beziehungsweise 32,6 Prozent ein[60]. Diese Entwicklung war für die Auto Union als einem der größten westdeutschen Motorradhersteller um so bedrohlicher, als die Geschäftsleitung zunächst zögerlich auf die Wünsche ihrer Kunden reagiert hatte, die zunehmend Roller oder Mopeds nachfragten. Und als es der Auto Union gelang, entsprechende Produkte anzubieten, ließ sich der Niedergang allenfalls verzögern, aber nicht aufhalten: Der Umsatz aus dem Zweiradgeschäft ging zwischen 1954 und 1956 drastisch von 86,01 Millionen DM auf 58,51 Millionen DM zurück – mit den entsprechenden Folgen für den Ertrag des Unternehmens, das zwischen 1949 und 1956 immerhin 38 Millionen DM am Geschäft mit den Krafträdern verdient und damit die defizitäre Pkw-Produktion hatte quersubventionieren können[61]. Nun fehlten diese Mittel, und nun wurde es noch schwieriger, die Entwicklung neuer Automobile zur Serienreife voranzutreiben. Trotz mehrerer kostspieliger Anläufe gelang es der Auto Union bis 1959 weder, einen kostengünstigen Kleinwagen zu produzie-

[59] Zit. nach Etzold/Rother/Erdmann, Vier Ringe, Bd. 2, S. 142; das folgende Zitat findet sich ebenda, S. 143.
[60] Vgl. Südbeck, Motorisierung, S. 30.
[61] Vgl. Etzold/Rother/Erdmann, Vier Ringe, Bd. 2, S. 242 f. und S. 249.

Abb. 7: DKW-Informationen Nr. 4/1950: „Die zweite DKW-Kolonne verläßt die Tore Ingolstadts"

ren, noch ein echtes Nachfolgemodell für die Modelle DKW F 91 und DKW F 93 auf den Markt zu bringen. Die Fahrzeuge der Marke DKW waren in diesen Jahren mehr oder weniger Variationen eines Themas und lockten die Kundschaft weniger mit aufsehenerregenden Neuerungen als mit Verbesserungen eines bewährten Konzepts, obwohl sich absehen ließ, daß dies auf die Dauer nicht reichen würde, um im Konkurrenzkampf zu bestehen.

In Ingolstadt betrachtete man diese Entwicklung mit Argwohn. Zwar wurde noch 1955 in neue Anlagen zur Diversifizierung und Modernisierung der Kraftradproduktion investiert[62], so daß die bebaute Betriebsfläche von 96 000 m² auf 111 000 m² wuchs[63], doch die Sorge um die Arbeitsplätze, ja um den Bestand des gesamten Werks lastete immer schwerer auf den Mitarbeitern, ihren Familien und auf den Stadtvätern, wenn auch leitende Angestellte immer wieder Zuversicht verbreiteten[64]. Schon 1955 war von Kurzarbeit und ersten Entlassungen die Rede[65]. Im Mai 1956 kündigte die Geschäftsleitung an, die Produktion in Ingolstadt zu drosseln und den Personalstand entsprechend zu reduzieren[66]. Wie groß der Schock für die Arbeitnehmer und ihre Vertreter war, wird aus dem Protokoll einer Betriebsversammlung vom September 1956 deutlich:

„Die hinter uns liegenden Monate brachten für den Betriebsrat eine solche Arbeitsfülle, daß die meisten Betriebsratsmitglieder bis an die Grenzen ihrer Nervenkraft und ihres Leistungsvermögens beansprucht waren. Unsere ganze Arbeit war von der Krise der Zweiradindustrie überschattet. Allein die folgenschweren Auswirkungen der rückläufigen Motorradproduktion stellten uns vor fast unlösbare Aufgaben. Von einem Tag zum anderen tauchten neue Schwierigkeiten auf."

Tatsächlich jagte eine Hiobsbotschaft die andere. Im Mai 1957 spielte die Geschäftsleitung mit dem Gedanken, die Motorradproduktion sofort einzustellen; ungefähr zeitgleich wurde erwogen, in absehbarer Zeit auch die Fertigung des Kleintransporters auslaufen zu lassen. Damit wackelten aber die beiden Säulen, auf denen das Werk Ingolstadt ruhte, bedenklich. In der Belegschaft wuchs der Unmut über die Entscheidungsträger, denen man gravierende Fehler bei der Unternehmensführung vorwarf. Seit drei Jahren wisse „jeder Arbeiter und beinahe schon jedes Kind unserer grossen sogenannten Auto Union-Familie, dass der deutsche Markt andere Typen benötigt, als wir sie bauen", machte ein Kollege seinem Ärger Luft[67]. Der Betriebsrat drängte die Geschäftsleitung, Auswege zu suchen, um die Zahl der Entlassungen so gering wie möglich zu halten und die „Beschäftigungslage im Werk Ingolstadt nicht zu einer Katastrophe ausarten zu lassen"[68]. Am Ende stand ein System von Aushilfen, das der Auto Union über

---

[62] Vgl. Donau-Kurier vom 26./27. 11. 1955: „Auto Union baut weiter aus".
[63] Archiv des Betriebsrats der Audi AG, Betriebsversammlungen, Bericht von Direktor Werner Kratsch anläßlich der Betriebsversammlung am 20. 12. 1955.
[64] Vgl. Donau-Kurier vom 21. 12. 1955: „Werkgemeinschaft der *Auto Union* ist zuversichtlich".
[65] Archiv des Betriebsrats der Audi AG, Betriebsversammlungen, Protokoll der Betriebsversammlung am 20. 12. 1955.
[66] Archiv des Betriebsrats der Audi AG, Betriebsversammlungen, Protokoll der Betriebsversammlung am 26. 9. 1956; das folgende Zitat findet sich ebenda.
[67] Archiv des Betriebsrats der Audi AG, Betriebsversammlungen, Diskussionsbeitrag des Kollegen Gerhard K. in der Betriebsversammlung am 9. 4. 1957.
[68] Archiv des Betriebsrats der Audi AG, Betriebsversammlungen, Protokoll der Betriebsversamm-

diese Krise hinweghalf. Krafträder spielten dabei ebenso eine Rolle wie der Schnell-Laster, der doch noch nicht zu Grabe getragen wurde, obwohl seine Zeit vorbei war. Auch schlüpfte das Werk Ingolstadt in die Rolle eines Zulieferbetriebs für das Werk Düsseldorf und übernahm zentrale Aufgaben für das gesamte Unternehmen in den Bereichen Werkzeugbau und Reparatur. Zudem wurde die Fertigungstiefe erhöht, so daß Fahrzeugkomponenten selbst hergestellt wurden, die man bisher zugekauft hatte.

Von entscheidender Bedeutung war jedoch der DKW „Munga", ein leichter Geländewagen mit Allradantrieb, der nicht zuletzt im Hinblick auf die Wiederbewaffnung der Bundesrepublik konzipiert worden war. Tatsächlich interessierte sich die Bundeswehr für das Modell und orderte – Konkurrenzprodukte von Borgward oder Porsche übergehend – zunächst 1000 Stück[69]. Das war freilich nicht genug, um einen entscheidenden Beitrag zur Sicherung des Standorts Ingolstadt zu leisten, wo das Fahrzeug gebaut wurde. So bemühte sich die Unternehmensführung um Anschlußaufträge und setzte dabei auch auf das bewährte Instrumentarium des Lobbyismus. Man trat an Bundesverteidigungsminister Strauß heran, der stets gewillt war, seiner bayerischen Heimat von Bonn aus unter die Arme zu greifen, und bemühte Vertreter der Staatsregierung, die ihrerseits in Bonn vorstellig wurden und das Gespenst von Massenentlassungen an die Wand malten, die unausweichlich seien, sollte die Auto Union nicht den Zuschlag für weitere Rüstungsaufträge erhalten[70]. Die Strategie, den Verkauf eines gelungenen Produkts durch politische Unterstützung anzukurbeln, erwies sich letztlich als erfolgreich. Das Bundesverteidigungsministerium bestellte 1957 trotz herber Kritik an der Entscheidung für ein zweitaktgetriebenes Fahrzeug 5000 Geländewagen vom Typ DKW „Munga" im Wert von 42 Millionen DM[71], und weitere Aufträge waren zu erwarten[72].

Dieser Erfolg konnte allerdings nicht darüber hinwegtäuschen, daß die „Führungsmannschaft der Auto Union […] technisch in eine Sackgasse geraten" war, die letztlich trotz der allgemein günstigen Automobilkonjunktur in einer „innerbetriebliche[n] Strukturkrise" endete. Diese Krise hätte sich am besten durch Innovationen und Investitionen bekämpfen lassen, doch dafür war Kapital notwendig, und Kapital war bei der Auto Union, die zudem unter einem ungünstigen Verhältnis von Fremd- und Eigenfinanzierung litt, seit dem Neubeginn knapp. Schon ein Jahr nach der Gründung der Auto Union GmbH im Jahr 1949 wurde das Stammkapital des Unternehmens von drei Millionen auf 5,5 Millionen DM aufgestockt; bis 1958 folgten drei weitere Kapitalerhöhungen, so daß das Stammkapital der Auto Union schließlich bei 30 Millionen DM lag[73]. Freilich war die

---

lung am 19. 12. 1957; das folgende nach diesem Dokument. Vgl. auch Donau-Kurier vom 3./4. 11. 1956: „Die *Auto Union* steht nicht nur auf einem Bein".

[69] Zum DKW „Munga", von dem zwischen 1956 und 1968 46750 Stück produziert wurden, vgl. Mirsching, Audi, S. 144–147.

[70] Vgl. Frankfurter Rundschau vom 17. 4. 1957: „Das Geschäft mit der Rüstung (IV)".

[71] Vgl. Milosch, Modernizing Bavaria, S. 72.

[72] Vgl. Etzold/Rother/Erdmann, Vier Ringe, Bd. 2, S. 198; das folgende Zitat findet sich ebenda, S. 168.

[73] Vgl. hierzu und zum folgenden ebenda, S. 125–129 und S. 145–153, sowie Meier, Entwicklungsphasen, S. 29–41.

Mannschaft, die Richard Bruhn 1948 in der Arbeitsgemeinschaft Auto Union gesammelt hatte, nicht in der Lage, diese Last und das damit verbundene Risiko allein zu stemmen, auch Friedrich Carl von Oppenheim und das gleichnamige Bankhaus nicht. Man brauchte also neue finanzstarke Gesellschafter, und zwar möglichst solche, die sich der Auto Union und ihrer traditionsbewußten Führung verbunden fühlten, ohne selbst allzu großen Einfluß auf den Kurs des Unternehmens nehmen zu wollen. Der Unternehmer Ernst Göhner aus der Schweiz, ein bewährter Partner der alten Auto Union aus der Zeit vor 1945, erfüllte diese Kriterien und stieß Ende 1950 zum Kreis der Gesellschafter. 1954 hielt Göhner bereits 31,5 Prozent der Geschäftsanteile; 35,2 Prozent lagen beim Bankhaus Oppenheim, 11,3 Prozent bei führenden Mitarbeitern der Auto Union, und die übrigen bei der Auto Union AG und ihrer Tochtergesellschaft, der Industrie-Auffang GmbH.

Freilich gab es zu diesem Zeitpunkt bereits einen weiteren Mitspieler, der sich in den folgenden Jahren als regelrechter Hecht im Karpfenteich erweisen sollte. Das Bankhaus Oppenheim hatte nämlich bei der Erhöhung des Stammkapitals der Auto Union von 5,5 Millionen auf 12 Millionen DM im Oktober 1954 einen Geschäftsanteil von rund 3,8 Millionen DM als Treuhänder für eine der schillerndsten Unternehmerpersönlichkeiten der Bundesrepublik übernommen: Friedrich Flick, dessen Reichtum ebenso sprichwörtlich war wie sein unternehmerisches Gespür und sein strategisches Geschick[74]. Wenn ein Mann wie Flick bei der Auto Union einstieg, konnte man davon ausgehen, daß er nicht nur eine weitere Unternehmensbeteiligung erwerben wollte, sondern größere Ziele verfolgte. Tatsächlich fügte sich dieser Schritt in eine Konzeption ein, die der 1947 in Nürnberg unter anderem wegen des Einsatzes von Zwangsarbeitern und KZ-Häftlingen unter unmenschlichen Bedingungen zu sieben Jahren Haft verurteilte Flick[75] verfolgte, um aus der Not der von den Besatzungsmächten erzwungenen Dekartellisierung die Tugend der zukunftsträchtigen Diversifizierung zu machen. So behielt er seine Unternehmensbeteiligungen im Bereich Eisen- und Stahl, verkaufte dagegen seine Kohlezechen und investierte den Erlös in Wachstumsbranchen wie die chemische Industrie und den Straßenfahrzeugbau. Dabei galt sein besonderes Augenmerk Daimler-Benz, und in nur wenigen Jahren hatte Flick in aller Stille so viele Aktien des Stuttgarter Unternehmens erworben, daß gegen ihn keine Entscheidung mehr durchzusetzen war.

Flicks massiver Einstieg bei der Auto Union machte insbesondere vor diesem Hintergrund Sinn. Bis Februar 1958 kontrollierte er nach weiteren Kapitalerhöhungen wie Ernst Göhner 41 Prozent der Geschäftsanteile, 12 Prozent entfielen auf die Auto Union AG und die restlichen auf das Bankhaus Oppenheim beziehungsweise den Baron selbst. Die alte Garde der Auto Union um Richard Bruhn und Carl Hahn war ausgekauft worden. Wohin die Reise ging, zeigte sich wenig später: Flick nutzte seine Beteiligung an beiden Unternehmen, um eine Allianz zwischen Daimler-Benz und der Auto Union zu schmieden. Im Vorstand von

---

[74] Vgl. Günter Ogger, Friedrich Flick der Große, Bern u.a. 1971, S. 245–291.
[75] Vgl. hierzu auch die soeben erschienene Unternehmensgeschichte des Instituts für Zeitgeschichte: Johannes Bähr/Axel Drecoll/Bernhard Gotto sowie Kim Christian Priemel/Harald Wixforth, Der Flick-Konzern im Dritten Reich, München 2008.

Daimler-Benz war man alles andere als enthusiastisch, beugte sich aber schließlich dem Druck des Großaktionärs, der nicht zuletzt damit gedroht hatte, die Auto Union dem Mitbewerber Ford zu überlassen. Im April 1958 erwarb Daimler-Benz von Flick und Göhner 88 Prozent der Geschäftsanteile der Auto Union und übernahm damit die Kontrolle über ein Unternehmen, mit dem man vor dem Zweiten Weltkrieg um die Vorherrschaft auf dem deutschen Automobilmarkt gekämpft hatte[76].

Die mehrfache Erhöhung des Stammkapitals der Auto Union, die Umschichtungen der Geschäftsanteile und die schwierige Lage des Unternehmens engten den Handlungsspielraum der Geschäftsführung um Richard Bruhn und Carl Hahn zusehends ein, zumal selbst wohlgesonnene Geldgeber wie Ernst Göhner bemängelten, daß die Auto Union offensichtlich den „anzustrebenden Zukunftspunkt" noch nicht gefunden habe[77]. Doch Bruhn, Hahn und mit ihnen zahlreiche Veteranen aus den glorreichen Tagen der alten Auto Union waren so sehr von der Richtigkeit des eingeschlagenen Weges und der Konkurrenzfähigkeit der Konstruktionsprinzipien Zweitaktmotor und Frontabtrieb überzeugt, daß sie weder ernsthaft Alternativen in Erwägung zogen noch die Erfordernisse eines sich verändernden Marktes in ausreichendem Maße berücksichtigten. Die Zeit schien also reif für ein Revirement an der Spitze des Unternehmens, und es war in erster Linie Flick, der diese Wachablösung betrieb[78]. 1956 schied Richard Bruhn, der nach den Worten seines Nachfolgers Werner Henze „von seinen Mitarbeitern wie ein Gott verehrt" wurde[79], als Vorsitzender der Geschäftsführung aus und wechselte in den Aufsichtsrat der Auto Union. Auch Robert Eberan von Eberhorst und Fritz Zerbst, die Verantwortlichen für die Bereiche Konstruktion und Entwicklung, räumten ihre Schreibtische; an ihre Stelle traten William Werner, der bereits vor 1945 Technik-Vorstand der alten Auto Union gewesen war, sich aber nach Kriegsende mit Bruhns Mannschaft überworfen hatte, und Werners enger Mitarbeiter Oskar Siebler als neuer Chefkonstrukteur. 1957 war dann auch die Zeit des gesundheitlich schwer angeschlagenen Carl Hahn vorbei.

Die personelle Erneuerung der Auto Union machte auch vor dem Werk Ingolstadt nicht halt. Dort wurde Ende 1957 Werner Kratsch verabschiedet, auch er ein erfahrener Mann, der nach dem Ende des Zweiten Weltkriegs aus Sachsen nach Bayern gekommen war und seit 1949 als kaufmännischer Direktor des Werks Ingolstadt – insbesondere nach dem Umzug der Hauptverwaltung nach Düsseldorf im Jahr 1953 – die Autorität der Unternehmensführung nach innen und außen repräsentierte. In der Belegschaft des Ingolstädter Werks gab es offenbar nicht allzu viele, die der alten Führungsriege nachweinten. Arbeitnehmervertreter kriti-

---

[76] Vgl. Etzold/Rother/Erdmann, Vier Ringe, Bd. 2, S. 229–240. Die restlichen 12 Prozent erwarb Daimler-Benz im folgenden Jahr nach einigen Umwegen von der Auto Union AG, so daß die Auto Union nun zu 100 Prozent im Besitz des Stuttgarter Konzerns war.

[77] Richard Bruhn an Ernst Göhner vom August 1956; zit. nach ebenda, S. 200.

[78] Vgl. Ogger, Friedrich Flick, S. 289f.; Angaben zu den Personen und ihren Aufgabenbereichen finden sich bei Mirsching, Audi, S. 196–208, und in der im Historischen Archiv der Auto Union verwahrten „Geschichte des Personalwesens". Zur kritischen Situation 1956/57 und zum Wechsel in der Geschäftsführung aus Sicht der Gewerkschaften vgl. Der Zweitakter 1/1957: „Was bringt uns das Jahr 1957? Bange Fragen an die Zukunft".

[79] Zit. nach Etzold/Rother/Erdmann, Vier Ringe, Bd. 2, S. 209.

sierten im Gegenteil die „Versäumnisse und verhängnisvollen Fehlentscheidungen der inzwischen aus der Firma ausgeschiedenen leitenden Herren", geißelten die „zögernde Haltung und die Entschlußlosigkeit der damaligen Geschäftsführung" und lobten deren Nachfolger nicht nur dafür, daß „sie gewaltige Anstrengungen unternommen haben, um das festgefahrene Firmenschiff wieder flott zu machen und auf einen klaren Kurs zu bringen"[80], sondern auch für ihren fairen Verhandlungsstil und ihr Bemühen, Meinungsverschiedenheiten beizulegen, ohne „die nun einmal vorhandenen Interessengegensätze zu verharmlosen oder zu bagatellisieren"[81].

Männer wie Werner Kratsch waren da noch von anderem Schlag gewesen. Sie pflegten einen Führungsstil, den der langjährige Betriebsratsvorsitzende Fritz Böhm einmal als „typisch kapitalistisch" bezeichnet hat[82], hielten Gewerkschaften bestenfalls für ein notwendiges Übel, hingen einem patriarchalisch-harmonistischen Weltbild an und hielten nichts vom Gerede eines natürlichen Spannungsverhältnisses von Kapital und Arbeit. Nach dem mit harten Bandagen geführten Metallarbeiterstreik des Jahres 1954[83], der auch in Ingolstadt tiefe Wunden hinterlassen hatte[84], fühlte sich der Geschäftsführer bemüßigt, den Gewerkschaften und ihren gewählten Vertretern in einer Betriebsversammlung die Leviten zu lesen[85]. Noch ein Jahr später predigte er den „lieben Kameradinnen und Kameraden" die Vorzüge der „Betriebsgemeinschaft", wobei er an „unsere gesamten Führer" appellierte, die heile Welt der Auto Union-Familie zu erhalten[86]. Damit stand Kratsch für einen Typus von leitenden Angestellten der Auto Union, die ihre prägenden Erfahrungen aus den Jahren der Weimarer Republik und des Dritten Reiches nicht hinter sich lassen konnten und denen es zugleich nie gelang, in Ingolstadt wirklich heimisch zu werden.

Tatsächlich gewinnt man den Eindruck, daß sich die Führungsetage der Auto Union und die Stadt an der Donau lange Zeit fremd blieben. Die Beziehungen zwischen den Entscheidungsträgern des Unternehmens und der Stadtverwaltung beschränkten sich mehr oder weniger auf offizielle Veranstaltungen und die Abwicklung laufender Geschäfte. Sie wurden nie intensiv genug, um einen auf gegenseitigem Vertrauen basierenden Standortfaktor sui generis zu konstituieren. In-

---

[80] Archiv des Betriebsrats der Audi AG, Betriebsversammlungen, Protokoll der Betriebsversammlung am 19. 12. 1957.

[81] Archiv des Betriebsrats der Audi AG, Betriebsversammlungen, Tätigkeitsbericht über die Amtsperiode des Betriebsrats vom April 1957 bis April 1959.

[82] Interview mit Fritz Böhm am 5. 8. 1998.

[83] Vgl. Der Bayernstreik 1954. Dokumente seiner Geschichte am Beispiel der Verwaltungsstelle Ingolstadt, bearb. von Wolfgang Windisch, Ingolstadt 1984, und Rudi Schmidt, Der Streik in der bayerischen Metallindustrie von 1954. Lehrstück eines sozialen Konflikts, Frankfurt am Main 1995, insbesondere S. 58–145. Zu den Drohungen der Geschäftsführung der Auto Union und ihren Versuchen, die Front der Streikbereiten zu spalten: IG Metall-Verwaltungsstelle Ingolstadt, Bayernstreik 1954, Mitteilung der Geschäftsführung der Auto Union (gez. Richard Bruhn und Fritz Zerbst) vom 6. 8. 1954: „Streik-Ankündigung seitens der IG-Metall".

[84] „Die damals geschlagenen Wunden vernarbten nur langsam", erinnerte sich der langjährige Betriebsratsvorsitzende Fritz Böhm noch Jahrzehnte später. Archiv des Betriebsrats der Audi AG, Personalia, Fritz Böhm: Gelebte Audi-Geschichte (1989).

[85] Archiv des Betriebsrats der Audi AG, Betriebsversammlungen, Protokoll der Betriebsversammlung am 16. 12. 1954.

[86] Archiv des Betriebsrats der Audi AG, Betriebsversammlungen, Bericht von Direktor Werner Kratsch anläßlich der Betriebsversammlung am 20. 12. 1955.

golstadt avancierte damit auch nicht zu einem Markenzeichen oder gar Aushänge-
schild des Unternehmens; nannte man Wolfsburg oder München mit VW und
BMW in einem Atemzug, so ging viel Zeit ins Land, bis Ingolstadt als Heimat so
traditionsreicher Marken wie DKW und später Audi wahrgenommen wurde.
Entsprechend dosiert war das politische Engagement der leitenden Angestellten
vor Ort, die sich kaum um die allgemeinen Belange des Gemeinwesens kümmerten, während die Arbeitnehmervertreter der Auto Union weiter über ihren Teller-
rand hinausblickten und im Verein mit den lokalen Gliederungen der Gewerkschaften und der Sozialdemokratie auch den Anspruch erhoben, die Kommunalpolitik mitzugestalten[87]. 1952 wurde mit Fritz Böhm, der für die SPD kandidierte,
erstmals ein Betriebsrat der Auto Union in den Stadtrat gewählt; 1960 waren sogar
gleich drei Mitglieder des Auto Union-Betriebsrats bei den Kommunalwahlen
erfolgreich. Im Stadtrat gab es freilich einflußreiche Kräfte, die insbesondere in
den fünfziger, aber auch noch in den sechziger Jahren der Großindustrie prinzipiell skeptisch gegenüberstanden und – vom Leitbild einer bürgerlich-mittelstän-
dischen Gesellschaft ausgehend – in Betrieben wie der Auto Union mit ihren Tausenden von Arbeitern die Brutstätte sozialistischer Umtriebe sahen[88]. Das hieß
jedoch nicht, daß man der Auto Union jede Unterstützung versagt hätte; dazu
war das Unternehmen bereits nach wenigen Jahren zu wichtig geworden.
　Direkt kamen die Repräsentanten der Stadt mit den leitenden Angestellten der
Auto Union vor allem dann ins Gespräch, wenn es um Grunderwerb und Bauge-
nehmigungen, Kosten und Gebühren sowie um die Bereitstellung von Wohnraum
ging. Das Unternehmen drängte dabei vor allem auf Expansion und möglichst
geringe Kosten. Gab es Meinungsverschiedenheiten, so ließen Vertreter der Geschäftsführung bis Ende der fünfziger Jahre immer wieder durchblicken, man sei
nicht auf Ingolstadt angewiesen und könne anderswo billiger produzieren. So
geißelte Direktor Kratsch Ende 1954 die im Vergleich zum Standort Düsseldorf
„unerhört" hohen Kosten für Strom, Gas, Wasser und Abwasser, die jährlich
Mehrkosten von knapp drei Millionen DM mit sich brächten – eine Mehrbela-
stung, die der Werkleitung große Sorgen mache. Und der kaufmännische Leiter
des Werks Ingolstadt fuhr fort:

„Wie soll Düsseldorf Motore in Ingolstadt bauen lassen, wenn die Fertigung teurer ist? Dr.
Bruhn hat dem Oberbürgermeister gegenüber bereits geäußert, daß das nicht mehr so weitergehen kann und man müsse einen Punkt hinter Ingolstadt setzen. Mehrere Eingaben wurden
bereits an die Stadt gemacht, die heute noch unbeantwortet sind. Anscheinend hat die Stadt
dringendere Probleme als die Auto Union, obwohl die Auto Union der Entwicklung der
Stadt das Gepräge gegeben hat."[89]

Solche Vorwürfe waren jedoch nicht wirklich gerechtfertigt. Die Stadt bemühte
sich im Gegenteil in der Regel, ihrem größten Unternehmen und wichtigsten Arbeitgeber entgegenzukommen. Dies zeigte sich bei der Abstimmung von Bebau-

---

[87] Stadtarchiv Ingolstadt, A 6997, Aufstellungen: Mitglieder des Ingolstädter Stadtrats 1952–1956
und Mitglieder des Ingolstädter Stadtrats 1960–1966; Archiv des Betriebsrats der Audi AG, Betriebsratswahlen, Aufstellung: Wahlergebnisse und gewählte Betriebsräte 1950–1998.
[88] So etwa Franz Deß in einem Interview am 7. 10. 1999.
[89] Archiv des Betriebsrats der Audi AG, Betriebsversammlungen, Protokoll der Betriebsversammlung am 16. 12. 1954.

ungsplänen auf die Bedürfnisse der Auto Union ebenso wie beim Kauf oder
Tausch von Grundstücken, wo die Stadtverwaltung gegenüber dem bayerischen
Finanzministerium die Überlassung ehemals militärisch genutzter Liegenschaften
befürwortete, oder bei Verhandlungen mit den Besitzern von Privatgrundstücken.
Hier führte das Grundstücksreferat der Stadtverwaltung vorbereitende Gespräche, um der Auto Union die Transaktionen zu erleichtern[90]. Zuweilen nahm die
Stadt dafür auch selbst Kosten oder Einnahmeausfälle in Kauf, etwa als Aus-
gleichszahlungen fällig wurden, nachdem die Stadt ein Grundstück aus dem Ver-
mögen der Stiftung des Heilig-Geist-Spitals zum Vorzugspreis an die Auto Union
verkauft hatte[91], oder als Erschließungskosten entweder gestundet oder zugunsten des Unternehmens reduziert wurden[92].

Zu einer dauerhaften Zusammenarbeit zwischen der Stadtverwaltung und der
Auto Union kam es bei der Beschaffung von Wohnraum für die Belegschaft des
Unternehmens, und dies war kein Zufall, da der Wohnungsbau gleichermaßen als
Achillesferse von Stadtentwicklung und Wirtschaftswachstum angesehen werden
mußte. Dabei standen die Verantwortlichen vor der dreifachen Herausforderung,
das strukturelle Defizit an Wohnungen zu beseitigen, das schon vor 1933 bestanden hatte[93], die Schäden zu beheben, welche die Bombenangriffe kurz vor Kriegsende verursacht hatten, und die neue Nachfrage nach Wohnraum zu befriedigen,
die zunächst von Flüchtlingen und DPs, dann aber zunehmend von Arbeitskräften ausging, die in Ingolstadt zwar einen neuen Job, aber noch keine zufriedenstel-
lende Bleibe gefunden hatten. Für die Auto Union, deren Belegschaft phasenweise
sprunghaft wuchs, war dieses Problem besonders drängend, zumal der Anteil an
Flüchtlingen und Vertriebenen hoch war, die oft wenig mehr hatten retten können
als ihr Leben. Es war daher nur folgerichtig, daß die Auto Union bereits 1949 Geschäftsanteile der Gemeinnützigen Wohnungsbaugesellschaft erwarb, die bereits
1934 gegründet worden war und im wesentlichen von der Stadt Ingolstadt getragen wurde. Als Gegenleistung für ihre finanziellen Beiträge erhielt die Auto
Union Belegungsrechte für Wohnungen, die dann Werksangehörigen zugewiesen
werden konnten[94]. Bis 1955 finanzierte die Auto Union 65 Wohneinheiten mit;
weitere 215 wurden dem Unternehmen mit dem Einverständnis der Stadt ohne
finanzielle Beteiligung überlassen. Trotz dieser Bemühungen und trotz des Ent-
gegenkommens, das die Kommunalpolitiker ihrem wichtigsten Arbeitgeber gegenüber zeigten, konnte von einer Entspannung auf dem Wohnungsmarkt keine
Rede sein. Nach Angaben des Betriebsrats befanden sich Ende 1955 noch immer
600 Mitglieder der Belegschaft auf Wohnungssuche, wobei man mindestens 400
Fälle für vordringlich hielt[95]. Freilich tat sich die Auto Union vor allem in wirtschaftlich heiklen Zeiten schwer damit, die nötigen Mittel zur Förderung des

---

[90] Stadtarchiv Ingolstadt, Stadtratsprotokolle, Sitzungen am 17. 12. 1958, 6. 2. 1959 und 8. 6. 1960.
[91] Akten zu diesem Vorgang aus dem Jahr 1960 finden sich im Stadtarchiv Ingolstadt, A 5453.
[92] Stadtarchiv Ingolstadt, Stadtratsprotokolle, Sitzungen am 16. 7. und 6. 8. 1958.
[93] Vgl. Hofmann, Partnerschaft, S. 271.
[94] Vgl. Weber, Region Ingolstadt, S. 46–52 und S. 54–57; die Angaben zur Gemeinnützigen Wohnungsbaugesellschaft und zu den Belegungsrechten finden sich ebenda.
[95] Archiv des Betriebsrats der Audi AG, Betriebsversammlungen, Protokoll der Betriebsversammlung am 20. 12. 1955.

Wohnungsbaus aufzubringen[96], so daß sich die Geschäftsführung verstärkt um öffentliche Mittel für den sozialen Wohnungsbau[97] bemühte und dabei vor allem mit wirtschaftlichen Notwendigkeiten argumentierte. Sollte es nicht gelingen, das für 1956 geplante Wohnungsbauprogramm in die Tat umzusetzen, sei das Ziel gefährdet, „unsere wichtigen Facharbeiter und technischen Angestellten" in Ingolstadt zu halten und Bemühungen aus Nordrhein-Westfalen oder Baden-Württemberg zu konterkarieren, diese Fachkräfte durch verlockende Versprechungen abzuwerben[98].

Ende der fünfziger/Anfang der sechziger Jahre intensivierte die Auto Union ihre Bemühungen bei der Wohnraumbeschaffung. 302 Wohneinheiten wurden seit 1956 zusammen mit der Gemeinnützigen Wohnungsbaugesellschaft finanziert, weitere 93 wurden dem Unternehmen zwischen 1956 und 1963 ohne Gegenleistung überlassen. Damit verfügte die Auto Union von 1949 bis 1963 über die Belegungsrechte von 610 Wohnungen, die der Gemeinnützigen Wohnungsbaugesellschaft gehörten, und rangierte als Partner der Stadt weit vor allen anderen Unternehmen, wie ein Vergleich mit der alteingesessenen Despag zeigt, die im selben Zeitraum lediglich Belegungsrechte für 116 Wohnungen erwarb. Daneben ließ die Auto Union Werkswohnungen in eigener Regie bauen[99] und gewährte ihren Mitarbeitern seit 1957 Darlehen zur Erstellung von Eigenheimen. Um ledige Mitglieder der Belegschaft und insbesondere die immer zahlreicheren „Gastarbeiter" unterbringen zu können, wurde 1962 sogar ein Teil der ehemaligen Friedenskaserne angemietet und zu einem Wohnheim mit 500 Plätzen umgebaut[100]. Da die Grundstückspreise in Ingolstadt selbst immer unerschwinglicher wurden, griff die Auto Union verstärkt ins Umland aus und finanzierte dabei – unterstützt von der öffentlichen Hand, die den „große[n] Wohnungsbedarf" des Unternehmens „durchaus" anerkannte und nach eigenem Urteil „bei der Aufstellung der Förderprogramme [...] stets angemessen" berücksichtigt" habe[101] – auch regelrechte Großprojekte. So wurde 1960 in der Gemeinde Lenting nördlich von Ingolstadt eine „Großsiedlung" für Mitarbeiter der Auto Union mit etwa 350 bis 400 Wohnungen für etwa 1500 Menschen geplant[102]. Das Baugelände gehörte der Dr. Richard Bruhn-Hilfe, einer sozialen Unterstützungseinrichtung des Unternehmens, das zudem neben Fördergeldern des Freistaats Bayern auch eigene Mittel in be-

---

[96] Archiv des Betriebsrats der Audi AG, Betriebsversammlungen, Tätigkeitsbericht des Betriebsratsvorsitzenden anläßlich der Betriebsversammlung am 21. 10. 1958.

[97] Zum Gesamtzusammenhang vgl. Wolfgang Hasiweder, Geschichte der staatlichen Wohnbauförderung in Bayern. Von den Anfängen bis zur Gegenwart, Wien 1993.

[98] Stadtarchiv Ingolstadt, A 4902, Geschäftsführung der Auto Union an die Regierung von Oberbayern vom 9. 12. 1955.

[99] Vgl. hierzu und zum folgenden Chronik des Personalwesens der Audi NSU Auto Union AG und ihrer Vorgängerfirmen, Neckarsulm 1979, S. 86 ff. und S. 105.

[100] Zur Dringlichkeit des Projekts „Ledigenwohnheim" aus der Sicht der Auto Union: Stadtarchiv Ingolstadt, A 5415, Vormerkung von Stadtdirektor Kajetan Schwaiger vom 28. 2. 1962. Zu den vielfach inadäquaten Wohnverhältnissen der „Gastarbeiter": StA München, Arbeitsamt Ingolstadt 404, Niederschrift über die Dienstbesprechung mit den Fachkräften der Arbeitsvermittlung und Berufsberatung sowie den Nebenstellen im Bereich des Arbeitsamts Ingolstadt am 25. 3. 1970.

[101] BayHStA, MWi 25941, Oberste Baubehörde im bayerischen Innenministerium an das Staatsministerium für Wirtschaft und Verkehr vom 19. 6. 1962 betr. Wohnungsbauförderung (Auto Union Ingolstadt) 1962.

[102] Vgl. Donau-Kurier vom 21. 10. 1960: „Auto Union wird in Lenting Großsiedlung bauen".

trächtlicher Höhe mobilisierte. So erstellte die Neue Heimat bis 1963 gegen einen verlorenen Zuschuß von 1,5 Millionen DM in Lenting 225 Wohneinheiten.

Der steigende Wohnungsbedarf, der in Ingolstadt und Umgebung Ende der fünfziger/Anfang der sechziger Jahre zu verzeichnen war, war eine direkte Folge der Entwicklung der Auto Union seit der Übernahme des Unternehmens durch Daimler-Benz im April 1958. Dieser Schritt rief zwar unter der Belegschaft wie bei Kommunalpolitikern einige Unsicherheit hervor, zugleich mangelte es aber auch nicht an Zuversicht, schien der Einstieg eines starken Partners wie Daimler-Benz für die angeschlagene Auto Union doch fast so etwas zu sein wie eine Lebensversicherung. Die Arbeitnehmervertreter machten jedenfalls aus ihrer Zufriedenheit und ihren hoffnungsfrohen Erwartungen keinen Hehl[103]. Es sei das erste Mal seit 1954, so erklärte der Betriebsratsvorsitzende Fritz Böhm im Mai 1958 vor der versammelten Belegschaft, „daß über der Betriebsversammlung nicht der Schatten quälender Ungewißheit und Sorge um die Arbeitsplätze liegt". Mit der Übernahme der Auto Union durch Daimler-Benz sei ein „Wendepunkt" in der Geschichte des Unternehmens erreicht[104]. Auch das Arbeitsamt Ingolstadt äußerte sich vorsichtig optimistisch und begrüßte den Schritt, angesichts des zukünftigen gemeinsamen Marktes im Rahmen der Europäischen Gemeinschaft einen Automobilkonzern zu schaffen, der vom Kleinwagen bis zum schweren Lkw alle Kundenwünsche befriedigen könne[105].

Freilich lag es auf der Hand, daß angesichts der alles andere als rosigen Lage bei der Auto Union strukturelle Entscheidungen getroffen werden mußten, die auch das Werk Ingolstadt betrafen, ja unter Umständen sogar seine Existenz bedrohen konnten. Die Zukunft der in Ingolstadt konzentrierten Motorradproduktion der Auto Union war dabei ebenso offen wie die Frage nach dem Produktionsstandort für einen neuen Kleinwagen, in den große Hoffnungen gesetzt wurden. Überhaupt stellte die neue Muttergesellschaft alle Teile der Auto Union – nach den Worten von Generaldirektor Fritz Könecke „eine Tochter aus gutem Hause, mit gutem Namen [...], allerdings mit nicht allzu großer Mitgift"[106] – auf den Prüfstand, ungeachtet der Tatsache, daß das Unternehmen unter dem Dach von Daimler-Benz von einer eigenen Geschäftsführung selbständig geleitet werden sollte. Dabei zeigten sich die kritischen Gäste aus Stuttgart im Werk Düsseldorf vor allem davon überrascht, daß sie dort nur „sehr wenig Ansatz einer rationalisierten Serienproduktion" vorfanden[107], während sie sich in Ingolstadt vor allem mit Preßwerk und Blechbearbeitung, den Abteilungen für die mechanische, spanabhebende Fertigung sowie mit dem Werkzeugbau zufrieden zeigten. Den entschei-

---

[103] Vgl. Der Zweitakter, ohne Datum (1958): „Die neuen Gesellschafter beschlossen: Ausbau der Werke und Filialen".

[104] Archiv des Betriebsrats der Audi AG, Betriebsversammlungen, Tätigkeitsbericht des Betriebsratsvorsitzenden anläßlich der Betriebsversammlung am 29. 5. 1958.

[105] BayHStA, Landesarbeitsamt Südbayern 5022, Wirtschafts- und Arbeitsmarktstruktur des Arbeitsamtsbezirks Ingolstadt, Bearbeitungsstand Mai 1959.

[106] Archiv des Betriebsrats der Audi AG, Betriebsversammlungen, Tätigkeitsbericht des Betriebsratsvorsitzenden anläßlich der Betriebsversammlung am 29. 5. 1958.

[107] Zit. nach Etzold/Rother/Erdmann, Vier Ringe, Bd. 2, S. 230; das folgende nach ebenda, S. 231 f. (das Zitat findet sich auf S. 231).

denden Nachteil sah man hier bei den ebenso disparaten wie zumindest teilweise improvisierten Fertigungsstätten:

„Die Fabrikanlagen liegen im alten Festungsgelände. Man macht Gebrauch von dort vorhandenen Kasernenbauten, Abstellhallen, Stallungen und Schuppen sowie von an mehreren Stellen nach dem Kriege neu errichteten Hallen-Neubauten. Diese von der Auto Union erstellten Hallen-Neubauten sind nicht zusammenhängend erstellt, sondern ebenfalls im Gelände an mehreren Stellen zerstreut. [...] Die große Zersplitterung der Werkstätten bringt auch, wie zu erwarten, erhebliche Kosten auf der unproduktiven Seite. Es wurde uns zum Beispiel gesagt, daß 33 Heizer notwendig sind und 150 Mann, die Material ausgeben."

Der geplante Kleinwagen der Auto Union, soviel war klar, konnte angesichts dieser Verhältnisse nicht im Werk Ingolstadt gebaut werden. Doch auch Düsseldorf schied als Standort aus, da dieses Werk mit der Fertigung der größeren DKW-Modelle ausgelastet war und aufgrund der räumlichen Gegebenheiten auch nicht erweitert werden konnte. Als Daimler-Benz 1958 die Auto Union übernahm, lagen zwei Vorschläge zur Lösung dieses Problems auf dem Tisch, die bereits seit längerem ventiliert worden waren und beide auf den Bau einer neuen Automobilfabrik hinausliefen. Die eine Variante zielte auf die Errichtung eines neuen Werks in Zons bei Düsseldorf, wo die Auto Union bereits das entsprechende Gelände erworben hatte, die andere sah ein neues Werk auf der grünen Wiese vor den Toren Ingolstadts vor. Eine Entscheidung für Zons, für die günstigere Energiepreise und Transportkosten ebenso sprachen wie die Nähe zu Düsseldorf und zu den Zentren der rheinisch-westfälischen Industrie, hätte den Standort Ingolstadt zumindest mittelfristig gefährdet[108]. Doch auch die Fürsprecher der Stadt an der Donau hatten gute Argumente auf ihrer Seite, zu denen sowohl der Hinweis auf die geringeren Lohnkosten als auch die Option gehörte, ein verkehrsgünstig gelegenes, großzügig bemessenes Industriegelände zu einem günstigen Preis zu erwerben. Den Ausschlag für Ingolstadt gab jedoch die Zusage der bayerischen Staatsregierung, durch die Landesanstalt für Aufbaufinanzierung eine neunzigprozentige Ausfallbürgschaft für einen Investitionskredit der Bayerischen Staatsbank in einer Höhe von 25 Millionen DM zu übernehmen – eine Zusage, mit der Bayern die Konkurrenz Nordrhein-Westfalen ausstechen konnte, die den Freistaat noch 1950 überboten hatte. Zudem gab es in Zeiten der Vollbeschäftigung keine Garantie dafür, daß sich in Zons genügend Arbeitskräfte anwerben ließen, während man in Ingolstadt mit einem verläßlichen Stamm an Facharbeitern rechnen konnte. Dies war vor allem deshalb der Fall, weil sich Daimler-Benz entschlossen hatte, die defizitär gewordene Zweiradproduktion der Auto Union einzustellen und nur

---

[108] In diesem Sinne führte der Vorsitzende der bayerischen IG Metall, Erwin Essl, am 21. 10. 1958 anläßlich einer Betriebsversammlung im Werk Ingolstadt aus: „Die AU/Ingolstadt hat die Verwaltungsstelle Ingolstadt [der IG Metall] und Bezirksleitung München in den letzten Jahren immer wieder stark beschäftigt. Euer Betriebsratsvorsitzender hat immer wieder bei uns vorgesprochen, manchmal war es uns bald zu viel, beinahe lästig, wie Böhm sich uns aufgedrängt und seine Sorgen vorgetragen hat. Seine größte Sorge war: 1. die Gefahr der Abwanderung der AU von Ingolstadt nach Düsseldorf; 2. der Bau eines Kleinwagenwerkes durch Daimler-Benz. In Düsseldorf sollte man angeblich billiger produzieren. Uns kam es darauf an, Ingolstadt das Werk zu erhalten, denn die Abwanderung der AU wäre durch nichts auszugleichen gewesen." Archiv des Betriebsrats der Audi AG, Betriebsversammlungen.

noch auf Automobile zu setzen[109]. Als im Oktober 1958 die Fertigungs- und Ver-
kaufsrechte an Krafträdern der Marke DKW an die Victoria-Werke verkauft und
die Produktion von Ingolstadt nach Nürnberg verlagert wurden, standen in Ingolstadt daher genügend Arbeitskräfte für die Fertigung des neuen Kleinwagens
zur Verfügung, der inzwischen Gestalt angenommen hatte[110].

Im Herbst 1958 hatte der Bau des neuen Werks an der Ettinger Straße im Norden Ingolstadts, das in der ersten Ausbaustufe für eine Tagesproduktion von 250
Pkw ausgelegt war, bereits begonnen. Auf einem Gelände, das nicht allzu weit
vom Stadtzentrum beziehungsweise von der Autobahn München-Nürnberg entfernt war und etwa 350 000 m² umfaßte, wurde eine Produktionsstätte errichtet,
die von der Lokalpresse als „eine der größten und modernsten Automobilfabri-
ken Europas" gefeiert wurde[111]. Nach der Grundsteinlegung im Juli dauerte es
nur ein halbes Jahr, bis der Rohbau fertiggestellt war, und weitere sechs Monate
vergingen, bis im Juni 1959 das erste Fahrzeug vom Band rollte. Der Bau dieses
Werks war ein Meilenstein in der Geschichte der Auto Union und von entscheidender Bedeutung für die gesamte Region. Nicht nur, daß damit die Improvisation der Nachkriegszeit der Vergangenheit angehörte und sich sowohl die Kostenstruktur des Unternehmens als auch die Arbeitsbedingungen der Beschäftigten
verbesserten, deren neue Arbeitsplätze heller, luftiger und besser ausgestattet waren als die alten[112]. Auch das Damoklesschwert einer Abwanderung der Auto
Union schwebte nun nicht mehr über den Köpfen der Beschäftigten und der
Kommunalpolitiker. Hatte es bislang immer wieder diesbezügliche Unkenrufe
gegeben, so wurden angesichts der Investitionen von über 120 Millionen DM bis
1960[113] und der groß dimensionierten Neubauten für Produktion und Verwaltung
rasch Stimmen laut, die hoffnungsvoll fragten: „Kommt Düsseldorf wieder zurück?"[114]

Durch den Erfolg des DKW „Junior", eines Kleinwagens mit dem Flair eines
Automobils der unteren Mittelklasse und günstigem Preis-Leistungs-Verhält-
nis[115], wurde der Standort Ingolstadt weiter gestärkt. 1959 konnten 9843 Exemplare dieses Modells produziert werden, 1960 waren es bereits 61 938, 1961 64 799
und 1962 sogar 83 788 Stück. Das dadurch induzierte Umsatzwachstum konnte
sich ebenfalls sehen lassen: von 503,2 Millionen DM im Jahr 1958 kletterte der
Umsatz der Auto Union auf 740,9 Millionen DM im Jahr 1960. Freilich – und dies
konnte nur als deutliches Warnsignal verstanden werden – hielt sich der Gewinn

---

[109] Vgl. Etzold/Rother/Erdmann, Vier Ringe, Bd. 2, S. 232–252; Mirsching, Audi, S. 44 f. und S. 102 f.,
und Meier, Entwicklungsphasen, S. 41 f.
[110] Der Gewerkschafter Erwin Essl erklärte der verunsicherten Belegschaft sogar, es sei „gut, daß die
Zweiradproduktion von Ingolstadt" weggekommen sei, „weil die freigewordenen Kräfte für den
Kleinwagen benötigt werden". Archiv des Betriebsrats der Audi AG, Betriebsversammlungen,
Protokoll der Betriebsversammlung am 21. 10. 1958.
[111] Donau-Kurier vom 19. 6. 1959: „Grosses Werk für kleinen Wagen". Auch die örtlichen Gewerkschaften zeigten sich begeistert: Vgl. Mitteilungen der IG Metall (Verwaltungsstelle Ingolstadt)
vom Februar 1959: „Ein gigantisches Werk ist im Entstehen". Zum Gesamtzusammenhang vgl.
Etzold/Rother/Erdmann, Vier Ringe, Bd. 2, S. 250–255.
[112] Vgl. Weber, Region Ingolstadt, S. 27.
[113] Vgl. Meier, Entwicklungsphasen, S. 41.
[114] Donau-Kurier vom 19. 6. 1959: „Grosses Werk für kleinen Wagen".
[115] Zum DKW „Junior" vgl. Mirsching, Audi, S. 132–137.

Abb. 8 und Abb. 9:
Bau des neuen Auto
Union-Werks an der
Ettinger Straße

in engen Grenzen; mehr als eine Million DM konnte auch in einem guten Jahr wie 1960 nicht ausgewiesen werden. Diese Entwicklung hatte vor allem damit zu tun, daß es der Auto Union nach wie vor nicht gelungen war, die zwar unter dem Namen Auto Union 1000 überarbeiteten und aufgefrischten, aber bedenklich in die Jahre gekommenen größeren DKW-Modelle zu ersetzen. Und als sich dann 1961 und 1962 immer weniger Auto Union 1000 absetzen ließen – die Produktion sank zwischen 1960 und 1962 von 58 139 auf 19 936 –, geriet das Unternehmen rasch in die roten Zahlen[116].

Hatte während der Zweiradkrise noch das Werk Ingolstadt zur Disposition gestanden, so wurde nun über die Zukunft des Werks Düsseldorf diskutiert, wo die Fahrzeuge vom Typ Auto Union 1000 gebaut wurden und das nun nicht mehr ausgelastet war; anstatt 280 Pkw täglich wie noch 1959 rollten zwei Jahre später nur noch 200 Exemplare vom Band. Zudem gehörten die Produktionsstätten in Düsseldorf nicht mehr zu den modernsten, so daß man sowohl bei Daimler-Benz als auch bei der Auto Union selbst Überlegungen anstellte, die Fertigung in Ingolstadt zu konzentrieren und das neue Werk zu diesem Zweck auszubauen. Dieser Schritt, von dem sich die Geschäftsführung der Auto Union „beträchtliche Einsparungen" erwartete[117], wurde 1961/62 vollzogen. Das Werk Düsseldorf und die Masse der Belegschaft wurden von Daimler-Benz übernommen. Rund 700 Techniker und ausgewählte Fachkräfte sollten nach Ingolstadt wechseln, wo man mit rund 3000 neuen Arbeitsplätzen rechnete.

Durch die Konzentration der Produktion in Ingolstadt wuchs der Auto Union in der Stadt, aber auch im bayerischen Kontext erheblich mehr Gewicht zu. Entsprechend selbstbewußt traten die leitenden Angestellten auf, wenn es darum ging, die Ziele des eigenen Unternehmens zu verfolgen. So meldeten Vertreter der Geschäftsführung im bayerischen Staatsministerium für Wirtschaft und Verkehr nachdrücklich ihre Interessen bei der Erstellung von Raumordnungs- und Standortplänen an. Direktor Henze erklärte beispielsweise im August 1961 „eine starke Neuansiedlung von Betrieben [...] vor allem wegen der Einengung des Grundstücksmarktes und auch des Arbeitsmarktes" für „unerwünscht" und regte zugleich an, im Rahmen der Landesplanung die „Sicherung eines gewissen ‚Interessengebietes' für die Auto-Union" zu gewährleisten, um eine weitere Expansion des Unternehmens zu erleichtern[118]. Die wiederholt erhobene Forderung, das Gelände des ehemaligen Forts Max Emanuel bei Etting in direktem Anschluß an das neue Werk nicht für den Wohnungsbau freizugeben, sondern der Auto Union zur Verfügung zu stellen, die dorthin ihre Entwicklungsabteilung nebst Versuchsstrecke zu verlagern gedachte[119], ging in dieselbe Richtung. Und obwohl das Ent-

---

[116] Vgl. Etzold/Rother/Erdmann, Vier Ringe, Bd. 2, S. 255–275.
[117] BayHStA, MWi 21736, Vormerkung (gez. Wolfgang Helwig) vom 3. 8. 1961: „Erweiterung der Firma Auto-Union in Ingolstadt"; MWi 21739, Zeitungsausschnitt ohne Quellenangabe vom 3. 8. 1961: „Die Auto Union steuert nach Bayern".
[118] BayHStA, MWi 21736, Vormerkung (gez. Wolfgang Helwig) vom 3. 8. 1961: „Erweiterung der Firma Auto-Union in Ingolstadt".
[119] Z.B. BayHStA, MWi 21737, Auto Union GmbH (gez. Henze und Dronia) an die Landesplanungsabteilung im bayerischen Staatsministerium für Wirtschaft und Verkehr vom 5. 2. 1963.

gegenkommen der staatlichen Stellen nicht unbegrenzt war[120], konnte sich die Auto Union auch in diesem Falle durchsetzen[121].

Das selbstbewußte Auftreten nach außen hatte freilich wenig mit der Situation des Unternehmens zu tun, die Anfang der sechziger Jahre immer kritischer wurde. Hatte die Auto Union das Geschäftsjahr 1961 noch mit einem Verlust von 6,7 Millionen DM abgeschlossen, so war auch in der Folgezeit nicht mit einer Trendwende zu rechnen. Für diese düsteren Aussichten waren vor allem zwei Faktoren verantwortlich: das Fehlen eines zugkräftigen Mittelklasseautos und die Krise des Zweitaktmotors, dessen Geruchs- und Geräuschentwicklung zunehmend als lästig und rückständig empfunden wurden[122]. Obwohl man in der Führungsetage von Daimler-Benz immer wieder darauf gedrängt hatte, neue Modelle auch mit Viertaktmotoren auszustatten, hielt die Geschäftsführung der Auto Union eisern an der Zweitaktidee fest. Als dann zum veränderten Zeitgeschmack auch noch Qualitätsmängel und handfeste technische Probleme kamen – im Winter 1962/63 fielen bei strengem Frost 41 Prozent aller Fahrzeuge vom Typ Auto Union 1000 aus, die mit einer innovativen, aber nicht ausgereiften Frischölautomatik ausgestattet waren –, „bahnte sich für die Auto Union eine Katastrophe" an. Die Händler blieben auf ihren Fahrzeugen sitzen, und der Marktanteil des Unternehmens, der 1961 noch 7,3 Prozent betragen hatte, brach bis 1963 auf 4,6 Prozent ein. Insgesamt schrumpfte die Pkw-Produktion bei der Auto Union zwischen 1960 (125 500) und 1963 (94 200) um ein Viertel, während die Produktionsziffern bei Daimler-Benz und allen wichtigen Mitbewerbern nach oben wiesen[123].

Die Premiere des lange erwarteten neuen Mittelklassemodells, das 1964 auf den Markt kam, stand daher unter einem denkbar schlechten Stern. Der ebenfalls von einem Zweitaktmotor angetriebene DKW F 102 litt unter dem Negativimage seines Triebwerks ebenso wie unter den Qualitätsmängeln, mit denen die gesamte Marke mittlerweile behaftet war. Entsprechend ungnädig wurde das Modell von der Kritik aufgenommen, die den F 102 sogar als „automobiltechnischen Anachronismus" stigmatisierte[124]. „Blaue Auspuffwolken, nervöser Reng-Deng-Sound, die Ruckelneigung bei schiebendem Wagen, die DKW-typische Frischöl-Automatik, die mit Kinderkrankheiten nervte – all das ließ den F 102 im Ruch der Antiquität" auf die Automobilmessen fahren[125]. Entsprechend schwach war die Nachfrage der Kunden: Von den rund 53 000 Exemplaren des DKW F 102, die bis März 1966 hergestellt wurden, ließen sich lediglich etwas mehr als 32 200 absetzen. Aus einem Hoffnungsträger war so eine weitere Belastung geworden, dessen Produktion man nach nur zwei Jahren einstellte. Oder mit anderen Worten: „Der F 102 versuchte in seinem kurzen Leben, eine Chance zu nutzen, die er nicht hatte."

[120] BayHStA, MWi 25941, Vermerk für Herrn Oberregierungsrat Schmid vom 7. 6. 1962.
[121] Vgl. Weber, Region Ingolstadt, S. 70–73.
[122] Vgl. Etzold/Rother/Erdmann, Vier Ringe, Bd. 2, S. 281–285; das folgende Zitat findet sich ebenda, S. 285.
[123] AsD, IG Metall (Zentralarchiv), Bestand 1–2, 1247, Metall-Dienst, Januar/April 1964, S. 28.
[124] Mirsching, Audi, S. 143; zum Modell, den Produktions- und Absatzzahlen vgl. ebenda, S. 33, S. 142 f. und S. 147.
[125] Steiger/Wirth, Audi 1965–1975, S. 19 f.; das folgende Zitat findet sich ebenda, S. 19.

Mit der Krise des Unternehmens verschlechterten sich auch die Beziehungen zwischen den Führungsetagen der Auto Union und von Daimler-Benz zunehmend. Eine Liebesheirat war die von Friedrich Flick gestiftete Firmenehe ohnehin nicht gewesen, doch nun erwies sich das Klima zwischen Ingolstadt und Stuttgart als so vergiftet, daß an eine gedeihliche Zusammenarbeit kaum mehr zu denken war. Bei Daimler-Benz fürchtete man vor allem, sich mit der Auto Union das berüchtigte Faß ohne Boden eingehandelt zu haben. Zwischen 1959 und 1964 betrug die investierte Summe immerhin 342,7 Millionen DM, doch ein Ende des Finanzbedarfs der Tochter aus Ingolstadt war nicht abzusehen. „Vor allem 1964 traten akute finanzielle Schwierigkeiten auf", so daß die Auto Union dringend „größere Geldmengen [...] zum Überleben benötigte"[126]. Bei Daimler-Benz wehrte man sich daher nicht, als Friedrich Flick die Übernahme der Auto Union durch Volkswagen einfädelte, die 1964/65 vollzogen wurde.

Ein Werk und seine Belegschaft

Obwohl die Geschichte des Unternehmens von wiederkehrenden Krisen geprägt war, wuchs die Belegschaft der Auto Union in den fünfziger Jahren kontinuierlich und verharrte trotz der sich seit 1961 zunehmend verschärfenden Absatzschwierigkeiten auf hohem Niveau. In den Gründerjahren war es sogar steil aufwärts gegangen: 1676 Beschäftigten Ende 1949 standen 10957 Beschäftigte Ende 1955 gegenüber. Dann machten sich die ersten größeren Probleme bemerkbar, die vor allem mit der Lage auf dem Zweiradsektor und Mißgriffen bei der Konstruktion neuer Fahrzeuge zu tun hatten. Freilich verlief die Belegschaftsentwicklung asymmetrisch und phasenverschoben. Während die Zahl der Arbeiter und Angestellten in Ingolstadt, wo die Motorradproduktion der Auto Union konzentriert war, zwischen Ende 1954 und Ende 1957 um mehr als 27 Prozent reduziert wurde, ging die Expansion in Düsseldorf weiter, wo man die Keimzelle der neuen Auto Union 1956 überrundete. Dann begann sich die Entwicklung jedoch umzukehren. In Ingolstadt war mit dem Bau des neuen Werks 1958/59 die Talsohle durchschritten und die Personalstärke wuchs bis 1960 um mehr als das Doppelte. Dagegen sank die Zahl der Beschäftigten in Düsseldorf zwischen 1958 und 1961, als das Werk an Daimler-Benz überging, kontinuierlich. Mit der Konzentration der Fertigungsstätten in Ingolstadt übersprang die Zahl der Arbeiter und Angestellten, die in der Stadt an der Donau bei der Auto Union beschäftigt waren, 1962 erstmals die magische Grenze von 10000 und fiel auch in den kritischen Jahren 1963 bis 1965 nicht dahinter zurück.

Es ist hier nicht der Ort, die Belegschaftsstruktur der Auto Union im allgemeinen und am Standort Ingolstadt im besonderen genau unter die Lupe zu nehmen. Eine solche Analyse bleibt einer künftigen Unternehmensgeschichte vorbehalten, die neben der Geschichte der Auto Union vor allem die ihrer Arbeiter und Angestellten in den Mittelpunkt der Betrachtung rückt[127]. Für diese Studie soll es genü-

---

[126] Etzold/Rother/Erdmann, Vier Ringe, Bd. 2, S. 287; zum Gesamtzusammenhang vgl. ebenda, S. 285–293, und Max Kruk/Gerold Lingnau, Daimler-Benz. Das Unternehmen, Mainz 1986, S. 233–236.

[127] Für die bayerische Montanindustrie vorbildlich: Süß, Kumpel und Genossen; Pilotcharakter hatte

Belegschaftsentwicklung der Auto Union von 1949 bis 1965[128]

Jahr	Ingolstadt			Düsseldorf			Filialen	Auto Union GmbH
	Arbeiter	Angestellte	gesamt	Arbeiter	Angestellte	gesamt	gesamt	gesamt
1949	902	348	1250	–	9	9	417	1676
1950	2336	735	3071	821	152	973	435	4479
1951	3085	1000	4085	2654	357	3011	492	7588
1952	3794	1125	5025	2626	668	3320	543	8888
1953	3604	1090	4848	3241	1034	4330	565	9743
1954	4019	1112	5321	3666	1145	4906	562	10798
1955	3818	1140	5196	3709	1289	5123	638	10957
1956	3424	1115	4818	4677	1257	6099	693	11610
1957	2744	904	3878	4039	1040	5209	668	9755
1958	2688	844	3720	5095	1044	6277	661	10658
1959	4632	917	5695	4576	1039	5754	752	12201
1960	6984	1164	8310	4412	1059	5608	794	14712
1961	6691	1647	8566	3689	578	4389	833	13788
1962	9431	1899	11655	–	–	–	795	12450
1963	8444	2003	10855	–	–	–	815	11670
1964	10017	2071	12533	–	–	–	862	13395
1965	8920	1840	11165	–	–	–	783	11948

gen, einige wichtige Kennziffern für die fünfziger und sechziger Jahre zu nennen und dann eingehender nach der Herkunft und der Rekrutierung der Belegschaft zu fragen.

Was die Arbeiterschaft angeht, so weisen die Daten der Personalstatistik zum 31. Dezember 1955 für das Werk Ingolstadt einen in etwa gleich hohen Anteil von Fach- und Hilfsarbeitern (1945 zu 2020) aus; zum 31. Januar 1960 hatte sich an dieser Relation wenig geändert, auch wenn nun die Zahl der Facharbeiter diejenige der Hilfsarbeiter (2491 zu 2441) leicht überstieg.

Die Angaben für Ende 1964 sind nicht mehr direkt mit den Zahlen der Vorjahre zu vergleichen, da sie etwas anders aufgeschlüsselt sind. Unter den 10415 Gehaltsempfängern der Auto Union, die zum größten Teil in Ingolstadt beschäftigt waren, befanden sich 31 Prozent Facharbeiter, 26 Prozent mit tätigkeitsfremden Berufen sowie 43 Prozent un- und angelernte Arbeitskräfte[129]. Die Automobilindustrie – und dies ist, wie wir noch sehen werden, in unserem Zusammenhang von besonderer Bedeutung – bot also nicht zuletzt auch denjenigen Arbeit, die entweder keine Berufsausbildung vorzuweisen hatten oder sich als Fachfremde um einen Job bei der Auto Union bewarben.

die Studie von Karl Lauschke, Die Hoesch-Arbeiter und ihr Werk. Sozialgeschichte der Dortmunder Westfalen-Hütte während der Jahre des Wiederaufbaus 1945–1966, Essen 2000.

[128] Zusammengestellt nach: Audi AG, Ablage der Abteilung Personalstatistik, Personalstatistik der Auto Union GmbH vom Dezember 1966. Die Zahl der Lehrlinge, die sich seit 1952 ausgewiesen findet, wurde nicht eigens aufgenommen, so daß sich eine immanente Differenz zwischen den einzelnen Angaben und der Gesamtzahl ergibt. Die Angaben beziehen sich jeweils auf den letzten Tag des Jahres.

[129] Angaben nach: Audi AG, Ablage der Abteilung Personalstatistik, Statistik Lohnempfänger Ingolstadt 1956–1959, und Historisches Archiv der Auto Union, ohne Signatur, Bericht über das Personalwesen der Auto Union GmbH, undatiert (Ende 1964).

Bei den Angestellten sah dies in der Regel anders aus, da von ihnen spezifische Fähigkeiten im kaufmännischen oder technischen Bereich erwartet wurden[130]. In Ingolstadt betrug das Verhältnis von Angestellten und Arbeitern 1956 1:3,1 und veränderte sich bis Ende der fünfziger Jahre kaum. Erst mit dem Bau des neuen Werks und der Ausweitung der Produktion trat eine deutliche Verschiebung ein; 1959 kamen auf einen Angestellten 5,1 und 1960 gar 6,0 Arbeiter. Als dann das Werk in Düsseldorf aufgegeben wurde, stieg in Ingolstadt der Bedarf an Führungs- und Verwaltungspersonal, Technikern oder Ingenieuren. Zwischen 1960 und 1964 wuchs die Zahl der in Ingolstadt beschäftigten Angestellten um fast 78 Prozent, so daß die Relation Angestellte – Arbeiter auf 1:4,7 sank. Allerdings war die Rekrutierung von Angestellten nicht immer einfach, und zwar vor allem dann nicht, wenn ein gehobenes Anforderungsprofil oder gar eine akademische Ausbildung gefragt war. Die Bildungseinrichtungen der Stadt Ingolstadt waren nicht dafür prädestiniert, in ausreichendem Maße gewerbliche und technische Nachwuchskräfte hervorzubringen; die dazu nötige Infrastruktur wie Real- und Technikerschulen mußte erst geschaffen, die mathematisch-naturwissenschaftliche Ausbildung an den Gymnasien verstärkt werden. In den benachbarten Städten und Landkreisen war aufgrund der vorherrschenden Wirtschafts- und Sozialstruktur ebenso wenig zu holen.

Während die erste Generation von Führungskräften überwiegend aus Mitarbeitern der alten, in Sachsen beheimateten Auto Union bestanden hatte, wurden mittlere Leitungsfunktionen anfangs vielfach mit Offizieren oder gut ausgebildeten Unteroffizieren der ehemaligen Wehrmacht besetzt, die es nicht nur gewohnt waren zu führen, sondern in Stäben oder Schirrmeistereien wertvolle Erfahrungen in Personalverwaltung und Materialdisposition hatten sammeln können[131]. Später wurden dann Kandidaten für Führungspositionen auch betriebsintern geschult oder gezielt von außen angeworben. Ende 1964 waren von den mehr als 2000 Angestellten der Auto Union in Ingolstadt 36,7 Prozent im technischen und 56,1 Prozent im kaufmännischen Bereich tätig; 7,2 Prozent der Angestellten wurden als Meister geführt. Die Akademikerquote war dabei ausgesprochen gering; unter den technischen Angestellten betrug sie nur 1,6 Prozent, und auch bei den kaufmännischen Angestellten lag sie mit 1,9 Prozent nur wenig höher[132]. Die Auto Union tat sich vor allem aus zwei Gründen schwer damit, besonders qualifizierte Kräfte nach Ingolstadt zu locken. Zum einen zahlte das Unternehmen die niedrigsten Durchschnittsgehälter aller Automobilhersteller in der Bundesrepublik, zum anderen galt der Standort als wenig attraktiv. Die Personalabteilung sah daher Mitte der sechziger Jahre nur eine Lösung, um dringend benötigte Mitarbeiter zu gewinnen: finanzielle Zusagen an die Kandidaten. In einem Bericht über das Personalwesen der Auto Union hieß es dazu:

[130] Die folgenden Angaben nach: Audi AG, Ablage der Abteilung Personalstatistik, Personalstatistik der Auto Union GmbH vom Dezember 1961 und vom Dezember 1966; die Zahlen in den beiden Berichten differieren.
[131] Vgl. das Interview mit Franz Deß am 7. 10. 1999.
[132] Hierzu und zum folgenden – soweit nicht anders belegt – Historisches Archiv der Auto Union, ohne Signatur, Bericht über das Personalwesen der Auto Union GmbH, undatiert (Ende 1964).

„Die Auto Union GmbH hat qualifizierten Bewerbern nach Gehaltshöhe und örtlicher Lage bisher wenig attraktive Angebote machen können. Aus diesem Grund war es oft schwierig, solche Mitarbeiter zu bekommen und zu halten. Es bleibt aber nach wie vor erforderlich, die Qualität der Angestellten zu heben. In einer besonderen Aktion ‚Beschaffung von Diplom-Ingenieuren mit Prädikatsexamen' war es uns in den letzten 6 Monaten gelungen, 11 Dipl.-Ingenieure für gehobene Positionen einzustellen, jedoch mit einem Anfangsgehalt, welches bis zu DM 200 über den bisherigen vergleichbaren Gehältern lag. Es ist beabsichtigt, das Bemühen um qualifizierte Mitarbeiter in erhöhtem Maße weiterhin beizubehalten, auch unter Inkaufnahme einer hierdurch notwendig werdenden Anhebung des Gehaltsniveaus im Hause. Durch dieses Verfahren versprechen wir uns auch die Möglichkeit eines gewissen Abbaues von nicht qualifizierten Angestellten."

Die Angestellten, die in Ingolstadt für die Auto Union arbeiteten, wohnten überwiegend in der Stadt selbst. 1962 hatten 80 Prozent der Gehaltsempfänger ihren Wohnsitz in der Stadt an der Donau[133]; Ende 1964 waren es noch immer mehr als 78 Prozent. Diese Zahl ist nicht nur ein Hinweis darauf, daß sich die Angestellten der Auto Union in hohem Maße aus dem Ingolstädter (Klein-)Bürgertum rekrutierten, sondern auch darauf, wie sehr das Umland noch als Provinz galt und wie wenig attraktiv es für besserverdienende Arbeitnehmer noch war, dort zu wohnen.

Die Auto Union präsentierte sich von Anfang an als ein von Männern dominiertes Unternehmen. Daß man in der Führungsetage Frauen vergeblich suchte, war in den fünfziger und frühen sechziger Jahren dabei praktisch selbstverständlich. Aber auch ansonsten waren die Frauen in der Minderheit, obwohl sie in den sechziger Jahren zunehmend Einzug in den Betrieb hielten. Ende 1954 betrug das Verhältnis von männlichen und weiblichen Belegschaftsmitgliedern bei der Auto Union GmbH noch 7,2:1; Anfang 1965 trafen dagegen nur noch 4,7 männliche Arbeitnehmer auf eine Kollegin[134]. Dabei arbeiteten Frauen wesentlich häufiger in den Vorzimmern leitender Angestellter oder in der Buchhaltung als in der Produktion; doch machten sich auch hier in den sechziger Jahren Veränderungen bemerkbar[135]. Ende 1955 verzeichnete die Personalstatistik unter den Lohnempfängern im Werk Ingolstadt nur 220 Frauen oder weniger als sechs Prozent[136]. Bis Ende 1964 stieg die Zahl der Frauen unter den Lohnempfängern der Auto Union auf rund 1600 (16 Prozent), von denen immerhin mehr als 1100 direkt in der Produktion eingesetzt waren[137], bevorzugt in Abteilungen wie der Polsterei oder der Sattlerei[138]. Bei den Angestellten lag der Frauenanteil mit 28,2 Prozent freilich nach wie vor signifikant höher.

[133] BayHStA, MWi 25941, Vormerkung (gez. Eppler) „Firma Auto-Union G.m.b.H., Ingolstadt; hier: Besuch des Herrn Staatsministers" vom 19. 6. 1962.

[134] Historisches Archiv der Auto Union, ohne Signatur, Jahresbericht der Personalabteilung für 1954, und Audi AG, Ablage der Abteilung Personalstatistik, Personalstatistik der Auto Union GmbH vom Dezember 1966.

[135] So erklärte Direktor Henze etwa im Sommer 1961, man könne dem Arbeitskräftemangel unter anderem dadurch abhelfen, daß man „verschiedentlich auch Frauen an den Maschinen" einsetze. BayHStA, MWi 21736, Vormerkung (gez. Wolfgang Helwig) vom 3. 8. 1961: „Erweiterung der Firma Auto-Union in Ingolstadt".

[136] Audi AG, Ablage der Abteilung Personalstatistik, Statistik Lohnempfänger Ingolstadt 1956–1959.

[137] Historisches Archiv der Auto Union, ohne Signatur, Bericht über das Personalwesen der Auto Union GmbH, undatiert (Ende 1964); die folgende Angabe zum Frauenanteil unter den Angestellten findet sich ebenda.

[138] Vgl. das Interview mit Franz Deß am 7. 10. 1999.

Daß die Zahl der Frauen unter den Beschäftigten der Auto Union zwischen
1955 und 1965 stieg, hatte nicht zuletzt mit dem Bau des neuen Werks in Ingolstadt und der Konzentration der Produktion in der Stadt an der Donau zu tun.
Der Arbeitskräftebedarf war dabei zeitweise so hoch, daß die weibliche Arbeits-
marktreserve interessant wurde, zumal mit dem Bau der Berliner Mauer im August 1961 der entlastende Zustrom von Flüchtlingen aus der DDR versiegte[139].
Die Geschäftsführung der Auto Union stand damit vor dem Problem, Arbeitskräfte auf einem angespannten Arbeitsmarkt zu rekrutieren, und das in durchaus
großem Stil. 1964 rechnete die Personalabteilung damit, daß man etwa 4700 neue
Lohnempfänger einstellen müsse, um die Produktionsplanung für das kommende
Jahr verwirklichen und die erwartete Fluktuation ausgleichen zu können[140].
„Gastarbeiter" aus Spanien oder Italien waren bisher vor allem dazu eingesetzt
worden, um Arbeitsspitzen abzufangen, nicht jedoch, um die Stammbelegschaft
zu verstärken. In der Stadt Ingolstadt und den Gemeinden der Kernzone waren
kaum zusätzliche Arbeitskräfte zu rekrutieren. Die Despag, die vor allem Facharbeiter beschäftigte, fiel als potentieller Arbeitskräftelieferant weitgehend aus,
weil diese Vertreter der Arbeiteraristokratie in der Regel nicht an den Fließbän-
dern einer Automobilfabrik arbeiten wollten. Dasselbe galt für viele Spezialisten
in kleinen und mittelständischen Betrieben, denen es lieber war, in ihrem erlernten
Beruf zu arbeiten, obwohl sie bei der Auto Union – die freilich als nicht eben krisenfester Arbeitgeber galt – vielleicht in den Genuß höherer Löhne und besserer
Sozialleistungen gekommen wären. Zudem scheuten die Verantwortlichen unlieb-
same Auseinandersetzungen, die mit Sicherheit drohten, wenn man allzu aggres-
siv in der unmittelbaren Nachbarschaft wilderte[141]. Auch der Landkreis Ingolstadt bot nicht die Reserven, die der Auto Union Ende der fünfziger/Anfang der
sechziger Jahre weitergeholfen hätten. Immerhin betrug der Anteil der Beschäftigten, die aus dem Landkreis stammten, 1961 bereits mehr als 34 Prozent und ließ
sich nur noch mit Mühe steigern. Selbstverständlich war es eine Option, den Zuzug auswärtiger Arbeitskräfte zu forcieren. Doch weder die Stadt Ingolstadt noch
die Gemeinden des Landkreises konnten unbegrenzt neue Bürger aufnehmen. Im
Gegenteil, zum Teil setzten der Mangel an Wohnraum und das Fehlen einer tragfähigen Infrastruktur dem Wachstum der Kommunen vergleichsweise enge Grenzen, so daß die Auto Union andere Strategien entwickeln mußte, um ihren Personalbedarf zu decken.

In dieser Situation richtete die Personalverwaltung des Unternehmens ihr Augenmerk auf die umliegenden Landkreise des Mittelbayerischen Donaugebiets,
wo man insbesondere um Arbeiter für weniger anspruchsvolle Tätigkeiten warb,

---

[139] Die Personalstatistik der Auto Union (Audi AG, Ablage der Abteilung Personalstatistik, Statistik
Lohnempfänger Ingolstadt 1956–1959) zählte Ende August 1959 (dann liegen keine Angaben
mehr vor) unter den 3823 in Ingolstadt beschäftigten Lohnempfängern 1188 Flüchtlinge (31,1 Prozent); wie viele davon sogenannte Sowjetzonenflüchtlinge waren, läßt sich nicht sagen.
[140] Historisches Archiv der Auto Union, ohne Signatur, Bericht über das Personalwesen der Auto
Union GmbH, undatiert (Ende 1964).
[141] Vgl. hierzu und zum folgenden das Interview mit Franz Deß am 7. 10. 1999. Franz Deß arbeitete
seit den fünfziger Jahren in der Personalverwaltung der Auto Union, zuletzt in leitender Stellung.

Einzugsgebiet der Auto Union GmbH bzw. der Audi NSU Auto Union AG 1957 bis 1970[142]

LK	Bez.	1957 Zahl	1957 %	1959 Zahl	1959 %	1961 Zahl	1961 %	1963 Zahl	1963 %	1965 Zahl	1965 %	1967 Zahl	1967 %	1968 Zahl	1968 %	1969 Zahl	1969 %	1970 Zahl	1970 %
Aichach	Obb.	2	0,1	3	–	4	0,1	8	0,1	12	0,1	8	0,1	4	–	26	0,2	22	0,1
Beilngries	Opf.	5	0,1	5	0,1	9	0,1	56	0,5	73	0,7	48	0,5	74	0,7	99	0,7	102	0,7
Eichstätt	Mfr.	109	2,3	155	3,3	367	4,9	743	6,9	750	7,2	713	7,6	944	8,7	1258	9,2	1391	9,4
Hilpoltstein	Mfr.	1	–	–	–	–	–	8	0,1	16	0,2	8	0,1	30	0,3	50	0,4	56	0,4
Ingolstadt (LK)	Obb.	1192	30,9	1669	35,2	2579	34,1	2918	27,0	2949	28,3	2720	29,1	3132	29,0	3667	26,8	3911	26,4
Kelheim	Ndb.	19	0,5	18	0,4	200	2,6	339	3,1	278	2,7	248	2,6	343	3,1	436	3,2	468	3,3
Mainburg	Ndb.	–	–	–	–	–	–	–	–	–	–	–	–	–	–	–	–	11	–
Neuburg	Schw.	125	3,2	142	3,0	346	4,6	494	4,6	484	4,7	406	4,3	537	5	707	5,2	824	5,6
Parsberg	Opf.	–	–	–	–	–	–	1	–	14	0,1	9	0,1	28	0,2	40	0,3	55	0,4
Pfaffenhofen	Obb.	138	3,6	182	3,8	424	5,6	536	5,0	461	4,4	401	4,3	465	4,3	608	4,4	651	4,4
Riedenburg	Opf.	29	0,8	39	0,8	139	1,8	323	2,9	386	3,7	388	4,1	483	4,5	621	4,5	653	4,4
Rottenburg	Ndb.	–	–	–	–	1	–	21	0,2	25	0,2	17	0,2	21	0,2	35	0,3	36	0,2
Schrobenhausen	Obb.	24	0,6	24	0,5	58	0,8	232	2,1	230	2,2	183	2	225	2,1	285	2,1	304	2,1
üb. Bundesgeb.		9	0,2	10	0,2	24	0,3	79	0,7	70	0,7	51	0,5	52	0,5	85	0,6	202	1,4
Gesamt		1653	42,8	2247	47,3	4151	54,9	5758	53,2	5748	55,2	5200	55,5	6338	58,6	7917	57,9	8686	58,8
Ingolstadt (St.)	Obb.	2209	57,2	2499	52,7	3413	45,1	5069	46,8	4663	44,8	4163	44,5	4473	41,4	5755	42,1	6097	41,2

[142] Zentralregistratur der Audi AG, Box 136525, Aufstellung der Personalabteilung (Lohnempfänger) vom Oktober 1970: Einzugsgebiet Audi NSU Ingolstadt – Lohn- und Gehaltsempfänger ohne Lehrlinge; in der Rubrik „übriges Bundesgebiet" wurden vorwiegend Angestellte im Außendienst (Vertrieb) geführt. Eine Momentaufnahme von Anfang 1963 mit etwas anderen Zahlen findet sich im BayHStA, MWi 21737, Aktennotiz der Personalabteilung der Auto Union „Zusammenstellung unserer Belegschaftsmitglieder nach Landkreisen" vom 22. 1. 1963.

die besonders schmerzlich vermißt wurden[143]. Zu diesem Zweck organisierte man
im Einvernehmen mit den zuständigen Bürgermeistern und Landräten, zu denen
in der Regel gute Kontakte bestanden, die von beiden Seiten gepflegt wurden, Informationsveranstaltungen in den Gemeinden der benachbarten Landkreise. Dabei klärten Mitarbeiter der Personalabteilung, zuweilen auch in Begleitung von
Ingenieuren, nach Feierabend in der Dorfwirtschaft über die Auto Union auf und
sparten nicht mit verlockenden Angeboten. Ansprechpartner waren dabei nicht
zuletzt verunsicherte Landwirte, die zwar einerseits dem Diktum des bayerischen
Ministerpräsidenten Alfons Goppel aus dem Jahr 1962 vertrauten, wer Bauer bleiben wolle, könne Bauer bleiben[144], die aber andererseits bemerkten, daß ihr Hof
die Familie nicht mehr ernährte[145]. Entsprechend richteten sich die Werbeveranstaltungen der Auto Union nicht nur an „Facharbeiter aller Metallberufe", sondern auch explizit an „ungelernte Männer und Frauen", die bereits „kurzfristig"
zahlreiche „vielfältige und interessante Beschäftigungen" verrichten könnten:
etwa Maschinen-, Montage-, Rohbau- und Lackierarbeiten, aber auch Tätigkeiten
im Transportwesen, der Schreinerei oder in den Ersatzteillagern[146]. Weiter hieß es
in einem Informationsblatt der Auto Union vom Juni 1962:

„In den neu erstellten und gut eingerichteten hellen Werkhallen ist eine Beschäftigung ohne
unzumutbare Belästigungen sichergestellt. Daß nur wenige Belegschaftsmitglieder von sich
aus kündigen, beweist ein angenehmes Betriebsklima, gute Entlohnung und in Großbetrieben mögliche Sozialleistungen. Werkärzte und Unfallingenieure sorgen für Ihr persönliches
Wohlergehen, weitgehendste Unfallsicherheit und Arbeitserleichterungen."

Unter den betrieblichen Sozialleistungen waren unter anderem verbilligte Kanti-
nenverpflegung, betriebliche Altersversorgung, Unterstützung aus einem Sozial-
und Sterbegeldfonds oder Wohnraumbeschaffung. Auch der Hinweis auf finanzielle Sonderzuwendungen wie eine Weihnachtsgratifikation oder geldwerte Leistungen wie Rabatte beim Kauf eines Kraftfahrzeugs aus eigener Produktion
fehlte nicht.

Dieser Werbefeldzug fand nicht überall ein positives Echo, sondern stieß insbesondere bei den Arbeitgebern in den neuen „Jagdgründen" der Auto Union auf
Kritik, die ihre eigenen Interessen bedroht sahen. So beschwerte sich etwa die In-
dustrie- und Handelskammer in Regensburg bitter beim bayerischen Wirtschaftsministerium über die Folgen der von der Auto Union geführten Kampagne[147].
Zahlreiche Firmen im ostbayerischen Raum klagten „wegen des von Ingolstadt
ausgehenden starken Sogs" auf die Arbeiterschaft und über die „dadurch in letzter
Zeit sich sehr spürbar machende Fluktuation". Halte diese Entwicklung an, so
gehe davon „unverkennbar [...] eine akute Gefahr" für einzelne Unternehmen
und die „mühsam eingeleitete industrielle Entwicklung" einer ganzen Region aus,
zumal die Auto Union mit Löhnen und sozialen Leistungen werbe, die „weit über

---

[143] Zu Personalbedarf und Integrationsproblemen vgl. auch Mitteilungen der IG Metall (Verwaltungsstelle Ingolstadt) vom Mai 1962: „Gute Beschäftigungslage bei der Auto Union".
[144] Vgl. Eichmüller, Landwirtschaft und bäuerliche Bevölkerung, S. 377.
[145] Vgl. das Interview mit Eduard W. am 24. 10. 1999.
[146] BayHStA, MWi 25941, Informationsblatt der Auto Union vom 1. 6. 1962; das folgende nach diesem Dokument.
[147] BayHStA, MWi 25941, Industrie- und Handelskammer Regensburg (gez. Prof. Brenneisen) an das
bayerische Staatsministerium für Wirtschaft und Verkehr, Dr. Grasser, vom 7. 9. 1962.

das Niveau hinausgehen, das in unserer ostbayerischen Industrie bisher üblich und wahrscheinlich auch möglich war". Wirtschaftsminister Schedl, an den diese Zeilen gerichtet waren und der die Strukturprobleme Niederbayerns und der Oberpfalz aus seiner Zeit als Landrat in Neumarkt bestens kannte, dachte freilich nicht daran, etwas gegen die Bemühungen der Auto Union zu unternehmen, Arbeitskräfte in ebenso strukturschwachen wie peripheren Regionen zu rekrutieren.

Ein weiteres zentrales Instrument, um neues Personal auch aus entlegeneren Gebieten zu gewinnen, war der Werkbusverkehr. Die Auto Union machte dabei das Angebot, den Transport vom Wohnort zum Arbeitsplatz zu übernehmen, und zwar kostengünstig und auf die Arbeitszeiten der Beschäftigten abgestimmt. Da das Netz des öffentlichen Personennahverkehrs in der bayerischen Provinz ausgesprochen weitmaschig war und bei weitem nicht alle Interessenten über einen eigenen fahrbaren Untersatz verfügten, kam den Werkbussen bei der Entscheidung, ob man das Wagnis Auto Union eingehen sollte, keine geringe Bedeutung zu. Die Erschließung neuer Arbeitsmarktreserven ging daher mit der Ausweitung des Werkbusverkehrs Hand in Hand. Im Sommer 1962 setzte die Auto Union 20 Werkbuslinien ein[148]. Ende 1964 waren es bereits mehr als 30, die Strecken in einer Entfernung von bis zu 45 km bedienten und dabei täglich etwa 2500 Arbeiter beförderten. Die Auto Union ließ sich den Werkbusverkehr, der auf Verträgen des Unternehmens mit privaten oder öffentlichen Anbietern wie Post und Bahn basierte, einiges kosten. Der Zuschuß lag zwischen 80 000 und 90 000 DM monatlich, obwohl die Werkbusse nicht wie etwa beim Konkurrenten BMW kostenlos fuhren; wer diesen Service der Auto Union nutzte, hatte mit einer Unkostenbeteiligung von fünf DM pro Woche zu rechnen[149]. Doch wo die Verbindungsstraßen fehlten oder zu schlecht ausgebaut waren, stieß der Werkbusverkehr an natürliche Grenzen.

Daß freilich auch diese nicht unüberwindlich waren, zeigte sich am Beispiel des Landkreises Riedenburg in der Oberpfalz, wo sich der Landrat in Absprache mit der Auto Union um den Bau neuer Straßen kümmerte, um die Ausweitung des Werkbusverkehrs zu erleichtern[150]. Daß hier die auf eine Erschließung des Landes zielenden strukturpolitischen Initiativen von unten nicht wenigen Menschen neue Optionen eröffneten, zeigt ein Blick in die Statistik. 1959 stammten nur 39 Beschäftigte der Auto Union aus dem Landkreis Riedenburg; bis 1965 kletterte diese Zahl auf 386 (3,7 Prozent) und bis 1970 sogar auf 653 (4,4 Prozent). Damit lag Riedenburg hinter Eichstätt und Neuburg an der Donau gleich auf mit Pfaffenhofen an dritter Stelle der Arbeitskräftelieferanten jenseits des Stadt- und Landkreises Ingolstadt, wobei freilich Teile der Landkreise Neuburg (durch die Bundesstraße 16) und Pfaffenhofen erhebliche verkehrstechnische Vorteile hatten, während sich der südliche Teil des Landkreises Eichstätt ohnehin im direkten Einzugsbereich der Auto Union und ihrer neuen Produktionsstatten befand, die sich über die Bundesstraße 13 oder die Autobahn München-Nürnberg gut erreichen ließen. Insgesamt steigerte sich die Quote der Arbeiter und Angestellten, die jenseits der

---

[148] BayHStA, MWi 25941, Informationsblatt der Auto Union vom 1. 6. 1962.
[149] Historisches Archiv der Auto Union, ohne Signatur, Bericht über das Personalwesen der Auto Union GmbH, undatiert (Ende 1964).
[150] Vgl. das Interview mit Franz Deß am 7. 10. 1999.

Grenzen des Landkreises Ingolstadt wohnten und im Zeichen der vier Ringe ihr Geld verdienten, von rund 12 Prozent im Jahr 1959 auf 27 Prozent im Jahr 1965 und 32 Prozent im Jahr 1970; damit lag ihr Anteil schließlich sogar höher als derjenige der Kollegen aus dem Landkreis Ingolstadt, obwohl auch deren Zahl zwischen 1959 und 1970 stark gestiegen war[151]. Neben dem Landkreis Rieden- burg warb die Auto Union besonders erfolgreich im niederbayerischen Landkreis Kelheim um neue Arbeitskräfte, obwohl die gleichnamige Kreisstadt fast 40 km von Ingolstadt entfernt liegt. Im Landkreis Mainburg dagegen erfüllten sich die Erwartungen der Personalabteilung trotz an und für sich günstiger Vorausset- zungen nicht; hier hatte bereits die Konkurrenz von BMW ihre Feldzeichen aufge- pflanzt[152].

Zu den wichtigsten Anreizen, über eine Tätigkeit in der Automobilindustrie nachzudenken und dafür eventuell auch weite Anfahrtswege in Kauf zu nehmen, gehörten die Löhne. Zwar zahlte die Auto Union am Standort Ingolstadt im Ver- gleich zu anderen westdeutschen Automobilherstellern eher mäßig, doch auch Löhne, die anderswo als wenig attraktiv gegolten hätten, waren insbesondere für die strukturschwachen Teile des Mittelbayerischen Donaugebiets beachtlich. Ende 1961 lagen die Durchschnittsstundenlöhne in Ingolstadt zwischen 2,99 DM (neues Werk) und 3,02 DM (altes Werk) im Zeitlohn beziehungsweise zwischen 3,12 DM (neues Werk) und 3,19 DM (altes Werk) im Akkord[153]. Die tariflichen Stundenlöhne in der bayerischen Metallindustrie bewegten sich für angelernte Ar- beiter im Zeitlohn dagegen – je nach Ortsklasse – zwischen 2,08 DM und 2,29 DM[154]. Dazu kam, daß bei der Auto Union seit dem 1. Januar 1960 die Höhe der Löhne mit Hilfe der analytischen Arbeitsbewertung ermittelt wurde, die weniger auf berufliche Qualifikation als auf Produktivität und Leistungsanforderungen abstellte und keinen Unterschied zwischen Männern und Frauen oder jung und alt machte[155]. Dies kam nicht zuletzt un- und angelernten Arbeitern entgegen, die dadurch die Chance erhielten, ihr Einkommen spürbar zu steigern. Innerhalb von vier Wochen, so hieß es in einem Informationsflugblatt der Auto Union vom Juni 1962, konnten es auch un- und angelernte Kräfte im Akkord auf Stundenlöhne zwischen 3,05 DM (Maschinen- und Montagearbeiten) und 3,79 DM (Schweißen)

---

[151] Zentralregistratur der Audi AG, Box 106525, Aufstellung der Personalabteilung (Lohnempfänger) vom Oktober 1970: Einzugsgebiet Audi NSU Ingolstadt – Lohn- und Gehaltsempfänger ohne Lehrlinge.
[152] Interview mit Franz Deß am 7. 10. 1999. Eine graphische Darstellung des Einzugsgebiets der Audi NSU Ingolstadt Lohn- und Gehaltsempfänger ohne Lehrlinge) nach dem Stand vom 30. 6. 1970 findet sich in der Zentralregistratur der Audi AG, Box 106525.
[153] Audi AG, Ablage der Abteilung Personalstatistik, Personalstatistik der Auto Union GmbH vom Dezember 1961.
[154] Vgl. Statistisches Jahrbuch für Bayern 28 (1964), S. 340; die Angabe bezieht sich auf die tariflichen Stundenlöhne (Zeitlohn) der Arbeiter im Jahr 1962.
[155] Diese Gleichstellung war nicht unumstritten, auch Neid kam auf. Der Vorsitzende des Betriebsrats erklärte dazu während einer Betriebsversammlung am 4. 7. 1962 (Archiv des Betriebsrats der Audi AG, Betriebsversammlungen): „Entscheidend ist die ausgeführte Tätigkeit und die vorliegenden Bewertungsmerkmale. Also nicht die subjektive Auffassung der Vorgesetzten, aber auch nicht das Wunschdenken des betreffenden Arb.N. […] Auch unsere männlichen Arb.-Koll. finden gelegent- lich bei der Frauenentlohnung ein Haar in der Suppe. Sie wenden sich aber nur so lange gegen die relativ hohe Frauenentlohnung, bis auch ihre Frau oder Tochter in der AU Arbeit erhalten, dann finden sie alles in Ordnung."

bringen; Lager- und Hilfsarbeiten im Zeitlohn sollten mit 2,63 bis 2,99 DM pro Stunde vergütet werden[156].

Die Personalabteilung der Auto Union war sich der Tatsache wohl bewußt, daß die meisten neugeworbenen Arbeitskräfte aus ökonomisch noch wenig entwickelten Landkreisen stammten, wo sich freilich auch der Agrarstrukturwandel – von dem noch zu sprechen sein wird – immer stärker bemerkbar machte. Landwirtschaftliche Arbeitskräfte, die mit ihrem Los unzufrieden waren, nachgeborene Bauernsöhne (aber auch Bauerntöchter), die für sich auf dem elterlichen Hof keine Perspektive mehr sahen und nicht als unfreiwillige Dienstboten enden wollten, oder die Inhaber kleiner Anwesen, die ein zweites Standbein benötigten, weil die Landwirtschaft nicht mehr genügend abwarf, um die Familie zu ernähren und zugleich dringend benötigte Investitionen zu finanzieren – sie alle bildeten die strategische Reserve für einen expandierenden Arbeitsmarkt. Für die Auto Union war zunächst die Tatsache entscheidend, daß man aus diesem Reservoir am leichtesten schöpfen konnte. Aber auch sachliche Erwägungen und positive Erfahrungen sprachen dafür, Arbeitskräfte anzuwerben, die aus der Landwirtschaft kamen. Diese hatten in der Regel Erfahrung im Umgang mit Maschinen, was die Anlernzeit verkürzte. Viele von ihnen verfügten auch über Grundkenntnisse der Metallbearbeitung und konnten beispielsweise schweißen, was sie für den Einsatz als Punktschweißer im Karosseriebau oder in der Endmontage prädestinierte[157]. Zudem kannten aus der Landwirtschaft rekrutierte Industriearbeiter „eher karge Lebensumstände und schwere Arbeit" zumeist von früher Jugend an, waren mit wenig zufrieden, aber durch materielle Anreize leicht zu motivieren und „bereit, hohe Anpassungsleistungen zu erbringen, um eine stabile Lebensperspektive zu finden". Und nicht zuletzt „waren diese Arbeitskräfte fast immer in stark autoritär-patriarchalisch geprägten Sozialstrukturen aufgewachsen und ganz selbstverständlich an Unterordnung und Gehorsam gewöhnt", so daß sich der Arbeitgeber ebenso genügsame wie fügsame Belegschaftsmitglieder erhoffen konnte, die zudem nicht unbedingt für linke Parolen anfällig waren[158].

Die neu angeworbenen Arbeitskräfte wurden im Betrieb geschult und direkt in den Abteilungen angelernt, in denen sie später eingesetzt werden sollten. Veranschlagt war dabei eine Einarbeitungszeit von vier Wochen, doch viele der auszuführenden Handgriffe waren so einfach, daß bereits eine Woche ausreichte, um zu

[156] BayHStA, MWi 25941, Informationsblatt der Auto Union vom 1. 6. 1962; das folgende nach diesem Dokument. Zur analytischen Arbeitsbewertung bei der Auto Union, die auch vom Betriebsrat gutgeheißen wurde, vgl. Mitteilungen der IG Metall (Verwaltungsstelle Ingolstadt) vom Dezember 1959: „Neue Entlohnungsmethode bei der Auto Union" und vom Juli 1960: „Positive Auswirkung der Arbeitsbewertung" sowie Historisches Archiv der Auto Union, ohne Signatur, Bericht über das Personalwesen der Auto Union GmbH, undatiert (Ende 1964). Die entsprechende Betriebsvereinbarung vom 13. 11. 1959 findet sich im AsD, IG Metall (Zentralarchiv), Bestand 1–2, 339.
[157] Vgl. hierzu und zum folgenden das ausführliche Interview mit Franz Deß am 7. 10. 1999.
[158] Burkart Lutz, Die Bauern und die Industrialisierung. Ein Beitrag zur Erklärung von Diskontinuität der Entwicklung industriell-kapitalistischer Gesellschaften, in: Johannes Berger (Hrsg.), Die Moderne – Kontinuitäten und Zäsuren, Göttingen 1986, S. 119–137, hier S. 128; vgl. auch Robert Hettlage, Über Persistenzkerne bäuerlicher Kultur im Industriesystem, in: Christian Giordano/ Robert Hettlage (Hrsg.), Bauerngesellschaften im Industriezeitalter. Zur Rekonstruktion ländlicher Lebensformen, Berlin 1989, S. 287–333.

verstehen, worum es im engeren Arbeitsumfeld ging. Wer selbständiges Arbeiten unter freiem Himmel gewohnt war, für den war es jedoch oft nicht leicht, sein Tagwerk in lauten, geschlossenen Hallen unter Aufsicht von vorgesetzten Fachkräften zu verrichten. Daher nahmen nicht wenige Arbeiter mit landwirtschaftlichem Hintergrund Einkommenseinbußen in Kauf und wechselten aus der Produktion in die Lagerhaltung oder das betriebliche Transportwesen, wo sich leichter Tätigkeiten finden ließen – etwa das Fahren von Hubstaplern –, die sich mit den besonderen Vorstellungen und Wünschen dieser Belegschaftsmitglieder vereinbaren ließen. Schwerer wogen freilich die Vorteile, die sich nicht zuletzt für Arbeiter der Auto Union ergaben, die im Nebenerwerb weiterhin ihren Hof bewirtschafteten. Die regelmäßige Bezahlung gewährte nicht nur größere finanzielle Spielräume, sondern machte die Familie auch unabhängiger von den landwirtschaftlichen Konjunkturzyklen und erleichterte zugleich die Modernisierung des Betriebs. Überdies ließen es die Fünf-Tage-Woche und der Schichtbetrieb zu, daß Nebenerwerbslandwirte die Bauernarbeit vor Schichtbeginn oder nach Feierabend erledigten. Freilich war der Preis für diesen Spagat zwischen abhängiger Industriearbeit und bäuerlicher Selbständigkeit hoch – für die Nebenerwerbslandwirte, die durch die permanente Doppelbelastung ihre Gesundheit aufs Spiel setzten, für die Ehefrauen, die ihre Männer wenigstens teilweise auf dem Hof ersetzen mußten, und auch für die älteren Kinder, die ihre Freizeit vielfach den Erfordernissen des Betriebs zu opfern hatten. Die materielle Lebensqualität hielt mit diesem Einsatz nicht unbedingt Schritt, da mit dem Einkommen aus der Industriearbeit in erster Linie der Hof ausgebaut wurde, während die Anschaffung langlebiger Konsumgüter oder gar Urlaubsreisen zurückstehen mußten[159].

Der Übergang vom Voll- zum Nebenerwerb hatte nur selten mit rationalem Kalkül, aber oft mit kurzfristigen finanziellen Engpässen oder der Überzeugung zu tun, man dürfe eine günstige Gelegenheit, zusätzlich Geld zu verdienen, nicht ungenutzt verstreichen lassen, und könne zu gegebener Zeit wieder zum Status quo ante zurückkehren. Daher waren nur wenige Arbeiterbauern wirklich auf das vorbereitet, was sie erwartete. Anstatt ihren Hof gezielt umzustellen, zeitaufwendige Tätigkeiten zu minimieren und auf ertragsstarke Nischenprodukte (eventuell verbunden mit einer direkten Vermarktung der eigenen Erzeugnisse) zu setzen, glaubten viele, ihren Hof auch nach dem Übergang in den Nebenerwerb als kleinen Vollerwerbsbetrieb weiterführen zu können – mit entsprechend belastenden Folgen für die gesamte Familie, vor denen auch der Bundesverband der Landwirte im Nebenberuf immer wieder warnte[160]. Viele Bauern wechselten auch deshalb ohne gründliche Vorbereitung und mit nur vagen Vorstellungen von der künftigen Entwicklung ihres Hofes in den Nebenerwerb, weil es lange Zeit an gezielter Beratung durch die zuständigen staatlichen Institutionen und die bäuerlichen Stan-

---

[159] Vgl. das Interview mit dem Nebenerwerbslandwirt und Auto Union- bzw. Audi-Arbeiter Eduard W. am 24. 10. 1999; zum Gesamtzusammenhang vgl. den ebenso instruktiven wie einfühlsamen Aufsatz von Andreas Eichmüller, „I hab' nie viel verdient, weil i immer g'schaut hab', daß as Anwesen mitgeht." Arbeiterbauern in Bayern nach 1945, in: Schlemmer/Woller (Hrsg.), Gesellschaft, S. 179–268.

[160] Vgl. Was erwartet den Nebenerwerbslandwirt in Industrie und Landwirtschaft?, in: Unser Land. Agrarmagazin für den Nebenerwerbslandwirt und die Bauern in Wald- und Bergregionen 4 (1988) H. 1, S. 2 ff., hier S. 4.

desorganisationen fehlte. In Ingolstadt entdeckte das Amt für Landwirtschaft und Bodenkultur die Nebenerwerbslandwirtschaft erst Anfang der siebziger Jahre. Dieser müsse nicht zuletzt deshalb „eine große Bedeutung beigemessen werden", so hieß es in einer Stellungnahme, die wesentliche gesellschaftspolitische Ziele der konservativ-mittelstandsorientierten bayerischen Agrarpolitik aufnahm, „da sie eine Mindestbesiedlung des ländlichen Raums" gewährleiste und „wesentlich zur Erhaltung der Kulturlandschaft und eines breit gestreuten Eigentums" beitrage. Daher wollte man künftig die Beratung der Nebenerwerbslandwirte verstärken und gab zu diesem Zweck seit Juni 1973 gemeinsam mit der Geschäftsstelle Ingolstadt des Bayerischen Bauernverbands ein Mitteilungsblatt unter dem Titel „Der Nebenerwerbslandwirt in Industrie und Gewerbe" heraus[161]. Dieses Mitteilungsblatt, das mit der Unterstützung der Audi AG gedruckt und in den Werkbussen wie in den Betrieben verteilt wurde, informierte insbesondere über „Beratungsangebote, Fördermaßnahmen und betriebswirtschaftliche Fragen"[162].

Detaillierte Aussagen über die genaue Zahl der Nebenerwerbslandwirte im Mittelbayerischen Donaugebiet sind schwierig, da entsprechende Daten bei den regelmäßigen Landwirtschaftszählungen nur punktuell erhoben wurden[163]. Immerhin ist es möglich, Trends aufzuzeigen und etwas darüber zu sagen, wie sich die Zahl der Erwerbstätigen mit Nebenberuf in der Landwirtschaft entwickelte. Insgesamt war diese Bevölkerungsgruppe zwischen 1950 und 1970 stark gewachsen; in 126 von 143 bayerischen Landkreisen hatte die Zahl der Erwerbstätigen mit einem Nebenberuf in der Landwirtschaft zugenommen, in sechs Landkreisen gar um 200 Prozent und mehr. Eine gegenläufige Entwicklung ließ sich nur in 17 Landkreisen beobachten, die zumeist in Unter- und Oberfranken lagen. Einer dieser Landkreise war Ingolstadt, wo die Zahl der Nebenerwerbslandwirte um bis zu 50 Prozent zurückgegangen war. In einem der Brennpunkte des „bayerische[n] Wirtschaftswunder[s]"[164] war offensichtlich bereits der Zenit eines Prozesses überschritten, der in weiten Teilen des Freistaats noch in vollem Gange war und sich praktisch im gesamten Einzugsbereich der Automobilindustrie jenseits des Landkreises Ingolstadt zeigte. In Riedenburg und Schrobenhausen hatte die Zahl der Nebenerwerbslandwirte am deutlichsten zugelegt, gefolgt von Eichstätt, Neuburg an der Donau, Pfaffenhofen an der Ilm und Kelheim; in diesen Landkreisen betrug der Zuwachs zwischen 50 und 150 Prozent.

In der Stadt Ingolstadt und im durch die Gebietsreform neuzugeschnittenen Landkreis Eichstätt wurden 1972 immerhin 49 Prozent aller landwirtschaftlichen Betriebe im Nebenerwerb bewirtschaftet[165]. Allerdings gab es neben Gemeinden, in denen fast alle Landwirte einem zweiten Beruf nachgingen, auch Ortschaften, in denen die Bauern ihre Höfe noch überwiegend im Haupterwerb bewirtschafteten. Die Entscheidung für einen Arbeitsplatz in Industrie oder Gewerbe hing da-

---

161 Vgl. Der Nebenerwerbslandwirt in Industrie und Gewerbe vom 22. 6. 1973, S. 1; das vorstehende Zitat findet sich ebenda; ich danke meinem Kollegen Andreas Eichmüller, der mir einige Ausgaben dieses nur unregelmäßig erschienenen Mitteilungsblatts überlassen hat.
162 Eichmüller, Arbeiterbauern in Bayern, in: Schlemmer/Woller (Hrsg.), Gesellschaft, S. 209.
163 Vgl. hierzu und zum folgenden ebenda, S. 185–199, insbesondere S. 196 f.
164 Lanzinner, Sternenbanner und Bundesadler, S. 251.
165 Vgl. Der Nebenerwerbslandwirt in Industrie und Gewerbe vom 22. 6. 1973, S. 1.

bei offensichtlich nicht nur vom Angebot, sondern auch vom sozialen Umfeld im Dorf ab, das gleichermaßen als Katalysator oder Hemmschuh wirken konnte. „Aufgrund der Erfahrungen des Bauernverbandes [war] die Bereitschaft der Betriebsinhaber, den Hof, auch einen kleineren, im Vollerwerb zu bewirtschaften, dort um so größer, wo die dörfliche Struktur noch ganz oder weitgehend erhalten geblieben ist."[166]

Wann wie viele Arbeiterbauern bei der Auto Union beziehungsweise später bei Audi beschäftigt waren, läßt sich nicht sagen, da sich die ansonsten durchaus differenzierte Personalstatistik darüber ausschweigt[167]. Nach Angaben eines leitenden Mitarbeiters der Personalabteilung zählte man 1988 im Werk Ingolstadt rund 800 Kollegen, die in ihrer Freizeit ein landwirtschaftliches Anwesen bewirtschafteten[168]. Von diesen hatten etwa 40 Prozent keine abgeschlossene Berufsausbildung und galten als ungelernte Arbeitskräfte, 20 Prozent wurden als Gelernte eingestuft, weil sie eine abgeschlossene Ausbildung in einem nicht metallverarbeitenden Beruf (beispielsweise als Landwirt, Metzger oder Koch) vorzuweisen hatten, und immerhin 40 Prozent wurden als Facharbeiter mit einer abgeschlossenen Ausbildung in einem metallverarbeitenden Beruf geführt, wobei die Facharbeiter überwiegend Landmaschinenschlosser und -mechaniker, Kfz-Schlosser oder Maschinenschlosser gelernt hatten. In den sechziger und frühen siebziger Jahren dürfte das Verhältnis von Ungelernten, Gelernten und Facharbeitern anders ausgesehen haben; man wird davon ausgehen können, daß der Anteil an Nebenerwerbslandwirten ohne abgeschlossene Berufsausbildung, die als Hilfsarbeiter in der Produktion eingesetzt wurden, erheblich höher lag, als es die zitierte Momentaufnahme aus den achtziger Jahren vermuten läßt. Spitzenlöhne ließen sich daher vielfach nicht erzielen, dies war für die Arbeiterbauern aber zumeist auch nicht das entscheidende Kriterium; mindestens ebenso wichtig war die Frage, ob man den neuen Arbeitsplatz mit der Bewirtschaftung des Hofes vereinbaren konnte, für den schließlich ausreichend Zeit bleiben mußte[169]. Daher stießen auch Initiativen auf Schwierigkeiten, gering qualifizierte Arbeiter aus der Landwirtschaft „für Fortbildungsmaßnahmen zu interessieren", als auch in der Automobilindustrie zunehmend mehr Fachkräfte gefragt waren[170].

Hier zeichnete sich das zentrale Konfliktfeld zwischen den Nebenerwerbslandwirten, die darauf erpicht sein mußten, ihre Freiräume zu verteidigen, und den Arbeitgebern ab, die erwarteten, daß sich auch dieses Segment der Belegschaft mit ganzer Kraft für das Unternehmen einsetzte. Ein Prokurist von Audi brachte dieses Spannungsverhältnis auf den Punkt, als er betonte, der Nebenerwerbslandwirt entscheide „sich für zwei Berufe und damit für zwei Lebensformen, die er mitein-

---

[166] Knut Henneke, Nebenerwerbslandwirt im Großbetrieb, in: Unser Land. Agrarmagazin für den Nebenerwerbslandwirt und die Bauern in Wald- und Bergregionen 4 (1988) H. 1, S. 16–19, hier S. 16.

[167] Eduard W. (vgl. das Interview am 24. 10. 1999) geht davon aus, daß Ende der sechziger Jahre mehrere Tausend Nebenerwerbslandwirte bei der Auto Union beschäftigt waren.

[168] Vgl. hierzu und zum folgenden Henneke, Nebenerwerbslandwirt im Großbetrieb, S. 16f.

[169] Vgl. Eichmüller, Arbeiterbauern in Bayern, in: Schlemmer/Woller (Hrsg.), Gesellschaft, S. 247.

[170] StA München, Arbeitsamt Ingolstadt 404, Niederschrift über die Außendienstbesprechung mit den Fachkräften der Arbeitsvermittlung und Berufsberatung sowie den Nebenstellenleitern im Bereich des Arbeitsamts Ingolstadt am 8. 12. 1969.

ander in Einklang bringen" müsse. Dies sei „eine tiefgreifende Entscheidung, die zwangsläufig Umstellungen in der Gestaltung der Abläufe im persönlichen Bereich der Betroffenen zur Folge haben" müsse. Sollte dies nicht „vollständig" gelingen, könnten „Probleme nicht ausbleiben". Entsprechend lautete sein Fazit: „Eine Beschäftigung ‚nebenher' ist in einem Großbetrieb erfolgreich und auf Dauer nicht möglich."[171] In der Ingolstädter Automobilindustrie sah man das Phänomen der Arbeiterbauern mit einem lachenden und einem weinenden Auge. Während man ihre Motivation und ihre überdurchschnittliche Leistungsbereitschaft lobte – schließlich sei „jeder Landwirt in gewissem Sinne auch selbst Unternehmer" –, ihre Selbständigkeit schätzte und den sorgfältigen Umgang mit Material oder Maschinen wohlwollend zu Kenntnis nahm, wurde die oft fehlende Flexibilität bemängelt. Als kritischer Punkt galt auch die Doppelbelastung der Nebenerwerbslandwirte, die deren Arbeitsleistung und Gesundheit bedrohten. Überdies standen die Arbeiterbauern im Verdacht, sie würden insbesondere zur Saat- und Erntezeit Krankheiten vortäuschen, um ihre Felder bestellen zu können. Der Krankenstand bei den Lohnempfängern der Auto Union ließ in den sechziger Jahren zwar keine signifikanten, von der Norm abweichenden Spitzen erkennen, die mit den Zwängen des landwirtschaftlichen Jahreskreises zu erklären waren, doch noch in den achtziger Jahren wurde ebendies behauptet[172].

Es scheint so, als habe man bei der Auto Union beziehungsweise später bei Audi zunächst bis zu einem gewissen Grad auf die besonderen Bedürfnisse der Arbeiterbauern Rücksicht genommen, auch wenn die Geschäftsführung nicht so weit ging, daß sie etwa Sprechtage oder Aufklärungsversammlungen des Landwirtschaftsamts im Betrieb ermöglicht hätte[173]. Mit der Krise der siebziger Jahre hatte diese Rücksichtnahme freilich ein Ende. Die Arbeiterbauern begannen nun, mehr als andere um ihren Arbeitsplatz zu fürchten, da sie oft nur wenig qualifiziert waren, aufgrund ihres zweiten Standbeins aber als privilegiert galten. Sie versuchten daher nicht selten, „ihren landwirtschaftlichen Nebenerwerb vor den Kollegen und der Geschäftsführung geheimzuhalten und vermieden es beispielsweise, sich mit der vom Landwirtschaftsamt herausgegebenen Schrift ‚Der Nebenerwerbslandwirt in Industrie und Gewerbe' im Betrieb oder in den Werksbussen sehen zu lassen", die im übrigen 1978 eingestellt wurde, nachdem Audi sein Engagement dafür beendet hatte.

Als Eduard W. sein Glück in der Automobilindustrie versuchte, war von Krise und Rezession noch nichts zu spüren[174]. 1930 auf einem Gut in der Nähe von Pförring geboren, absolvierte er eine landwirtschaftliche Lehre auf dem elterlichen Anwesen, die er in einer Landwirtschaftsschule vertiefte. Als „Bauer mit Leib und Seele" ergriff er in den fünfziger Jahren die Gelegenheit und übernahm eine Siedlerstelle in Echenzell bei Wettstetten. Er profitierte hier von einem Gesetz, das eigentlich geschaffen worden war, um die Ansiedlung heimatvertriebener

[171] Henneke, Nebenerwerbslandwirt im Großbetrieb, S. 17.
[172] Audi AG, Ablage der Abteilung Personalstatistik, Personalstatistik der Auto Union GmbH vom Dezember 1966; so auch Franz Deß in einem Interview am 7. 10. 1999.
[173] Vgl. Eichmüller, Arbeiterbauern in Bayern, in: Schlemmer/Woller (Hrsg.), Gesellschaft, S. 209; zum folgenden vgl. ebenda, S. 249.
[174] Vgl. hierzu und zum folgenden das Interview mit Eduard W. am 24. 10. 1999.

Landwirte zu erleichtern. 20 ha landwirtschaftliche Nutzfläche schienen damals
eine sichere Grundlage für einen Familienbetrieb, aber in der Rückschau war der
vermeintliche Glücksfall eigentlich schon der „Anfang vom Ende". Auf dem Hof
wurde zunächst Milchwirtschaft, dann Bullenmast und Ackerbau betrieben, wobei der Ertrag in der zweiten Hälfte der sechziger Jahre in besorgniserregender
Weise zurückging. „Wie man dann gesehen hat", so W., daß es mit der Landwirtschaft dann ständig von der Preissituation her nach rückwärts geht und Audi
expandiert, dann hat es nichts anderes mehr gegeben, als daß man gesagt hat: Gut,
jetzt machen wir das!"

Das war freilich leichter gesagt als getan. Mit seinen 39 Jahren zählte er nicht
mehr zu jenen jungen Kräften, auf die es die Auto Union vor allem abgesehen
hatte. Folgerichtig wurde er zunächst vom Werksarzt abgelehnt und schaffte es
erst im zweiten Anlauf, mit Hilfe des Betriebsrats eingestellt zu werden. Eduard
W. wollte freilich nicht ins Preßwerk oder in den Karosserie-Rohbau und „am
Charly Chaplin sein' Band" stehen; er fürchtete, in die Schablone automatisierter
Arbeitsabläufe gesteckt zu werden und „kein Mensch mehr" zu sein, „sondern
nur noch eine Maschine, eine Nummer". Tatsächlich gehörte er, wie er meinte, zu
den „Privilegierten", die in der Werkinstandhaltung arbeiten konnten, und zwar
zunächst als Maschinenpfleger, dann im Lager. Dennoch war das erste halbe Jahr
hart, und „man hat das gewöhnen müssen". Oft genug sei er mit dem verzweifel-
ten Gefühl nach Hause gekommen, der neuen Herausforderung nicht gewachsen
zu sein, und habe diese Phase letztlich nur deshalb überstanden, weil er ein „harter
Hund" gewesen sei und die Devise befolgt habe: „Augen zu und durch".

In Echenzell war Eduard W. der erste, der zur „Union" ging, wie man allgemein
sagte. In der Muttergemeinde Wettstetten hatten zwar einige bereits diesen Schritt
gewagt, doch das hinderte die Nachbarn nicht daran, W.'s Entscheidung mit un-
gläubigem Staunen oder ironischem Spott zu kommentieren. Den frischgebacke-
nen Nebenerwerbslandwirt focht das freilich nicht an. Er biß sich an seinem
neuen Arbeitsplatz durch und kümmerte sich zugleich intensiv um seinen Hof –
das heißt, er tat, was er konnte, und bürdete den Rest größtenteils seiner Frau auf.
Ihre permanente Überforderung sei das eigentlich „Verwerfliche" an der Situation
gewesen. Was Eduard W. bei der Auto Union verdiente, steckte er größtenteils in
seinen Hof. Insgesamt 400 000 DM habe er noch in einen Betrieb ohne Zukunft
investiert, anstatt die Felder zu verpachten und das Geld zur Verbesserung des
materiellen Lebensstandards seiner großen Familie zu nutzen. Doch für Eduard
W. war die Landwirtschaft kein Beruf im Sinne des Wortes, sondern eine Beru-
fung; so war dieser Weg für ihn keine Alternative. Im Gegenteil, er versuchte sogar
nicht ohne Erfolg, seinen Sohn für diesen kräftezehrenden Spagat zwischen Landwirtschaft und Industriearbeit zu gewinnen. In der Rückschau, mit 69 Jahren,
erschienen ihm viele dieser Entscheidungen als fragwürdige Mißgriffe, ja als
schwere Fehler. Entsprechend bitter fiel seine Lebensbilanz aus. Seine Frau und er
hätten Tag und Nacht gearbeitet – „16 Stunden reichten nicht" –, und trotzdem sei
ihnen kaum etwas geblieben. „Mia san zammgschundn olle zwoa."

Politik im Betrieb: Betriebsrat, IG Metall...

Eduard W. war jedoch nicht nur Landwirt aus Leidenschaft, sondern auch ein sehr politisch denkender Mensch und lange Jahre aktives CSU-Mitglied aus Überzeugung. Er sei „halt schwarz auf die Welt gekommen", und dieser „Ruß" lasse sich nicht abwaschen. Entsprechend suspekt waren ihm „die Roten" bei der Auto Union, also die Kollegen, die es mit der SPD hielten, die Vertrauensleute der IG Metall, die er als Aufpasser empfand, und der Betriebsrat, den er in Verdacht hatte, mehr für die Partei zu tun als für die Belegschaft. Dennoch trat er der IG Metall bei, in der – vom Betriebsrat bewußt genährten[175] – sicheren Überzeugung, dieser Schritt sei zwingend notwendig, um sich im Betrieb halten zu können. Man habe halt zumindest anfangs „mit den Wölfen heulen" müssen. Als er sich aber an seinem Arbeitsplatz akklimatisiert, Freundschaften geschlossen und Gleichgesinnte gefunden hatte, nutzte er die erste Gelegenheit – eine Beitragserhöhung –, um der IG Metall unter Protest den Rücken zu kehren. Gleichzeitig agitierte er gegen das „rote Gschwerl" und hielt anderen Duckmäuserei vor, die ihn freilich daran erinnerten, daß er immerhin noch über ein zweites Standbein außerhalb der Fabrik verfüge, während sie ihren Gedanken nicht so ohne weiteres freien Lauf lassen könnten. Schließlich schloß er sich dem Christlichen Metallarbeiterverband (CMV) an und verfocht die Idee vom Beteiligungslohn als Königsweg zwischen Kapitalismus und Sozialismus; er resignierte jedoch angesichts der offensichtlichen Schwäche der christlichen Gewerkschaften.

Diese Lebensgeschichte wird hier nicht zuletzt deshalb erzählt, weil sie dem folgenden Abschnitt den Weg weist. Wenn dabei von Politik im Betrieb die Rede ist[176], so gilt das Augenmerk weniger der vertikalen Ebene, also den Beziehungen zwischen Kapital und Arbeit und dem komplexen Verhältnis von Geschäftsleitung und Arbeitnehmervertretung, sondern vor allem der horizontalen Ebene, das heißt der Belegschaft selbst, ihren gemäß dem Betriebsverfassungsgesetz gewählten Gremien und den mehr oder weniger gut organisierten Fraktionen, die sich um Ämter und Einfluß bemühten. Vor allem interessiert das spannungsreiche Verhältnis zwischen den Aktivisten der IG Metall, deren Sympathie für die Sozialdemokratie kein Geheimnis war, und den Arbeitnehmern, die sich in einer anderen Tradition sahen und mit der linken Arbeiterbewegung wenig anfangen konnten[177]. Damit geraten auch oft vergessene Institutionen und Organisationen wie

---

[175] Vgl. das Interview mit Fritz Böhm am 5. 8. 1998.

[176] Es geht in diesem Abschnitt also, mit anderen Worten, um einen spezifischen Ausschnitt der „Mikropolitik" im Unternehmen; zu diesem Konzept vgl. den problemorientierten Überblick von Dietmar Süß, Mikropolitik und Spiele: zu einem neuen Konzept für die Arbeiter- und Unternehmensgeschichte, in: Jan-Ottmar Hesse/Christian Kleinschmidt/Karl Lauschke (Hrsg.), Kulturalismus, Neue Institutionenökonomik oder Theorienvielfalt. Eine Zwischenbilanz der Unternehmensgeschichte, Essen 2002, S. 117–136.

[177] Der Forschungsstand zur Geschichte der Gewerkschaften in Bayern nach 1945 ist mangelhaft; vgl. Süß, Kumpel und Genossen, S. 12f. Ein Überblick findet sich bei Klaus Schönhoven, Geschichte der Gewerkschaften in Bayern: Forschungsergebnisse und Fragestellungen, in: Ludwig Eiber/Rainhard Riepertinger/Evamaria Brockhoff (Hrsg.), Acht Stunden sind kein Tag. Geschichte der Gewerkschaften in Bayern. Katalog zur Wanderausstellung 1997/98 des Hauses der Bayerischen Geschichte in Zusammenarbeit mit dem Deutschen Gewerkschaftsbund – Landesbezirk Bayern, Augsburg 1997, S. 24–33. Erste Informationen über die Entwicklung der Region Ingolstadt finden sich in: Zukunft braucht Solidarität. Wandel der Gewerkschaften im Raum Ingolstadt. Ein Leit-

die katholische Betriebsseelsorge oder die christlichen Gewerkschaften in den
Blick[178], die zwar wenig gestalterische Kraft entfalten konnten, aber immerhin
ausreichend Einfluß besaßen, um es Belegschaftsmitgliedern wie Eduard W. zu erleichtern, ihre Grundüberzeugungen auch in einem gleichsam feindlichen Umfeld
zu bewahren. Dahinter steht letztlich die Frage, warum sich die politischen Verhältnisse in der Region trotz des Ausgreifens der Automobilindustrie und der damit verbundenen Expansion großindustriell geprägter gewerkschaftlicher Strukturen nicht stärker verändert haben.

Die wichtigsten Spieler seitens der Belegschaft waren zweifellos der Betriebsrat und die IG Metall, auch wenn diese in den fünfziger Jahren ihre Rolle zwischen Arbeitnehmerinteressen, Mitbestimmung und Verantwortung für das Unternehmen erst finden mußten. Gerade bei der Auto Union war aller Anfang
schwer, handelte es sich doch um einen Betrieb mit Tradition, aber ohne Wurzeln. Wenn anderswo Kristallisationskerne der 1933 zerschlagenen Arbeiterbewegung Diktatur und Krieg überdauert hatten, so gab es bei der Auto Union in
Ingolstadt kein Fundament, auf das die ersten Betriebsräte und Gewerkschafter
hätten aufbauen können. Entsprechend unsicher bewegten sich die Arbeitnehmervertreter inmitten einer heterogenen, zunächst rasch wachsenden Belegschaft, und entsprechend undankbar war die Aufgabe, unter den Arbeitern und
Angestellten für die IG Metall zu werben. Obwohl die Auto Union schon dabei
war, der Despag den Rang als größtes Unternehmen der Region abzulaufen,
gaben deren Arbeitnehmervertreter Anfang der fünfziger Jahre in der Ortsverwaltung des DGB und in der Verwaltungsstelle der IG Metall noch eindeutig
den Ton an. Mit einem eindrucksvollen Organisationsgrad – 1950 zählte man
hier bereits wieder 2200 Mitglieder der IG Metall[179] – und erfahrenen Männern
im Rücken, konnte man es sich sogar leisten, die oft unerfahrenen Kollegen von
der Auto Union mit Nichtachtung oder Herablassung zu strafen. Große Chancen, daß dieses Unternehmen dauerhaft am Standort Ingolstadt reüssieren
würde, schienen ohnehin nicht zu bestehen, so daß es augenscheinlich nicht
lohnte, sich verstärkt um die „Neuen" zu kümmern. Unter den ersten gewerkschaftlichen Aktivisten bei der Auto Union fanden sich – wie im gesamten Betrieb – zudem viele Flüchtlinge oder Heimatvertriebene, die auch unter dem
gemeinsamen Dach der IG Metall deutlich zu spüren bekamen, daß sie in Ingolstadt nicht unbedingt willkommen waren[180]. Der geringe Organisationsgrad bei
der Auto Union, wo 1950 gerade einmal 210 Mitglieder der IG Metall gezählt
wurden, erleichterte es überdies, die „Hereingeschmeckten" zu marginalisieren.
Den Kräfteverhältnissen entsprechend stellten die Beschäftigten der Despag
Ende 1950 von den 41 Mitgliedern der Vertreterversammlung der IG Metall im

faden. Begleitband zum regionalen Teil der Ausstellung Acht Stunden sind kein Tag. Geschichte
der Gewerkschaften in Bayern, o. O. (Ingolstadt) o. J. (1998); zur Geschichte der IG Metall vgl. 30
Jahre IG Metall-Verwaltungsstelle Ingolstadt 1950–1980, Ingolstadt 1980.
[178] Vgl. dazu allgemein Dietmar Grypa, Die katholische Arbeiterbewegung in Bayern nach dem
Zweiten Weltkrieg (1945–1963), Paderborn u.a. 2000, hier vor allem S. 307–332 und S. 405–451.
[179] AsD, IG Metall (Zentralarchiv), Bestand 1–2, 2855, Anhang zur am 17. 11. 1950 beschlossenen
Ortssatzung der IG Metall-Verwaltungsstelle Ingolstadt.
[180] Vgl. das Interview mit Fritz Böhm am 5. 8. 1998; das folgende Zitat findet sich ebenda.

Bereich der Ortsverwaltung Ingolstadt 12; die Auto Union mußte sich dagegen mit drei Repräsentanten begnügen[181].

Die IG-Metaller bei der Despag konnten ihren Vorsprung beim Organisationsgrad, der 1951 73,8 Prozent betrug, dann auf die Zwei-Drittel-Marke absank, um 1959 wieder auf den beeindruckenden Wert von 83,9 Prozent zu klettern, bis Ende der fünfziger Jahre behaupten[182]. Auch bei der Auto Union kam die IG Metall jedoch voran, wenn auch zunächst nur langsam. Zum Zeitpunkt der Betriebsratswahl 1951 wurden 819 Gewerkschafter gezählt, was einem Organisationsgrad von schwachen 20,5 Prozent entsprach. Zwei Jahre später bekannten sich bereits 1805 Arbeiter und Angestellte zur IG Metall, da allerdings auch die Zahl der Beschäftigten insgesamt gestiegen war, kam der Organisationsgrad über 34 Prozent nicht hinaus – eine Quote, die 1955 (1842 Gewerkschaftsmitglieder) sogar wieder leicht unterschritten wurde[183]. Steil bergauf ging es erst in der zweiten Hälfte der fünfziger Jahre. Als 1957 turnusgemäß ein neuer Betriebsrat gewählt werden mußte, hatte bereits knapp die Hälfte der Belegschaft einen Aufnahmeantrag bei der IG Metall (2010 Gewerkschaftsmitglieder) unterschrieben. Bis 1959 fielen dann die Fünfzig-, die Sechsundsechzig- und sogar die Fünfundsiebzig-Prozent-Marke; im April 1959 waren 2733 von 3630 Beschäftigten (Organisationsgrad: 75,3 Prozent) der Auto Union in der IG Metall organisiert[184]. Damit war das Ende der Fahnenstange freilich noch nicht erreicht. Im Februar des folgenden Jahres berichteten Vertreter des Betriebsrats stolz an die Bezirksleitung nach München, daß mittlerweile von 6000 Arbeitern und Angestellten 5000 der IG Metall angehörten[185]. Dies entsprach einem Organisationsgrad von 83 Prozent[186], so daß es keinen Grund mehr gab, sich vor den Kollegen von der Despag zu schämen – im Gegenteil. Durch ihre schiere Größe stellte die Auto Union nun die meisten Gewerkschafter der gesamten Region, zudem war es hier besser als bei der Despag gelungen, auch die Angestellten zu mobilisieren, was sich positiv auf die Arbeit von Gewerkschaften und Betriebsrat auswirkte. Entsprechend selbstbewußt traten die Vertreter der Auto Union auch nach außen auf und erklärten etwa 1960 gegenüber der IG Metall-Bezirksleitung in München, die Verwaltungsstelle Ingolstadt stütze „sich in erster Linie auf die Auto Union". Dies schlug sich auch auf die Kräftever-

---

[181] AsD, IG Metall (Zentralarchiv), Bestand 1-2, 2855, Anhang zur am 17. 11. 1950 beschlossenen Ortssatzung der IG Metall-Verwaltungsstelle Ingolstadt.

[182] IG Metall Verwaltungsstelle Ingolstadt, Betriebsräte – Wahlen 1950–1963, Berichtsbogen zu den Betriebsratswahlen bei der Despag in den Jahren 1951, 1953, 1955, 1957 und 1959.

[183] Nach einem groben Überblick der IG Metall waren 1954 rund 50 Prozent der Belegschaft organisiert; für das Werk Düsseldorf wurde dagegen ein Organisationsgrad von nur 12 Prozent festgestellt. AsD, IG Metall (Zentralarchiv), Bestand 1-2, 1154, Lagebericht: Auto Union GmbH, undatiert (1954).

[184] IG Metall-Verwaltungsstelle Ingolstadt, Betriebsräte – Wahlen 1950–1963, Berichtsbogen zu den Betriebsratswahlen bei der Auto Union in den Jahren 1951, 1953, 1955, 1957 und 1959.

[185] AsD, IG Metall (Zentralarchiv), Bestand 1-2, 918, Bericht über den Verlauf des Angestelltenjahres im Bereich der IG Metall-Verwaltungsstelle Ingolstadt vom 2. 3. 1960; das folgende Zitat findet sich ebenda.

[186] In den sechziger Jahren, für die keine vergleichbaren Zahlen ermittelt werden konnten, wuchs die Zahl der Beschäftigten der Auto Union in Ingolstadt sprunghaft; der hohe Organisationsgrad konnte trotzdem gehalten und sogar noch gesteigert werden. Fritz Böhm, der Vorsitzende des Betriebsrats, schrieb am 15. 7. 1971 an den DGB-Vorsitzenden Heinz Oskar Vetter, von 16 000 Arbeitnehmern seien 14 000 (oder 87,5 Prozent) Mitglieder der IG Metall. AsD, SPD-Bezirk Südbayern I/141.

hältnisse in den gewählten Gremien nieder. 1963 kamen nur noch drei von 14 Mitgliedern der Ortsverwaltung der IG Metall aus der Despag, während allein sieben zur Belegschaft der Auto Union gehörten, die mit Robert Weisbach, einem der Wortführer im Betriebsrat des Unternehmens, auch den 2. Bevollmächtigten stellte[187].

Weisbach zählte zu den Schlüsselfiguren des gewerkschaftlichen Aufbaus bei der Auto Union. Der Maschinenschlosser hatte sich bereits in jungen Jahren in seiner sudetendeutschen Heimat der Gewerkschaftsbewegung angeschlossen und war im März 1946 der IG Metall beigetreten, nachdem es ihn in den Westen verschlagen und er beim Zentraldepot für Auto Union Ersatzteile Arbeit gefunden hatte[188]. Sein Einsatz für die Gewerkschaft bestand vor allem darin, Propaganda für die Ziele der IG Metall zu machen und in mühevoller Kleinarbeit neue Mitglieder zu werben. Eines dieser neuen Mitglieder war Fritz Böhm, den Weisbach im April 1950 in die IG Metall aufnahm. Wie Weisbach kam Böhm aus dem Sudetenland. Er war nach der Entlassung aus sowjetischer Kriegsgefangenschaft auf der Suche nach Arbeit bei der Auto Union gelandet, wo man ihn freilich nicht in seinem erlernten Beruf als kaufmännischer Angestellter, sondern nur als einfachen Lagerarbeiter einstellte[189]. Seinem Engagement tat dies freilich keinen Abbruch.

Zusammen mit Weisbach, der wie Böhm auch SPD-Mitglied war, ging der begabte Redner und überzeugte Sozialist daran, die Gewerkschaftsorganisation bei der Auto Union auf eine neue Grundlage zu stellen. Die beiden avancierten rasch zu den Wortführern einer Gruppe von Gleichgesinnten, die sich vor allem den Aufbau eines tragfähigen Netzes von Vertrauensleuten zum Ziel gesetzt hatte, denen bei der gewerkschaftlichen Arbeit im Betrieb eine zentrale Rolle zukam. Die Vertrauensleute betreuten die organisierten Kollegen in ihrem Arbeitsbereich und warben neue Mitglieder; sie trugen auch die Werbekampagnen der IG Metall mit[190], an denen es in den fünfziger Jahren gerade bei der Auto Union nicht fehlte. Zudem sorgten die Vertrauensleute für den Informationsfluß von unten nach oben und machten mobil, wenn es um Wahlen, Abstimmungen oder Veranstaltungen ging. Sie sollten durch ihr Vorbild überzeugen und waren im Idealfall das erste Glied in der Kette basisnaher Stellvertreter, die in Betrieb und Gewerkschaft für Arbeitnehmerinteressen einstanden[191]. Ein leistungsfähiger Vertrauenskörper verband die Funktionen eines sozialen Netzwerks mit denen eines guten Nach-

---

[187] IG Metall-Verwaltungsstelle Ingolstadt, Vertreterversammlung, Aufstellung: Ortsverwaltung u.a. 1963.
[188] Zu Robert Weisbach vgl. Hans-Joachim Werner, Fritz Böhm – Streiter für Arbeit und Recht, in: ders./Siegfried Hörmann (Hrsg.), Fritz Böhm – Streiter für Arbeit und Recht. Ein Beitrag zur Arbeitnehmer- und Betriebsratsgeschichte bei Audi, Kösching 1990, S. 29–196, hier S. 30, und Mitteilungen der IG Metall (Verwaltungsstelle Ingolstadt), Sondernummer für die Belegschaft der Auto Union, undatiert (1965); AsD, IG Metall (Zentralarchiv), Bestand 1–2, 2855, Aufstellung: Mitglieder der Ortsverwaltung der IG Metall Ingolstadt nach der Neuwahl 1957.
[189] Vgl. das Interview mit Fritz Böhm am 5. 8. 1998; Werner, Fritz Böhm, in: ders./Hörmann (Hrsg.), Fritz Böhm, S. 30 ff.; Archiv des Betriebsrats der Audi AG, Personalia, Fritz Böhm: Gelebte Audi-Geschichte (1989).
[190] Z.B. IG Metall-Verwaltungsstelle Ingolstadt, Einladung der IG Metall-Verwaltungsstelle Ingolstadt („Modellwerbung" für die Belegschaft der Auto Union) vom 20. 9. 1956.
[191] Zum Konzept der basisnahen Stellvertretung, das für das Ruhrgebiet entwickelt worden ist, vgl. Stefan Goch, „Der Ruhrgebietler" – Überlegungen zur Entstehung und Entwicklung regionalen Bewußtseins im Ruhrgebiet, in: Westfälische Forschungen 47 (1997), S. 585–620.

richtendienstes und bildete zugleich das Reservoir, aus dem sich neue Betriebsräte rekrutieren ließen[192]. Die Zahl und die Qualität der Vertrauensleute dürfte dabei in direkter Beziehung zur Zahl der gewerkschaftlich organisierten Belegschaftsmitglieder gestanden haben. Je mehr Vertrauensleute es also gab, desto besser ließen sich neue Mitglieder werben, unter denen wiederum Vertrauensleute gewonnen werden konnten. Die ersten Aktivisten der IG Metall bei der Auto Union orientierten sich dabei an den Verhältnissen bei der Despag und wurden in ihren Bemühungen um den Aufbau eines Vertrauenskörpers ab einem gewissen Zeitpunkt auch von der örtlichen IG Metall-Verwaltungsstelle unterstützt[193]. Eine frühe Bilanz, die Ende 1956 gezogen wurde, liest sich so:

„Als sich im Herbst 1950 ein kleines Häufchen aktiver Gewerkschafter bemühte, auch im Werk Ingolstadt der Auto Union eine starke gewerkschaftliche Organisation aufzubauen, sah die Situation nicht eben günstig aus. Nun hatten wir aber an den Kollegen von der Despag, die sich eine ausgezeichnete Organisation aufgebaut hatten, ein gutes Vorbild. Der zur gleichen Zeit gegründete ‚Arbeitskreis junger Gewerkschafter' verstand es zu nützen und wurde so zur Keimzelle der Vertrauensleute-Organisation in der Auto Union, wie sie heute steht. Zäh errangen sich diese jungen Leute damals das Vertrauen ihrer Kollegen. [...] Die gewerkschaftliche Organisation wurde erweitert und gefestigt, und von Vertrauensleuten und der Mehrheit der Belegschaft unterstützt, konnte die örtliche Gewerkschaftsorganisation beachtliche Erfolge erzielen."[194]

Zu dieser Zeit zählte der Vertrauenskörper der IG Metall bei der Auto Union bereits 110 Mitglieder, lag damit freilich noch hinter der Despag zurück, wo es 145 Vertrauensleute gab[195]. Während in diesem Unternehmen jedoch bereits der Scheitelpunkt gewerkschaftlicher Organisation erreicht war, gelang es bei der Auto Union trotz (oder vielleicht auch wegen) der schwierigen Lange des Unternehmens, den Vertrauenskörper weiter auszubauen und neue Vertrauensleute zu rekrutieren, so daß 1960 bereits 178 von ihnen aktiv waren[196].

Die wirtschaftlichen Probleme der Auto Union dürften die gewerkschaftliche Aufbauarbeit auch in anderer Hinsicht nicht unwesentlich erleichtert haben, zumal diese Krisen wiederholt mit Personalabbau verbunden waren. Eine Mitgliedschaft in der mächtigen IG Metall schien in dieser Zeit düsterer Zukunftserwartungen immerhin einen gewissen Schutz zu bieten. Zudem kam den Arbeitnehmervertretern die Ablösung der Geschäftsführung um den alten Patriarchen Richard Bruhn im Jahr 1956 entgegen, die sich den Vorwurf gefallen lassen mußte, „buchstäblich ein[en] Klassenkampf von oben geführt" zu haben[197]. Danach hielt ein neuer Umgangsstil bei der Auto Union Einzug, der weniger von Konfronta-

[192] Vgl. hierzu allgemein Klaus Koopmann, Gewerkschaftliche Vertrauensleute. Darstellung und kritische Analyse ihrer Entwicklung und Bedeutung von den Anfängen bis zur Gegenwart unter besonderer Berücksichtigung des Deutschen Metallarbeiter-Verbandes (DMV) und der Industriegewerkschaft Metall (IGM), 2 Bde., München 1979, hier Bd. 2, S. 899–919.
[193] IG Metall-Verwaltungsstelle Ingolstadt, Quartalsberichte (Mitglieder und Veranstaltungen) 1950–1968, Monatsbericht der IG Metall-Verwaltungsstelle Ingolstadt für April 1951.
[194] Der Zweitakter 2/1956: „Zäher Wille stand am Anfang".
[195] IG Metall-Verwaltungsstelle Ingolstadt, Geschäfts- und Kassenberichte, Geschäfts- und Kassenbericht 1957/58, S. 9.
[196] IG Metall-Verwaltungsstelle Ingolstadt, Geschäfts- und Kassenberichte, Geschäfts- und Kassenbericht 1959/60, S. 14.
[197] Archiv des Betriebsrats der Audi AG, Betriebsversammlungen, Protokoll der Betriebsversammlung am 24. 7. 1973 (Fritz Böhm).

tion als von Kooperation getragen war. Ein Betriebsrat bezeichnete die „neue Direktion [der] Auto-Union" Anfang 1960 sogar als „sehr gewerkschaftsfreundlich"[198]. Die IG Metall profitierte davon nicht zuletzt, wenn es um den Ausbau ihrer organisatorischen Basis ging, da die Geschäftsführung – allen gleichsam naturgemäß auftretenden Mißstimmungen zum Trotz – dem Betriebsrat etwa bei der Abführung der Gewerkschaftsbeiträge entgegenkam, was die basisnahen Funktionsträger spürbar entlastete[199]. Wichtiger war freilich eine Vereinbarung zwischen Geschäftsleitung und Betriebsrat, nach der sich neu eingestellte Kolleginnen und Kollegen im Betriebsratsbüro vorzustellen hatten. Bisher hatte man vor allem im persönlichen Gespräch am Arbeitsplatz für die IG Metall geworben, und dies nicht ohne Erfolg. Nun war es aber möglich, „die Aufnahme in die Gewerkschaft" in den „Fluß der Einstellungsmodalitäten" zu integrieren und gleichsam obligatorisch erscheinen zu lassen, so daß selbst ein in der Wolle gefärbter Anhänger der CSU wie Eduard W. davon überzeugt war, diesen Schritt gehen zu müssen. Kaum jemand, so erinnerte sich Fritz Böhm Jahrzehnte später, habe das Angebot ausgeschlagen, mit seiner Einstellung auch der IG Metall beizutreten[200]; zu groß war offensichtlich die Sorge, ansonsten könne doch noch etwas schiefgehen. Diese Strategie – so anfechtbar sie auch sein mochte – war außerordentlich erfolgreich, wie der steile Anstieg der Mitgliederzahlen im letzten Drittel der fünfziger Jahre zeigt.

Daß die IG Metall seit der zweiten Hälfte der fünfziger Jahre die organisationspolitischen Früchte ihrer Arbeit ernten konnte, lag freilich vor allem an einem Betriebsrat, der geschickt taktierte, die eigenen Erfolge publikumswirksam vermarktete und dessen Aushängeschilder in der größten Einzelgewerkschaft des DGB organisiert waren. Doch auch diese Position mußte erst erkämpft werden. Genauer gesagt, bedurfte es dazu einer Aktion, die einem „Putsch"[201] gleichkam. Seit 1950 amtierte bei der Auto Union ein Betriebsrat unter der Führung des kaufmännischen Angestellten Fritz Kuntschik, der wie Böhm aus Jägerndorf stammte und ihm als Freund den Weg in die Auto Union geebnet hatte. Auch dieser Betriebsrat war in der IG Metall organisiert, doch wie viele andere Betriebsräte der ersten Nachkriegsjahre verwandte er viel Zeit darauf, die Versorgung der Belegschaft mit Gütern des täglichen Bedarfs sicherzustellen[202], und verlor über dieser zweifellos wichtigen Aufgabe andere Problemkreise aus dem Blick. Böse Zungen behaupteten gar, das Betriebsratsbüro sei zu einem regelrechten „Kramer- und Vermittlungsladen" verkommen[203]. Alles in allem orientierte sich die Amtsführung Kunt-

[198] AsD, IG Metall (Zentralarchiv), Bestand 1–2, 918, Bericht über den Verlauf des Angestelltenjahres im Bereich der IG Metall-Verwaltungsstelle Ingolstadt vom 2. 3. 1960.
[199] IG Metall-Verwaltungsstelle Ingolstadt, Alte Flugblätter, Flugblatt: „Achtung – wichtige Neuregelung!", undatiert (1963), und Quartalsberichte (Mitglieder und Veranstaltungen) 1950–1968, Auto Union (gez. Rudolf Leiding und Wolf Heike) an die IG Metall-Verwaltungsstelle Ingolstadt vom 20. 9. 1965; AsD, IG Metall (Zentralarchiv), Bestand 1–2, 1754, Vorschläge und Wünsche des Betriebsrats der Auto Union an den Vorstand, undatiert (1968).
[200] Vgl. das Interview mit Fritz Böhm am 5. 8. 1998.
[201] Werner, Fritz Böhm, in: ders./Hörmann (Hrsg.), Fritz Böhm, S. 32.
[202] Vgl. dazu allgemein Alexander von Plato, Der Verlierer geht nicht leer aus. Betriebsräte geben zu Protokoll, Berlin/Bonn 1984, sowie – am Beispiel der Montanindustrie in der Oberpfalz – Süß, Kumpel und Genossen, S. 40 f.
[203] Vgl. das Interview mit Fritz Böhm am 5. 8. 1998.

schiks und seiner Mitstreiter weniger an der konsequenten Durchsetzung von Arbeitnehmerinteressen, sondern am Leitbild des Betriebsfriedens als Voraussetzung für sozialen Erfolg. Konfrontation, klare Fronten und laute Worte waren nicht die Sache dieses Betriebsrats, der sich „offensichtlich mehr als Vermittler zwischen Ansuchen der Arbeitnehmer an die Geschäftsleitung" verstand[204] und in Betriebsversammlungen entsprechend moderat auftrat[205]. Böhm und Weisbach konnten mit diesem Stil, den sie als antiquiert, verfehlt, ja anbiedernd empfanden, nichts anfangen; sie witterten gar unlautere Absprachen zwischen den Arbeitnehmervertretern und der Geschäftsleitung hinter den Kulissen[206]. Ehrgeizig und auf eine grundlegende Veränderung der bestehenden Verhältnisse aus, organisierten sie für die Betriebsratswahl im September 1951 eine Gegenliste, in der engagierte, jüngere Gewerkschafter den Ton angaben[207], um Kuntschik und Co. auszuhebeln. Dieser Schritt entbehrte nicht einer gewissen Pikanterie, denn nicht nur, daß mit Kuntschik und Böhm zwei Freunde aus alten Tagen gegeneinander antraten, auch zwei Listen mit Kandidaten der IG Metall waren eigentlich eine Unmöglichkeit. Nach einem unerquicklichen Wahlkampf, in dem unter anderem das Gerücht gestreut wurde, Böhm sei Kommunist, siegte die Rebellenliste mit 1551 zu 1356 Stimmen und brachte mit ihrer knappen Mehrheit von einem Sitz auch Fritz Böhm als neuen Betriebsratsvorsitzenden durch[208].

Böhm und seine Mitstreiter verstanden es in kurzer Zeit, sich nach außen zu profilieren und zugleich die Gräben, die ihre Kampfkandidatur im Arbeitnehmerlager aufgerissen hatte, zu überwinden[209]. Bei den Arbeitern hatten sie bis 1961 keine Gegner mehr, sieht man von einer offenbar von Unternehmerseite gestützten Liste unabhängiger Kandidaten bei der Betriebsratswahl 1955 einmal ab[210], auf die jedoch nicht mehr als 10,6 Prozent der Stimmen entfielen. Bei den Angestellten war die Situation weniger eindeutig. Fritz Kuntschik hatte nach seiner Niederlage verbittert die Seiten gewechselt und trat nun für die Deutsche Angestelltengewerkschaft (DAG) an[211], die für die IG Metall zu einem hartnäckigen Gegner werden sollte und immerhin in der Lage war, deren Kandidaten ein Drittel bis die Hälfte der Stimmen aus dem Lager der Angestellten streitig zu machen. Da das Verhältnis von Angestellten und Arbeitern im Betriebsrat jedoch 1:3 oder gar 1:4 betrug und Fritz Böhm keine Probleme damit hatte, die eigene Mehrheit – wenn es sein mußte, auch rücksichtslos – auszuspielen[212], fielen die zwei bis drei Vertreter der DAG nicht wirklich ins Gewicht. Obwohl die Kandidaten der IG Metall den Betriebsrat mehr und mehr dominierten, führte dies nicht zu einem Nachlas-

204 Werner, Fritz Böhm, in: ders./Hörmann (Hrsg.), Fritz Böhm, S. 31.
205 Archiv des Betriebsrats der Audi AG, Betriebsversammlungen, Protokoll der Betriebsversammlung am 18. 4. 1951.
206 Vgl. das Interview mit Fritz Böhm am 5. 8. 1998.
207 Vgl. Der Zweitakter 2/1956: „Zäher Wille stand am Anfang".
208 Hierzu und zum folgenden: Archiv des Betriebsrats der Audi AG, Betriebsratswahlen, Aufstellung: Wahlergebnisse und gewählte Betriebsräte 1950–1998.
209 Vgl. Werner, Fritz Böhm, in: ders./Hörmann (Hrsg.), Fritz Böhm, S. 37.
210 IG Metall-Verwaltungsstelle Ingolstadt, Betriebsräte – Wahlen 1950–1963, Gewerkschafts- und parteipolitischer Bericht zu den Betriebsratswahlen im Bereich der Verwaltungsstelle vom 24. 5. 1957.
211 Vgl. Werner, Fritz Böhm, in: ders./Hörmann (Hrsg.), Fritz Böhm, S. 37.
212 Vgl. das Interview mit Fritz Böhm am 5. 8. 1998.

sen des Interesses an den Betriebsratswahlen. 1953, 1957 und 1959 lag die Wahlbeteiligung bei über 80 Prozent, und daß 1955 nur etwa 68 Prozent der Wahlberechtigten ihre Stimme abgaben, war vermutlich eine Folge des Streiks, der im Jahr zuvor viele Mitarbeiter enttäuscht oder verschreckt hatte[213].

Mit dem knappen Sieg der Rebellenliste im September 1951 wurde ein neues Kapitel in der Geschichte der Betriebsratsarbeit bei der Auto Union aufgeschlagen – ein Kapitel, das vor allem die Handschrift von Fritz Böhm trug, der das Amt des Betriebsratsvorsitzenden 35 Jahre lang ununterbrochen bekleiden sollte und den Politikstil im Betrieb prägte wie kein zweiter Arbeitnehmervertreter[214]. Böhm hatte sich der IG Metall und der SPD zwar erst 1950 angeschlossen, doch die Arbeiterbewegung war ihm bereits seit seiner Kindheit vertraut. Sein Vater gehörte vor 1938 als Kassier der Textilarbeitergewerkschaft und der sozialdemokratischen Partei an, er selbst den „Falken" und den Jungsozialisten. Glaubt man seinen Erinnerungen, so kam Böhm mit der Vorstellung einer straff organisierten, kampfkräftigen und kampfbereiten Organisation nach Bayern. Was er dann in Ingolstadt vorfand, entsprach dieser Vorstellung ganz und gar nicht. Die IG Metall war ihm zu brav, die Sozialdemokratie zu königlich-bayerisch, zu unbeweglich und zu wenig auf Veränderung aus.

Veränderung war jedoch genau das, was der zuweilen hitzköpfige Böhm im Sinne hatte. Im Betriebsrat räumte er mit allem auf, was nach „Sozialklimbim"[215] aussah, und in den Betriebsversammlungen herrschte ein schärferer Ton. Ab und zu wurde die Unternehmensführung auch „ordentlich verhauen", um Punkte bei der Belegschaft zu machen und die Grenze zwischen Arbeitnehmervertretung und Geschäftsleitung immer wieder klar zu definieren. Insbesondere die „harten Landgrafen", für die „Gewerkschafter und Betriebsräte nichts anderes waren als Unruhestifter, radikale Elemente, denen man mit unnachgiebiger Härte begegnen wollte", zogen den Zorn der Arbeitnehmervertreter auf sich[216]. Der Betriebsrat verhandelte hart, wenn es um konkrete Maßnahmen wie Arbeitsschutz, Arbeitszeit, soziale Fürsorge, Entlohnung oder Sonderzuwendungen ging, wobei er sich schon früh bemühte, die Ergebnisse in der Form von Betriebsvereinbarungen zu kodifizieren[217]. Zugeständnisse wurden dabei nicht selten nach der „klassischen Teppichhändlermethode" in der Form von Tausch- und Koppelgeschäften errungen. Der Betriebsrat stimmte beispielsweise zu, wenn die Geschäftsleitung Überstunden anordnen wollte, ließ sich diese Zustimmung aber möglichst teuer bezahlen und konnte so immer wieder Vergünstigungen für die Belegschaft herausschlagen und die eigene Position stärken. Böhm legte besonderen Wert auf die materielle und personelle Ausstattung des Betriebsrats. Es gelang ihm sogar, die Anstellung hauptamtlicher Referenten zur Unterstützung des Betriebsrats durch-

[213] IG Metall-Verwaltungsstelle Ingolstadt, Betriebsräte – Wahlen 1950–1963, Berichtsbogen zu den Betriebsratswahlen bei der Auto Union in den Jahren 1951, 1953, 1955, 1957 und 1959.
[214] Vgl. hierzu und zum folgenden das Interview mit Fritz Böhm am 5.8.1998 sowie Werner, Fritz Böhm, in: ders./Hörmann (Hrsg.), Fritz Böhm, S. 29–196.
[215] Interview mit Fritz Böhm am 5.8.1998; die folgenden Zitate finden sich ebenda.
[216] Archiv des Betriebsrats der Audi AG, Betriebsversammlungen, Protokoll der Betriebsversammlung am 24.7.1973 (Fritz Böhm).
[217] Archiv des Betriebsrats der Audi AG, Betriebsversammlungen, Tätigkeitsbericht des Betriebsratsvorsitzenden anläßlich der Betriebsversammlung am 21.10.1958.

zusetzen, der so mehr Zeit für die wirklich wichtigen Fragen hatte; gleichzeitig verfügte Böhm so über die Möglichkeit, jungen Talenten eine Bewährungschance zu geben und sie zu künftigen Betriebsräten aufzubauen. Zudem unternahm die Arbeitnehmervertretung in kritischen Zeiten geradezu „verzweifelte Anstrengungen"[218], um Arbeitsplätze zu erhalten oder den Personalabbau wenigstens in Grenzen zu halten, wenn er sich schon nicht vermeiden ließ[219]. Dabei verschloß sich der Betriebsrat freilich nicht der harten Realität und stellte sich der Verantwortung für das gesamte Unternehmen, was bei der Geschäftsleitung positiv vermerkt wurde. „Vorhandene Möglichkeiten realistisch einschätzen, hart kämpfen, wo es notwendig ist, berechtigte Forderungen durchsetzen, aber auch mitdenken, überlegen und angesichts der übernommenen Verantwortung das richtige Augenmaß bewahren", lautete Böhms Credo[220]. Vermutlich war es diese Mischung von gewerkschaftlichem Kampfgeist und ökonomischen Pragmatismus, die den Betriebsrat der Auto Union auszeichnete und das Fundament seiner erfolgreichen Arbeit bildete, und daß der Betriebsrat gute Arbeit leistete, gestanden selbst Kollegen ein, die weltanschaulich im Lager der CSU standen[221].
Dabei war der Betriebsrat der Auto Union parteipolitisch mehr oder weniger eindeutig festgelegt. Von den 19 Betriebsräten, die 1957 gewählt worden waren, gehörten immerhin elf der SPD an – eine ungewöhnlich hohe Anzahl, wenn man bedenkt, daß bei der Despag angeblich nur ein Betriebsrat das sozialdemokratische Parteibuch besaß[222] und im Bereich der IG Metall-Verwaltungsstelle Ingolstadt überhaupt nur 12 von 112 Betriebsräten zu den Mitgliedern der SPD gezählt haben sollen[223]. Fritz Böhm setzte jedenfalls auf die Aktionseinheit von Betriebsratsmehrheit, Sozialdemokratie und gewerkschaftlicher Betriebsorganisation. Vor allem letzterer galt seine besondere Aufmerksamkeit, und er bezog – vor allem über die Vertrauenskörperleitung – auch die basisnächsten Funktionsträger stets in seine Arbeit mit ein. Der gewerkschaftliche Vertrauenskörper, so Böhm in der Rückschau, sei für ihn ein integraler „Bestandteil der Gesamtorganisation gewesen", und daher habe er kaum einen Unterschied zwischen den Betriebsräten und den Vertrauensleuten der IG Metall gemacht[224]. Diese Praxis entsprach zwar nicht unbedingt dem Wortlaut des Betriebsverfassungsgesetzes, stellte aber sicher, daß der Betriebsrat und sein Vorsitzender die Bodenhaftung nicht verloren und stets das Ohr am Puls der Belegschaft hatten. Zugleich hatte der Betriebsrat die Möglichkeit, über die Vertrauensleute auch kurzfristig gezielte Protestaktionen zu organisieren und so die Unternehmensleitung unter Druck zu setzen, ohne selbst

---

[218] Archiv des Betriebsrats der Audi AG, Betriebsversammlungen, Tätigkeitsbericht über die Amtsperiode des Betriebsrats vom April 1957 bis April 1959.

[219] Archiv des Betriebsrats der Audi AG, Betriebsversammlungen, Protokoll der Betriebsversammlung am 26. 9. 1956.

[220] Archiv des Betriebsrats der Audi AG, Betriebsversammlungen, Protokoll der Betriebsversammlung im Bereich Produktion am 26. 9. 1973 (Fritz Böhm).

[221] Vgl. Interview mit Eduard W. am 24. 10. 1999.

[222] IG Metall-Verwaltungsstelle Ingolstadt, Betriebsräte – Wahlen 1950–1963, Gewerkschafts- und parteipolitischer Bericht zu den Betriebsratswahlen im Bereich der Verwaltungsstelle vom 24. 5. 1957.

[223] IG Metall-Verwaltungsstelle Ingolstadt, Betriebsräte – Wahlen 1950–1963, Information Nr. I/12–57 der IG Metall-Bezirksleitung München vom 2. 8. 1957.

[224] Vgl. das Interview mit Fritz Böhm am 5. 8. 1998; das folgende Zitat findet sich ebenda.

offen in Erscheinung zu treten. Böhm betrachtete die Vertrauensleute als seine verläßliche, kampferprobte „Infanterie", die ihn im Betrieb stützte und auf die er sich bei Wahlen verlassen konnte, ganz gleich, ob er nun für den Aufsichtsrat der Auto Union kandidierte, dem er seit 1957 angehörte, oder für politische Ämter. Im November 1958 bewarb er sich erfolgreich um ein Mandat im bayerischen Landtag, dem er bis 1965 angehörte, als er vom Münchner Maximilianeum in den Bundestag nach Bonn wechselte. Zwar verminderte dieses politische Engagement seine Präsenz im Betrieb, es gab ihm jedoch die Möglichkeit, die Interessen von Arbeitnehmern, Betrieb und Region auch in übergeordneten Zusammenhängen zu vertreten sowie Kontakte zu knüpfen, die sich nicht zuletzt in Konflikten mit der Unternehmensleitung als nützlich erweisen konnten[225].

... und christliche Arbeitnehmerschaft

Die Machtposition der IG Metall in einem Großbetrieb wie der Auto Union, die unverhohlene Sympathie der meisten Betriebsräte für die SPD sowie die Amtsführung eines starken Vorsitzenden wie Fritz Böhm, der keinen Konflikt scheute und wenig davon hielt, um des Konsenses willen Kompromisse mit anderen Fraktionen zu schließen, solange er über ausreichende Mehrheiten verfügte – dies konnte den weltanschaulichen und politischen Gegenkräften im katholischen Lager nicht gefallen. „Alle intensive Gewerkschaftsarbeit im Betrieb, im Ort, liegt bei den Sozialisten", hieß es in einer Ausarbeitung der Christlichen Arbeiter-Jugend (CAJ) aus dem Jahr 1957. „Sie beherrschen den DGB und die Betriebsräte. Sie bekennen offen: Wir sind eben sozialistisch. Die Arbeiterschaft hört auf sie."[226] Wer in den Fabriken „Giftküchen des Teufels" sah, wo „junge Menschen mit Leib und Seele verdorben" würden[227], sah sich durch solche Alarmrufe bestätigt. Generelle Vorbehalte gegen die Industrie als Zerstörerin einer angeblich gesunden natürlichen Ordnung waren nicht zuletzt bei den Pfarrern in den Landgemeinden weit verbreitet, die in den fünfziger und sechziger Jahren zunehmend in den Einzugsbereich der Auto Union gerieten. Diese Geistlichen fürchteten, daß ihnen ihre Pfarrkinder entglitten und ihr Seelenheil Schaden nehmen könnte[228], wenn sie sich auf einen neuen Arbeitsplatz in der Ingolstädter Automobilindustrie einließen. Entsprechend kritisch standen sie daher den Werbeveranstaltungen der Auto Union zur Rekrutierung neuer Arbeitskräfte aus dem ländlichen Raum gegenüber[229], konnten aber dennoch nicht verhindern, daß immer mehr Männer und Frauen diesen Pfad beschritten.

---

[225] Archiv des Betriebsrats der Audi AG, Betriebsversammlungen, Tätigkeitsbericht des Betriebsratsvorsitzenden anläßlich der Betriebsversammlung am 29. 5. 1958.
[226] CAJ der Diözese Eichstätt, Ordner Rom-Wallfahrt 1957, Situationsbericht der CAJ zur Rom-Wallfahrt, undatiert (1957).
[227] Arbeitsstelle der Christlichen Werkgemeinschaften der Diözese Eichstätt vom August 1952; zit. nach Grypa, Katholische Arbeiterbewegung, S. 307.
[228] So wurde ein Geistlicher aus einer Pfarrei in der Oberpfalz mit den Worten zitiert: „Wenn die Mädchen aus der Schule kommen, sind sie so nett und offen. Nach ½ Jahr [des Pendelns in die Stadt] kenne ich sie nicht wieder!" CAJ der Diözese Eichstätt, Ordner Rom-Wallfahrt 1957, Überblick über die Situation der CAJ in der Diözese und ihre Arbeit, undatiert.
[229] Vgl. das Interview mit Franz Deß am 7. 10. 1999.

Im bischöflichen Ordinariat in Eichstätt, das nicht nur für das Dekanat Ingolstadt zuständig war, sondern in dessen Territorium auch ein großer Teil des Einzugsbereichs der Auto Union nördlich von Ingolstadt lag, war man sich jedoch bewußt, daß sich in einer Zeit des beschleunigten Strukturwandels mit einer solchen Haltung auf Dauer nichts mehr gewinnen ließ. Der Bischof selbst – seit 1948 der gebürtige Ingolstädter Joseph Schröffer – setzte daher auf „die Arbeiterseelsorge und die Durchdringung der Welt der Arbeit mit dem Geiste Christi", um zu verhindern, daß im Zuge der „unaufhaltsam" fortschreitenden Industrialisierung Gottes „Mitbestimmungsrecht im Betrieb geschmälert und ausgemerzt" würde[230]. Zu den wichtigsten Instrumenten zählten für Schröffer dabei katholische Arbeitnehmerorganisationen wie die CAJ und das Werkvolk, dem er persönlich angehörte[231]. Dem Werkvolk fiel eine doppelte Aufgabe zu: die Zusammenfassung der katholischen Arbeitnehmer in den einzelnen Pfarrgemeinden und deren Schulung für weitere Aktivitäten in den Betrieben, wo sie als Mittler und Multiplikatoren ihrer Idee wirken sollten. Dabei war die Stoßrichtung klar:

„Unsere Gemeinschaft im Werkvolk ist als solche parteipolitisch nicht tätig. In einem aber müssen wir uns einig sein. Die weltanschaulichen Grundlagen einer sozialistischen Partei stehen im Gegensatz zur kath. Weltanschauung. Beide vertragen sich nicht miteinander. Das ist so, auch wenn vor Wahlen anders gesagt wird. Erst wenn wesentliche Änderungen sichtbar wären im Programm und in der praktischen Arbeit einer solchen Partei, dann erst könnte unser Urteil anders werden."[232]

Das Ergebnis der Bemühungen, die organisatorische Aufbauarbeit zu intensivieren, zeigte sich sowohl in der Gründung von Betriebsgruppen in den Großbetrieben Ingolstadts durch das Werkvolk und die CAJ seit 1957 als auch in den Mitgliederzahlen; im Bistum Eichstätt wuchs die Zahl der Mitglieder des Werkvolks zwischen 1950 und 1964 von 1298 auf 3943 und die Zahl der Ortsvereine von 27 auf 82[233]. Auch in den folgenden Jahren konnten Fortschritte verbucht werden. 1966 zählte man 4751 Mitglieder des Werkvolks in neun Bezirken und 99 Ortsvereinen, 1970 5070 (zehn Bezirke, 101 Ortsvereine), 1972 5405 (10 Bezirke, 99 Ortsvereine) und 1976 6206 Mitglieder (neun Bezirke). In den Bezirken Eichstätt und Ingolstadt, die am stärksten in den Sog der Automobilindustrie gerieten, ging die Mitgliederentwicklung ebenfalls nach oben. Im Bezirk Eichstätt waren 1966 721 Männer und Frauen in 12 Werkvolkgruppen organisiert, im Bezirk Ingolstadt 539 in 18 Werkvolkgruppen; 1972 hatte sich diese Zahl auf 786 (11 Werkvolkgruppen) beziehungsweise 719 (20 Werkvolkgruppen) erhöht, und auch in den folgenden Jahren hielt der positive Trend an, so daß 1976 im Bezirk Eichstätt 817 und im Bezirk Ingolstadt 740 Angehörige des Werkvolks registriert wurden[234].

---

[230] Joseph Schröffer, Geleitwort zu: Gott will unsere Arbeit, hrsg. von den Diözesanleitungen des katholischen Werkvolks und der Christlichen Arbeiter-Jugend der Diözese Eichstätt, Ingolstadt 1963, S. 2 f.

[231] Zur Biographie vgl. Ludwig Brandl, Joseph Schröffer (1903–1983), in: Erwin Gatz (Hrsg.), Die Bischöfe der deutschsprachigen Länder 1945–2001. Ein biographisches Lexikon, Berlin 2002, S. 156–159; zu Schröffers Bemühungen um die katholischen Arbeitnehmerorganisationen vgl. Grypa, Katholische Arbeiterbewegung, S. 118 f.

[232] Kontakt vom Juli/August 1957: „Arbeitskreis katholischer Sozialisten?"

[233] Vgl. Grypa, Katholische Arbeiterbewegung, S. 122 und S. 320.

[234] KAB der Diözese Eichstätt, Diözesantage, Arbeits- und Rechenschaftsberichte des Werkvolks

Diese Zahlen konnten sich durchaus sehen lassen und bedeuteten für sich genommen einen schönen Erfolg. Mit der gewerkschaftlichen Konkurrenz konnten die katholischen Arbeitnehmerorganisationen freilich nicht mithalten – im Gegenteil: Seit der zweiten Hälfte der fünfziger Jahre gerieten sie zunehmend ins Hintertreffen. So konnte allein die IG Metall im Bereich der Verwaltungsstelle Ingolstadt, zu der große Teile des Mittelbayerischen Donaugebiets gehörten, ihren Mitgliederstand von 4047 im Jahr 1955 über 9390 im Jahr 1960, 13283 im Jahr 1965 und 19226 im Jahr 1970 auf 22565 im Jahr 1975 steigern[235]. Doch auch in anderer Hinsicht war nicht alles Gold, was in den Mitgliederstatistiken glänzte, denn die Mobilisierung der katholischen Arbeitnehmer in den Pfarreien gelang nur ungenügend. So wurden die 254 Veranstaltungen, welche die KAB der Diözese Eichstätt 1972/73 etwa zum Thema „Mensch bleiben in der Leistungsgesellschaft" oder „Kirche in der Welt" durchführte, von im Durchschnitt gerade einmal 27 Zuhörern besucht[236]. Überdies tat man sich schwer, in den Fabriken Fuß zu fassen und etwa bei Betriebsratswahlen eine Zusammenfassung der christlich orientierten Mitglieder der Belegschaften gegen die „Sozialisten [und] die Kommunisten" zu erreichen[237]. Ein katholischer Kontaktmann bei der Auto Union berichtete 1965 resigniert:

„Apostolatsarbeit ist im Betrieb praktisch nicht möglich. Kaum in den Pausen, da diese ja so kurz sind und kaum zum Essen ausreichen. Höchstens im Bus – aber auch hier ist man vorsichtig. Die meisten wollen schlafen im Bus und wer getraut sich schon einen vom Schlaf zu stören und mit ihm über katholische Dinge zu sprechen. Da erreicht man dann gerade das Gegenteil. Es ist allgemein schwer im Betrieb oder auch im Bus über Kirche und Glauben etwas zu sagen, einige von unseren Gegnern warten oft schon darauf, bis sie ein Wort darüber hören, damit sie Anlaß zum Lästern und Schimpfen haben."[238]

Die strukturelle Unterlegenheit der katholischen Arbeitnehmerorganisationen und das Gefühl nicht weniger christlich orientierter Gewerkschafter, im DGB keine Stimme und vielleicht sogar keinen Platz zu haben, ließen die Unzufriedenheit mit dem Modell der Einheitsgewerkschaft wachsen. Insbesondere seit dem Engagement führender Vertreter des DGB gegen die Regierung Adenauer im Zuge der Bundestagswahl 1953 nahm die Verdrossenheit im katholischen Lager zu, und es entspann sich eine Diskussion, die schließlich im Oktober 1955 zur Gründung der Christlichen Gewerkschaftsbewegung Deutschlands (CGD)[239] und 1959 zur Errichtung eines Dachverbandes für Arbeiter, Angestellte und Beamte unter dem Namen Christlicher Gewerkschaftsbund (CGB) führte. Es zeigte sich freilich rasch, daß dieser späte Sproß der Arbeiterbewegung dem DGB und

---

bzw. der KAB in der Diözese Eichstätt für 1964–1966, 1967/68, 1968–1970, 1970–1972, 1972–1974 und 1974–1976; die Mitgliederzahlen beziehen sich in der Regel auf den Stichtag 1. Januar.

[235] IG Metall-Verwaltungsstelle Ingolstadt, Geschäfts- und Kassenberichte, Geschäftsbericht 1978–1980, S. 86.

[236] KAB der Diözese Eichstätt, Diözesantage, Rechenschaftsbericht der Diözesanleitung der KAB für die Jahre 1972–1974.

[237] Kontakt vom April 1965: „Wahlen im Betrieb".

[238] CAJ der Diözese Eichstätt, Ordner Betriebsseelsorge – Schriftverkehr, Unterlagen, Tätigkeitsbericht des Sekretariats für Betriebsseelsorge in Ingolstadt für das 2. Halbjahr 1965.

[239] Zur Gründung und Entwicklung der CGB unter besonderer Berücksichtigung Bayerns sowie der Beziehungen zum katholischen Werkvolk vgl. Grypa, Katholische Arbeiterbewegung, S. 429–451.

seinen Einzelgewerkschaften zu keiner Zeit ernsthaft Konkurrenz machen konnte[240]. Dies traf auch für Bayern zu, wo man sich aufgrund der sozioökonomischen Struktur und der politischen Verhältnisse große Hoffnungen gemacht hatte, an die erfolgreiche Tradition der christlichen Gewerkschaften vor 1933 anknüpfen zu können. Allerdings gab es immerhin auf regionaler Ebene einige Lichtblicke; dazu gehörten die Region Schweinfurt und die Region Amberg, dazu gehörte aber auch Ingolstadt.

Die christlichen Gewerkschaften waren hier durch einen eigenen Bezirksverband vertreten, der Anfang der sechziger Jahre von Michael Kloiber, einem der CSU verbundenen Angestellten, geführt wurde. Sehr zum Ärger der etablierten Konkurrenz vom DGB traten die christlichen Gewerkschaften mit eigenen Maifeiern an die Öffentlichkeit und bemühten sich unter tatkräftiger Mithilfe des Werkvolks, in den Gemeinden des Landkreises für ihre Ziele zu werben oder sogar eigene Ortskartelle zu gründen[241]. Einiges Aufsehen erregte 1961 auch die Tatsache, daß sich der Christliche Metallarbeiter-Verband im Jahr 1961 sowohl bei der Auto Union als auch bei der Despag den Arbeitern bei der Betriebsratswahl mit eigenen Listen präsentierte[242]. Insbesondere bei der Auto Union kam es zu scharfen Auseinandersetzungen, wobei die christlichen Gewerkschafter ihren Kollegen von der IG Metall vorwarfen, mit Terror und Erpressung zu arbeiten, Andersdenkende zu unterdrücken, parteilich zu sein und die sozialistische Alleinherrschaft im Betrieb anzustreben[243]. Die im DGB organisierten Arbeitnehmervertreter ließen dagegen keine Gelegenheit ungenutzt, um ihre Kontrahenten – die Abkürzung CGD karikierend – als impotente Galionsfiguren der „Zwerg-Gewerkschaft Deutschlands" zu karikieren und als gefährliche Spalter am Gängelband der Kirche zu brandmarken, die das Geschäft der Unternehmer besorgten und die Axt an die Wurzel des sozialen Fortschritts legten[244]. Das Wahlergebnis bei der Auto Union konnten beide Seiten als Betätigung verstehen. Die Liste der IG Metall verbuchte nach wie vor mehr als 90 Prozent der Stimmen, während auf die Liste der christlichen Konkurrenz trotz ihrer organisatorischen Schwäche immerhin 9,3 Prozent der Stimmen entfielen, die für einen Sitz im Betriebsrat aus-

---

[240] Nach Berechnungen von Walther Müller-Jentsch (Basisdaten der industriellen Beziehungen, Frankfurt am Main/New York 1989, S. 137), betrug der Anteil der christlichen Gewerkschaften an allen organisierten Arbeitnehmern zwischen 1960 und 1975 nie mehr als drei Prozent.

[241] Vgl. z. B. Donau-Kurier vom 3. 7. 1961: „CGD Ortsverband Kösching gegründet".

[242] Zu den Anfängen der CGD in Ingolstadt vgl. aus der Sicht der DGB-Funktionäre vor Ort: AsD, Bestand DGB-Landesbezirk Bayern, Geschäftsbericht des DGB-Kreises Ingolstadt für 1960/62, S. 18. Über das Verhältnis der konkurrierenden Gewerkschaften heißt es in diesem Bericht: „Die unqualifizierten, gehässigen Angriffe der CGD und des CMV gegen die IG Metall und den DGB, insbesondere gegen unseren Kollegen Fritz Böhm, haben zu scharfen Auseinandersetzungen geführt".

[243] Vgl. Werner, Fritz Böhm, in: ders./Hörmann (Hrsg.), Fritz Böhm, S. 77 ff.; Kontakt vom Februar 1963: „Betriebsratswahl" und vom April 1965: „Wahlen im Betrieb".

[244] Vgl. Mitteilungen der IG Metall (Verwaltungsstelle Ingolstadt) vom April 1961: „Betriebsratswahlen 1961: Bereits große IGM-Erfolge", vom Juli 1961: „Betriebsratswahlen 1961: Vertrauen zur IG-Metall wächst ständig", Sondernummer für die Belegschaft der Auto Union, undatiert (1963): „CGD ... mit leeren Händen", Sondernummer für die Belegschaft der Despag, undatiert (1964), Sondernummer für die Belegschaft der Auto Union, undatiert (1965): „Einigkeit sichert Erfolg und Fortschritt"; in diesen Ausgaben der Mitteilungen finden sich auch mehrere höhnische Karikaturen.

reichten[245]. Die IG Metall feierte ihren Sieg über diese „blutarme und bedeutungslose Splittergruppe"[246], doch sie mußte spätestens 1963 erkennen, daß man es nicht mit einer lästigen Eintagsfliege zu tun hatte. Diesmal stimmten 13,9 Prozent der Arbeiter bei der Auto Union für die Liste des Christlichen Metallarbeiter-Verbands und entsandten zwei von dessen Kandidaten in den Betriebsrat. 1965 konnte der CMV 15,6 Prozent der Stimmen (drei Sitze erringen), 1968 gar 19,1 Prozent (vier Sitze) und 1972 und 1975 je 17,1 Prozent der Stimmen und fünf Sitze.

Dieser Erfolg ist nicht leicht zu erklären. Der CMV hatte anders als die IG Metall keine wirklich schlagkräftige Organisation aufzubieten, um seine Repräsentanten im Betrieb zu unterstützen und seinen Mitgliedern bei Bedarf zur Seite zu stehen. Zudem war es schon aufgrund der Mehrheitsverhältnisse für die Betriebsräte des CMV schwierig, sich Gehör zu verschaffen und als Team wahrgenommen zu werden, das für die Belegschaft etwas erreichen konnte. Die Vertreter der IG Metall legten den Finger immer wieder in diese Wunde. Im Vorfeld der Betriebsratswahl von 1963 hieß es in einer Sondernummer der „Mitteilungen der IG Metall" für die Belegschaft der Auto Union:

„Die Betriebsratswahlen stehen vor der Tür und siehe da, die sogenannten ‚Christlichen Kollegen' sind wieder munter geworden. Da sie auch in den vergangenen zwei Jahren keinerlei Leistungen für die Arbeitnehmerschaft aufzuweisen hatten, greifen sie wieder zu ihren bekannten Methoden der düsteren Polemik im Betrieb und scheuen nicht einmal vor persönlichen Verleumdungen zurück. Für wirkliche Gewerkschaftsarbeit hat diese Splittergruppe nichts übrig. Es geht ihr vielmehr darum, als moderne Rattenfänger bei der Betriebsratswahl möglichst viele Stimmen zu ergattern, dabei ist jedes Mittel recht. Kolleginnen und Kollegen! Habt ihr schon einmal etwas davon gehört, daß die CGD zu irgendwelchen Problemen der Arbeiterschaft [...] eine Stellungsnahme abgegeben hat? – Nein! [...] Die CGD-Vertreter reden viel, aber sie stehen mit leeren Händen da. So wird es immer bleiben. Sie sind nicht in der Lage, etwas Positives durchzusetzen, weil sie schwach sind. Kein Arbeitgeberverband setzt sich deshalb mit ihnen an den Verhandlungstisch. Einigkeit, nicht Zersplitterung, das ist auch für diese Betriebsratswahl bei der Auto Union wieder die Losung. Deshalb keine Stimme den Spaltern der CGD."[247]

Glaubt man den Aussagen von Fritz Böhm, so waren die Kandidaten des CMV überdies nicht besonders wählerwirksam. Die christlichen Metaller im Betriebsrat seien zwar „alles sehr ordentliche Leute" und „charakterlich durchaus akzeptabel" gewesen, jedoch habe sich keiner durch überdurchschnittliche Begabung oder besondere Fähigkeiten ausgezeichnet[248].

Daß die christlichen Gewerkschaften bei der Auto Union zumindest bei Betriebsratswahlen dennoch reüssierten, dürfte vor allem an drei Faktoren gelegen haben: Zum einen wuchs die Belegschaft in den sechziger und frühen siebziger Jahren stark an. Die neu rekrutierten Arbeitskräfte, die – wie wir gesehen haben – nicht selten aus dem ländlichen Raum stammten, konnten jedoch erst allmählich

---

[245] Diese und die folgenden Angaben finden sich im Archiv des Betriebsrats der Audi AG, Betriebsratswahlen, Aufstellung: Wahlergebnisse und gewählte Betriebsräte 1950–1998.
[246] Mitteilungen der IG Metall (Verwaltungsstelle Ingolstadt), Sondernummer für die Belegschaft der Auto Union, undatiert (1965): „Einigkeit sichert Erfolg und Fortschritt".
[247] Mitteilungen der IG Metall (Verwaltungsstelle Ingolstadt), Sondernummer für die Belegschaft der Auto Union, undatiert (1963): „CGD ... mit leeren Händen".
[248] Vgl. das Interview mit Fritz Böhm am 5. 8. 1998; zur Rolle der Protestwähler vgl. ebenda.

in den Betrieb integriert und am Arbeitsplatz von den Vertrauensleuten für die Sache der IG Metall gewonnen werden. Es war eine Sache, die neuen Kollegen dazu zu bringen, einen Aufnahmeantrag zu unterschreiben, eine andere jedoch, aus ihnen überzeugte Mitglieder zu machen. Dies galt vor allem dann, wenn sie bisher mit Gewerkschaftsarbeit oder gar sozialdemokratischen Ideen wenig hatten anfangen können und politisch eher dem christlich-konservativen Lager zuneigten, wie es in den Landgemeinden des Mittelbayerischen Donaugebiets die Regel war; hier stießen die christlichen Gewerkschaften zweifellos vielfach auf offene Ohren. Zum zweiten konnten sie aus dem Reservoir der Protestwähler schöpfen, die entweder mit der Haltung des Betriebsrats in konkreten Einzelfragen nicht einverstanden oder zu der Überzeugung gelangt waren, ein Schuß vor den Bug tue „denen da oben" einmal ganz gut. Die Kerntruppe des CMV dürfte jedoch, zum dritten, aus den Arbeitern bestanden haben, die sich selbst als bewußt christlich verstanden oder zumindest dazu aktiviert werden konnten, für die Sache der christlichen Gewerkschaften einzutreten. Den Anstoß dazu erhielten sie – und dies wurde von der IG Metall immer wieder beklagt[249] – vielfach nicht im Betrieb, sondern außerhalb, und zwar in katholischen Standesorganisationen wie dem Werkvolk oder durch geistliche Würdenträger. 1961 etwa sorgte der Eichstätter Bischof Schröffer für Diskussionen, als er öffentlich für die christlichen Gewerkschaften eintrat[250]. Nicht wenige Gemeindepfarrer taten es ihm nach und warben entweder gezielt um einzelne Arbeitnehmer oder sprachen sich coram publico für die christlichen Gewerkschaften aus. Dies war beispielsweise in Etting der Fall, einer Gemeinde in unmittelbarer Nähe zum neuen Werk der Auto Union, wo der „St. Michaelsbote" im Vorfeld der Betriebsratswahl im April 1963 dazu aufrief, „nur Männer mit klarer kirchlicher Gesinnung zu wählen", und davor warnte, aus Furcht vor dem öffentlichen Bekenntnis zu „katholischen Unterseeboote[n]" zu werden[251].

Trotz aller Anstrengungen und punktuellen Erfolge konnte von Zufriedenheit im katholischen Lager keine Rede sein. Es verstärkten sich im Gegenteil die Befürchtungen, die Arbeitnehmer in einem Großbetrieb wie der Auto Union seien nicht mehr zu erreichen und drohten der Kirche daher früher oder später endgültig zu entgleiten. Ein Mittel, um dieser Entwicklung entgegenzusteuern, war die

[249] So hieß es in einem Rundschreiben der IG Metall-Bezirksleitung München vom 2.11. 1961: „Trotz groß angelegter und zentral gesteuerter Aktionen blieb den Christlichen Gewerkschaften jedoch auch in Bayern der erhoffte Erfolg versagt. Alle nur denkbare Unterstützung durch katholische Standesorganisationen und einschlägige Vereinigungen, über das Bischofswort bis zur Seelenmassage gläubiger Arbeitnehmer im letzten Winkel ländlicher Gemeinden durch den katholischen Ortsgeistlichen, hat daran nichts geändert. In der grossen Mehrheit unserer 21 Verwaltungsstellen fanden die Propagandamethoden der CGD, die sich, wie bereits in der Vergangenheit erlebt, wiederum durch besondere Niedertracht und Demagogie auszeichneten, bei der Arbeiterschaft überhaupt keine Resonanz. Nur in wenigen Fällen waren Arbeitnehmer bereit, auf den Listen der CGD (CMV) oder der sogenannten Christlichen Werk- oder Betriebsgemeinschaften zu kandidieren." Ähnlich auch Bonifaz Vetterle (IG Metall-Verwaltungsstelle Ingolstadt) an den Vorstand der IG Metall (Abteilung Betriebsräte und Vertrauenskörper) vom 12. 6. 1961; beide Dokumente finden sich in: IG Metall-Verwaltungsstelle Ingolstadt, Betriebsräte – Wahlen 1950–1963. Vgl. auch Mitteilungen der IG Metall (Verwaltungsstelle Ingolstadt), Sondernummer für die Belegschaft der Auto Union, undatiert (1965): Einigkeit sichert Erfolg und Fortschritt".
[250] Vgl. Grypa, Katholische Arbeiterbewegung, S. 119.
[251] Zit. nach Werner, Fritz Böhm, in: ders./Hörmann (Hrsg.), Fritz Böhm, S. 82.

Idee der Arbeiter- oder Betriebsseelsorge, die in Bayern Mitte der fünfziger Jahre vom Erzbistum München-Freising ausging und sich die Aufgabe gestellt hatte, „die christliche Botschaft" auch in die Fabriken „zu bringen" und gemäß dem Wort von Papst Pius XI., der Arbeiter sei „der Apostel des Arbeiters", christlich orientierte Arbeitnehmer bei dieser Aufgabe zu unterstützen[252]. Im Bistum Eichstätt wurde diese Initiative Mitte der sechziger Jahre aufgegriffen und fand ihren organisatorischen Ausdruck in einem 1965 errichteten Sekretariat für Betriebsseelsorge in Ingolstadt, das die Diözesen Eichstätt und Augsburg gemeinsam trugen und dessen Auftrag folgendermaßen definiert wurde:

„Aufgabe des Sekretariates ist es, in den Betrieben des Raumes Ingolstadt durch missionarische Zellen und Aktionen in Zusammenarbeit und Verankerung in KAB und CAJ die Kirche in die Arbeitswelt einzupflanzen. Eine weitere Aufgabe ist die Weckung und Bildung der christlichen Verantwortung in den betrieblichen und gewerkschaftlichen Einrichtungen."[253]

Diese Zielsetzung rückte die Betriebsseelsorge freilich beim DGB und seinen Einzelgewerkschaften ins Zwielicht, die Unrat witterten und den Verdacht nicht loswurden, es mit schlecht getarnten Hilfstruppen der christlichen Konkurrenz zu tun zu haben. Dieser Argwohn ließ sich auch nicht durch die Versicherung aus der Welt schaffen, die Betriebsseelsorge bejahe zwar „politisches und gewerkschaftliches Engagement", ohne sich aber „mit einer Partei oder Gewerkschaft zu identifizieren"[254], zumal die Verflechtungen und Berührungspunkte zwischen Betriebsseelsorge, katholischen Arbeitnehmerorganisationen und christlichen Gewerkschaften naturgemäß eng waren.

Eine der ersten Initiativen des neuen Sekretariats zielte darauf ab, ein Netz von Vertrauensleuten bei der Auto Union aufzubauen, die als Bindeglied zwischen Betrieb, katholischen Standesorganisationen und den Heimatpfarreien der Belegschaft dienen sollten. Zu diesem Zweck rief das Sekretariat Seelsorger, Präsides und Vorstände des Werkvolks dazu auf, vertrauenswürdige Personen namhaft zu machen, die für diese – undankbare – Aufgabe in Frage kamen[255]. Insgesamt wurden 156 Pfarreien angeschrieben, von denen die Hälfte einen Ansprechpartner benannte, so daß noch im Laufe des Jahres 1965 unter den Arbeitern und Angestellten der Auto Union mehr als 80 Kontaktleute gewonnen werden konnten; zu einem ersten Treffen erschienen jedoch nur 22[256]. Diese Kontaktleutetreffen, die es bald auch für andere Großbetriebe der Region gab, wurden vom Sekretariat für

---

[252] AsD, IG Metall (Zentralarchiv), Bestand 1–2, 3084, Notiz über ein Gespräch zwischen Erwin Essl, Herrn Röder und Pater Franz Prinz (SJ) am 24. 1. 1958; zur Arbeiter- bzw. Betriebsseelsorge vgl. auch Grypa, Katholische Arbeiterbewegung, S. 325–332.

[253] CAJ der Diözese Eichstätt, Ordner Betriebsseelsorge – Schriftverkehr, Unterlagen, Richtlinien der Diözesanvorstandschaften der KAB Augsburg und Eichstätt für das Sekretariat für Betriebsseelsorge in Ingolstadt, undatiert.

[254] CAJ der Diözese Eichstätt, Ordner Betriebsseelsorge – Schriftverkehr, Unterlagen, Faltblatt des Sekretariats für Betriebsseelsorge in Ingolstadt, undatiert; zu den Bedenken aus den Reihen des DGB und den Bemühungen, diese zu zerstreuen, vgl. AsD, IG Metall (Zentralarchiv), Bestand 1–2, 3084, Notiz über ein Gespräch zwischen Erwin Essl, Herrn Röder und Pater Franz Prinz (SJ) am 24. 1. 1958.

[255] CAJ der Diözese Eichstätt, Ordner Betriebsseelsorge – Schriftverkehr, Unterlagen, Sekretariat für Betriebsseelsorge Ingolstadt (gez. Michael Thiermeyer und Josef Heinl) an die hochwürdigen Herren Präsides und Seelsorger, Vorstände und Verantwortliche vom 5. 5. 1965.

[256] CAJ der Diözese Eichstätt, Ordner Betriebsseelsorge – Schriftverkehr, Unterlagen, Tätigkeitsbericht des Sekretariats für Betriebsseelsorge in Ingolstadt für 1975: „Zehn Jahre Betriebsseelsorge".

Betriebsseelsorge zwei- bis dreimal im Jahr einberufen und dienten sowohl der
Schulung in Fragen der betrieblichen Mitbestimmung als auch der Festigung im
Glauben, der offenen Aussprache und der Vorbereitung weiterer Veranstaltungen
wie der Einkehrtage für Beschäftigte der Auto Union, die bald zum festen Programm der Betriebsseelsorge gehörten.

Allerdings war die Zahl der Arbeitnehmer, die sich auf diese Weise erreichen
ließ, nicht eben groß. Zum Kontaktleutetreffen am 17. Oktober 1965 waren von
81 Kontaktleuten 35 erschienen, am 29. Januar 1967 nur 14 von 84. Die Einkehr-
oder Besinnungstage waren zwar besser besucht, ohne jedoch echte Breitenwir-
kung zu entfalten. Zum als Adventsfeier gestalteten Einkehrtag für die Beschäftigten der Auto Union am 27. November 1966 kamen beispielsweise 100 Männer
und Frauen, die Vorträge zum Thema „Gott will unsere Arbeit" hörten und
anschließend gemeinsam die Heilige Messe feierten[257]. Angesichts der Tatsache,
daß das Sekretariat für Betriebsseelsorge über die Kontaktleute und die Gemeindepfarrer 2000 Einladungen hatte verteilen lassen, war diese Resonanz alles andere
als berauschend, und sie war es um so weniger, wenn man bedenkt, wie viele Menschen mittlerweile bei der Auto Union arbeiteten. Im Sekretariat für Betriebsseelsorge sah man das ebenso, ohne jedoch eine Alternative parat zu haben. Im
Rechenschaftsbericht für das zweite Halbjahr 1970 hieß es über die vier Begegnungstage für die Belegschaften der Auto Union (etwa 50 Teilnehmer), der Firma
Grundig (etwa 20 Teilnehmer), der Firma Telefunken (etwa 20 Teilnehmer) und
der Despag (53 Teilnehmer):

„Die Beteiligung ist nicht stark im Vergleich zur Größe der Betriebe. Es zeigt sich auch hier
die Versammlungsmüdigkeit. Die Kontaktleute sprechen zwar ihre Kollegen an, manche versprechen auch zu kommen, erscheinen aber nicht; zum Teil wissen die Kontaktleute auch zu
wenig Bescheid über die Einstellung der Kollegen und wagen es deshalb nicht, sie anzuspre-
chen. Ein bestimmter Kreis folgt den Einladungen und wünscht diese Begegnungstage. Wir
werden sie deshalb weiterhin halten. Überlegen müssen wir, wie können mehr Leute angesprochen werden."[258]

Das Sekretariat hielt zudem Kontakt mit Unternehmensleitungen und Betriebsräten und organisierte Betriebsbesuche für Laien und Geistliche, wobei sich die
Großbetriebe Despag und Auto Union besonderer Aufmerksamkeit erfreuten.
Diese Betriebsbesuche hatten eine doppelte Funktion: Zum einen sollten sie das
Interesse der Kirche und ihre Verbundenheit mit den Arbeitnehmern in der Industrie deutlich sichtbar machen, zum anderen bei mißtrauischen Landpfarrern Verständnis für den Alltag der Industriearbeiterschaft, ihre Sorgen und ihre Anliegen
wecken, um so die geistliche Betreuung in den Heimatpfarreien zu verbessern.

Die Betriebsseelsorge war unzweifelhaft ein richtiger Ansatz, ihr Erfolg oder
Mißerfolg ist freilich schwer zu bewerten. Im Ingolstädter Sekretariat machten
sich jedenfalls bereits Anfang der siebziger Jahre Skepsis und (Selbst-)Kritik breit,

---

[257] CAJ der Diözese Eichstätt, Ordner Betriebsseelsorge – Schriftverkehr, Unterlagen, Tätigkeitsbe-
richte des Sekretariats für Betriebsseelsorge in Ingolstadt für das 2. Halbjahr 1965, das 2. Halbjahr
1966 und das 1. Halbjahr 1967.

[258] CAJ der Diözese Eichstätt, Ordner Betriebsseelsorge – Schriftverkehr, Unterlagen, Tätigkeitsbericht des Sekretariats für Betriebsseelsorge in Ingolstadt für das 2. Halbjahr 1970.

und entsprechend illusionslos fiel das Fazit von Betriebsseelsorger Karl Borst und seinem Mitarbeiter Josef Heinl Ende 1971 aus:

„Für Religion und Kirche bleibt kaum etwas übrig. Der ‚geistliche Service' wird noch beansprucht, sonst hat die Kirche jedoch wenig zu sagen. Sie liegt fern, sie ist eigentlich für das Leben des Arbeiters uninteressant, hat nichts zu bieten. Für uns Betriebsseelsorger besteht konkret das Problem darin: Bevor wir die Arbeiterschaft in größerer Zahl in die christliche Gemeinde integrieren können, müssen wir und vor allem die Kirche, deren Vertreter wir sind, glaubwürdig erscheinen. Das bedeutet, der Arbeiter muß sehen, daß die Kirche etwas für ihn tut. Die sozialen Verbesserungen der vergangenen hundert Jahre […] sind meist nicht mit Unterstützung der Kirche erreicht worden. Auch für zukünftige Probleme und Ziele erwartet der Arbeiter aus dieser Richtung kaum eine Hilfe. Die Kirche braucht sich nicht zu schämen, die Schuld bei sich zu suchen. […] Eine Seelsorge an Arbeitnehmern muß also mit dem Vorfeld beginnen, Barrieren zu beseitigen, das Image der Kirche zu verbessern. Erst dann können wir mit einer positiven Glaubensverkündigung beginnen. Dabei müssen wir davon ausgehen, daß dies sehr langsam gehen wird. Wer als Ziel sofort die volle Kirchenzugehörigkeit verlangt, ist von vornherein zum Scheitern verurteilt."[259]

In diesen Ausführungen ist die Verunsicherung deutlich zu spüren, die Kirche und Gläubige nach dem Aufbruch des Zweiten vatikanischen Konzils erfaßt hatte. Die Kirchenbindung ließ nach, der Anspruch auf selbstbestimmte Lebensführung war immer deutlicher zu vernehmen, innerkirchliche Spannungen wuchsen, und die Integrationskraft der katholischen Vereine und Verbände wurde schwächer. Diese Prozesse, die gemeinhin als Erosion, Transformation und Pluralisierung des katholischen Milieus beschrieben werden[260], dürften im Mittelbayerischen Donaugebiet als dominant katholischer, trotz des expandierenden Industriezentrums Ingolstadt überwiegend kleinräumlich-ländlich strukturierter Region im Schnittpunkt der Bistümer Augsburg, München-Freising, Regensburg und Eichstätt jedoch gedämpfter und zögerlicher verlaufen sein als in anderen Teilen Bayerns und der Bundesrepublik.

Gleichwohl war das Mittelbayerische Donaugebiet keine Insel der Seligen, die ungeschoren davongekommen wäre, wie sich schon aus der düsteren Bilanz des Sekretariats für Betriebsseelsorge ergibt. Deutliche Krisensymptome zeigten sich etwa bei der CAJ, die lange Jahre nicht ohne Erfolg als Nachwuchsorganisation der KAB gewirkt und dabei auch Lehrlinge oder junge Arbeiter bei der Auto Union hatte gewinnen können. Im Bezirk Ingolstadt, traditionell eines der Zentren der CAJ in der Diözese Eichstätt, schien Anfang der siebziger Jahre gar der Zusammenbruch zu drohen. Viele Mitglieder scheuten „die Verantwortung, sei es aus Bequemlichkeit oder Interesselosigkeit", hieß es im Protokoll einer Leiterbesprechung. In den CAJ-Abteilungen seien „kaum Führungskräfte vorhanden", nahezu „alle Gruppen" beständen „eigentlich nur noch dem Namen nach"[261]. Doch nicht nur der Schwund an Mitgliedern und Aktivisten, auch interne Zwistigkeiten zwischen eher konservativen Traditionalisten und Funktionsträgern,

[259] CAJ der Diözese Eichstätt, Ordner Betriebsseelsorge – Schriftverkehr, Unterlagen, Tätigkeitsbericht des Sekretariats für Betriebsseelsorge in Ingolstadt für das 2. Halbjahr 1971.
[260] Vgl. dazu allgemein Wilhelm Damberg, Abschied vom Milieu? Katholizismus im Bistum Münster und in den Niederlanden 1945–1980, Paderborn u. a. 1997, S. 505–519.
[261] CAJ der Diözese Eichstätt, Ordner Diözesanausschuß 1968–1971, Protokoll einer Leiterbesprechung über die Situation im CAJ-Bezirk Ingolstadt, undatiert (ca. 1970).

die sich der politischen Linken angenähert hatten, sowie Auseinandersetzungen zwischen CAJ und KAB, deren Orientierung an „bürgerlich-industrielle[n] Wertmuster[n]" bei jungen Menschen immer weniger Akzeptanz fand[262], lähmte die Organisation. Sie fiel somit als Träger des Arbeiterapostolats weitgehend aus[263]. Insgesamt blieben – wie sich am Beispiel der Auto Union zeigen läßt – die in den sechziger Jahren intensivierten Bemühungen, Einfluß auf die wachsende Industriearbeiterschaft der Region zu gewinnen, nur Stückwerk. Die christlichen Gewerkschaften etwa kamen nicht über die Rolle eines ärgerlichen Stachels im Fleisch des DGB hinaus, und die katholischen Arbeitnehmerorganisationen dienten wie die Betriebsseelsorge immer weniger der expansiven Integration als der Stabilisierung von Milieukernen. Diese Funktion ist freilich nicht zu unterschätzen, da die Milieukerne immerhin stark genug blieben, um eine christlich-katholische Grundierung der Gesellschaft aufrechtzuerhalten, die sich zwar nicht mehr mit den festgefügten sozialen Milieus vergangener Tage vergleichen ließ, aber doch ein Klima schuf, in dem konservative Politikangebote besser gediehen als sozialdemokratische. Zudem boten die katholischen Milieukerne Anknüpfungspunkte für die CSU, der es seit den späten sechziger Jahren immer besser gelang, „durch vielfältige neue organisatorische Vernetzungen ein parteinahes gesamtbayerisches Sozialmilieu" aufzubauen[264].

4. Handwerk und Landwirtschaft

Die Transplantation eines Großunternehmens wie der Auto Union in eine agrarisch-mittelständische Region mit einigen industriellen Kernen konnte für die traditionellen Säulen Handwerk, Einzelhandel und Landwirtschaft, auf denen die Wirtschaft in weiten Teilen des Mittelbayerischen Donaugebiets ruhte, nicht ohne Folgen bleiben, zumal der durch die Automobilindustrie ausgelöste Industrialisierungsschub auf schwierige, oft schmerzhafte Prozesse der Umstrukturierung in diesen Wirtschaftsbereichen traf. Das Handwerk bildete zwar vor allem im ländlichen Raum nach wie vor das Rückgrat der gewerblichen Wirtschaft und war vor allem dort stark, wo die Landwirtschaft dominierte, wo urbane Zentren schwer zu erreichen waren, wo sich kleinräumige Marktbeziehungen erhalten hatten und wo sich traditionelle Muster des Konsums nur langsam änderten. Doch je stärker der Strukturwandel von Wirtschaft und Gesellschaft in den fünfziger Jahren an Fahrt gewann, je größer die Mobilität der Menschen wurde und je stärker sich ihre Bedürfnisse im Zeichen der Trias Automobil, Eigenheim und Freizeit veränderten[265],

262 Karl Gabriel, Zwischen Aufbruch und Absturz in die Moderne. Die katholische Kirche in den 60er Jahren, in: Schildt/Siegfried/Lammers (Hrsg.), Dynamische Zeiten, S. 528–543, hier S. 539.
263 KAB der Diözese Eichstätt, Diözesante, Rechenschaftsberichte der KAB in der Diözese Eichstätt für 1972–1974 und 1974–1976.
264 Stefan Immerfall/Alf Mintzel, Ergebnisse und Perspektiven der Forschung zur Parteienlandschaft in Bayern, in: Lanzinner/Henker (Hrsg.), Landesgeschichte und Zeitgeschichte, S. 13–28, hier S. 15.
265 Vgl. Michael Wildt, Am Beginn der „Konsumgesellschaft". Mangelerfahrung, Lebenshaltung, Wohlstandshoffnung in Westdeutschland in den fünfziger Jahren, Hamburg 1994, S. 255–270, und – in europäischer Perspektive – Hartmut Kaelble, Europäische Besonderheiten des Massenkon-

um so größer wurde der Druck auf das Handwerk, das sich mit technisch-be-
triebswirtschaftlicher Modernisierung und Anpassung an Markt und Wettbewerb
in einem industriellen Umfeld ebenso konfrontiert sah wie mit der Notwendigkeit, Betriebsgrößen und Kapitalsubstanz zu konsolidieren.

Letztlich sollte das Handwerk als Wirtschaftskörper überleben – nicht jedoch
jede einzelne Branche, ganz zu schweigen vom einzelnen Betrieb. Zu den Gewinnern zählten dabei produzierende Handwerke, die sich industrialisierten oder von
der Zusammenarbeit mit der Industrie profitierten; auch manchen Dienstlei-
stungshandwerken gelang die Erweiterung ihres Absatzes vor dem Hintergrund
der fortschreitenden Expansion des tertiären Sektors der Wirtschaft und im Zuge
des Nachkriegsbooms, der zu einem bislang nie gekannten Anstieg der Realeinkommen führte und die Grundlage für den Massenkonsum auf gehobenem Niveau bildete. Zu den Verlierern gehörten dagegen die vor allem in ländlichen Gebieten stark vertretenen produzierenden Massenhandwerke – etwa die Schneider,
Schuster oder die Schmiede –, die im Regelfall gegen die übermächtige Konkurrenz industriell gefertigter Waren nicht bestehen konnten und, abgesehen von
Nischenexistenzen, fast ganz von der Bildfläche verschwanden[266].

Welche Bedeutung dem Handwerk im Mittelbayerischen Donaugebiet in der
zweiten Hälfte der fünfziger Jahre zukam, verdeutlicht ein kurzer Blick auf die
Statistik. Vergleicht man die Zahl der Beschäftigten im Handwerk mit der Stärke
der Belegschaften in Industriebetrieben mit mehr als zehn Beschäftigten, so zeigt
sich, daß in fünf von acht Stadt- und Landkreisen des Untersuchungsraums mehr
Menschen im Handwerk arbeiteten als in Industriebetrieben, die ihren Namen
auch verdienten. Selbst in den kreisfreien Städten, die in der Regel als zentrale
Orte vom Strukturwandel früher und nachhaltiger erfaßt wurden als andere
Kommunen, war es keine ausgemachte Sache, daß die Industrie das Handwerk
bereits überrundet hatte. Das galt nicht für Ingolstadt, das industrielle Herz der
Region, wo 1956/57 rund 12700 Arbeiter und Angestellte in der Industrie 4700
Beschäftigten im Handwerk gegenüberstanden, und dies galt auch nicht für Neuburg an der Donau, wo immerhin etwa 900 Personen mehr bei den größeren Industriebetrieben der Stadt in Lohn und Brot standen als im Handwerk. In Eichstätt aber, der Stadt der Schulen und des Bischofs, beschäftigte das Handwerk mit
knapp 1100 Männern und Frauen noch fast doppelt so viele Menschen wie die Industrie. Ist dieser Befund noch überraschend, so entspricht die Dominanz des
Handwerks in den Landkreisen des Untersuchungsraums den Erwartungen. Am
stärksten war das Gefälle im Landkreis Pfaffenhofen, wo fast dreimal so viele
Menschen im Handwerk arbeiteten als in der Industrie; in den Landkreisen Ingolstadt und Neuburg an der Donau waren es ungefähr doppelt so viele, und auch im
Landkreis Schrobenhausen neigte sich die Waagschale noch zugunsten des Handwerks. Lediglich im Landkreis Eichstätt mit seiner Stein- und Glasindustrie zähl-

sums 1950–1990, in: Hannes Siegrist/Hartmut Kaelble/Jürgen Kocka (Hrsg.), Europäische Konsumgeschichte. Zur Gesellschafts- und Kulturgeschichte des Konsums (18. bis 20. Jahrhundert),
Frankfurt am Main/New York 1997, S. 169–203.
266 Vgl. Christoph Boyer/Thomas Schlemmer, „Handwerkerland Bayern"? Entwicklung, Organisation und Politik des bayerischen Handwerks 1945 bis 1975, in: Schlemmer/Woller (Hrsg.), Gesellschaft, S. 87–178.

ten die Statistiker mit etwa 1700 mehr Beschäftigte in der Industrie als im Handwerk, wo aber auch noch gut 1500 Menschen ihr Auskommen fanden[267].

Die starke Stellung des Handwerks im Mittelbayerischen Donaugebiet konnte freilich nicht über die Struktur- und Anpassungsprobleme hinwegtäuschen, mit denen dieser Wirtschaftszweig hier wie in ganz Bayern zu kämpfen hatte. So berichtete der Dachdeckermeister und CSU-Politiker Franz Schäfer, der der Kreishandwerkerschaft Ingolstadt vorstand, schon Ende 1952, daß zwar das Nahrungsmittelhandwerk gut fundiert sei, aber insbesondere die Schmiede und Wagner – bedingt „durch die fortschreitende Technisierung im Wagen- und Fahrzeugbau" – unter dem Mangel an Aufträgen litten. Zudem sei das Bekleidungs- und Schuhmacherhandwerk „sehr stark übersetzt" und habe „infolge scharfer Konkurrenz schwer zu kämpfen"[268]. Und im März 1954 klagte er nicht nur darüber, daß für bestimmte Berufe wie Bäcker und Maurer der Nachwuchs fehle, sondern wies darauf hin, daß immer mehr Handwerkszweige in den Sog des Strukturwandels gerieten[269]:

„Die Entwicklung in manchen Handwerkszweigen ist sehr bedenklich. Ganz abgesehen vom Schmiede- und Wagnerhandwerk scheint auch das Zimmererhandwerk durch die moderne Bauweise in Mitleidenschaft gezogen zu werden. Daß das Schuhmacherhandwerk sich nur noch halten kann bei besonderer Leistung, ist heute jedermann klar. Dem Schneiderhandwerk ist in der Konfektion ein schwerer Rivale entstanden, so daß sich in diesem Handwerk künftig nur noch Meister mit besonderen Fähigkeiten durchsetzen können. Im Damenschneiderhandwerk ist das größte Übel die Schwarzarbeit. Eine Bekämpfung hat sich bis jetzt als fast unmöglich erwiesen."

In den ländlichen Gemeinden des Mittelbayerischen Donaugebiets entwickelten sich die Dinge cum grano salis ähnlich[270]. Hier zeigten sich jedoch zwei Probleme besonders deutlich: Zum einen zerschnitt die Mechanisierung der Landwirtschaft das traditionelle Geflecht zwischen bäuerlicher Wirtschaft und den produzierenden Holz- und Metallhandwerken, zum anderen blieb das Bevölkerungswachstum durch den Zustrom von Flüchtlingen und Heimatvertriebenen in Kombination mit der von der amerikanischen Militärregierung gegen alle Widerstände von deutscher Seite durchgesetzten Gewerbefreiheit[271] nicht ohne Folgen. Denn da es auf dem Land, wo die Masse der sogenannten Neubürger konzentriert war, kaum Erwerbsmöglichkeiten jenseits des Agrarsektors gab, nutzten nicht wenige den neuen gewerberechtlichen Freiraum, um sich selbständig zu machen und einen Handwerksbetrieb zu eröffnen. Dabei entstanden durchaus Betriebe, die sich durchsetzen konnten. Die Masse der aus der Not geborenen Kleinst- und Küm-

---

[267] Vgl. Statistisches Jahrbuch für Bayern 26 (1958), S. 352 f. und S. 356–359; die Zahlen für die Beschäftigten in der Industrie beziehen sich auf den 31. 12. 1957, diejenigen für das Handwerk auf den 31. 5. 1956.
[268] Stadtarchiv Ingolstadt, A 3013, Kreishandwerkerschaft Ingolstadt (gez. Franz Schäfer) an den Stadtrat vom 13. 11. 1952.
[269] Stadtarchiv Ingolstadt, A 3013, Kreishandwerkermeister Franz Schäfer an die Handwerkskammer für Oberbayern vom 8. 3. 1954.
[270] Vgl. z. B. Jahresbericht 1951 des Landkreises Ingolstadt, o.P., und Jahresbericht 1953 des Landkreises Ingolstadt, S. 9 f., beides in: Jahresberichte des Landkreises Ingolstadt.
[271] Vgl. hierzu ausführlich Christoph Boyer, Zwischen Zwangswirtschaft und Gewerbefreiheit. Handwerk in Bayern, 1945–1949, München 1992.

merexistenzen hatte jedoch in der Regal auf Dauer keine Chance, sich in Zeiten des zunehmenden Rationalisierungs- und Konkurrenzdrucks zu behaupten.

Schrumpfung und Konzentration gehörten daher die gesamten fünfziger Jahre hindurch zu den entscheidenden Signaturen der Geschichte des Handwerks. Für ganz Bayern hieß das folgendes: Hatte es am 30. September 1949, dem Stichtag der ersten Handwerkszählung seit Kriegsende, noch rund 200700 Handwerksbetriebe gegeben (und damit 30200 mehr als 1939), so sank diese Zahl bis 1956 auf knapp 174000 und bis 1963 auf 147200[272]. In nicht einmal 15 Jahren war die Zahl der Handwerksbetriebe in Bayern also um 26,7 Prozent zurückgegangen. Dagegen nahm im gleichen Zeitraum die Zahl der Beschäftigten signifikant zu: von rund 644000 im Jahr 1949 auf etwa 800000 im Jahr 1963. Diese Daten verweisen darauf, daß sich die Zahl der Beschäftigten pro Betrieb im Durchschnitt deutlich erhöhte; 1949 hatten die Statistiker für einen Handwerksbetrieb 3,2 Beschäftigte errechnet, 1956 lag dieser Wert bei 4,3 und 1963 schon bei 5,4[273]. Die kleinen Betriebe, so konstatierte das Bayerische Statistische Landesamt 1963, hatten demnach immer größere Schwierigkeiten, im Kampf mit der „personell und kapitalmäßig besser ausgestatteten" Konkurrenz „zu bestehen"[274]. Dieser Trend führte insgesamt zu einer „Erhöhung der wirtschaftlichen Leistungskraft des Handwerks, die ihren Niederschlag in der Entwicklung der Umsätze" fand[275]. 1949 betrug der Umsatz im bayerischen Handwerk noch 3,7 Milliarden DM, 1956 schon 8,8 Milliarden DM und 1963 stattliche 19,5 Milliarden DM. Jedoch profitierten nicht alle Betriebe gleichermaßen von dieser positiven Entwicklung; die Klein- und Kleinstbetriebe konnten nur eingeschränkt daran partizipieren.

Im Mittelbayerischen Donaugebiet wiesen alle Indikatoren in die gleiche Richtung wie im ganzen Land. In den acht Stadt- und Landkreisen des Untersuchungsraums ging die Zahl der Handwerksbetriebe zwischen 1949 und 1963 um 26,7 Prozent von 5607 auf 4111 zurück; damit lag das Mittelbayerische Donaugebiet exakt im bayernweiten Trend. Die Zahl der Beschäftigten – und dies zeigt wiederum die Bedeutung des Handwerks in der Region – nahm dagegen stärker zu als im Landesdurchschnitt. Sie stieg von 16542 auf 21171, also um 28 Prozent, während die Zunahme auf Landesebene nur etwas mehr als 24 Prozent betrug. Die Zahl der Beschäftigten pro Betrieb lag dagegen unter dem Landesdurchschnitt und betrug 1949 2,95, 1956 3,81 und 1963 5,15. Zwischen 1949 und 1956 waren die Betriebe bayernweit schneller gewachsen als im Mittelbayerischen Donaugebiet, bis 1963 hatte man dort jedoch wieder aufholen können, so daß zumindest der alte Abstand von 0,25 wieder hergestellt werden konnte. Diese Entwicklung verweist

[272] Vgl. Das Handwerk in Bayern. Ergebnisse der Handwerkszählung 1949 (Stichtag: 30. September 1949), hrsg. vom Bayerischen Statistischen Landesamt, München 1951, S. VI; Das Handwerk in Bayern. Ergebnisse der Handwerkszählung 1956, hrsg. vom Bayerischen Statistischen Landesamt, München 1958, S. 5*; Das Handwerk in Bayern. Ergebnisse der Handwerkszählung 1963. Allgemeine Erhebung, hrsg. vom Bayerischen Statistischen Landesamt, München 1965, S. 11.
[273] Vgl. Statistisches Jahrbuch für Bayern 24 (1952), S. 187; Ergebnisse der Handwerkszählung 1963 – allgemeine Erhebung, S. 12 und S. 17; Ergebnisse der Handwerkszählung 1956, S. 6*.
[274] Ergebnisse der Handwerkszählung 1963 – allgemeine Erhebung, S. 13.
[275] Das Handwerk in Bayern. Ergebnisse der Handwerkszählung 1968 – Landesergebnisse, hrsg. vom Bayerischen Statistischen Landesamt, München 1968, S. 19; das folgende nach ebenda, S. 17 ff.; der „Einfluß der zwischenzeitlich eingetretenen Preiserhöhungen für handwerkliche Güter und Dienstleistungen" ist nicht berücksichtigt.

auf eine Phasenverschiebung allgemeinerer Art, denn während der Strukturwandel in der ersten Hälfte der fünfziger Jahre vergleichsweise zögerlich in Gang kam, gewann er seit 1955 eine Dynamik, die mit den bayerischen Durchschnittswerten nicht nur Schritt halten konnte, sondern diese sogar teilweise zu übertreffen vermochte[276].

Die Tatsache, daß sich die Veränderungs- und Anpassungsprozesse im Handwerk im Mittelbayerischen Donaugebiet in ähnlicher Weise vollzogen wie in ganz Bayern, darf freilich nicht über die Unterschiede hinwegtäuschen, die in der Region selbst bestanden. In Ingolstadt, dem wirtschaftlichen Zentrum des Mittelbayerischen Donaugebiets, ging die Zahl der Handwerksbetriebe zwischen 1949 (732) und 1963 (630) zwar auch zurück, doch fiel dieser Rückgang mit 14 Prozent mehr als moderat aus. Zwischen 1956 (618) und 1963 war die Zahl der Handwerksbetriebe sogar gegen den Trend wieder leicht gewachsen – eine Anomalie, die mit dem außerordentlichen Wachstum der Stadtbevölkerung und der dadurch gestiegenen Nachfrage nach den Dienstleistungen und Produkten des Handwerks zu erklären ist. Lag der Schwund der Handwerksbetriebe in Ingolstadt weit unter dem Durchschnitt Bayerns und des Mittelbayerischen Donaugebiets, so lag der Anstieg der Beschäftigtenzahlen mit mehr als 84 Prozent – von 3763 im Jahr 1949 auf 6395 im Jahr 1963 – weit darüber. Die Zahl der Beschäftigten pro Betrieb hatte sich dabei von 5,14 auf 11 mehr als verdoppelt und lag damit nicht nur signifikant über den regionalen und überregionalen Vergleichswerten, sondern auch um drei Punkte höher, als man es von einer Stadt mit mehr als 50 000 Einwohnern hätte erwarten dürfen[277].

Doch auch wenn in Ingolstadt Anfang der sechziger Jahre im Handwerk die Zeichen stärker auf Expansion als auf Stagnation oder gar Kontraktion standen, waren Probleme nicht von der Hand zu weisen. So verlor das Handwerk beispielsweise seine traditionelle Dominanz auf dem Feld der Berufsausbildung und hatte – nicht zuletzt wegen der besseren Bezahlung in der Industrie – zunehmend unter Nachwuchsmangel zu leiden. Kam der Arbeitskräftenachwuchs „vor Jahren noch zu 65% aus Ausbildungsstellen des Handwerks", berichtete das Landesarbeitsamt Südbayern im Januar 1965, geschehe die Ausbildung heute „bereits zu 50% in industriellen Ausbildungsverhältnissen", während zahlreiche vom Handwerk angebotene Lehrstellen unbesetzt blieben[278]. Damit hatten die Betriebe jedoch mit einem Arbeitskräftemangel zu kämpfen, der noch dadurch verschärft wurde, daß auch Gesellen und selbst gestandene Handwerksmeister in die Industrie abwanderten[279].

Die positive Entwicklung des Handwerks in Ingolstadt, wo 1963 gut 15 Prozent aller Handwerksbetriebe des Mittelbayerischen Donaugebiets beheimatet waren, bei denen rund 30 Prozent aller in diesem Wirtschaftszweig Beschäftigten

[276] Hierzu und zum folgenden vgl. Ergebnisse der Handwerkszählung 1949, S. 36f., S. 40, S. 42f., S. 66f., S. 81 und S. 85; Ergebnisse der Handwerkszählung 1956, S. 19, S. 25, S. 28f., S. 64, S. 67, S. 88 und S. 95; Ergebnisse der Handwerkszählung 1963 – allgemeine Erhebung, S. 61, S. 66. S. 68f., S. 98, S. 101, S. 118 und S. 124.
[277] Vgl. Ergebnisse der Handwerkszählung 1963 – allgemeine Erhebung, S. 30.
[278] BayHStA, MWi 21741, Bericht des Landesarbeitsamts Südbayern an die Landesplanungsabteilung im bayerischen Wirtschaftsministerium vom 8. 1. 1965.
[279] Vgl. Raumordnungsplan Mittelbayerisches Donaugebiet (1965), S. 162.

in Lohn und Brot standen, kaschierte die Tatsache, daß das Handwerk in anderen Teilen der Region mit erheblich größeren Strukturproblemen zu kämpfen hatte, als man auf den ersten Blick annehmen konnte. So ging die Zahl der Handwerksbetriebe in den Landkreisen Ingolstadt, Pfaffenhofen, Schrobenhausen, Eichstätt und Neuburg an der Donau sowie in der kreisfreien Stadt Eichstätt zwischen 1949 und 1963 stärker zurück als im Landesdurchschnitt – in der Stadt Eichstätt und im gleichnamigen Landkreis mit 43 Prozent beziehungsweise 34 Prozent sogar massiv. Zugleich wuchs die Zahl der Beschäftigten außer in Ingolstadt nur in der Stadt Neuburg an der Donau stärker als im Landesdurchschnitt, wobei keine der anderen Teilregionen über ein Wachstum von 19 Prozent hinauskam und die Zahl der Handwerksbeschäftigten im Stadt- und Landkreis Eichstätt gegen den Trend sogar zurückging. Das hieß aber auch, daß die Zahl der Beschäftigten je Betrieb – wiederum abgesehen von den Städten Ingolstadt und Neuburg an der Donau – langsamer wuchs als im Landesdurchschnitt und 1963 zwischen 3,24 im Landkreis Eichstätt und 5,5 in der Stadt Eichstätt betrug, was darauf hindeutete, wie schwer sich die Betriebe hier damit taten, den Anschluß an die allgemeine Entwicklung zu halten, die Produktion zu rationalisieren und auf Wachstum zu setzen.

Was die einzelnen Sparten des Handwerks betraf, so ließ sich auch im Mittelbayerischen Donaugebiet beobachten, daß die innere Differenzierung dieses Wirtschaftszweigs unaufhaltsam voranschritt[280]. Zugleich kristallisierten sich deutlich Gewinner und Verlierer des Strukturwandels heraus. Auf der Gewinnerseite standen die Bau- und Ausbauhandwerke, deren Dienste zunächst im Zuge des Wiederaufbaus, dann im Rahmen der Modernisierung des Wohnungsbestands benötigt wurden. Auch die metallverarbeitenden Handwerke zählten zu den expandierenden Sparten; in einer Stadt wie Ingolstadt mit seiner Maschinen- und Fahrzeugbauindustrie nahm die Zahl der einschlägigen Handwerksbetriebe zwischen 1949 und 1963 von 111 auf 148 und die Zahl der Beschäftigten von 523 auf 1754 zu. Gut behaupten konnte sich das Nahrungsmittelhandwerk, und zwar sowohl in den Städten als auch auf dem Land, das nicht nur vom allmählich steigenden Lebensstandard profitierte, sondern auch von der Tatsache, daß der Vertrieb von industriell erzeugten Lebensmitteln in Supermärkten vor allem im ländlichen Raum noch die Ausnahme war. Eindeutig auf dem aufsteigenden Ast befanden sich Handwerke, die mit Gesundheit, Körperpflege, Chemie und Reinigung zu tun hatten, wobei es offensichtlich ein Gefälle zwischen einer Stadt wie Ingolstadt, wo diese Dienstleistungen stärker nachgefragt wurden, und den umliegenden Landkreisen gab, deren Bevölkerung noch traditionelleren Lebens- und Verhaltensweisen verhaftet war. Auf der Verliererseite standen dagegen die Bekleidungs-, Textil- und Lederhandwerke sowie die holzverarbeitenden Handwerke, und zwar sowohl was die Zahl der Betriebe, als auch was die Zahl der Beschäftigten betrifft. Im Landkreis Pfaffenhofen etwa sank die Zahl der Betriebe in der Sparte Bekleidung, Textil und Leder von 467 auf 207 und die Zahl der Beschäftigten von 776 auf 329. Alles in allem ist den Verfassern des ersten Raumordnungsplans für das Mit-

---

[280] Vgl. hierzu insbesondere Kreisfreie Stadt und Landkreis Eichstätt (1969), S. 15, S. 25 und S. 29; Kreisfreie Stadt und Landkreis Ingolstadt (1963), S. 8, S. 15 und S. 19; Kreisfreie Stadt und Landkreis Neuburg a. d. Donau (1971), S. 16, S. 27 und S. 31; Landkreis Pfaffenhofen a.d. Ilm (1969), S. 12 und S. 19; Landkreis Schrobenhausen (1967), S. 8 und S. 16.

telbayerische Donaugebiet zuzustimmen, die bezüglich der Entwicklung des Handwerks in ihrer Region Mitte der sechziger Jahre bilanzierten:

„Das ‚Wirtschaftswunder‘ der vergangenen Jahre ist auch am Handwerk nicht spurlos vorübergegangen. Das Handwerk hat angesichts der besonderen Anforderungen, die die Nachkriegsjahre an es stellten, seine große Anpassungsfähigkeit bewiesen; eine Anpassungsfähigkeit, die einen erheblichen Strukturwandel zur Folge hatte. [...] Der zunehmende Konkurrenzkampf der Industrie und des Handels zwang die Handwerker zu fortschrittlicheren Arbeitsmethoden, d.h. zur Modernisierung ihrer Betriebe durch eine bessere Kapitalausstattung. Gleichzeitig machte sich ein verstärkter Zug des Handwerks in den Bereich des Einzelhandels hinein bemerkbar. Das Handwerk stützt sich also in vielen seiner Zweige vermehrt auf den Absatz bereits fertiger Waren, während das besondere Merkmal des Handwerks von früher die Selbstanfertigung und Reparatur von Gebrauchsgegenständen und Dienstleistungen waren. Die individuellen Leistungen sind zwar nach wie vor für das Handwerk charakteristisch. Aber die in den Nachkriegsjahren quantitativ erheblich gestiegene Nachfrage nach Gebrauchsgütern aller Art hat auch das Handwerk zu einer Anpassung im Sinne einer Serienanfertigung gezwungen, wodurch es in manchen Bereichen hinsichtlich seiner Fertigungsmethoden in die Nähe der Industrie gerückt ist. Die damit nur angedeutete Entwicklung nach dem Kriege beinhaltet also einen inneren und äußeren Umbruch in einem Wirtschaftszweig, der mit dem Handwerk alter Prägung häufig kaum noch mehr als den Namen gemein hat."[281]

Neben dem Handwerk war es vor allem die Landwirtschaft, die ihr Gesicht unter dem Druck der verspäteten „Vollindustrialisierung"[282] Bayerns grundlegend veränderte, wobei dieser tiefgreifende Strukturwandel Anfang der sechziger Jahre noch in vollem Gange war. Aus volkswirtschaftlicher Perspektive hieß Strukturwandel vor allem Bedeutungsverlust, denn der Anteil des Agrarsektors am Bruttoinlandsprodukt nahm ebenso kontinuierlich ab wie die Zahl der Arbeitskräfte, die in der Landwirtschaft beschäftigt waren. Aus sozial- und kulturgeschichtlicher Perspektive ist dagegen vor allem die Erosion von spezifischen, an Landbesitz und bäuerliches Wirtschaften gebundenen Lebensweisen und Milieus von Bedeutung, die nicht zuletzt dadurch für jedermann sichtbar wurde, daß die Bauern Zug um Zug an den Rand ihrer Dörfer gedrängt wurden, deren Erscheinungsbild sie seit Menschengedenken bestimmt hatten. Diese fortschreitende ökonomische, soziale und „innerdörfliche Marginalisierung der agrarisch-bäuerlichen Bevölkerung"[283] kam in Teilen Bayerns einer Revolution gleich, verlief aber unter den spezifischen Bedingungen eines Booms, der individuelle Kaufkraft und staatliche Verteilungsspielräume gleichermaßen wachsen ließ, ohne gravierende gesellschaftliche Konflikte, zumal unter den Vorzeichen des sogenannten Wirtschaftswunders auch „faktische Verlierer" des sozioökonomischen Strukturwandels „wie die Bauern, deren Einkommenssteigerungen vielfach hinter denen der Arbeitnehmer in der Industrie zurückblieben, [...] absolut noch viel gewinnen" konnten[284].

Die Rolle der bayerischen Bauern in der modernen Industriegesellschaft ist freilich erst teilweise erforscht; daher wissen wir noch wenig über die mentalitäts-

[281] Raumordnungsplan Mittelbayerisches Donaugebiet (1965), S. 158.
[282] Mintzel, Geschichte der CSU, S. 35.
[283] Erker, Abschied vom Agrarland, in: Frese/Prinz (Hrsg.), Politische Zäsuren und gesellschaftlicher Wandel, S. 330.
[284] Eichmüller, Landwirtschaft und bäuerliche Bevölkerung, S. 411.

geschichtlichen Veränderungsprozesse innerhalb dieser sozialen Gruppe. Fest steht jedoch dreierlei: Wie am Beispiel des Mittelbayerischen Donaugebiets zu zeigen sein wird, wies der Strukturwandel des Agrarsektors, erstens, regional unterschiedliche Ausprägungen auf, auch wenn er im großen und ganzen überall denselben Entwicklungsgesetzen folgte. Die bäuerliche Bevölkerung war, zweitens, nicht nur Subjekt anonymer Prozesse, sondern versuchte auch, sich neuen Gegebenheiten aktiv anzupassen und Kapital daraus zu schlagen. Drittens zerbrach die „soziale Klasse der Bauern […] nicht durch einen einmaligen, eindeutig in eine Richtung gehenden Vorgang, sondern durch eine komplexe, langfristig angelegte Überlagerung von Rollenanforderungen und normativen Leitbildern und die daraus erfolgende allmähliche Erosion"[285].

Die Landkreise des Mittelbayerischen Donaugebiets waren auch 15 Jahre nach Kriegsende noch stark agrarisch geprägt, obwohl sich Ingolstadt zu einem der expansivsten Industriestandorte Bayerns gemausert hatte und obwohl sich der Sog der Ballungsräume München, Augsburg und Nürnberg vor allem an der Peripherie der Region immer stärker bemerkbar zu machen begann. Wie groß die Bedeutung der Landwirtschaft noch immer war, zeigt ein Blick auf die Anteile der Erwerbspersonen nach Wirtschaftsbereichen und den Anteil des primären Sektors am Bruttoinlandsprodukt. Was die Erwerbspersonen angeht, so lag der Anteil der in der Landwirtschaft Beschäftigten in vier von fünf Landkreisen des Untersuchungsraums höher als der Anteil der Männer und Frauen, die im produzierenden Gewerbe tätig waren. Im Landkreis Neuburg an der Donau ging die Schere zwischen Landwirtschaft, Industrie und Dienstleistungssektor am weitesten auseinander; hier arbeiteten 1961 noch 53 Prozent der Erwerbspersonen in der Landwirtschaft, während nur 31 Prozent im produzierenden Gewerbe und 16 Prozent im Sektor Handel, Verkehr und sonstige Dienstleistungen beschäftigt waren[286]. Im Landkreis Schrobenhausen lagen die Verhältnisse ähnlich; 47,7 Prozent der Erwerbspersonen arbeiteten hier noch in der Landwirtschaft, 34,8 Prozent im produzierenden Gewerbe und 17,5 Prozent im tertiären Sektor. In den Landkreisen Eichstätt und Pfaffenhofen war die Wirtschaftsstruktur ausgeglichener, auch wenn hier noch mehr Erwerbspersonen in der Landwirtschaft arbeiteten (46,8 Prozent beziehungsweise 42,5 Prozent) als im produzierenden Gewerbe (39,2 Prozent beziehungsweise 35 Prozent) und im Bereich Handel, Verkehr und sonstige Dienstleistungen (13,9 Prozent beziehungsweise 22,6 Prozent).

Vor diesem Hintergrund sticht die Entwicklung im Landkreis Ingolstadt um so deutlicher hervor, wo bereits 51,7 Prozent der Erwerbspersonen im produzierenden Gewerbe und immerhin 21,8 Prozent im Wirtschaftsbereich Dienstleistungen arbeiteten, aber nur noch 26,6 Prozent in der Landwirtschaft. Damit lag der Anteil der im Agrarsektor beschäftigten Erwerbspersonen zwar noch immer fünf Punkte über dem bayerischen Durchschnitt von 21,6 Prozent, aber nur noch knapp über dem Durchschnitt der oberbayerischen Landkreise, der 26 Prozent betrug. Während die Entwicklung des Agrarsektors im Landkreis Ingolstadt also offenbar im

---

[285] Erker, Abschied vom Agrarland, in: Frese/Prinz (Hrsg.), Politische Zäsuren und gesellschaftlicher Wandel, S. 359.
[286] Vgl. hierzu und zum folgenden Statistisches Jahrbuch für Bayern 28 (1964), S. 382f. und S. 386–389.

Trend der Zeit lag, unterstreicht der außerordentlich hohe Anteil der Erwerbspersonen im Bereich Industrie und Handwerk, der die für Bayern (44,5 Prozent) und die oberbayerischen Landkreise (41,5 Prozent) errechneten Vergleichswerte deutlich übertraf, die Sonderstellung der Region Ingolstadt als eines von mehreren Zentren des industriellen Wachstums im Freistaat[287].

Allerdings sagt der Anteil der Beschäftigten für sich genommen wenig über den Entwicklungsstand der Landwirtschaft und ihre Leistungsfähigkeit im Vergleich mit den anderen Wirtschaftsbereichen aus. Setzt man diesen Wert jedoch in Beziehung zum Bruttoinlandsprodukt, so ergibt sich für das Jahr 1961 folgendes Bild: Zwar übertraf das im Sektor Land- und Forstwirtschaft (einschließlich Fischerei) erwirtschaftete Bruttoinlandsprodukt in allen Landkreisen des Mittelbayerischen Donaugebiets den für Bayern angegebenen Durchschnitt von 9,1 Prozent bei weitem – an der Spitze lag der Landkreis Eichstätt, wo 40,7 Prozent des Bruttoinlandsprodukts im primären Sektor erwirtschaftet worden waren, am Ende der Landkreis Schrobenhausen mit 27 Prozent –, aber das Gefälle zwischen Landwirtschaft und produzierendem Gewerbe erwies sich unter diesem Gesichtspunkt als weitaus weniger steil. In den Landkreisen Neuburg an der Donau und Schrobenhausen hatte sich das Verhältnis gar umgekehrt. Hier waren zwar erheblich mehr Menschen in der Landwirtschaft tätig als in Industrie und Handwerk, aber das im Bereich Bergbau, Energie, verarbeitendes Gewerbe und Baugewerbe erwirtschaftete Bruttoinlandsprodukt (42,2 Prozent beziehungsweise 44 Prozent) übertraf den Anteil des primären Sektors (33,2 Prozent beziehungsweise 27 Prozent) deutlich[288]. Dieser Befund verweist nicht zuletzt auf die Tatsache, daß die Zuwachsraten der Industrie auch im ländlichen Raum signifikant über denen der Landwirtschaft lagen, deren Wachstum ihrerseits durch innere Struktur- und Anpassungsprobleme gehemmt wurde.

Im Landkreis Ingolstadt gestaltete sich das Verhältnis von Erwerbspersonen und Bruttoinlandsprodukt im primären Sektor dagegen vergleichsweise günstig, was darauf schließen läßt, daß der Rationalisierungsprozeß hier bereits weiter fortgeschritten war als in anderen Teilen des Mittelbayerischen Donaugebiets. 26,6 Prozent der Erwerbspersonen zeichneten für immerhin 32,2 Prozent des im Landkreis erwirtschafteten Bruttoinlandsprodukts verantwortlich – ein Anteil, der zudem nicht allzuweit unter dem des Sektors Bergbau, Energie, verarbeitendes Gewerbe und Baugewerbe zurückblieb, der mit 36,9 Prozent angegeben wurde.

Aufs Ganze gesehen, war die Entwicklung der Landwirtschaft in den Landkreisen des Mittelbayerischen Donaugebiets zwischen 1949 und 1960 von denselben Trends gekennzeichnet wie die Entwicklung der Landwirtschaft in Bayern und der Bundesrepublik insgesamt, auch wenn sich bestimmte Besonderheiten und Phasenverschiebungen ausmachen lassen. Besonders kennzeichnend war dabei ein doppelter Schrumpfungsprozeß, der nicht nur die Zahl der in der Landwirtschaft beschäftigten Arbeitskräfte, sondern auch die Zahl der landwirtschaftlichen Be-

---

[287] Die Zahlen für Bayern nach Erker, Keine Sehnsucht, S. 491.
[288] Vgl. hierzu und zum folgenden Statistisches Jahrbuch für Bayern 28 (1964), S. 414 f. und S. 418–421.

136   III. Mitten im Umbruch

Betriebe und Betriebsgrößen in Landkreisen des Mittelbayerischen Donaugebiets in Hektar LNF[289]

		0,01 bis unter 2	2 bis unter 5	5 bis unter 10	10 bis unter 20	über 20	gesamt
Ingolstadt	1949	641 19%	888 26,3%	907 26,9%	667 19,7%	229 6,8%	3378
	1960	671 21,8%	526 17,1%	739 24 %	741 24 %	232 7,5%	3085
	Diff.	+4,7%	-40,8%	-18,5%	+11,1%	+1,3%	-8,7%
Pfaffenhofen	1949	771 16,2%	1303 27,4%	1401 29,5%	817 17,2%	368 7,7%	4753
	1960	634 14,2%	993 22,3%	1376 30,9%	871 19,6%	360 8,1%	4454
	Diff.	-17,7%	-23,8%	-1,8%	+6,6%	-2,2%	-6,7%
Schrobenh.	1949	235 8,3%	653 23,1%	953 33,7%	621 22 %	301 10,7%	2825
	1960	198 7,3%	469 17,4%	912 33,8%	680 25,6%	296 11 %	2696
	Diff.	-15,7%	-28,2%	-4,3%	+9,5%	-1,7%	-4,6%
Eichstätt	1949	606 18,4%	862 26,1%	808 24,5%	606 18,4%	303 9,2%	3300
	1960	485 15,2%	722 22,6%	768 24,1%	667 20,9%	278 8,7%	3190
	Diff.	-24,9%	-16,2%	-5%	+10,1%	-8,3%	-3,3%
Neuburg	1949	525 11,5%	957 21 %	1546 34 %	1121 24,6%	353 7,8%	4553
	1960	476 11,1%	690 16 %	1496 34,7%	1183 27,5%	325 7,5%	4306
	Diff.	-10,3%	-27,9%	-3,2%	+5,5%	-7,9%	-5,4%
Bayern	1949	101422 20,6%	133337 27 %	133779 27,1%	90055 18,3%	34795 7,1%	493388
	1960	96388 21,4%	100171 22,3%	121098 26,9%	98074 21,8%	34288 7,6%	450019
	Diff.	-5%	-24,9%	-9,5%	+8,9%	-1,5%	-8,8%

[289] Zusammengestellt und berechnet nach: Statistisches Jahrbuch für Bayern 30 (1972), S. 141; Bayerische Gemeindestatistik 1960/61, Teil 4, S. 2 f., S. 18 f., S. 26–29, S. 32 f., S. 146–149 und S. 234–237; Kreisfreie Stadt und Landkreis Eichstätt (1969), S. 30; Kreisfreie Stadt und Landkreis Ingolstadt (1963), S. 18; Kreisfreie Stadt und Landkreis Neuburg a.d. Donau (1971), S. 32; Landkreis Pfaffenhofen (1969), S. 20; Landkreis Schrobenhausen (1967), S. 17. Die Tabelle bezieht sich auf alle land- und forstwirtschaftlichen Betriebe; die Zahl der Betriebe ohne landwirtschaftliche Nutzfläche wurde nicht eigens aufgenommen, aber in die Gesamtzahl eingerechnet.

triebe betraf[290]. Bayernweit verschwanden zwischen 1949 und 1960 mehr als 43 000 Bauernhöfe von der Bildfläche, was einer Quote von 8,8 Prozent entsprach[291]. In den fünf hier untersuchten Landkreisen des Mittelbayerischen Donaugebiets wurden bis 1960 von 18 809 landwirtschaftlichen Betrieben 1078 aufgegeben; dies entsprach einem vergleichsweise niedrigen Anteil von 5,7 Prozent, was einmal mehr auf die Persistenz der Landwirtschaft in dieser Region verweist. Im Landkreis Eichstätt gaben nur 3,3 Prozent der Landwirte ihre Höfe auf, in Schrobenhausen 4,6 Prozent, in Neuburg an der Donau 5,4 Prozent und in Pfaffenhofen 6,7 Prozent. Selbst im Landkreis Ingolstadt, wo der sozioökonomische Strukturwandel die höchste Geschwindigkeit erreicht hatte, lag der Konzentrationsprozeß lediglich im Landesdurchschnitt; von den 3378 land- und forstwirtschaftlichen Betrieben, die 1949 gezählt worden waren, bestanden 1960 immerhin noch 3085, was einem Minus von 8,7 Prozent entsprach[292].

Daß immer mehr Höfe aufgegeben wurden, hieß freilich nicht, daß im selben Maße landwirtschaftliche Nutzfläche verlorengegangen wäre und daß die beginnende „Entbäuerlichung der Dörfer" zu „einer Entagrarisierung des Bodens" geführt hätte[293]. Auch im Mittelbayerischen Donaugebiet nahm die landwirtschaftliche Nutzfläche zwar in allen untersuchten Landkreisen ab, doch fiel dieser Rückgang moderat aus und blieb stets hinter dem Prozentsatz der aufgegebenen Höfe zurück. Im Landkreis Pfaffenhofen, der hier das Schlußlicht bildete, betrug der Verlust landwirtschaftlicher Nutzfläche gar nur 1,8 Prozent, während im Landkreis Ingolstadt, wo der Landverbrauch für neue Wohnsiedlungen und Industriegebiete besonders groß war, immerhin 5,7 Prozent abgeschrieben werden mußten; die landwirtschaftliche Nutzfläche ging hier von 27 397 ha auf 25 823 ha zurück. Da mehr landwirtschaftliche Betriebe verlorengingen als landwirtschaftliche Nutzfläche, konnten die Statistiker einen Anstieg der durchschnittlichen Betriebsgröße konstatieren, der zwar für sich genommen nicht dramatisch zu sein schien – im Landkreis Ingolstadt etwa wuchs die durchschnittliche Betriebsgröße von 8,1 ha im Jahr 1949 auf 8,4 ha im Jahr 1960 –, aber bei genauerem Hinsehen auf einen Prozeß von grundlegender Bedeutung für den gesamten Agrarsektor verwies: den Wandel der Betriebsgrößenstruktur.

Blickt man zunächst auf Bayern, so zeigt sich folgende Entwicklung: 1949 machten die land- und forstwirtschaftlichen Betriebe mit einer landwirtschaftlichen Nutzfläche von 0,01 bis unter zwei ha 20,6 Prozent aller Betriebe aus, 27 Prozent der Betriebe verfügten über zwei bis unter fünf ha, 27,1 Prozent der Betriebe über fünf bis unter zehn ha, 18,3 Prozent der Betriebe über zehn bis unter

290 Vgl. Eichmüller, Landwirtschaft und bäuerliche Bevölkerung, S. 398.
291 Vgl. Erker, Abschied vom Agrarland, in: Frese/Prinz (Hrsg.), Politische Zäsuren und gesellschaftlicher Wandel, S. 332.
292 Hierzu und zum folgenden vgl. Landwirtschaftliche Betriebszählung vom 22. Mai 1949. Die Betriebe mit landwirtschaftlich und forstwirtschaftlich benutzter Fläche, hrsg. vom Bayerischen Statistischen Landesamt, München 1950, S. 2f., S. 38f., S. 44–47, S. 148f. und S. 218f., sowie Bayerische Gemeindestatistik 1960/61, Teil 4: Die Betriebsstruktur der Landwirtschaft, hrsg. vom Bayerischen Statistischen Landesamt, München 1963, S. 2f., S. 18f., S. 26–29, S. 32f., S. 146–149 und S. 234–237.
293 Erker, Abschied vom Agrarland, in: Frese/Prinz (Hrsg.), Politische Zäsuren und gesellschaftlicher Wandel, S. 330.

20 ha und nur 7,1 Prozent der Betriebe über mehr als 20 ha. 1960 zählte man in der kleinsten Größenklasse fünf Prozent und in der Größenklasse von zwei bis unter fünf ha sogar 24,9 Prozent der Betriebe weniger, während das Minus in den Größenklassen von fünf bis unter zehn ha und über 20 ha 9,5 Prozent beziehungsweise 1,5 Prozent betrug. Dagegen konnte die Kategorie der Höfe mit einer landwirtschaftlichen Nutzfläche von zehn bis unter 20 ha mit 8,9 Prozent einen deutlichen Zuwachs verbuchen[294]. In den Landkreisen des Mittelbayerischen Donaugebiets, wo die Landwirtschaft in der Regel günstige Voraussetzungen vorfand und die Industrialisierung nur partiell ein fortgeschritteneres Stadium erreicht hatte, lag der Anteil der Kleinbetriebe bis zwei ha dagegen sowohl 1949 als auch 1960 zumeist signifikant unter dem bayerischen Durchschnitt, während der Anteil der mittleren Betriebsgrößen zwischen fünf und 20 ha vor allem in den südlich der Donau gelegenen Gebieten höher war.

Auffällig ist die Entwicklung im Landkreis Ingolstadt, die freilich in engem Zusammenhang mit den durch die Industrie induzierten Veränderungsprozessen in Ingolstadt selbst gesehen werden muß und die nicht nur im Einklang mit dem bayernweiten Trend stand, sondern auch zukünftige Tendenzen bereits vorwegnahm[295]. Zwar ging die Zahl der Betriebe, die über eine landwirtschaftliche Nutzfläche zwischen zwei und fünf ha verfügten, nicht nur im Landkreis Ingolstadt, sondern im gesamten Mittelbayerischen Donaugebiet stark zurück. Doch im Landkreis Ingolstadt erfolgte in dieser Betriebsgrößenklasse mit einem Minus von fast 41 Prozent zwischen 1949 und 1960 ein regelrechter Einbruch, der seinesgleichen suchte. Hier zeigten sich die Folgen des Soges, den das wachsende Angebot an Arbeitsplätzen im produzierenden Gewerbe und in der Bauwirtschaft ausgelöst hatte. Offensichtlich waren zahlreiche Inhaber kleinerer Höfe bereit, ihre Selbständigkeit aufzugeben und in ein abhängiges Beschäftigungsverhältnis zu wechseln, sei es, daß sie dazu gezwungen waren, weil der Betrieb einfach nicht mehr genug abwarf, sei es, daß sie für sich und ihre Familien bessere Perspektiven und einen Zuwachs an Lebensqualität erwarteten. Diese Aussichten – und hier zeigt sich, wie tief der Einschnitt im Landkreis Ingolstadt wirklich ging – waren auch für Landwirte verlockend, die Betriebe mit einer landwirtschaftlichen Nutzfläche zwischen fünf und zehn ha bewirtschafteten und mithin Bauernhöfe ihr eigen nennen konnten, die nicht mehr zu den Kleinbetrieben zählten. Während diese Betriebsgrößenklasse ihren Anteil in Bayern wie in den anderen Landkreisen des Untersuchungsraums halten oder sogar leicht ausbauen konnte, war die Zahl der Anwesen mit einer landwirtschaftlichen Nutzfläche zwischen fünf und zehn ha im Landkreis Ingolstadt absolut wie relativ stark rückläufig; 1960 wurden in dieser Größenklasse 18,5 Prozent Betriebe weniger gezählt als noch 1949! Der sozioökonomische Strukturwandel, der im Raum Ingolstadt seit 1948 mehr und mehr Fahrt aufgenommen hatte, bot mithin früher als anderswo Chancen für eine Neuorientierung jenseits der bäuerlichen Tradition – Chancen, die augenscheinlich auch als solche begriffen und wahrgenommen wurden[296].

---

[294] Berechnet nach Statistisches Jahrbuch für Bayern 30 (1972), S. 141; vgl. auch Eichmüller, Landwirtschaft und bäuerliche Bevölkerung, S. 422.
[295] Vgl. Raumordnungsplan Mittelbayerisches Donaugebiet (1965), S. 134f.
[296] Vgl. hierzu allgemein Eichmüller, Landwirtschaft und bäuerliche Bevölkerung, S. 398.

Die Kehrseite dieser Medaille zeigte sich in den Betriebsgrößenklassen von unter zwei ha und von zehn bis 20 ha. Da im Landkreis Ingolstadt mehr Betriebe im klein- und mittelbäuerlichen Segment bis zu einer Größe von zehn ha landwirtschaftlicher Nutzfläche aufgegeben oder auf die Größe von „Feierabendbetrieben" reduziert wurden als in den übrigen Landkreisen des Untersuchungsraums, stand anderen Bauern genügend Land zur Verfügung, um ihre Höfe durch Zukäufe oder Pacht aufzustocken[297]. Entsprechend kräftig fiel der Zuwachs an Betrieben mit einer landwirtschaftlichen Nutzfläche von mehr als zehn ha aus, wobei zehn ha Anfang der sechziger Jahre noch als unterste Grenze dafür galten, „bei genügend produktiver Arbeit ein gesichertes und angemessenes Einkommen für eine bäuerliche Familie zu gewährleisten"[298]. Doch auch die Kleinbetriebe mit einer landwirtschaftlichen Nutzfläche von 0,01 bis unter zwei ha gewannen an Boden, und zwar gegen den negativen Trend, der im Mittelbayerischen Donaugebiet noch deutlicher ausfiel als im Landesdurchschnitt. Diese Anomalie verweist ebenfalls auf das überdurchschnittliche Wachstum von Industrie und Gewerbe in Ingolstadt. Der Inhaber eines kleinen Bauernhofes konnte in der nahen Stadt Arbeit finden, zwischen Wohnort und Arbeitsplatz hin- und herpendeln und – mit Unterstützung seiner Familie – eventuell sogar seinen reduzierten Betrieb weiterhin im Nebenerwerb bewirtschaften[299]. 1960 wurden im Landkreis Ingolstadt immerhin zwischen 30 und 40 Prozent aller Höfe auf diese Weise betrieben – eine Quote, die an der mittleren Donau nur von Eichstätt und Kelheim erreicht wurde, während sie in Landkreisen wie Riedenburg, Mainburg, Pfaffenhofen, Schrobenhausen und Neuburg an der Donau deutlich darunter lag. Dies zeigt schon, daß sich der Übergang in den Nebenerwerb insbesondere dort schwierig gestaltete, wo lukrative Arbeitsplätze in der Industrie rar waren, und dies schlug sich auch in der Struktur der landwirtschaftlichen Betriebe nieder.

Alles in allem hatte die Nebenerwerbslandwirtschaft jedoch in den fünfziger Jahren Konjunktur, so daß die Zahl der Landwirte, die ihren Hof nicht mehr hauptberuflich bewirtschafteten, zwischen 1949 und 1960 um 69 Prozent von 100 342 auf 169 583 wuchs[300]. Das Mittelbayerische Donaugebiet gehörte freilich nicht zu den Hochburgen der Nebenerwerbslandwirtschaft, die vor allem in Nord- und Ostbayern stark war. Im Herzen des Freistaats, an der Grenze zwischen den Regierungsbezirken Schwaben, Oberbayern, Mittelfranken, Oberpfalz

---

[297] Anfang der sechziger Jahre prognostizierte der Leiter des Landwirtschaftsamts Ingolstadt eine Fortsetzung dieser Entwicklung: Die Betriebe unter fünf ha „können in Zukunft nur noch als Nebenerwerbs- und Feierabendbetriebe weitergeführt werden, wenn ihnen die Umstellung auf Intensivbewirtschaftung [...] nicht gelingt. Dies dürfte aber nur bei einer geringen Zahl der Fall sein. Der größte Teil dürfte bei Aufnahme abhängiger Arbeit durch Verpachtung und späteren Verkauf der landw. Nutzflächen das Aufstockungsland und [...] das Ersatzland für die für Baumassnahmen benötigte landw. Nutzfläche liefern." BayHStA, MWi 21741, Oberlandwirtschaftsrat Peter-Carl Freiherr von Aretin: Denkschrift zur Entwicklung der Landwirtschaft im Industrieraum Ingolstadt, undatiert.
[298] Raumordnungsplan Mittelbayerisches Donaugebiet (1965), S. 135.
[299] Vgl. hierzu unter besonderer Berücksichtigung der Arbeiterbauern Eichmüller, Arbeiterbauern in Bayern, in: Schlemmer/Woller (Hrsg.), Gesellschaft, S. 179–268; die folgenden Angaben finden sich ebenda, S. 192.
[300] Vgl. Arbeitskräfte und Arbeitsverfassung in der bayerischen Land- und Forstwirtschaft. Ergebnisse der Landwirtschaftszählung 1960, Teil 2, hrsg. vom Bayerischen Statistischen Landesamt, München 1964, S. 536.

und Niederbayern, lag der Anteil der Nebenerwerbsbetriebe in der Regel unter 30, zuweilen sogar unter 20 Prozent. Nur in den Landkreisen Eichstätt, Kelheim und Ingolstadt machten die Nebenerwerbslandwirte mehr als 30 Prozent aller landwirtschaftlichen Betriebe aus[301]. Im Landkreis Ingolstadt bewirtschafteten 1960 immerhin 35,6 Prozent der Betriebsinhaber ihr Anwesen im Nebenerwerb, womit der Landkreis den bayerischen Durchschnitt nur knapp verfehlte[302]. Landwirte, die hauptberuflich eine andere Tätigkeit ausübten, kümmerten sich nach Feierabend in der Regel um kleine Höfe, deren landwirtschaftliche Nutzfläche nicht größer war als fünf ha. Betriebsgrößen, die darüber lagen, ließen sich Anfang der sechziger Jahre offensichtlich nicht mehr nebenbei bewirtschaften oder nährten bei ihren Besitzern noch die Hoffnung auf eine Zukunft im Vollerwerb. Im Landkreis Ingolstadt betrieben 60,7 Prozent der Nebenerwerbslandwirte Anwesen mit einer landwirtschaftlichen Nutzfläche von 0,01 bis unter zwei ha, 29,3 Prozent Anwesen mit einer landwirtschaftlichen Nutzfläche von zwei bis unter fünf ha und nur 6,3 Prozent Anwesen mit einer landwirtschaftlichen Nutzfläche von fünf bis unter 7,5 ha. Dabei ist auffällig – und dies ist ein weiterer Beleg für den direkten Zusammenhang von Industrialisierung und Strukturwandel in der Landwirtschaft –, daß der Trend zum Nebenerwerb das Segment der Bauernhöfe, die über eine Nutzfläche von zwei bis unter fünf ha verfügten, im Landkreis Ingolstadt bereits stärker erfaßt hatte als in anderen Landkreisen des Mittelbayerischen Donaugebiets. Während im Landkreis Ingolstadt immerhin knapp 60 Prozent aller in dieser Betriebsgrößenklasse angesiedelten Höfe im Nebenerwerb geführt wurden, lag diese Quote in den Landkreisen Pfaffenhofen, Schrobenhausen und Neuburg an der Donau nur bei 40 bis 45 Prozent.

Daß es sich lohnt, einen Blick auf die landwirtschaftlichen Klein- und Nebenerwerbsbetriebe „als eine Art Scharnier zwischen Land- und Industriewirtschaft" zu werfen, hat zu Recht Paul Erker betont. Denn der „lange Abschied" der Landwirte „vom Vollerwerbsbetrieb über die Neben- und Zuerwerbstätigkeit bis zur hauptberuflichen Tätigkeit im Industrie- und Dienstleistungsbereich, in dessen Verlauf das Agrarland zur Kleingartenparzelle schrumpfte", ermöglichte auf der anderen Seite erst die „Stabilisierung und Herausbildung von durchrationalisierten, ertragsstarken bäuerlichen Mittelbetrieben"[303], wie sie gerade für das Mittelbayerische Donaugebiet typisch sind. Zudem war dieser Prozeß eine wesentliche Voraussetzung dafür, daß „ein in den ländlichen Grund und Boden verwurzelter Typ des bayerischen Industriearbeiters"[304] entstehen und gedeihen konnte.

Der Weg zum ebenso ertragsstarken wie durchrationalisierten bäuerlichen Mittelbetrieb war jedoch Ende der fünfziger Jahre noch weit. Freilich zeichneten sich bereits deutlich die Konturen der künftigen Entwicklung ab, die sich mit folgenden Schlagworten beschreiben ließ: weitere Freisetzung von familienfremden und immer mehr auch von familieneigenen Arbeitskräften, zunehmende Mechanisie-

[301] Vgl. Eichmüller, Arbeiterbauern in Bayern, in: Schlemmer/Woller (Hrsg.), Gesellschaft, S. 192.
[302] Vgl. hierzu und zum folgenden Arbeitskräfte und Arbeitsverfassung in der bayerischen Land- und Forstwirtschaft 1960, Teil 2, S. 412, S. 414f., S. 447 und S. 470.
[303] Erker, Abschied vom Agrarland, in: Frese/Prinz (Hrsg.), Politische Zäsuren und gesellschaftlicher Wandel, S. 333.
[304] Erker, Keine Sehnsucht, S. 499f.

rung, Technisierung und Chemisierung der Produktion, verstärkte Spezialisierung und Markteinbindung der landwirtschaftlichen Betriebe bei schwindender Bedeutung der auf Subsistenz angelegten Eigenwirtschaft. Es würde zu weit führen, so komplexe Prozesse im Rahmen dieser Studie eingehender zu beschreiben; einige Kennziffern für das Mittelbayerische Donaugebiet im allgemeinen und den Landkreis Ingolstadt im besondern sollen daher genügen.

Wie in ganz Bayern verlief auch im Mittelbayerischen Donaugebiet der Abbau von familienfremden Arbeitskräften auf den Höfen in rasantem Tempo. Bayernweit ging die Zahl dieser Landarbeiter zwischen 1949 und 1960 um fast zwei Drittel zurück[305]. In den Landkreisen des Mittelbayerischen Donaugebiets lag diese Quote in der Regel darunter, wenn man von Neuburg an der Donau und vor allem von Ingolstadt absieht. Hier schrumpfte die Zahl der ständig beschäftigten familienfremden Arbeitskräfte sogar um mehr als 70 Prozent auf nur noch 448, so daß ein weiteres Mal das Spezifikum des Landkreises als direkter Einzugsbereich einer wachsenden Industriestadt und der direkte Zusammenhang zwischen Agrarstrukturwandel und Industrialisierung deutlich wird. 1960 standen in den hier untersuchten fünf Landkreisen circa 37 000 Betriebsinhabern und ihren auf dem Hof beschäftigten Angehörigen rund 3750 ständige familienfremde Arbeitskräfte gegenüber; dies entsprach einem Anteil von etwa zehn Prozent, der jedoch im Landkreis Ingolstadt mit 7,6 Prozent noch deutlich unterschritten wurde. Die Aussicht, der oft drückenden Existenz als Dienstbote durch eine Abwanderung in die Industrie zu entfliehen, war vor allem für jüngere Knechte und Mägde so verlockend, daß immer weniger landwirtschaftliche Arbeitskräfte – die zudem auch ihren Preis hatten – zur Verfügung standen. Dies führte nicht zuletzt zu einem jähen Ende althergebrachter Traditionen. So berichtete das Arbeitsamt Ingolstadt, daß in seinem Zuständigkeitsbereich „der bekannte Dienstbotenwechsel an Lichtmeß […] praktisch der Vergangenheit" angehöre[306].

Die zunehmende Reduktion der Arbeitskräfte auf die Mitglieder der Kernfamilie des Hofinhabers – ein Prozeß, der im wahrsten Sinne des Wortes immer mehr bäuerliche Familienbetriebe entstehen ließ – ging Hand in Hand mit einer zunehmenden Mechanisierung und Technisierung[307], wobei es letztendlich nicht zu entscheiden ist, ob es notwendig war, familienfremde Arbeitskräfte durch Maschinen zu ersetzen, weil keine Landarbeiter mehr zu bekommen waren, oder ob es die Anschaffung dieser Maschinen war, die familienfremde Arbeitskräfte weitgehend überflüssig machte. Das Resultat dieser Entwicklung war bereits in den fünfziger Jahren ein wahrer „Mechanisierungsboom" mit ungeahnten Folgen für nahezu jeden Zweig der Landarbeit, der das Tor zur modernen Welt auch für die bayerische

[305] Vgl. hierzu und zum folgenden Landwirtschaftliche Betriebszählung vom 22. Mai 1949. Arbeitskräfte und Arbeitsverfassung in der bayerischen Land- und Forstwirtschaft, hrsg. vom Bayerischen Statistischen Landesamt, München 1950, S. 2 f., S. 62 f., S. 74 f., S. 80 f., S. 272 f. und S. 404 f., sowie Statistisches Jahrbuch für Bayern 28 (1964), S. 391, S. 395 und S. 397.

[306] StA München, Landesarbeitsamt Südbayern 5022, Wirtschafts- und Arbeitsmarktstruktur des Arbeitsamtsbezirks Ingolstadt, Bearbeitungsstand Mai 1959.

[307] Hier spielten auch in Ingolstadt selbst produzierte Fahrzeuge eine Rolle; vgl. Lothar Franz/Martin Kukowski, Landwirtschaft im Zeichen der Vier Ringe. Motoren und Fahrzeuge der Auto Union, ihrer Vorgänger und Nachfolger in Forst- und Landwirtschaft, Ingolstadt 2007, S. 65–96.

Landwirtschaft endgültig aufstieß[308]. Im Landkreis Ingolstadt, um nur ein Beispiel für das Mittelbayerische Donaugebiet zu nennen, wuchs die Zahl der
betriebseigenen Schlepper zwischen Mai 1953 und Mai 1960 um sage und schreibe
380 Prozent von 531 auf 2021, und daß der technische Fortschritt nicht nur per-
spektivenreiche Vollerwerbsbetriebe betraf, zeigt nicht zuletzt die Tatsache, daß
der prozentuale Zuwachs an Zugmaschinen in den Betriebsgrößenklassen unter
fünf beziehungsweise bis zehn ha am stärksten war[309].

Eindruck machte auch die Steigerung der Produktion, wobei die Überschüsse
vor allem in die Ballungsräume München und Nürnberg sowie in das Rhein-
Main- und das Ruhrgebiet geliefert wurden[310]. Die Erträge aller wichtigen Agrar-
erzeugnisse legten im Landkreis Ingolstadt deutlich zu. Bei Winterweizen wurden
1955 noch 26,8 Doppelzentner je Hektar produziert, 1960 waren es bereits 36
Doppelzentner, bei Spätkartoffeln waren es 232,4 anstatt 214,7 Doppelzentner
und bei Futterrüben 495,6 anstatt 430,5 Doppelzentner; die Milcherzeugung stieg
von 13 484 t im Jahr 1950 auf 28 818 t zehn Jahre später und das Gesamtschlacht-
gewicht der Schweine von 1091 t auf 1975 t. Dabei orientierte sich die Erzeugung
der Landwirte immer mehr am Markt, was sowohl zu einer zunehmenden Spezialisierung als auch zu einer Anfälligkeit für Marktentwicklungen oder politische
Entscheidungen zur Preisbildung führte[311]. In Schrobenhausen, wo Kartoffeln
nicht nur erzeugt, sondern auch weiterverarbeitet wurden, stand einer Anbaufläche von 4042 ha mit einer Erntemenge von 970 089 Doppelzentnern im Jahr 1955
eine Anbaufläche von 4583 ha mit einer Erntemenge von 1 279 444 Doppelzentnern im Jahr 1960 gegenüber[312].

Im Landkreis Pfaffenhofen eröffneten sich den Landwirten dagegen neue Per-
spektiven durch den Erfolg der Firma Hipp, die seit Mitte der fünfziger Jahre
Konserven für Säuglinge und Kleinkinder herstellte und sich zu einem wichtigen
Abnehmer für hochwertige Agrarprodukte entwickelte[313]. Im Landkreis Ingolstadt machte sich dagegen die Errichtung der Zuckerfabrik in Rain am Lech
bemerkbar, die nicht nur die industrielle Basis des benachbarten Landkreises
Neuburg an der Donau stärkte, sondern auch dazu führte, daß insbesondere im
Norden und Osten des Landkreises um die Gemeinden Kösching, Oberdolling
und Unterdolling der Anbau dieser industriell verwertbaren Hackfrucht immer
mehr an Bedeutung gewann[314]. Alles in allem beurteilte man zumindest in der
Landesplanungsabteilung des bayerischen Staatsministeriums für Wirtschaft und
Verkehr Mitte der sechziger Jahre die Entwicklung der Landwirtschaft im Mittel-
bayerischen Donaugebiet nicht ungünstig:

„Insgesamt gesehen handelt es sich um ein sehr gutes Ackerbaugebiet mit einem hohen Anteil an intensiven Früchten und einer überregionalen Bedeutung. Bemerkenswert ist eine be-

---

308 Eichmüller, Landwirtschaft und bäuerliche Bevölkerung, S. 402.
309 Vgl. Kreisfreie Stadt und Landkreis Ingolstadt (1963), S. 19; die folgenden Zahlen finden sich
   ebenda, S. 18.
310 Vgl. Raumordnungsplan Mittelbayerisches Donaugebiet (1965), S. 139.
311 Vgl. Eichmüller, Landwirtschaft und bäuerliche Bevölkerung, S. 403 f.
312 Vgl. Landkreis Schrobenhausen (1967), S. 17.
313 Bader, Babynahrung, in: Wohlhüter/Hogl (Hrsg.), Tradition, S. 89.
314 Vgl. Raumordnungsplan Mittelbayerisches Donaugebiet (1965), S. 127 und Abbildung 36, sowie
   Kreisfreie Stadt und Landkreis Ingolstadt (1963), S. 7.

reits weitgehend verwirklichte Spezialisierung in der landwirtschaftlichen Produktion, welche in Anpassung an Boden und Absatzlage erfolgt ist und zur Erzeugung hoher Qualitäten beigetragen hat."[315]

Gleichwohl wurde kein Ende des Agrarstrukturwandels erwartet, im Gegenteil. Für den Raum Ingolstadt prognostizierte der Leiter des zuständigen Landwirtschaftsamts bis zum Ende des Jahrzehnts einen weiteren Rückgang der landwirtschaftlichen Bevölkerung auf rund 12 500 Personen oder 8,9 Prozent der Bevölkerung des Stadt- und Landkreises, die bis 1970 auf 150 000 Menschen anwachsen sollte[316]. Von den jetzt mehr als 3200 Höfen würden nur etwa 2500 „die Industrialisierungswelle überstehen", die aber dann „ihren Besitzern den Lebensunterhalt" durch die Versorgung des Verbrauchsmittelspunkts Ingolstadt mit den wichtigsten Grundnahrungsmitteln und eingebunden in kleinräumige Netzwerke aus Landwirtschaft, Gewerbe und agrarnaher Industrie „ganz oder zum größten Teil sichern" könnten.

Die optimistische Annahme, die Bevölkerung der Stadt Ingolstadt und des gleichnamigen Landkreises würde binnen einer Dekade von 100 000 auf 150 000 wachsen, war angesichts der Entwicklung zwischen 1950 und 1961 nicht unbegründet. Ingolstadt selbst hatte in dieser Zeit eine Bevölkerungszunahme um 31,8 Prozent von 40 523 auf 53 405 Männer und Frauen zu verzeichnen, während sich der Landkreis immerhin über ein Plus von 10,1 Prozent freuen konnte; hatten 1950 noch 44 715 Menschen in den 41 kreisangehörigen Gemeinden gelebt, so waren es 1961 schon 49 251. Dieses Bevölkerungswachstum war um so bemerkenswerter, als für ganz Bayern im selben Zeitraum nur ein Plus von 3,6 Prozent errechnet wurde und – abgesehen von der Stadt Neuburg an der Donau – alle anderen Land- und Stadtkreise des Mittelbayerischen Donaugebiets eine negative Bevölkerungsbilanz zu verkraften hatten.

Die Landkreise Schrobenhausen (–11,7 Prozent) und Neuburg an der Donau (–12,3 Prozent) lagen dabei am unteren Ende der Skala[317]. Diese Entwicklung hing sowohl mit den Wirren des Zweiten Weltkriegs als auch mit der wirtschaftlichen Lage insbesondere im ländlichen Raum Bayerns nach 1948 zusammen. Denn zahlreiche Flüchtlinge und Heimatvertriebene, die seit 1945 zu Hunderttausenden nach Bayern strömten und dort vor allem auf dem Land untergebracht wurden, wo Arbeitsplätze außerhalb der Landwirtschaft rar waren, wanderten nach Gründung der Bundesrepublik dorthin, wo der beginnende wirtschaftliche Aufschwung – der in Bayern bekanntlich vergleichsweise spät einsetzte – eine neue Existenzgrundlage versprach.

Ingolstadt mit seinen alten und neuen Industriebetrieben war schon früh einer der wenigen Hoffnungsträger im südbayerischen Raum, so daß die Zahl der Heimatvertriebenen zwischen 1950 und 1958 von rund 5900 auf 9700 oder um 64 Prozent stieg; damit nahm der Anteil der Heimatvertriebenen an der Bevölkerung der Stadt von 14,7 Prozent auf 20 Prozent zu. Untypisch für noch agrarisch geprägte

---

[315] Raumordnungsplan Mittelbayerisches Donaugebiet (1965), S. 130.
[316] BayHStA, MWi 21741, Oberlandwirtschaftsrat Peter-Carl Freiherr von Aretin: Denkschrift zur Entwicklung der Landwirtschaft im Industrieraum Ingolstadt, undatiert.
[317] Vgl. die Tabelle Bevölkerungsentwicklung in den kreisfreien Städten und Landkreisen der Region Ingolstadt 1939 bis 1970 (S. 20).

Landkreise nahm die Zahl der Heimatvertriebenen im Landkreis Ingolstadt nur
leicht von 10 900 auf 10 000 oder von 24,4 Prozent auf 22 Prozent ab – ein Verlust,
der zunächst durch den Geburtenüberschuß, dann auch durch Wanderungsge-
winne mehr als ausgeglichen wurde[318]. Freilich war das Bevölkerungswachstum,
das der Landkreis in den fünfziger Jahren zu verzeichnen hatte, nicht gleichmäßig
verteilt. Gemeinden, die in der Nähe der Stadt – zumeist innerhalb des ehemaligen Festungsgürtels – gelegen waren und ihren bäuerlichen Charakter zu verlieren
begannen (oder diesen bereits verloren hatten), expandierten in der Regel, während die zumeist an der Peripherie des Landkreises gelegenen Bauerndörfer sta-
gnierten oder zwischen 1950 und 1961 eine negative Bevölkerungsbilanz aufwiesen[319]. Dabei waren die Gemeinden, in denen mehr Erwerbspersonen in Handwerk und Industrie als in der Landwirtschaft beschäftigt waren, inzwischen in der
Überzahl[320]. 1950 hatte es nur fünf Gemeinden gegeben, auf die dieses Struktur-
merkmal zutraf; 1961 waren es bereits 22, wobei der Anteil der in der Landwirtschaft tätigen Erwerbspersonen in neun Gemeinden sogar auf unter 20 Prozent
zurückgegangen war. Auf der anderen Seite gab es nur noch elf der 41 kreisangehörigen Gemeinden, in denen die Quote der Erwerbspersonen im primären Sektor bei über 60 Prozent lag. Eine Karte der Landesplanungsabteilung im bayerischen Staatsministerium für Wirtschaft und Verkehr, auf der die Gemeindetypen
nach der Berufszugehörigkeit der Wohnbevölkerung im Jahr 1961 dargestellt
sind, zeigt die fortgeschrittene funktionale Differenzierung der Gemeinden
ebenso deutlich wie die Sonderstellung, die der Raum Ingolstadt im Mittelbayerischen Donaugebiet einnahm. Inmitten von Bauern- und Landgemeinden hatte
sich um das Industrie- und Dienstleistungszentrum Ingolstadt ein etwa 20 km
durchmessender Ring von Industrie- und Arbeiterwohngemeinden gebildet. Hier
begannen die Grenzen von Stadt und Land zu verschwimmen, und hier begann
sich ein Verdichtungsraum herauszubilden, der alsbald auch die Aufmerksamkeit
der Landesplaner finden sollte.

Besonders dynamisch verlief der Strukturwandel nördlich von Ingolstadt, wo
Großbetriebe wie die Auto Union leicht zu erreichen waren, und im Süden des
Landkreises, wo sich mit den Gemeinden Manching, Ebenhausen, Baar und Rei-
chertshofen ein eigener Entwicklungsschwerpunkt herausgebildet hatte[321]. Im
Osten des Landkreises dominierten jedoch nach wie vor die Bauerndörfer. Nach
den Ergebnissen der Volkszählung von 1961 wurden allerdings nur noch zehn
Gemeinden als „vorwiegend landwirtschaftlich orientiert" und 13 weitere als
„Agrargemeinden mit Wohnfunktion" eingestuft. Zwölf Kommunen galten dage-
gen bereits als „ländliche Gewerbegemeinden mit Wohnfunktion", zwei weitere
(Reichertshofen und Manching) als „Gewerbegemeinden mit Wohnfunktion";
dazu kamen noch Ebenhausen als „Gewerbegemeinde mit Arbeitsplatzfunktion"

---

[318] Vgl. Statistisches Jahrbuch für Bayern 24 (1952), S. 490, und 26 (1958), S. 336, sowie Nauderer,
Eingliederung, S. 31.
[319] Vgl. Raumordnungsplan Mittelbayerisches Donaugebiet (1965), Abbildung 24: Bevölkerungsentwicklung 1950–1961.
[320] Vgl. die Tabellen Erwerbstätigkeit der Bevölkerung in den Gemeinden des Landkreises Ingolstadt
1950 bzw. 1961 (S. 57 und S. 145).
[321] Vgl. Raumordnungsplan Mittelbayerisches Donaugebiet (1965), Abbildung 29.

Erwerbstätigkeit der Bevölkerung in den Gemeinden des Landkreises Ingolstadt 1961[322]

	Erwerbs-personen	Land- und Forst-wirtschaft		Industrie und Handwerk		Handel, Verkehr, Geld-, Versicherungs-wesen		Öff. Dienst und Dienst-leistungen	
Appertshofen	226	100	44%	105	46%	7	3%	14	6%
Baar	478	134	28%	216	45%	86	18%	42	9%
Brunnenreuth	361	107	30%	155	43%	72	20%	27	7%
Demling	169	127	75%	28	17%	5	3%	9	5%
Dünzing	226	125	55%	84	37%	8	4%	9	4%
Dünzlau	113	72	64%	26	23%	8	7%	7	6%
Ebenhausen	852	136	16%	537	63%	101	12%	78	9%
Eitensheim	708	239	34%	340	48%	76	11%	53	7%
Etting	538	138	26%	302	56%	67	12%	31	6%
Ettling	116	89	77%	19	16%	5	4%	3	3%
Friedrichshofen	153	59	39%	58	38%	28	18%	8	5%
Gaimersheim	1741	277	16%	1066	61%	225	13%	173	10%
Gerolfing	610	290	48%	243	40%	39	6%	38	6%
Großmehring	1160	349	30%	629	54%	82	7%	100	9%
Hagau	112	73	65%	29	26%	5	4%	5	4%
Hepberg	462	87	19%	250	54%	42	9%	83	18%
Irgertsheim	253	145	57%	86	34%	15	6%	7	3%
Kasing	314	149	47%	127	40%	26	8%	12	4%
Kösching	1690	338	20%	971	57%	183	11%	198	12%
Lenting	775	142	18%	471	61%	111	14%	51	7%
Mailing	1106	141	13%	693	63%	161	15%	111	10%
Manching	1883	329	17%	1056	56%	241	13%	257	14%
Menning	190	121	64%	57	30%	5	3%	7	4%
Mühlhausen	75	56	75%	15	20%	1	1%	3	4%
Niederstimm	119	45	38%	47	39%	19	16%	8	7%
Oberdolling	276	137	50%	96	35%	23	8%	20	7%
Oberhartheim	92	86	93%	1	1%	–	–	5	5%
Oberhaunstadt	966	114	12%	673	70%	89	9%	90	9%
Oberstimm	390	96	25%	187	48%	58	15%	49	13%
Pettenhofen	125	81	65%	32	26%	4	3%	8	6%
Pförring	658	237	36%	305	46%	51	8%	65	10%
Pichl	118	57	48%	44	37%	14	12%	3	3%
Reichertshofen	970	105	11%	576	59%	166	17%	123	13%
Stammham	518	206	40%	239	46%	40	8%	33	6%
Theißing	230	169	73%	54	23%	2	1%	5	2%
Unsernherrn	2657	332	12%	1325	50%	680	26%	320	12%
Unterdolling	130	91	70%	29	22%	6	5%	4	3%
Wackerstein	195	109	56%	59	30%	10	5%	17	9%
Wettstetten	725	245	34%	393	54%	41	6%	46	6%
Winden	51	43	84%	4	8%	2	4%	2	4%
Zuchering	730	202	28%	395	54%	77	11%	56	8%

[322] Vgl. Bayerische Gemeinde- und Kreisstatistik 1960/61, Teil 1, S. 58f. und S. 62f.

und Pförring als „ländliche Gewerbegemeinde"[323]. Die Winde der Veränderung wehten also in allen Teilen des Landkreises Ingolstadt stark genug, um Erwartungen und Ängste gleichermaßen zu wecken. So schrieb Landrat Otto Stinglwagner im Oktober 1962:

„Der allgemeine wirtschaftliche Aufstieg, der sich seit etwa einem knappen Jahrzehnt in unserem Lande vollzieht, läßt seine Wellen auch bis in den kleinsten Ort unseres Landkreises schlagen. Vorbei ist es mit der Ruhe und Beschaulichkeit in dem früher überwiegend landwirtschaftlich orientierten Lebensraum, der – gewollt oder ungewollt – in einen Sog geriet, aus dem es kein Entrinnen mehr gibt."[324]

5. Politische Strukturen und sozialer Wandel I

Grundlagen

Dieser unerbittliche Sog der Veränderung machte auch vor den basisnahen politischen Eliten in Bürgermeister- und Landratsämtern, Stadt- und Gemeinderäten oder Kreistagen nicht Halt – er betraf sie im Gegenteil in besonderer Weise, weil ihnen einerseits die Aufgabe zufiel, den Strukturwandel in ihrem Zuständigkeitsbereich zu bewältigen, sie aber andererseits als gewählte Amts- und Mandatsträger die Auswirkungen dieses Strukturwandels auf die Zusammensetzung der Wahlbevölkerung direkt zu spüren bekamen. Wenn wir uns nochmals die Transformation der Berufsgruppenschichtung in den fünfziger Jahren vor Augen halten, wird sofort deutlich, wie stark die Wählerbasis in Bewegung geraten war. In Ingolstadt selbst wuchs beispielsweise die Zahl der Beschäftigten in Industrie und Handwerk zwischen 1950 und 1961 um ein Drittel von 9078 auf 12304. Noch deutlicher hatte das sogenannte Wirtschaftswunder im Landkreis Ingolstadt seine Spuren hinterlassen. 1950 war die Zahl der Erwerbspersonen, die in der Land- und Forstwirtschaft arbeiteten, mit 8955 leicht höher als die Zahl der Beschäftigten in Industrie und Handwerk (8912). 1961 dagegen überstieg die Zahl der Erwerbspersonen im produzierenden Gewerbe mit 12022 diejenige der Beschäftigten in der Land- und Forstwirtschaft (6178) bereits nahezu um das Doppelte[325].

Die Frage, wie sich die Zusammensetzung der kommunalpolitischen Eliten in den Jahren des großen Booms entwickelt hat, ist von Historikern wie Jaromír Balcar und Peter Exner bisher vor allem für den eher strukturschwachen ländlichen Raum untersucht worden[326]. Hier geht es dagegen hauptsächlich um die Frage nach den politischen Rückwirkungen des Strukturwandels in einer aufstrebenden Region unter besonderer Berücksichtigung der Überformung einer vorwiegend kleinräumig-bäuerlich geprägten Landschaft durch die Großindustrie. Dabei wird insbesondere eine Vermutung zu überprüfen sein, die auf den ersten Blick auf der

---

[323] Vgl. Ein Programm für Bayern II, hrsg. von der Bayerischen Staatsregierung, Passau 1970, S. 82 f.
[324] Otto Stinglwagner, Tragweite der neuen Aufgaben, in: Wirtschaftsbeilage des Donau-Kurier vom 25. 10. 1962, S. 2.
[325] Vgl. Statistisches Jahrbuch für Bayern 24 (1952), S. 503, und 28 (1964), S. 382.
[326] Vgl. Balcar, Politik auf dem Land, S. 39–131, und Peter Exner, Ländliche Gesellschaft und Landwirtschaft in Westfalen 1919–1969, Paderborn 1997, S. 141–281.

Hand zu liegen scheint, die Annahme nämlich, daß die Veränderungen in Bayerns Wirtschaft und Gesellschaft einen „wahlsoziologischen Strukturwandel zugunsten der Sozialdemokratie"[327] hätte begünstigen und andererseits christlich-konservativen Parteien wie der CSU als Partei des Besitzmittelstands und der Beamten das Geschäft erschweren müssen[328]. Vornehmlich werden dabei die Stadt Ingolstadt, von der die stärksten Veränderungsimpulse ausgingen, und die 41 Gemeinden des gleichnamigen Landkreises in den Blick genommen, die diese Impulse besonders früh und besonders nachhaltig zu spüren bekamen.

Das Mittelbayerische Donaugebiet war eine strukturell konservative Region – landwirtschaftlich geprägt, lange Zeit zu weit entfernt von urbanen Zentren wie München, Augsburg oder Nürnberg, als daß deren Strahlkraft die Region nachhaltig erreicht hätte, kleinräumig gegliedert und noch Anfang der fünfziger Jahre nur mit wenigen Kernen, in denen die Entwicklung bereits weiter fortgeschritten war. Die große Mehrheit der Bevölkerung dachte bayerisch-traditionell, ließ sich aber vor 1933 auch zu gelegentlichen deutschnationalen Aufwallungen hinreißen. Dagegen bildete die skeptische, ja ablehnende Haltung gegen alles, was nach Sozialismus oder gar Kommunismus aussah, eine mentale Konstante, die vor allem bei Wahlen direkt handlungsleitend wurde. Das von Klaus Tenfelde diagnostizierte „bayerische Syndrom", in dem Modernisierungsskepsis, antiliberale, antisozialistische und antipreußische Ressentiments mit agrarromantischen, ständestaatlichen, urbanisierungs- und industrialisierungsfeindlichen Vorstellungen verschmolzen[329], machte auch vor den Bauern, Handwerkern und Kleinbürgern in den Dörfern, Marktflecken und Landstädtchen des Mittelbayerischen Donaugebiets nicht Halt. Das liberale Bürgertum und die organisierte Arbeiterschaft, die gegen das „bayerische Syndrom" einigermaßen gefeit waren, konnten dagegen nur schwer Fuß fassen, da selbst in Städten wie Ingolstadt oder Eichstätt besondere Bedingungen herrschten. Gab in Ingolstadt lange Zeit das Militär den Ton an, so wurde das Klima in der Bischofsstadt an der Altmühl durch die katholische Kirche geprägt, die noch in den fünfziger Jahren einen bestimmenden Einfluß auf weite Teile der Bevölkerung ausübte. Dies lag nicht zuletzt daran, daß das Mittelbayerische Donaugebiet im Schnittpunkt der vier Bistümer Augsburg, Eichstätt, München-Freising und Regensburg lag und selbst für bayerische Verhältnisse als katholisches Kernland gelten mußte. Dies zeigt schon ein Blick auf die Statistik: 1950 standen im Untersuchungsraum 246400 Katholiken 27050 Protestanten gegenüber, wobei die meisten evangelischen Christen in Ingolstadt und im Landkreis Neuburg an der Donau lebten[330].

Wie die politischen Strukturen beschaffen waren, oder besser: wie sie sich nach dem Ende des Zweiten Weltkriegs rekonstituiert hatten, läßt sich schlaglichtartig

---

[327] Schreyer, Bayern – ein Industriestaat, S. 15.
[328] Zur Sozialstruktur der CSU-Mitglieder vgl. Mintzel, Geschichte der CSU, S. 127–130.
[329] Klaus Tenfelde, Bayerische Wirtschaft und Gesellschaft im 19. und frühen 20. Jahrhundert, in: Hartmut Mehringer (Hrsg.), Von der Klassenbewegung zur Volkspartei. Wegmarken der bayerischen Sozialdemokratie 1892–1992, München u.a. 1992, S. 9–19, hier S. 12 f.
[330] Vgl. Statistisches Jahrbuch für Bayern 24 (1952), S. 491, S. 493, S. 497 und S. 501; die Angaben sind gerundet und beziehen sich auf die kreisfreien Städte Ingolstadt, Eichstätt und Neuburg an der Donau sowie auf die Landkreise Ingolstadt, Eichstätt, Neuburg an der Donau, Pfaffenhofen an der Ilm und Schrobenhausen.

aus den Ergebnissen der beiden Landtagswahlen herauslesen, die am 1. Dezember 1946 und am 26. November 1950 stattgefunden hatten[331]. Als 1946 erstmals wieder in freier Wahl ein Landtag bestellt werden konnte, ergab sich in allen Stimmkreisen des Mittelbayerischen Donaugebiets eine Mehrheit für die CSU, deren Botschaft einer konfessionelle, soziale und landsmannschaftliche Gegensätze überbrückenden Union offensichtlich auf fruchtbaren Boden fiel[332]. Am besten – und hier zeigte sich bereits, wie eng der Wahlerfolg dieser Partei mit dem Einfluß des Katholizismus zusammenhing – schnitt die CSU mit 69,8 Prozent im Stimmkreis Eichstätt-Stadt und -Land/Hilpoltstein ab. Aber auch in den Stimmkreisen Neuburg an der Donau-Stadt und -Land sowie Pfaffenhofen an der Ilm/Schrobenhausen kam die CSU auf mehr als 60 Prozent der Stimmen. Selbst im Stimmkreis Ingolstadt-Stadt und -Land errang die neue Sammlungspartei die absolute Mehrheit, mußte sich freilich mit 50,6 Prozent der Stimmen zufriedengeben und lag damit auch unter dem Landesdurchschnitt von 52,3 Prozent. Dieses vergleichsweise magere Ergebnis lag nicht zuletzt an einer für die Region starken Sozialdemokratie, die in Ingolstadt-Stadt und -Land immerhin 29 Prozent der Stimmen gewann, während sie sich in den anderen Stimmkreisen des Mittelbayerischen Donaugebiets mit einem Stimmenanteil zufriedengeben mußte, der bei 16 bis 22 Prozent lag. Zusammen mit den 9,1 Prozent der – ansonsten mehr oder weniger abgeschlagenen – KPD ergab sich für die Arbeiterparteien immerhin ein Stimmenpotential von fast 40 Prozent! In der Stadt Ingolstadt kamen SPD (31,3 Prozent) und KPD (11 Prozent) sogar fast an die CSU (44,8 Prozent) heran. Hier schlugen sich die bereits im späten 19. Jahrhundert begonnene Industrialisierung und die damit verbundene Herausbildung eines linken Arbeitermilieus nieder – Entwicklungen, die auch das Umland nicht unberührt gelassen hatten. „Rote" Gemeinden wie Ebenhausen, Kösching Oberhaunstadt, Reichertshofen oder Unsernherrn[333] wirkten sich positiv auf das Wahlergebnis von SPD (26,8 Prozent) und KPD (7,3 Prozent) im Landkreis aus, wo die CSU zwar auf immerhin 56,2 Prozent der Stimmen kam, aber doch deutlich hinter den Ergebnissen in den Nachbarlandkreisen zurückblieb[334].

Vier Jahre später hatte sich die Szenerie zumindest auf den ersten Blick grundlegend verändert. Die CSU verlor bei der Landtagswahl ihre Spitzenstellung in den Stimmkreisen Pfaffenhofen an der Ilm/Schrobenhausen (23,4 Prozent) und Ingolstadt-Stadt und -Land (26,4 Prozent), während sie sich in Neuburg an der Donau-Stadt und -Land (26,6 Prozent) mit Mühe als stärkste Kraft behaupten konnte. Unangefochten blieb die Union lediglich im Stimmkreis Eichstätt-Stadt und -Land/Hilpoltstein (44,5 Prozent), obwohl sie auch hier im Vergleich zu 1946

---

[331] Vgl. hierzu und zum folgenden ebenda, S. 434 f., S. 442 f. und S. 446 f. Die Wahlergebnisse beziehen sich auf die Landtagsstimmkreise Ingolstadt-Stadt und -Land, Eichstätt-Stadt und -Land/Hilpoltstein, Neuburg an der Donau-Stadt und -Land sowie Pfaffenhofen an der Ilm/Schrobenhausen.

[332] Zur Gründung und programmatischen Orientierung der CSU vgl. Thomas Schlemmer, Aufbruch, Krise und Erneuerung. Die Christlich-Soziale Union 1945–1955, München 1998, S. 9–49.

[333] Vgl. Donau-Kurier vom 3. 12. 1946: „Wie Ingolstadt-Land wählte".

[334] Vgl. Stuart Drummond, Der Neubeginn der Demokratie. Politische Entwicklungen in Ingolstadt 1945/46, Ingolstadt 1984, S. 44–53.

schwere Verluste zu verzeichnen hatte[335]. Die verheerende Niederlage der CSU, die nicht nur im Mittelbayerischen Donaugebiet, sondern in ganz Bayern zu beobachten war, hatte vor allem zwei Ursachen: die erbitterten Flügelkämpfe zwischen interkonfessionell-liberalen Föderalisten und katholisch-konservativen Partikularisten, die zu offenen Auflösungserscheinungen führten, und die Desintegration des Parteiensystems, die bereits 1948 begonnen und sich nach dem Fall des Lizenzzwangs im März 1950 beschleunigt fortgesetzt hatte[336]. Für die CSU als „besatzungspolitisch verordnete bürgerliche Integrationspartei"[337], die noch dazu in sich alles andere als gefestigt war, bedeuteten diese Zersplitterungstendenzen ein ernstes Problem, zumal sie gleichsam zwischen zwei Mühlsteine geriet. Zum einen machte ihr die Bayernpartei, die aufgrund der historischen wie der sozioökonomischen Gegebenheiten im Mittelbayerischen Donaugebiet günstige Entwicklungsbedingungen vorfand, die angestammte Klientel streitig, zum anderen warben Flüchtlingsparteien erfolgreich um die Gunst der Neubürger, von denen nicht wenige (und sei es aus Mangel an Alternativen) bisher für die CSU gestimmt hatten.

Man darf sich allerdings durch den ersten Eindruck nicht täuschen lassen. Das soziopolitische Gefüge im Mittelbayerischen Donaugebiet hatte sich weniger stark verändert, als es ein oberflächlicher Vergleich der Wahlergebnisse von 1946 und 1950 vermuten läßt. Das christlich-konservative Lager – verkörpert durch die feindlichen Schwestern CSU und Bayernpartei – verfügte nämlich in weiten Teilen der Region nach wie vor über eine strukturelle absolute Mehrheit, die im Stimmkreis Eichstätt-Stadt und -Land/Hilpoltstein sogar bei mehr als 60 Prozent der Stimmen lag. Im Stimmkreis Pfaffenhofen an der Ilm/Schrobenhausen kamen CSU und BP zusammen auf 57,3 Prozent, und auch im Stimmkreis Neuburg an der Donau-Stadt und -Land, wo freilich die Listenverbindung Deutsche Gemeinschaft/Block der Heimatvertriebenen und Entrechteten (BHE) mit 26 Prozent der Stimmen besonders stark war, lagen sie noch immer bei 50,7 Prozent.

Neben der Dominanz christlich-konservativer Kräfte spricht auch die Schwäche der SPD im Mittelbayerischen Donaugebiet für eine signifikante Kontinuität der politischen Strukturen. Abgesehen vom Stimmkreis Eichstätt-Stadt und -Land/Hilpoltstein, wo sich die Sozialdemokratie von 16,3 Prozent auf 18,8 Prozent der Stimmen verbessern konnte, verlor die Partei trotz des niedrigen Ausgangsniveaus sowohl im Stimmkreis Pfaffenhofen an der Ilm/Schrobenhausen (von 22,1 Prozent auf 17 Prozent) als auch im Stimmkreis Neuburg an der Donau-Stadt und -Land (von 16,4 Prozent auf 12,7 Prozent) sogar weitere Stimmenanteile. Anders lagen die Verhältnisse wiederum im Stimmkreis Ingolstadt-Stadt und -Land, wo sich die Gewichte nachhaltiger verschoben hatten. Hier blieben CSU und BP auch *zusammengenommen* mit 45,8 Prozent deutlich unter der ab-

[335] Vgl. hierzu und zum folgenden Wahl zum Bayerischen Landtag am 26. November 1950, hrsg. vom Bayerischen Statistischen Landesamt, München 1951, S. 44 f., S. 52 f. und S. 76 f.
[336] Vgl. Thomas Schlemmer, Zwischen Weimar und Bonn. Das westdeutsche Parteiensystem 1945 bis 1961, in: Gian Enrico Rusconi/Hans Woller (Hrsg.), Parallele Geschichte? Italien und Deutschland 1945–2000, Berlin 2006, S. 235–259, hier S. 241–251.
[337] Alf Mintzel, Regionale politische Traditionen und CSU-Hegemonie in Bayern, in: Dieter Oberndörfer/Karl Schmitt (Hrsg.), Parteien und regionale Traditionen in der Bundesrepublik Deutschland, Berlin 1991, S. 125–180, hier S. 142.

soluten Mehrheit, während die SPD – übrigens gegen den landesweiten Trend – mit 36,1 Prozent der Stimmen zur stärksten Partei avancierte. Ingolstadt stach damit im Mittelbayerischen Donaugebiet gleichsam wie ein roter Leuchtturm unter den anderen Stimmkreisen heraus und stellte mit Josef Strobl auch den Stimmkreisabgeordneten. In den anderen Wahlbezirken der Region waren dagegen ausschließlich bayerisch-konservative Kandidaten zum Zuge gekommen: der junge Landwirtschaftsexperte Hans Eisenmann (BP) im Stimmkreis Pfaffenhofen an der Ilm/Schrobenhausen, der katholische Priester und Studienprofessor Georg Gromer (CSU) im Stimmkreis Neuburg an der Donau-Stadt und -Land sowie der Diözesanreferent Hanns Martin Schmidramsl (CSU) im Stimmkreis Eichstätt-Stadt und -Land/Hilpoltstein.

Am deutlichsten wurde der Aufschwung der SPD in Ingolstadt selbst, wo sie 42,6 Prozent der Stimmen (gegenüber 27,7 Prozent der CSU) auf sich vereinen konnte[338]. Dies war das beste sozialdemokratische Ergebnis in einer der sieben kreisfreien Städte Oberbayerns, München eingeschlossen. Im Landkreis Ingolstadt fiel das Resultat erwartungsgemäß weniger klar aus. Doch auch hier lag die SPD mit 30,6 Prozent der Stimmen über dem Landesdurchschnitt und hatte sowohl die CSU (25,2 Prozent) als auch die Bayernpartei (23,9 Prozent) überrundet. Dabei war die SPD keineswegs in allen Teilen des Landkreises gleich stark. Während sie in zehn von 41 Gemeinden über 30 Prozent der Stimmen erringen konnte, scheiterte sie in 15 Kommunen an der 20-Prozent-Marke. Ob die SPD in einer Gemeinde Erfolg hatte, hing vor allem von drei Faktoren ab: von der räumlichen Nähe zur Stadt Ingolstadt und dem Grad der Verflechtung, wie sie sich etwa durch Pendlerströme ergab, von der Gemeindegröße, wobei die Chancen der Sozialdemokratie mit der Einwohnerzahl stiegen, sowie vom Stand der sozioökonomischen Entwicklung. In den zehn Gemeinden, in denen die SPD am besten abschnitt, lag der Anteil der Beschäftigten im sekundären und tertiären Sektor der Wirtschaft zum Teil signifikant über dem Anteil der Beschäftigten in der Landwirtschaft. Das traf beispielsweise auf die Gemeinde Unsernherrn zu, wo die SPD mit 46,8 Prozent der Stimmen eines ihrer besten Ergebnisse erzielen konnte und wo 64,7 Prozent der Erwerbspersonen in den Bereichen Industrie, Handwerk, Handel und Verkehr arbeiteten. In der Gemeinde Oberhaunstadt verhielt es sich ähnlich; bei einem Anteil von 58,2 Prozent der Erwerbspersonen in den Sektoren Industrie, Handwerk, Handel und Verkehr gewann die SPD 42,5 Prozent der Stimmen[339]. Insgesamt zeigte das Strukturbild der Landtagswahl vom November 1950 sozialdemokratische Hochburgen im Süden des Landkreises um die ökonomisch differenzierten Gemeinden Reichertshofen und Ebenhausen sowie im Norden Ingolstadts mit den Gemeinden Gaimersheim, Etting, Oberhaunstadt, Lenting und Kösching.

---

[338] Vgl. Wahl zum Bayerischen Landtag 1950, Gemeindeergebnisse S. 2 und Gemeindeergebnisse S. 12 f.
[339] Zur Sozialstruktur der Gemeinden vgl. die Tabelle Erwerbstätigkeit in den Gemeinden des Landkreises Ingolstadt 1950 (S. 57).

Kommunalpolitische Eliten in Stadt und Land

Wie setzten sich nun die basisnahen politischen Eliten zusammen, deren Rekrutierung und Wahl bekanntlich eigenen Gesetzen unterliegt, zumal in Bayern, wo die Gesetzgebung schon früh persönlichkeitsbezogene Komponenten des Wahlrechts – etwa durch die Möglichkeit des Kumulierens und Panaschierens oder die Direktwahl von Bürgermeistern und Landräten – stärkte[340]? Beginnen wir mit dem Stadtrat Ingolstadts, der am 26. Mai 1946 erstmals wieder in freier Wahl bestimmt worden war. Schon bei diesem Urnengang zeigte sich, daß CSU und SPD künftig um die Mehrheit im Stadtrat ringen würden. Stärkste Partei wurde die Union, die ihre Hochburgen in den Bürgerhäusern der Altstadt hatte, mit 55,9 Prozent der Stimmen und 18 Sitzen im Stadtrat vor der SPD, die vor allem in der südlichen und westlichen Vorstadt punkten konnte, mit 30,7 Prozent der Stimmen und zehn Sitzen; von den restlichen drei Sitzen entfielen zwei auf die KPD und einer auf einen parteilosen Kandidaten[341]. Daß die CSU als stärkste Partei aus dieser Wahl hervorging, konnte angesichts der traditionellen Stärke des politischen Katholizismus in Ingolstadt nicht überraschen. Dagegen war nicht unbedingt damit zu rechnen gewesen, daß sich die SPD so eindeutig als zweite Kraft etablieren und der KPD ihre Grenzen aufzeigen würde, denn in der Endphase der Weimarer Republik waren die Kommunisten den Sozialdemokraten noch vergleichsweise dicht auf den Fersen gewesen[342].

Mit ihrer absoluten Mehrheit wählten die Stadträte der CSU Dr. Georg Weber, einen 53jährigen Lehrer für neue Sprachen an der Oberrealschule Ingolstadt, zum Oberbürgermeister[343]. 1948 wurde der Studienprofessor im Amt bestätigt, allerdings reichten dafür die Stimmen seiner Partei alleine nicht mehr aus. Wie in ganz Bayern, so litt die CSU auch in Ingolstadt bei der zweiten Kommunalwahl nach dem Krieg massiv unter der Konkurrenz anderer Wahlvorschläge aus dem bürgerlichen Lager oder aus Flüchtlingskreisen. Die einstige Mehrheitspartei stürzte auf 27 Prozent der Stimmen ab (neun Stadträte) und fiel damit hinter die SPD zurück, die sich nach einem harten Wahlkampf[344] auf 33,5 Prozent verbessern konnte und mit elf Sitzen zur stärksten Kraft im Stadtrat avancierte. Freilich scheiterte der Versuch, einen Sozialdemokraten zum Oberbürgermeister zu wählen, an einer knappen bürgerlichen Mehrheit, welche die CSU mit Hilfe einer ihr nahestehenden Flüchtlingsliste und den sechs Stadträten der Unabhängigen Wählerschaft organisieren konnte[345].

---

[340] Zu den Rahmenbedingungen des kommunalpolitischen Lebens und zu den Grundzügen der bayerischen Gemeindeordnung von 1952 vgl. Balcar, Politik auf dem Land, S. 51–54.

[341] BLSD, Referat Wahlen, Mappe Ingolstadt, Statistischer Fragebogen für die Stadtkreiswahlen am 26. 5. 1946; vgl. auch Drummond, Neubeginn, S. 32–36, sowie Donau-Kurier vom 28. 5. 1946: „Die neuen Stadträte zu Ingolstadt" und „Wie die einzelnen Bezirke wählten".

[342] Bei der Reichstagswahl vom 6. 11. 1932 hatten in Ingolstadt 17,8 Prozent der Wähler für die SPD und immerhin 13,6 Prozent für die KPD gestimmt; vgl. Kubasta, Politische Strömungen, S. 108.

[343] Vgl. Donau-Kurier vom 31. 5. 1946: „Studien-Professor Dr. Georg Weber zum Oberbürgermeister gewählt".

[344] Vgl. Donau-Kurier vom 21. 5. 1948: „Brecht die Mehrheit der CSU im Stadtrat" und vom 25. 5. 1948: „Der Wahlkampf in Ingolstadt auf dem Höhepunkt" bzw. „Die Lüge ist in der Politik ein teuflisches Mittel".

[345] Zum Wahlergebnis vgl. BLSD, Referat Wahlen, Mappe Ingolstadt, Statistischer Fragebogen für die Gemeindewahl 1948; Donau-Kurier vom 4. 6. 1948: „Die Zusammensetzung des neuen Stadtrats"

Abb. 10: Oberbürgermeister Georg Weber

Vier Jahre später feierten die Sozialdemokraten dagegen einen doppelten Sieg. Sie gewannen nicht nur die Stadtratswahl mit 39,3 Prozent der Stimmen (13 Sitze) deutlich vor der CSU mit 28,4 Prozent (zehn Sitze), sondern auch die erste Direktwahl für das Amt des Oberbürgermeisters, wobei ihr Kandidat Josef Strobl das Kunststück fertigbrachte, in der Stichwahl mit 52,8 Prozent der Stimmen den Amtsinhaber Georg Weber aus dem Felde zu schlagen[346]. Strobl war zweifellos einer der profiliertesten Politiker Ingolstadts im ersten Nachkriegsjahrzehnt, und er verkörperte eine bayerische Variante der Sozialdemokratie, die auch für bürgerliche Wähler eine echte Alternative darstellte[347]. In ärmlichen Verhältnissen aufgewachsen, hatte er sich über die Feuerwerker-Laufbahn zum Offizier hochgedient und im Ersten Weltkrieg an der Westfront gekämpft, wo er schwer verwundet worden war. Die Novemberrevolution 1918 erlebte er in Köln und in Ingolstadt. Dort schloß er sich der Sozialdemokratie an und wurde rasch einer ihrer führen-

bzw. „So wählten die 27 Stimmbezirke Ingolstadts"; zur Wiederwahl Dr. Webers vgl. Donau-Kurier vom 6. 7. 1948: „Dr. Weber wieder Oberbürgermeister von Ingolstadt".
[346] BLSD, Referat Wahlen, Mappe Ingolstadt, Statistischer Fragebogen für die Wahl der Gemeinderatsmitglieder am 30. 3. 1952 und Statistischer Fragebogen für die Stichwahl des Bürgermeisters (April 1952).
[347] Vgl. hierzu und zum folgenden Theodor Straub, Josef Strobl. Ein Leben für Demokratie und Sozialismus, Ingolstadt 1987.

Abb. 11: Oberbürgermeister
Josef Strobl, 1952

den Aktivisten in der Stadt an der Donau. Dabei setzte er sich früh mit der nationalsozialistischen Gefahr auseinander und stimmte im April 1933 als sozialdemokratischer Abgeordneter des „gleichgeschalteten" bayerischen Landtags folgerichtig gegen das Ermächtigungsgesetz. Strobl – inzwischen Finanzbeamter – bezahlte seine aufrechte Haltung mit Verhaftungen und beruflichen Nachteilen, was
ihn freilich nicht davon abhielt, sich 1945 für den demokratischen Neubeginn zu
engagieren. Die amerikanische Besatzungsmacht ernannte Strobl bereits am
9. Mai 1945 zum Landrat des Landkreises Ingolstadt; 1946 wurde er für die SPD
in den Ingolstädter Stadtrat und 1948 auch zum 2. Bürgermeister gewählt. Als er
im November 1950 als direkt gewählter Abgeordneter in den bayerischen Landtag einzog, schien der Höhepunkt seiner politischen Laufbahn erreicht, doch dieser stand mit seiner erfolgreichen Kandidatur für das Amt des Oberbürgermeisters seiner Heimatstadt noch bevor.

Als ehemaliger Offizier und Beamter stand Strobl bereits vor dem Godesberger
Programm für eine bürgerliche Variante der Sozialdemokratie, die er in einem katholischen Umfeld um so authentischer verkörperte, als es trotz Konflikten mit
der Kirche – er war nach evangelischem Ritus getraut worden – keinen Zweifel an
seiner persönlichen Glaubensverbundenheit gab. Freilich gelang es ihm nicht
mehr, den Gestaltungsspielraum seines neuen Amtes wirklich zu nutzen, da er
sich aufgrund gravierender gesundheitlicher Probleme bereits 1955 aus dem poli-

tischen Leben zurückziehen mußte. Dieser Verlust wog für die SPD Ingolstadts ausgesprochen schwer, wurde sie damit doch nicht nur ihres bekanntesten Gesichts, sondern auch eines wichtigen Bindeglieds zwischen der politischen Mitte und ihrer Stammwählerschaft in den expandierenden Industriebetrieben der Stadt beraubt. Zudem bahnte sein Ausscheiden den Weg für das Comeback eines längere Zeit diskreditierten politischen Schwergewichts.

Es war fast eine Bilderbuchkarriere, auf die Josef Listl zurückblicken konnte[348]. 1893 als zwölftes Kind einer niederbayerischen Bauernfamilie geboren, kämpfte er seit 1914 als Kriegsfreiwilliger und Reserveoffizier im berühmten bayerischen Infanterie-Leibregiment, beendete nach Kriegsende sein Jurastudium mit der Promotion und absolvierte die gefürchtete Staatsprüfung für den höheren Justiz- und Verwaltungsdienst mit Auszeichnung. Seit 1925 fungierte Listl als Stadtrechtsrat in Passau, bevor er im Herbst 1930 zum 1. rechtskundigen Bürgermeister der Stadt Ingolstadt gewählt wurde. Listl übernahm die Geschäfte der von der Weltwirtschaftskrise schwer getroffenen Stadt zu einem denkbar ungünstigen Zeitpunkt. Doch mit Tatkraft, Ideenreichtum und Wagemut erwarb er sich rasch hohes Ansehen, das er noch mehren konnte, als sich die ökonomische Lage besserte und die Spielräume für Investitionen wuchsen. 1930 waren es die Exponenten des politischen Katholizismus gewesen, die Listl auf den Schild gehoben hatten; 1933 stellte er sich dennoch in den Dienst der neuen Machthaber im Braunhemd, trat zunächst der SA und 1937 auch der NSDAP bei. Listl blieb bis 1945 Oberbürgermeister der Stadt und wurde so – nolens volens – zu einem der wichtigsten Exponenten nationalsozialistischer Kommunalpolitik in Ingolstadt[349]. Aus diesem Grund wurde er von den amerikanischen Besatzungsbehörden bereits am 1. Mai 1945 verhaftet und für 13 Monate interniert. Die für den Stadtkreis Ingolstadt zuständige Spruchkammer rehabilitierte Listl trotz amerikanischer und deutscher Proteste jedoch vollständig und billigte ihm nicht zuletzt aufgrund entlastender Aussagen hochgeachteter Persönlichkeiten wie Josef Strobl aktiven Widerstand gegen das NS-Regime zu[350]. Wie in vielen anderen Fällen auch, schützte das Netz freundschaftlicher Beziehungen und persönlicher Verflechtungen auch den ehemaligen Oberbürgermeister[351]. Noch Jahre später fehlte der Lokalpresse jedes Verständnis für die politische Säuberung, und sie bedauerte es aufrichtig, daß Listl

---

[348] Vgl. Donau-Kurier vom 11./12. 12. 1965: „Oberbürgermeister Senator Dr. Josef Listl Ehrenbürger der Stadt Ingolstadt", vom 24. 11. 1970: „Altoberbürgermeister Dr. Josef Listl †", vom 26. 11. 1970: „Die Stadt trauert um Dr. Listl", vom 27. 11. 1970: „Ingolstadts Abschied von Dr. Josef Listl", und Ingolstadt plant und baut 1966–1971, S. 6.

[349] Die politische Geschichte Ingolstadts in der NS-Zeit und die Rolle von Oberbürgermeister Listl harren noch einer wissenschaftlichen Aufarbeitung; einige Schlaglichter finden sich bei Edmund Hausfelder, Kommunalpolitik und Verwaltung in Ingolstadt während des Dritten Reiches, in: Ingolstadt im Nationalsozialismus, S. 124–141. Eine ähnliche Karriere – die des Memminger Oberbürgermeisters Heinrich Berndl – wird problematisiert bei Paul Hoser, Die Geschichte der Stadt Memmingen. Vom Neubeginn im Königreich Bayern bis 1945, Stuttgart 2001, S. 171–290.

[350] Vgl. Donau-Kurier vom 10. 12. 1946: „Spruchkammer entlastete Dr. Listl", vom 13. 12. 1946: „Die ‚Entlastung' des ehem. Oberbürgermeisters Dr. Listl" und vom 21. 1. 1947: „Militärregierung und Ingolstädter Spruchkammer-Praxis".

[351] Vgl. dazu allgemein Woller, Gesellschaft und Politik, S. 116–165, und Klaus-Dietmar Henke, Die Grenzen der politischen Säuberung in Deutschland nach 1945, in: Ludolf Herbst (Hrsg.), Westdeutschland 1945–1955. Unterwerfung, Kontrolle, Integration, München 1986, S. 127–133.

*Abb. 12: Oberbürgermeister
Josef Listl, 1960*

dem „Haß eines sog. deutschen Entnazifizierungsgesetzes" und der „Ignoranz amerikanischer Militärjustiz" zum Opfer gefallen sei[352].

Die neue kommunalpolitische Elite Ingolstadts war da erheblich vorsichtiger, und als Listl 1948 für den Stadtrat kandidierte, trat er nicht für die CSU an, wie es eigentlich zu erwarten gewesen wäre, sondern für eine Gruppierung mit dem Namen Unabhängige Wählerschaft (UW), die ihn auch 1952 wieder in den Stadtrat entsandte, nachdem die CSU seinen Wunsch nach der Spitzenkandidatur abgelehnt hatte[353]. Nach der Niederlage Georg Webers und dem Rückzug Josef Strobls warf die CSU jedoch ihre Bedenken über Bord. Listl galt zwar als „Machtmensch, um nicht zu sagen als Tyrann"[354], und auch die braunen Flecken auf seiner Weste waren noch nicht vollständig verblaßt, aber er war einer der bekanntesten Honoratioren der Stadt und in ihrem Establishment so fest verankert, daß es ein erfolgversprechender Plan war, ihn 1956 ins Rennen um das höchste Amt Ingolstadts zu schicken. Tatsächlich gewann Listl nicht nur gegen Oberstudienrat Willi Schneider von der SPD mit 59,5 Prozent der Stimmen, sondern er zog auch seine Partei nach oben. Erstmals seit 1946 wurde die CSU mit 40,1 Prozent der Stimmen (14 Stadträte) wieder stärkste Partei und ließ die SPD – wenn auch nur knapp – mit

---

[352] Donau-Kurier vom 11./12. 12. 1965: „Oberbürgermeister Senator Dr. Josef Listl Ehrenbürger der Stadt Ingolstadt".
[353] Vgl. 40 Jahre CSU, hrsg. vom CSU-Kreisverband Ingolstadt, Ingolstadt 1986, S. 37.
[354] Hausfelder, Kommunalpolitik und Verwaltung in Ingolstadt während des Dritten Reiches, in: Ingolstadt im Nationalsozialismus, S. 137.

38,1 Prozent (13 Stadträte) hinter sich[355]. Vier Jahre später ergab sich ein ähnliches Bild. Listl, der inzwischen auch zum Senator aufgestiegen war und als „Baumeister des neuen Ingolstadt" galt[356], gewann das Rennen um das Ingolstädter Rathaus mit 60,6 Prozent der Stimmen gegen Willi Schneider, während die CSU mit 43,2 Prozent der Stimmen ihren knappen Vorsprung vor der SPD (41,8 Prozent) behaupten konnte[357]. Erst als der übermächtige Listl 1966 aus Altersgründen nicht mehr antreten konnte und die SPD mit Otto Stinglwagner[358] einen überzeugenden Bewerber ins Rennen schickte, wendete sich das Blatt. Der sozialdemokratische Kandidat setzte sich bereits im ersten Wahlgang mit 54 Prozent der Stimmen gegen seinen Konkurrenten, Rechtsanwalt Anton Schenkel, von der CSU durch[359]. Damit hatte die SPD nach Schrobenhausen, wo seit 1945 der noch von den Amerikanern eingesetzte Fritz Stocker regierte[360], ein zweites Rathaus im Mittelbayerischen Donaugebiet erobern können; in Eichstätt stellte die CSU seit Anfang der fünfziger Jahre mit Hans Hutter den Oberbürgermeister[361], in Neuburg an der Donau hatte sich der vom Neuburger Bürgerblock und der GDP getragene Theodor Lauber durchgesetzt[362], und in Pfaffenhofen an der Ilm bekleidete seit 1956 unangefochten Jakob Sanwald von den Freien Wählern das Amt des Bürgermeisters[363].

Die Ingolstädter SPD konnte 1966 aber nicht nur die Wahl des Oberbürgermeisters für sich entscheiden, sondern auch die Wasser des sozialen Wandels auf ihre Mühlen lenken und den Strukturwandel, der sie objektiv begünstigte, auch bei der Stadtratswahl in Wählerstimmen ummünzen. Mit 46,5 Prozent der Stimmen und 20 Sitzen verfehlte sie die absolute Mehrheit im Stadtrat nur knapp, konnte sich aber auf die UW als Partner stützen, so daß die CSU trotz ihrer 17 Stadträte in die Opposition verwiesen wurde[364].

Während CSU und SPD in den fünfziger und frühen sechziger Jahren mit wechselndem Erfolg um die Vorherrschaft auf kommunaler Ebene rangen[365], ohne

[355] BLSD, Referat Wahlen, Mappe Ingolstadt, Statistischer Fragebogen zur Wahl des ersten Bürgermeisters am 18. 3. 1956 und Statistischer Fragebogen zur Wahl der ehrenamtlichen Gemeinderatsmitglieder am 18. 3. 1956.
[356] Donau-Kurier vom 27. 11. 1970: „Der Baumeister des neuen Ingolstadt". In einem Nachruf (Ingolstadt plant und baut 1966–1971, S. 6) hieß es über Listl: „Unter seiner Amtsführung erlebte Ingolstadt den Durchbruch zu einer sich ausweitenden, weltoffenen wirtschaftlich aufstrebenden und sich kulturell erneuernden Stadt, der weithin Aufsehen erregte."
[357] BLSD, Referat Wahlen, Mappe Ingolstadt, Statistischer Fragebogen zur Wahl des ersten Bürgermeisters am 27. 3. 1960 und Statistischer Fragebogen zur Wahl der ehrenamtlichen Gemeinderatsmitglieder am 27. 3. 1960.
[358] Zu Otto Stinglwagner vgl. S. 296 ff. der vorliegenden Arbeit.
[359] BLSD, Referat Wahlen, Mappe Ingolstadt, Statistischer Fragebogen zur Wahl des ersten Bürgermeisters am 13. 3. 1966.
[360] Vgl. Josef Plöckl (Hrsg.), 550 Jahre Stadt Schrobenhausen 1447–1997, Schrobenhausen 1997, S. 35 und S. 37–41.
[361] BLSD, Referat Wahlen, Mappe Eichstätt, Aufstellung: Die 1. bzw. Oberbürgermeister der Stadt Eichstätt seit 1945 vom 17. 12. 1968.
[362] BLSD, Referat Wahlen, Mappe Neuburg an der Donau, Statistischer Fragebogen zur Wahl des ersten Bürgermeisters am 13. 3. 1966.
[363] Vgl. Kolbinger, Pfaffenhofen, S. 320.
[364] BLSD, Referat Wahlen, Mappe Ingolstadt, Statistischer Fragebogen zur Wahl der ehrenamtlichen Gemeinderatsmitglieder am 13. 3. 1966.
[365] In den anderen größeren Städten der Region blieben die Mehrheitsverhältnisse uneinheitlich. Im Stadtrat von Pfaffenhofen war die CSU zwischen 1948 und 1972 mit Ausnahme der Wahlperiode

daß es zu einer endgültigen Entscheidung darüber gekommen wäre, welche Partei sich dauerhaft für die Führungsrolle würde profilieren können, veränderte sich die soziale Zusammensetzung des Stadtrats signifikant und in für Ingolstadt typischer Weise. So blieb der Anteil der Stadträte, die im öffentlichen Dienst (und hier vor allem als Beamte) tätig waren, im gesamten Untersuchungszeitraum hoch und pendelte sich zwischen 1952 und 1966 bei gut einem Drittel ein. Die Zahl der Selbständigen ging dagegen kontinuierlich zurück: von 46,9 Prozent im Jahr 1952 auf 23,8 Prozent im Jahr 1966. Dabei war es vor allem der alte Mittelstand, also Handwerker, Kaufleute und die Stadtbauern, der Zug um Zug an Einfluß verlor, während sich Vertreter der freien Berufe in den Vordergrund schieben konnten; 1966 standen fünf Stadträten, die dem alten Mittelstand zuzurechen waren, bereits fünf Stadträte aus der breit gefächerten Zunft der freien Berufe gegenüber. Mit dem schwindenden Einfluß der Selbständigen Hand in Hand ging der Aufstieg der Arbeitnehmer in der privaten Wirtschaft, die sich noch 1952 mit nur zwei Sitzen im Stadtrat zufriedengeben mußten und damit stark unterrepräsentiert waren. Zwischen 1956 und 1966 wuchs der Anteil der abhängig Beschäftigten jedoch ebenso deutlich wie kontinuierlich und betrug schließlich rund 31 Prozent. Dabei hatten zwar die kaufmännischen und technischen Angestellten die Nase vorn (1956: drei Stadträte, 1960: fünf, 1966: acht), aber auch die Arbeiter konnten ihre Position ausbauen, so daß sie 1966 mit fünf Vertretern in den Stadtrat einziehen konnten. Doch nicht nur der steigende Anteil von Arbeitnehmern in der privaten Wirtschaft, auch die Zahl der hauptamtlichen Partei- und Gewerkschaftsangestellten, die – mit einer Ausnahme 1966 – nie unter drei fiel, spiegelte die fortschreitende Industrialisierung Ingolstadts wider. Dies zeigt sich etwa bei einem Vergleich mit der Zusammensetzung des Stadtrats von Eichstätt, der Stadt des Bischofs, der Schulen und der Behörden. Hier war der Anteil der Beamten und Angestellten des öffentlichen Dienstes höher und die Quote der Arbeitnehmer in der privaten Wirtschaft (und hier vor allem der Arbeiter) deutlich niedriger als in Ingolstadt, während man Partei- oder Gewerkschaftssekretäre vergeblich suchte. Dagegen schwand der Einfluß der Selbständigen im Eichstätter Stadtrat langsamer als in der benachbarten Industriestadt, wobei sich auch die Vertreter des alten Mittelstands länger halten konnten[366].

---

zwischen 1956 und 1960 stets die stärkste Kraft, wobei ihr Vorsprung vor der SPD zumeist nur ein oder zwei Sitze betrug; 1966 erzielte die Union ihr bestes Ergebnis seit 1952 und gewann acht von 17 Sitzen im Stadtrat (vgl. Kolbinger, Pfaffenhofen, S. 340–406). In Schrobenhausen lag dagegen die SPD zwischen 1948 und 1966 mehr oder weniger deutlich vor der CSU, der es erst bei der Kommunalwahl von 1966 gelang, die SPD zu überrunden. (vgl. Plöckl (Hrsg.), 550 Jahre Stadt Schrobenhausen, S. 39 und S. 41). In Neuburg an der Donau waren die Mandate im Stadtrat aufgrund erfolgreicher Bürgerlisten zuweilen ziemlich zersplittert; 1966 etwa entfielen von 20 Sitzen fünf auf die CSU, drei auf die SPD, zwei auf den BHE, fünf auf den Jungbürgerbund, vier auf den Neuburger Bürgerblock und einer auf den Sozialen Wahlblock (BLSD, Referat Wahlen, Mappe Neuburg an der Donau, Statistischer Fragebogen zur Wahl der ehrenamtlichen Gemeinderatsmitglieder am 13. 3. 1966). Am eindeutigsten waren die Mehrheitsverhältnisse in Eichstätt, wo die CSU bei den Kommunalwahlen von 1948 mit 12 von 20 Mandaten ihr bestes und 1952 mit neun Sitzen ihr schlechtestes Ergebnis erzielte. Die SPD errang bis 1972 nie mehr als vier Sitze und war seit 1956 hinter den freien Wählern sogar nur die dritte Kraft im Stadtrat (BLSD, Referat Wahlen, Mappe Eichstätt).

[366] Diese Angaben wurden zusammengestellt nach: BLSD, Referat Wahlen, Mappe Ingolstadt bzw. Mappe Eichstätt; die Angaben zur sozialen Zusammensetzung beruhen auf den Kriterien der

Von der Berufsgruppenschichtung ihrer Stadträte her gesehen, präsentierte sich
die CSU in Ingolstadt zunächst fast ausschließlich als Partei der Beamten und der
Selbständigen, wobei hier lange Zeit Repräsentanten von Handwerk und Gewerbe dominierten. Ein anderes, moderneres Gesicht zeigte die CSU-Fraktion
erst 1966, als die Zahl der Stadträte aus dem öffentlichen Dienst (von acht auf
sechs) ebenso zurückging wie die Zahl der Stadträte aus dem Bereich der selbständigen Berufe (von acht auf vier). Dagegen zählte man nun fünf Arbeitnehmer unter den Stadtvätern der CSU, von denen freilich vier Angestellte waren. Die SPD
dagegen war die Heimat der hauptamtlichen Funktionäre unter den Stadträten
und entsandte überproportional viele abhängige Beschäftigte – insbesondere Arbeiter – in das kommunale Parlament. Allerdings war auch der öffentliche Dienst
ein nicht zu unterschätzender Faktor in der SPD-Fraktion; 1966 stellte die Sozialdemokratie sogar mehr Beamte und Angestellte des öffentlichen Dienstes im
Stadtrat als die CSU. Alles in allem könnte man die veränderte soziale Zusammensetzung der beiden großen Stadtratsfraktionen als unmittelbaren Reflex der Modernisierung von CSU und SPD bezeichnen, die in den sechziger Jahren dabei
waren, sich zu einer konservativen beziehungsweise linken Volkspartei zu entwickeln. Die – trotz bleibender charakteristischer Unterschiede – soziostruktu-
relle Konvergenz bei den basisnahen politischen Eliten von Union und Sozialdemokratie schützte freilich vor heftigen Konflikten nicht, wie sich in Ingolstadt
insbesondere zwischen 1966 und 1972 zeigen sollte[367].

Im Landkreis Ingolstadt entwickelten sich die Dinge etwas anders als in der
Stadt, wenngleich bestimmte Parallelen unübersehbar waren[368]. So spielten etwa
Flüchtlingskandidaten, die zunächst auf nicht parteigebundenen Listen, dann für
den BHE antraten, im Landkreis eine gewichtigere Rolle als in Ingolstadt selbst.
Hier stellten die CSU-nahe Union der Vertriebenen (UdV) und eine Notgemeinschaft der Ausgebombten, Heimatverwiesenen und Körpergeschädigten 1948 drei
von 32 Stadträten. Bei den folgenden Kommunalwahlen kamen die Flüchtlings-
gruppierungen aber über zwei Sitze nie hinaus, und 1966 mußte der BHE schon
eine Listenverbindung mit der NPD eingehen, um noch einen von 42 Sitzen zu
ergattern. Im Kreistag stellten BHE und UdV 1952 dagegen immerhin neun von
45 Kreisräten. 1956 konnte der BHE seine sechs Sitze aus dem Jahr 1952 verteidigen und vier Jahre später noch einmal vier Kreisräte stellen. Dann ging es freilich
rapide bergab: 1966 reichte es nur noch für 5,3 Prozent der Stimmen und zwei
Sitze, obwohl sich der BHE für diese Wahl mit einer unabhängigen Wählergruppe
zusammengetan hatte. In den übrigen Landkreisen des Mittelbayerischen Donaugebiets verlief die Konjunktur der Flüchtlingsparteien cum grano salis ähnlich,
wobei sie bereits bei der Kommunalwahl von 1952 überall den Zenit ihres Erfolgs
erreicht hatten. 1966 errang der BHE – freilich im Verein mit der CSU – nur noch
in Schrobenhausen mit 10,7 Prozent der Stimmen und drei Mandaten einen nen-

---

Erfassungsbogen. Detailliertere Informationen zur Zusammensetzung des Stadtrats finden sich in
Tabellenform im Anhang.

[367] Zur Polarisierung in der zweiten Hälfte der sechziger Jahre vgl. 40 Jahre CSU Ingolstadt, S. 55–72.
[368] Angaben zu den Ergebnissen der Kreistagswahlen in Ingolstadt und den umliegenden Landkreisen
    nach: BLSD, Referat Wahlen, Mappe Landkreis Ingolstadt, Mappe Landkreis Eichstätt, Mappe
    Landkreis Pfaffenhofen und Mappe Schrobenhausen; vgl. auch Landkreis Ingolstadt (1971), S. 41.

nenswerten Erfolg, wenngleich auch hier der Abwärtstrend unübersehbar war[369]. Daß sich die politische Integration der Flüchtlinge in Ingolstadt offensichtlich schneller vollzog als in der Region, hatte vermutlich damit zu tun, daß in einer expandierenden Industriestadt, die zudem einen stetigen Bevölkerungszuwachs zu verzeichnen hatte, soziokulturelle Schranken generell leichter zu überwinden waren als im ländlich-dörflichen Milieu – von den besseren Möglichkeiten, in der Stadt an den Früchten des sogenannten Wirtschaftswunders teilzuhaben, ganz zu schweigen.

Stärkste Partei im Kreistag des Landkreises Ingolstadt blieb trotz aller Veränderungen die CSU, und wenn ihr die SPD auf den Leib rückte, so lag das weniger an einer erstarkten Sozialdemokratie als an Konkurrenten aus dem bürgerlichen Lager, die der Union Stimmen streitig machten. Dies war 1952 der Fall, als die Bayernpartei zehn Sitze im Kreistag erringen konnte und mit Alfred Straßer zudem ihren Kandidaten für das Amt des Landrats durchbrachte, während die CSU-Fraktion von 21 auf 13 Mitglieder schrumpfte, und dies war 1960 der Fall, als mit der Christlichen Wählergemeinschaft (CWG) und dem Landkreisblock der Mitte (LBdM) zwei Hechte im Karpfenteich der CSU fischten, deren Stimmenanteil dadurch von 41,8 Prozent auf 36,1 Prozent zurückging. 1952 und 1960 kam die SPD der Union folgerichtig auch am nächsten; mit ihren 28,2 beziehungsweise 32,9 Prozent der Stimmen fehlten den Sozialdemokraten nur ein oder zwei Kreistagssitze, um die Christsozialen ein- oder sogar zu überholen. Und wenn die Sozialdemokraten geschickt taktierten, hatten sie in diesen Jahren auch ein Chance, die Union zu schlagen, wie etwa 1958, als eine von der SPD unterstützte Wahlgemeinschaft ihren Kandidaten für das Amt des Landrats, Otto Stinglwagner, gegen den von der CSU vorgeschlagenen Amtsgerichtsrat Hans Götz durchbringen konnte. Doch solche Erfolge blieben Episode, da es der CSU immer wieder gelang, große Teile des bürgerlichen Lagers um sich zu scharen, während die SPD ihren Stimmenanteil zwar ausbauen, aber nie den großen Durchbruch erzielen konnte; ihr bestes Ergebnis bei Kreistagswahlen verbuchten die Sozialdemokraten 1966 mit 34,6 Prozent.

Dabei hatte die CSU trotz einer vergleichsweise günstigen Sozialstruktur – hoher Katholikenanteil und bäuerliche Struktur vieler Gemeinden – ernste Schwierigkeiten, eine Organisation aufzubauen, die diesen Namen auch verdiente. Im Juni 1948 verzeichnete der Kreisverband Ingolstadt-Land noch 546 Mitglieder. Allerdings war der Organisationsgrad schon damals nicht überwältigend; bei 41 politischen Gemeinden hatte die CSU gerade einmal fünf Ortsverbände aufbauen können[370]. Der landesweite Zusammenbruch des Parteiapparats nach der Wäh-

---

[369] Ob man von einer raschen und geglückten Integration der Flüchtlinge und Vertriebenen in die westdeutsche Gesellschaft sprechen kann, ist umstritten. Während Balcar, Politik auf dem Land, S. 70–76, mit Blick auf die politische Entwicklung und die Zusammensetzung der Gemeinderäte in seinem Untersuchungsraum diese Interpretation bestätigte, hob Exner, Ländliche Gesellschaft, S. 443–451, die Schwierigkeiten hervor, welche die Eingliederung der „Neubürger" zu einem schleppenden, problembehafteten Prozeß werden ließen. Das Beispiel des Mittelbayerischen Donaugebiets stützt die Position Jaromír Balcars, wenngleich dabei die Phasenverschiebung zwischen Stadt und Land beachtet werden muß.

[370] Stadtarchiv Ingolstadt, XXI/35, Bericht des CSU-Kreisverbands Ingolstadt-Land für Juni 1948 über Mitgliederstand und Organisation.

rungsreform[371] ging auch am Kreisverband Ingolstadt-Land nicht spurlos vorüber, im Gegenteil. Bis Oktober 1949 verlor die CSU hier mehr als 400 Mitglieder, und auch in den folgenden Monaten kam diese negative Entwicklung nicht zum Stillstand. Im Organisationsbericht des Kreisverbands für Dezember 1950 war der Mitgliederstand nur mehr mit 71 angegeben; gegenüber dem Vormonat, in dem immerhin Landtagswahlen stattgefunden hatten, die stets eine gewisse Mobilisierung der Parteibasis mit sich brachten, hatte die CSU im Landkreis Ingolstadt damit fast 45 Prozent ihrer verbliebenen Mitglieder verloren[372]!

In den folgenden Jahren störten abgesehen von Großveranstaltungen zu Wahlkampfzeiten lediglich einige Redner aus der nahen Stadt, die am Wochenende in halbleeren Gaststuben sprachen, den bleiernen Schlaf des Kreisverbands. Noch im Januar 1955 hatte die CSU im Landkreis Ingolstadt nur 67 Mitglieder, in den 41 Kommunen des Landkreises existierte kein einziger Ortsverband mehr, lediglich in vier Gemeinden hatten sich Vertrauensleute halten können[373]. Die Situation änderte sich erst im Frühjahr 1956, als der neue Generalsekretär Friedrich Zimmermann versuchte, die CSU für die bevorstehenden Kommunalwahlen fit zu machen. Man gewinnt fast den Eindruck, als sei der CSU-Kreisverband Ingolstadt-Land in diesen Monaten ein zweites Mal gegründet worden. Im Zuge einer organisationspolitischen Offensive wurden Versammlungen abgehalten, Mitglieder geworben, Vertrauensmänner eingesetzt und Ortsverbände ins Leben gerufen. Auch Arbeitsgemeinschaften der Partei wie die Junge Union erwachten zu neuer Aktivität[374]. Von Januar bis April 1956 stieg die Zahl der CSU-Mitglieder von 86 auf 240. In den 41 Gemeinden des Landkreises gab es nun immerhin 19 Ortsverbände, die allesamt in den zurückliegenden Wochen neu entstanden waren; in den restlichen 22 Kommunen hatte man wenigstens einen Vertrauensmann installiert[375]. Der Erfolg dieser Aktivitäten, die in den folgenden Jahren fortgesetzt wurden, ließ nicht auf sich warten. 1956 gewann die CSU 19 Sitze im Kreistag – sechs mehr als vier Jahre zuvor –, und nach einem Rückschlag 1960 erreichte die Union 1966 mit 43,3 Prozent der Stimmen und 20 Sitzen im Kreistag gar ihr bestes Ergebnis seit 1948.

43,3 Prozent der Stimmen bei Kreistagswahlen waren für die CSU im Mittelbayerischen Donaugebiet freilich alles andere als ein herausragendes Resultat. Im Landkreis Eichstätt etwa, wo die Union selbst unter schwierigen Bedingungen 1948 und 1952 mehr als 60 Prozent der Stimmen für sich verbuchen konnte, votierten 1966 75,4 Prozent der Wähler für die CSU. In den Landkreisen Pfaffenhofen und Schrobenhausen waren die Christsozialen zwar weniger dominant – 1966 standen in Pfaffenhofen 53,7 Prozent und in Schrobenhausen 56,8 Prozent

---

[371] Vgl. dazu ausführlich Schlemmer, Aufbruch, S. 242–269.
[372] Stadtarchiv Ingolstadt, XXI/35, Berichte des CSU-Kreisverbands Ingolstadt-Land über Mitgliederstand und Organisation für Oktober 1949 und Dezember 1950.
[373] Stadtarchiv Ingolstadt, XXI/35, Bericht des CSU-Kreisverbands Ingolstadt-Land für das zweite Quartal 1955 über Mitgliederstand und Organisation an den Bezirksverband Oberbayern und die Landesleitung.
[374] ACSP, BWK/KV Ingolstadt, Order CSU-Chronik 1965/66, Rundschreiben, gez. Peter Schnell, an die Mitglieder des JU-Kreisverbands Ingolstadt-Stadt zum Jahreswechsel 1965/66.
[375] Stadtarchiv Ingolstadt, XXI/35, Bericht des CSU-Kreisverbands Ingolstadt-Land für das erste Quartal 1956 über Mitgliederstand und Organisation an den Bezirksverband Oberbayern und die Landesleitung.

der Stimmen zu Buche –, doch die virtuelle Mehrheit der Partei lag um einiges darüber, wenn man bedenkt, daß die Bayernpartei zusammen mit der Freien Wählergemeinschaft 1966 im Landkreis Pfaffenhofen noch 14,3 Prozent der Stimmen
und sechs Sitze im Kreistag gewinnen konnte. Der relativen Schwäche der CSU
im Landkreis Ingolstadt entsprach die relative Stärke der SPD, deren 34,6 Prozent
bei den Kreistagswahlen von 1966 in keinem anderen Landkreis der Region erreicht wurden. Im Landkreis Eichstätt stagnierte die SPD zwischen 1948 und 1966
bei rund 20 Prozent der Stimmen. Im Landkreis Pfaffenhofen konnte sich die Sozialdemokratie in diesen Jahren zwar um fast sieben Punkte verbessern, doch 21,7
Prozent bei den Kreistagswahlen von 1966 waren kein Ergebnis, auf das man stolz
sein konnte. Im Landkreis Schrobenhausen lagen die Dinge ähnlich; auch hier
kam die SPD bei den Kreistagswahlen von 1966 nicht über 21,3 Prozent der Stimmen hinaus. Der Pfaffenhofener Sozialdemokrat Willihard Kolbinger, selbst aktiver Kommunalpolitiker in verschiedenen Funktionen, führte den gebremsten
Aufschwung seiner Partei bei letztlich – vor allem außerhalb der Städte – unan-
gefochtener Dominanz christlich-konservativer Kräfte hauptsächlich auf die be-
wußtseinsprägende Kraft zählebiger Traditionen, gleichsam ererbter Mentalitäten
und gewohnter Lebensstile auch bei denjenigen zurück, die aufgrund ihrer Stellung im Erwerbsleben eigentlich zur klassischen Klientel der Sozialdemokratie
hätten gehören müssen:

„Die Arbeiterschaft auf dem Land [...] besteht überwiegend aus Menschen, die entweder
selbst von Bauernhöfen kommen oder zumindest aus bäuerlicher Umgebung stammen.
Diese Menschen fühlen sich nicht als abhängige Arbeiter, sie fühlen sich, und wenn sie noch
so hart in Schicht-, Nacht- und Lärmarbeit schuften, immer noch als Kinder des Landes, die
ihrer dörflichen Tradition, dem Haus- und Grundbesitz und der kirchlichen Gemeinschaft
verpflichtet sind."[376]

Der Zusammenhang zwischen politischen und sozioökonomischen Strukturen
fand jedoch nicht nur im Kräfteverhältnis zwischen CSU und SPD seinen Ausdruck, sondern spiegelte sich auch in der Zusammensetzung der Kreistage wider,
wobei hier vor allem die Relation von Selbständigen und Arbeitnehmern in der
privaten Wirtschaft von Interesse ist[377]. In den fünfziger Jahren war die Herrschaft
der Selbständigen in allen Landkreisen der Region ungebrochen. Damit fügte sich
das Mittelbayerische Donaugebiet beinahe nahtlos in das Bild ein, das die bayerischen Kreistage – zumal im ländlichen Raum – insgesamt boten[378]. 1948 war der
Anteil der Selbständigen im Ingolstädter Kreistag im Vergleich zu den benachbarten Landkreisen mit 77,3 Prozent relativ hoch; Eichstätt und Pfaffenhofen folgten
mit rund 71 Prozent, während Schrobenhausen am Ende der Skala rangierte; doch
auch hier waren noch 61,9 Prozent der Kreisräte ihr eigener Herr. Bei den Kommunalwahlen von 1952, 1956 und 1960 änderte sich an den großen Linien nur
wenig, bei genauerem Hinsehen ließen sich jedoch zwei gegenläufige Trends ausmachen. Während nämlich der Anteil der Selbständigen unter den Kreisräten in

---

376 Kolbinger, Pfaffenhofen, S. 269.
377 Angaben zur Berufsgruppenschichtung der Kreisräte nach: BLSD, Referat Wahlen, Mappe Landkreis Ingolstadt, Mappe Landkreis Eichstätt, Mappe Landkreis Pfaffenhofen und Mappe Schrobenhausen.
378 Vgl. Balcar, Politik auf dem Land, S. 107–113.

den Landkreisen Eichstätt, Pfaffenhofen und Schrobenhausen entweder auf hohem Niveau verharrte oder – nicht zuletzt aufgrund der Abwanderung mobiler, nichtbäuerlicher Bevölkerungsteile, die sich anderswo eine bessere Zukunftsperspektive erhofften – sogar noch wuchs, ging er im Landkreis Ingolstadt zwischen 1948 und 1956 zunächst deutlich auf 60 Prozent zurück, um dann wieder leicht auf 64,4 Prozent anzusteigen. Damit war der Landkreis Ingolstadt gemessen am Anteil der Selbständigen in den Kreistagen der Region vom ersten auf den letzten Platz abgerutscht, und man wird nicht fehlgehen, wenn man diese Entwicklung auf die Veränderungsimpulse zurückführt, die aus der nahen Stadt kamen.

1966, bei der letzten Kommunalwahl vor der Gebietsreform, die die politische Landkarte des Mittelbayerischen Donaugebiets wie diejenige ganz Bayerns grundlegend verändern sollte[379], zeigte sich dann auch an der Zusammensetzung der Kreistage, wie unterschiedlich sich die verschiedenen Teilregionen entwickelt hatten. In den Kreistagen von Pfaffenhofen und Schrobenhausen betrug der Anteil der Selbständigen noch immer 75,6 beziehungsweise 70 Prozent. Im Ingolstädter Kreistag hingegen hatte es geradezu einen Erdrutsch gegeben; unter den neugewählten Kreisräten waren nur noch 37,8 Prozent der Mitglieder zu den Selbständigen zu rechnen. Im Landkreis Eichstätt, dessen südlicher Teil in den sechziger Jahren mehr und mehr zum Einzugsgebiet der in und um Ingolstadt konzentrierten Industriebetriebe wurde, ging der Anteil der Selbständigen unter den Kreisräten zwischen 1960 und 1966 ebenfalls dramatisch zurück: von 69 Prozent auf 48,4 Prozent.

Als Berufsgruppe besonders betroffen waren die Landwirte, die dort, wo der Strukturwandel am deutlichsten zu spüren war, nicht nur um ihre ökonomische Position, sondern auch um ihren politischen Einfluß kämpfen mußten. In den Landkreisen Pfaffenhofen und Schrobenhausen konnten sich die Bauern in den Kreistagen einigermaßen behaupten und stellten noch 1966 31,1 beziehungsweise 43,3 Prozent der Kreisräte, ohne daß es – von gewissen Schwankungen abgesehen – in den zurückliegenden Jahren zu auffälligen Verwerfungen gekommen wäre. Im Landkreis Ingolstadt dagegen war die Bedeutung der Landwirte im Kreistag bereits früh redimensioniert worden. Hatten sie 1948 mit 54,5 Prozent noch die Mehrheit unter den Kreisräten gestellt, so sank ihr Anteil bei der Wahl von 1952 auf 37,8 Prozent. Ein zweites Mal wurde die Stellung der Landwirte 1960 erschüttert, als sich ihr Anteil unter den Kreisräten um 8,9 Prozent von 33,3 auf 24,4 Prozent reduzierte. 1966 ging es zwar nur unwesentlich weiter bergab – der Anteil der Landwirte unter den Kreisräten im Ingolstädter Kreisrat betrug nun 22,2 Prozent –, doch daß es sich hier um einen irreversiblen Trend handelte, der in Ingolstadt aufgrund der sozioökonomischen Veränderungen früher und nachhaltiger zum Tragen gekommen war als anderswo, zeigte sich wiederum im Landkreis Eichstätt. Hier hatte sich der Anteil der Landwirte unter den Kreisräten zwischen 1960 und 1966 signifikant von 48,3 Prozent auf 29 Prozent verringert.

---

[379] Zur umstrittenen Gebietsreform vgl. Karl-Ulrich Gelberg, Vom Kriegsende zum Ausgang der Ära Goppel (1945–1978), in: Alois Schmid (Hrsg.), Handbuch der bayerischen Geschichte, Bd. 4/1: Das neue Bayern – von 1800 bis zur Gegenwart: Staat und Politik, München 2003, S. 635–1008, hier S. 906–912.

Dem Bedeutungsverlust der Selbständigen im allgemeinen und der Landwirte im besonderen – und dies ist ein erneuter Beleg für den Zusammenhang zwischen politischen Strukturen und sozialem Wandel – entsprach im Kreistag des Landkreises Ingolstadt der Aufstieg der abhängig Beschäftigten in der privaten Wirtschaft[380], der sich wiederum in Sprüngen vollzog. 1948 machten die Arbeitnehmer (ohne den öffentlichen Dienst) lediglich 2,3 Prozent aller Kreisräte aus und wurden lediglich durch einen Angestellten vertreten; vier Jahre später zogen schon vier abhängig Beschäftigte (8,9 Prozent) in den Kreistag ein, darunter erstmals auch ein Arbeiter. Das Wahlergebnis von 1956 ließ dann bereits erahnen, welche Veränderungsprozesse im Raum Ingolstadt im Gange waren; der Anteil der Arbeiter und Angestellten unter den Kreisräten stieg auf 22,2 Prozent, wobei es besonders auffällig war, daß neun Facharbeiter oder Angelernte zu Kreisräten gewählt wurden, die damit hinter den Landwirten, aber noch vor den Handwerkern und Gewerbetreibenden die zweitgrößte Berufsgruppe stellten. Nach einem kleinen Rückschlag bei der Kommunalwahl von 1960 kam es dann 1966 gleichsam zu einem Quantensprung: Kandidaten, die als Arbeitnehmer in der privaten Wirtschaft beschäftigt waren, hatten 19 Sitze im Kreistag errungen, was einem Anteil von 42,2 Prozent entsprach. Bemerkenswert war vor allem der Zuwachs bei den Angestellten, die mit zehn Vertretern in den Kreistag eingezogen waren und damit genauso viele Mandate errungen hatten wie die Landwirte, dicht gefolgt von den Facharbeitern und Angelernten, auf die nur ein Sitz weniger entfiel. Wie ungewöhnlich dieses Resultat war, zeigt ein Blick auf die angrenzenden Landkreise. In den Kreistagen von Pfaffenhofen und Schrobenhausen betrug der Anteil der Arbeiter und Angestellten in der privaten Wirtschaft 1966 lediglich 11,1 beziehungsweise 6,7 Prozent. Selbst der Kreistag von Eichstätt, wo die Quote der abhängig Beschäftigten zwischen 1952 und 1966 kontinuierlich auf immerhin 29 Prozent gestiegen war, konnte mit der Entwicklung in Ingolstadt nicht mithalten.

Die Gemeinden des Landkreises Ingolstadt und ihre Bürgermeister

Nicht selten hatten die Kreisräte weitere kommunalpolitische Ämter und Mandate inne, wie es der Funktion des Kreistags als kommunikativer Drehscheibe und Plattform des Interessenausgleichs entsprach. 1966 gehörten im Landkreis Ingolstadt immerhin 23 von 45 Kreisräten einem Gemeinderat an oder bekleideten das Amt des 1. beziehungsweise 2. Bürgermeisters einer kreisangehörigen Gemeinde[381]. Die Bürgermeister waren dabei in der Regel erfahrene Kommunalpolitiker wie der sozialdemokratische Bundesbahnbedienstete Martin Meier aus dem aufstrebenden Markt Gaimersheim oder der Land- und Gastwirt Thomas Sangl aus Oberhartheim, der für die CSU im Kreistag saß und die Geschicke seines Dorfes bereits seit der Besatzungszeit lenkte. Die bayerische Gemeindeordnung

---

[380] Die Arbeiter im öffentlichen Dienst bleiben unberücksichtigt, obwohl sie nicht zuletzt aufgrund des großen Eisenbahnausbesserungswerks in Ingolstadt in den fünfziger Jahren eine gewisse Rolle im Kreistag spielten.
[381] BLSD, Referat Wahlen, Mappe Landkreis Ingolstadt, Statistischer Fragebogen zur Wahl des Kreistags am 13. 3. 1966.

von 1952, die sich am Idealtypus der süddeutschen Ratsverfassung orientierte, stellte die Bürgermeister als zentrale Figuren im politischen Prozeß auf kommunaler Ebene besonders heraus[382]. Sie wurden nicht nur direkt gewählt und erhielten so eine bürgerunmittelbare Legitimation, sondern saßen auch dem Gemeinderat mit Stimmrecht vor, vollzogen dessen Beschlüsse, leiteten die Gemeindeverwaltung und vertraten ihre Kommune nach außen. Gerade in Zeiten des Umbruchs lastete auf den Schultern der Bürgermeister eine besondere Verantwortung. Dies war nach 1945 so gewesen, als die übergeordneten Strukturen weitgehend kollabiert waren, und dies zeigte sich auch in der zweiten Nachkriegsdekade, als der sozio-ökonomische Strukturwandel viele Gemeinden vor neue Herausforderungen stellte, die mit den Schlagworten Modernisierung der Infrastruktur, Ausbau der Leistungsverwaltung, Bürokratisierung und Professionalisierung sowie Kommunikation und Bürgerbeteiligung hier nur angedeutet werden sollen[383].

Wer waren die Bürgermeister, die in den langen fünfziger Jahren an der Spitze der 41 Gemeinden des Landkreises Ingolstadts standen? Welcher Altersgruppe gehörten sie an? Wo kamen sie her? Welche Berufe übten sie aus? Und welcher politischen Partei waren sie zuzurechnen? Wie fast überall in Bayern waren die Bürgermeister auch im Landkreis Ingolstadt Männer – Frauen in dieser Position gab es nicht – in den besten Jahren, Männer, denen man zutraute, daß sie auch ihre Heimatgemeinden gut verwalten würden, nachdem sie sich in Familie und Beruf als verläßlich und erfolgreich erwiesen hatten. Soweit man sehen kann, lag der Altersdurchschnitt nach der Wahl von 1948 bei 48,8 Jahren[384]. Bei den folgenden Kommunalwahlen von 1952 und 1956 stieg dieses relativ niedrige Durchschnittsalter[385] vor allem aufgrund der hohen Wiederwahlquote, die 1956 bei fast 83 Prozent lag, auf 52,6 beziehungsweise 54,2 Jahre an. Als 1960 gewählt wurde, waren nicht weniger als 12 von 41 Bürgermeistern älter als 61 Jahre, so daß bei der folgenden Kommunalwahl im Jahr 1966 nicht verwundern konnte, daß eine Reihe von Bürgermeistern erstmals berufen wurden, die das 40. Lebensjahr noch nicht überschritten hatten. Der Altersdurchschnitt der Bürgermeister im Landkreis Ingolstadt sank dementsprechend auf 52,7 Jahre. Die Mehrzahl der Gemeindevorsteher war zwischen 1900 und 1914 geboren worden und hatte die Krise der Weimarer Republik ebenso bewußt erlebt wie die sogenannte Machtergreifung der Nationalsozialisten und den Zweiten Weltkrieg. Sie waren daher Teil einer zumindest einigermaßen klar umgrenzten Erlebnisgemeinschaft, „die durch zeit-

---

[382] Vgl. Albert von Mutius, Kommunalverwaltung und Kommunalpolitik, in: Kurt G.A. Jeserich/Hans Pohl/Georg-Christoph von Unruh (Hrsg.), Deutsche Verwaltungsgeschichte, Bd. 5: Die Bundesrepublik Deutschland, Stuttgart 1987, S. 312–348, hier S. 323 f.

[383] Vgl. hierzu an Beispielen aus der bayerischen Provinz Jaromír Balcar, Die Kosten der Erschließung. Kommunale Infrastrukturpolitik auf dem Land und ihre Folgen für die Gemeinden (1948–1972), in: Daniela Münkel (Hrsg.), Der lange Abschied vom Agrarland. Agrarpolitik, Landwirtschaft und ländliche Gesellschaft zwischen Weimar und Bonn, Göttingen 2000, S. 249–277.

[384] Für die Kommunalwahl des Jahres 1948 war das Geburtsdatum lediglich für 29 von 41 Bürgermeistern zu ermitteln. Die folgenden Angaben wurden zusammengestellt nach: BLSD, Referat Wahlen, Mappen zu den Wahlen in den Gemeinden des Landkreises Ingolstadt.

[385] Vgl. Balcar, Politik auf dem Land, S. 64 f.

geschichtliche politische Erfahrungen, durch gemeinsame Schicksale geprägt" wurde[386].

Der generationellen Homogenität entsprach eine außerordentlich große landsmannschaftliche Homogenität. Wie man anhand der Wahlergebnisse von 1948 erkennen kann, waren selbst in den Wirren der Besatzungszeit noch mehr als die Hälfte aller Bürgermeister des Landkreises Ingolstadt am Dienstort geboren worden. Mit zunehmender Stabilisierung der Verhältnisse wuchs dieser Anteil auf 70,7 Prozent im Jahr 1952, um dann bis 1960 wieder auf 61 Prozent zu fallen. Wenn ein Bürgermeister jedoch schon nicht am Dienstort geboren war, hatte er doch oft in einer der Nachbargemeinden oder in Ingolstadt selbst das Licht der Welt erblickt, so daß in den fünfziger Jahren etwa drei Viertel aller Bürgermeister am Dienstort oder in der unmittelbaren Nachbarschaft geboren war. Den restlichen Gemeindevorstehern haftete wenigstens ein gemeinsamer weiß-blauer Stallgeruch an, konnten sie sich doch fast alle mit Fug und Recht als Bayern von Geburt bezeichnen. Als „Preuße" oder gar als Flüchtling hatte man zumindest im Landkreis Ingolstadt in den fünfziger Jahren keine Chance, zum Bürgermeister gewählt zu werden Es gab lediglich eine Ausnahme: Franz Klug, der 1909 in Mannheim zur Welt gekommen war, es in der Wehrmacht zum Oberzahlmeister gebracht hatte und dann als Gemeindeschreiber in Oberhaunstadt gelandet war, einer Ortschaft in unmittelbarer Nähe Ingolstadts, wo man ihn 1952 erstmals als Kandidat der SPD, einer Liste der Kriegsopfer und Ausgewiesenen sowie einer parteilosen christlichen Wählervereinigung gegen den Amtsinhaber, den Schmied Josef Knipfer, zum Bürgermeister wählte[387].

Ein Schmied oder ein Angestellter als Gemeindevorsteher war freilich zunächst die absolute Ausnahme. Als Klug 1952 in das Rathaus von Oberhaunstadt einzog, verdienten im Landkreis Ingolstadt 38 von 41 Bürgermeistern ihren Lebensunterhalt als Selbständige, darunter allein 34 als Landwirte. Diese Dominanz der Selbständigen im allgemeinen und der Bauern im besonderen hatte mit mehreren Faktoren zu tun: Zum einen beruhte sie in vielen Gemeinden auf einer nach wie vor überwiegend agrarisch geprägten Wirtschafts- und Sozialstruktur; 1950 fanden immerhin noch in 28 von 41 Gemeinden mehr als 50 Prozent aller Erwerbspersonen in der Land- und Forstwirtschaft Beschäftigung[388]. Zum zweiten waren Beziehungen, Tradition und Sozialprestige von großer Bedeutung, weil sie die politischen Folgen des gesellschaftlichen Wandels wenn schon nicht aufhalten, so doch abfedern oder verzögern konnten. Die mehr oder weniger ausgeprägte „agrarische Grundierung"[389], die auch in sozioökonomisch diversifizierteren Gemeinden erhalten blieb, begünstigte zudem überkommene Orientierungen und Verhaltensweisen. Zum dritten war das Amt des Bürgermeisters bis Mitte der sechziger Jahre in allen Gemeinden des Landkreises ein Ehrenamt, das mit dem Beruf vereinbart werden mußte, und wer konnte dies besser als ein selbständiger

---

[386] Helmut Fogt, Generationenverhältnisse und Politik in der Bundesrepublik Deutschland, in: Politische Studien 34 (1983), S. 555–565, hier S. 559.

[387] BLSD, Referat Wahlen, Mappe Oberhaunstadt, Statistischer Fragebogen zur Wahl des ersten Bürgermeisters am 30. 3. 1952.

[388] Vgl. die Tabelle Erwerbstätigkeit der Bevölkerung in den Gemeinden des Landkreises Ingolstadt 1950 (S. 57).

[389] Thomas Schlemmer/Hans Woller, Einleitung zu: dies. (Hrsg.), Gesellschaft, S. 1–23, hier S. 3.

Landwirt? Entsprechend langsam – wenn auch stetig – ging die Zahl der Bauern in den Amtsstuben zurück; 1956 fanden sich unter den Bürgermeistern 30 Landwirte, und 1960 noch immer 26. Da bei dieser Kommunalwahl jedoch nicht nur die Bauern Federn gelassen hatten, ging der Anteil der Selbständigen unter den Bürgermeistern des Landkreises erstmals deutlich von 87,8 Prozent auf 70,7 Prozent zurück. Dagegen kamen 1960 verstärkt Kandidaten aus dem öffentlichen Dienst zum Zug, die mit 22 Prozent die zweitgrößte Gruppe unter den Gemeindevorstehern stellten und die offensichtlich dem Bild entsprachen, das man sich an der Schwelle zu den sechziger Jahren von einem modernen, in bürokratischen Dingen versierten Bürgermeister zu machen begann. So verhielt es sich etwa in Kasing, einer Gemeinde im Nordosten des Landkreises, die zwar nicht zu den Epizentren des Strukturwandels zählte, aber dennoch signifikanten Veränderungen unterworfen war; zwischen 1950 und 1961 fiel der Anteil der Erwerbspersonen in der Land- und Forstwirtschaft immerhin von 76,5 Prozent auf unter 50 Prozent, während sich der Anteil der Arbeitskräfte in Industrie und Handwerk mehr als verdreifachte[390]. Seit der Besatzungszeit hatten hier Landwirte wie Josef Seitz oder Josef Haas das Amt des Bürgermeisters bekleidet, und als Haas mit 65 Jahren nicht mehr antrat, stellte die CSU zusammen mit einer freien Wählergruppe mit Xaver Oblinger den gleichsam idealen Kandidaten für seine Nachfolge auf, einen gestandenen Landwirt von 46 Jahren, der nicht nur in Kasing zu Hause, sondern auch hier geboren war. Gewählt wurde jedoch mit Hans Keupp ein Bewerber, der statistisch gesehen eigentlich kaum eine Chance hätte haben dürfen – ein mit 33 Jahren noch junger Verwaltungsangestellter, der noch nicht einmal in Kasing das Licht der Welt erblickt hatte, sondern in Ingolstadt[391].

Keupp war wie viele seiner Kollegen von einer unabhängigen Wählergemeinschaft vorgeschlagen worden; 1952 machte der Anteil der Bürgermeister in den Gemeinden des Landkreises, die für parteiungebundene Listen antraten, 24,4 Prozent aus, 1956 sogar 31,7 Prozent und 1960 noch immer 26,8 Prozent. Die meisten Bürgermeister kamen jedoch ohne die Unterstützung einer Partei oder einer Bürgerliste aus. 1948 wurden 24 von 41 Gemeindevorstehern ohne derartige Wahlvorschläge gewählt, was die Bedeutung der Persönlichkeit bei der Rekrutierung kommunaler Entscheidungsträger unterstreicht. Freilich kam es in den fünfziger Jahren zu einer zunehmenden Fragmentierung der Gemeinden und – damit verbunden – zu einer Politisierung der Bürgermeisterwahlen. 1952 wurden 19 Gemeindevorsteher in reiner Mehrheitswahl bestimmt, 1960 nur noch 13 oder weniger als ein Drittel. Entsprechend begann seit 1952 der Einfluß der Parteien zu wachsen. Damals waren nur etwa 17 Prozent der Bürgermeister auf Vorschlag der großen Landesparteien CSU, SPD und BP gewählt worden; 1956 stieg dieser Anteil auf 22 Prozent und 1960 bereits auf fast 32 Prozent. Dabei hatte stets die CSU die Nase vorn, auch wenn sie nach den Erfolgen von 1946 und 1948 vier Jahre später fast ins Bodenlose gefallen war; 1952 kamen im Landkreis Ingolstadt nur noch vier Bürgermeister mit Unterstützung der CSU ins Amt. In den folgenden Jahren

---

[390] Vgl. die Tabellen Erwerbstätigkeit der Bevölkerung in den Gemeinden des Landkreises Ingolstadt 1950 und 1961 (S. 57 und S. 145).
[391] BLSD, Referat Wahlen, Mappe Kasing, Statistischer Fragebogen zur Wahl des ersten Bürgermeisters am 27. 3. 1960.

konnte sich die Union etwas erholen, ohne allerdings eine dominierende Position erringen zu können; 1956 wurden acht von 41 Bürgermeistern von der CSU vorgeschlagen, 1960 zehn. Die SPD als bedeutendste Konkurrentin der Union tat sich freilich weitaus schwerer, in den zumeist kleinen Landgemeinden Fuß zu fassen. 1948 hatte die Sozialdemokratie gerade einmal einen Bürgermeister durchgebracht, 1952 benötigte sie dazu sogar die Unterstützung anderer Gruppierungen. 1956 ging die SPD leer aus, um dann vier Jahre später mit drei gewonnenen Bürgermeisterämtern einen ersten bescheidenen Erfolg zu feiern.

Anfang der sechziger Jahre befand sich die SPD in ganz Bayern im Aufwind. Während die CSU zu stagnieren schien und bei der Landtagswahl im November 1962 ihr Ergebnis nur leicht von 45,6 Prozent auf 47,5 Prozent verbessern konnte, legte die Sozialdemokratie deutlich von 30,8 Prozent auf 35,3 Prozent der Stimmen zu[392]. Im Raum Ingolstadt ließ sich dagegen noch kein eindeutiger Trend ausmachen. Einerseits konnte die SPD ihre Aktivitäten intensivieren – eine Entwicklung, die von der regionalen Parteiorganisation direkt auf den wirtschaftlichen Aufschwung zurückgeführt wurde[393]. Ihre sichtbarste Ausprägung fand die Belebung der Parteiarbeit in der Mitgliederstatistik. Im Kreisverband Ingolstadt, wo die SPD immerhin über 12 Ortsvereine verfügte[394], konnte die Sozialdemokratie ihren Mitgliederstand von 475 Ende 1956 auf 815 Ende 1962 steigern; damit zählte der Kreisverband Ingolstadt mehr Mitglieder als die Kreisverbände Pfaffenhofen an der Ilm, Schrobenhausen und Neuburg an der Donau zusammen[395]! Zudem verbuchte die SPD bei der Landtagswahl von 1962 in der Stadt Ingolstadt einen Zugewinn von 4,3 Prozent, übertraf mit 45,9 Prozent den Landesdurchschnitt um zehn Punkte und ließ auch die 1958 noch führende christlich-soziale Konkurrenz (1958: 43,6 Prozent; 1962: 42,9 Prozent) hinter sich. Andererseits machte die CSU im Landkreis Boden gut, wo sie ihre Position von mäßigen 45,6 Prozent auf beachtliche 52,3 Prozent der Stimmen ausbaute. Die SPD dagegen konnte ihr Ergebnis von 1958 trotz des Rückenwindes aus München und Ingolstadt 1962 mit 37,4 Prozent der Stimmen lediglich halten. Daher konnte sich im Stimmkreis Ingolstadt-Stadt und -Land der junge CSU-Kandidat Max Streibl – seinerzeit Vorsitzender der Jungen Union Bayerns – relativ deutlich gegen seinen populären sozialdemokratischen Mitbewerber Fritz Böhm durchsetzen, der vier Jahre zuvor den Sieg gegen den altgedienten Dachdeckermeister und Mitbegründer der Ingolstädter CSU Franz Schäfer nur knapp verpaßt hatte. Immerhin lag die SPD in sieben Gemeinden des Landkreises (Reichertshofen, Ebenhausen, Brunnenreuth, Gai-

---

[392] Vgl. hierzu und zum folgenden Wahl zum Bayerischen Landtag am 25. November 1962, hrsg. vom Bayerischen Statistischen Landesamt, München 1963, S. 32 f., S. 86 f., S. 110 f. und Gemeindeergebnisse S. 11.

[393] So hieß es in einem Bericht des Bundeswahlkreises 202 (Ingolstadt): „Naturgemäß hat sich die wirtschaftliche Entwicklung im Raum Ingolstadt auch auf die Arbeit innerhalb unserer Organisation ausgewirkt." AsD, SPD-Bezirk Südbayern V/001, Jahrbuch des SPD-Bezirks Südbayern für 1964/65, S. 43.

[394] Die Angabe bezieht sich auf das Jahr 1960; AsD, SPD-Bezirk Südbayern V/001, Geschäftsbericht des SPD-Bezirks Südbayern für 1968/69, S. 59.

[395] IfZ-Archiv, Dn 012, Geschäftsbericht des SPD-Bezirks Südbayern für 1956/57, S. 29; AsD, SPD-Bezirk Südbayern V/001, Jahrbuch des SPD-Bezirks Südbayern für 1962/63, S. 107 f. und S. 110. Die SPD hatte im Kreisverband Pfaffenhofen an der Ilm Ende 1962 184 Mitglieder, im Kreisverband Neuburg an der Donau 161 und im Kreisverband Schobenhausen ganze 59.

mersheim, Oberhaunstadt, Mailing und Kösching) vor der Union, kam jedoch auch in fünf Gemeinden über zehn Prozent der Stimmen nicht hinaus. Besonders deprimierend waren dabei die Resultate in den kleinen Bauerngemeinden Mühlhausen und Oberhartheim mit 3,6 Prozent beziehungsweise 2,0 Prozent. Umgekehrt erzielte die CSU in den Land- und Bauerngemeinden im Osten und Südwesten des Landkreises ihre besten Ergebnisse, wobei sie in 13 Kommunen sogar 70 und mehr Prozent der Stimmen gewinnen konnte.

Bei der Kommunalwahl von 1966 schien die SPD dann vor einem Durchbruch zu stehen[396]: Die Sozialdemokraten gewannen nicht nur die Oberbürgermeister- und die Stadtratswahl in Ingolstadt, sondern stellten nun auch im Landkreis sieben Bürgermeister; einen achten Bewerber hatten sie bei seiner erfolgreichen Kandidatur unterstützt[397]. Die CSU wurde dagegen in ihrem Aufwärtstrend unsanft gestoppt. Der Union blieben nur sechs Bürgermeistersessel; einem siebten Bürgermeister hatte die CSU zusammen mit den Freien Wählern bei seinem Sieg die Steigbügel gehalten. Besonders schmerzen mußte die Tatsache, daß es der SPD sogar in zwei Fällen gelungen war, einen amtierenden CSU-Bürgermeister auszuhebeln, und zwar den Landwirt Michael Schenk, der in Reichertshofen gegen den Maschinenschlosser Johann Hammerl unterlag, sowie den Landwirt Georg Wolfsmüller, der in Stammham Alfons Waffler den Vortritt lassen mußte. Waffler war Ende 1915 in Stammham geboren und entstammte einer eingesessenen Bauernfamilie. Wie die meisten Männer seiner Generation diente er bei der Wehrmacht und bezahlte für Hitlers Krieg mit Gefangenschaft. Nach seiner Heimkehr arbeitete er als Lagerist bei der Auto Union, trat der IG Metall bei und schloß sich den Sozialdemokraten an, für die er seit 1956 auch im Gemeinderat saß[398]. Hier kam offensichtlich der im ländlichen Raum oft dissonante Dreiklang von Betrieb, Gewerkschaft und Arbeiterpartei zum Tragen, der nicht nur Wafflers politischen Werdegang prägte, sondern angesichts der wachsenden Zahl pendelnder Industriearbeiter am Ort auch die Voraussetzungen für seinen – wenn auch knappen – Wahlerfolg schuf. Als Waffler zum Bürgermeister gewählt wurde, gehörte er mit seinen 50 Jahren zwar nicht mehr zu den Vertretern der jungen Garde in den Rathäusern der Region, aber er zeigte sich dennoch für ein Thema aufgeschlossen zeigte, das dem Geist der Zeit entsprach und nicht wenigen Bürgern unter den Nägeln brannte: die Modernisierung der Gemeinde durch Schulhaus- und Sportstättenbau, die Verbesserung des Straßennetzes und den Ausbau der Kanalisation[399].

Außer in Reichertshofen und Stammham stellte die SPD die Bürgermeister in Eitensheim (hier hatte sich auf Vorschlag der SPD, einer Wählergruppe der Neu-

---

[396] Vgl. Donau-Kurier vom 14. 3. 1966: „Über ein Drittel neue Bürgermeister. SPD holte mächtig auf".

[397] Dazu kam der amtierende Bürgermeister Franz Klug aus Oberhaunstadt, der bei seiner Wiederwahl von CSU, SPD und Freien Wählern gleichermaßen unterstützt wurde; BLSD, Referat Wahlen, Mappe Oberhaunstadt, Statistischer Fragebogen zur Wahl des ersten Bürgermeisters am 13. 3. 1966.

[398] DGB-Kreis Ingolstadt, Ortskartelle, Mappe Stammham 1961–1967, Max Johler an Alfons Waffler vom 14. 1. 1965.

[399] Vgl. Donau-Kurier vom 17. 3. 1966: „Erstes Gebot: Zusammenarbeit aller. Alfons Waffler steht vor einer schwierigen Amtszeit".

bürger und der Unabhängigen Wählerschaft der Verwaltungsangestellte Franz
Bernecker durchgesetzt), Etting (Lorenz Schmidt, Schlosser), Gaimersheim (Mar-
tin Meier, Bundesbahnbeamter), Kösching (Karl Dollinger, Fuhrunternehmer),
Lenting (Franz Binder, Polizeibeamter) und Wettstetten (Georg Meir, technischer
Angestellter). Die CSU besetzte dagegen die Rathäuser in Demling, wo sie zusam-
men mit den Freien Wählern den Landwirt Thomas Ohrner aufgestellt hatte,
Großmehring (Johann Mirbeth, Verwaltungsangestellter), Hepberg (Georg
Mayer, Gemeindeangestellter), Manching (Johann Stutz, Maschinenbautechni-
ker), Oberstimm (Ulrich Prummer, Landwirt), Pförring (Gottfried Dichtl, Ge-
meindeangestellter) und Theißing (Adolf Härdl, Landwirt).

Während die CSU im Süden und Osten des Landkreises ihre Hochburgen
hatte, war die SPD in einem kompakten Gebiet nördlich der Stadt Ingolstadt, das
von Eitensheim bis Kösching reichte, besonders erfolgreich. Dieser Teil des Landkreises lag direkt im Einzugsgebiet der Auto Union, das sich vom neuen Werk an
der Grenze zwischen Ingolstadt und Etting trichterförmig nach Norden, Westen
und Osten ausdehnte. Hier konzentrierten sich expansive Industrie- und Arbeiterwohngemeinden, die der SPD offensichtlich besonders günstige Entwicklungsmöglichkeiten boten. Tatsächlich stellten die Sozialdemokraten in keiner Gemeinde den Bürgermeister, die nicht bereits 1961 von den Landesplanern in München als Industrie- oder Arbeiterwohngemeinde klassifiziert worden wäre[400]. Der
naheliegende Umkehrschluß, die CSU habe vor allem in strukturschwachen, tendenziell schrumpfenden Land- und Bauerngemeinden regiert, führt freilich in die
Irre. Von den sieben Kommunen, in denen die CSU 1966 eigene oder zumindest
unterstützte Kandidaten hatte durchbringen können, entsprachen lediglich Demling und Theißing diesem Typus. Dagegen fanden sich unter den Ortschaften mit
einem CSU-Bürgermeister auch ausgesprochene Entwicklungsschwerpunkte wie
Manching, die größte Gemeinde des Landkreises, wo die Christsozialen auch die
mit Abstand stärkste Fraktion im Marktgemeinderat stellten[401], oder rasch wachsende Arbeiterwohngemeinden wie Oberstimm und Großmehring. Selbst im
bereits 1961 als Industriegemeinde klassifizierten Hepberg, das in jenem Teil des
Landkreises lag, in dem die SPD besonders gut abgeschnitten hatte, war ein von
der CSU vorgeschlagener Kandidat zum Bürgermeister gewählt worden. Damit
stand die Union anders als die Sozialdemokratie auf zwei Beinen – mit einem in
der fast schon vergangenen dörflich-bäuerlichen Lebenswelt und mit einem in der
Gegenwart, die insbesondere in der Region Ingolstadt von der Urbanisierung und
Industrialisierung des ländlichen Raums geprägt war. Diese Mischung aus Tradition und Fortschritt[402], die sich nicht zuletzt im personellen Angebot der Partei
niederschlug, dürfte wesentlich dafür verantwortlich gewesen sein, daß sich die

---

[400] Vgl. Raumordnungsplan Mittelbayerisches Donaugebiet (1965), Abb. 29; Zahlen zur Bevölke-
rungsentwicklung in den Gemeinden des Landkreises zwischen 1939 und 1969 finden sich in:
Landkreis Ingolstadt (1971), S. 40.
[401] BLSD, Referat Wahlen, Mappe Manching, Statistischer Fragebogen zur Wahl der ehrenamtlichen
Gemeinderatsmitglieder am 13. 3. 1966.
[402] Vgl. dazu den Überblick bei Thomas Schlemmer, Zwischen Tradition und Traditionsbildung. Die
CSU auf dem Weg zur Hegemonialpartei 1945 bis 1976, in: Mitteilungshefte des Instituts für
Soziale Bewegungen 24 (2000), S. 159–180.

CSU gegenüber der SPD behaupten konnte, deren Aufwärtstrend in der zweiten Hälfte der sechziger Jahre unübersehbar war.

Die Bürgermeisterwahlen des Jahres 1966 hoben sich jedoch nicht nur, was den Erfolg der SPD anging, deutlich von den vorausgegangenen Wahlen ab. Auch bezüglich der Sozialstruktur markierten sie eine Zäsur, wobei sich Trends verstärkten, die sich bereits 1960 angedeutet hatten. So sank der Altersdurchschnitt der Bürgermeister weiter auf 48,5 Jahre; zwischen 1948 und 1978 waren die Bürgermeister im Landkreis Ingolstadt im Schnitt nie jünger als 1966. Für diese Entwicklung zeichnete auch die Tatsache verantwortlich, daß fast die Hälfte aller Rathäuser (47,5 Prozent) neu besetzt wurde. Da Wiederwahlquoten von 70 oder gar 80 Prozent nicht die Ausnahme, sondern die Regel waren, ist dieser Wert um so erstaunlicher und nur dadurch zu erklären, daß eine ganze Generation von Kommunalpolitikern abtrat, die meist zwischen 1946 und 1952 ins Amt gekommen war, aus der Erfahrung von Diktatur und Krieg den Wiederaufbau gestaltet hatte und nun überwiegend aus Altersgründen ihren Hut nehmen mußte. Wie schon 1960 wurde diese Generation auch 1966 nicht überwiegend durch Männer jenseits der 45 ersetzt, die angeblich noch in den besten Jahren waren, sondern durch jüngere Kandidaten, die das 40. Lebensjahr noch nicht überschritten hatten. Das Durchschnittsalter der 1966 im Landkreis Ingolstadt gewählten Bürgermeister war – auch im bayerischen Vergleich – nicht zuletzt deshalb so niedrig, weil der Anteil der Bürgermeister unter 40 Jahren mit 17,5 Prozent besonders hoch war[403].

Diese Blutauffrischung stellte freilich nicht die einschneidendste Veränderung dar, welche die Kommunalwahl von 1966 im Landkreis Ingolstadt mit sich brachte. Die eigentliche Zäsur lag in einer neuen sozialen Schichtung der kommunalen Spitzenpolitiker begründet, oder – um es mit anderen Worten zu sagen – im Ende der Herrschaft der Selbständigen, die lange Zeit gleichsam zementiert zu sein schien. Hatte die hegemoniale Stellung der Bürgermeister, die wirtschaftlich unabhängig und ihr eigener Herr waren, bereits 1960 zu erodieren begonnen, so kam das Ergebnis der folgenden Wahl einem Erdrutsch gleich. 1966 betrug der Anteil der Selbständigen unter den Bürgermeistern nur noch 47,5 Prozent und lag damit um fast ein Viertel niedriger als noch 1960. Dieser Bedeutungsverlust ging fast vollständig auf Kosten der Landwirte, deren Anteil unter den Bürgermeistern von 63,4 auf 42,5 Prozent sank. Die Tragweite dieser Entwicklung wird deutlich, wenn man einen Blick auf Landkreise wirft, die gleichsam im toten Winkel der Modernisierung lagen wie etwa Landsberg am Lech, wo zwischen 1966 und 1972 noch zwei Drittel der Bürgermeister ihr Brot mit der Landwirtschaft verdienten[404]. An die Stelle der Bauern, die jahrzehntelang die Szenerie beherrscht hatten, traten Angehörige des öffentlichen Dienstes, deren Anteil von 22 Prozent auf 27,5 Prozent stieg, und die bislang sträflich unterrepräsentierten Arbeitnehmer in der privaten Wirtschaft. 1966 wurden im Landkreis Ingolstadt neun Bewerber (22,5

---

[403] Vgl. die Vergleichszahlen bei Balcar, Politik auf dem Land, S. 77–82.

[404] Allgemein zur Kommunalwahl von 1966, deren Zäsurcharakter auch in agrarischen Landkreisen deutlich – wenn auch weniger ausgeprägt als im Landkreis Ingolstadt – hervortrat, vgl. ebenda, S. 76–87; Angaben zur Berufsgruppenschichtung der Bürgermeister im Landkreis Landsberg finden sich auf S. 83.

Prozent) aus diesem Segment der Erwerbstätigen zu Bürgermeistern gewählt, von denen sieben als Facharbeiter oder angelernte Arbeiter beschäftigt waren.

Ein Blick in die Gemeinderäte zeigt freilich, daß Fortschritt und Beharrung noch eng beieinander lagen. In Etting beispielsweise, wo sich zwischen 1950 und 1961 der Anteil der Erwerbstätigen in der Land- und Forstwirtschaft von 49,4 auf 26 Prozent verringert hatte, der Anteil der Beschäftigen in Industrie und Handwerk aber von 28,8 Prozent auf 56 Prozent gestiegen war[405], hatte 1966 nicht nur der von der SPD vorgeschlagene Schlosser Lorenz Schmidt die Nachfolge des von der CSU und einer parteilosen Wählergruppe aufgestellten Landwirts Josef Weidenhiller angetreten. Auch der zehnköpfige Gemeinderat, in dem CSU und SPD je fünf Mitglieder stellten, zeigte deutliche Spuren des sozioökonomischen Strukturwandels, der die Gemeinde in unmittelbarer Nähe des neuen Werks der Auto Union in besonderer Weise betraf[406]. Entsprach die SPD-Fraktion, die aus zwei Schlossern, zwei Maurern und einem Unternehmer bestand, weitgehend den Erwartungen, so überraschte die Zusammensetzung der CSU-Fraktion. Die christlich-sozialen Gemeinderäte waren mit einem Durchschnittsalter von 37,8 Jahren nicht nur deutlich jünger als ihre sozialdemokratischen Kollegen, sondern repräsentierten auch weniger die traditionellen Wähler der Partei in Landwirtschaft und Handwerk als den aufstrebenden neuen Mittelstand. Dem 36jährigen Bauern Moritz Schneider standen ein Postbeamter, ein selbständiger Ingenieur und zwei Angestellte gegenüber, von denen der 25jährige Helmut Kuntscher als hauptamtlicher Jugendfunktionär der Diözese Eichstätt das katholische Element der Partei vertrat[407]. In der fast gleichnamigen Gemeinde Ettling an der östlichen Peripherie des Landkreises, wo Anfang der sechziger Jahre noch 77 Prozent der Erwerbspersonen in der Landwirtschaft ihr Auskommen gefunden hatten, war dagegen auch 1966 fast alles beim alten. Der seit 1952 amtierende Bürgermeister Max Kolb, ein 58jähriger Bauer, wurde wiedergewählt, ohne daß er der Unterstützung einer politischen Gruppierung bedurft hätte. Auch die sechs Gemeinderäte, die ihm zur Seite standen, waren nicht parteigebunden – und sie verdienten allesamt ihren Lebensunterhalt als selbständige Landwirte[408].

Wo die Dominanz der Bauern schwand und Beamte, Angestellte sowie insbesondere Arbeiter in der Kommunalpolitik an Bedeutung gewannen, spiegelten sich nicht nur die Folgen des durch den Industrialisierungsschub der fünfziger Jahre ausgelösten Strukturwandels wider. Diese Entwicklung war auch ein Reflex auf das Bedürfnis so mancher Gemeinde, den Folgen dieses Strukturwandels durch eine Professionalisierung der kommunalen Verwaltung zu begegnen. Hatte es bis 1966 im Landkreis Ingolstadt keinen einzigen berufsmäßigen Bürgermeister gegeben, so leisteten sich jetzt immerhin acht Gemeinden diesen Luxus, und wäh-

---

[405] Vgl. die Tabellen Erwerbstätigkeit der Bevölkerung in den Gemeinden des Landkreises Ingolstadt 1950 und 1961 (S. 57 und S. 145).

[406] Vgl. Weber, Region Ingolstadt, S. 63–79.

[407] BLSD, Referat Wahlen, Mappe Etting, Statistischer Fragebogen zur Wahl des ersten Bürgermeisters am 13. 3. 1966 und Statistischer Fragebogen zur Wahl der ehrenamtlichen Gemeinderatsmitglieder am 13. 3. 1966.

[408] BLSD, Referat Wahlen, Mappe Ettling, Statistischer Fragebogen zur Wahl des ersten Bürgermeisters am 13. 3. 1966 und Statistischer Fragebogen zur Wahl der ehrenamtlichen Gemeinderatsmitglieder am 13. 3. 1966.

rend das Ehrenamt den ökonomisch unabhängigen Selbständigen entgegenkam,
so begünstigte der Übergang zur (Kommunal-)Politik als Beruf die abhängig Beschäftigten. Bürgermeister zu sein, war nun nicht mehr nur eine Auszeichnung,
sondern eröffnete unter Umständen auch die Perspektive auf berufliche Verbesserung und sozialen Aufstieg. Alles in allem vollzogen sich diese Prozesse in ganz
Bayern, doch sie setzten im Landkreis Ingolstadt etwa eine Legislaturperiode früher ein als anderswo, griffen tiefer in gewachsene Traditionen ein und hatten unter
dem Einfluß der Großindustrie ein spezifisches Gepräge.

6. Infrastruktur und Lebensverhältnisse

Die Erschließung des Landes

Um 1960 standen im Raum Ingolstadt wie im Mittelbayerischen Donaugebiet
Althergebrachtes und Neues noch in dem eigentümlichen Mischungsverhältnis
zueinander, das Phasen des Übergangs gemeinhin eigen ist. Das wirtschaftliche
Wachstum, der Strukturwandel in Handwerk und Landwirtschaft, die fortschreitende Industrialisierung, die zunehmende Mobilität, deren sichtbarster Ausdruck
die rasch wachsende Anzahl an Kraftfahrzeugen war, zeigte zwar, daß sich in
Westdeutschland „ein epochaler Vorgang" vollzog, der die Gesellschaft „gewissermaßen bis auf die Gene durchindustrialisiert, technisiert und rationalisiert"
hat[409]. Allerdings erinnerten Alltag und Lebensstil vor allem im ländlichen Raum,
wo das „Nebeneinander von Wandel und Konstanz" besonders ausgeprägt war[410],
noch stark an die Zwischenkriegszeit, wenngleich auch hier „Wohlstand" immer
mehr „zur Zentralerfahrung, zumindest aber zur Zentralerwartung der Gesellschaft aufstieg"[411]. Die Lebenschancen und Handlungsoptionen der Menschen,
ihr Zugang zu Bildung, Kultur und Einrichtungen der öffentlichen Daseinsvorsorge hingen nicht zuletzt noch in hohem Maße davon ab, wo sie geboren worden
waren und wo ihre Familie lebte, denn von einer Gleichwertigkeit der Lebensverhältnisse – um mit einem zentralen normativen Postulat der sechziger Jahre zu
sprechen – konnte keine Rede sein. Es war, mit anderen Worten, noch nicht selbstverständlich, daß höhere Schulen oder modern ausgestattete Krankenhäuser in
Reichweite waren, ja noch nicht einmal der Anschluß an die allgemeine Strom-
und Wasserversorgung konnte als gegeben vorausgesetzt werden. Damit rückt
aber die Ausstattung des Untersuchungsraums mit Einrichtungen der Infrastruktur und die Frage nach den Defiziten, die Ende der fünfziger/Anfang der sechziger Jahre noch bestanden, in den Mittelpunkt des Interesses.

Der Schlüssel zur Erschließung des Landes lag bei der öffentlichen Hand. Dabei waren Bund, Land und Kommunen, denen ein immer umfangreicheres Steue-

---

[409] Hans-Peter Schwarz, Modernisierung oder Restauration? Einige Vorfragen zur künftigen Sozialgeschichtsforschung über die Ära Adenauer, in: Rheinland-Westfalen im Industriezeitalter, Bd. 3:
Vom Ende der Weimarer Republik bis zum Land Nordrhein-Westfalen, hrsg. von Kurt Düwell
und Wolfgang Köllmann, Wuppertal 1984, S. 278–293, hier S. 289.
[410] Exner, Ländliche Gesellschaft, S. 449.
[411] Hockerts, Ende der Ära Adenauer, in: Becker/Chrobak (Hrsg.), Staat, Kultur, Politik, S. 466.

rungsinstrumentarium zur Verfügung stand, gleichermaßen von Bedeutung[412]. In Bayern wurde dem Ausbau wirtschaftsnaher öffentlicher Einrichtungen als Voraussetzung für die Ansiedlung von Betrieben und die Schaffung neuer Arbeitsplätze besonderes Gewicht beigemessen, da bei den Entscheidungsträgern die Überzeugung vorherrschte, daß eine unzureichende infrastrukturelle Basis das Wachstum einer Volkswirtschaft begrenzen könne. Infrastrukturpolitik war damit immer auch regionale Strukturpolitik, und der Ausbau der Infrastruktur galt als notwendige Voraussetzung für deren Erfolg[413]. Obwohl in Bayern seit langem Infrastrukturpolitik betrieben wurde, kam der Begriff Infrastruktur vergleichsweise spät in Mode und machte erst in den sechziger Jahren rasch Karriere[414]. In den fünfziger Jahren stand die Infrastrukturpolitik vorwiegend im Zeichen des Wiederaufbaus. „Angestoßen durch die in vielen Regionen und Bereichen empfundenen Unterversorgungssituationen" kam es Anfang der sechziger Jahre jedoch in der gesamten Bundesrepublik zu einem Perspektivenwechsel, der zu einer bis in die frühen siebziger Jahre dauernden „Hochphase der Infrastrukturpolitik" führte[415].

Das bescheidene Haushaltsvolumen Bayerns, das zwischen 1950 und 1958 von knapp zwei auf knapp vier Milliarden DM anwuchs, begrenzte den Handlungsspielraum der Politik ebenso wie die Steuerschwäche des Freistaats; noch 1958 erreichte die Steuerkraft Bayerns nur 82,7 Prozent des Bundesdurchschnitts[416]. Zwar geschah – gemessen an den Möglichkeiten – nicht wenig, um Zerstörtes wiederaufzubauen, Engpässe zu beseitigen und neue Kapazitäten zu schaffen, doch für den großen Wurf reichten die Mittel in den fünfziger Jahren bei weitem nicht aus. Erst in den sechziger Jahren wendete sich das Blatt; die wachsende Wirtschaftskraft Bayerns führte zu steigenden Steuereinnahmen und ermöglichte damit im Verein mit Mitteln aus dem Bundeshaushalt verstärkte Infrastrukturinvestitionen, die zunehmend auch von der Öffentlichkeit gefordert wurden[417]. Dabei zählten die Sektoren Verkehr und Telekommunikation, Energieversorgung und Wasserwirtschaft, Bildung und Forschung, Gesundheit, aber auch Freizeit und Kultur sowie innere und äußere Sicherheit zu den bevorzugten Handlungsfeldern staatlicher Infrastrukturpolitik[418].

Was das Mittelbayerische Donaugebiet und speziell den Raum Ingolstadt betrifft, so läßt sich vor allem zweierlei feststellen: Zum einen orientierte sich die Entwicklung hier im großen und ganzen an den selben Zäsuren, die sich auch landesweit feststellen lassen, das heißt, einer Phase des Wiederaufbaus folgte in der

[412] Vgl. hierzu und zum folgenden Schlemmer/Woller, Einleitung zu: dies. (Hrsg.), Erschließung, S. 16 ff.

[413] Vgl. Egon Tuchtfeldt, Infrastrukturinvestitionen als Mittel der Strukturpolitik, in: Reimut Jochimsen/Udo E. Simonis (Hrsg.), Theorie und Praxis der Infrastrukturpolitik, Berlin 1970, S. 125–151, hier S. 145.

[414] Vgl. Dirk van Laak, Der Begriff „Infrastruktur" und was er vor seiner Erfindung besagte, in: Archiv für Begriffsgeschichte 41 (1999), S. 280–299.

[415] Reimut Jochimsen/Günter Högemann, Infrastrukturpolitik, in: Helmut W. Jenkins (Hrsg.), Raumordnung und Raumordnungspolitik, München/Wien 1996, S. 196–222, hier S. 210 f.

[416] Vgl. Lanzinner, Sternenbanner, S. 248 f.

[417] Vgl. hierzu jetzt ausführlich Grüner, Industrie- und Strukturpolitik, S. 181–257 und S. 338–411.

[418] Vgl. Tuchtfeldt, Infrastrukturinvestitionen, in: Jochimsen/Simonis (Hrsg.), Infrastrukturpolitik, S. 131.

zweiten Hälfte der fünfziger Jahre eine Phase infrastruktureller Erschließung, die zunächst eher zögernd und unsystematisch begann, an der Wende von den fünfziger zu den sechziger Jahren jedoch an Fahrt gewann und immer mehr Bereiche erfaßte. Zum anderen gab es ein doppeltes Gefälle zwischen Zentrum und Peripherie, und zwar allgemein zwischen Stadt und Land sowie zwischen der Stadt Ingolstadt als dem Mittelpunkt des sozioökonomischen Strukturwandels mit den umliegenden Gemeinden und dem Rest des Untersuchungsraums. Generell ist hierbei ein direkter Zusammenhang zwischen dem sozioökonomischen Strukturwandel und dem Stand der Erschließung zu konstatieren. Da in weiten Teilen des Mittelbayerischen Donaugebiets der sekundäre und der tertiäre Sektor der Wirtschaft nicht ausreichend entwickelt seien, so betonte man noch Mitte der sechziger Jahre in der Landesplanungsabteilung des bayerischen Wirtschaftsministeriums, „sind zahlreiche Gemeinden in der Finanzkraft zurückgeblieben, so daß die notwendigen Verkehrs- und Versorgungseinrichtungen nicht erstellt werden konnten, ebensowenig wie die kulturellen und sozialen Einrichtungen"[419]. Es ist im Rahmen der vorliegenden Studie nicht möglich, diesen Themenkomplex umfassend zu behandeln. Daher sollen vier Problemkreise herausgegriffen werden, nämlich Wasserwirtschaft, Müllbeseitigung, Krankenhäuser und Schulwesen.

Wasserwirtschaft zwischen Gesundheitspolitik und Naturschutz

Was die Wasserwirtschaft angeht, so bezeichnete das bayerische Innenministerium noch im August 1958 die „ausreichende Versorgung der Bevölkerung mit einwandfreiem Trink- und Brauchwasser" als „eines der vordringlichsten kommunalen Aufgabengebiete"[420]. Zwar hatten sich zwischen 1948 und 1958 allein die Investitionen in Wasserversorgungsanlagen unter Mitwirkung der staatlichen Wasserwirtschaftsverwaltung auf 509 Millionen DM summiert, doch der Bedarf für weitere Baumaßnahmen lag erheblich höher: Das Bayerische Statistische Landesamt bezifferte allein die für notwendige Neubaumaßnahmen auf dem Feld der Wasserversorgung in ländlichen Regionen nötigen Mittel auf 1,2 Milliarden DM, dazu kamen noch 1,1 Milliarden DM für den Umbau, die Erweiterung oder die Modernisierung bereits vorhandener Anlagen zur zentralen Wasserversorgung in Stadt und Land.

Im Mittelbayerischen Donaugebiet gab es gleichermaßen Licht und Schatten. In den kreisfreien Städten Ingolstadt und Eichstätt wurden 1958 nahezu alle Bürger über zentrale Systeme mit Trink- und Brauchwasser versorgt, in Neuburg an der Donau lag der Versorgungsgrad immerhin bei über 80 Prozent. In den kleinen Landgemeinden war eine zentrale Wasserversorgung dagegen Luxus, sieht man einmal vom Landkreis Eichstätt ab; hier hatten die hydrologischen Verhältnisse des wasserarmen Jura schon früh den Bau entsprechender Anlagen erzwungen.

---

[419] Raumordnungsplan Mittelbayerisches Donaugebiet (1965), S. 229.
[420] Auszug aus dem Ministerialamtsblatt Nr. 35/1958: Entschließung des bayerischen Staatsministeriums des Innern vom 28. 8. 1958, abgedruckt in: Stand der Trink- und Brauchwasserversorgung in Bayern am 1. Januar 1958, hrsg. vom Bayerischen Statistischen Landesamt, München 1960; das folgende nach ebenda, S. 15, S. 29, S. 38 ff., S. 60 f., S. 64 ff., S. 90 f., S. 104 f., S. 108 f., S. 112, S. 114 f., S. 127, S. 134, S. 136 sowie Bild 22.

Im nördlichen Teil des Landkreises Ingolstadt, wo ähnliche Bedingungen herrschten, war dagegen in den dreißiger und vierziger Jahren nicht allzu viel geschehen, um die „Wassernot der Gemeinden" zu beheben[421]. In einer Bestandsaufnahme aus dem Jahre 1949 schilderte Landrat Gerhard Kramer die „katastrophalen Verhältnisse", die sich durch geringere Niederschläge und heiße Sommer noch verschärft hätten, in den düstersten Farben. Dabei zitierte er einen Bericht aus der Gemeinde Appertshofen, in dem es hieß:

„Die Trink- und Nutzwasserverhältnisse in der hiesigen Gemeinde sind nicht nur zur Zeit schlecht, sondern seit Menschengedenken derart schlecht, daß der Großteil der Gemeinde bei Trockenperioden unzureichend mit Wasser versorgt ist. Fast ein Drittel der Ortschaft hat überhaupt kein Wasser und muß dieses für Wirtschaft und Vieh in Jauchefässern vom einzigen Gemeindebrunnen (kein Trinkwasser!) heranholen. Besonders schlimm ist die Wassernot, wenn drei, vier Wochen keine Regenfälle niedergehen, da die vorhandenen Privatzisternen ausgeschöpft sind. Die Zisternen füllen sich nur mit Regenwasser, das von den Dächern durch Dachrinnen aufgefangen und nach dorthin geleitet wird. – Für die Brandbekämpfung steht fast kein Wasser zur Verfügung, da der Gemeindebrunnen sehr ungünstig liegt und zur Brandbekämpfung das Wasser schlecht beigebracht werden kann. Verschiedene Brände sind in der Gemeinde erinnerlich, die wegen Wassermangel nicht bekämpft werden konnten."

Weiterhin machte der Landrat darauf aufmerksam, daß viele Brunnen und Zisternen in den bäuerlichen Gemeinden schon deswegen gefährdet seien, weil nur die wenigsten Höfe über zementierte Dungstätten verfügten – in Kösching von 130 landwirtschaftlichen Anwesen nur etwa zehn oder in Wackerstein von 53 nur vier –, so daß eine Verunreinigung des Trinkwassers durch Jauche leicht möglich war.

Landrat Kramer warb mit solchen alarmierenden Beispielen für die Bildung von Zweckverbänden und Wasserversorgungsgruppen durch mehrere Gemeinden. Tatsächlich wurden in den folgenden Jahren einige Fortschritte gemacht, und 1958 waren im Landkreis Ingolstadt immerhin 54,1 Prozent der Wohngebäude und 57,6 Prozent der Einwohner an zentrale Wasserversorgungsanlagen angeschlossen. Betrugen die Vergleichswerte im Landkreis Pfaffenhofen noch 42,9 Prozent beziehungsweise 46,2 Prozent, so verfügten im Landkreis Schrobenhausen nur 37,5 Prozent der Wohngebäude und 38,2 Prozent der Einwohner über einen Anschluß – eine Quote, die im Landkreis Neuburg an der Donau mit einem Versorgungsgrad von 17,6 Prozent bei den Wohngebäuden und 20,5 Prozent der Einwohner noch weit unterschritten wurde. Wer nicht an die zentrale Wasserversorgung angeschlossen war, behalf sich mit Hausbrunnen; im Landkreis Ingolstadt bezogen rund 19000 Menschen ihr Wasser auf diese Art und Weise, im Landkreis Neuburg an der Donau waren es fast 30000. Hausbrunnen und private Wasserleitungen bargen freilich nicht selten gesundheitliche Risiken, da sie nur stichprobenartigen Kontrollen unterlagen, durch Fäkalien verschmutzt werden konnten, die auf den umliegenden Feldern ausgebracht wurden, und sich so immer wieder zu Quellen für Infektionskrankheiten entwickelten[422].

[421] Donau-Kurier vom 24. 11. 1949: „Die Wassernot der Gemeinden des Landkreises Ingolstadt"; das folgende nach diesem umfangreichen Artikel aus der Feder von Landrat Gerhard Kramer.
[422] Vgl. Ulrike Lindner, „Wir unterhalten uns ständig über den Milchpfennig, aber auf die Gesundheit wird sehr wenig geachtet." Gesundheitspolitik und medizinische Versorgung 1945 bis 1972, in: Schlemmer/Woller (Hrsg.), Erschließung, S. 205–272, hier S. 215f.

Im Landkreis Ingolstadt hielten die Aufsichtsbehörden diesen Zustand für untragbar. Sie machten wiederholt auf die Gefahrenpotentiale aufmerksam, die sich aus dem Fehlen zentraler Anlagen zur Wasserversorgung ergaben. Immer wieder wurden Krankheitserreger wie Coli-Bakterien nachgewiesen, und es kam erschwerend hinzu, daß dabei sensible Punkte wie Brunnen von Schulhäusern und Lebensmittel produzierenden Handwerksbetrieben besonders häufig betroffen waren[423]. In den südlich der Donau gelegenen Gemeinden Reichertshofen und Baar griff noch 1960 die Hepatitis um sich. Das Gesundheitsamt führte das gehäufte Auftreten dieser Krankheit auf eine Verseuchung des Grundwassers zurück und rechnete bis zum Bau einer zentralen Wasserleitung nicht mit einer Lösung des Problems. Unterstützt vom Landratsamt, das zögernden Bürgermeistern die negativen Folgen einer unzureichenden Wasserversorgung für die weitere Entwicklung ihrer Kommune vor Augen führte, drängte das Gesundheitsamt „bei jeder sich bietenden Gelegenheit darauf, daß die Gemeinden sich zu einer zentralen Wasserversorgungsanlage entschließen"[424]. Freilich war das leichter gesagt als getan, denn es war nicht nur die ignorante Starrköpfigkeit mancher Entscheidungsträger, die den Bau entsprechender Einrichtungen verzögerte, sondern auch die Furcht vor den Kosten, die auf die Gemeinden und ihre Bürger zukamen, zumal die finanzielle Situation durch bereits laufende Infrastrukturprojekte ohnehin angespannt war. So sahen der Bürgermeister und der Gemeinderat von Etting angesichts der des öfteren beanstandeten Wasserqualität zwar die Notwendigkeit einer zentralen Wasserversorgungsanlage ein, betonten aber, man könne an deren Bau noch nicht herantreten, „da die Gemeinde wegen des neuen Schulhausbaues zu stark in Anspruch genommen wird".

Zuweilen bedurfte es auch eines Anstoßes von außen, um den Stein ins Rollen zu bringen. In Großmehring etwa führte erst der Zusammenbruch der gesamten Wasserversorgung zu einer Erweiterung und Modernisierung des Versorgungsnetzes. Im südlichen Teil des Landkreises, wo die zentrale Wasserversorgung noch eher die Ausnahme als die Regel war, gehörten die Protagonisten des Neuen dagegen zu den Nutznießern eines anderen Projekts. Die Bundeswehr – nicht nur hier Triebfeder der Modernisierung im ländlichen Raum[425] – errichtete nämlich in Oberstimm eine große Truppenunterkunft, für die eine vom Ingolstädter Wasserwerk Buschletten ausgehende Wasserleitung gebaut wurde. Diese Leitung bot nun die Möglichkeit, die Gruppenwasserversorgung Süd ins Leben zu rufen und eine Reihe von Gemeinden in diesem Teil des Landkreises mit der Möglichkeit zu locken, günstig zu einer zentralen Wasserversorgung zu kommen – günstig nicht zuletzt deshalb, weil das Bundesverteidigungsministerium zu den Baukosten von zwei Millionen DM 260 000 DM in der Form eines Darlehens und 150 000 DM als Zuschuß beisteuerte.

---

[423] Vgl. hierzu und zum folgenden Jahresbericht 1952 des Landkreises Ingolstadt, S. 4, Jahresbericht 1954 des Landkreises Ingolstadt, S. 6 f., Jahresbericht 1955 des Landkreises Ingolstadt, S. 10, Jahresbericht 1956 des Landkreises Ingolstadt, S. 14, Jahresbericht 1957 des Landkreises Ingolstadt, S. 11 f. und S. 18 f., Jahresbericht 1958 des Landkreises Ingolstadt, S. 15, Jahresbericht 1959 des Landkreises Ingolstadt, S. 8 und S. 14, und Jahresbericht 1960 des Landkreises Ingolstadt, S. 8–11, alle in: Jahresberichte des Landkreises Ingolstadt.

[424] Jahresbericht 1959 des Landkreises Ingolstadt, S. 8, in: ebenda; dort auch das folgende Zitat.

[425] Vgl. das Beispiel Roding bei Balcar, Politik auf dem Land, S. 443–446 und S. 448 ff.

Gleichwohl gab es 1963 im Landkreis Ingolstadt noch immer 15 Gemeinden ohne öffentliche Wasserversorgung. Allerdings war der Anteil der Einwohner des Landkreises, die an ein zentrales Leitungsnetz angeschlossen waren, seit 1958 kräftig gestiegen und betrug nun 73 Prozent. Damit lag der Landkreis zwar um drei Punkte unter dem oberbayerischen Durchschnitt, aber weit vor allen anderen Landkreisen des Mittelbayerischen Donaugebiets, Eichstätt wieder ausgenommen. In Pfaffenhofen war der Anteil der aus zentralen Einrichtungen mit Trink- und Brauchwasser versorgten Einwohner dagegen nur leicht auf 51 Prozent gestiegen, ebenso in Schrobenhausen, wo diese Quote nun 42 Prozent betrug; am unteren Ende der Skala rangierte nach wie vor Neuburg an der Donau, wo der Versorgungsgrad bei nur 19 Prozent lag[426]. Daß auch in der Stadt Ingolstadt noch immer alle Bürger in den Genuß einer zentralen Wasserversorgung kamen, ist nicht so selbstverständlich, wie es auf den ersten Blick vielleicht scheint. Denn schließlich gehörte Ingolstadt zu den am schnellsten wachsenden bayerischen Städten, und dieser Bevölkerungszuwachs brachte es mit sich, daß auch das Netz an Brunnen und Leitungen immer wieder an Grenzen stieß. Zwischen 1959 und 1965 wuchs der Bedarf an Wasser derart, daß die städtischen Werke ihre tägliche Förderung um mehr als 80 Prozent aufstocken mußten. Dazu waren die Errichtung eines dritten Wasserwerks mit neuen Tiefbrunnen und der Ausbau des Wasserrohrnetzes von 130 km 1958 auf 199 km Ende 1964 nötig – Projekte, die mit einem Investitionsvolumen von knapp 6,5 Millionen DM zu Buche schlugen[427].

Die Versorgung der Bevölkerung mit sauberem Trink- und Brauchwasser war untrennbar mit dem Problem der Abwasserbeseitigung verknüpft. Hier lag im Mittelbayerischen Donaugebiet wie in Bayern überhaupt Anfang der sechziger Jahre noch vieles im Argen, weil dem durch Bevölkerungswachstum und neue Lebensgewohnheiten, Industrialisierung und neue Produktionsformen in der Landwirtschaft gestiegenen Wasserverbrauch keine ausreichende Entsorgungsinfrastruktur gegenüberstand. Daher zeigten sich die ökologischen Schattenseiten des Fortschritts am deutlichsten und am frühesten an der Verschmutzung der Gewässer, die schon in den fünfziger Jahren stark zunahm und die Politik vergleichsweise früh zum Handeln zwang. Allerdings resultierten die Maßnahmen zum Schutz der Seen und Flüsse weniger aus einem echten Umweltbewußtsein als aus den möglichen Gefahren für das Trinkwasser, die Gesundheit der Menschen, die Lebensgrundlagen von Wirtschaftszweigen wie der Fischerei oder den Freizeitwert bestimmter Regionen[428]. Es dauerte jedoch seine Zeit, bis politisch-administrative Maßnahmen zum Gewässerschutz Erfolge zeitigten. So verfügten 1963 von den 7107 bayerischen Gemeinden nur 2113 über eine Sammelkanalisation und lediglich 710 über eigene Kläranlagen, die zudem überwiegend auf eine bloße mechanische Reinigung der Abwässer ausgelegt waren. Von den 1,6 Milliarden Kubikmetern Abwasser, die in Bayern im Jahr 1963 anfielen, konnten daher nur

---

[426] Vgl. Öffentliche Wasserversorgung und öffentliches Abwasserwesen in Bayern im Jahre 1963, hrsg. vom Bayerischen Statistischen Landesamt, München 1966, S. 24 f., S. 28 ff., S. 51 f., S. 64 und S. 69.
[427] Vgl. Ingolstadt baut auf 1960–1965, S. 39 f.
[428] Vgl. Monika Bergmeier, Umweltgeschichte der Boomjahre 1949–1973. Das Beispiel Bayern, Münster u. a. 2002, S. 225–237.

etwas mehr als 0,6 Milliarden Kubikmeter über die öffentliche Kanalisation abgeleitet und nur rund 0,5 Milliarden Kubikmeter in Kläranlagen behandelt
werden[429].

Das Mittelbayerische Donaugebiet im allgemeinen und Ingolstadt im besonderen hatte beim Gewässerschutz und beim Aufbau der entsprechenden Entsor-
gungseinrichtungen keine Vorreiterrolle übernommen. Hier zeichneten sich „in
der geregelten Abwasserbeseitigung" im Gegenteil gerade einmal „erste Ansätze
ab"[430]. Insgesamt verfügten die Land- und Stadtkreise des Untersuchungsraums
Ende Juni 1963 über lediglich 19 zumeist einstufige Kläranlagen, in denen das von
etwa 23 000 Menschen produzierte Abwasser gereinigt wurde[431]. Die überwiegende Mehrzahl der Gemeinden behalf sich dagegen auf traditionelle Weise.
Sofern es Sammelkanäle gab, wurde das Abwasser in Flüsse wie Altmühl, Donau
und Paar eingeleitet. Andernfalls mußte man auf Hauskläranlagen, Sickergruben
oder die landwirtschaftliche Verwertung von Fäkalien ausweichen[432]. In der Gemeinde Gerolfing beispielsweise, die im westlichen Teil des Landkreises Ingolstadt lag und direkt an die nahe Stadt grenzte, wurde das gesamte Schmutzwasser
in den Dorfweiher eingeleitet, in dem jedoch auch Fischzucht betrieben wurde.
Daher kam es immer wieder zu einem regelrechten Fischsterben, für das vor allem
der Mangel an Sauerstoff durch die Überdüngung mit organischen Abfallstoffen
verantwortlich war. Als besonders problematisch erwies sich dabei die Tatsache,
daß auch das ortsansässige Altenheim, das seine Kapazität stark ausgeweitet hatte
und in dem 1962 etwa 90 Personen lebten und nicht mehr 15 bis 20 wie früher, und
die Milchsammelstelle ihr Abwasser größtenteils ungeklärt in die Zuflüsse des
Dorfweihers leiteten. Dennoch zeigten sich die Aufsichtsbehörden lange Zeit
duldsam. Sie gingen Kompromisse ein, die nicht gerade im Sinne des Gewässer-
schutzes waren, trösteten sich und andere mit dem Hinweis, Besserung sei zu erwarten, wenn in einigen Jahren die bereits projektierte Kanalisation mit Sammel-
kläranlage gebaut sei, und wiesen sogar den Geschädigten, die ja um die Gefahren
wüßten, aber trotzdem weiterhin Teichwirtschaft im alten Stil betrieben, eine Mit-
verantwortung zu. Stein des Anstoßes war immer wieder die Milchsammelstelle,
die zur Kühlung der Milch unabdingbar war, solange die Bauernhöfe nicht an die
zentrale Wasserversorgung angeschlossen waren, die aber vor allem beim Ausspü-
len der Milchkannen schädliches Abwasser produzierte, das zum Teil in Jauche-
gruben verbracht, zum Teil in den zum Dorfweiher führenden Abflußgraben eingeleitet wurde. Es wurde zwar immer wieder angekündigt, die Schließung der
Milchsammelstelle in Gerolfing stehe kurz bevor, doch soweit kam es erst im
Herbst 1963, nachdem in der Gemeinde Typhus ausgebrochen war[433].

[429] Vgl. Wasserversorgung und Abwasserwesen 1963, S. 11 ff.; das folgende nach ebenda, S. 77 und
S. 79 f.
[430] Raumordnungsplan Mittelbayerisches Donaugebiet (1965), S. 201.
[431] Vgl. Wasserversorgung und Abwasserwesen 1963, S. 77 und S. 79 f.
[432] Vgl. Raumordnungsplan Mittelbayerisches Donaugebiet (1965), S. 193–201; das folgende Zitat findet sich ebenda, S. 194.
[433] Stadtarchiv Ingolstadt, A 6329, Wasserwirtschaftsamt Ingolstadt an das Landratsamt Ingolstadt
vom 7. 3. 1962, der Gewässersachverständige bei der Regierung von Oberbayern an die Landpolizeiinspektion Ingolstadt vom 26. 6. 1962, Landpolizeiinspektion Ingolstadt an den Gewässersach-
verständigen bei der Regierung von Oberbayern vom 13. 12. 1962 und dessen Antwortschreiben
vom 21. 12. 1962, Wasserwirtschaftsamt Ingolstadt an das Landratsamt Ingolstadt vom 2. 1. 1963,

Als besonders problematisch, ja als „mangelhaft"[434] erwies sich die Situation freilich dort, wo man es nicht erwartet hätte: in der Stadt Ingolstadt, dem Zentrum des Aufschwungs. Zwar bestand hier seit langem eine zentrale Wasserversorgung, aber die Stadtverwaltung hatte entgegen der Empfehlung des Wasserwirtschaftsamts noch 1963 keinen Anschlußzwang beschlossen, so daß „also jedermann innerhalb des Stadtgebiets befugt" war, „sein Trinkwasser durch einen eigenen Hausbrunnen zu beziehen". Einen Lageplan, in den alle privaten Brunnen eingetragen gewesen wären, gab es nicht[435], so daß es schwierig werden konnte, Anwohner im Falle einer Verunreinigung des Grundwassers zu warnen. Daß es solche Fälle durchaus gab und daß man sie zuweilen eher auf die leichte Schulter nahm, zeigt ein Vorfall aus dem Jahr 1958, als aus einem Tank im Seminar der Steyler Missionare über einen längeren Zeitraum unbemerkt etwa 40000 Liter Heizöl ausliefen und im Untergrund versickerten. Da sich die Stadtverwaltung nicht in der Lage sah, eine Gefahrenprognose abzugeben, beließ es der Stadtrechtsrat nach Rücksprache mit dem Direktor der Stadtwerke bei dem Vorschlag, eine allgemeine Warnung an die Nutzer privater Brunnen herauszugeben, die „in der kommenden Zeit sorgfältig die Qualität des Wassers prüfen" sollten, „um vor Schäden gesichert zu sein"[436]. Nachdem die Steyler Missionare jedoch darum gebeten hatten, „auf jeden Fall keine Veröffentlichung zu veranlassen", und die Stadtverwaltung davon ausging, daß keine akute Gefährdung vorlag, verständigte man „inoffiziell" lediglich das Bürgerliche Brauhaus, „daß sie auf etwaige Verunreinigungen des Wassers ein Auge haben sollten"[437]. Obwohl das Wasserwirtschaftsamt sowohl das Seminar der Steyler Missionare als auch die Stadtverwaltung auf die möglichen Folgeschäden hinwies, geschah jahrelang nichts. Erst als 1964 eher zufällig festgestellt wurde, daß der Brunnen im Garten des Seminars hochgradig belastet war – der Gärtner schöpfte gelegentlich das Heizöl im Brunnen ab und verbrannte es[438] –, wurde der sechs Jahre zurückliegende Vorfall wieder aufgerollt. Gefahren wurden nun insbesondere für das Grundwasser im Bereich des städtischen Freibads, des Hallenbads sowie für einen Stadtbach gesehen, und man forderte die Steyler Missionare unter Hinweis auf die Haftung für etwaige Schäden auf, bestimmte Maßnahmen zur Bereinigung der Situation zu ergreifen[439]. Besonders optimistisch war das Wasserwirtschaftsamt jedoch nicht. Die Verunreinigung durch das Heizöl ließe sich „weder technisch noch wirtschaftlich mit vertretbaren Mitteln restlos beseitigen". Das Öl habe sich „im weiteren Umkreis der Leckagestelle in den Bodenporen festgesetzt" und würde auch

Aktennotiz des Landratsamts Ingolstadt zur Abwasserbeseitigung aus der Milchsammelstelle Gerolfing vom 14. 10. 1963.
[434] Raumordnungsplan Mittelbayerisches Donaugebiet (1965), S. 194.
[435] Stadtarchiv Ingolstadt, A 5729, Wasserwirtschaftsamt Ingolstadt an den Stadtrat Ingolstadt vom 19. 9. 1961.
[436] Stadtarchiv Ingolstadt, A 5746, Aktennotiz des Stadtrechtsrats Schwaiger „Verunreinigung von Grundwasser" vom 10. 12. 1958.
[437] Stadtarchiv Ingolstadt, A 5746, Aktennotiz des Stadtrechtsrats Schwaiger „Verunreinigung von Grundwasser" vom 12. 12. 1958.
[438] Stadtarchiv Ingolstadt, A 5746, Wasserwirtschaftsamt Ingolstadt an die Stadt Ingolstadt vom 27. 5. 1964.
[439] Stadtarchiv Ingolstadt, A 5746, Stadt Ingolstadt an das Steyler Missionsseminar vom 19. 6. 1964.

immer wieder „vom Grundwasser abgeführt"[440]. Bis 1965 glaubte man, 20 Kubikmeter Heizöl wiedergewonnen zu haben; der Rest galt als verloren, und die 1964
angelaufenen Sanierungsmaßnahmen wurden abgebrochen[441].

Was die Infrastruktur angeht, so gab es in Ingostadt zwar eine Kanalisation,
doch diese war veraltet und erreichte 1963 nur 39 000 der rund 65 000 Einwohner[442]. Zwar bemühte sich die Stadtverwaltung durchaus, Abhilfe zu schaffen –
zwischen 1959 und 1963 wurden immerhin 32 km Abwasserkanäle neu gebaut
und dafür 5,8 Millionen DM investiert[443] –, aber es gelang zunächst nicht, mit der
Expansion des Gemeinwesens Schritt zu halten. Besonders schwer wog, daß es
keine Kläranlage gab, „so daß die aus Haushalt, Gewerbe und Industrie anfallen-
den Abwässer unmittelbar in den Vorfluter Donau fließen"[444]. Darunter waren
immerhin 12 000 Kubikmeter Abwasser aus der Industrie, die täglich unmittelbar
in Gewässer abgeleitet wurden – eine Menge, die alle oberbayerischen Landkreise
zusammengenommen nicht erreichten[445]. Entsprechend hoch war die Belastung
der Donau bei Ingolstadt, ja die Wasserqualität hatte so stark gelitten, daß sich die
Flußfauna zu verändern und Berufsfischer um ihre Existenz zu fürchten begannen, zumal auch andere eigentlich fischreiche Gewässer der Region „durch Ab-
wassereinleitungen, durch Jauche, Siloabwässer und Hopfenspritzmittel" gefährdet waren[446].

Abhilfe konnte hier nur der Bau entsprechender Anlagen schaffen, doch der
Weg dorthin war weit. Die Verantwortlichen in den Kommunen scheuten auch
hier die nicht unerheblichen Kosten, die besonders in Landgemeinden mit ihrer
lockeren Bebauung überproportional hoch waren[447], oder investierten lieber in
weniger anrüchige Einrichtungen wie Schulhäuser oder in den Straßenbau, so daß
die geregelte Abwasserbeseitigung bei der Konkurrenz verschiedener Infrastrukturprojekte nicht selten auf die lange Bank geschoben wurde. Nicht wenige Gemeinden mußten sich zudem erst mit Beschränkungen für die weitere Bautätigkeit
konfrontiert sehen, wie sie etwa das neue Wasserhaushaltsgesetz von 1960 mit
sich brachte, bevor sie sich zu den notwendigen Maßnahmen entschließen konnten[448]. Daher war das Projekt zum Bau von zwei Sammelkläranlagen unter Einbeziehung der Stadt Ingolstadt noch 1965 nicht über das Planungsstadium hinausgekommen.

[440] Stadtarchiv Ingolstadt, A 5746, Wasserwirtschaftsamt Ingolstadt an die Stadt Ingolstadt vom
28. 10. 1964.
[441] Stadtarchiv Ingolstadt, A 5746, Wasserwirtschaftsamt Ingolstadt an die Stadt Ingolstadt vom 5. 7.
1965 und Stadt Ingolstadt an das Steyler Missionsseminar vom 13. 7. 1965.
[442] Vgl. Wasserversorgung und Abwasserwesen 1963, S. 11 ff.; das folgende nach ebenda, S. 71.
[443] Vgl. Ingolstadt baut auf 1960–1965, S. 40.
[444] Raumordnungsplan Mittelbayerisches Donaugebiet (1965), S. 194; ähnlich auch Stadtarchiv Ingolstadt, A 5523, Aktenvermerk über ein Telefongespräch zwischen Stadtbaudirektor Gigl und Ober-
regierungsbaurat Trier vom 24. 1. 1963.
[445] Vgl. Wasserversorgung und Abwasserwesen 1963, S. 11 ff.; das folgende nach ebenda, S. 71.
[446] Raumordnungsplan Mittelbayerisches Donaugebiet (1965), S. 336; zum folgenden vgl. ebenda,
S. 323.
[447] Vgl. Wasserversorgung und Abwasserwesen 1963, S. 11 ff.; das folgende nach ebenda, S. 14.
[448] Vgl. Jahresbericht 1960 des Landkreises Ingolstadt, S. 8 f., in: Jahresberichte des Landkreises Ingolstadt; Donau-Kurier vom 15./16. 4. 1961: „Kanalisationsprojekte in vielen Gemeinden spruch-
reif".

Wohin mit dem Wohlstandsmüll?

Die Erschließung des Landes, die fortschreitende Industrialisierung, das Wachstum der Städte und die Urbanisierung von Lebensgewohnheiten und Verhaltensweisen hatten also ihren Preis, der sich nicht zuletzt in den ökologischen Folgekosten dessen niederschlug, was man in den goldenen Jahren des Booms Fortschritt nannte. Die Umweltgeschichte Bayerns und der Bundesrepublik hat freilich erst in den letzten Jahren die verstärkte Aufmerksamkeit der Forschung gefunden, so daß über spektakuläre Themen wie den Konflikt um die Kernenergie hinaus noch zahlreiche Leerstellen bestehen[449]. Dies ist besonders bedauerlich, wenn man bedenkt, daß die fünfziger Jahre inzwischen als „umweltgeschichtliche Epochenschwelle" gelten[450]. In Bayern tritt diese Zäsur möglicherweise besonders scharf hervor, da der Freistaat nicht nur den endgültigen Übergang von der Agrar- zur Industriegesellschaft, sondern zugleich den Übergang zur Konsumgesellschaft und damit von der „Sparsamkeits- zur Wegwerfgesellschaft"[451] vollzog. Christian Pfister hat darin die Abkehr von einem einigermaßen „umweltverträglichen Entwicklungspfad" gesehen und das Ende des „Ancien Régime Ecologique" konstatiert[452]. Auch wenn der ländliche Raum, zu dem der überwiegende Teil des Mittelbayerischen Donaugebiets zählte, Anfang der fünfziger Jahre weit davon entfernt war, „eine nahezu heile Welt" zu sein, so steht doch fest, daß sich die Umweltschäden dort noch in erträglichen Grenzen hielten. Mit der Nivellierung des materiellen und kulturellen Gefälles zwischen Zentrum und Peripherie begann sich die Szenerie jedoch dramatisch zu verändern. Man kann diese Entwicklung neben der Verschmutzung der Gewässer nicht zuletzt am sichtbarsten Ausdruck der „großen Verschwendung"[453] festmachen: den Müllbergen.

Der Anfall von Müll im allgemeinen und von Hausmüll im besonderen war eine abhängige Variable der Faktoren Bevölkerungswachstum, Urbanisierung, Konsumverhalten und Verpackungsstandards. In der Kombination dieser Faktoren wuchs die Müllmenge unaufhörlich, so daß in Bayern 1963 rund 6,3 Millionen Kubikmeter Müll anfielen[454]. Doch nicht nur absolut, sondern auch bezogen auf die Bevölkerungszahl wurde immer mehr Müll produziert; in München nahm der

---

[449] Zu Bayern vgl. vor allem Bergmeier, Umweltgeschichte der Boomjahre; einen Überblick über Themen und Ansätze im europäischen Vergleich bietet der Sammelband von Franz-Joseph Brüggemeier/Jens Ivo Engels (Hrsg.), Natur- und Umweltschutz nach 1945. Konzepte, Konflikte, Kompetenzen, Frankfurt am Main 2005; zur Genesis der Umweltpolitik in der Bundesrepublik Deutschland vgl. Kai F. Hünemörder, Die Frühgeschichte der globalen Umweltkrise und die Formierung der deutschen Umweltpolitik (1950–1973), Wiesbaden 2004.

[450] Christian Pfister, Das „1950er Syndrom" – die umweltgeschichtliche Epochenschwelle zwischen Industriegesellschaft und Konsumgesellschaft, in: ders. (Hrsg.), Das 1950er Syndrom. Der Weg in die Konsumgesellschaft, Bern u.a. ²1996, S. 51–95.

[451] Joachim Radkau, Was ist Umweltgeschichte?, in: Werner Abelshauser (Hrsg.), Umweltgeschichte. Umweltverträgliches Wirtschaften in historischer Perspektive. Acht Beiträge, Göttingen 1994, S. 11–28, hier S. 27.

[452] Pfister, Umweltgeschichtliche Epochenschwelle, in: ders. (Hrsg.), 1950er Syndrom, S. 65 f.; das folgende Zitat ebenda, S. 64.

[453] In Anlehnung an den Titel des Buches von Vance Packard, Die große Verschwendung, Frankfurt am Main 1964.

[454] Vgl. hierzu und zum folgenden Die Müllbeseitigung in Bayern am 30. Juni 1963, hrsg. vom Bayerischen Statistischen Landesamt, München 1965, S. 5 ff., S. 10 (Zitat), S. 18, S. 20 f., S. 31, S. 37–42, S. 47 und S. 51 f.

Müllanfall je Einwohner beispielsweise zwischen 1953 und 1963 um etwa 125 Prozent zu. Die Landeshauptstadt nahm dabei freilich eine Spitzenstellung ein, da die Müllmenge proportional zur Größe der Gemeinden wuchs. So kamen in den kreisfreien Städten Bayerns 1962 im Durchschnitt rund 800 Liter Müll auf einen Bürger, während es in den Landkreisen nur – geschätzte und hochgerechnete – 570 Liter waren. Allerdings hatte man in den Städten die Müllbeseitigung zumeist geregelt, während in den kleineren Landgemeinden bis 2000 Einwohner nur eine Minderheit der Bürger die Dienste einer Müllabfuhr in Anspruch nehmen konnte. Neue Müllbestandteile wie Ölschlamm und Altöl oder Kunststoff, die in den fünfziger Jahren immer stärker ins Gewicht fielen, gefährdeten darüber hinaus die Umwelt und entzogen sich traditionellen Methoden der Entsorgung durch Kompostierung oder Verbrennen. Zudem wurde immer weniger wiederverwertet. War der Handel mit Altwaren Anfang der fünfziger Jahre noch gang und gäbe, so brach dieser Markt im Zuge des „Wirtschaftswunders" praktisch zusammen. „In dem Tempo, in dem sich ‚Altwaren' in ‚Müll' verwandeln", resümierte 1963 das Bayerische Statistische Landesamt, „tritt an die Stelle der ‚Verwertung' die ‚Beseitigung'."

Im Mittelbayerischen Donaugebiet oblag diese Beseitigung noch allzu oft den Bürgern selbst. In der Regel funktionierte die Müllabfuhr nur in den kreisfreien Städten sowie in den Kreisstädten flächendeckend, wobei Eichstätt über einen Entsorgungsgrad von 70 Prozent nicht hinauskam. In den Landkreisen Pfaffenhofen, Schrobenhausen, Eichstätt und Neuburg an der Donau sorgte dagegen nur eine kleine Minderheit der Gemeinden dafür, daß der Müll ganz oder teilweise beseitigt wurde – im Landkreis Pfaffenhofen vier von 78 und im Landkreis Neuburg an der Donau zwei von 85. Im Landkreis Ingolstadt war die Entwicklung schon weiter gediehen. Hier hatten immerhin 15 Gemeinden mit mehr als 33 000 Einwohnern die Beseitigung des Mülls organisiert, wobei der Entsorgungsgrad in Gaimersheim, Großmehring, Manching, Oberhaunstadt und Reichertshofen zwischen 90 und 100 Prozent betrug. Auffällig ist auch hier die Zweiteilung des Landkreises. Wiederum waren es vor allem die Gemeinden der Kernzone um Ingolstadt, die das Problem angepackt hatten, während sich in den Land- und Bauerngemeinden östlich und westlich der Stadt noch nicht allzuviel bewegte.

Unter Müllbeseitigung verstand man dabei vor allem den geregelten Transport der Abfälle zu kommunalen Mülldeponien, die jedoch nicht selten so angelegt waren, daß sie zu einer Gefahr für das Grundwasser werden konnten[455]. Die „meisten Müll-Lagerplätze", so hieß es in einer Entschließung des bayerischen Innenministeriums vom August 1963, seien „jetzt schon überfüllt", und die Bevölkerung klage über die „bei der Stapelung des Mülls nur schwer vermeidbaren Mißstände wie Staub- und Geruchsbelästigung, Ungeziefer- und Rattenplage, Selbstentzündung der Halden und Verunstaltung der Landschaft"[456]. Als Ausweg aus diesem Dilemma schien sich vor allem die Verbrennung des Mülls beziehungsweise seine Kompostierung anzubieten. Daher wurde überlegt, im Raum Pfaffen-

---

[455] Vgl. Raumordnungsplan Mittelbayerisches Donaugebiet (1965), S. 399.
[456] Ministerialamtsblatt Nr. 29/1963: Entschließung des bayerischen Staatsministeriums des Innern vom 27. 8. 1963, abgedruckt in: Müllbeseitigung in Bayern 1963, S. 14.

hofen eine Anlage für Müllkompost zu errichten, die auch der Landwirtschaft zugute kommen sollte, während man für Ingolstadt, wo sich „eine schadlose Müllbeseitigung nicht mehr lange hinausschieben" ließ, an den Bau einer Müllverbrennungsanlage dachte, die zusammen mit den kreisangehörigen Umlandgemeinden vermutlich rentabel zu betreiben sei[457]. Bis 1965 waren diese Überlegungen freilich noch nicht über erste Ansätze hinausgekommen – eine Feststellung, die sich in diesen Jahren freilich nicht nur für die Region Ingolstadt treffen ließ.

Medizinische Versorgung und Stadt-Land-Gefälle

Die Diskussionen um Trinkwasserversorgung, Abwasserentsorgung und Müllbeseitigung wurden nicht zuletzt unter dem Gesichtspunkt der Volksgesundheit geführt. Doch wie es darum bestellt war, hing in erster Linie mit anderen Faktoren wie der medizinischen Versorgung der Bevölkerung und dem Stand der medizinischen Infrastruktur zusammen. Auf diesem Feld gab es jedoch an der Schwelle zu den sechziger Jahren in weiten Teilen Bayerns noch bemerkenswerte Defizite, die sich vor allem dann zeigten, wenn höherwertige medizinische Güter und Leistungen gefragt waren. Generell litt der Freistaat an einem Gefälle zwischen den größeren Städten, wo sich der medizinische Standard bereits in den fünfziger Jahren sehen lassen konnte, und dem ländlichen Raum, wo zumeist nur die Grundversorgung gesichert war und lange Wege in Kauf genommen werden mußten, wollte man einen Facharzt konsultieren oder sich einer anspruchsvolleren Behandlung in einem gut ausgestatteten Krankenhaus unterziehen. Die Politik sah diese Probleme wohl, doch erst Ende der fünfziger Jahre wurde verstärkt auch in medizinische Infrastruktur – vor allem in Krankenhäuser – investiert, nachdem die Anstrengungen der Staatsregierung im Gesundheitswesen zuvor nur „wenig kohärent" erschienen waren und sich vor allem auf die Bewältigung der Kriegsfolgen konzentriert hatten[458]. Bis diese Initiativen Wirkung zeigten, sollte es jedoch einige Zeit dauern, so daß die Verbesserung der Lebensverhältnisse dem wirtschaftlichen Aufschwung erst mit einiger Verzögerung folgte.

Das Mittelbayerische Donaugebiet gehörte nicht zu den Teilen Bayerns, die besonders reich mit medizinischer Infrastruktur gesegnet waren, und konnte in dieser Hinsicht weder mit den bayerischen Groß- und Universitätsstädten noch mit den klassischen südbayerischen Fremdenverkehrsgebieten zwischen Lindau und Berchtesgaden mit ihrem Kur- und Bädertourismus mithalten[459]. Allerdings zählte diese Region auch nicht zu den besonderen Sorgenkindern des Gesundheitswesens wie etwa die „ebenso peripheren wie strukturschwachen Landkreise des Bayerischen und des Oberpfälzer Waldes". Mit Neuburg an der Donau, Ingolstadt und Eichstätt gab es immerhin drei zentrale Orte, die in der Lage waren, eine Versorgungsfunktion für einen größeren Einzugsbereich wahrzunehmen, wobei insbesondere die Strahlkraft der Stadt Ingolstadt mit den Jahren

---

[457] Raumordnungsplan Mittelbayerisches Donaugebiet (1965), S. 400.
[458] Lindner, Gesundheitspolitik, in: Schlemmer/Woller (Hrsg.), Erschließung, S. 270; das folgende Zitrat findet sich ebenda, S. 259.
[459] Vgl. etwa das Schaubild „Krankenhausbetten in den bayerischen Kreisen 1956" in: Bericht über das Bayerische Gesundheitswesen, Bd. 64 für das Jahr 1956.

wuchs. Bereits 1955 war die Relation zwischen Ärzten und ihren potentiellen Patienten im Raum Ingolstadt am günstigsten. In Stadt- und Landkreis kam auf 914 Einwohner ein Arzt – das war zwar weniger als der oberbayerische Durchschnitt von 1:819, aber mehr als der bayerische Vergleichswert von 1:1103 –, während ein Arzt im Stadt- und Landkreis Neuburg an der Donau statistisch gesehen 1014 Einwohner und im Stadt- und Landkreis Eichstätt 1152 Einwohner zu betreuen hatte. Am Ende der Skala lagen die Landkreise Pfaffenhofen (1263 Einwohner pro Arzt) und Schrobenhausen (1643 Einwohner pro Arzt), deren Kreisstädte nur teilweise in der Lage waren, die ihnen zugedachte zentralörtliche Funktion auszufüllen[460].

Problematisch war außerhalb der Städte freilich weniger die medizinische Grundversorgung durch praktische Ärzte als der Zugang zu fachärztlichen Untersuchungen bei schwierigeren Fällen und ungewöhnlicheren Krankheitsbildern. Im gesamten Landkreis Ingolstadt gab es beispielsweise Ende 1955 keinen niedergelassenen Facharzt, und auch in den anderen Landkreisen des Mittelbayerischen Donaugebiets konnte man die Fachärzte an den Fingern einer Hand abzählen[461]. Für diese Spezialisten war es nicht nur attraktiver, in größeren Städten zu praktizieren, aufgrund der vergleichsweise hohen Investitionen für eine Facharztpraxis waren sie auch auf die besseren Verdienstmöglichkeiten angewiesen, die ein urbanes Umfeld und eine finanzkräftigere Klientel boten. Eine wachsende Stadt wie Ingolstadt war jedoch prinzipiell für alle Leistungsanbieter im Gesundheitswesen interessant, was nicht zuletzt für die umliegenden Landgemeinden unangenehme Folgen haben konnte. Die Marktgemeinde Pförring im stark agrarisch geprägten östlichen Teil des Landkreises Ingolstadt verlor etwa Ende der fünfziger Jahre einen von zwei niedergelassenen Ärzten und einen Apotheker, die beide ihr Glück in der nahegelegenen Stadt suchten[462].

Bis Ende 1960 waren hinsichtlich der allgemein- und fachärztlichen Versorgung im Mittelbayerischen Donaugebiet keine grundlegenden Veränderungen festzustellen, wenn man davon absieht, daß die Entwicklung der Ärztedichte in der Regel einem bayernweiten Trend folgte und leicht rückläufig war. Im Stadt- und Landkreis Ingolstadt, wo die Bevölkerung am stärksten wuchs und die Zahl der Ärzte nicht mit diesem Wachstum Schritt halten konnte, kam nun auf 1041 Einwohner ein Arzt. Im Stadt- und Landkreis Neuburg an der Donau hatte sich diese Relation auf 1:1126 verschlechtert, im Stadt- und Landkreis Eichstätt auf 1:1376 und im Landkreis Pfaffenhofen auf 1:1377. Lediglich im Landkreis Schrobenhausen, wo das Verhältnis zwischen der Einwohnerzahl und der Zahl der Ärzte am ungünstigsten gewesen war, lagen die Dinge anders. Bedingt durch eine negative Bevölkerungsbilanz und eine Zunahme der Ärztezahl verbesserte sich die Relation zwischen den Ärzten und ihren potentiellen Patienten von 1:1643 auf 1:1364[463].

---

[460] Vgl. Bericht über das Bayerische Gesundheitswesen, Bd. 63 für das Jahr 1955, S. 107 und S. 109 f.; die zitierten Vergleichszahlen finden sich bei Lindner, Gesundheitspolitik, in: Schlemmer/Woller (Hrsg.), Erschließung, S. 239.

[461] Vgl. Bericht über das Bayerische Gesundheitswesen, Bd. 63 für das Jahr 1955, S. 107 und S. 109 f.

[462] Vgl. Jahresbericht 1959 des Landkreises Ingolstadt, S. 8, in: Jahresberichte des Landkreises Ingolstadt.

[463] Vgl. Bericht über das Bayerische Gesundheitswesen, Bd. 68 für das Jahr 1960, S. 104 und S. 106 f.;

Was die zweite Säule des Gesundheitswesens betrifft, die Krankenhäuser, so gab
es im Mittelbayerischen Donaugebiet mit einer Bevölkerung von rund 267000
Menschen 1955 17 mit insgesamt 1725 Betten. Allerdings verdiente ein erheblicher
Teil diesen Namen kaum. Sieben Häuser hatten weniger als fünfzig Betten, wobei
das Sankt Josefs-Krankenhaus in Pförring mit nur 20 Betten das kleinste war. Man
kann sich vorstellen, wie es in diesen Einrichtungen um Personal und Behand-
lungsmöglichkeiten bestellt war, von modernen Diagnosegeräten ganz zu schweigen. Größere Häuser mit mehr als 150 Betten gab es lediglich vier: zwei Krankenhäuser in kirchlicher Trägerschaft in Neuburg an der Donau, das Städtische Krankenhaus in Eichstätt und das Städtische Krankenhaus in Ingolstadt, das mit 340
Betten größte Krankenhaus der gesamten Region. Absolut hatten der Stadt- und
Landkreis Ingolstadt mit 591 die meisten Krankenhausbetten zu verzeichnen,
gefolgt von den Stadt- und Landkreisen Neuburg an der Donau (539) und Eichstätt (231), während die Landkreise Pfaffenhofen (216) und Schrobenhausen (148)
sowohl absolut als auch bezogen auf die Einwohnerzahl wiederum am Ende der
Skala rangierten[464]. Fünf Jahre später war noch kein grundlegender Wandel eingetreten, obwohl sich die Zahl der Krankenbetten in allen Teilen des Untersuchungsraums erhöht hatte; an der Spitze lag jetzt Neuburg an der Donau mit 635
Betten vor Ingolstadt (634), Pfaffenhofen (269), Eichstätt (246) und Schrobenhausen (185). Bezogen auf die Zahl der planmäßigen Krankenhausbetten auf 1000
Einwohner hieß das, daß bis auf Neuburg an der Donau, wo diese Quote 11,3 betrug, alle Teilregionen des Mittelbayerischen Donaugebiets signifikant unter dem
gesamtbayerischen Vergleichswert von 11,1 lagen. Dies traf auch auf den Stadt-
und Landkreis Ingolstadt zu, wo die Zahl der Einwohner in der zweiten Hälfte
der fünfziger Jahre erheblich stärker gewachsen war als die Zahl der Krankenhausbetten und wo man mit einer Quote von 6,3 nicht allzuweit vom regionalen
Schlußlicht Pfaffenhofen (5,4) entfernt war[465].

Hinter diesen Zahlen verbargen sich nicht zuletzt zwei Entwicklungen, die bei
genauerem Hinsehen für Bayern insgesamt charakteristisch waren und auch am
Mittelbayerischen Donaugebiet nicht vorbeigingen: der Trend zu größeren Krankenhäusern und die damit Hand in Hand gehende zunehmende Spezialisierung,
die zur Umwandlung sogenannter Allgemeinbetten in Spezialbetten der verschiedenen medizinischen Fachrichtungen führte und als Ausdruck der Modernisierung des Gesundheitswesens angesehen werden kann[466]. Besonders gut ließen sich
diese Trends am Städtischen Krankenhaus Ingolstadt beobachten. In den letzten
Tagen des Zweiten Weltkriegs zum Teil zerstört, wurde das Krankenhaus bis 1953
wieder aufgebaut, modernisiert und erweitert, so daß schließlich mehr als 300 Betten zur Verfügung standen. Allerdings hatten die Stadtväter trotz der hohen Investitionen von weit mehr als zwei Millionen DM nicht großzügig genug geplant, so
daß sich der Erweiterungsbau des Krankenhauses „entgegen aller Voraussicht"

Vergleichszahlen für Bayern finden sich bei Lindner, Gesundheitspolitik, in: Schlemmer/Woller
(Hrsg.), Erschließung, S. 239.
[464] Vgl. Bericht über das Bayerische Gesundheitswesen, Bd. 63 für das Jahr 1955, S. 125, S. 130–133,
S. 142, S. 144 und S. 151 f.
[465] Vgl. Bericht über das Bayerische Gesundheitswesen, Bd. 68 für das Jahr 1960, S. 98 f.
[466] Vgl. Lindner, Gesundheitspolitik, in: Schlemmer/Woller (Hrsg.), Erschließung, S. 250.

rasch als zu klein erwies. Wer hatte aber auch seinerzeit, so ein Rechenschaftsbericht der Stadtverwaltung, „mit so rasch voranschreitender Bevölkerungszunahme" rechnen können[467]? Das ständig überbelegte Krankenhaus, in dem Ärzte und Pflegepersonal ihren Dienst nur unter erschwerten Bedingungen versehen konnten, blieb damit ein großes „Sorgenkind" der Stadt[468]. Vor einer großen Lösung, einem Neubau vor den Toren der Stadt, schreckte der Stadtrat gleichwohl zurück, da er nicht nur die Kosten dieses Großprojekts fürchtete, sondern auch die bereits vorgenommenen Investitionen nicht abzuschreiben bereit war. Daher entschloß man sich zu einer neuerlichen Erweiterung der in der Nähe des Stadtzentrums gelegenen Klinik. Zwischen 1958 und 1965 entstand so ein vergleichsweise modernes Krankenhaus mit diversifizierten Fachabteilungen und 554 Betten in funktional gestalteten Patientenzimmern, in dem anstatt knapp 11 400 Fälle wie noch 1960 fünf Jahre später 22 200 Fälle behandelt werden konnten. Der Haushalt der Stadt wurde durch die Erweiterung und Modernisierung des Krankenhauses jedoch nicht unerheblich belastet; allein der neue Gebäudetrakt hatte 5,9 Millionen DM gekostet.

Damit konnten der Stadt- und Landkreis aber lediglich mit der Bevölkerungsentwicklung Schritt halten. Auf 1000 Einwohner kamen nach wie vor nur 6,3 planmäßige Krankenhausbetten, obwohl deren absolute Zahl auf 762 angewachsen war. In Eichstätt (5,3), Pfaffenhofen (4,9) und Schrobenhausen (4,4) hatte der Versorgungsgrad dagegen sogar abgenommen, was daran lag, daß die Bevölkerungszahl tendenziell stieg, während andererseits 1965 stellenweise sogar weniger Planbetten ausgewiesen wurden als 1960[469]. Als entscheidender Faktor für diese Entwicklung müssen die Finanzen gelten. Städte, Gemeinden und Landkreise, die zumeist als Kostenträger fungierten, waren beim Bau und Unterhalt von Krankenhäusern nicht selten überfordert und trauten sich nicht an die Modernisierung und Erweiterung ihrer Kliniken heran, die ohnehin bereits zu den teuersten Objekten zählten, für die sie aufzukommen hatten. Und da sich der Freistaat auf diesem Feld lange Zeit merklich zurückhielt, blieb den betroffenen Gebietskörperschaften wenig anderes übrig, als die drängendsten Probleme in Angriff zu nehmen, ohne jedoch das Übel an der Wurzel zu packen. Dies änderte sich erst Ende der fünfziger/Anfang der sechziger Jahre, als das Geld aus München reichlicher zu fließen begann; von 14,6 Millionen DM im Jahr 1960 stieg die Höhe der Beihilfen des Freistaats für die Krankenhäuser auf 70,6 Millionen DM im Jahr 1965 an. Im selben Jahr legte die Staatsregierung sogar einen bayerischen Krankenhausplan auf, um die Investitionen besser steuern und die Mittel effektiver einsetzen zu können[470].

Dennoch hinkte das Mittelbayerische Donaugebiet, was die medizinische Infrastruktur anging, der bayerischen Entwicklung alles in allem hinterher; nach wie vor wurde der Landesdurchschnitt bei den planmäßigen Krankenhausbetten je 1000 Einwohner (10,8) mit 12,5 lediglich im Stadt- und Landkreis Neuburg an der

---

[467] Ingolstadt baut auf 1960–1965, S. 83; zum folgenden vgl. ebenda, S. 80–89, und Ingolstadt baut auf 1945–1960, S. 56 ff.
[468] Stadtarchiv Ingolstadt, Stadtratsprotokolle, Sitzung am 18. 12. 1957.
[469] Vgl. Bericht über das Bayerische Gesundheitswesen, Bd. 73 für das Jahr 1965, S. 105 ff.
[470] Vgl. Lindner, Gesundheitspolitik, in: Schlemmer/Woller (Hrsg.), Erschließung, S. 229 und S. 248.

Donau übertroffen[471]. In Ingolstadt war man sich dieser Tatsache durchaus bewußt. Im Landkreis Ingolstadt hatte der Kreistag Ende 1963 beschlossen, das alte Kreiskrankenhaus im Köschinger Schloß zu erweitern beziehungsweise durch einen ambitionierten Neubau, mit dem im Herbst 1965 begonnen wurde, zu ersetzen[472]. Im selben Jahr, als die Erweiterung des Städtischen Krankenhauses abgeschlossen war, wurde in Ingolstadt bereits daran gedacht, daß sich angesichts einer Auslastung von 84 Prozent und der weiter wachsenden Bevölkerung der noch einige Jahre zuvor verworfene Neubau eines Krankenhauses am Stadtrand auf Dauer nicht würde vermeiden lassen[473]. Diese Überlegungen trafen sich mit den Bedenken der Münchner Landesplanungsabteilung, die gemessen am Landesdurchschnitt für den Raum Ingolstadt einen „bedeutende[n] echte[n] Nachholbedarf an Krankenbetten" diagnostizierte[474].

Bildungsexpansion in der Provinz

Wie der Zugang zu Einrichtungen und Gütern der medizinischen Versorgung so gehörte auch die Möglichkeit, Schulen zu besuchen und Bildungstitel zu erwerben, zu den Faktoren, die die Lebenschancen der Menschen in hohem Maße bestimmten. Welche Schullaufbahn ein Kind einschlug, war dabei jedoch nicht nur von seinen intellektuellen und sozialen Kompetenzen, sondern in hohem Maße auch von sachfremden Determinanten wie Wohnort, soziale Stellung der Familie, Konfession oder Geschlecht abhängig. Diese Determinanten generierten vor allem dann soziale Ungleichheit, wenn sie sich überlappten und in ihrer Wirkung verstärkten. Je nach dem, ob sie positive oder negative Vorzeichen trugen, begünstigten sie den Übertritt eines Kindes in eine weiterführende Schule oder führten dazu, daß auch begabte Zöglinge nicht über die Volksschule hinauskamen, die in Bayern bis 1969 im übrigen nur achtklassig war. Ralf Dahrendorf hat diesen Zusammenhang in der von Georg Picht ausgelösten Debatte um die „deutsche Bildungskatastrophe"[475] eindringlich beschrieben und in der Kunstfigur des besonders benachteiligten Mädchens aus einer auf dem Land lebenden katholischen Arbeiterfamilie verdichtet[476].

Tatsächlich ließen sich die ausgeprägten Disparitäten in einem katholisch geprägten Flächenland wie Bayern mit seinen ebenso ausgedehnten wie bildungsfernen ländlichen Regionen nicht leugnen, und sie wurden seit Mitte der fünfziger Jahre auch verstärkt von Politik und Öffentlichkeit thematisiert. In den zehn Jahren zuvor hatte die Schulpolitik zwar ebenfalls immer wieder auf der Agenda gestanden, aber unter anderen Vorzeichen. Während es auf der materiellen Ebene um die Beseitigung der Kriegsschäden ging, wurde auf der inhaltlichen Ebene um ideologisch stark aufgeladene Fragen wie Konfessions- oder Gemeinschaftsschule

---

[471] Vgl. Bericht über das Bayerische Gesundheitswesen, Bd. 73 für das Jahr 1965, S. 105 und S. 107.
[472] Vgl. Landkreis Ingolstadt (1971), S. 76 f.
[473] Vgl. Ingolstadt baut auf 1960–1965, S. 89.
[474] Raumordnungsplan Mittelbayerisches Donaugebiet (1965), S. 397.
[475] Georg Picht, Die deutsche Bildungskatastrophe. Analyse und Dokumentation, Olten/Freiburg 1964.
[476] Vgl. Ralf Dahrendorf, Bildung ist Bürgerrecht. Plädoyer für eine aktive Bildungspolitik, Bramsche/Osnabrück ²1966, S. 52 f.

oder die konfessionell getrennte Ausbildung von Lehrkräften gerungen. Da in dieser Phase der bayerischen Nachkriegsgeschichte gegen den katholisch-konservativen Flügel der CSU im Freistaat keine Politik zu machen war, wie nicht zuletzt die amerikanische Besatzungsmacht feststellen mußte, die mit ihren auf mehr Chancengleichheit setzenden Schulreformplänen letztlich am hartnäckigen Widerstand deutscher Gegenkräfte scheiterte, setzten sich im wesentlichen Positionen durch, die auf eine Restauration der Verhältnisse aus den Jahren vor 1933 hinausliefen. Dies hieß nicht mehr und nicht weniger, als daß man in Bayern auf die Volks- und Dorfschule mit Bekenntnischarakter für die breite Masse der Schüler sowie auf das klassische Gymnasium zur Heranbildung künftiger Eliten setzte. Diese Organisationsprinzipien verfestigten in Bayern stärker als in anderen Bundesländern „die Streuung dörflicher Zwergschulen und die Zentralisierung des weiterführenden Schulwesens in relativ wenigen Städten"[477]. Zudem stellten sie für nicht wenige Konservative lange Zeit Ecksteine einer christlichen Kulturpolitik dar, so daß Reformvorschläge, die auch nur daran zu rütteln schienen, wiederholt zu vehementen Grundsatzdebatten führten[478]. Unter diesen Bedingungen kamen Projekte zur Erneuerung des bayerischen Schulwesens vielfach erst nach einer ebenso langwierigen wie schmerzhaften „Zangengeburt" zustande[479].

Dies zeigte sich etwa bei der Reform der bayerischen Volksschulen im allgemeinen und der Landschulreform im besonderen. Das im August 1950 von der CSU mit absoluter Mehrheit im Landtag verabschiedete Schulorganisationsgesetz bestimmte, daß in jeder Gemeinde grundsätzlich wenigstens eine Schule zu errichten sei. Damit hatten sich die Kräfte durchgesetzt, die an der agrarromantischen Idylle der Dorfgemeinschaft mit der Schule als ihrem kulturellen Mittelpunkt festhielten und zugleich der vor allem von Mitgliedern der SPD und des Bayerischen Lehrerinnen- und Lehrerverbands verfochtenen Idee eine Absage erteilten, statt dessen ein Netz gut ausgebauter Mittelpunktschulen an zentral gelegenen Orten zu knüpfen[480]. In Bayern sollte, mit anderen Worten, „nicht nur die Kirche, sondern auch die Schule im Dorf bleiben"[481].

Angesichts der kleinräumigen Siedlungsstruktur des Freistaats war die Option für die Dezentralisierung der Volksschulen vor allem im ländlichen Raum gleichbedeutend mit der Option für die nicht oder nur wenig gegliederte Dorfschule, in der ein Lehrer die Schüler verschiedener Jahrgänge gemeinsam zu unterrichten

[477] Winfried Müller/Ingo Schröder/Markus Mößlang, „Vor uns liegt ein Bildungszeitalter." Umbau und Expansion – das bayerische Bildungssystem 1950 bis 1975, in: Schlemmer/Woller (Hrsg.), Erschließung, S. 273–355, hier S. 277.

[478] Vgl. Winfried Müller, Schulpolitik in Bayern im Spannungsfeld von Kultusbürokratie und Besatzungsmacht 1945–1949, München 1995; Constantin Goschler, Reformversuche gegen siegreiche Traditionen. Bayerische Politik und amerikanische Kontrolle, in: Wolfgang Benz (Hrsg.), Neuanfang in Bayern 1945–1949. Politik und Gesellschaft in der Nachkriegszeit, München 1988, S. 64–81.

[479] Winfried Müller, Schule und Schulpolitik 1950–1964, in: Max Liedtke (Hrsg.), Handbuch der Geschichte des bayerischen Bildungswesens, Bd. 3: Geschichte der Schule in Bayern von 1918 bis 1990, Bad Heilbrunn, 1997, S. 691–746, hier S. 714.

[480] Vgl. hierzu und zum folgenden Müller/Schröder/Mößlang, Bildungszeitalter, in: Schlemmer/Woller (Hrsg.), Erschließung, S. 277–285, und Müller, Schule und Schulpolitik, in: Liedtke (Hrsg.), Geschichte des bayerischen Bildungswesens, Bd. 3, S. 715–724.

[481] Franz Sonnenberger, Die Rekonfessionalisierung der bayerischen Volksschule 1945–1950, in: ZfBLG 45 (1982), S. 87–155, hier S. 148.

hatte. Im Schuljahr 1954/55 bestanden in ganz Bayern 6906 öffentliche Volksschulen; davon waren lediglich 724 voll ausgebaut, also achtklassig, während 1930 ungeteilt waren und weitere 1843 lediglich über zwei Klassen verfügten[482]. 423 Volksschulen mußten zudem als regelrechte Zwergschulen bezeichnet werden, da sie nur von höchstens 25 Schülern besucht wurden[483]. In den Gemeinden des Landkreises Ingolstadt, der gerade erst dabei war, seine agrarische Prägung zu verlieren, lagen die Verhältnisse ähnlich wie in den meisten ländlichen Regionen Bayerns. Insgesamt bestanden 1954/55 im Landkreis 41 Grundschulen, wobei die kleinsten Dörfer wie Dünzlau, Pichl oder Winden über keine eigene Schule, bedeutendere Gemeinden wie Gaimersheim, Kösching oder Manching dagegen bereits über zwei Grundschulen verfügten; in Manching gab es eine katholische und eine evangelische Bekenntnisschule, in Gaimersheim und Kösching wurden Buben und Mädchen in getrennten Schulen unterrichtet. Zudem hatten Ortschaften wie Echenzell oder Feldkirchen zwar ihre Selbständigkeit bereits an benachbarte Gemeinden verloren, ihre angestammte Dorfschule jedoch behalten können. Von den 38 Volksschulen, über die Angaben vorliegen, zählten immerhin 13 bereits mehr als 150 Schüler, wobei die katholische Bekenntnisschule in Manching mit 386 Schülern die größte des Landkreises war. Auf der anderen Seite gab es noch 19 Volksschulen, die von weniger als 100 Kindern besucht wurde; acht Schulen – darunter Demling mit 16 – kamen noch nicht einmal auf eine Schülerzahl von 50. Diese acht Schulen waren es auch, in denen alle Kinder gemeinsam unterrichtet wurden; weitere 16 Schulen waren zwei- beziehungsweise dreiklassig[484].

Mitte der fünfziger Jahre begann man im bayerischen Kultusministerium, das seit Dezember 1954 nicht mehr von einem CSU-Politiker, sondern von dem parteilosen Hochschullehrer August Rucker geführt wurde, umzudenken. Der sozioökonomische Strukturwandel, der immer weitere Kreise zog, der Mangel an Lehrern sowie die Landflucht, die vor allem in den windstillen Zonen der Modernisierung zu einer Auszehrung der Dorfschulen führte, ließen die Einsicht wachsen, daß an einer grundlegenden Landschulreform kein Weg vorbeiführte. Dieses Reformprojekt, dessen Kern die Zusammenlegung von kleinen Dorfschulen und die noch wenige Jahre zuvor verworfene Errichtung zentral gelegener, zeitgemäßer Verbandsschulen bildete, war freilich politisch nach wie vor umstritten[485]. Vertreter der Kirchen befürchteten, es könne bei der Zusammenlegung von katholischen und evangelischen Bekenntnisschulen zu einer Aushöhlung des von der bayerischen Verfassung garantierten Prinzips der Konfessionsschule kommen. In den betroffenen Gemeinden feierte der Lokalpatriotismus fröhliche Urständ, wobei man mit der eigenen Schule nicht selten auch die kommunale Eigenständigkeit schlechthin zu verteidigen glaubte. Konservative Kreise beschworen gar den Untergang des Abendlandes und sahen in der Errichtung von Verbands-

---

[482] Vgl. Statistisches Jahrbuch für Bayern 25 (1955), S. 86.
[483] Vgl. Müller/Schröder/Mößlang, Bildungszeitalter, in: Schlemmer/Woller (Hrsg.), Erschließung, S. 283.
[484] Stadtarchiv Ingolstadt, A 2956, Schulverzeichnis für den Stadt- und Landkreis Ingolstadt, undatiert (1945), und A 5679, Aufstellung über die Volksschulen im Landkreis Ingolstadt 1953/54–1970/71, undatiert.
[485] Vgl. Werner Wiater, Die Geschichte der Verbandsschulen in Bayern, in: Liedtke (Hrsg.), Geschichte des bayerischen Bildungswesens, Bd. 3, S. 842–856.

schulen den „Beginn der Kolchosenwirtschaft" in Bayern[486]. Selbst in der SPD
war die Landschulreform nicht unumstritten, und kein geringerer als der amtierende Ministerpräsident Wilhelm Hoegner erklärte 1956, die Schule gehöre
„genauso gut zum Dorf wie die Kirche". Die Dorfschulen sollten daher „nicht
aufgehoben, sondern verbessert werden".

Die Entscheidungsträger in vielen Gemeinden handelten genau in diesem Sinne.
Da die Dorfschule, war sie noch so klein, zu den Prestigeobjekten gehörte, wurde
in die Modernisierung und Erweiterung von Schulhäusern investiert, die oftmals
noch aus dem 19. Jahrhundert stammten; ebenso baute man Lehrerdienstwoh-
nungen aus, um die Dorflehrer am ungeliebten Dienstort zu halten. Diese Investitionen belasteten die Gemeindehaushalte erheblich, zumal auch immer mehr neue
Schulhäuser gebaut wurden, doch sie erwiesen sich letztendlich vielfach nicht als
zielführend. In Gemeinden, die über rückläufige Einwohnerzahlen klagten, fehlten bald die Kinder, die in den renovierten Schulhäusern unterrichtet werden sollten. In Kommunen, die Bürger hinzugewannen, waren jedoch auch die erweiterten Schulen bald zu klein; für großzügige Lösungen fehlte freilich in vielen Fällen
der finanzielle Spielraum.

Im Landkreis Ingolstadt lassen sich diese Bemühungen, die Schule allen widri-
gen Umständen zum Trotz im Dorf zu halten, vielerorts beobachten. In der Gemeinde Baar, deren Schulhaus auf das Jahr 1854 zurückging, wurde die Dorfschule
1957 um ein drittes Klassenzimmer erweitert; zudem errichtete man bisher fehlende sanitäre Anlagen. In Menning wurde das 1859 erbaute Schulgebäude einschließlich der Lehrerdienstwohnung 1954 renoviert und modernisiert. In Reichertshofen erhielt das 1901 zum Schulhaus umgebaute neue Schloß 1957 eine
Wasserleitung, eine Schulküche und neue Toiletten. In Oberhaunstadt dagegen
beschloß eine Bürgerversammlung aufgrund des Wachstums der Gemeinde im
unmittelbaren Einzugsbereich der Stadt Ingolstadt 1957 den Bau einer neuen
Schule, die zwei Jahre später eingeweiht werden konnte, 1964 aber bereits nicht
mehr allen Schülerinnen und Schülern der Gemeinde ausreichend Platz bot. Ein
neues Schulgebäude errichtete man auch in Pettenhofen. Ursprünglich sollte dieses Unternehmen zusammen mit dem Nachbarort Irgertsheim in Angriff genommen werden, doch da jede Gemeinde darauf bestand, daß die neue Schule auf der
eigenen Flur gebaut werden sollte, scheiterte das Projekt einer Verbandsschule,
und Pettenhofen handelte auf eigene Faust[487].

Ende der fünfziger Jahre hatte sich dagegen zumindest in der Landeshauptstadt
die Einsicht durchgesetzt, daß „Schulzusammenlegungen ein effektives bildungs-
politisches Steuerungsinstrument sein konnten"[488]; das 1961 verabschiedete Ver-
bandsschulgesetz war Ausdruck dieser Entwicklung. Daß nun auch die Entscheidungsträger auf kommunaler Ebene Plänen zur Gründung von Verbands- und
Mittelpunktschulen zunehmend aufgeschlossener gegenüberstanden, hatte verschiedene Gründe. Dazu gehörte die wachsende Akzeptanz dieses Schultyps bei
den Eltern, die moderne Schulen, in denen es vielleicht sogar Turnhallen oder ge-

[486] Zit. nach Müller/Schröder/Mößlang, Bildungszeitalter, in: Schlemmer/Woller (Hrsg.), Erschließung, S. 284; das folgende Zitat Wilhelm Hoegners findet sich ebenda, S. 283.
[487] Stadtarchiv Ingolstadt, A 5679, Geschichte der Schulen im Landkreis Ingolstadt, 1965.
[488] Müller/Schröder/Mößlang, Bildungszeitalter, in: Schlemmer/Woller (Hrsg.), Erschließung, S. 286.

sonderte Unterrichtsräume für Fächer wie Musik oder Werken gab, der kleinen Dorfschule auch dann vorzogen, wenn dies einen weiteren Schulweg für ihr Kind bedeutete. Dazu gehörten auch die Zuschüsse für Schulhausbau und Schülerbeförderung, die der Freistaat immer reichlicher gewährte, und dazu gehörte schließlich vor allem in größeren Orten die Einsicht, daß eine Verbandsschule die eigene Stellung im Konzert der kreisangehörigen Gemeinden stärken mußte. Hinzu kam die Tatsache, daß die Zusammenlegung mehrerer Dorfschulen nicht sofort das Aus für die kleineren Schulorte bedeuten mußte. Da die neuen Schulgebäude oftmals erst errichtet werden mußten, kam es nicht selten zur Aufteilung der einzelnen Jahrgänge auf verschiedene, früher selbständige Schulen. So konnten Dörfer, die ihre Schule eigentlich verloren hatten, diese wenigstens partiell behalten[489].

Im Landkreis Ingolstadt stand Mitte der sechziger Jahre nach wie vor Altes und Neues nebeneinander, wobei einmal mehr deutlich wurde, daß die Entwicklung in zwei Geschwindigkeiten verlief, ja daß sich die Unterschiede zwischen den Gemeinden in der vergangenen Dekade sogar vergrößert hatten. Zwar war es trotz „größter Anstrengungen" aller Beteiligten „noch ein weiter Weg bis zu idealen Schulverhältnissen", wie der „Donau-Kurier" im November 1965 schrieb, doch zeichnete sich zumindest in der expandierenden Kernzone um die Stadt bereits das moderne Volksschulwesen ab, wie es künftig auch im ländlichen Raum zur infrastrukturellen Grundausstattung gehören sollte, während der landwirtschaftlich geprägte östliche Teil des Landkreises „in schulischer Hinsicht noch weithin Entwicklungsland" war[490].

Insgesamt bestanden im Schuljahr 1965/66 im Landkreis 37 Volksschulen in 33 Gemeinden, die von rund 6200 Schülerinnen und Schülern frequentiert wurden. Freilich hatte von diesen nur ein Drittel das Privileg, eine voll ausgebaute Schule besuchen zu können, in der jede Jahrgangsstufe von einem eigenen Lehrer unterrichtet wurde. Die sechs voll ausgebauten Volksschulen des Landkreises fanden sich entweder in bevorzugten stadtnahen Wohngemeinden wie Großmehring, Lenting und Mailing oder in Marktgemeinden wie Gaimersheim, Kösching und Manching, die in die Rolle von Subzentren hineinwuchsen, wobei die Entwicklung in Manching durch die Ansiedlung von Messerschmitt und die Einrichtungen der Bundesluftwaffe eine eigene Dynamik erhielt. Fast 16 Prozent der Schüler mußten dagegen mit Schulen vorlieb nehmen, die über nicht mehr als drei Klassen verfügten. Fünf von diesen Schulen mit insgesamt 159 Schülern waren sogar ungeteilt, das heißt, ein einziger Lehrer unterrichtete alle Jahrgangsstufen gemeinsam. Weitere sechs Schulen waren zweiklassig; in Appertshofen, Friedrichshofen und Irgertsheim gab es sogar nur ein Schulzimmer, so daß die Kinder in zwei Schichten am Vormittag und am Nachmittag lernen mußten. Vier Schulen verfügten über drei Klassen, vier weitere mit rund zehn Prozent aller Schüler über vier, wobei vierklassige Volksschulen auch nach dem bayerischen Volksschulgesetz von 1966 als das „Mindestmaß" dessen galten, was „nach den heutigen Anforderungen auch

---

[489] Vgl. Müller, Schule und Schulpolitik, und Wiater, Verbandsschulen, beide Beiträge in: Liedtke (Hrsg.), Geschichte des bayerischen Bildungswesens, Bd. 3, S. 724f. und S. 842ff.
[490] Donau-Kurier vom 13./14. 11. 1965: „Trotz vieler Schulneubauten Schichtunterricht für 692 Kinder"; zum folgenden vgl. ebenda.

für eine Dorfschule als unerläßlich für einen ersprießlichen Unterricht angesehen wird". Damit waren nur 16 Prozent aller Schulen des Landkreises voll ausgebaut, während 40 Prozent zu den Zwergschulen mit bis zu drei Klassen gezählt werden mußten. Damit stand der Landkreis Ingolstadt jedoch gar nicht einmal schlecht da; im bayerischen Vergleich waren nach Angaben des statistischen Landesamts nur 12 Prozent aller Volksschulen achtklassig, 58 Prozent dagegen fielen unter die Kategorie Zwergschule[491].

Immerhin war den meisten Gemeinden des Landkreises die Bildung ihrer Kinder etwas wert; 1965 zählte man 14 neu gebaute und zwei im Bau befindliche Schulen, wobei man sich verstärkt auch den Luxus einer Turnhalle leistete. Das grundlegende Dilemma der nach wie vor bestehenden Zwergschulen ließ sich in erster Linie freilich nicht durch Neubauten, sondern durch Auflösung der kleinen Dorfschulen und die Gründung von Schulverbänden lösen, wie sie auch von den verantwortlichen Politikern in der Landeshauptstadt propagiert wurde. Auf diesem Weg war man im Landkreis Ingolstadt Mitte der sechziger Jahre jedoch noch kaum vorangekommen. Die bestehenden sechs Schulverbände waren allesamt schon älteren Datums; neu hinzukommen sollte nach der Fertigstellung des Verbandsschulgebäudes in Irgertsheim lediglich der Schulverband Dünzlau – Irgertsheim – Mühlhausen im westlichen Teil des Landkreises.

In der Stadt Ingolstadt waren die Probleme nur teilweise mit denen des Landkreises identisch; hier hatte man nicht mit kommunalpolitischen Egoismen oder Zwergschulen zu kämpfen, aber dafür um so mehr mit der lange Zeit allgegenwärtigen Schulraumnot, für die neben den Zerstörungen der letzten Kriegswochen vor allem das stetige Wachstum der Bevölkerung und damit auch der Schülerzahlen verantwortlich war. Die Stadtverwaltung befand sich dabei gleichsam in der Situation des Hasen, der mit dem Igel um die Wette lief: Da die Schülerzahlen über den Erwartungen lagen, lösten Neu- und Erweiterungsbauten das Problem allenfalls zeitweise, so daß sich die Schulraumnot nur allzu rasch wieder bemerkbar machte. Im Schuljahr 1949/50 standen 4860 Schülern in 99 Klassen nur 43 Klassenzimmer zur Verfügung, und zehn Jahre später mußten sich 4475 Schüler in 124 Klassen mit 113 Klassenzimmern begnügen. Nach der Einweihung eines neuen Schulkomplexes im Jahr 1965 befanden sich Schülerzahl (5305), Zahl der Klassen (170) und Zahl der Klassenzimmer (171) beinahe im Gleichgewicht, doch schon im folgenden Schuljahr fehlten wieder fast zwanzig Schulsäle[492].

Die Wieder- beziehungsweise Neuerrichtung der Volksschulen Ingolstadts, die auch unter dem Gesichtspunkt der Stadtentwicklung von einiger Bedeutung war, vollzog sich dabei in drei Etappen[493]. Zuerst wurden die zerstörten Schulen außerhalb der Altstadt wiederaufgebaut, dann wurden für die Altstadt selbst neue Schulgebäude errichtet, wobei man Wert darauf legte, diese möglichst verkehrs-

[491] Vgl. Wiater, Verbandsschulen, in: Liedtke (Hrsg.), Geschichte des bayerischen Bildungswesens, Bd. 3, S. 844; zum bayerischen Volksschulgesetz von 1966 vgl. ebenda, S. 844f.
[492] Stadtarchiv Ingolstadt, A 6976, Belegung der Schulräume in der Stadt Ingolstadt 1947/48–1970/71, undatiert.
[493] Vgl. Ingolstadt baut auf 1945–1960, S. 72ff.; Ingolstadt baut auf 1960–1965, S. 91–94; Unsere Stadt Ingolstadt, hrsg. von der Landeszentrale für Heimatdienst, München o.J. (1962), S. 25; Unsere Stadt Ingolstadt, hrsg. von der Landeszentrale für politische Bildungsarbeit, München o.J. (1968), S. 33.

günstig außerhalb des eigentlichen Stadtzentrums zu plazieren. Schließlich erhielten auch die neuen Siedlungsschwerpunkte im Norden und Süden der Stadt eigene Volksschulen, die nicht nur die bestehenden Schulen entlasteten, sondern die neuen Viertel insgesamt aufwerteten. Beim Bau dieser Schulen, der die Stadt bis Mitte der sechziger Jahre weit mehr als zehn Millionen DM kostete, ging es jedoch nicht nur um Quantität, sondern auch um Qualität. Die Schulen wurden mit Turnhallen, Gymnastikräumen, kindgerechten Pausenhöfen oder sogar Schwimmbecken ausgestattet und setzten damit Maßstäbe für die Gemeinden des Landkreises, die nur für die größten und leistungsfähigsten von ihnen mit Mühe zu erreichen waren.

Während die Entwicklung im Bereich des Volksschulwesens also auf eine Modernisierung und Konzentration unter Aufgabe zahlreicher bisheriger Schulorte hinauslief, verhielt es sich bei den weiterführenden Schulen umgekehrt. Hier ging es zunehmend darum, Bildungsreserven zu mobilisieren und das Land durch die Gründung neuer Schulen stärker als bisher zu erschließen. In Bayern setzte man dabei zunächst mit der Realschule auf einen Schultypus, der eine schmerzlich empfundene Lücke zwischen der Volks- und Berufsschule auf der einen sowie dem Gymnasium auf der anderen Seite schließen und durch die Vermittlung von „Kulturtechniken der Gegenwart"[494] wie Stenographie, Maschineschreiben oder technisches Zeichnen auf gehobene praktische Berufe in Gewerbe, Handel und Sozialwesen vorbereiten sollte[495]. Als die Kampagne für die Realschule 1949 gestartet wurde, führte dieser Schultypus lediglich ein Schattendasein. Im Schuljahr 1948/49 gab es in ganz Bayern keine einzige Realschule in staatlicher Trägerschaft; die 75 von den Statistikern gezählten Realschulen befanden sich allesamt in kommunaler oder freier Trägerschaft, wobei es sich zumeist um klösterliche Mädchenmittelschulen handelte; dementsprechend standen 10550 Realschülerinnen auch nur 220 Realschüler gegenüber[496]. Die bayerische Kultusbürokratie förderte daher erst einmal die Gründung neuer Knabenrealschulen und bevorzugte dabei Regionen mit schwacher schulischer Infrastruktur.

Unter den Städten, die einen Antrag auf Errichtung einer staatlichen Realschule gestellt hatten, war auch Pfaffenhofen, wo im Herbst 1950 eine Mittelschule für Buben und Mädchen ihre Arbeit aufnahm. Pfaffenhofen war nicht die einzige Realschule im Mittelbayerischen Donaugebiet. In Eichstätt, Neuburg an der Donau und Ingolstadt – drei ehemalige Residenzstädte mit langer kirchlich-klösterlicher Tradition – gab es ebenso eine Realschule wie in Schrobenhausen. Diesen Schulen war freilich eines gemeinsam: Sie wurden von Klosterschwestern geführt – von den Englischen Fräulein in Eichstätt, Neuburg und Schrobenhausen sowie von den Franziskanerinnen in Ingolstadt –, und sie nahmen nur Mädchen auf[497]. El-

[494] Donau-Kurier vom 24. 6. 1958: „Mittlere Reife, aber ganze Bildung".
[495] Vgl. Müller/Schröder/Mößlang, Bildungszeitalter, in: Schlemmer/Woller (Hrsg.), Erschließung, S. 298–302, und Müller, Schule und Schulpolitik, in: Liedtke (Hrsg.), Geschichte des bayerischen Bildungswesens, Bd. 3, S. 734–737.
[496] Vgl. Statistische Berichte des Bayerischen Statistischen Landesamts vom Januar 1975: Die allgemeinbildenden Schulen in Bayern (Schuljahr 1974/75), Realschulen, Stand 1. 10. 1974, S. 14.
[497] Vgl. Informationsdienst des Bayerischen Statistischen Landesamts vom 25. 11. 1954: Die Mittelschulen in Bayern im Schuljahre 1954/55 (Teilergebnis der Erhebung vom 10. 10. 1954), S. 2f. und S. 5f.

tern, die beispielsweise in Ingolstadt wohnten und ihren Söhnen einen mittleren Schulabschluß ermöglichen wollten, mußten daher entweder in das etwa 30 km entfernte Pfaffenhofen ausweichen oder sogar daran denken, einen Platz in einem Internat zu suchen, wenn sie ihr Kind nicht in die ortsansässige private Handelsschule schicken wollten, die stets überfüllt war und wo sich bis zu 60 Schüler in einer Klasse drängten[498].

Die Nachfrage nach einer Realschule für Buben, die sich nicht zuletzt daran zeigte, daß nicht wenige Eltern ihre Kinder mangels Alternativen an den höheren Schulen der Stadt anmeldeten, auch wenn ihre Zukunftsplanungen nicht unbedingt auf Abitur und Studium hinausliefen, war also vorhanden. Auch der regionale Arbeitsmarkt verlangte nach gut ausgebildeten Kräften für gehobene kaufmännische und technische Berufe, deren Nachwuchs vor allem an den Realschulen ausgebildet werden sollte. Dennoch dauerte es einige Jahre, bis der Stadtrat nach intensiven Gesprächen mit dem bayerischen Kultusministerium im September 1957 den Beschluß faßte, die Errichtung einer staatlichen Mittelschule für Jungen zu beantragen, und sich zugleich bereit erklärte, die nötigen Räumlichkeiten und Sachmittel bereitzustellen[499]. Ein Jahr später wurde die neue Schule mit 130 Schülern in drei Klassen eröffnet[500], und sie war von Anfang an ein Erfolg, obwohl man „bewußt auf jede Öffentlichkeitsarbeit verzichtet" hatte, um die Zahl der Schüler angesichts der provisorischen Unterbringung und der chronischen Raumnot „möglichst gering zu halten"[501]. Dennoch stieg die Schülerzahl stetig, über 262 im Jahr 1959 auf 378 im Jahr 1960; 1962 gehörte die staatliche Knabenmittelschule in Ingolstadt bereits zu den größten Schulen ihrer Art in Bayern. Im Schuljahr 1964/65 zählte sie 527 Schüler und hatte damit die traditionsreiche Mädchenmittelschule der Franziskanerinnen überrundet[502].

Die Mittelschule galt rasch als „Schule des sozialen Aufstiegs"[503], da sie auch für Familien aus sogenannten bildungsfernen Schichten attraktiv war, die ihren Kindern durch eine bessere Ausbildung auch eine bessere Zukunft ermöglichen wollten. Ende 1959 gehörten die meisten Schüler der neuen Realschule in Ingolstadt dem alten und neuen Mittelstand an; rund 40 Prozent stammten aus Beamten- und Angestelltenfamilien, 20 Prozent aus Handwerkerfamilien und zwölf Prozent aus Familien von Kaufleuten. 15 Prozent der Schüler waren dem Industriearbeitermilieu zuzurechnen, das damit angesichts der Bevölkerungsstruktur Ingolstadts

---

[498] Stadtarchiv Ingolstadt, A 6370, Oberbürgermeister Josef Listl an die Regierung von Oberbayern vom 2. 11. 1957.

[499] Stadtarchiv Ingolstadt, A 6370, Aktennotiz über die Errichtung einer Mittelschule für Knaben mit den Beschlüssen von Hauptausschuß und Stadtrat vom 11. 9. und 25. 9. 1957, Josef Listl an die Regierung von Oberbayern vom 2. 11. 1957, Regierung von Oberbayern an die Stadt Ingolstadt vom 10. 1. 1958, und Josef Listl an das bayerische Kultusministerium vom 27. 8. 1958.

[500] Vgl. Donau-Kurier vom 16. 9. 1958: „In der neuen Mittelschule ist alles erstklassig".

[501] Stadtarchiv Ingolstadt, A 6370, Mittelschuldirektor Hermann Glas: Die Entwicklung der staatlichen Mittelschule für Knaben in Ingolstadt vom 1. 7. 1960.

[502] Stadtarchiv Ingolstadt, A 6370, statistische Aufstellung „staatliche Mittelschule für Knaben Ingolstadt", Stand September 1960, und Mittelschuldirektor Hermann Glas: „Rückblick und Ausblick (Zum Jahresbericht 1962)"; vgl. auch Statistische Berichte des Bayerischen Statistischen Landesamts vom 27. 11. 1964: Die allgemeinbildenden Schulen in Bayern (Schuljahr 1964/65), Mittelschulen (Teilergebnis der Erhebung vom 10. 10. 1964), S. 7.

[503] Müller/Schröder/Mößlang, Bildungszeitalter, in: Schlemmer/Woller (Hrsg.), Erschließung, S. 301.

klar unterrepräsentiert war[504]. Freilich ist hier schwer zu entscheiden, ob das Glas
halb leer oder halb voll war, denn immerhin hatte zumindest der mobile und auf-
stiegsorientierte Teil der Industriearbeiterschaft Ingolstadts rasch die Chance
erkannt, die sich mit der Gründung der Realschule für ihre Söhne bot.

Der Einzugsbereich der neuen Schule war groß und umfaßte neben dem Stadt-
und dem Landkreis Ingolstadt auch Teile der benachbarten Landkreise Beilngries,
Eichstätt, Neuburg an der Donau, Pfaffenhofen, Riedenburg und Schrobenhausen. Allerdings gab es zunächst ein deutliches Stadt-Land-Gefälle, und Schüler
wie der Bauernsohn Martin aus Adelshausen im Landkreis Schrobenhausen, der –
wie der „Donau-Kurier" zu berichten wußte – jeden Tag 13 km nach Ingolstadt
radelte und später Bauingenieur werden wollte, waren eher die Ausnahme als die
Regel[505]. Zu Beginn des Schuljahrs 1960/61 wohnten 60 Prozent der Schüler in der
Stadt, 20 Prozent stammten aus den Gemeinden des Landkreises Ingolstadt und
weitere 20 Prozent aus sonstigen Landkreisen; bis 1965 hatte sich dieses Verhältnis
nicht grundsätzlich verändert, aber zumindest etwas zuungunsten der Stadt verschoben. Nun kamen 55 Prozent der Realschüler aus Ingolstadt selbst, immerhin
24 Prozent aus dem Landkreis Ingolstadt und 21 Prozent aus anderen Landkreisen[506]. Mitte der sechziger Jahre deutete sich jedoch eine Entwicklung an, die auf
eine Veränderung der Verhältnisse schließen ließ und neben der Veränderung der
Sozialstruktur im ländlichen Raum auch erste Erfolge der bayerischen Schulpolitik reflektierte. Noch 1963 hatten sich im Landkreis Ingolstadt nur acht Prozent
der Volksschüler eines Jahrgangs dazu entschlossen, auf die Realschule in der
Stadt zu wechseln, und nicht 12 bis 14 Prozent, wie man es nach Angaben des
Kultusministeriums eigentlich hätte erwarten dürfen. Zwei Jahre später hatte sich
dieser Anteil jedoch auf 25 Prozent verdreifacht, so daß die Neuanmeldungen
zum Schuljahr 1965/66 zu 54 Prozent auf das Konto der Stadt, aber bereits zu 38
Prozent auf das Konto des Landkreises Ingolstadt gingen. Beobachter machten
für diese Entwicklung nicht zuletzt die „Aktion Begabungsreserven" des bayerischen Kultusministeriums verantwortlich, „die gerade bei den Anmeldungen aus
dem Landkreis eine Steigerung um 50% ergeben" habe[507].

Daß sich immer mehr Schüler für einen Platz in der Realschule interessierten,
war erfreulich, führte aber auch dazu, daß die Schule trotz aller Improvisations-
kunst rasch an die Grenzen ihrer Kapazitäten stieß. Jetzt rächte es sich, daß die
Stadtverwaltung den Bau eines neuen Schulgebäudes während der Verhandlungen
mit dem Kultusministerium zwar angekündigt, angesichts der Misere bei den
Volksschulen und der Investitionen, die hier für Neu- und Erweiterungsbauten
notwendig waren, aber auf die lange Bank geschoben hatte. Man rechnete damit,
daß die zu diesem Zweck umgebaute „Hohe Schule", einst ein zentrales Bauwerk

[504] Stadtarchiv Ingolstadt, A 6370, Elternbrief Nr. 2/59 von Direktorat und Elternbeirat der staatlichen Mittelschule Ingolstadt vom 5. 12. 1959.
[505] Vgl. Donau-Kurier vom 16. 9. 1958: „In der neuen Mittelschule ist alles erstklassig".
[506] Stadtarchiv Ingolstadt, A 6370, statistische Aufstellung „staatliche Mittelschule für Knaben Ingolstadt", Stand September 1960, Aktenvermerk über die nicht öffentliche Sitzung des Kreisausschusses des Landkreises Ingolstadt am 8. 11. 1963, und Oberbürgermeister Josef Listl an die Regierung
von Oberbayern vom 25. 2. 1965.
[507] Stadtarchiv Ingolstadt, A 6370, Vortragsnotiz des Realschuldirektors Hermann Glas für Landrat
Otto Stinglwagner vom 10. 9. 1965.

der alten Universität der Stadt, zumindest einige Zeit ausreichend Platz bieten würde. Doch das Gebäude erwies sich von Anfang an als zu klein und entsprach nicht den Anforderungen, die man an eine moderne Schule stellen mußte[508]. Das Kultusministerium forderte die Stadtverwaltung daher bereits drei Jahre, nachdem die „Hohe Schule" im Herbst 1960 bezogen worden war, auf, möglichst rasch durch einen Neubau Abhilfe zu schaffen[509]. Allerdings war das leichter gesagt als getan, denn dieses Neubauprojekt rangierte in dem auf mehrere Jahre angelegten Programm der Stadt zum Schulhausbau an vorletzter Stelle[510]. Überlegungen des Landkreises Ingolstadt, auf die steigenden Übertrittszahlen von Volksschülern aus den kreisangehörigen Gemeinden an die Knabenrealschule der Stadt mit der Errichtung einer zweiten Schule dieses Typs in eigener Regie zu reagieren, brachten jedoch neue Dynamik in die Diskussion. Die Stadtverwaltung, die sich das Monopol nicht streitig machen lassen wollte und wohl auch ihr eigenes Neubauprojekt gefährdet sah, sprach sich ebenso nachdrücklich wie erfolgreich gegen die diesbezügliche Initiative des Landkreises aus, obwohl man dort an einen Standort in Ingolstadt selbst gedacht hatte, weil sich keine der kreisangehörigen Gemeinden dafür anzubieten schien[511]. Zugleich rückte der lange aufgeschobene Neubau eines Gebäudes für die bereits bestehende Realschule auf der Prioritätenliste nach vorne, ohne daß jedoch bis 1965 damit begonnen worden wäre[512].

Während in Ingolstadt noch über Neubauten und Neugründungen gerungen wurde, hatten in anderen Teilen des Untersuchungsraums neue Mittelschulen für Knaben bereits ihre Arbeit aufgenommen. Neben der Realschule in Ingolstadt und der Realschule in Pfaffenhofen, die Mädchen und Buben gleichermaßen offenstand, gab es seit 1959 eine Lehranstalt in Rebdorf bei Eichstätt und seit 1960 eine weitere in Neuburg an der Donau, die sich beide in kirchlicher Trägerschaft befanden und das Gegenstück zu den traditionsreichen klösterlichen Mädchenmittelschulen dieser Städte bildeten. Da auch an der Peripherie des Mittelbayerischen Donaugebiets neue Realschulen gegründet worden waren – etwa 1959 in Plankstetten im Landkreis Beilngries, 1964 in Riedenburg und 1965 in Abensberg im Landkreis Kelheim – verbesserte sich die Schulsituation in der gesamten Region signifikant[513]. Dies zeigte sich nicht zuletzt daran, daß der Anteil der Schüler, die in Ingolstadt die staatliche Knabenrealschule besuchen wollten, aber aus den Nachbarlandkreisen stammten, 1967 auf nur noch neun Prozent der Neueinge-

---

[508] Stadtarchiv Ingolstadt, A 6370, Oberbürgermeister Josef Listl an die Regierung von Oberbayern vom 2. 11. 1957, und Mittelschuldirektor Hermann Glas: „Rückblick und Ausblick (Zum Jahresbericht 1962)"; vgl. auch Donau-Kurier vom 23. 6. 1960: „Knabenmittelschule jetzt im eigenen Heim".

[509] Stadtarchiv Ingolstadt, A 6370, Regierung von Oberbayern an die Stadt Ingolstadt vom 4. 6. 1963.

[510] Stadtarchiv Ingolstadt, A 6370, Oberbürgermeister Josef Listl an das bayerische Kultusministerium vom 13. 2. 1963.

[511] Stadtarchiv Ingolstadt, A 6370, Aktenvermerk über die nicht öffentliche Sitzung des Kreisausschusses des Landkreises Ingolstadt am 8. 11. 1963, Notiz zur Sitzung des Stadtrats am 8. 7. 1964, Oberbürgermeister Josef Listl an das bayerische Finanzministerium vom 23. 7. 1964 und Oberbürgermeister Josef Listl an die Regierung von Oberbayern vom 25. 2. 1965.

[512] Vgl. Ingolstadt baut auf 1960–1965, S. 95.

[513] Vgl. Statistische Berichte des Bayerischen Statistischen Landesamts vom 27. 11. 1964: Die allgemeinbildenden Schulen in Bayern (Schuljahr 1964/65), Mittelschulen (Teilergebnis der Erhebung vom 10. 10. 1964), S. 6–11.

schriebenen gesunken war[514]. Dabei machten sich die neuen Mittelschulen jedoch in der Regel keine Konkurrenz, da sie ihre Klientel überwiegend aus der näheren Umgebung rekrutierten und bisher eher bildungsferne soziale Gruppen ansprechen konnten, „für die Ortsnähe die entscheidende Voraussetzung war, um ihre Kinder auf eine weiterführende Schule zu schicken"[515].

Während Bayern auf dem Realschulsektor auch im bundesdeutschen Vergleich eine führende Rolle spielte, fiel die Bilanz des Freistaats bei den höheren Schulen nicht so positiv aus. Dies lag zum einen daran, daß die CSU und insbesondere ihr in der ersten Nachkriegsdekade tonangebender katholisch-konservativer Flügel mit Kultusministern wie Alois Hundhammer und Josef Schwalber auf das klassische humanistische Gymnasium und auf Elitenbildung durch Auslese setzten. Zum anderen war das Netz an höheren Schulen ausgesprochen weitmaschig, so daß es vor allem im ländlichen Raum schwierig war, die Hochschulreife zu erwerben. Dennoch gab es bereits in der ersten Hälfte der fünfziger Jahre einen unübersehbaren Trend zur höheren Schulbildung, der den Aufstiegswillen vieler Familien ebenso reflektierte wie den sozioökonomischen Strukturwandel. Insgesamt gab es in Bayern im Schuljahr 1950/51 288 höhere Lehranstalten, die von rund 117 500 Schülerinnen und Schülern besucht wurden. Im Schuljahr 1954/55 hatte sich die Zahl der höheren Schulen zwar nur leicht auf 295 erhöht, die Zahl der Schülerinnen und Schüler war dagegen auf 142 400 gestiegen[516].

Das Mittelbayerische Donaugebiet gehörte auf dem Feld des höheren Schulwesens nicht zu den ausgesprochenen Notstandsgebieten wie Teile Niederbayerns oder der Oberpfalz. Ingolstadt und Eichstätt waren im Gegenteil traditionsreiche Schulstädte, und auch in Neuburg an der Donau sowie in den Landkreisen Pfaffenhofen und Schrobenhausen fand sich jeweils wenigstens eine Oberschule. Im Schuljahr 1954/55 zählte man im Mittelbayerischen Donaugebiet neun höhere Lehranstalten mit fast 4400 Schülerinnen und Schülern. Zehn Jahre später hatte sich an der Zahl der Oberschulen und ihrer Dislozierung nichts geändert, wenn man davon absieht, daß das traditionsreiche Gymnasium der Benediktiner in Scheyern, das so prominente Zöglinge in seinen Mauern beherbergt hatte wie den christsozialen Spitzenpolitiker Alois Hundhammer, in staatliche Trägerschaft überführt und nach Pfaffenhofen verlegt worden war, und daß die Franziskanerinnen in Ingolstadt dabei waren, ihre Oberrealschule für Mädchen durch ein Realgymnasium zu ersetzen. Auch an der Schülerzahl hatte sich wenig geändert; sie war – der gesamtbayerischen Entwicklung zum Trotz – sogar leicht auf 4100 zurückgegangen, wobei vor allem die Gymnasien in Eichstätt und Neuburg an der Donau Schüler verloren hatten[517].

[514] Stadtarchiv Ingolstadt, A 6370, Realschuldirektor Hermann Glas an das bayerische Kultusministerium vom 26. 5. 1967.

[515] Müller/Schröder/Mößlang, Bildungszeitalter, in: Schlemmer/Woller (Hrsg.), Erschließung, S. 301; zum folgenden vgl. ebenda, S. 302–308.

[516] Vgl. Statistische Berichte des Bayerischen Statistischen Landesamts vom Juni 1975: Die allgemeinbildenden Schulen in Bayern (Schuljahr 1974/75), Gymnasien, Stand 1. 10. 1974, S. 17.

[517] Vgl. Informationsdienst des Bayerischen Statistischen Landesamts vom 1. 12. 1954: Die höheren Lehranstalten in Bayern im Schuljahre 1954/55 (Teilergebnis der Erhebung vom 10. 10. 1954), S. 8–11, S. 16 f. und S. 20 f., sowie Statistische Berichte des Bayerischen Statistischen Landesamts vom 18. 12. 1964: Die allgemeinbildenden Schulen in Bayern. Höhere Schulen im Schuljahre 1964/65 (Teilergebnis der Erhebung vom 1. 10. 1974), S. 12 f., S. 16 f. und S. 24–29.

In Ingolstadt blieben die Schülerzahlen im zweiten Nachkriegsjahrzehnt weitgehend konstant: Im Schuljahr 1954/55 verzeichnete die Schulstatistik 2090 Gym-
nasiastinnen und Gymnasiasten, zehn Jahre später waren es mit 2088 kaum weniger. Da die Bevölkerung Ingolstadts jedoch in dieser Dekade außerordentlich
stark wuchs, bedeutete dies, daß der prozentuale Anteil der Gymnasiasten an allen
Schülern der Stadt signifikant zurückgegangen war. Die Gründung der Knabenrealschule im Jahr 1958 hatte offenbar viele Eltern dazu bewogen, ihren Söhnen
eine praxisnähere Ausbildung zukommen zu lassen und sie nicht auf eine der
höheren Schulen zu schicken, wie sie es vielleicht sonst getan hätten[518]. Der dynamische regionale Arbeitsmarkt mit seinem Schwerpunkt auf industriellen und
gewerblichen Berufen mag ein übriges dazu beigetragen haben, die Entscheidung
gegen das Gymnasium zu erleichtern, so daß die Zahl der männlichen Schüler, die
das ihnen offenstehende humanistische Gymnasium beziehungsweise die Oberrealschule besuchten, zwischen 1955 und 1965 sogar um fast zehn Prozent abnahm.
Im Gegenzug frequentierten immer mehr Mädchen die höheren Lehranstalten der
Stadt, und ihr Anteil wuchs – auch im bayerischen Vergleich – überproportional
stark von 30,4 Prozent auf 36,8 Prozent. Diese Entwicklung wurde durch die
Tatsache begünstigt, daß in Ingolstadt zwei höhere Lehranstalten der Franziskanerinnen – eine Oberrealschule und ein musisches Gymnasium – bestanden, die
ausschließlich Mädchen vorbehalten waren. Diese konnten sich zudem unter
bestimmten Bedingungen auch an den beiden anderen Oberschulen der Stadt ein-
schreiben, was freilich nicht allzu oft geschah.

Gemessen an den Investitionen für die Volksschulen hielten sich die Ausgaben
der Stadt für das höhere Schulwesen zunächst in Grenzen. Zwar bestand auch hier
ein deutliches Mißverhältnis zwischen Klassen und verfügbaren Klassenräumen –
1954/55 standen 64 Klassen in den vier Gymnasien der Stadt nur 49 Klassenzimmer zur Verfügung –, doch lange Zeit bemühte man sich vor allem darum, durch
kleinere Modifikationen an den bestehenden Gebäuden und intelligente Raum-
nutzung neue Schulsäle zu gewinnen[519]. Umbaumaßnahmen im humanistischen
Gymnasium und ein 1957 eingeweihter Erweiterungsbau für die staatliche Oberrealschule, den sich die Stadt 750 000 DM hatte kosten lassen, waren in den fünfziger Jahren die größten Projekte auf diesem Sektor, die jedoch dazu beitrugen,
das Ungleichgewicht zwischen Schulräumen und Klassen zumindest einigermaßen auszubalancieren[520].

In der ersten Hälfte der sechziger Jahre rückten die höheren Lehranstalten
jedoch auch in Ingolstadt zunehmend in den Mittelpunkt des Interesses. Zunächst
ging es dabei darum, das Bildungsangebot zu diversifizieren und sowohl den Bedürfnissen der Zeit als auch den Wünschen von Eltern und Schülern anzupassen[521]. Das humanistische Gymnasium wurde mit Beginn es Schuljahrs 1962/63
um einen neusprachlichen Zweig erweitert; die mathematisch-naturwissenschaft-

---

[518] Stadtarchiv Ingolstadt, A 6370, Mittelschuldirektor Hermann Glas: „Rückblick und Ausblick
(Zum Jahresbericht 1962)".
[519] Stadtarchiv Ingolstadt, A 6976, Belegung der Schulräume in der Stadt Ingolstadt 1947/48–1970/71,
undatiert.
[520] Vgl. Ingolstadt baut auf 1945–1960, S. 78 f.
[521] Vgl. Ingolstadt baut auf 1960–1965, S. 94 f.

liche Oberrealschule vollzog diesen Schritt zwei Jahre später. Der Erfolg des neusprachlichen Gymnasiums, das Anfang der sechziger Jahre noch Realgymnasium hieß, veranlaßte auch das Kloster Gnadenthal, entsprechende Maßnahmen zu ergreifen und seine Oberrealschule schrittweise in ein Mädchenrealgymnasium umzuwandeln. Bevor dieser Prozeß jedoch abgeschlossen war, ging diese um einen sozialwissenschaftlichen Zweig erweiterte Schule nach der Zusage der Stadt, künftig Sachkosten und Baulast zu tragen, 1965 in die Trägerschaft des Staates über. Mit dieser Entscheidung war jedoch auch die Entscheidung für einen Neubau verbunden, da das Kloster die bisherigen Räume nach einer Übergangzeit für die beiden in seiner Trägerschaft verbliebenen Schulen nutzen wollte. Der Neubau des Katharinengymnasiums auf ehemaligem Festungsgelände[522] sollte das erste Großprojekt der Stadt auf dem Feld des höheren Schulwesens werden, und verstärkte Investitionen wurden nun auch dringend nötig, da sich Mitte der sechziger Jahre die Vorboten der Bildungsexpansion auch in Ingolstadt bemerkbar machten: Die Zahl der Neuanmeldungen für die Gymnasien der Stadt stieg von 359 im Jahr 1962 auf 486 drei Jahre später[523].

Dennoch blieb im Bildungswesen noch viel zu tun. Dies galt für die Grund- und Hauptschulen ebenso wie für die weiterführenden Schulen oder die Institutionen der beruflichen Fort- und Weiterbildung. In Ingolstadt fürchtete man gar, die Fortschritte im Kultursektor könnten nicht mit dem dynamischen Wirtschaftswachstum mithalten, das Stadt und Region in Atem hielt und Ingolstadt immer mehr zu einem Entwicklungsschwerpunkt von gesamtbayerischer Bedeutung werden ließ[524]. Damit waren aber auch Raumordnung, Landesplanung und regionale Strukturpolitik gefordert, über die größtenteils in München entschieden wurde. Tatsächlich richtete sich das Augenmerk von Landtag und Staatsregierung in der ersten Hälfte der sechziger Jahre verstärkt auf das Mittelbayerische Donaugebiet, und zwar vor allem deshalb, weil hier große Ereignisse ihre Schatten vorauswarfen: der Bau von Erdölpipelines und die Errichtung eines großen Raffineriezentrums, von dem man sich „gewaltige Impulse für das wirtschaftliche Leben Bayerns" mit allen positiven und negativen Folgen für die Region erwartete.

---

[522] Stadtarchiv Ingolstadt, A 6370, Notiz zur Sitzung des Stadtrats am 8. 7. 1964.
[523] Vgl. Ingolstadt baut auf 1960–1965, S. 95.
[524] Vgl. Stenographischer Bericht über die 23. Sitzung des bayerischen Landtags am 27. 6. 1963, S. 853–856; das folgende Zitat von Fritz Böhm (SPD) findet sich ebenda, S. 854.

IV. Die Region Ingolstadt zwischen Boom und Krise

1. Lockruf des schwarzen Goldes – Ingolstadt wird Erdöl- und Raffineriezentrum

Rahmenbedingungen und Projekte

„Goldene Stadt an der Donau" – mit diesem Titel war ein groß aufgemachter Artikel überschrieben, der Ende 1962 in der CSU-Parteizeitung „Bayernkurier" erschien. Der Autor dieses Artikels feierte jedoch nicht das mittelalterliche Kleinod Regensburg oder gar Wien, die noch geschichtsträchtigere Hauptstadt des Alten Reiches, sondern das trotz allen historischen Erbes eher graue und provinzielle Ingolstadt, an dem man ohne schlechtes Gewissen vorbeifahren konnte, wenn man von München nach Nürnberg unterwegs war. Das Gold der Stadt fand sich auch nicht in Kirchen oder Museen, und es schimmerte auch nicht hell, sondern war schwarz, zähflüssig und übelriechend: Erdöl, und zwar so viel davon, daß Ingolstadt auf „einer Woge goldenen Öls" in eine glänzende Zukunft schwimmen sollte[1]. Dabei hatte man in der Region selbst nur wenig dafür getan, daß sich diese Perspektive auftat wie ein Tor in „die große Welt"[2]. Wieder einmal hatten andere die Weichen gestellt, wie schon um 1830, als mit dem in München gefällten Beschluß König Ludwigs I., Ingolstadt zur bayerischen Landesfestung auszubauen, der Grundstein für eine hundertjährige Vorherrschaft des Militärs gelegt wurde.

Ende der fünfziger/Anfang der sechziger Jahre war es freilich kein Monarch, sondern ein demokratisch legitimierter Minister, der dem Schicksal auf die Sprünge half und eine Entwicklung in die Wege leitete, die das Mittelbayerische Donaugebiet und Ingolstadt im besonderen schlagartig ins Rampenlicht der Öffentlichkeit treten ließen. Otto Schedl, seit Oktober 1957 bayerischer Staatsminister für Wirtschaft und Verkehr, hatte wie sein Ministerpräsident Hanns Seidel eine große Vision: Durch eine engagierte Industrie-, Struktur- und Infrastrukturpolitik sollten Standortnachteile für die bayerische Wirtschaft kompensiert, die Lebensbedingungen der Bevölkerung vor allem im ländlichen Raum verbessert und der steuerschwache Freistaat finanziell auf die eigenen Füße gestellt werden[3]. Als Absolvent eines geisteswissenschaftlichen Studiums und Journalist war Schedl eigentlich nicht für das Amt des Wirtschaftsministers prädestiniert. Doch als

---

[1] Bayernkurier vom 17. 11. 1962: „‚Goldene' Stadt an der Donau: Ingolstadt".
[2] Die Presse (Wochenendbeilage) vom 11./12. 2. 1967: „Die neuen Kavaliere von Ingolstadt".
[3] Zu Hanns Seidel als Wirtschaftspolitiker vgl. Hans Ferdinand Groß, Hanns Seidel 1901–1961. Eine politische Biographie, München 1992, S. 72–105 und S. 184.

Landrat des strukturschwachen, ja bitterarmen Landkreises Neumarkt in der Oberpfalz hatte er bereits seit 1948 einige Erfahrung in praktischer Politik gesammelt, und er glaubte zu wissen, wo man ansetzen mußte, um die Situation zu verbessern[4]. Dabei kam ihm die Tatsache zugute, daß die drängendsten Probleme des Wiederaufbaus bereits überwunden waren, als er zum Wirtschaftsminister ernannt wurde, und daß die politischen Handlungsspielräume größer waren als noch einige Jahre zuvor. Die Zeit schien also günstig zu sein, um eine von der Staatsregierung angekündigte „neue Phase bayerischer Industrialisierung" einzuleiten[5], die weniger auf eine extensive Ansiedlung neuer Betriebe als auf eine bewußte Stärkung wachstumsintensiver und zukunftsträchtiger Branchen setzte.

Diesem Ziel standen jedoch mehrere hohe Hürden im Weg, die geographisch ebenso bedingt waren wie historisch und politisch. Als besonders problematisch erwiesen sich die periphere Lage Bayerns am durch den Eisernen Vorhang markierten östlichen Rand der „freien Welt", die damit verbundenen langen Transportwege und hohen Transportkosten, die mangelhafte Infrastruktur sowie das Fehlen einer ausreichenden eigenen Rohstoffbasis, die sich speziell bei den Energieträgern unangenehm bemerkbar machte. Wirtschaftsminister Schedl gedachte, diesen Problemkomplex durch eine angebotsorientierte Standortpolitik anzugehen, die Bayern für neue Investitionen attraktiver werden ließ und zugleich die Lebenschancen der Menschen vor allem abseits der urbanen Zentren verbesserte. Neben dem Ausbau der Verkehrswege, um das Land zu erschließen und die negativen Folgen der Randlage des Freistaats zu dämpfen, galt das besondere Augenmerk des Ministers dem Energiesektor. In einer Zeit, in der nicht sparsamer Umgang mit Energie, sondern im Gegenteil deren expansiver Einsatz als Zeichen von Fortschritt und Gradmesser der ökonomischen Entwicklung galt[6] – Otto Schedl brachte dies auf die einfache Formel „je weiter die Industrialisierung fortgeschritten ist, um so größer ist im allgemeinen der Energieverbrauch pro Kopf der Bevölkerung"[7] –, mußte es alarmierend wirken, daß diese Quote in Bayern bei 2,7 t Steinkohleeinheiten (SKE) lag, im Bundesdurchschnitt jedoch bereits bei 4,1 t[8]. Dementsprechend sah man im bayerischen Wirtschaftsministerium in der Energiepolitik „die wichtigste und fast einzige Möglichkeit" für die Staatsregierung, aus eigener Verantwortung „Wirtschaftspolitik zu treiben" und warnte davor, dieses Politikfeld zu vernachlässigen, zumal „einzelne bayerische Unternehmen bereits Zweigwerke in Gebieten billigen Energieangebots errichtet" hätten[9].

---

[4] Zu Biographie und politischer Konzeption des Ministers vgl. die auf der Basis seines Nachlasses geschriebene unveröffentlichte Zulassungsarbeit von Stefanie S. Lerch, Dr. Otto Schedl und die Energiepolitik in Bayern (1957–1966), München 1997, S. 21–28, und das Lebensbild von Josef H. Maurerer, Dr. Otto Schedl. Ein Oberpfälzer strukturiert Bayerns Wirtschaft um, München 1972, S. 12–18 und S. 23–28.
[5] Zit. nach Erker, Keine Sehnsucht, S. 508.
[6] Vgl. Joachim Radkau, Technik in Deutschland. Vom 18. Jahrhundert bis zur Gegenwart, Frankfurt am Main 1989, S. 288.
[7] Stenographischer Bericht über die 11. Sitzung des bayerischen Landtags am 13. 3. 1963, S. 345.
[8] BAK, B 102/45381, Oberregierungsrat F. Kruse: Der bayerische Energiemarkt. Studie zur bisherigen und künftigen Entwicklung (April 1963), S. 13; ich danke Stephan Deutinger dafür, daß er mir dieses materialreiche Dokument überlassen hat.
[9] BayHStA, MWi 22594, Vormerkung aus dem bayerischen Wirtschaftsministerium (gez. August Hessel) vom 21. 11. 1960.

Der Energiepreis galt als entscheidende Stellschraube, um den Verbrauch zu erhöhen und dadurch die wirtschaftliche Entwicklung anzukurbeln. Doch es erwies sich als überaus schwierig, das Preisniveau zu senken, das – so wurden Wirtschaftsminister Schedl und mit ihm führende Männer der bayerischen Industrie nicht müde zu beklagen – aufgrund der Revierferne und der damit verbundenen hohen Transportkosten höher war als in anderen Teilen der Republik. Ob die Energiepreise tatsächlich als eine „Lebensfrage für die bayerische Industrie" angesehen werden mußten oder ob man es bei derartigen Gravamina nicht zumindest teilweise mit Argumenten aus dem Repertoire erfahrener Lobbyisten zu tun hatte, ist umstritten[10]. Keinen Zweifel konnte es jedoch daran geben, daß bayerische Verbraucher vergleichsweise viel Geld ausgaben, um ihren Energiebedarf zu dekken, und daß dies für in Bayern stark vertretene energieintensive Branchen wie Chemie, Papier, Zellstoff oder Glas und Keramik durchaus Probleme mit sich brachte[11]. 1959 etwa betrug der Preis für eine Tonne Gasflammkohle (auf dem Schienenweg) in München 95,30 DM, während man in Stuttgart 88,83 DM und im reviernahen Düsseldorf sogar nur 69,90 bezahlte. Bei schwerem Heizöl ging die Schere zwischen Nord und Süd noch weiter auseinander; eine Tonne davon kostete in München 106,56 DM, in Stuttgart 90,61 DM und in Düsseldorf 70,41 DM. In Hamburg, wo das auf dem Seeweg transportierte Öl angelandet wurde, lag der Preis mit 64,69 DM noch einmal erheblich darunter[12]. Aus diesen Verhältnissen zog Schedl weitreichende Schlüsse, die er 1960 im Landtag zu drei Axiomen zusammenfaßte:

„1. Bayern muß jede Möglichkeit, seine Energieversorgung zu verbilligen, im Interesse eines wenigstens teilweisen Ausgleichs seiner Wettbewerbnachteile wahrnehmen. Die gesicherte Bereitstellung billiger Energie in ausreichendem Umfang ist der Kernsatz bayerischer Energiepolitik. 2. Der Wettbewerb zwischen den verschiedenen Energieträgern darf nicht durch staatliche Eingriffe behindert werden. [...] 3. Die ziemlich schmale Basis der bayerischen Energieerzeugung sollte nicht ohne zwingenden Grund eingeengt werden. Notwendig ist also vor allem die Erschließung billiger Energiequellen."[13]

Daß billige Energiequellen in Bayern selbst nicht mehr zu erschließen waren, lag auf der Hand, zumal der Anteil der heimischen Energieträger am gesamten Angebot kontinuierlich zurückging: von 31,7 Prozent im Jahr 1953 auf 28,4 Prozent im Jahr 1961. Entsprechend stiegen die Einfuhren von 68,3 Prozent auf 71,6 Prozent. Daß Bayern nicht noch mehr Energie importieren mußte, lag nicht zuletzt an der systematischen Nutzung der Wasserkraft[14]. Durch den weiteren Ausbau der Flüsse Lech (Roßhauptener Speicher), Isar (Sylvensteinspeicher) und Donau (Flußkraftwerk Jochenstein) blieb der Anteil der Wasserkraft am Energieangebot nahezu konstant und reduzierte sich lediglich von 12,4 Prozent auf 12 Pro-

10 Vgl. Stephan Deutinger, Eine „Lebensfrage für die bayerische Industrie". Energiepolitik und regionale Energieversorgung 1945 bis 1980, in: Schlemmer/Woller (Hrsg.), Erschließung, S. 33–118, hier S. 62–66.
11 Vgl. Lerch, Otto Schedl, S. 31.
12 BAK, B 102/45381, Oberregierungsrat F. Kruse: Der bayerische Energiemarkt. Studie zur bisherigen und künftigen Entwicklung (April 1963), S. 27f.
13 Stenographischer Bericht über die 50. Sitzung des bayerischen Landtags am 16.3.1960, S. 1383f.
14 Vgl. Deutinger, Lebensfrage, in: Schlemmer/Woller (Hrsg.), Erschließung, S. 50–53.

zent[15]. Damit war das Potential der Wasserkraft freilich zu einem erheblichen Teil ausgeschöpft, so daß dieser ebenso saubere wie unerschöpfliche Energieträger künftig wenig dazu beitragen konnte, um den steigenden Verbrauch zu decken, von Impulsen für Preissenkungen ganz zu schweigen. Dasselbe traf für die schwierig abzubauende oberbayerische Pechkohle zu, deren Anteil zwischen 1953 und 1961 von sieben auf 5,2 Prozent zurückging, und auf andere fossile Energieträger wie Holz oder Torf, die 1961 immerhin noch 4,8 Prozent zum heimischen Energieaufkommen beisteuerten. Einzig die vorwiegend in der Oberpfalz geförderte und größtenteils verstromte Braunkohle war auf dem Vormarsch und hatte ihren Anteil bei steigendem Verbrauch von 4,1 Prozent auf 5,2 Prozent ausbauen können. Allerdings stand bereits Anfang der sechziger Jahre fest, daß die bayerischen Braunkohlevorräte binnen längstens 25 Jahren erschöpft sein würden.

Blieben also – neben langfristig angelegten Bemühungen um die friedliche Nutzung der Kernenergie, auf die man große Hoffnungen setzte[16] – zunächst nur möglichst kostengünstige Importe fossiler Energieträger. Hier stand lange Zeit unangefochten die Steinkohle an der Spitze, die noch 1957 mit 42,1 Prozent den Löwenanteil am gesamten Energieaufkommen Bayerns deckte und den Energieträger Mineralöl mit 14,3 Prozent klar auf den zweiten Platz verwies. Daß dem Erdöl jedoch die Zukunft gehörte und die Dominanz der Steinkohle der Vergangenheit angehörte, zeigte sich nur wenige Jahre später: 1961 bezog Bayern seine Energie nur noch zu 29,6 Prozent aus Steinkohle, aber bereits zu 29,2 Prozent aus Mineralöl. Der neue Leitrohstoff hatte in der zweiten Hälfte der fünfziger Jahre seinen Siegeszug angetreten, wobei neuerschlossene Fördergebiete in Nordafrika oder im Mittleren Osten für ein größeres Angebot und deutlich sinkende Preise gesorgt hatten[17]. Die Ausweitung des Marktes für Rohöl änderte an der Situation Bayerns vorerst wenig, denn auch dieser Rohstoff mußte wie weiland die Steinkohle importiert werden, war mit hohen Transportkosten belastet und ließ sich im Freistaat nicht weiterverarbeiten, weil es keine Raffinerie gab.

Allerdings gaben die Rahmenbedingungen zu vorsichtigen Hoffnungen Anlaß oder verführten gar zu hochfliegenden Plänen. Der Einsatz der Primärenergiequelle Rohöl „entkoppelte sich" nämlich „zunehmend von der Region ihrer Gewinnung", das heißt, man baute Raffinerien verstärkt dort, wo die Mineralölprodukte auch verbraucht wurden. Die entscheidende Voraussetzung dafür, daß sich die Mineralölverarbeitung auch im Binnenland lohnte, war ein kostengünstiges Transportmittel, und hier bot sich das System Pipeline an. In der Bundesrepublik realisierten große Ölgesellschaften wie Esso und BP zwischen 1956 und 1959 mit der Nord-West-Ölleitung von Wilhelmshaven nach Köln das erste Großprojekt dieser Art. Das Rheinland war noch relativ weit von Bayerns Grenzen entfernt, doch mit der 1958 projektierten und 1962 fertiggestellten Südeuropäischen Pipe-

---

15 Hierzu und zum folgenden: BAK, B 102/45381, Oberregierungsrat F. Kruse: Der bayerische Energiemarkt. Studie zur bisherigen und künftigen Entwicklung (April 1963), S. 10–24.
16 Der sichtbarste Ausdruck dieses Bemühens war in der zweiten Hälfte der fünfziger Jahre der Bau eines Versuchsreaktors in Garching bei München; vgl. Deutinger, Garching, in: Weigand (Hrsg.), Ansätze, S. 223–247.
17 Vgl. Axel D. Neu, Die Entfaltung der internationalen Erdölwirtschaft seit 1950, in: Pfister (Hrsg.), 1950er Syndrom, S. 179–200, hier S. 193 ff.; das folgende Zitat findet sich ebenda, S. 182.

line (SEPL) vom Mittelmeerhafen Lavéra bei Marseille nach Karlsruhe rückte das
flüssige schwarze Gold in verlockende Nähe[18].
Otto Schedl beobachtete diese Entwicklungen aufmerksam. Er war schließlich
davon überzeugt, daß sich durch den Bau einer Pipeline nach Bayern zum Transport billigen Rohöls die bisherige Abhängigkeit von den Bergwerken des Ruhrge-
biets lösen, das Energiepreisniveau dauerhaft senken und die Wirtschaft des Freistaats quantitativ wie qualitativ in entscheidender Weise beeinflussen ließe. Allerdings benötigte Schedl für seine „energiepolitische Wende"[19] Partner, und die
waren weder in der Politik noch in der Wirtschaft leicht zu finden, obwohl er den
einflußreichen Landesverband der Bayerischen Industrie (LBI) auf seiner Seite
wußte[20]. Besonders scharf blies dem Minister und der gesamten bayerischen
Staatsregierung der Wind aus Bonn ins Gesicht, wo man nichts unversucht ließ,
um die sich mehr und mehr verschärfende Kohlekrise an Rhein und Ruhr durch
Subventionen für den wichtigsten heimischen Rohstoff auf der einen und fiskali-
sche oder administrative Daumenschrauben für Mineralölprodukte auf der anderen Seite in den Griff zu bekommen[21]. Aber auch die Spitzenmanager der in Westdeutschland operierenden Ölkonzerne winkten ab. Sie wollten zunächst die
Früchte ihrer bisherigen Investitionen ernten oder glaubten nicht an das Potential
des bayerischen Wirtschaftsraums. Schedl mußte sich daher anfangs nicht wenig
Spott für seine Idee gefallen lassen, die wiederholt als sinn- und aussichtslose
Phantasterei belächelt wurde[22]. Der sture Oberpfälzer ließ jedoch nicht locker
und hoffte darauf, die relative geographische Nähe Bayerns zum Mittelmeerraum
in die Waagschale werfen zu können, der sich immer mehr zu einer wichtigen
Drehscheibe des Marktes für Rohöl entwickelte. Zu diesem Zweck betrieb er die
Gründung einer Studiengesellschaft, der sogenannten Transalpin, die aus Ministerialbeamten, Wissenschaftlern und Männern der Wirtschaft bestand, die den Ideen
Schedls mehr oder weniger gewogen waren[23]. Die Transalpin, die die Machbarkeit
eines Pipeline-Baus über die Alpen und die ökonomischen Perspektiven einer
bayerischen Raffinerie unter Beweis stellen sollte, war freilich nicht das einzige
As, das der Wirtschaftsminister aus dem Ärmel zog. Die andere Trumpfkarte, die
er in petto hatte, trug die Farben der italienischen Trikolore und zeigte den *corsaro
del petrolio*[24].

---

[18] Vgl. Lerch, Otto Schedl, S. 44, und Bayernkurier vom 17. 11. 1962: „Weiß-blaues ‚Öltor' Lavéra".
[19] Deutinger, Lebensfrage, in: Schlemmer/Woller (Hrsg.), Erschließung, S. 62.
[20] So hieß es im Entwurf eines Schreibens des Arbeitsausschusses für Energiefragen in Bayern des
LBI an Ministerpräsident Hans Ehard vom Oktober 1960 (Kopie im Besitz des Verfassers): „Eine
Verstärkung der Industrialisierung Bayerns erscheint schon im Hinblick auf die im Zusammenhang mit dem Inkrafttreten der EWG zu erwartenden strukturellen Umwandlungen in der Landwirtschaft unbedingt wünschenswert. Der damit zusammenhängende höhere Energieverbrauch
muß aus einer Quelle gedeckt werden, die Bayerns Industrie von jeder preislichen Benachteiligung
ausschließt. Diese Quelle kann nur das Erdöl sein […]."
[21] Vgl. dazu ausführlich Christoph Nonn, Die Ruhrbergbaukrise. Entindustrialisierung und Politik
1958–1969, Göttingen 2001.
[22] Vgl. Hermann Bößenecker, Bayern, Bosse und Bilanzen. Hinter den Kulissen der weiß-blauen
Wirtschaft, München 1972, S. 34.
[23] Vgl. Lerch, Otto Schedl, S. 70–80.
[24] Über das Leben und Sterben Matteis, der 1962 unter ungeklärten Umständen beim Absturz seines
Flugzeugs ums Leben kam, ist viel geschrieben worden. Vgl. etwa Nico Perrone, Enrico Mattei,
Bologna 2001, und ders. Politica estera dell'ENI e il neutralismo italiano, in: Rivista di Storia Contemporanea 16 (1987), S. 616–629.

Enrico Mattei war zweifelsohne eine der schillerndsten Figuren der Politik und Wirtschaft Italiens. Der selfmade-man aus den Marken, der während des Zweiten Weltkriegs mit den Partisanen gegen die deutschen Besatzer gekämpft hatte und zum progressiven Flügel der *Democrazia Cristiana* gehörte, stand seit 1953 an der Spitze der *Ente Nazionale Idrocarburi* (ENI), eines staatseigenen Chemie- und Energiekonzerns mit mehr als 50 000 Beschäftigten, der sich Ende der fünfziger Jahre anschickte, in die Phalanx der etablierten Ölkonzerne einzubrechen. Mattei war dabei fast jedes Mittel recht, um die Stellung der ENI auf Kosten der berüchtigten „sieben Schwestern" zu stärken, zu denen Unternehmen wie Shell, Texaco, BP oder Exxon gehörten[25]. Er pokerte erfolgreich um Konzessionen in Nordafrika und im Mittleren Osten, bot dabei Konditionen, die bei der Konkurrenz Atemnot hervorriefen, ließ Sympathie für Dekolonisation und nationale Befreiungsbewegungen erkennen und schreckte auf dem Höhepunkt des Kalten Krieges nicht davor zurück, Rohstoffgeschäfte mit der Sowjetunion abzuschließen. Mattei, der in großen Lösungen dachte, ließ keine Gelegenheit aus, um das Oligopol der „sieben Schwestern" zu erschüttern. Eine Pipeline nach Bayern und eine Raffinerie jenseits der Alpen als Brückenkopf für das Tankstellennetz von AGIP mußte daher eine verlockende Idee für einen Mann sein, der nicht ausschließlich auf den Gewinn seines Unternehmens achten mußte. Mattei war so der kongeniale Partner für Schedl, der ebenso um möglichst billiges Öl als Triebfeder für wirtschaftliches Wachstum kämpfte, nicht selten mit dem Kopf durch die Wand wollte und dabei auf den Widerstand der etablierten Akteure auf dem heimischen Energiemarkt traf.

Es war Mattei selbst, der den bayerischen Wirtschaftsminister im Mai 1959 aufsuchte und sich dabei zweier so illustrer Türöffner wie Josef Müller und Hjalmar Schacht bediente. Die intensiven Gespräche, die in der Folgezeit geführt wurden, zeitigten rasch greifbare Ergebnisse. Obwohl Schedl keinerlei konkrete Zusagen gemacht und allenfalls „mit einer Staatsbürgschaft" – die Rede war von 500 Millionen DM – „gewunken" hatte[26], wurde am 15. September 1959 die Südpetrol AG gegründet, die zunächst zu gleichen Teilen von der *Oleodotti Internazionale*, hinter der die ENI stand, und einem deutschen Bankenkonsortium unter Führung der Bayerischen Hypotheken- und Wechselbank getragen wurde, bevor die ENI das Gemeinschaftsunternehmen ganz unter ihre Fittiche nahm. Kern des Projekts war der Bau einer Pipeline von Genua nach Bayern und die Errichtung einer Raffinerie im Freistaat. Die Trasse, die schließlich für die Central European Line (CEL) gewählt wurde, verlief von Genua über Mailand nach Lugano, am Boden-

---

[25] Zur Bedeutung der ENI für die italienische Wirtschaft vgl. Rolf Petri, Storia economica d'Italia. Dalla Grande guerra al miracolo economico (1918–1963), Bologna 2002, S. 350–354.

[26] Bößenecker, Bayern, Bosse und Bilanzen, S. 35. In der Presse war auch zu lesen, die Staatsregierung erwäge eine Staatsbürgschaft für den Bau einer Raffinerie, sofern „keine andere Möglichkeit zur Finanzierung durch Private" bestehe. Donau-Kurier vom 19. 8. 1959: „Pipeline von Genua nach Ingolstadt?" Der Wirtschaftsminister selbst erklärte dazu, in die „Industrieförderung durch Staatsbürgschaften mit dem Ziel, ‚die Versorgung des Landes mit Energie sicherzustellen', können, wenn nötig, eventuell auch Projekte aufgenommen werden wie das einer Ölleitung nach Bayern und das der Errichtung einer Erdölraffinerie im bayerischen Raum". Nach dem gegenwärtigen Stand der Dinge sei es freilich zu erwarten, daß sich dieses Vorhaben „auch ohne eine Bürgschaftshilfe" verwirklichen ließe. ACSP, LTF III/2 6–43, Rede Otto Schedls anläßlich der Bergbautagung in Bad Reichenhall am 2. 10. 1959.

see entlang in Richtung Neu-Ulm, wo die Pipeline nach Nordosten in Richtung Donau abzweigte[27]. Die ersten Spatenstiche für diese Ölleitung, die etwa 650 km lang werden und jährlich bis zu acht Millionen t Rohöl nach Bayern pumpen sollte, erfolgten Ende Juni 1961. Otto Schedl betonte bei dieser Gelegenheit[28]:

„Wenn wir uns heute hier versammelt haben, um den ersten Spatenstich zum Bau einer mitteleuropäischen Rohölleitung von Genua über die Schweiz und Österreich nach Bayern und Württemberg festlich zu begehen, so setzen wir damit einen denkwürdigen Markstein, der – wie ich wohl ohne Übertreibung sagen kann – in der europäischen Wirtschaftsgeschichte seinen Platz haben wird. Die erfolgreiche Überwindung geographischer Hindernisse und administrativer Schwierigkeiten machen diese erste alpenüberquerende Pipeline in Europa zu einer Pioniertat. Ihren Schöpfern, denen ich meine herzlichen Glückwünsche aussprechen darf, gebührt Dank und Anerkennung. Möge dieses Werk nicht nur ein Symbol der Dynamik und Integrationskraft des wirtschaftlichen Fortschrittes und des echten Zusammenwachsens der europäischen Länder sein, sondern auch der Wohlfahrt aller beteiligten Völker dienen."

Der bayerische Wirtschaftsminister gab sich mit diesem ersten Durchbruch freilich nicht zufrieden. War die bayerische Eröffnung für Mattei eine Variante im Schachspiel um den deutschen Markt, so nutzte Schedl die ENI als „Hebel", um die anderen großen Ölkonzerne „aus ihrer Reserve hervorzulocken"[29] und seinem Ziel eines offenen Energiemarktes mit preisgünstigen Mineralölprodukten als Triebfeder näher zu kommen[30]. Dieses Kalkül ging erstaunlich rasch auf. Bereits vier Monate nach Gründung der Südpetrol erklärten auch Esso und Shell öffentlich, sich in Bayern engagieren und ebenfalls eine Pipeline bauen zu wollen, deren Trassenführung allerdings noch nicht feststand. Man entschloß sich schließlich dazu, die SEPL um etwa 290 km von Karlsruhe in den Großraum München zu verlängern. Die Rhein-Donau-Ölleitung (RDO) mit einer Kapazität von acht Millionen Jahrestonnen war „eine Kampfansage der in der Bundesrepublik etablierten Mineralölgesellschaften" an die Südpetrol und die hinter ihr stehende ENI[31], die das Geschäft in Bayern keinesfalls alleine machen sollte[32].

Es zeigte sich freilich bereits vor der Fertigstellung der RDO, daß deren Kapazität auf Dauer nicht ausreichen würde, um den Bedarf der geplanten Raffinerien zu decken. Schien es bis 1959 ein Ding der Unmöglichkeit zu sein, auch nur eine Pipeline nach Bayern zu bauen, so wurde 1963 sehr zur Freude von Otto Schedl neben der CEL und der RDO ein drittes Projekt in Angriff genommen: die Transalpine Pipeline (TAL). Das Projekt einer alpenüberschreitenden Ölleitung von

[27] Zur CEL vgl. Egon Riffel, Mineralöl-Fernleitungen im Oberrheingebiet und in Bayern, Bonn 1970, S. 87–95.
[28] BayHStA, NL Schedl I/1/22, Rede Otto Schedls anläßlich des ersten Spatenstichs der Pipeline Genua-Ingolstadt am 25. 6. 1961; zum ersten Spatenstich in Italien vgl. Donau-Kurier vom 27. 6. 1961: „Der erste Pipeline-Abschnitt – steil aufwärts".
[29] Bößenecker, Bayern, Bosse und Bilanzen, S. 36; vgl. auch Donau-Kurier vom 13. 6. 1961: „Wirtschaftsminister Schedl zwischen den Ölfronten".
[30] Vgl. Otto Schedl, Ziel: Offener Energiemarkt, in: Öl nach Bayern. Raffineriezentrum Ingolstadt. Sonderbeilage des Donau-Kurier vom 14. 11. 1964, S. 2. Ähnlich auch ACSP, LTF III/2, 6–43, Vortrag Otto Schedls vor dem Exportclub München am 14. 3. 1960: „Das Problem einer Rohölfernleitung nach Bayern".
[31] Riffel, Mineralöl-Fernleitungen, S. 84; zur RDO vgl. ebenda, S. 84–87.
[32] Überdies wurde spekuliert, die Ankündigung dieses Projekts sei lediglich ein geschickt inszenierter Bluff, um die ENI durch vermeintliche Konkurrenz an der Rentabilität der eigenen Pläne zweifeln zu lassen; vgl. Donau-Kurier vom 14./15. 5. 1960: „Bayern bald ‚Benzin-Großmacht'".

ÖLFERNLEITUNGEN IN BAYERN

Triest über Österreich nach Oberbayern war eine technische Herausforderung mit nicht zu unterschätzenden kaufmännischen Risiken. Um diese Risiken möglichst breit zu streuen und um im Erfolgsfall an den Gewinnen aus billigem Öl beteiligt zu sein, fanden sich mehr als zehn Gesellschaften aus der Öl- und Chemiesparte zusammen, darunter Branchenriesen wie Esso, Shell und BP; auch die ENI war mit von der Partie, da italienische Stellen damit gedroht hatten, das Vorhaben andernfalls zu blockieren.

Obwohl die Trasse fast die kürzeste Verbindung zwischen der nordöstlichen Adria und dem Großraum München darstellte, betrug die Länge der Pipeline mit ihren in der ersten Ausbauphase fünf Pumpstationen noch immer mehr als 460 km. Der Rohrdurchmesser wurde auf 100 cm festgelegt; damit galt die TAL als „kräftigste Ölader Europas"[33], die mit ihrer Jahreskapazität von mehr als 50 Millionen t noch ein halbes Jahrhundert zuvor in der Lage gewesen wäre, „die ganze Weltausbeute an Erdöl" zu fassen[34]. Insgesamt hatte die TAL, die nach ihrer Fertigstellung als „eine der gewaltigsten Ingenieurleistungen unserer Generation" gepriesen wurde[35], auf ihrem Weg nach Bayern 30 größere Flüsse zu queren, darunter den Isonzo, an dessen Ufern während des Ersten Weltkriegs eine Serie blutiger Schlachten stattgefunden hatte und wo die alten Minenfelder noch immer eine ernsthafte Gefahr für die Arbeiter darstellten[36]. Die Karnischen Alpen wurden durch einen sieben km langen Tunnel im Plöcken-Massiv überwunden, der bereits auf österreichischem Gebiet endete, dann verlief die Trasse über die Gailtaler Alpen und die Felbertauern, wo mit 1550 m über dem Meeresspiegel der höchste Punkt erreicht wurde, in Richtung Kitzbühl, um dann bei Kufstein die deutsche Grenze zu überqueren; von dort führte der Weg durch das bayerische Voralpenland an Rosenheim vorbei weiter nach Norden, ihrem Endpunkt im Mittelbayerischen Donaugebiet zu. 1960 hatte Schedl noch gehofft, durch die Konkurrenz zwischen der ENI und dem Kartell der etablierten Mineralölgesellschaften zwei Pipelines und vielleicht drei oder höchstens vier Raffinerien für Bayern gewinnen zu können. Das von drei grenzüberschreitenden Ölleitungen versorgte Raffineriezentrum, das bis 1967 entstand, nahm jedoch schließlich Ausmaße an, die sich „Schedl und seine Mitstreiter auch in ihren kühnsten Träumen nicht ausgemalt hatten"[37].

Das Raffineriezentrum

Wo dieses Raffineriezentrum errichtet werden sollte, stand nicht von Anfang an fest. Als 1959 die ersten Gespräche zwischen Vertretern des bayerischen Wirtschaftsministeriums stattfanden, war als Endpunkt der von Genua ausgehenden Pipeline lediglich „ein Ort in der Nähe von München" vorgesehen[38]. Bei der endgültigen Standortwahl mußten sich die Betreiber im Grunde genommen zwischen

---

[33] Donau-Kurier vom 2. 3. 1966: „TAL – die kräftigste Ölader Europas".
[34] Ingolstadt baut auf 1960–1965, S. 26.
[35] Zit. nach Landkreis Ingolstadt (1971), S. 52.
[36] Zur TAL vgl. Lerch, Otto Schedl, S. 113 ff., und Riffel, Mineralöl-Fernleitungen, S. 95–103.
[37] Bößenecker, Bayern, Bosse und Bilanzen, S. 38.
[38] Raffineriezentrum Ingolstadt im Terminkalender, in: Öl nach Bayern, S. 4.

zwei Varianten entscheiden: Wollten sie ihre Raffinerie möglichst verbrauchsorientiert errichten, wie man dies im Ruhrgebiet getan hatte, oder sollten verkehrstechnische Gesichtspunkte den Ausschlag geben? Ein verbrauchsorientierter
Standort hätte möglichst nahe an der Landeshauptstadt liegen, eine verkehrsorientierte Lösung dagegen vor allem die geographische Lage ins Kalkül ziehen müssen. Auf der Basis eingehender kaufmännischer Analysen und weil man die in
einem Ballungsraum wie München hohen Grundstückspreise, Wohnungsnot oder
Arbeitskräftemangel fürchtete[39], entschieden sich die Verantwortlichen letztlich
für die verkehrsorientierte Variante[40]. Da ungefähr ein Drittel des Mineralölbedarfs im Raum München ermittelt wurde, je 19 Prozent in Regensburg und Nürnberg, 14 Prozent in Augsburg und je acht Prozent in Ingolstadt sowie in Ulm/
Neu-Ulm, war klar, „daß ein Raffineriezentrum im Viereck München, Regensburg, Nürnberg und Augsburg möglichst nahe an der Grenze des Münchner Raumes transportkostengünstig liegen muß"[41].

An diesem Punkt der Überlegungen rückten rasch Städte an der Donaulinie wie
Ingolstadt oder Regensburg ins Zentrum des Interesses. „Regensburg ist im Wettlauf um die künftige Treibstoff-Raffinerie Ingolstadts schärfster Konkurrent",
erfuhren die Leser des „Donau-Kuriers" Anfang September 1959, wobei der Verfasser des Artikels nicht mit seiner Meinung hinter dem Berg hielt, daß sich seiner
Vaterstadt unter Umständen eine „einmalige Chance" eröffne[42]. Regensburg
schien jedoch aufgrund seines Hafens am schiffbaren Teil der Donau im Vorteil zu
sein, ganz abgesehen davon, daß Wirtschaftsministers Otto Schedl stets auf das
besondere Wohl seiner strukturschwachen Oberpfälzer Heimat bedacht war.
Doch noch gegen Ende des Jahres 1959 begann sich die Waagschale zugunsten von
Ingolstadt zu neigen, und zwar vor allem deshalb, weil „Ingolstadt als Raffineriestandort gegenüber anderen Alternativen eine optimale Kostenstruktur für die
Abfuhr der Fertigprodukte in die Verbrauchsgebiete" aufwies[43]. Dies war zum
einen darauf zurückzuführen, daß sich die Stadt beinahe in der geographischen
Mitte Bayerns sowie im „Schnittpunkt der Nahverkehrszonen der energieintensiven bayerischen Großstädte" befand[44], und zum anderen auf die günstigen Verkehrsverbindungen. Ingolstadt lag nicht nur direkt an der Autobahn München –
Nürnberg – Berlin und damit an der bayerischen Nord-Süd-Magistrale, sondern
verfügte auch über leistungsfähige Straßenverbindungen in Ost-West-Richtung
wie die Bundesstraße 16. Daß sich in Ingolstadt mehrere Eisenbahnlinien kreuzten und damit ein Transport der in den Raffinerien erzeugten Mineralölprodukte
in alle vier Himmelsrichtungen auf Schiene und Straße gleichermaßen möglich

[39] Vgl. Donau-Kurier vom 5. 11. 1959: „‚Pipeline-Erbauer' waren in Ingolstadt".
[40] Vgl. Karl Michaelis, Die Erdöl-Raffinerie Ingolstadt der ENI, in: Edmund Gräfen (Hrsg.), Musteranlagen der Energiewirtschaft. Das Energiezentrum Ingolstadt-Neustadt, Gräfelfing o.J.
(1966), S. 25–31, hier S. 25.
[41] Rudolf Berninger, Die ESSO-Raffinerie Ingolstadt. Ein Beitrag zur Entwicklung der Mineralölindustrie in Bayern, in: Gräfen (Hrsg.), Musteranlagen der Energiewirtschaft, S. 7–14, hier S. 7.
[42] Donau-Kurier vom 1. 9. 1959: „Regensburg ist Ingolstadts stärkster Konkurrent".
[43] Berninger, ESSO-Raffinerie Ingolstadt, in: Gräfen (Hrsg.), Musteranlagen der Energiewirtschaft,
S. 7.
[44] Clemens Bierl, Den Standort bestimmte die Landkarte, in: Öl nach Bayern, S. 4f., hier S. 4; das
folgende Zitat findet sich ebenda.

war, tat ein übriges, um die Ölbarone zu überzeugen, hier seßhaft zu werden. Ein Kommentator bemerkte dazu trocken: „Den Standort bestimmte die Landkarte". Im November 1959 sondierten die Vertreter der Südpetrol in Ingolstadt das Terrain, stießen dabei nach eigenem Bekunden bei den zuständigen Stellen aber zunächst auf „relativ geringes Interesse"[45]. Die Stadt erkannte dann aber rasch, welche Gelegenheit sich hier bot, und unterstützte das Projekt vor allem durch eine kluge, bisweilen auch hemdsärmelige[46] Grundstückspolitik, so daß sich ebenso aufreibende wie kostspielige Verhandlungen der Investoren mit den Besitzern einzelner Parzellen erübrigten. Die Südpetrol erwarb schließlich im Juni 1960 ihr künftiges, mehr als 170 ha großes Werksgelände östlich des Auwaldsees, nur wenige hundert Meter von der Donau, der unabdingbaren Kühl- und Brauchwasserlieferantin, entfernt und in unmittelbarer Nähe sowohl der Eisenbahn als auch der Autobahn[47]. Dieses Gelände war Donauschwemmland und ökonomisch lediglich wegen seiner Kiesgruben interessant; landwirtschaftlich wurde es kaum genutzt. Auch „landschaftlich" maß die Stadtverwaltung der Donauschütt „keine besondere Bedeutung" zu[48], und es sollte mehr als zehn Jahre dauern, bis man den Wert der Trocken- und Feuchtbiotope mit ihrer besonderen Flora und Fauna erkannte und ihre Zerstörung beklagte[49].

Nachdem die Südpetrol mit ihrer Entscheidung, Ingolstadt als Endpunkt der CEL zu wählen und hier eine Raffinerie zu errichten, Fakten geschaffen hatte, stieg das „Ölfieber" in der Region spürbar[50], zumal auch die Konkurrenz nicht schlief und ebenfalls zu dem Ergebnis gekommen war, hier seien die idealen Standorte für ihre von der RDO gespeisten Raffinerien zu suchen. Innerhalb der Gemarkung der Stadt war jedoch kein Platz mehr, um eine zweite oder gar dritte Verarbeitungsstätte für Erdöl aufzunehmen. Weitere Interessenten mußten daher auf den Landkreis ausweichen. Die Esso AG bemühte sich trotz einiger Schwierigkeiten – die Planungen und Bedürfnisse der Bundeswehr mußten berücksichtigt werden – letztendlich erfolgreich darum, das gut erschlossene Gelände der ehemaligen Munitionsanstalt Desching mit insgesamt 130 ha zu erwerben, das etwa fünf km nordöstlich vom Stadtzentrum Ingolstadts entfernt war. Die Deutsche Shell siedelte sich in der Nähe von Großmehring an, einer Gemeinde, die ebenfalls im unmittelbaren Einzugsbereich Ingolstadts lag; von den Widrigkeiten, die hierbei zu überwinden waren, wird noch zu sprechen sein.

Damit war das Ende der Fahnenstange noch nicht erreicht und der Wettlauf der Erdölgesellschaften in die Region Ingolstadt noch nicht vorbei. Wer zu spät kam, mußte aber weiter nach Osten ausweichen, ohne sich freilich allzuweit von den

[45] Donau-Kurier vom 5. 11. 1959: „‚Pipeline-Erbauer' waren in Ingolstadt".
[46] So drohte die Stadtverwaltung verkaufsunwilligen Grundstückseigentümern kurzerhand mit „Zwangsenteignung"; Stadtarchiv Ingolstadt, A 5489, Entwurf eines Anschreibens „an die Eigentümer im Südpetrolgelände, soweit sie noch nicht abgegeben haben" vom 27. 7. 1961.
[47] Vgl. Michaelis, Erdöl-Raffinerie Ingolstadt, in: Gräfen (Hrsg.), Musteranlagen der Energiewirtschaft, S. 25; Kipfelsberger, Ingolstadt – Raffinerien und Umfeld, S. 12; Donau-Kurier vom 10. 6. 1960: „‚Ölvertrag' mit der Südpetrol unterzeichnet"; Stadtarchiv Ingolstadt, Stadtratsprotokolle, Sitzungen am 8. 6. und 4. 7. 1960 sowie am 10. 4. 1961.
[48] BayHStA, MWi 21857, Oberbürgermeister Josef Listl an die Bezirksplanungsstelle bei der Regierung von Oberbayern vom 14. 7. 1960.
[49] Vgl. Kipfelsberger, Ingolstadt – Raffinerien und Umfeld, S. 20.
[50] Donau-Kurier vom 30. 9. 1960: „Das Ölfieber im Landkreis".

anderen Raffinerien zu entfernen oder gar einen Standort wie Regensburg zu
wählen, wie es Otto Schedl aus Lokalpatriotismus und strukturpolitischen Erwägungen gefallen hätte[51]. Die BP errichtete ihre Raffinerie schließlich im benachbarten Vohburg (Landkreis Pfaffenhofen), während sich die Gelsenberg AG für
das etwa 25 km von Ingolstadt entfernte Neustadt an der Donau im Landkreis
Kelheim entschied[52]. Dieser Standort wirkte zwar auf den ersten Blick etwas peri-
pher, brachte aber den Vorteil mit sich, daß sich Ostbayern mit Regensburg von
hier aus leichter versorgen ließ und daß sich große chemische Werke wie die Süd-
chemie, die Süddeutsche Chemiefaser AG oder die Süddeutschen Kalkstickstoff-
werke in der näheren Umgebung befanden[53]. Fünf Raffinerien auf so engem Raum
erregten deutschlandweit Aufmerksamkeit. Von einem neuen „Mekka der Ölleute
aus aller Welt, einem Ableger von Texas, einem bevorzugten Exerzierfeld der
Petrolbranche", ja sogar von der „Schedl-Stätte der deutschen Energiepolitik"
war da bewundernd, aber auch – vor allem außerhalb Bayerns – ironisch oder nei-
disch die Rede[54].

Die Region Ingolstadt gehörte Anfang der sechziger Jahre zu den größten Baustellen Süddeutschlands; zeitweise konnte man sich an die bewegten Jahre des Festungsbaus im 19. Jahrhundert erinnern fühlen. Zwischen März und August 1962
begannen Südpetrol, Esso, Shell und die Gelsenberg AG fast zeitgleich mit dem
Bau ihrer Raffinerien; Ende 1964 fiel mit einiger Verzögerung der Startschuß für
die Raffinerie der BP in Vohburg. Der „Donau-Kurier" berichtete einen Monat
nach dem ersten Spatenstich für die Shell-Raffinerie im März 1962:

„Täglich rollen jetzt über ein teils miserables, auf jeden Fall aber unzureichendes Straßennetz
östlich Ingolstadt Hunderte von Lastwagenladungen mit Tausenden von Kubikmetern Kies,
Schutt oder Abraum. Innerhalb der Baustellen türmen die Schaufeln der Planierraupen und
Schürfgeräte Erdwälle. Walzen verdichten Lehm für Tankfundamente oder Schotter für Straßen auf den Baustellen. Bagger graben Tankgruben und Tiefbaufirmen schaffen täglich neue
‚Pferdestärken' in ihren Monstermaschinen heran. Die Zukunft des Ölraumes Ingolstadt hat
jetzt in diesen Tagen begonnen."[55]

Auf der Baustelle der Shell hatte man mit Erdbewegungen begonnen, die auf
150 000 Kubikmeter geschätzt wurden, und schaffte täglich bis zu 3000 Kubikmeter Kies für die nötigen Aufschüttungen heran, wobei sich die Lastwagen über
die eigentlich viel zu schmale Donaubrücke bei Großmehring quälen mußten. Mit
ihren bis zu tausend Arbeitskräften, die überwiegend in einer provisorischen
Barackensiedlung hausten, glich das Gelände einem geschäftigen Ameisenhaufen.
Auf der Baustelle der von der Südpetrol errichteten Erdölraffinerie Ingolstadt
(ERIAG) sah es nicht viel anders aus. Hier war man zuerst in ziemlich radikaler
Manier daran gegangen, die Vegetation der Donauschütt, „angeheizt mit Öl", auf
einer Fläche von etwa 600 000 Quadratmetern abzubrennen. Die Verantwortli-
chen für den Bau der Esso-Raffinerie hatten es da schon schwerer; sie mußten

[51] Vgl. Lerch, Otto Schedl, S. 113 f.
[52] Zu den Raffinerien im Raum Ingolstadt vgl. Riffel, Mineralöl-Fernleitungen, S. 154–163.
[53] Vgl. Wolfram Hausmann, Ingolstadt – Süddeutschlands neues Raffineriezentrum, in: Geographische Rundschau 20 (1968) H. 6, S. 205–212, hier S. 208.
[54] Bößenecker, Bayern, Bosse und Bilanzen, S. 37.
[55] Donau-Kurier vom 21./22./23. 4. 1962: „Noch vor Ostern fiel der Startschuß für die Ingolstädter
Raffineriebauten"; das folgende nach diesem Artikel.

Abb. 13: Empfang des bayerischen Ministerpräsidenten Goppel durch Oberbürgermeister Josef Listl anläßlich der Eröffnung der Esso-Raffinerie am 22. April 1964 (rechts neben Alfons Goppel: Otto Stinglwagner und Fritz Böhm)

nicht nur die Trümmer der ehemaligen Munitionsanstalt beseitigen, sondern auch Tausende von Granaten entsorgen, die das Baugelände als unangenehme Überraschungen bereit hielt. Erst dann konnten die Ingenieure aus den Vereinigten Staaten an die Arbeit gehen, um den Deutschen „amerikanisches Aufbautempo vor[zu]exerzieren".

Das erste Öl durch die RDO erreichte Ingolstadt Mitte November 1963[56]; zu diesem Zeitpunkt war auch die Shell-Raffinerie so weit fertiggestellt, daß sie am 2. Dezember angefahren werden konnte[57]. Die Esso-Raffinerie nahm die Produktion im April 1964 auf[58], die Erdölraffinerie Neustadt (ERN) folgte im Mai. Die ERIAG lag dagegen zunächst still, obwohl die Bauarbeiten bereits im Herbst 1963 im wesentlichen abgeschlossen waren. Da sich jedoch der Bau der CEL verzögerte, saß die Raffinerie praktisch auf dem Trockenen, und erst nach zähen Verhandlungen mit den Konkurrenten über die Anlieferung von Öl konnte auch die ERIAG Anfang 1965 in Betrieb genommen werden, wenn auch nur mit einem Teil ihrer eigentlichen Kapazität; der ursprüngliche Vorsprung der ENI war damit

---

[56] Zum Bau der Raffinerien und zur Fertigstellung der Pipelines vgl. allgemein Riffel, Mineralöl-Fernleitungen, S. 85 ff., S. 93, S. 102 und S. 154–163.
[57] Vgl. Donau-Kurier vom 2. 12. 1963: Sonderbeilage „Shell in Ingolstadt".
[58] Vgl. Donau-Kurier vom 22. 4. 1964: Sonderbeilage „Esso Raffinerie Ingolstadt".

dahin. Daß die CEL wesentlich später betriebsbereit war als geplant und erst im Herbst 1966 ihrer Bestimmung übergeben werden konnte, hatte weniger mit technischen als mit politischen Problemen zu tun. Die ENI hatte nämlich mit dem Bau der Pipeline begonnen, ohne daß die Trassenführung mit den zuständigen Behörden in der Schweiz, in Österreich und in Bayern abschließend geklärt gewesen wäre, und als die Stadt Lindau im Juli 1962 davon erfuhr, daß die Pipeline unmittelbar am Ufer des Bodensees entlang geführt werden sollte, erhoben die verantwortlichen Kommunalpolitiker umgehend Einspruch. Die Stadt Lindau wußte sich dabei mit anderen Bodenseegemeinden und dem Land Baden-Württemberg einig, die im Falle eines Rohrbruchs katastrophale Auswirkungen auf die Wasserversorgung des gesamten Großraums befürchteten. Unfälle, bei denen in den vergangenen Jahren wiederholt auch größere Ölmengen in die Umwelt gelangt waren, ließen diese Bedenken durchaus gerechtfertigt erscheinen[59]. Der Konflikt, der zeitweise hohe Wellen schlug[60], konnte erst beigelegt werden, nachdem sich die ENI zu umfangreichen Sicherheitsvorkehrungen verpflichtet und über die Südpetrol eine unbeschränkte Haftung für alle Schäden übernommen hatte. Freilich waren die Baukosten durch unvorhergesehene Schwierigkeiten und zusätzliche Vorsichtsmaßnahmen in astronomische Höhen geklettert; anstatt 120 Millionen DM wie ursprünglich veranschlagt, beliefen sich die Ausgaben für die CEL zwischen Genua und Ingolstadt schließlich auf 510 Millionen DM. Dazu kamen noch die Verluste durch die Bauverzögerung, die von der ENI als „unermeßlich" bezeichnet wurden[61].

Als die CEL endlich Öl nach Bayern lieferte, war der Bau der TAL bereits in vollem Gange. Doch diese stieß ebenfalls auf Widerstand, und zwar am Chiemsee, wo sich die Anrainergemeinden ähnlich wie am Bodensee um ihre Wasserversorgung und den Fremdenverkehr sorgten. Auch diese Auseinandersetzung konnte erst zu den Akten gelegt werden, nachdem die Betreibergesellschaften Haftungszusagen gemacht hatten; für Schäden, die 150 Millionen DM überstiegen, sollte allerdings der Freistaat Bayern einstehen[62]. Als die TAL ab Oktober 1967 genutzt werden konnte, stand genügend Pipelinekapazität zur Verfügung, daß mit der Raffinerie der BP in Vohburg im Mai 1968 schließlich auch die letzte der fünf Raffinerien im Mittelbayerischen Donaugebiet produzieren konnte. Die Kapazität der beiden Ölleitungen aus Italien war so groß, daß man es sich sogar leisten konnte, die RDO gleichsam umzupolen und nun über die TAL angeliefertes Rohöl in Richtung Karlsruhe zu pumpen.

Die Investitionen, die zur Errichtung des bayerischen Raffineriezentrums in die Region Ingolstadt flossen, waren bemerkenswert hoch. Alleine die Kosten für die fünf Raffinerien summierten sich auf 865 Millionen DM, dazu kamen noch die Aufwendungen für den Ausbau des Verkehrsnetzes und die Pipelines, von denen

---

[59] Vgl. Deutinger, Lebensfrage, in: Schlemmer/Woller (Hrsg.), Erschließung, S. 104.
[60] Dieser Konflikt, der im Rahmen dieser Regionalstudie nicht nachgezeichnet zu werden braucht, läßt sich beispielsweise nachvollziehen aus: AdbL, Protokolle des Ausschusses für Wirtschaft und Verkehr, Sitzungen am 27. 2., 16. 4., 8. 10. und 15. 10. 1964 sowie am 28. 1. und 9. 12. 1965.
[61] Riffel, Mineralöl-Fernleitungen, S. 93; zum Gesamtzusammenhang vgl. ebenda, S. 89–95.
[62] Vgl. Bößenecker, Bayern, Bosse und Bilanzen, S. 41.

alleine die technisch besonders aufwendige TAL 735 Millionen DM verschlang[63]. In wenigen Jahren hatte man in Ingolstadt einen neuen Schwerpunkt der Mineralölverarbeitung aus dem Boden gestampft, der auch im Konzert der west- und südwestdeutschen Raffineriezentren um Köln und Karlsruhe eine gewichtige Rolle spielte; 1968, nachdem alle fünf Raffinerien mit voller Leistung produzierten, betrug ihre Gesamtkapazität 18,9 Millionen t oder 19 Prozent an der Gesamterzeugung in der Bundesrepublik.

Kapazitäten der Erdölraffinerien im Mittelbayerischen Donaugebiet (in 1000 t)[64]

Gesellschaft	Standort	1963	1964	1966	1968	1970
Deutsche Shell AG	LK Ingolstadt	2300	2300	2800	3000	3000
Esso AG	LK Ingolstadt	3400	3400	3950	4800	4800
ERIAG	SK Ingolstadt	–	2000	2400	3200	3200
ERN	Neustadt a. d. Donau	–	2500	2500	3500	3500
BP	Vohburg	–	–	–	4400	4400
Gesamt		5700	10200	11650	18900	18900
Anteil an der westdt. Produktion		9%	14%	13%	19%	19%

In den gewaltigen Tanks, die Ende der sechziger Jahre insgesamt 294 Millionen m³ faßten, lagerten neben dem zu verarbeitenden Rohstoff vor allem die Erzeugnisse der Raffinerien, von denen zwar jede ein spezifisches Produktionsprofil aufwies, die aber unter dem Strich aus dem Erdöl 20 bis 30 Prozent Benzin, 40 bis 50 Prozent Diesel- und leichtes Heizöl und 30 bis 40 Prozent schweres Heizöl destillierten. Weiterhin fielen zweieinhalb bis sieben Prozent Flüssig- oder Raffineriegas an, die zur Strom- und Stadtgaserzeugung genutzt wurden; die Shell-Raffinerie produzierte zudem Bitumen, um den wachsenden Bedarf nach Asphalt im Zeitalter der Massenmotorisierung zu befriedigen[65].

Die Region Ingolstadt stieg in den sechziger Jahren freilich nicht nur zu einem vielbeachteten Zentrum der Erdölverarbeitung auf, sondern avancierte auch zu einem wichtigen Knoten im Netz der bayerischen Stromversorgung. Bereits kurze Zeit nachdem sich die Südpetrol für Ingolstadt als Endpunkt der CEL und als Standort ihrer Raffinerie entschieden hatte, erwarb die Bayernwerk AG in unmittelbarer Nähe 30 ha Grund auf der Gemarkung der Gemeinde Großmehring auf dem nördlichen Ufer der Donau[66]. Dieser Entschluß ging auf den Plan des Vorstands zurück, dem Bayernwerk als führendem Stromversorger im Freistaat neben Wasserkraft und Kohle durch den Einsatz von Erdöl und Raffineriegas ein

[63] Vgl. Hausmann, Süddeutschlands neues Raffineriezentrum, S. 208, und Riffel, Mineralöl-Fernleitungen, S. 95.
[64] Zusammengestellt nach: Landkreis Ingolstadt (1971), S. 47.
[65] Vgl. Hausmann, Süddeutschlands neues Raffineriezentrum, S. 208, und Die fünf Raffinerien im Wirtschaftsraum Ingolstadt, in: Öl nach Bayern, S. 5.
[66] Vgl. Donau-Kurier vom 18./19. 2. 1961: „Entscheidung über Ölkraftwerk steht noch aus".

weiteres Standbein zu verschaffen[67]. „Die drei Energieträger Öl, Gas und Strom"
würden sich im Raum Ingolstadt „aufs engste verbünden, um Bayerns Energiepo-
tential erneut kräftig zu verstärken", wie es Ende 1963 ebenso pathetisch wie euphorisch in einem Zeitungsartikel hieß[68]. Dieses Vorhaben mußte dem Aufsichts-
ratsvorsitzenden der Bayernwerk AG, Finanzminister Rudolf Eberhard, der sich
schon früh für den Bau von Ölkraftwerken ausgesprochen hatte, ebenso gefallen
wie seinem Kabinettskollegen Otto Schedl. Das Ziel der bayerischen Staatsregierung, das Angebot durch einen neuen Energiemix auszuweiten und so das Preisniveau nachhaltig zu senken – auch das Preisniveau für elektrischen Strom, der für
die in Bayern stark vertretene verarbeitende Industrie von besonderer Bedeutung
war –, schien wieder ein Stück näher zu rücken.

Ganz so reibungslos gestaltete sich die Operation Ölkraftwerk jedoch nicht,
denn die Bundesregierung drängte den Vorstand des Bayernwerks im Sinne ihrer
Politik zugunsten der Zechen an Rhein und Ruhr dazu, in Ingolstadt anstelle eines
Öl- ein Steinkohlekraftwerk zu errichten. Letztendlich konnten diese Interventionen den Bau des neuen Kraftwerks auf der Basis von Heizöl und Raffineriegas,
der im April 1963 in Angriff genommen wurde, jedoch nicht verhindern. Am
17. Juni 1965 ging der erste Block des Kraftwerks Ingolstadt mit einer Leistung
von 150 Megawatt ans Netz; 1966 wurde das Kraftwerk um einen zweiten Block
mit derselben Leistung erweitert und 1973/74 noch einmal um 800 MW aufgestockt. Mit 1100 MW lieferte das Kraftwerk bei Großmehring, als dessen unübersehbare Wahrzeichen die mehr als 50 m hohen Kesselhäuser galten, damit erheblich mehr Strom als das traditionsreiche Kraftwerk Schwandorf, in dem die in der
mittleren Oberpfalz geförderte bayerische Braunkohle verfeuert wurde[69]. Wie das
Bayernwerk machten sich auch die Isar-Amperwerke den Bau der Raffinerien im
Mittelbayerischen Donaugebiet zunutze; in unmittelbarer Nähe der BP-Raffinerie in Vohburg begann im Herbst 1966 der Bau des Dampfkraftwerks Irsching, das
seit 1969 Strom auf der Basis von Heizöl und Raffineriegas erzeugte und zunächst
für eine Leistung von 150 MW ausgelegt war; auch hier lagen die Pläne für weitere
Kraftwerksblöcke jedoch bereits in der Schublade[70].

Die Wahl des Mittelbayerischen Donaugebiets als Standort für ein bedeutendes
Raffinerie- und Energiezentrum brachte eine ganze Reihe von materiellen und im-
materiellen raumprägenden Effekten mit sich, die das Gesicht der Region nachhaltig verändern sollten. Der Korrespondent einer österreichischen Zeitung, der
nach Bayern gereist war, um über die als geradezu atemberaubend empfundene
Entwicklung in der Nachbarschaft zu berichten, erklärte sogar, Ingolstadt habe
durch den Tanz um das Öl den „Anschluß an die große Welt" gefunden[71]. Wenn
der Journalist mit dieser Aussage auch kräftig übertrieb, so hatte er doch nicht
ganz unrecht. Der Bau der Raffinerien und Kraftwerke zog nämlich auch unübersehbare verkehrstechnische Konsequenzen nach sich, die in der Summe die An-

[67] Vgl. hierzu und zum folgenden Pohl, Bayernwerk, S. 384 ff.; ein weiteres Ölkraftwerk errichtete
das Bayernwerk im niederbayerischen Pleinting bei Vilshofen.
[68] Clemens Bierl, Am höchsten hinaus: das Bayernwerk, in: Öl nach Bayern, S. 19.
[69] Vgl. Landkreis Ingolstadt (1971), S. 52 f.
[70] Vgl. Donau-Kurier vom 20. 1. 1969: „Kraftwerk Irsching läuft ab Frühjahr", und Ingolstadt plant
und baut 1966–1971, S. 32 f.
[71] Die Presse (Wochenendbeilage) vom 11./12. 2. 1967: „Die neuen Kavaliere von Ingolstadt".

Abb. 14: Shell-Raffinerie – Abfüllstellen

bindung der gesamten Region an die urbanen Zentren des Freistaats erheblich
verbesserten. Ausgangspunkt der Überlegungen war neben dem intensiven Bau-
stellenverkehr auf Straße und Schiene vor allem die Prognose, daß man für den
Abtransport der diversen Mineralölprodukte in Spitzenzeiten Tausende von Last-
zügen und Hunderte von Eisenbahnkesselwagen benötigen würde. Die Schätzun-
gen sprachen dabei von 1500 bis 2400 Tankwagen sowie 800 Eisenbahnkesselwagen pro Tag; allein die Esso AG gab an, die erwartete Spitzenbelastung betrage 598
volle oder leere Lkw[72]. Die Verkehrssysteme des Mittelbayerischen Donaugebiets
und Ingolstadts konnten einen derartigen Zuwachs an Schwertransporten allerdings kaum fassen. Oberbürgermeister Listl erwartete ein „Verkehrschaos", sollte
es nicht gelingen, rechtzeitig die nötigen Vorkehrungen zu treffen[73], und auch
Vertreter der Betreibergesellschaften erklärten, es müsse den „Stillstand des gesamten Raffineriebetriebes" bedeuten, wenn es nicht gelinge, zusammen mit den
Raffinerien auch die notwendigen neuen Straßen und Gleisanlagen fertigzustel-
len[74].
    Angesichts der Bedeutung des Gesamtprojekts fanden derartige Forderungen
in München einflußreiche Fürsprecher, und zwar sowohl im für Verkehrsfragen

---

[72] BayHStA, MWi 21737, Protokoll der Besprechung über Verkehrsfragen im Zusammenhang mit
    der Errichtung von Erdölraffinerien und eines Dampfkraftwerks im Raum Ingolstadt am 26. 4.
    1961, und MWi 21739, Sitzung des Landtagsausschusses für Wirtschaft und Verkehr am 16. 1.
    1964; vgl. auch Ingolstadt baut auf 1960–1965, S. 42.
[73] BayHStA, MWi 21737, Josef Listl an Otto Schedl vom 28. 11. 1961.
[74] BayHStA, MWi 21737, ERIAG an die Oberste Baubehörde im bayerischen Innenministerium
    vom 15. 2. 1962.

zuständigen Wirtschaftsministerium als auch im bayerischen Landtag, wo sich vor allem die Ingolstädter Abgeordneten Max Streibl (CSU), Franz Schäfer (CSU) und Fritz Böhm (SPD) wiederholt dafür stark machten[75]. Tatsächlich wurde in relativ kurzer Zeit ein Ausbauprogramm ins Werk gesetzt, das zwar nicht den Maximalforderungen von Verkehrsplanern und Kommunalpolitikern entsprach, aber doch tragfähig genug war, um den dringendsten Notwendigkeiten zu begegnen. Dieses Ausbauprogramm fußte auf Planungen, die bereits vor dem Ausbruch des „Ölfiebers" in Angriff genommen worden waren[76], um das im Laufe der zurückliegenden Jahre gestiegene Verkehrsaufkommen im allgemeinen zu bewältigen und auf die wachsenden Bedürfnisse der Bundeswehr im besonderen zu reagieren. Als sich das Raffineriezentrum am Horizont abzuzeichnen begann, wurde freilich rasch klar, daß die bisherigen Überlegungen zu kurz griffen. Als Impuls für einen Neuansatz gaben die Oberste Baubehörde und das Straßenbauamt Ingolstadt im Benehmen mit der Stadtverwaltung beim Münchner Ingenieurbüro Wagner eine verkehrswirtschaftliche Untersuchung des Großraums Ingolstadt in Auftrag. Aus dieser ehrgeizigen Blaupause für ein leistungsfähiges Verkehrsnetz im Mittelbayerischen Donaugebiet ergab sich nach einer Abwägung der Prioritäten und im Einklang mit den zur Verfügung stehenden Mitteln eine Art Sofortprogramm[77], das im Kern um vier Probleme kreiste[78]: den Anschluß der Raffinerien an die Autobahn München – Nürnberg, den Ausbau der West-Ost-Verbindungen zwischen Augsburg und Regensburg, die Vorkehrungen, um Ingolstadt durch geeignete Umgehungsstraßen vom Raffinerieverkehr so weit wie möglich freizuhalten, sowie den Bau von Gleisanschlüssen für die Raffinerien und den Ausbau der Bahnhofsanlagen im Eisenbahnknotenpunkt Ingolstadt.

Bis 1964 hatte man bereits 63 Millionen DM in Straßenbaumaßnahmen investiert[79]. Sichtbarster Ausdruck der Baumaßnahmen waren die Erweiterung der Autobahn-Anschlußstelle Ingolstadt-Nord und der vierspurige Ausbau der zuführenden Bundesstraße 16, über welche die Transporte der Raffinerien von Esso und Shell rollen sollten, der Neubau der Autobahn-Anschlußstelle Ingolstadt-

---

[75] Am 16. 3. 1962 beschloß der Landtag auf Antrag der CSU-Abgeordneten Anton Jaumann, Franz Gaksch und Franz Schäfer (Bayerischer Landtag, 4. Legislaturperiode, Beilage 2929): „Die Staatsregierung wird ersucht, zusammen mit dem Bund den Ausbau des Ingolstädter – Donauwörther Verkehrsraumes durch ein zusätzliches Programm zu beschleunigen, um den derzeitigen und durch die außergewöhnlich starke Industrialisierung zu erwartenden zukünftigen Verkehrsbedürfnissen Rechnung zu tragen." Das Problem wurde auch im zuständigen Landtagsausschuß für Wirtschaft und Verkehr intensiv diskutiert; AdbL, Protokolle des Ausschusses für Wirtschaft und Verkehr, Sitzung am 2. 2. 1962.

[76] BayHStA, MWi 21857, Notiz über eine Besprechung über den Ausbau einer Autobahnanschlußstelle bei Ingolstadt am 29. 12. 1960.

[77] Vgl. Süddeutsche Zeitung vom 30. 1. 1963: „Noch fehlen die Straßen zu den Raffinerien"; der Artikel gibt auch einen Eindruck von den bestehenden Meinungsverschiedenheiten über einzelne Bauvorhaben.

[78] Vgl. Verkehrsuntersuchung Raum Ingolstadt. Bericht, bearb. vom Ingenieurbüro Andreas Wagner, München 1962, und Bayerischer Landtag, 4. Legislaturperiode, Beilage 3362: Bayerisches Wirtschaftsministerium (gez. Otto Schedl) an den Präsidenten des bayerischen Landtags am 14. 9. 1962.

[79] BayHStA, MWi 21739, Sitzung des Landtagsausschusses für Wirtschaft und Verkehr am 16. 1. 1964; ein Überblick findet sich in: MWi 21739, Der Straßenausbau im Raum Ingolstadt; Hausmann, Süddeutschlands neues Raffineriezentrum, S. 209 ff.; Ingolstadt baut auf 1960–1965, S. 42–60.

Süd, die insbesondere der ERIAG, aber auch der BP-Raffinerie in Vohburg zugute kommen sollte, sowie die Ostumgehung von Ingolstadt, für die nicht nur die Kreuzung der Bundesstraßen 13 und 16 aus der Innenstadt herausverlagert, sondern auch eine neue Straßenbrücke über die Donau gebaut wurde. Im Landkreis Ingolstadt, wo man im 19. Jahrhundert noch „Kriegsstraßen" gebaut hatte, um die einzelnen Festungswerke miteinander zu verbinden, entstand nun mehr als eine „Ölstraße"[80] für die Bedürfnisse der Raffinerien. Auch wenn sich die wichtigsten Vorhaben einigermaßen fristgerecht fertigstellen ließen, wurde bis Ende der sechziger Jahre an einigen Teilprojekten, die mit der Errichtung der Raffinerien und Kraftwerke zusammenhingen, gebaut[81]. Dies betraf die Ortsumgehung von Manching ebenso wie den Ausbau der Bahnhofsanlagen in Ingolstadt, um den es aufgrund divergierender Interessen von Bundesbahn und Stadtverwaltung heftige Auseinandersetzungen gegeben hatte[82].

Das Mittelbayerische Donaugebiet schien auch in anderer Hinsicht „Anschluß an die große Welt" gefunden zu haben. Die Raffinerien und Kraftwerke zerrten die Region Ingolstadt praktisch über Nacht ins Rampenlicht der Öffentlichkeit. „Wer heute und jetzt von Ingolstadt spricht", so Otto Schedl in einer seiner zahlreichen diesbezüglichen Reden, „meint Öl"[83]. Damit wurde aus einem bislang wenig beachteten Landstrich das gefeierte „Symbol einer neuen Zeit", als deren Manifestation die riesigen „Höcker der Lager- und Produktentanks", die verschlungenen „Türme der Fraktionierkolonnen" oder die wolkenkratzergleichen Schornsteine galten[84]. Diese Ausrufezeichen industrieller Architektur mutierten zu neuen Fixpunkten im mentalen Koordinatensystem der Region, die mit der Entscheidung für den Bau der Pipelines und der Raffinerien gleichsam neu verortet wurde. Dabei brauchte der Widerspruch zwischen teils futuristisch anmutenden Industriebauten und einer weithin noch traditionell anmutenden landwirtschaftlichen Kulturlandschaft, wie er für die Raffinerien von Shell und Esso, das Kraftwerk bei Großmehring oder das große Tanklager bei Lenting typisch war, nicht zu verletzen. Er schien im Gegenteil den Weg in eine Zukunft zu weisen, die nur positiv sein konnte. In diesem Sinne feierte eine Journalistin den Strukturwandel in der Region Ingolstadt im Vorfeld der Fertigstellung der CEL und der TAL mit den Worten:

„Wie groß die Ebene tatsächlich ist, sehe ich im Rathaus. Dort hängt eine bunt bemalte Karte. Die Karte ist übermannsgroß. Nicht größer als eine Hand ist Ingolstadt eingezeichnet, handgroß die Ölraffinerien, handgroß jeder der Seen, handgroß die Autofabrik. Die anderen Industrien wie die Siedlungen haben Daumenlänge. Es liegen Äcker, Felder, Wiesen zwischen den Händen und Daumen. Heute noch sehe ich sie auf der Ebene. Morgen gewiß nicht mehr. Morgen werden die Äcker, die Felder, die Wiesen verschwunden sein. Sie werden neuen Industrien weichen müssen. Morgen werden sich unter der Grasnarbe, über die ich heute

[80] Landkreis Ingolstadt (1971), S. 66.
[81] Über den Fortgang der Bauprojekte erstattete das bayerische Wirtschaftsministerium dem Landtag regelmäßig Bericht; diesbezügliche Schreiben finden sich im BayHStA, MWi 22280.
[82] BayHStA, MWi 21858, Vormerkung der Landesplanungsabteilung im bayerischen Wirtschaftsministerium (gez. Wolfgang Helwig) vom 7. 1. 1963: Errichtung eines Verschiebebahnhofs in Ingolstadt.
[83] Zit. nach Unsere Stadt Ingolstadt (1962), S. 18.
[84] Landkreis Ingolstadt (1971), S. 46.

gehe, noch mehr Rohre hinziehen, denn morgen werden zwei weitere Rohölleitungen in Betrieb genommen werden, die eine, die von Triest, die andere, die von Genua Rohöl heranführen [wird]. Morgen wird allein schon eine einzige Ölleitung 50 Millionen Tonnen im Jahr heranführen. Vor fünfzig Jahren waren diese fünfzig Millionen Tonnen die ganze Weltausbeute an Rohöl überhaupt!"[85]

Erwartungen und Befürchtungen

Daß im Mittelbayerischen Donaugebiet in der ersten Hälfte der sechziger Jahre ein Raffinerie- und Energiezentrum entstand, von dem man zehn Jahre früher nicht einmal zu träumen gewagt hätte, gab zu großen Hoffnungen Anlaß und löste zeitweise vor allem bei Landespolitikern und Pressevertretern Euphorie aus. Erdöl galt als „der Rohstoff unserer Zeit"[86], als Schwungrad des Fortschritts und als Garant des Wohlstands durch Wirtschaftswachstum. In einer Zeit, in der die Klagen über den technologischen Rückstand Europas immer lauter wurden und offen von der amerikanischen Herausforderung die Rede war, mußten Pipelines, Raffinerien oder moderne Kraftwerke als optimistischer Ausdruck der Bereitschaft verstanden werden, den Wettstreit um Ideen, Produkte und Märkte anzunehmen[87]. Zudem hatte sich die Auffassung Otto Schedls durchgesetzt, „daß sich aus dem Aufbau eines Energiezentrums auf Rohölbasis starke allgemeine positive Ausstrahlungen im ganzen Lande ergeben werden", deren „segensreiche Auswirkungen bereits fühlbar geworden sind"[88]. Damit wuchs dem Projekt aber eine Bedeutung zu, die weit über den regionalen Kontext hinausging, und entsprechend groß war die Unterstützung, welche die bayerische Ölpolitik bei allen Fraktionen des Landtags fand[89].

Die Konsequenzen für die Region Ingolstadt ließen sich allerdings im einzelnen kaum absehen, zumal erst im Laufe der Zeit bekannt wurde, welche Ausmaße das Raffinerie- und Energiezentrum tatsächlich annehmen würde. Landespolitiker, Landesplaner und Kommunalpolitiker hatten jedoch keinen Zweifel daran, daß dem Raum Ingolstadt eine „explosive Entwicklung" bevorstand[90]. Diese Überzeugung stützte sich auf eine Annahme, für die es zwar wenige konkrete Belege gab, die aber nichtsdestotrotz als feststehendes Axiom galt: die Ansiedlung weiterer Industriebetriebe – insbesondere der Petrochemie – im Umfeld der Raffinerien. „Erfahrungsgemäß siedeln sich in der Nähe von Raffinerien Nachfolge- und Anschlußindustrien an", hieß es lapidar in einem Schreiben der Gelsenberg Ben-

---

[85] Marianne Langewiesche, Ingolstadt – ein Städtebild. Manuskript für ein Hörbild im Rahmen der Sendereihe Land und Leute im Programm Bayern 2, gesendet am 5. 6. 1966, S. 8.

[86] Roger von Naso, Öl – der Rohstoff unserer Zeit, in: Öl nach Bayern, S. 6; Hervorhebung von mir.

[87] Zum diskursiven Umfeld vgl. Radkau, Technik in Deutschland, S. 325.

[88] Otto Schedl, Energiepolitik als Bestandteil der Wirtschaftspolitik. Die Konzeption des Energiezentrums Ingolstadt-Neustadt, in: Gräfen (Hrsg.), Musteranlagen der Energiewirtschaft, S. 3–5, hier S. 4 f.

[89] So hieß es im Protokoll der Sitzung des Landtagsausschusses für Wirtschaft und Verkehr am 22. 3. 1962 (AdbL): „Der Antragsteller Böhm [SPD] führt aus, die Energiepolitik der bayerischen Staatsregierung [...] werde wohl von allen Abgeordneten des Landtags unterstützt."

[90] BayHStA, MWi 21736, Vormerkung der Landesplanungsabteilung (gez. Wilhelm Henninger) über eine Besprechung bezüglich des Raumordnungsplans „Industrieregion Ingolstadt" am 26. 8. 1960.

zin AG an die Oberste Baubehörde[91]. Der sozialdemokratische Abgeordnete Fritz Böhm erklärte im zuständigen Landtagsausschuß, es „sei völlig klar, daß auch die Petrochemie in einem erheblichen Umfang in Ingolstadt auftreten werde"[92], und er wußte sich damit im Einklang mit dem christlich-sozialen Wirtschaftsminister Otto Schedl, der schon das „Kunststoffzeitalter" heraufziehen sah[93]. Böhms Parteifreund Erwin Essl, einer der führenden Vertreter der bayerischen IG Metall, erwartete, „daß der Bau der Ölraffinerien in Ingolstadt eine bedeutsame industrielle Kettenreaktion nach sich ziehen werde"[94]. Im bayerischen Wirtschaftsministerium hatte man gar die Ölfelder und Bohrtürme von Texas vor Augen, als man an die Zukunft der Region Ingolstadt dachte, der man „eine Entwicklung amerikanischen Maßstabes" prophezeite, deren „Auswirkungen für die gesamtbayerische Wirtschaft noch nicht abzusehen" seien [95].

Was Politikern und Ministerialbeamten recht war, war der Presse billig. In Ingolstadt habe „die Zukunft bereits begonnen", hieß es beispielsweise in der „Süddeutschen Zeitung", als Anfang Dezember 1963 die erste Raffinerie angefahren wurde. Für das „8-Uhr-Blatt" hatte sich Ingolstadt „schlagartig" zum „Herz der bayerischen Energieversorgung" gemausert, und die „Fränkische Landeszeitung" glaubte, im Mittelbayerischen Donaugebiet „Konturen eines neuen ‚bayerischen Ruhrgebietes' mit zwangsläufigen Tendenzen zu einer industriellen Massierung" zu erkennen. Weiter kommentierte diese Zeitung: „Auf einer Woge von Öl schwimmt von Ingolstadt aus der wirtschaftliche Fortschritt ins Land"[96]. Dabei sah man in den Raffinerien nicht einmal nur das unvermeidliche Mittel zum Zweck, sondern billigte diesen Industriebauten eine eigene Ästhetik zu, die vortrefflich zum herrschenden Zeitgeist paßte. So äußerte sich eine Journalistin, die 1966 eine Radiosendung über Ingolstadt machte, geradezu hymnisch:

„Doch es ist nicht die Leistung der Ölraffinerien, die mich entzückt, sondern der Anblick der Ölraffinerien: reine Zweckbauten, gewiß, eine bis ins Kleinste verästelte Konstruktion aus Röhren und Röhrchen, hohen Türmen, niedrigen Kuppeln, doch alles aus so hellem, glänzendem Metall, daß ich, wüßte ich es nicht anders, denken würde, Silberschmiede hätten hier fünfmal vollkommene, wenn auch vollkommen abstrakte Kunstwerke auf die Ebene gestellt, nur rein zur Zierde, nur um der Horizontalen die Vertikale zu geben."

Und schließlich kam sie zu dem Urteil:

„So hat sich Ingolstadt eine schier schlakenlose [sic!] und eine schier geruchlose Industrie auf seiner Ebene aufgebaut, doch auch eine so schöne Industrie, daß die Stadt, mit gutem Recht, auf die Titelseite einer ihrer Prospekte beides nebeneinander setzte, ohne daß der Gegensatz verletzt: das mittelalterliche Kreuztor und eine moderne Ölraffinerie."[97]

[91] BayHStA, MWi 21739, Gelsenberg Benzin AG an die Oberste Baubehörde im bayerischen Innenministerium vom 17. 10. 1961.
[92] AdbL, Protokolle des Ausschusses für Wirtschaft und Verkehr, Sitzung am 22. 3. 1962.
[93] Donau-Kurier vom 3. 12. 1963: „Raffineriezentrum Ingolstadt: ‚Wende für Bayerns Wirtschaft'".
[94] BayHStA, MWi 21739, Sitzung des Landtagsausschusses für Wirtschaft und Verkehr am 16. 1. 1964. Auch der Landesplaner Wolfgang Helwig hielt eine „Kettenreaktion im Wirtschaftsleben […] für unausbleiblich"; Unsere Stadt Ingolstadt (1962), S. 20.
[95] BayHStA, MWi 21578, Entwurf aus dem bayerischen Wirtschaftsministerium über die Grundzüge der bayerischen Wirtschaftspolitik, 1962.
[96] Donau-Kurier vom 4. 12. 1963: „Ingolstadt in den Schlagzeilen der Kollegen".
[97] Langewiesche, Ingolstadt – ein Städtebild, S. 7 und S. 10.

Abb. 15: Raffinerie der ERIAG

Hier wurde unkritisch eine vollkommene Harmonie zwischen Vergangenheit und Zukunft suggeriert, wie sie auch Politiker und Werbetexter nimmermüde beschworen: „Barockkirchen und Raffinerien in Bayern: Gläubigkeit, Tradition und Fortschritt sind keine unvereinbaren Gegensätze."[98] Solcher Schlagworte eingedenk, schien es auch keinen Zweifel daran zu geben, daß sich die unmittelbar Betroffenen ebenso harmonisch in dieses Bild einfügten und mit dem schwarzen Gold nur freudige Erwartungen verbanden. Eine Zeitung aus dem Nachbarland Österreich berichtete jedenfalls Anfang 1967, das Erdöl sei „den Leuten von Ingolstadt vom ersten Augenblick an sympathisch" und „nie ein Fremdkörper" gewesen; die Bevölkerung habe im Gegenteil „alles, was mit Öl zu tun hatte", sofort unterstützt[99].

So klar und eindeutig lagen die Dinge freilich nicht; diese Sichtweise war im Gegenteil nur die eine Seite der Medaille. Die andere, meist verschwiegene, ironisierte und vergessene, spiegelte gerade in den kleinen Gemeinden des Landkreises Ingolstadt die Furcht vor dem Einbruch der Moderne in die gewohnte Lebenswelt durch ein „Monster-Vorhaben"[100] und die Sorge um den Erhalt der Heimat wider,

---

[98] Bayern baut an der Zukunft. Sonderbeilage der Süddeutschen Zeitung vom 25. 3. 1970, S. 2; vgl. auch ebenda, S. 4.
[99] Die Presse (Wochenendbeilage) vom 11./12. 2. 1967: „Die neuen Kavaliere von Ingolstadt".
[100] Donau-Kurier vom 30. 9. 1960: „Das Ölfieber im Landkreis".

die mit Bedenken gegen eine ebenso unbekannte wie komplexe Technologie einhergingen, deren Gefährdungspotential sich nicht abschätzen ließ. Was würde passieren, wenn es zu Unfällen kam[101]? Wie groß war die Bedrohung für Mensch und Natur in einem solchen Fall wirklich? Hinter solchen Fragen verbargen sich nicht zuletzt bei Bauern und ihren Familien Ängste um die eigene Existenz, denn ob sich Landwirtschaft und Mineralölindustrie dauerhaft miteinander vertrugen, mußte sich erst noch erweisen, vom enormen Flächenbedarf für Raffinerien, Kraftwerke, Tanklager, neue Straßen und Gleisanlagen ganz zu schweigen. Berichte in der Lokalpresse über unerfreuliche Zustände in der Nachbarschaft mineralölverarbeitender Großbetriebe taten ein übriges, um die Verunsicherung zu schüren[102]. Landrat Otto Stinglwagner dürfte mit seiner Feststellung, „das Bekanntwerden der Raffineriebaupläne im Jahr 1960" habe „auf die Bevölkerung nahezu wie ein Schock" gewirkt, die Stimmungslage vieler Menschen in seinem Landkreis treffend beschrieben haben, die auf das „Bild einer künftigen Industrielandschaft mit Rauch, Ruß und Lärm" mit „Abneigung" reagierten[103].

Zu heftigen Auseinandersetzungen kam es in der 2500 Einwohner zählenden Gemeinde Großmehring, nachdem im September 1960 ruchbar geworden war, daß die Deutsche Shell AG plante, hier 200 ha bestes Ackerland – das sogenannte Erlachfeld – für den Bau ihrer Raffinerie zu erwerben. Von den Landwirten aus Großmehring, Demling oder Mailing, die Grundbesitz in dieser Flur hatten, ließen sich nicht wenige von Angeboten locken, die drei- bis sechsmal höher lagen als gewöhnlich. Andere reagierten jedoch verunsichert oder gar schroff ablehnend darauf, daß „eine finanzgewaltige Firma sekundiert von den Vertretern des Landkreises und dem bayerischen Wirtschaftsministerium" plante, „sozusagen über Nacht die Vorstellungen von einer natürlichen Weiterentwicklung des Gemeinwesens wie der Menschen in Großmehring" umzukrempeln[104]. Etwa 50 Landwirte waren von der Standortentscheidung direkt betroffen; etwa acht bis zehn Höfe, „deren Besitzer noch vor wenigen Wochen für Generationen oder zumindest für Jahrzehnte ihre Pläne schmiedeten", sollten „sich relativ kurzfristig mit

---

[101] Noch bevor die erste Raffinerie ihre Produktion aufgenommen hatte, kam es zu einem Brand in der fast fertiggestellten Shell-Raffinerie, der solchen Ängsten neue Nahrung gab („Ein Brand in einer Ölraffinerie könnte sich schnell zu einer Katastrophe auswachsen."). 1975 verbrannte ein Arbeiter der Esso-Raffinerie bei einem Unfall. Vgl. Donau-Kurier vom 2. 12. 1963: „Brand bei der Shell: Großalarm für Feuerwehren" und vom 4. 11. 1975: „Esso: Arbeiter starb in Flammeninferno". Die Behörden registrierten Unfälle in anderen Raffinerien ebenfalls aufmerksam; Stadtarchiv Ingolstadt, A 5237, Rundschreiben des Bayerischen Landesamts für Feuerschutz vom 11. 1. 1966.
[102] So hieß es in einem Bericht (Donau-Kurier vom 16. 10. 1961: „Ruhr-Raffinerie bietet Parallele zu Großmehring") über einen Besuch des Kreisausschusses bei einer Shell-Raffinerie in der Nähe von Köln: „So erzählte uns der Förster, der die um die Raffinerie gelegenen Wälder betreut, daß seiner Meinung nach innerhalb weniger Jahre alle Nadelbäume zum Sterben verurteilt seien [...] Eines steht außer Zweifel, eine gute Wohnlage bringt die Nachbarschaft der Raffinerie nicht mit sich. Bis zu 100 Meter hoch leiten die Kamine bei Dinslaken die Verbrennungsrückstände der Raffinerie in die Luft. Trotzdem liegen undefinierbare ,Düfte des Orients' über der ganzen Landschaft. Kilometerweit riecht es – je nach Windrichtung – nach Öl oder (weit schlimmer) nach Schwefeldioxid [...].“
[103] Otto Stinglwagner, Die Raffinerien – eine Belastungs- und Bewährungsprobe auch für die Verwaltung, in: Öl nach Bayern, S. 3.
[104] Donau-Kurier vom 30. 9. 1960: „Das Ölfieber im Landkreis"; die folgenden Zitate finden sich ebenda. Vgl. auch Kipfelsberger, Ingolstadt – Raffinerien und Umfeld, S. 69–74.

dem Gedanken abfinden, [...] ihre bisherige Existenzgrundlage" aufzugeben, „ja sogar ihre Höfe und Wohnungen" für immer zu verlassen. Der „Donau-Kurier" berichtete vom Fall der Familie Würzburger, die ihr Anwesen seit dem 17. Jahrhundert bewirtschaftete und deren Felder größtenteils im Interessengebiet der Shell lagen:

„Ohne ein rechtes Vorstellungsvermögen steht Andreas Würzburger – genau wie viele andere Großmehringer Bauern – der Tatsache gegenüber, daß ein dazu ‚legitimierter Makler' in seinen Hof drängt und ihm die Rechnung aufmacht: ‚Für jedes Tagwerk bietet mein Auftraggeber 12 000 Mark (bei Würzburger demnach über 450 000 DM). Dafür können Sie sich in einem anderen Ort einen dreimal so großen Hof kaufen. Sie können sich von Grund auf modern einrichten. Was haben Sie schon davon, wenn Sie hierbleiben. Vor Ihrem Fenster die Öltürme, den Lastverkehr usw., um Sie herum Industrierauch und Öldunst. Sie werden das vielleicht noch aushalten, aber Ihre Kinder...?!' Eine Diskussion dieser Art greift selbst dem Außenstehenden ans Herz. Die Würzburger beispielsweise sitzen seit 1664 auf der Schauermühle, sie führen ein eigenes Wappen, sie stoßen in ihrer Arbeit fast täglich auf die Spur ihrer arbeitsamen Vorfahren. Sie fühlen mit Recht die Verantwortung der vor ihnen stehenden Entscheidung."

Traditionsbewußtsein und Bauernstolz mischten sich mit Trotz und Ärger darüber, als Hauptbetroffene bei den wesentlichen Entscheidungen von den „Großkopferten" übergangen worden zu sein; bei manchen mag auch das Kalkül eine Rolle gespielt haben, es könne sich finanziell lohnen, auf Zeit zu spielen, um den Preis für die eigenen Felder in die Höhe zu treiben. Doch das dürfte nicht der ausschlaggebende Grund dafür gewesen sein, daß sich 48 Landwirte aus Großmehring, Demling und Mailing Ende Oktober 1960 in der besten Tradition vormodernen bäuerlichen Widerstands gegen die Pläne der Shell AG „verschworen". In ihrer selbstbewußten Erklärung hieß es:

„Wir unterzeichneten Grundstücksbesitzer vom Erlachfeld sind unter keinen Umständen bereit, zu einem noch so hohen Preis unsere flurbereinigten Felder an die Shell AG zu verkaufen. Wir werden uns bei eventueller Gewaltanwendung wehren. Wir wollen nicht, daß zehn Vollbauern die heimatlichen Felder verlassen müssen. Wir wollen nicht, daß 40 Bauern in höchstem Maße existenzgefährdet werden. Wir wollen nicht, daß das Herzstück unserer Gemeindeflur der Industrie geopfert wird."[105]

Einige Bauern wurden deutlicher: Sie würden eher sterben als verkaufen und die Grundstücksmakler der Ölbarone „mit der Mistgabel" vom Hof jagen[106]. Man habe nach 1945 das Ruhrgebiet ernähren müssen, erregte sich der Großmehringer Bauer und Kreisrat Heindl, und „nun wollen sie auch uns zum Ruhrgebiet machen"[107]. Gute Karten hatten die Verschworenen freilich nicht. Die Dorfgemeinschaft war gespalten zwischen denen, die auf entschlossenen Widerstand setzten, und jenen, die entweder das schnelle Geld witterten oder langfristig auf mehr Wohlstand und attraktive Arbeitsplätze hofften. Die führenden Kommunalpolitiker machten aus ihrer Unterstützung der Raffineriepläne keinen Hehl, auch die Lokalpresse, die anfangs viel Verständnis für die Belange und Motive der Bauern gezeigt hatte, erlag zunehmend dem Lockruf des schwarzen Goldes, und selbst

---

[105] Donau-Kurier vom 31. 10. 1960: „‚Rütlischwur' der Bauern gegen Raffineriepläne der Shell AG".
[106] Donau-Kurier vom 11. 12. 1960: „Der ‚Schwarze Peter' wieder in Großmehring".
[107] Donau-Kurier vom 2. 11. 1960: „Bauern verteidigen das Erlachfeld".

der Leiter des Landwirtschaftsamts riet letztendlich zum Verkauf[108]. Der Druck auf die renitenten Bauern, die wahlweise als sturschädlige, rückständige, fortschrittsfeindliche oder profitgierige Querulanten stigmatisiert wurden[109], wuchs nun fast täglich. Die Shell AG kam dennoch nicht umhin, ihre Strategie zu ändern und von ihren ursprünglichen Plänen Abstand zu nehmen. Sie konzentrierte ihre Bemühungen nun auf den 138 ha großen Erlachhof in der Nähe des ursprünglich anvisierten Terrains und bemühte sich darum, den Besitzer, Diplomlandwirt Nold, aus der Abwehrfront herauszubrechen. Tatsächlich verkaufte Nold seinen gesamten Besitz für die – so sagt man – für damalige Verhältnisse geradezu märchenhafte Summe von sieben Millionen DM[110]. Mit diesem Coup hatten die Verhandlungsführer der Shell dem bäuerlichen Widerstand das Rückgrat gebrochen. Dem Bau einer Raffinerie bei Großmehring standen nun keine unüberwindlichen Hindernisse mehr im Wege.

Zwischen Industrialisierung und Umweltschutz

Daß der Landrat, der Oberbürgermeister, der Kreistag oder der Stadtrat ihre Stimme gegen die Mineralölindustrie erheben würden, war nicht zu erwarten. Die meisten Kommunalpolitiker erkannten vielmehr die vielleicht einmalige Chance auf Wachstum, Wohlstand und Beschäftigung, die sich der ganzen Region bot, zumal sich gleichzeitig die Möglichkeit zu eröffnen schien, die einseitig vom Maschinen- und Straßenfahrzeugbau abhängige Industriestruktur zu diversifizieren[111]. Die Entscheidung, den Erdöl- und Energiekonzernen die Hand zu reichen, ruhte dementsprechend auf einem breiten politischen Konsens. Als der Kreistag Anfang November 1960 über das Raffinerieprojekt beriet, stand eine Resolution zur Debatte, in der die Bürgermeister sämtlicher Kommunen „größten Wert auf die Ansiedlung von Ölraffinerien innerhalb des Landkreises Ingolstadt legten" und ihrer Überzeugung Ausdruck verliehen, daß „hierdurch der Wohlstand aller 41 Gemeinden bedeutend gehoben werden kann". Nach vierstündiger Aussprache schloß sich der Kreistag bei nur sieben Gegenstimmen aus den Reihen der CSU und des BHE dieser Empfehlung an, mahnte aber auch, die Interessen der betroffenen Grundstückseigentümer angemessen zu berücksichtigen. Dem Argument, man dürfe „durch eine kurzsichtige Entscheidung nicht eine Entwicklung verbauen, die sich in der Zukunft für den Landkreis segensreich auswirken" werde, konnte sich offensichtlich kaum ein Kommunalpolitiker verschließen.

---

[108] Vgl. Donau-Kurier vom 5. 11. 1960: „Keiner verkauft Großmehring!" oder vom 21. 12. 1960: „Im Endspurt um das Erlachfeld", sowie Bößenecker, Bayern, Bosse und Bilanzen, S. 38.

[109] Vgl. Donau-Kurier vom 21. 12. 1960: „Auf der Waage".

[110] Hermann Bößenecker (Bayern, Bosse und Bilanzen, S. 38) schrieb dazu hämisch: „Lässig steckte der solcherart abgefundene Landwirt nach Vertragsabschluß den Superscheck in die Rocktasche, schaute sich noch einmal um und schraubte – Sparsamkeit ist das halbe Leben – schnell noch eine einsam von der Decke herabbaumelnde Glühbirne heraus. Später siedelte er sich mit seinen Ölmillionen südlich von Paris neu an." Zu den Gründen Nolds vgl. auch Kipfelsberger, Ingolstadt – Raffinerien und Umfeld, S. 71–74, auf der Basis persönlicher Auskünfte.

[111] So erklärte ein Kreisrat: „Es ist fatal, daß wir in Ingolstadt industriell bisher nur auf dem einen Bein der konjunkturanfälligen Fahrzeugindustrie stehen!" Donau-Kurier vom 7. 11. 1960: „Keiner verkauft Großmehring!" Das folgende nach diesem Bericht.

Allerdings war von der überschäumenden Euphorie, die man aus vielen Zeitungsartikeln kannte, nur wenig zu spüren; pragmatisches Kalkül, um die Gunst der Stunde zu nutzen, dürfte die Befindlichkeit nicht weniger Entscheidungsträger in Stadt und Landkreis treffender beschreiben. Vor allem für die Honoratioren aus dem alteingesessenen, meist konservativen Bürgertum und aus dem Bauernstand war die Liaison mit der Ölindustrie keine Liebesheirat, sondern eher eine Vernunftehe. Wenn ihr Verstand auch Ja zu den Raffinerien sagte, so hing ihr Herz doch an der Heimat, wie sie sie kannten. Johann Schredl, der seit 1952 amtierende Bürgermeister von Großmehring, brachte diesen Zwiespalt auf den Punkt: „So sehr ich als Bürgermeister die steuerlichen Gesichtspunkte der sich anbahnenden Projekte schätzen muß, so sehr schneidet mir als Landwirt die Entwicklung ins Herz, der unter Umständen unser bäuerliches Land anheimfällt." Der stellvertretende Landrat Dr. Koch, der ebenfalls aus Großmehring stammte, stieß in dasselbe Horn: „Als Kreisrat, stellvertretender Landrat und Gemeindebürger muß ich Ja zur Ansiedlung der Raffinerie sagen, als Bauer dagegen tut es mir in der Seele weh!"[112]

Dem deutlichen Ja folgte also ein vernehmliches Aber. Oder mit anderen Worten: Man wollte die mineralölverarbeitende Industrie, doch man wollte sie nicht um jeden Preis. Dabei war der Rekurs auf den Erhalt der vertrauten Umwelt kein bloßes Lippenbekenntnis, sondern Ausdruck eines vor allem im bayerisch-konservativen Lager verbreiteten Bemühens, zwar die Früchte des Fortschritts zu genießen, seine negativen Auswirkungen auf Landschaft, Sozialstruktur und Mentalität der „gesunden" (Land-)Bevölkerung jedoch so gering wie möglich zu halten. Als Negativfolie, ja als Schreckbild galt dabei das Ruhrgebiet mit seinen unablässig rauchenden Schloten und seinen scheinbar entwurzelten, für linke Parolen anfälligen Arbeitermassen[113]. Die Versicherung, das neue Raffineriezentrum werde „kein bayerisches Ruhrgebiet", war vor allem in den ländlichen Gebieten des Mittelbayerischen Donaugebiets immer wieder zu hören[114], und auch der Oberbürgermeister Ingolstadts, Josef Listl, erklärte nicht nur, daß seine Stadt dem industriellen Aufschwung und dem technischen Fortschritt aufgeschlossen gegenüberstehe, sondern betonte zugleich: „Ingolstadt soll aber Ingolstadt bleiben!"[115]

Besonders deutlich wurde diese ambivalente Haltung, als das Projekt Raffinerie- und Energiezentrum immer größere Dimensionen annahm. Sowohl der Kreistag als auch der Stadtrat sprachen sich noch 1961 dafür aus, nach den Raffinerien der Südpetrol, der Esso und der Shell keine weitere Raffinerie mehr im Raum Ingolstadt zu errichten. Mehr als drei derartige Betriebe könnten die Stadt

---

[112] Donau-Kurier vom 30. 9. 1960: „Das Ölfieber im Landkreis" bzw. vom 7. 11. 1960: „Keiner verkauft Großmehring!"

[113] Vgl. Erker, Keine Sehnsucht, S. 480 ff., und Bößenecker, Bayern, Bosse und Bilanzen, S. 303–308, der dort Otto Schedls Axiom zitiert (S. 305): „Wir wollen aus diesem Land kein zweites Ruhrgebiet machen. Wir haben aus den Fehlern gelernt, die dort begangen wurden."

[114] Landkreis Ingolstadt (1971), S. 49. Hans Eisenmann, Landrat von Pfaffenhofen an der Ilm und später lange Jahre bayerischer Landwirtschaftsminister, wurde gar mit den Worten zitiert: „Zum nachbarlichen ‚Öl-Trauma' – wie Dr. Eisenmann sich ausdrückte – sprach der Landrat sein Zufriedensein darüber aus, daß die gesunde Landkreisstruktur in Pfaffenhofen nicht durch Raffinerien oder übergroße industrielle Projekte zerstört werde." Donau-Kurier vom 23. 12. 1960: „Eisenmann: Ingolstädter ‚Öl-Trauma'".

[115] Josef Listl, Der Ölstrom fliesst nach Ingolstadt, in: Öl nach Bayern, S. 3.

und der Landkreis nicht verkraften; die Umwelt- und Verkehrsbelastung würde
ansonsten in gefährlichem Maße steigen. Ingolstadt solle schließlich „nicht im Öl
ersticken"[116]. In diesem Sinne schrieb Oberbürgermeister Listl im Juni 1963 an die
Regierung von Oberbayern, nachdem er von den Plänen der BP erfahren hatte,
eine Raffinerie im benachbarten Vohburg zu errichten:

> „Die Stadtverwaltung und die Landkreisverwaltung sind übereinstimmend der Meinung,
> daß nicht nur der Landkreis, sondern vor allem auch der Stadtkreis an der weiteren Mehrung
> von Raffinerien im Raum Ingolstadt mit beteiligt ist. Beide sind der Überzeugung, daß eine
> weitere Raffinerie, sei es die bei Vohburg oder anderswo, eine neue Ballung bedeutet und
> dem Sinn der allgemein geforderten Entballung von Industrieräumen – also auch der Vermei-
> dung von Ballung – widerspricht und für die gesamte Bevölkerung des Raumes, besonders
> auch für die der Stadt Ingolstadt Gefahren und Belastungen mit sich bringt. Für die Stadt In-
> golstadt mit ihrer beträchtlichen und immer noch schnell wachsenden Bevölkerung ist die
> beabsichtigte Errichtung einer weiteren Raffinerie außerordentlich bedenklich. Die Stadt In-
> golstadt, ebenso wie der Landkreis, bitten daher nochmals um größtmögliche Unterstützung
> seitens der Planungsbehörden, daß die Ansiedlung dieser und jeder weiteren Raffinerie mit
> ihren unvermeidlichen Folgeerscheinungen im Raum Ingolstadt unterbleibt."[117]

Die zumeist mehr gefühlte als intellektuell begründete Überzeugung, daß es eine
Grenze gebe, die man aus Verantwortung vor der Schöpfung nicht überschreiten
dürfe, sensibilisierte die kommunalpolitischen Entscheidungsträger in der Region,
von denen viele ihre christlich-konservativen Wurzeln nicht verleugnen konnten.
Zudem gab es Impulse von außen und unten, die sich nicht einfach ignorieren ließen, zumal sie mit einer spürbaren Verunsicherung der Bevölkerung einhergingen.
So trat der Ärztliche Kreisverband Ingolstadt Mitte Juli 1961 mit einer Resolution
an die Öffentlichkeit, die „eine ausserordentliche Gesundheitsgefährdung unserer
Bevölkerung" durch die „Ballung von Ölraffinerien um Ingolstadt" konstatierte
und insbesondere vor den negativen Folgen der zu erwartenden Luftverschmutzung warnte: Atemwegserkrankungen, Krebs und Waldschäden. Dabei lehnte die
Ingolstädter Ärzteschaft das Raffineriezentrum nicht generell ab, sondern forderte, „dass beim Bau der Raffinerien und der nachfolgenden Industriebetriebe
alle Vorkehrungen getroffen werden, die nach dem derzeitigen Stand der Technik
und der wissenschaftlichen Forschung möglich sind, um gesundheitliche Schäden
der Bevölkerung zu vermeiden"[118]. Damit war das Terrain abgesteckt, in dem sich
die Diskussion bewegte: Raffinerien, Kraftwerke und petrochemische Industrie ja,
aber mit möglichst wenig schädlichen Nebenwirkungen und Konsequenzen. Die
Konfliktlinie lief also entlang der Frage, was noch als hinnehmbar anzusehen sei,
wobei alle Seiten erhebliches Vertrauen in technische Lösungen setzten.

Die Bedenken der Ärzte wurden unter anderem von dem Mediziner und Stadtrat Dr. Anton Hafner vertreten. Dieser mußte zwar einiges an Kritik einstecken –
so hielt ihm Landrat Stinglwagner vor, sein Anliegen „etwas zu kraß erörtert" zu

---

[116] Donau-Kurier vom 31. 10./1. 11. 1961: „Ingolstadt soll nicht im Öl ersticken"; vgl. auch Donau-
Kurier vom 17. 4. 1961: „Kreistag gegen Ansiedlung einer weiteren Raffinerie".
[117] Stadtarchiv Ingolstadt, A 5757, Oberbürgermeister Josef Listl an die Regierung von Oberbayern
vom 25. 6. 1963; ähnlich auch das Schreiben des Oberbürgermeisters an die Landesplanungsabteilung im bayerischen Wirtschaftsministerium vom 25. 10. 1962 im selben Akt.
[118] BayHStA, MWi 21737, Resolution des Ärztlichen Kreisverbands Ingolstadt (gez. Dr. Baumgart-
ner) vom 14. 7. 1961; vgl. auch Donau-Kurier vom 15./16. 7. 1961: „Die Ärzte warnen: Nicht zuviel Raffinerien".

haben, und der Rechtsanwalt Anton Schenkel ließ ihn wissen, man habe „sich im Ingolstädter Raum nun einmal der Industrialisierung verschrieben" und müsse nun „auch mit gewissen negativen Begleiterscheinungen vorlieb nehmen"[119] –, aber es gelang ihm doch, das Problembewußtsein seiner Zuhörer zu schärfen[120] und das Thema in die Öffentlichkeit zu tragen[121]. Schon dies war kein gering zu schätzender Erfolg, da Expertise und Erfahrung auf der kommunalen Ebene nicht gerade groß waren und die Betreibergesellschaften der Raffinerien dazu neigten, eventuelle Risiken für Mensch und Natur zu bagatellisieren. So schrieb etwa die Deutsche Shell AG in einer von Landrat Stinglwagner erbetenen Stellungnahme zur Resolution der Ingolstädter Ärzteschaft über den Schadstoff Schwefeldioxid[122]:

„Nach unseren Erfahrungen zählen die bei SO_2-Anlagen tätigen Raffineriearbeiter zu den gesündesten der ganzen Belegschaft. Eine Erklärung dafür mag sein, daß SO_2 einen gewissen Schutz vor Erkältungen gewährt. Weiterhin haben jahrzehntelange Beobachtungen in einer Vielzahl von Raffinerien einwandfrei ergeben, daß SO_2 weder die Krebsentstehung, noch Bronchitiden, noch Asthma-Erkrankungen fördert. [...] Und auch von einer Schädigung der Vegetation kann nicht die Rede sein, obwohl eine Reihe von Pflanzen sehr viel empfindlicher auf Schwefeldioxid reagiert als der Mensch. Auf jeden Fall blühen die Blumen im Werksgelände unserer und anderer Raffinerien Jahr für Jahr genau so schön wie in jeder öffentlichen Parkanlage."

Die Ingolstädter Ärzteschaft blieb mit ihren Befürchtungen nicht allein. Auch geachtete Honoratioren der Stadt hielten mit ihren Bedenken nicht hinter dem Berg. Der ehemalige Stadtkämmerer Franz Schlamp fürchtete beispielsweise um die Attraktivität seiner Heimatstadt, wenn sich „künftig der Öldunst von allen Seiten über Ingolstadt bemerkbar machen wird"[123]. Grundsätzlichere Zweifel hatte der CSU-Kreisvorsitzende Paul Weinzierl. Als Stadtrat rügte er seine Kollegen, man habe „zu sehr wirtschaftlich gedacht", könne „aber erst gesund wirtschaften, wenn wir hier gesund leben"[124], als Bundestagsabgeordneter befaßte er das Bundeswirtschaftsministerium in Form einer Kleinen Anfrage mit den Folgen der fortschreitenden Industrialisierung der Region Ingolstadt[125], und als Bürger seiner Stadt forderte er Auskünfte von Stadtverwaltung und Landratsamt über den Stand der umweltrelevanten Planungen, da er sich für den „Lebensraum Ingolstadt mitverantwortlich" fühlte[126].

Die Versicherungen aus dem Rathaus und aus dem Landratsamt, man habe bezüglich Gesundheits-, Gewässer- und Landschaftsschutz sowie der Luftreinhal-

---

[119] Donau-Kurier vom 14./15. 10. 1961: „Das Öl schlägt vor der Ankunft Wellen".
[120] Vgl. Donau-Kurier vom 3. 8. 1961: „Auch der Stadtrat sagt: Gefahr in der Luft".
[121] Vgl. Donau-Kurier vom 28./29. 10. 1961: „Macht uns das Öl krank?"
[122] BayHStA, MWi 21737, Deutsche Shell AG an Landrat Otto Stinglwagner vom 24. 7. 1961; vgl. auch Donau-Kurier vom 28./29. 10. 1961: „Mineralölverarbeitung ohne Gesundheitsgefährdung".
[123] Stadtarchiv Ingolstadt, A 5758, Franz Schlamp an Friedrich Drausnick vom 19. 10. 1962.
[124] Donau-Kurier vom 3. 8. 1961: „Auch der Stadtrat sagt: Gefahr in der Luft".
[125] Vgl. Deutscher Bundestag, 4. Wahlperiode, Beilage 274: Kleine Anfrage der Abgeordneten Paul Weinzierl, Karl Wieninger, Georg Franz u.a. bezüglich der „Maßnahmen regionaler Wirtschaftspolitik im Raum von Ingolstadt", und Beilage 350: Antwort des Bundesministers für Wirtschaft vom 10. 4. 1962.
[126] Stadtarchiv Ingolstadt, A 5758, Paul Weinzierl an Josef Listl und Otto Stinglwagner vom 24. 3. 1962.

tung „alles erdenkliche getan [...], um die von Stadtrat und Kreistag gebilligte Industrialisierung des Raumes Ingolstadt nicht zum Nachteil und zum Schaden der
Bevölkerung werden zu lassen"[127], genügte engagierten Natur- und Heimatschützern freilich nicht. Am 5. Mai 1962 beriefen der Deutsche Naturschutzring, die
Schutzgemeinschaft Deutscher Wald und andere Organisationen eine Kundge-
bung nach Ingolstadt ein, die in der Verabschiedung einer Resolution gipfelte[128].
Ohne das Projekt selbst in Frage zu stellen, wurden die Behörden aufgefordert,
alle gesetzlichen Möglichkeiten zu nutzen, um Schäden und belastende Folgen für
Mensch und Natur abzuwehren oder zu vermindern, und konkrete Vorschläge
unterbreitet, in der Umgebung der Raffinerien ein System von Grünanlagen als
„Teil der Abwehrfront gegen Lärm, Abgase, verschmutzte Luft und gefährdetes
Wasser" zu schaffen[129]. Der Stadtrat nahm diese Anregungen nicht ohne Wohl-
wollen zur Kenntnis und forderte die Naturschützer ebenso wie die Ingolstädter
Ärzteschaft zur Mitarbeit auf[130].
  Daß umweltpolitische Probleme bei den Debatten um die Errichtung des Raf-
finerie- und Energiezentrums Ingolstadt gleichsam vor der Erfindung dieses Poli-
tikfelds Beachtung fanden und – wie noch zu zeigen sein wird – nicht ohne Konsequenzen blieben, hatte mehrere Gründe. Zum einen fiel dieses Vorhaben in eine
Zeit, als das Umweltbewußtsein in der Bundesrepublik „im Wachsen" begriffen
war[131]; die 1961 veröffentlichte „Grüne Charta von der Mainau" ist hierfür ebenso
ein Indiz wie der sozialdemokratische Wahlkampfslogan aus demselben Jahr, den
„Blauen Himmel über der Ruhr" wieder sichtbar zu machen[132]. Zum anderen
erregten die bloße Dimension des Projekts und seine überregionale Bedeutung
Aufsehen; insbesondere die unbekannte Technologie weckte Ängste vor damit
verbundenen Gefahren für den Menschen und seine Lebensgrundlagen. Die
Überschneidung mehrerer Problemkreise und vor allem die Gesundheitsrisiken
für die Bevölkerung begünstigten ein Diskussionsklima, das auch Umweltfragen
zu ihrem Recht kommen ließ[133]. Daß die Raffinerien gebaut werden sollten, stand
fest; die Ökonomie sollte nur die Natur, die Heimat und das gewachsene soziale
Gefüge nicht zerstören. Hier war ein konservativer, fortschrittsskeptischer, ja

---

[127] Stadtarchiv Ingolstadt, A 5758, Josef Listl an Paul Weinzierl vom 26. 3. 1962 und Otto Stinglwagner an Paul Weinzierl vom 19. 4. 1962 (hier auch das Zitat).
[128] Vgl. Donau-Kurier vom 7. 5. 1962: „Grüngürtel als Schmutzschlucker". Dieser Artikel kommentierte die Initiative der Naturschützer zurückhaltend. „Die Veranstaltung, die großartig angekündigt war [...], verlief jedoch insofern etwas enttäuschend, als man offensichtlich offene Türen ein-
zurennen sich mühte."
[129] Resolution zum Schutz von Ingolstadt und Umgebung vor Luftverunreinigung, Lärm und Was-
serverschmutzung durch planmäßige Verstärkung der Grünanlagen und Sicherungsmaßnahmen,
in: Für unsere freilebende Tierwelt. Mitteilungsblatt der Schutzgemeinschaft Deutsches Wild
Nr. I/II/56, S. 139; ein Exemplar findet sich im Stadtarchiv Ingolstadt, A 5237.
[130] Stadtarchiv Ingolstadt, A 5237, Schreiben Kajetan Schweigers im Auftrag des Stadtrats vom September 1962.
[131] Joachim Radkau, Natur und Macht. Eine Weltgeschichte der Umwelt, München 2000, S. 306 f.
[132] Zit. nach Karl Ditt, Die Anfänge der Umweltpolitik in der Bundesrepublik Deutschland während
der 1960er und frühen 1970er Jahre, in: Frese/Paulus/Teppe (Hrsg.), Demokratisierung und gesellschaftlicher Aufbruch, S. 305–347, hier S. 311 f.
[133] Mit anderen Worten: „Maßnahmen, die sich zugunsten des Schutzes der Umwelt auswirkten, wurden in der Regel nur dann ergriffen, wenn mehrere Argumente und Interessen zusammentrafen
und in diese Richtung zielten." Bergmeier, Umweltgeschichte, S. 270.

manchmal reaktionärer Grundzug nicht zu übersehen[134], und hier lag auch der
Punkt, wo sich nicht wenige Kommunalpolitiker in der Region Ingolstadt mit den
Natur- und Heimatschützern verständigen konnten, die nicht selten demselben
christlich-konservativen Milieu entstammten wie sie selbst. Der CSU-Bundes-
tagsabgeordnete Franz Gleißner beispielsweise hatte die Resolution der Naturschützer vom 5. Mai 1962 entworfen; in Ingolstadt selbst gehörte der junge Di-
plomforstwirt und spätere Vorsitzende des Bundes Naturschutz in Bayern, Hubert Weinzierl, zu den rührigsten Aktivisten des Deutschen Naturschutzrings beziehungsweise der Schutzgemeinschaft Deutscher Wald[135], dessen Vater niemand
anderer war als Gleißners Fraktionskollege, der Ingolstädter Unternehmer, CSU-
Kreisvorsitzende und Stadtrat Paul Weinzierl. Hilfreich mag auch gewesen sein,
daß sich die Debatte darüber, wie mit den unerwünschten Folgen der Mineralöl-
wirtschaft umzugehen sei, überwiegend als Elitendiskurs vollzog und nicht – wie
vergleichbare Großprojekte in den siebziger Jahren – zur Mobilisierung der Bevölkerung weit über die betroffene Region hinaus führte. Ohne allzu polarisie-
rende Konflikte fiel es leichter, Kompromisse zu schließen, zumal die Natur- und
Heimatschützer keine Fundamentalopposition betrieben[136] und ihre Anliegen
auch bei der politischen Führung nicht auf gänzlich taube Ohren stießen. So
stellte Ministerpräsident Alfons Goppel anläßlich der Fertigstellung der ersten
Raffinerien Ende 1963 ein doppeltes Ziel bayerischer Politik heraus:

„Mit der Inbetriebnahme der ersten Raffinerie im Raum Ingolstadt beginnt für die alte Uni-
versitäts- und Festungsstadt, die sich schon in den letzten Jahren zu einem bedeutenden wirtschaftlichen und kulturellen Mittelpunkt an der Donau entwickelt hat, ein neuer und verhei-
ßungsvoller Abschnitt. […] Durch die geplante Konzentration von Ölraffinerien im Raum
von Ingolstadt soll jedoch die natürliche Schönheit der Landschaft nicht zu sehr beeinträch-
tigt und sollen keine zusätzlichen soziologischen und sozialpolitischen Probleme geschaffen
werden. Die Staatsregierung hat darum schon jetzt mit strengen Bestimmungen Vorsorge für
die Reinhaltung des Wassers und der Luft getroffen, damit für die Bevölkerung in diesem
Raum gesunde und tragbare Wohnverhältnisse gewährleistet bleiben. Trotzdem soll hier ein
wirksamer Schwerpunkt der Industrie Bayerns, besonders der Petrochemie, entstehen."[137]

---

[134] So hieß es etwa in einem erläuternden Artikel zur Resolution vom 5.5.1962: „Über die anprallen-
den Aufgaben hinaus erwägen die Behörden, wie sie […] mit den Schwierigkeiten fertig werden,
die sich aus dem Zuzug ergeben. Mit dem Anrücken fremder Arbeiter wachsen die Probleme: Baracken, Ausländerheime, Kinos, religiöse und soziale Betreuung, polizeiliche und ärztliche Aufsicht, Rotes Kreuz, Unfallstation und Krankenhaus, und als besonders heikel das Konglomerat
von Vorbereitung, das sich aus der Lebensfreude – vor allem aus Tanz, Gesang und Sexualität –
aufdrängt." Wir fordern für den Raum Ingolstadt…, in: Für unsere freilebende Tierwelt. Mitteilungsblatt der Schutzgemeinschaft Deutsches Wild Nr. I/II/56, S. 136ff., hier S. 136; zur im folgenden erwähnten Urheberschaft Franz Gleißners vgl. ebenda.
[135] Stadtarchiv Ingolstadt, A 5237, Schutzgemeinschaft Deutscher Wald (gez. Hans Schregle) an
Oberbürgermeister Listl vom 7. 11. 1962 und Stadtdirektor Kajetan Schweiger an verschiedene
Behörden und Organisationen vom 26. 1. 1966, Betreff: Gewerberechtliche Genehmigung der
Erdölraffinerie Ingolstadt AG – Naturschutz; vgl. auch Hubert Weinzierl, „Wie gern haben wir in
der Donau gebadet." Ingolstädter Erinnerungen, in: Chronik 1250–2000, S. 180f.
[136] So erklärten die Verfasser der Resolution vom 5. 5. 1962: „Wir sind Realisten. Wir fordern die Vorsorge nicht – auch wenn einige von uns es möchten – um der Natur, sondern um der Menschen
willen. Naturschutz ist gleichzeitig Menschen- und Wirtschaftsschutz!" Wir fordern für den
Raum Ingolstadt, S. 137.
[137] Alfons Goppel, Gesunde Wirtschaft auch Nährboden für die Kultur. Zur Eröffnung der ersten
Ölraffinerien in Bayern, in: Öl nach Bayern, S. 2.

Die von Goppel angesprochenen Maßnahmen zum Schutz vor Umwelt- und Gesundheitsschäden fußten vor allem auf Prinzipien, die sich seit den Industrialisierungsschüben des 19. Jahrhunderts herausgebildet hatten. Gefährliche Substanzen oder negative Folgen sollten durch die „Festsetzung von Grenzwerten [...] begrenzt, kanalisiert [...], möglichst großflächig verteilt (z. B. Verteilung von Rauch durch den Bau hoher Schornsteine) oder durch die Anlage von Grünflächen kompensiert werden"[138]. Dabei maßen die Behörden, die letztendlich über die Betriebsgenehmigungen zu entscheiden hatten, drei Problemfeldern besondere Bedeutung zu: der Luftreinhaltung, dem Gewässerschutz und der Landschaftspflege. Was die Luftreinhaltung betrifft, so hatten es Stadtverwaltung und Landratsamt schon früh für nötig gehalten, wissenschaftlichen Rat einzuholen und sowohl beim Deutschen Wetterdienst (Wetteramt München)[139] als auch beim Bundesgesundheitsamt (Institut für Wasser-, Boden- und Lufthygiene) Gutachten in Auftrag gegeben[140]. Das Ergebnis dieser Expertisen fiel einigermaßen ernüchternd aus. So erklärte das Wetteramt München, der Raum Ingolstadt – Neustadt an der Donau sei „klimatisch gesehen [...] nicht besonders günstig für die Zusammenballung von Industrie-Unternehmungen mit hohen Ausschüttungen schädlicher Stoffe". Dafür wurden geringe Windgeschwindigkeiten und „eine relative Luftruhe" ebenso verantwortlich gemacht wie die Neigung zu Inversionslagen und Nebelbildung. Überdies habe man den Standort der beiden Raffinerien im Landkreis nicht eben geschickt gewählt, da sich die schädlichen Effekte für die nahe Stadt bei bestimmten meteorologischen Bedingungen gegenseitig verstärken könnten.

Die Genehmigungs- und Aufsichtsbehörden zogen aus den wissenschaftlichen Gutachten vor allem vier Konsequenzen: Die Betreiber der Raffinerien und Kraftwerke mußten, erstens, hohe Schornsteine errichten, um eine Ableitung und Verteilung der Rauchgase auch bei ungünstigen Witterungsverhältnissen zu gewährleisten; die Kamine der Raffinerien waren 120–150 m hoch, für das Kraftwerk der Bayernwerk AG bei Großmehring wurde sogar eine Schornsteinhöhe von imposanten 200 m vorgeschrieben. Die Betreibergesellschaften verpflichteten sich, zweitens, darauf, strenge Grenzwerte für Schwefeldioxid einzuhalten – den Schadstoff, den man für besonders gefährlich hielt und dessen schädliche Auswirkungen bereits einigermaßen gut erforscht waren; der zulässige Dauerimmissionswert durfte 0,4 Milligramm Schwefeldioxid pro Kubikmeter Luft nicht überschreiten und sollte unter anderem durch den Einsatz schwefelarmen oder entschwefelten Mineralöls erreicht werden. Drittens sahen die Genehmigungsbescheide Maßnahmen gegen Verdunstungsverluste aus den Tanks und Luftverschmutzung durch die unvermeidlichen Gasfackeln der Raffinerien vor. Viertens

[138] Dill, Anfänge der Umweltpolitik, in: Frese/Paulus/Teppe (Hrsg.), Demokratisierung und gesellschaftlicher Aufbruch, S. 310.
[139] Stadtarchiv Ingolstadt, A 5237, Deutscher Wetterdienst (Wetteramt München): Vorläufiger Bericht über die klimatischen Verhältnisse, insbesondere auch im Hinblick auf Wetterverhältnisse und thermische Schichtung der unteren Hektometer der Atmosphäre im Donauraum Ingolstadt – Neustadt, Februar 1962; das folgende Zitat findet sich ebenda.
[140] Stadtarchiv Ingolstadt, A 5167/VIII, Bundesgesundheitsamt (Institut für Wasser-, Boden- und Lufthygiene): Gutachten über die von der Firma Erdölraffinerie Ingolstadt AG bei ihrem Raffinerie-Neubau in Ingolstadt zu fordernden Schornsteinhöhen, Mai 1962.

wurde ein automatisches System zur Überwachung des Schwefeldioxidgehalts der Luft eingerichtet, das in Bayern zur damaligen Zeit seinesgleichen suchte. Fünf stationäre und eine mobile Meßstation in der Umgebung Ingolstadts, zwei Stationen zur Kontrolle der BP-Raffinerie bei Vohburg und drei in der Nähe der Erdölraffinerie Neustadt zeichneten unter den kritischen Augen des TÜV Bayern den Grad der Luftverschmutzung auf, wobei das bayerische Innenministerium Einschränkungen des Betriebs der Raffinerien und Kraftwerke bis hin zur Einstellung der Produktion verfügen konnte, sollten bestimmte Grenzwerte überschritten werden[141].

Das zweite Element, dem die Sorge der Behörden galt, war das Wasser. Gefahren sah man vor allem für die Donau, die bei Ingolstadt bereits sichtlich Anzeichen von Verschmutzung aufwies. Der Fluß sollte als Kühl- und Brauchwasserreservoir ebenso dienen wie als Vorfluter für das Abwasser, so daß ein weiterer Anstieg des Verschmutzungsgrades ebenso wenig auszuschließen war wie eine Erwärmung der Donau und eine Schädigung des Fischbestands. Zudem drohte eine Verunreinigung des Grundwassers durch die Versickerung mineralölhaltiger Flüssigkeiten ins Erdreich nach Unfällen, die sich niemals ausschließen ließen. Die Konsequenzen für die Raffinerien sahen folgendermaßen aus: Getrennte Leitungssysteme für das Kühlwasser, dessen Menge durch den Einsatz neuartiger technischer Verfahren deutlich reduziert wurde, und das in einem aufwendigen mehrstufigen Verfahren – einschließlich einer in diesen Tagen noch seltenen biologischen Reinigungsstufe – zu klärende Prozeßabwasser sollten sicherstellen, daß die Donau nicht weiter belastet wurde. Die Esso-Raffinerie beabsichtige beispielsweise, maximal 100 m³ pro Stunde an geklärtem Abwasser in die Donau einzuleiten, davon bis zu fünf m³ chemisch verunreinigtes Wasser, zehn m³ sanitäres Abwasser, 55 m³ Abschlämmwasser aus dem Kühlkreislauf und 30 m³ Rückspülwasser aus dem Ionen-Austauscher des raffinerieeigenen Kraftwerks[142]. Was den Schutz des Grundwassers anging, so setzte man auf eine Verdichtung des Untergrunds, Betonwannen und Kunststoffdämmungen für die Tanks sowie automatische Warnsysteme gegen Leckagen; Beobachtungsbrunnen in der Nähe der Raffinerien – allein bei der Esso-Raffinerie waren 26 gebohrt worden – sollten ein Übriges dazu tun, Mensch, Tier und Pflanze vor unliebsamen Überraschungen zu schützen.

Derartige Maßnahmen waren kostspielig, aber die Betreibergesellschaften fügten sich und erfüllten die Auflagen, die ihnen von den Genehmigungsbehörden gemacht wurden[143]. Diese beruhigten sich und die Öffentlichkeit ihrerseits mit

---

[141] Vgl. Hans Wech, Luftreinhaltung im Industrieraum von Ingolstadt. Bisherige Ergebnisse der SO₂-Überwachung vor und nach der Inbetriebnahme des Dampfkraftwerkes der Bayernwerk AG, in: Gräfen (Hrsg.), Musteranlagen der Energiewirtschaft, S. 32–39; Kipfelsberger, Ingolstadt – Raffinerien und Umfeld, S. 50–53, und Bergmeier, Umweltgeschichte, S. 170f.

[142] Stadtarchiv Ingolstadt, A 5758, Notiz des Landratsamts Ingolstadt (gez. Regierungsrat Klein) bezüglich der Einleitung des Abwassers der Esso-Raffinerie in die Donau vom 18. 12. 1962.

[143] BayHStA, MWi 21736, Landesplanungsabteilung im bayerischen Wirtschaftsministerium an die Esso AG vom 16. 2. 1962, Landesplanungsabteilung im bayerischen Wirtschaftsministerium an die Deutsche Shell AG vom 20. 2. 1962 und Landesplanungsabteilung im bayerischen Wirtschaftsministerium an die Verwaltung der ERN GmbH vom 14. 6. 1962; MWi 21857, Landesplanungsabteilung im bayerischen Wirtschaftsministerium an die Südpetrol AG vom 27. 4. 1962; MWi 22177, Bezirksplanungsstelle bei der Regierung von Oberbayern an die Landesplanungsabteilung vom

der Feststellung, es seien „alle Maßnahmen getroffen" worden, „die nach neuesten wissenschaftlichen und technischen Erkenntnissen möglich sind", um die erkannten Risiken der Mineralölverarbeitung weitestgehend auszuschalten[144]. Zugleich wurde darauf verwiesen, daß sich die Unternehmen bereit erklärt hätten, ihre Anlagen etwa mit Vorrichtungen zur Rauchgasentschwefelung nachzurüsten, wenn die „technische Entwicklung weit genug gediehen ist"[145].

Zieht man an dieser Stelle eine kurze Zwischenbilanz, so drängt sich die Frage auf, ob das Glas nun halbleer oder halbvoll gewesen ist. Denn zum einen sind die Anstrengungen auf dem Feld der Luftreinhaltung, des Gewässer- und des Bodenschutzes nicht von der Hand zu weisen. Der ehemalige Leiter der Bezirksplanungsstelle bei der Regierung von Oberbayern glaubte sich gar daran zu erinnern, daß diese Fragen bei den Raumordnungsverfahren für die Raffinerien, Pipelines und Kraftwerke „eine hervorragende Rolle" gespielt hätten[146]. Zum anderen läßt sich aber die Tatsache nicht bestreiten, daß Umweltschutz in erster Linie als abhängige Variable anderer Faktoren wie Wirtschaftsstruktur, Gesundheitsschutz oder Heimatschutz definiert wurde und noch wenig eigenes Gewicht gewonnen hatte. Auch die „landesplanerische Tätigkeit war weitgehend von ökonomischen Motiven bestimmt; ökologische Notwendigkeiten waren zwar erkannt und in der Zusammenarbeit mit Naturschutz, Forst- und Landwirtschaft bestätigt", aber noch „kein zentrales Anliegen". Geht man wie Monika Bergmeier vom Leitbild einer „dauerhaft umweltgerechten Entwicklung" aus[147], kann das Urteil nur negativ ausfallen. Stellt man die Anfänge des Raffineriezentrums Ingolstadt dagegen mehr in den Horizont der Zeit, wird man differenzierter argumentieren und auf Lernerfahrungen der Planungs- und Genehmigungsbehörden bei der Umsetzung industrieller Großprojekte, auf Impulse beim technischen Umweltschutz wie die biologische Abwasserklärung und die permanente Überwachung des Schadstoffgehalts der Luft oder die Sensibilisierung für Fragen der Risikofolgenabschätzung verweisen müssen. Gerade solche Entwicklungen stärkten aber den rechtlich-administrativen Unterbau einer künftigen Umweltpolitik.

Der technische Umweltschutz war gewissermaßen die rationale Seite der Medaille, die Landschaftspflege, auf die insbesondere die Natur- und Heimatschützer Wert legten, die emotionale. Dabei ging es freilich nicht in erster Linie um den Erhalt noch intakter Naturlandschaften, sondern vielmehr um Rücksichtnahme auf die angeblichen Bedürfnisse und Empfindlichkeiten erholungssuchender Betrachter, die sich in ihrem Naturerlebnis möglichst wenig gestört fühlen sollten. Allerdings hatte insbesondere das Donautal durch ausgedehnte Rodungen im Zuge des

---

13. 11. 1961 bezüglich der Errichtung eines Dampfkraftwerks der Bayernwerk AG im Raum Ingolstadt und Landesplanungsabteilung im bayerischen Wirtschaftsministerium an die Bayernwerk AG vom 17. 1. 1962; Berninger, ESSO-Raffinerie Ingolstadt, Wilhelm von Ilsemann, Die Shell-Raffinerie Ingolstadt, und Michaelis, Erdöl-Raffinerie Ingolstadt, in: Gräfen (Hrsg.), Musteranlagen der Energiewirtschaft, S. 13 f., S. 20–23 und S. 30 f.; Kipfelsberger, Ingolstadt – Raffinerien und Umfeld, S. 53–57, und Bergmeier, Umweltgeschichte, S. 174 f.

[144] BayHStA, MWi 21736, Auszug aus dem BLD-Kurzdienst Nr. 54 vom 29. 11. 1963: „Gegen Verunreinigung der Luft".

[145] Stadtarchiv Ingolstadt, A 5758, Otto Stinglwagner an Paul Weinzierl vom 19. 4. 1962.

[146] Witzmann, Rückblick, in: Beiträge, S. 78; das folgende Zitat findet sich ebenda, S. 73.

[147] Bergmeier, Umweltgeschichte, S. 17–21.

Festungsbaus oder die Ausbeutung der Kiesvorkommen bereits so stark gelitten, daß Experten von einer „Kultursteppe", ja einer „kranken Landschaft" sprachen[148]. Die Raffinerie- und Kraftwerksbauten mußten hier eine zusätzliche Belastung erster Ordnung darstellen, zumal sie überwiegend in einer „noch bäuerlich" geprägten Umgebung aus dem Boden wuchsen, die – so befürchtete die Regierungsstelle für Naturschutz – „durch Industrieanlagen sicherlich auffallendster Art zerrissen wird"[149]. Daher insistierten die Verfechter des Landschaftsschutzes besonders nachdrücklich auf kompensatorischen Maßnahmen. Dies traf für Organisationen wie den Deutschen Naturschutzring oder die Schutzgemeinschaft Deutscher Wald, die „zum Schutz der Bevölkerung" die Anlage eines „Grünsystems" forderte, ebenso zu wie auf prominente Fürsprecher „unserer Heimat", aus der durch den Bau der Raffinerien „wieder große Flächen [...] herausgeschlagen" würden, wie für Alwin Seifert[150]. Der Professor für Landschaftspflege, Landschaftsgestaltung sowie Straßen- und Wasserbau an der Technischen Hochschule München hatte bereits während des Dritten Reiches als enger Mitarbeiter Fritz Todts und „Reichslandschaftsanwalt" seine romantisierenden, völkisch-konservativen Überzeugungen von Landschaftsarchitektur bei Großprojekten wie dem Autobahnbau in die Tat umsetzen können und gehörte in den Anfangsjahren des westdeutschen Staates als Vorsitzender des Bundes Naturschutz in Bayern zu den einflußreichsten Naturschützern der Bundesrepublik[151]. Als Seifert von den großen Plänen in der Region Ingolstadt erfuhr, schrieb er in einem anachronistisch anmutenden Jargon an die Oberste Baubehörde im bayerischen Innenministerium:

„Von den großen Baustellen werden riesige Mengen von Mutterboden abgeschoben werden, an sich ein durch nichts ersetzbares Volksgut, für das aber kaum eine seinem Wert entsprechende Verwendung bestehen wird. Ich schlage nun vor, diese Mutterbodenmasse rings um die Anlagen zu einem mehr oder minder hohen, nicht allzu steil geböschten Wall zusammenzuschieben und diesen geschlossen mit Laubwald aufzuforsten. [...] Die großen Kraftwerksgesellschaften in Bayern haben im allgemeinen die Notwendigkeit und Verpflichtung eingesehen, ihre Freiluftschaltanlagen durch eine ringsum laufende dichte Bepflanzung dem Einblick zu entziehen. Dem viel tolleren Gewirr von Röhren, Zylindern usw. einer Raffinerie aber tut es noch viel wohler, daß es hinter hohen Laubbäumen verschwindet. Diese möglichst große Blättermasse der Umwallung des Werksgeländes hat weiterhin die Aufgabe, im Naturhaushalt einen Ersatz für die bisherigen landwirtschaftlichen Kulturen zu geben. Wie man schon vom Eisenbahnzug südlich von Köln feststellen kann, gehen von Erdöl-Raffinerien keineswegs erfreuliche Düfte und Dünste aus. Diese werden nach nun schon alter Erfahrung zu einem erheblichen Teil auf den Blättern von Bäumen niedergeschlagen und mit dem nächsten Regen in den Boden gewaschen."[152]

---

[148] Raumordnungsplan Mittelbayerisches Donaugebiet (1965), S. 228.
[149] BayHStA, MWi 21736, Landesplanungsabteilung im bayerischen Wirtschaftsministerium an die Deutsche Shell AG vom 20. 2. 1962.
[150] Stadtarchiv Ingolstadt, A 5237, bayerisches Innenministerium an die Regierungen von Oberbayern und Niederbayern vom 18. 4. 1962.
[151] Vgl. Thomas Zeller, Straße, Bahn, Panorama. Verkehrswege und Landschaftsveränderung in Deutschland von 1930 bis 1990, Frankfurt am Main/New York 2002, S. 77–111, und Bergmeier, Umweltgeschichte, S. 158.
[152] Stadtarchiv Ingolstadt, A 5237, bayerisches Innenministerium an die Regierungen von Oberbayern und Niederbayern vom 18. 4. 1962; das folgende Zitat findet sich ebenda.

Mit Umweltschutz im Sinne des Wortes hatte dieser Ansatz wenig zu tun. Gleichwohl fanden Seiferts Forderungen so große Resonanz bei Naturschutzbehörden, Kommunalpolitikern und Ministerialbeamten, daß das bayerische Innenministerium die nachgeordneten Mittelbehörden anwies, „die Ölgesellschaften, welche die Raffinerien betreiben, [...] darauf aufmerksam zu machen, daß zum Schutz des Orts- und Landschaftsbildes die Verwirklichung der von Prof. Seifert vorgeschlagenen Maßnahmen gewünscht wird". Tatsächlich gaben die Betreibergesellschaften schließlich mehrere hunderttausend DM für die Anlage von Grüngürteln, Aufforstung oder die Bepflanzung von Erdwällen aus[153], also für Maßnahmen, die auch dem Konzept der Landesplaner entgegenkamen, aus Ingolstadt ein „Industriezentrum im Grünen" zu machen und die Verbindung der Stadt mit dem Umland durch „grüne Zungen" in alle Richtungen offenzuhalten[154].

Doch mit diesen eher konservativen Interventionen war es nicht getan; die Landschaftsschützer experimentierten auch mit dem modernen Instrumentarium der Farbenpsychologie und Farbendynamik, um die Raffinerien optimal in die Landschaft einzupassen. Diese Initiative ging auf eine Anregung des Landratsamts Ingolstadt zurück und wurde von den Betreibergesellschaften bereitwillig aufgegriffen. Ein Kunstmaler aus Ingolstadt fungierte als „Farbberater", dessen Aufgabe es war, Vorschläge zu unterbreiten, um „den Koloß aus Stahl und Eisen" unter farboptischen Gesichtspunkten „so harmonisch wie möglich zu gestalten und seiner Umgebung anzupassen"[155]. Wie so oft in diesen Jahren, hielten sich Tradition und Fortschritt zumindest nach außen hin auch diesmal die Waage. Auf der einen Seite versuchten die Landschaftsschützer, verletzende Gegensätze durch frisches Grün zu vermeiden, auf der anderen war ein Konzern wie die Esso AG mutig genug zu erklären, es sei falsch, „eine Raffinerie hinter einem dichten Wall von Bäumen zu verstecken" – das habe ein solches „Wunderwerk der Technik" nicht nötig –, und statt dessen offensiv mit neuen Verfahren wie der Farbenpsychologie zu werben; nach außen, um dem neugierigen Betrachter ein interessantes Bild zu bieten, und nach innen, um die Belegschaft „selbst an trüben Tagen" zu „Aktivität" anzuregen, etwaige „Arbeitsmonotonie" aufzulockern und eine „positive Gemütsansprache" zu gewährleisten.

Der Akzeptanz der industriellen Fremdkörper war diese Doppelstrategie jedenfalls alles andere als abträglich, zumal sie der Selbstdarstellung der bayerischen Staatsregierung als zugleich fortschrittsoffen und traditionsverhaftet entsprach. Das Raffineriezentrum sei „trotz scheinbarer Ballung aufgelockert angelegt und harmonisch in die Landschaft eingefügt worden", berichtete Wolfram Hausmann 1968 in der „Geographischen Rundschau"[156]. Andere Stimmen sprachen von einer „Industrie im Grünen"[157], von einer glücklichen „Synthese von Natur und Industrie"[158] oder feierten gar das friedliche „Nebeneinander von Schornstein und

---

[153] Vgl. Landkreis Ingolstadt (1971), S. 49.
[154] Wolfgang Helwig, Ingolstadt – ein Industriezentrum im Grünen, in: Öl nach Bayern, S. 20.
[155] Farbe im Dienste guter Nachbarschaft, in: Esso-Raffinerie Ingolstadt. Sonderbeilage des Donau-Kurier zur Einweihung am 22. 4. 1964, S. XII.
[156] Hausmann, Süddeutschlands neues Raffineriezentrum, S. 209.
[157] Kipfelsberger, Ingolstadt – Raffinerien und Umfeld, S. 20.
[158] In vier Jahren vom Reißbrett zu voller Produktion, in: Esso-Raffinerie Ingolstadt, S. 1.

Pflug"[159]. Tatsächlich legte sich die Skepsis gegen die Raffinerien, die in der Bevölkerung zunächst deutlich zu spüren gewesen war, um so mehr, je weiter der Bau der Anlagen voranschritt. Dafür war eine gewisse Gewöhnung ebenso verantwortlich wie eine zunehmend freundliche Berichterstattung in der Lokalpresse und die Werbestrategie der Betreibergesellschaften, die „nichts unversucht" ließen, um Bürger wie Kommunalpolitiker „oil minded" zu stimmen[160]. Die Deutsche Shell lobte ihre Raffinerie etwa als modernstes „Musterbeispiel für Sauberkeit und Sicherheit. Um die neue Shell-Raffinerie" werde „die Luft rein sein" und „auch das Wasser sauber bleiben". Weiter hieß es in einer großformatigen Zeitungsanzeige: „Die Shell war stets ein Schrittmacher des Fortschritts. Wo sie baute, eröffneten sich neue wirtschaftliche Perspektiven für Land und Landschaft und auch für manchen einzelnen. Auch diesmal wird es nicht anders sein."[161]

Geschickt inszenierte Auftritte von Spitzenpolitikern und geistlichen Würdenträgern taten ein übriges, um noch vorhandene Ängste abzubauen, wobei dem Segen der Kirche in einer katholisch geprägten Region wie dem Mittelbayerischen Donaugebiet besondere Bedeutung zukam. Als Ende November 1963 die Shell-Raffinerie bei Großmehring feierlich ihrer Bestimmung übergeben wurde, bildete eine Ansprache des zuständigen Bischofs von Regensburg, Rudolf Graber, zum Thema Kirche und Technik den „Kern des Festaktes". Ausgehend vom „aggiornamento", der Hinwendung der Kirche zur Welt und den Problemen der Gegenwart, als dem zentralen Anliegen des Zweiten Vatikanischen Konzils, erklärte der Bischof, es sei nötig, „daß sich die Kirche von heute auch der Technik gegenüber öffne. Die industrielle Evolution sei nichts anderes als die Fortführung der Schöpfung Gottes." Nachdem er seine Ausführungen beendet hatte, schritt Bischof Graber „in vollem Ornat und begleitet von Ministranten mit Kreuz und Weihwasser durch die Produktionsanlagen und sprach die dafür vorgesehenen Gebete und Fürbitten"[162]. Die Bedeutung dieser symbolischen Handlungen für die Technikakzeptanz der Bevölkerung ist nicht zu unterschätzen. Denn wer wollte noch im dumpfen Argwohn verharren, wenn sich selbst der Bischof der neuen Zeit nicht verschloß?

Mittel- und langfristige Struktureffekte

Dies half nicht zuletzt bei der Anwerbung von Arbeitskräften, die davon überzeugt werden mußten, „daß die Arbeit bei einer Raffinerie weit ungefährlicher ist, wie allgemein angenommen wird"[163]. Raffinerien waren freilich weniger arbeits- als kapitalintensive Produktionsstätten; aufgrund des für damalige Verhältnisse

---

[159] Vgl. Landkreis Ingolstadt (1971), S. 59.

[160] Bößenecker, Bayern, Bosse und Bilanzen, S. 37.

[161] Donau-Kurier vom 23. 10. 1962, Wirtschaftsbeilage, S. 13: Anzeige der Deutschen Shell AG.

[162] Donau-Kurier vom 26. 11. 1963: „Diese Ölraffinerie diene den Menschen"; eine ähnliche Zeremonie fand einige Wochen später statt, als der Eichstätter Bischof Joseph Schröffer und der evangelische Oberkirchenrat Hans Schmidt die Raffinerie der Esso AG weihten, die der Bischof bei dieser Gelegenheit als imponierendes „Werk neuzeitlicher Technik" und „Teil der Erfüllung der göttlichen Weisung" pries, „die Welt zu erschließen". Donau-Kurier vom 14. 12. 1963: „Raffinerie Teil des Schöpfungsauftrages".

[163] BWA, IN 6/3, Aktennotiz über einen Besuch der Herren Lünenschloß und Reuter (Esso AG) beim Industrie- und Handelsgremium Ingolstadt am 20. 9. 1961.

hohen Automatisierungsgrades lag die Belegschaftsstärke zwischen 250 Beschäftigten bei der BP-Raffinerie Vohburg und 400 bei der Erdölraffinerie Neustadt[164], wobei sich die Investitionen für einen Arbeitsplatz auf etwa 800000 DM beliefen[165]. Insgesamt waren Ende der sechziger Jahre ungefähr 1650 Arbeiter und Angestellte in den fünf Raffinerien und noch einmal um die 300 in den beiden Kraftwerken beschäftigt. Die Rekrutierung des Raffineriepersonals erfolgte auf zwei Wegen. Führungskräfte und unverzichtbare Spezialisten wie Pumpen- und Turbinenschlosser oder Meß- und Regelungstechniker wurden aus anderen Produktionsstätten der Betreibergesellschaften nach Bayern versetzt oder – insbesondere von der ERIAG, die sich nicht auf deutsche Schwesterraffinerien stützen konnte – auf dem freien Markt angeworben[166]. Etwa 25 bis 40 Prozent der Belegschaften zogen so von außerhalb zu, der Rest stammte aus der Region. Dabei handelte es sich überwiegend um Arbeitskräfte, die geringerwertige Tätigkeiten verrichten sollten, und es gab offensichtlich keine Probleme, geeignete Bewerber zu finden. Dazu trug sicherlich die Tatsache bei, daß die Mineralölkonzerne neben sicheren Arbeitsplätzen mit betrieblichen Sozialleistungen lockten, die in der Region ansonsten nur Großbetriebe wie die Auto Union bieten konnten. Die Esso AG warb etwa mit einem 13. Monatsgehalt, mit Lohnfortzahlung im Krankheitsfall auch für Arbeiter und mit einer betrieblichen Zusatzrente; insgesamt könne selbst eine Hilfskraft einschließlich des Wohnungszuschusses und anderer Zulagen etwa 800 DM verdienen[167]. Die künftigen Raffineriearbeiter wurden zunächst in einer anderen Produktionsstätte der jeweiligen Betreibergesellschaft auf ihre neue Aufgabe vorbereitet und mußten ihre Heimat dafür bis zu 12 Monate verlassen. Später gingen die Raffinerien im Raum Ingolstadt dazu über, selbst auszubilden. Neben Schulabgängern und Handwerkern bot sich dabei auch Arbeitskräften eine Chance, die bisher in der Landwirtschaft ihr Brot verdient hatten, sich nun aber neu orientieren wollten oder mußten. Wie in der Automobilindustrie so wurden auch in der Mineralölverarbeitung ihre Motivation und ihre Anpassungsfähigkeit geschätzt. Der Personalchef der BP-Raffinerie in Vohburg erklärte gar, er stelle bevorzugt Landwirtssöhne ein, „da er gute Erfahrungen bezüglich ihrer Arbeitshaltung gemacht" habe und sie für einen Menschentypus halte, „der noch nicht so verstädtert" sei[168].

Auf die ganze Region bezogen, gingen von den Kraftwerken und Raffinerien allerdings keine nachhaltigen Impulse für den Arbeitsmarkt aus. Insbesondere in

---

[164] Vgl. Hausmann, Süddeutschlands neues Raffineriezentrum, S. 208. Zur Zahl der Beschäftigten bei den beiden Kraftwerken liegen keine genauen Angaben vor; meine Angabe beruht auf einer Schätzung nach: Landkreis Ingolstadt (1971), S. 53, und Adalbert Niedenzu, Hazardwirkung und Hazardeinstellung, dargestellt am Beispiel der Raffinerien und Ölkraftwerke im Raum Ingolstadt, in: ders./Heinrich Stöckl/Robert Geipel: Wahrnehmung und Bewertung sperriger Infrastruktur, Kallmünz/Regensburg 1982, S. 17–90, hier S. 21.

[165] BWA, IN 6/3, Aktennotiz über einen Besuch der Herren Lünenschloß und Reuter (Esso AG) beim Industrie- und Handelsgremium Ingolstadt am 20. 9. 1961.

[166] Vgl. Kipfelsberger, Ingolstadt – Raffinerien und Umfeld, S. 63–68; In vier Jahren vom Reißbrett zu voller Produktion, in: Esso-Raffinerie Ingolstadt, S. 1 f.; Berninger, ESSO-Raffinerie Ingolstadt, Ilsemann, Shell-Raffinerie Ingolstadt, und Michaelis, Erdöl-Raffinerie Ingolstadt, alle drei Beiträge in: Gräfen (Hrsg.), Musteranlagen der Energiewirtschaft, S. 14, S. 20 und S. 31.

[167] BWA, IN 6/3, Aktennotiz über einen Besuch der Herren Lünenschloß und Reuter (Esso AG) beim Industrie- und Handelsgremium Ingolstadt am 20. 9. 1961.

[168] Zit. nach Kipfelsberger, Ingolstadt – Raffinerien und Umfeld, S. 67.

der Kernzone des prosperierenden Wirtschaftsraums Ingolstadt fielen die neuge-
schaffenen Arbeitsplätze angesichts der Stärke des industriellen Sektors nicht
wirklich ins Gewicht. In Vohburg und Neustadt an der Donau hingegen, in den
eher peripheren Teilen der Landkreise Pfaffenhofen und Kelheim, kam den beiden
hier erbauten Raffinerien und dem Kraftwerk der Isar-Amperwerke eine erheblich größere struktur- und arbeitsmarktpolitische Bedeutung zu, entstanden hier
doch zwei neue Wachstumskerne, die den ländlichen Raum stärkten und den
Agrarstrukturwandel im diesem Teil des Mittelbayerischen Donaugebiets erleichterten. Politiker und Landesplaner setzten freilich hinsichtlich der beschäfti-
gungswirksamen Effekte weniger auf die mineralölverarbeitenden Betriebe selbst
als auf die Nachfolgeindustrie. Das Erdöl, so erwartete man im Herbst 1962,
würde wie ein „Magnet" wirken und neue Unternehmen ebenso unwiderstehlich
anziehen wie Arbeitsplätze. Die Bezirksplanungsstelle bei der Regierung von
Oberbayern rechnete fest damit, daß sich die Zahl der Industriebeschäftigten in
der Region „in absehbarer Zeit" von 21 000 auf 30 000 erhöhen würde[169].
    Tatsächlich gab es Entwicklungen, die einen solchen Optimismus zu rechtferti-
gen schienen, da sich „im Troß der Raffinerien" schon früh Betriebe im Raum Ingolstadt niederließen, die auf eine dauerhafte Symbiose mit der mineralölverarbeitenden Industrie hofften. In Kösching errichtete beispielsweise die Eisenfaßfabrik
Hamburg GmbH ein Zweigwerk zur Herstellung großer Metallbehälter, in Lenting eröffnete mit der Vereinigten Rohrleitungsbau GmbH ein führendes Unternehmen auf dem Feld des industriellen Rohrleitungsbaus für Kraft- und Hüttenwerke, Raffinerien oder Pipelines eine Dependance; Rohrleitungen fertigte auch
die Südrohrbau in Unsernherrn, während die Mannesmann-Stahlblechbau
GmbH seit September 1961 in Wolnzach (Landkreis Pfaffenhofen) Lagertanks
produzierte. Dazu rechnete man mit einem Wachstum meist kleiner Reparatur-
und Wartungsbetriebe für die Raffinerien und ihre Tanklastzugflotten sowie mit
einem Aufschwung von Handel und Dienstleistungswesen in der Stadt Ingolstadt,
der mit neuen Filialen der Deutschen Bank und der Dresdner Bank bereits begonnen hatte[170].
    Der eigentliche Schub sollte aber von der chemischen Industrie ausgehen, die in
den sechziger Jahren zu den dynamischsten Branchen der deutschen Industrie gehörte. Mit der Errichtung des Raffineriezentrums galt auch die Ansiedlung petrochemischer Produktionsstätten „als sicher". Dabei gab es kaum konkrete Anzeichen für den erwarteten Dominoeffekt, die diese Zuversicht gerechtfertigt hätten.
Anfragen und Sondierungen bei Mineralöl- und Chemiekonzernen ließen im Gegenteil eine vorsichtige Zurückhaltung der Unternehmen erkennen, die entweder
noch abwarten wollten oder noch keine diesbezüglichen Überlegungen angestellt
hatten. Pläne der BASF für ein Zweigwerk in Bayern „seien bis jetzt noch nicht
über das Stadium theoretischer Erwägungen hinausgekommen" und auch über
einen Standort im Mittelbayerischen Donaugebiet sei noch nicht gesprochen wor-

---

[169] Donau-Kurier vom 23. 10. 1962, Wirtschaftsbeilage, S. 13: „Magnet Öl"; zum folgenden vgl.
    ebenda und Falkner, Bedeutung, S. 20 f.
[170] StA München, Arbeitsamt Ingolstadt 1446, Arbeitsamt Ingolstadt an den Präsidenten des Landes-
    arbeitsamts Südbayern vom 31. 7. 1961; das folgende Zitat findet sich ebenda.

den[171], hieß es in einem Schreiben der Landesplanungsabteilung im bayerischen Wirtschaftsministerium. Die Esso AG betonte dagegen kurz bevor ihre Raffinerie im Landkreis Ingolstadt angefahren wurde, es sei zum „gegenwärtigen Zeitpunkt natürlich schwer, Voraussagen für die zukünftige wirtschaftliche Entwicklung" der Region zu machen. „Aufgrund unserer bisherigen Erfahrungen" glaubte das Unternehmen aber immerhin „feststellen zu können, daß die Planung von Nachfolgebetrieben erst dann anläuft, wenn die Raffinerie bereits einige Zeit im Betrieb ist"[172]. Vertreter der Deutschen Shell äußerten sich ähnlich vage[173], während die Geschäftsführung der ERIAG die Landesplanungsabteilung im September 1963 lapidar wissen ließ: „Über Nachfolgeindustrien können z. Zeit noch keine Angaben gemacht werden."[174]

Vier Jahre später wartete man in Ingolstadt noch immer auf die petrochemische Industrie. Die Experten von „Prognos", dem europäischen Zentrum für angewandte Wirtschaftsforschung in Basel, bei dem die Stadtverwaltung ein Gutachten über die Entwicklung von Wirtschaft, Bevölkerung und Infrastruktur im Raum Ingolstadt in Auftrag gegeben hatte, konnten den Stadtvätern im September 1967 auch wenig Hoffnung machen, daß diese Wartezeit bald vorüber sein würde[175]. Die Region verfüge zwar über wichtige notwendige Voraussetzungen für die Ansiedlung petrochemischer Betriebe wie die Nähe zu den Raffinerien oder ein reichliches Angebot an Kühl- und Brauchwasser. Allerdings fehle es an qualifizierten Arbeitskräften, die für diesen Industriezweig besonders wichtig seien, und an Möglichkeiten, die Produktion neuer Werke mit bereits bestehenden Komplexen der chemischen Industrie zu vernetzen. Um der Gefahr einer unbequemen Inselbildung zu entgehen, entschieden sich die Unternehmen daher lieber dafür, weiterhin auf den Rhein als traditionelle „Chemiestraße" und etwa auf Antwerpen oder Rotterdam mit ihren Häfen für See- und Binnenschiffahrt als Standorte für neue Produktionsstätten zu setzen. Entscheidend aber war für die Verfasser der „Prognos"-Studie ein anderer Faktor: die Strompreise. Erst wenn es gelinge, die auch im internationalen Vergleich hohen Kosten für elektrischen Strom entscheidend zu senken, werde Ingolstadt als Standort wirklich interessant. Zur „Verbesserung der Energiesituation im Ingolstädter Raum" hatte „Prognos" auch ein Patentrezept parat, das in diesen Tagen noch nicht einmal hybrid klang: den Bau von Kernkraftwerken.

Ende der sechziger Jahre zeigten sich dennoch erste Ansätze dafür, daß sich der Traum von der Petrochemie auch ohne derartige Vorleistungen doch noch erfüllen

[171] BayHStA, MWi 22177, Landesplanungsabteilung im bayerischen Wirtschaftsministerium (gez. Klaus Mayer) an das bayerische Innenministerium vom 27. 3. 1962.
[172] BayHStA, MWi 21739, Esso AG (Zentrale – Fabrikation) Hamburg an die Landesplanungsabteilung im bayerischen Wirtschaftsministerium vom 12. 12. 1963. Ähnlich hatte sich ein Vertreter der Esso AG bereits 1961 auf eine Frage von Landrat Otto Stinglwagner geäußert; MWi 21737, Protokoll der Besprechung über Verkehrsfragen im Zusammenhang mit der Errichtung von Erdölraffinerien und eines Dampfkraftwerks im Raum Ingolstadt am 26. 4. 1961.
[173] BayHStA, MWi 21739, Deutsche Shell AG Hamburg an die Landesplanungsabteilung im bayerischen Wirtschaftsministerium vom 7. 11. 1963.
[174] BayHStA, MWi 21739, ERIAG an die Landesplanungsabteilung im bayerischen Wirtschaftsministerium vom 16. 9. 1963.
[175] Vgl. Uebe/Furler, Wirtschaft, Bevölkerung und Infrastruktur, S. 125–137; das folgende Zitat findet sich auf S. 133; vgl. auch Süddeutsche Zeitung vom 24./25. 2. 1968: „Die Industrie bleibt aus".

könnte. Zunächst baute die BP bis September 1968 in Verbindung mit ihrer Raffinerie in Vohburg eine Anlage zur Herstellung eines Grundstoffs für Polyesterfasern und -fäden auf, die in der Textilindustrie Verwendung fanden. Dann entschloß sich der Chemieriese Hoechst, zusammen mit den Süddeutschen Kalkstickstoffwerken bei Münchsmünster im Landkreis Pfaffenhofen an der Ilm einen Komplex zur Produktion von Acrylnitril zu errichten, das wiederum zur Herstellung der Kunstfaser Dolan benötigt wurde; Investitionen von 500 Millionen DM waren hierfür veranschlagt. Die Betriebsstätten, die von der Erdölraffinerie Neustadt über ein Pipelinesystem mit den nötigen Vorprodukten versorgt wurden und über eine Produktenleitung für Ethylen auch mit dem bayerischen Chemiedreieck zwischen Inn und Salzach verbunden waren, konnten im April 1973 angefahren werden[176]. Wieder hoffte man – in Ingolstadt wie in der bayerischen Staatskanzlei[177] –, daß mit der Entscheidung für Münchsmünster „das Eis [...] gebrochen" sei; schließlich lehre die Erfahrung, „daß in der Chemie die erste Investition bald die nächste auslöst"[178].

Weitere petrochemische Anlagen entstanden jedoch nicht, und auch die blauäugigsten Kommunalpolitiker mußten an einem bestimmten Punkt einsehen, daß es nicht gelingen würde, die mineralölverarbeitende Industrie zu einem tragfähigen zweiten Standbein neben den konjunkturanfälligen Branchen Maschinen- und Straßenfahrzeugbau zu entwickeln. Wie nötig dies jedoch gewesen wäre, zeigte die Rezession des Jahres 1966/67, welche die „strukturelle Schwäche unseres Wirtschaftsraumes" habe „stärker in den Vordergrund treten lassen als in anderen Bereichen unseres Landes", wie der Oberbürgermeister Ingolstadts im Mai 1968 erklärte[179].

Die Leistungsbilanz der Raffinerien, die ihre Kapazität bis Ende der sechziger/Anfang der siebziger Jahre merklich gesteigert hatten, las sich zwar durchaus eindrucksvoll: Im Januar 1972 gab die Esso AG bekannt, ihre Raffinerie bei Ingolstadt habe in acht Jahren 25 Millionen t an Erdölprodukten erzeugt und davon 15 Millionen t in 350000 Kesselwagen der Bahn abtransportiert, und die Shell-Raffinerie verkündete im Dezember 1973 anläßlich ihres zehnjährigen Bestehens, bisher 24 Millionen t Rohöl verarbeitet zu haben. Noch imposantere Zahlen lieferte die Erdölraffinerie Neustadt, die sogar den Durchsatz von 32 Millionen t Rohöl zwischen 1964 und 1974 meldete. Andererseits legte die Texaco ihre Pläne ad acta, in Schwaig bei Münchsmünster 500 Millionen DM für eine sechste Raffinerie in der Region mit einer Verarbeitungskapazität von fünf Millionen t Rohöl jährlich zu investieren. Mit dieser Entscheidung zeigte sich endgültig, daß der Markt gesättigt war und die Attraktivität des Energiezentrums Ingolstadt ihre Grenzen erreicht hatte. Der Ölboom, so könnte man auch sagen, blieb auf halbem

---

[176] Vgl. Ingolstadt plant und baut 1966–1971, S. 35, und Ingolstadt plant und baut 1972–1982, S. 23; zum folgenden vgl. ebenda, S. 23 f.

[177] BayHStA, Stk 15325, Notiz „Aktuelle Probleme im Raume Ingolstadt – allgemeine Wirtschaftsentwicklung und Entwicklungsziele" zur Vorbereitung des offiziellen Besuchs von Ministerpräsident Alfons Goppel in Ingolstadt am 5. 12. 1969.

[178] Horst Uhlmann, Kraftspender für die Wirtschaft. Neue Energiequellen werden erschlossen, in: Bayern baut an der Zukunft, S. 13.

[179] Stadtarchiv Ingolstadt, A 6869, Ansprache von Oberbürgermeister Otto Stinglwagner anläßlich der Verleihung der Ehrenbürgerwürde an Otto Schedl am 14. 5. 1968.

Wege stecken. Diese Entwicklung hätte unter Umständen zu beträchtlichen Verlusten und Fehlsteuerungen führen können, rechneten Planungsbehörden, Rathäuser und Landratsämter doch mit einem ungebremsten Wachstum. In Ingolstadt ging man beispielsweise von der letztlich viel zu optimistischen Annahme aus, daß die Zahl der Einwohner von 62000 im Jahr 1962 auf 100000 im Jahr 1980 anwachsen würde[180]. Diesen Annahmen entsprechend, waren die verantwortlichen Kommunal- und Landespolitiker zu kostspieligen Investitionen bereit. Wo diese Erschließungs- und Infrastrukturmaßnahmen durchgeführt wurden, kamen sie freilich nicht selten einem dankbaren Abnehmer zugute, um den es im Zuge des Spektakels um die „Ölstadt Ingolstadt"[181] eher still geworden war, der sich aber in der zweiten Hälfte der sechziger Jahre als Triebfeder für Wachstum und Beschäftigung erweisen sollte: der Automobilindustrie.

Die Errichtung des Raffineriezentrums im Mittelbayerischen Donaugebiet war von Anfang an kein regionales, sondern ein „bayerisches Industrieprojekt"[182], mit dem sich spezifische Hoffnungen auf langfristige Struktureffekte verbanden. Diese Erwartungen wurden zu einem guten Teil erfüllt. Politisch kamen Pipelinebau und Mineralölindustrie der Staatsregierung im allgemeinen und ihrer Wirtschaftspolitik im besonderen zugute, die sich durch ihre unabhängige Energiepolitik vielleicht nicht beliebt gemacht[183], aber doch Respekt verschafft hatte. Ökonomisch stärkten sie die Attraktivität des bayerischen Wirtschaftsraums, der zunehmend als Wachstumszone wahrgenommen wurde, in der Investitionen lohnten. Zudem erhöhte sich die Versorgungssicherheit bei Kraftstoffen und anderen Mineralölprodukten in dem Maße, wie sich die Transportwege verkürzten; bereits 1966 konnten die vier bis dahin fertiggestellten Raffinerien 87 Prozent des bayerischen Bedarfs decken[184]. Auch die Möglichkeit, verstärkt mit Heizöl oder Raffineriegas betriebene Kraftwerke bauen und die Gasversorgung von Großstädten wie München oder Regensburg verbessern zu können, stand auf der Habenseite zu Buche. Insgesamt konnte die Energiebasis für Unternehmen und private Verbraucher deutlich verbreitert werden, was in einer Zeit, in der ein steigender Energieverbrauch als Indikator für Fortschritt stand, bereits als Erfolg gewertet wurde[185]. Wie stark die Wachstumsimpulse aber wirklich waren, die vom Energiezentrum in der Region Ingolstadt ausgingen, ist schwer zu sagen, zumal sich die genauen Auswirkungen der neuen Raffinerien und Kraftwerke auf das Energiepreisniveau in Bayern nur schwer bestimmen lassen. Fest steht jedoch, daß

[180] Vgl. Wolfgang Helwig, Grundzüge des Raumordnungsplanes „Industrieregion Ingolstadt", in: Aufgaben und Ziele der Raumordnungspolitik. Grundzüge der Raumordnungspläne in Bayern, München 1962, S. 7–10, hier S. 7.
[181] Donau-Kurier vom 8. 11. 1962: „Raffineriebau auf den Bildschirmen".
[182] AdbL, Protokolle des Ausschusses für Wirtschaft und Verkehr, Sitzung am 22. 3. 1962 (Fritz Böhm, SPD).
[183] Vgl. Deutinger, Lebensfrage, in: Schlemmer/Woller (Hrsg.), Erschließung, S. 70.
[184] Vgl. Ingolstadt baut auf 1960–1965, S. 24.
[185] Das Wirtschaftsministerium hielt lange an dieser Position fest und wehrte sich noch 1974 gegen die Aufnahme lufthygienischer Planungsziele zur Steuerung der Ansiedlung emittierender Industriebetriebe und Energieanlagen mit dem Argument, dadurch würde der „notwendige Ausbau der bayer. Energieversorgung [...] außerordentlich behindert". BayHStA, Stk 17005, Ministerialdirektor Dr. Heitzer (bayerisches Wirtschaftsministerium) an das Staatsministerium für Landesentwicklung und Umweltfragen vom 16. 1. 1974.

zumindest in der Umgebung der Raffinerien der Preis für Benzin und Diesel günstiger war als anderswo[186] und daß sich die durchschnittliche Differenz der Verbraucherpreise für schweres Heizöl zwischen München und Düsseldorf in den Jahren 1964 und 1965 von 14,20 DM auf 6,75 DM halbierte; auch bei extra leichtem Heizöl zeigte die Preisdifferenz eine abnehmende Tendenz, wenn auch weniger deutlich[187].

Die mittelfristigen Struktureffekte, die sich aus der Errichtung des Raffinerie- und Energiezentrums für die Region Ingolstadt ergaben, waren ebenfalls gewichtig, obwohl sich die ehrgeizigen Träume von Petrochemie und Kunststoffindustrie nicht erfüllten. Doch auch die bestehenden mineralölverarbeitenden Produktionsstätten, die beiden Kraftwerke, die raffinerienahe Infrastruktur wie das Tanklager und die Kopfstation der TAL in Lenting sowie Betriebe, die bestimmte Serviceleistungen oder spezielle Produkte für die Raffinerien anboten, brachten zusätzliches Wirtschaftswachstum, Arbeitsplätze und neue Kaufkraft in die Region. Allein die Raffinerie der Esso AG gab 1966 in Bayern 22 Millionen DM für Löhne, Mieten und Aufträge aller Art aus, von denen 13 Millionen DM in der Stadt und im Landkreis Ingolstadt verblieben[188]. Daneben profitierten zumindest die Gemeinden, in deren Grenzen sich neue Industriebetriebe angesiedelt hatten, von den Einnahmen aus der Gewerbesteuer. Für eine Stadt wie Ingolstadt, die aus mehreren Quellen schöpfen konnte, bedeutete die ERIAG eine willkommene Verbreiterung der fiskalischen Basis, für die zumeist bäuerlich geprägten Gemeinden des Landkreises, deren Einnahmen weniger auf der Gewerbesteuer als auf der mageren Grundsteuer beruhten, war es dagegen gleichsam ein Quantensprung, wenn sie einen Betrieb von veritabler Größe für sich gewinnen konnten. Die Raffinerie der Deutschen Shell AG lag beispielsweise größtenteils auf der Flur von Demling, einer kleinen Gemeinde mit weniger als 400 Einwohnern, die etwa zehn Kilometer von Ingolstadt entfernt war und später nach Großmehring eingemeindet wurde[189]. Die Ansiedlung der Raffinerie spülte jährlich 120 000 DM in die Gemeindekasse; dazu kamen noch nicht unbeträchtliche Einnahmen von Wartungs- und Instandhaltungsbetrieben. Wie überall, wo man es sich einigermaßen leisten konnte, wurde der unerwartete Reichtum investiert. Man baute Straßen und Bürgersteige, teerte Feldwege, errichtete eine Kläranlage nebst Kanalisation, ohne die Bürger mit den Erschließungskosten zu belasten, wies ein Baugebiet aus, um neue Gemeindebürger anzulocken und die jungen Erwachsenen des Dorfes am Ort zu halten, bot einen Kindergarten an, für den die Eltern nicht bezahlen mußten, und finanzierte eine durchdachte Landschaftsgestaltung. Kein Wunder, daß Demling im Rahmen des Wettbewerbs „Unser Dorf soll schöner werden" besonders gut abschnitt.

Alles in allem wurde in Stadt und Landkreis Ingolstadt im Jahr 1966 ein Bruttoinlandsprodukt von etwa 1,6 Milliarden DM erwirtschaftet; damit übertraf der Zuwachs des Bruttoinlandsprodukts zwischen 1957 und 1966 den Landesdurch-

---

[186] Vgl. Donau-Kurier vom 5. 12. 1968: „Geburtstag bei Shell", und Falkner, Bedeutung, S. 27–32.
[187] Vgl. Lerch, Otto Schedl, S. 116f.
[188] Vgl. Landkreis Ingolstadt (1971), S. 47.
[189] Vgl. hierzu und zum folgenden Kipfelsberger, Ingolstadt – Raffinerien und Umfeld, S. 76–84.

schnitt um mehr als das Doppelte[190]. Ingolstadt selbst rangierte mit einer Wert-
schöpfung von mehr als 900 Millionen DM unter den bayerischen Stadt- und
Landkreisen an neunter Stelle; der Landkreis Ingolstadt lag mit einem Bruttoinlandsprodukt von 700 Millionen DM sogar an zweiter Stelle aller Landkreise des
Freistaats, wobei das Bruttoinlandsprodukt pro Kopf der Wirtschaftsbevölkerung
15 800 DM betrug. Ob diese „von 1957 bis 1966 feststellbare außerordentliche
Steigerung der Wirtschaftskraft" in erster Linie „auf die von der Staatsregierung
herbeigeführte und nachdrücklich unterstützte Ansiedlung der Raffinerien zurückzuführen" war, wie man in München stolz behauptete, ist angesichts der Expansion der Automobilindustrie in diesen Jahren zweifelhaft; einen wesentlichen
Beitrag zur stürmischen wirtschaftlichen Entwicklung der Region Ingolstadt in
diesem Jahrzehnt leistete das Pipeline- und Raffinerieprojekt aber auf alle Fälle.
    Arbeitsplätze, Steuereinnahmen und Zuwendungen der Mineralölgesellschaf-
ten für soziale Zwecke erhöhten die Akzeptanz der Raffinerien und dämpften die
Ängste der Bevölkerung vor der unbekannten, anfangs durchaus als bedrohlich
empfundenen Technologie. Allerdings spielten auch Resignation und Gewöhnung eine Rolle, wenn sich Anwohner mit den Raffinerien arrangierten, die sich
durchaus durch Ruß, Lärm und Abgase belästigt fühlten; man könne schließlich
„von sich aus nicht viel tun […], außer sich zu beschweren"[191]. In der Stadt Ingolstadt verhielten sich die Dinge dagegen zumindest offiziell anders. Hier hatte man
– zumal nach der Wahl Otto Stinglwagners zum Oberbürgermeister im Jahr 1966
– Geschmack an der Rolle als aufstrebendes Industriezentrum und angehende
Großstadt gefunden. Das Bewußtsein, daß für Ingolstadt „eine neue Zeit ange-
brochen" sei und daß die „industriell-technische Zukunft" der Stadt „eben begonnen" habe[192], war jedenfalls für die Kommunalpolitik von entscheidender Bedeutung, als es in der zweiten Hälfte der sechziger Jahre um die Formulierung neuer
Leitbilder und neuer politischer Konzepte ging. Welcher Bedeutung dem Raffine-
rie- und Pipelinebau zugemessen wurde, zeigte sich schon darin, daß Otto Schedl,
dem Architekten der bayerischen Ölpolitik, bereits 1968 die Ehrenbürgerwürde
zuerkannt wurde[193]. Oberbürgermeister Stinglwagner erklärte bei dieser Gelegenheit:

„Das Fenster zur Welt, das die hohe Schule vor 500 Jahren geöffnet hatte, das während des
Jahrhunderts des Festungsdaseins nicht nur verschlossen, sondern auch noch mit schweren
Läden verbarrikadiert war, ist nun wieder aufgetan, durch die Wirtschafts- und Handelsbe-

[190] Vgl. hierzu und zum folgenden Programm für Bayern II, S. 84; das folgende Zitat findet sich
    ebenda.
[191] Kipfelsberger, Ingolstadt – Raffinerien und Umfeld, S. 59; zur Reaktion von Bürgern und Kom-
    munalpolitikern vgl. ebenda, S. 57–61. In den siebziger Jahren führten Berichte über eine gestie-
    gene Umweltbelastung durch Schwefeldioxid sowie über sterbende Bäume im Abwindkanal der
    Raffinerien und Kraftwerke zu verstärkter Unruhe in der Region. Nach einer Phase der Be-
    schwichtigung seitens der Staatsregierung wurden schließlich die lufthygienischen Überwa-
    chungssysteme ausgebaut und neue Alarmpläne für den Fall der Überschreitung bestimmter
    Grenzwerte erstellt. Material hierzu findet sich im BayHStA, Stk 17005.
[192] Stadtarchiv Ingolstadt, A 6869, Ansprache von Oberbürgermeister Otto Stinglwagner anläßlich
    der Verleihung des Ehrenbürgerrechts an Otto Schedl am 14. 5. 1968; das folgende Zitat findet sich
    ebenda.
[193] Stadtarchiv Ingolstadt, A 6869, Interfraktioneller Antrag zur Verleihung des Ehrenbürgerrechts an
    Otto Schedl vom 9. 4. 1968; Stadtratsprotokolle, Sitzung am 9. 4. 1968.

ziehungen, die den Namen Ingolstadt in viele Länder hinaustragen. Unsere Stadt hat zum viertenmal [sic!] eine wichtige Schlüsselposition nicht nur in Bayern, sondern im europäischen Raum."

2. Verdichtungsraum im Visier der Landesplaner

Großprojekte als Katalysator der Landesplanung

Projekte von der Dimension des Energiezentrums Ingolstadt waren für Bayern alles andere als typisch. Die Staatsregierung forcierte im Gegenteil die Industrialisierung des ländlichen Raums nach dem Konzept der dezentralen Verdichtung, um so zu „einer engen Verflechtung" und zu einem „gesunden" Verhältnis zwischen Stadt und Land zu kommen[194]. Mit der Absage an eine Politik zugunsten der Ballungsräume ging eine Präferenz für Industrie- und Gewerbebetriebe mittlerer Größe einher, sollte doch das „System der ‚Kleinen Form,'", wie man es in weiten Teilen des Freistaats vorfand, „als gesellschaftlicher Baustil" erhalten werden[195]. Nun konnte man zwar mit dem jungen Landtagsabgeordneten Anton Jaumann (CSU) auch den Bau des Raffineriezentrums in der Region Ingolstadt als „Schulbeispiel für eine Entballungsmaßnahme" betrachten[196], doch es ließ sich nicht von der Hand weisen, daß dadurch ein neuer Verdichtungsraum mit spezifischen Problemen geschaffen wurde. Obwohl sich die öffentliche Hand nicht unmittelbar am Bau der Pipelines, Raffinerien und Kraftwerke beteiligte, war sie auf verschiedenen Ebenen mit den Vorbereitungen, der Ausführung und den Konsequenzen dieser Bauvorhaben konfrontiert. Die Prüfungs-, Planungs- und Genehmigungsprozesse erwiesen sich dabei als komplex, zumal auch die begleitenden Infrastruktur- und Verkehrsprojekte koordiniert werden mußten. Als geeignetes Steuerungsinstrument bot sich die Landesplanung an, die Anfang der sechziger Jahre freilich nur über einen bescheidenen Apparat verfügte und noch dabei war, ihre Rolle im politisch-administrativen Prozeß zu finden[197]. Das Projekt Energiezentrum stellte eine große Herausforderung für Landesplaner dar, die nun auch einer größeren Öffentlichkeit beweisen konnten, was sie wert waren. Die Lernerfahrungen, die sie hierbei machten, wirkten wie ein modernisierender Katalysator auf die Planungsbehörden selbst zurück.

Bayern war nach Nordrhein-Westfalen das zweite Bundesland, das über ein Landesplanungsgesetz verfügte. Über dieses Ende 1957 in Kraft getretene Gesetz hatte es im Landtag langwierige Auseinandersetzungen zwischen Befürwortern

[194] Die bayerische Landesplanung. Grundlagen für die Aufstellung von Richtlinien zu einem Landesentwicklungsplan, hrsg. von der Landesplanungsstelle im Bayerischen Staatsministerium für Wirtschaft und Verkehr, Teil 2: Planung, o. O. o. J. (1954), S. 191 ff.

[195] Schreyer, Industriestaat, S. 254.

[196] AdbL, Protokolle des Ausschusses für Wirtschaft und Verkehr, Sitzung am 17. 5. 1962.

[197] Vgl. hierzu und zum folgenden Schlemmer/Grüner/Balcar, Landesplanung in Bayern, in: Frese/Paulus/Teppe (Hrsg.), Demokratisierung und gesellschaftlicher Aufbruch, S. 386–395. Zum Gesamtzusammenhang vgl. auch Grüner, Industrie- und Strukturpolitik, S. 258–312 und S. 404–410; Hofmann, Industriepolitik und Landesplanung, S. 210–288, und Winfried Terhalle, Die Landesplanung im Bayerischen Staatsministerium für Wirtschaft und Verkehr (1945–1970), in: Beiträge, S. 11–62.

und Gegnern dirigistischer Eingriffe gegeben. Am Ende der Beratungen stand schließlich ein Regelwerk, das einen vergleichsweise offenen Rahmen setzte und der Landesplanung die Aufgabe zuwies, eine „übergeordnete zusammenfassende Planung für eine den wirtschaftlichen, sozialen und kulturellen Erfordernissen entsprechende Ordnung des Raumes aufzustellen und die Planung der Entwicklung fortlaufend anzupassen" sowie die Vorhaben staatlicher Behörden, Selbstverwaltungskörperschaften und sonstiger Planungsträger zu koordinieren[198]. Zudem definierte das Gesetz die Landesplanung eindeutig als Staatsaufgabe und änderte nichts an der Zuordnung der Landesplanungsabteilung zum Staatsministerium für Wirtschaft und Verkehr, die als institutionelle Grundlage für die enge Verbindung zwischen wirtschaftspolitisch bestimmter Strukturpolitik und Landesplanung im Freistaat angesehen werden muß. Ein Novum war die Institutionalisierung des Raumordnungsverfahrens als spezielles Koordinierungs- und Prüfungsinstrument der Landesplanungsbehörden; das Kernstück des Gesetzes bildeten jedoch die Bestimmungen über die Möglichkeit, Raumordnungspläne für ganz Bayern oder Teile des Staatsgebiets aufzustellen und durch eine Verordnung der Staatsregierung ganz oder in Teilen für bis zu fünf Jahre für verbindlich zu erklären. Damit bestand erstmals die Möglichkeit, über die beratende und koordinierende Rolle der Landesplanung hinaus zu einer aktiv-gestaltenden Funktion zu kommen. Helmut Grasser, der das Referat für Rechtsangelegenheiten in der Landesplanungsabteilung leitete, beschrieb die Intention des ersten bayerischen Landesplanungsgesetzes und damit auch den Horizont der bayerischen Landesplanung an der Schwelle zu den sechziger Jahren folgendermaßen: „Die Landesplanung soll […] in die Lage versetzt werden, unter voller Wahrung wirtschaftspolitischer Neutralität mit leichter Hand die strukturelle Entwicklung des Landes zu beeinflussen und zu steuern."[199]

Für die Region Ingolstadt waren im Zuge des Projekts Raffineriezentrum beide 1957 erstmals kodifizierten Instrumente der Landesplanung – Raumordnungsplan und Raumordnungsverfahren – von Bedeutung. Dieses Verfahren, bei dem im Falle raumbedeutsamer Projekte von überörtlicher Bedeutung alle beteiligten oder betroffenen Stellen gehört wurden, um festzustellen, „ob das Vorhaben mit anderen Planungen, mit Schutzbereichen oder sonstigen Interessen kollidiert", hatte sich in der Verwaltungspraxis entwickelt, bevor es Aufnahme in das Landesplanungsgesetz fand und im Oktober 1960 durch eine Verordnung des Wirtschaftsministeriums einheitlich geregelt wurde[200]. Am Ende des oft ausgesprochen zeitaufwendigen Verfahrens stand ein landesplanerisches Gutachten, das zwar keine direkten rechtlichen Folgen hatte, da andere Behörden darüber entschieden, ob ein Projekt genehmigt wurde oder nicht; diese Dienststellen orien-

[198] BGVBl. 1957, S. 323 f.: Gesetz über die Landesplanung vom 21. 12. 1957; vgl. auch Wolfgang Istel, Der Beitrag der Landesplanung in Bayern zur Landesentwicklung von 1945 bis 1970, in: Berichte zur deutschen Landeskunde 61 (1987), S. 391–423, hier S. 405 f.

[199] Helmut Grasser, Das bayerische Landesplanungsgesetz, in: Raumordnung – Landesplanung (Landesplanung in Bayern), München/Passau o.J., S. 8 f., hier S. 9.

[200] Wilhelm Henninger, Was will und tut die Landesplanung?, in: Raumordnung – Landesplanung, S. 3–7, hier S. 4; vgl. auch Grasser, Landesplanungsgesetz, in: ebenda, S. 9, und Willi Guthsmuths, Raumordnungspolitik und Landesentwicklung, in: Aufgaben und Ziele der Raumordnungspolitik. Grundzüge der Raumordnungspläne in Bayern, München 1962, S. 5 ff.

tierten sich jedoch bei den Genehmigungs- und Planfeststellungsverfahren viel-
fach am Urteil der Landesplaner[201]. Dies war auch im Falle der Großprojekte im
Raum Ingolstadt nicht anders, für die jeweils ein durchaus aufwendiges Raumord-
nungsverfahren durchgeführt wurde[202]. Deren Steuerungswirkung trotz fehlender
Rechtsverbindlichkeit wurde gegenüber den Unternehmen von Anfang an betont.
So schrieb das Landratsamt Ingolstadt an die Bayernwerk AG[203]:

„Die Landesplanungsstelle beim Bayer. Staatsministerium für Wirtschaft und Verkehr hat
angeregt, Ihre Firma zur Beantragung eines Raumordnungsverfahrens zu veranlassen. [...]
Das Landratsamt bittet höflichst darum, daß Ihre Firma dieser Anregung alsbald entspricht.
Trotzdem in diesem Verfahren keine Details geregelt werden, können doch von vornherein
alle erforderlichen Übereinstimmungen und die gegenseitige Abstimmung von Interessenge-
gensätzen insbesondere bei der Bodennutzung, Wasserversorgung, Kühlwasserversorgung,
Abwasserbeseitigung usw. erreicht oder zumindest frühzeitig auftauchende Schwierigkeiten
erkannt werden. Im übrigen werden sämtliche in den zu erwartenden Genehmigungs- oder
Bewilligungsverfahren zuständigen Behörden am Raumordnungsverfahren beteiligt und
schon vor der zu beantragenden Einzelgenehmigung mit dem Sachverhalt vertraut gemacht.
Sich hierbei ergebende Schwierigkeiten können dementsprechend weitgehend schon in diesem Verfahren ausgeräumt werden. Deswegen glaubt das Landratsamt, daß die Durchführung dieses Verfahrens im eigensten Interesse Ihrer Firma liegt, weil Fehlplanungen und
-investitionen weitgehendst vermieden werden können."

An diesen Raumordnungsverfahren waren etwa 30 verschiedene Stellen beteiligt.
Zum Raffinerieprojekt der Südpetrol beispielsweise nahmen unter anderem Stellung: das Bayerische Landesamt für Wasserversorgung und Gewässerschutz, die
Bayerische Biologische Versuchsanstalt, das Bayerische Landesamt für Denkmal-
pflege, das Landesarbeitsamt Südbayern, die Regierungsstelle für Naturschutz,
das Autobahnbauamt München, die Stadt und das Landratsamt Ingolstadt, die
Wehrbereichsverwaltung VI, der Bayerische Bauernverband oder die Industrie-
und Handelskammer für München und Oberbayern[204]. Die Einbeziehung so
vieler Stellen kostete zwar zunächst Zeit, konnte aber tatsächlich helfen, bereits im
Vorfeld des eigentlichen Genehmigungsverfahrens Probleme zu benennen, kon-
sensfähige Regelungen zu finden und tragfähige Kompromisse zu erarbeiten.
Überdies kamen in diesem vielstimmigen Chor auch Institutionen zu Wort, die
sich ansonsten schwer getan hätten, im Falle von Industrieansiedlungen Gehör zu
finden und etwa Belange des Natur- und Denkmalschutzes frühzeitig in die Debatte einzubringen. Allerdings barg die Vielzahl der eingeholten Stellungnahmen
auch die Gefahr, daß das Raumordnungsverfahren von einem integrativen zu einem additiven Planungsinstrument degenerierte und die Gutachten verschiedener
Institutionen aus übergeordneten strukturpolitischen Erwägungen heraus entweder gegeneinander ausgespielt oder bei der Endredaktion des Raumordnungsbe-
scheids in unverbindliche Standardformeln gegossen wurden[205]. Insgesamt – und

---

[201] Vgl. Istel, Beitrag, S. 406.
[202] Vgl. Witzmann, Rückblick, in: Beiträge, S. 63–89, hier S. 76 ff.
[203] BayHStA, MWi 22177, Landrat Otto Stinglwagner an die Bayernwerk AG vom 22. 2. 1961.
[204] BayHStA, MWi 21857, Landesplanungsabteilung im bayerischen Wirtschaftsministerium an die
      Südpetrol AG vom 27. 4. 1962.
[205] Vgl. die insgesamt sehr skeptische Einschätzung von Bergmeier, Umweltgeschichte, S. 183–194;
      zur Bewertung der Raumordnungsverfahren als „additives" Planungsinstrument vgl. ebenda,
      S. 191.

dies zeigte sich auch am Beispiel des von der Staatsregierung gewünschten und geförderten Baus der Raffinerien und Kraftwerke in der Region Ingolstadt – war es unverkennbar, daß die Raumordnungsverfahren im Prinzip dazu dienten, den Investoren ihre Bauvorhaben zu erleichtern, daß also, mit anderen Worten, im Zweifelsfall vielfach für die Industrie entschieden wurde. Zudem hatten sie zwar eine nicht zu unterschätzende Steuerungsfunktion, wenn es um konkrete Sachfragen ging, reichten aber zumeist nicht weit genug, um bereits gefaßte Standortentscheidungen nochmals ins Wanken zu bringen, wie bei den gescheiterten Versuchen deutlich wurde, zumindest eine der neuen Raffinerien nach Regensburg zu dirigieren. Die vom zuständigen Staatssekretär im bayerischen Wirtschaftsministerium, Willi Guthsmuths, vertretene Ansicht, im Zuge der Raumordnungs-, Planfeststellungs- und Genehmigungsverfahren festgeschriebene Auflagen könnten so abschreckend auf die Ölgesellschaften wirken, „daß sie von bereits gewählten Standpunkten abrückten"[206], erwies sich jedenfalls im Falle des Raffineriezentrums Ingolstadt als unrealistisch.

Der Raumordnungsplan für das Mittelbayerische Donaugebiet

Wo die Raumordnungsverfahren zu kurz griffen, konnten nach dem Landesplanungsgesetz von 1957 umfassender angelegte Raumordnungspläne Abhilfe schaffen. Als sich jedoch 1960 die Mineralöl- und Energiekonzerne für den Raum Ingolstadt zu interessieren begannen, steckte die Arbeit an Raumordnungsplänen für ausgewählte Regionen noch in den Anfängen. Anders als das Tagesgeschäft, das die Landesplaner weitgehend in eigener Regie abwickelten, war die Erstellung dieser Raumordnungspläne ein *politisches* Projekt, das Ministerpräsident Seidel für eine wichtige Zukunftsaufgabe und Staatssekretär Guthsmuths sogar für eine gebieterische „Notwendigkeit" hielt[207]. Nach dem Landesplanungsgesetz, das den Planungsbehörden die Aufgabe zugewiesen hatte, übergeordnete Leitlinien der räumlichen Entwicklung für alle Lebensbereiche zu erarbeiten und dabei insbesondere auf wirtschaftliche, soziale und kulturelle Aspekte zu achten[208], sollte ein Raumordnungsplan in einem bestimmten Gebiet „die Nutzung des Bodens unter den Gesichtspunkten der Landesplanung in den Grundzügen regeln"[209]. Damit wollte man aber nicht nur einen Rahmen setzen, um unerwünschte Entwicklungen zu verhindern; die Raumordnungspläne waren auch „als Instrument zur Durchführung der übergeordneten zusammenfassenden Planung" gedacht, die die „Möglichkeit einer ganzheitlichen abgestimmten Zielsetzung für den Infrastrukturausbau und für die angestrebten Strukturverbesserungen" eröffnen sollten[210]. Raumordnungspläne setzten sich aus vier Bestandteilen zusammen: Auf die Bestandsaufnahme folgte eine Raumdiagnose, an die sich wiederum der Vorschlag

---

[206] Donau-Kurier vom 29./30. 7. 1961: „Gesetz kommt noch rechtzeitig".

[207] Vgl. Stenographischer Bericht über die 4. Sitzung des bayerischen Landtags am 15. 1. 1959, S. 33, und Willi Guthsmuths, Raumordnung und Landesentwicklung, in: Raumordnung und Landesentwicklung. Aufgaben und Ziele in Bayern, München 1959, S. 3 f., hier S. 3.

[208] BayHStA, MWi 21734, Landesplanungsabteilung an die Bezirksplanungsstellen vom Juli und November 1964.

[209] BGVBl. 1957, S. 323 f.: Gesetz über die Landesplanung vom 21. 12. 1957.

[210] Istel, Beitrag, S. 407 und S. 410.

für die künftige Entwicklung und schließlich die dazu notwendigen Maßnahmen anschlossen. Das Modell, das so gleichsam auf dem Reißbrett entstand, sollte künftig als „Leitlinie für die Fachplanungen" fungieren[211].

Da das Landesplanungsgesetz aber kein Verfahren für die Regionalplanung vorsah und das Wirtschaftsministerium erst 1964 entsprechende Instruktionen herausgab, Vorarbeiten oder einschlägige Erfahrungen kaum existierten und noch nicht einmal die Abgrenzung der verschiedenen Teilräume vollzogen war, gerieten die personell und materiell meist unzureichend ausgestatteten Planungsbehörden rasch an die Grenze ihrer Leistungsfähigkeit. Die Arbeit an den Raumordnungsplänen erwies sich als ausgesprochen komplex, die notwendige Einbeziehung von Landkreisen, Kommunen, staatlichen Behörden und sonstigen Planungsträgern im Planungsgebiet als langwierig und von Kompetenzgerangel überschattet[212]. War der Raumordnungsplan fertiggestellt, sah das Landesplanungsgesetz die Möglichkeit vor, diesen ganz oder in Teilen für bis zu fünf Jahre durch eine Verordnung der Staatsregierung für verbindlich zu erklären. Es war nicht nur das komplizierte Procedere, das die Aufstellung von Raumordnungsplänen zu einem schwierigen Unterfangen werden ließ. Auch stellten aktuelle Entwicklungen die Planer immer wieder vor Probleme, wie vor allem die Bearbeiter des Raumordnungsplanes für das Mittelbayerische Donaugebiet leidvoll erfahren mußten, wo sich die Verhältnisse schneller veränderten als erwartet.

Die Entscheidung der Mineralölindustrie für den Standort Ingolstadt erwischte die Stadt und den Landkreis ebenso gleichsam auf dem falschen Fuß wie die Landesplanungsabteilung im bayerischen Wirtschaftsministerium. Die bestehenden Konzepte und Überlegungen erwiesen sich angesichts der Dimension des Projekts, die sich 1960/61 immer deutlicher herauszuschälen begann, als nicht problemadäquat. Die Planungsbehörden hatten bisher in der zunehmenden Konzentration militärischer Anlagen zwischen Manching und Ingolstadt die größte Herausforderung für die Raumordnung in der Region gesehen. Tatsächlich waren die 700 ha beanspruchter Fläche, ein Abwurfgelände für die Luftwaffe, eine Standortschießanlage und Munitionsdepots nicht leicht mit den Bedürfnissen kommunaler Entwicklungs- und Wirtschaftsplanung zu vereinbaren, von den Folgen für die Landwirtschaft einmal ganz abgesehen[213]. Der enorme Flächenbedarf der Raffinerien, die damit verbundene Umwelt- und Verkehrsproblematik sowie die Erwartung eines weiteren Industrialisierungsschubes mit den entsprechenden Konsequenzen erhöhten den Handlungsdruck jedoch schlagartig, zumal aus der Region selbst der Ruf nach der „Erstellung eines Planungskonzeptes" erging, um die „Entwicklung des Raumes Ingolstadt in geordnete Bahnen" zu lenken, „Fehlplanungen und Fehlinvestitionen" zu verhindern und „eine sinnvolle Aufteilung und Ordnung des Raumes" zu erreichen[214].

---

[211] BayHStA, MWi 21704, Vermerk der Landesplanungsabteilung über die Vorlage von Strukturverbesserungsplänen für die wirtschaftliche Entwicklung Bayerns vom 15. 10. 1961.

[212] Vgl. Istel, Beitrag, S. 407–412, und Terhalle, Landesplanung, in: Beiträge, S. 38–44.

[213] BayHStA, MWi 21736, Zusammenfassung des Referats von Karlheinz Witzmann zum „Raumordnungsplan Industrieregion Ingolstadt" am 15. 12. 1960.

[214] BayHStA, MWi 21736, Vormerkung der Landesplanungsabteilung (gez. Wilhelm Henninger) über eine Besprechung bezüglich des Raumordnungsplans „Industrieregion Ingolstadt" am 26. 8. 1960; das folgende nach ebenda.

Es war vor allem der Landrat des Kreises Ingolstadt, Otto Stinglwagner, der zur Eile drängte und Richtlinien für die Mittelbehörden als Koordinierungs- und Entscheidungshilfen anmahnte. Auf seine Initiative hin fand bereits Ende August 1960 eine Besprechung über die Grundzüge eines Raumordnungsplans für die Industrieregion Ingolstadt statt, an der neben Vertretern des Landratsamts auch Beamte der Planungsbehörden, Repräsentanten der Stadt Ingolstadt sowie Mitarbeiter des Straßenbauamts und des Wasserwirtschaftsamts Ingolstadt teilnahmen[215]. Oberregierungsrat Helwig von der Landesplanungsabteilung im bayerischen Wirtschaftsministerium informierte die anwesenden Kollegen dahingehend, daß man in München „bereits die Aufstellung eines Raumordnungsplanes für den Raum Ingolstadt in Aussicht genommen habe", der nicht nur „große Entwicklungslinien" aufzeigen, „sondern zu sehr konkreten flächenmäßigen Festlegungen führen" müsse. Dieser Raumordnungsplan werde nicht – wie eigentlich vorgesehen – von der zuständigen Bezirksplanungsstelle erstellt; aufgrund seiner großen Bedeutung und der Tatsache, daß neben dem Regierungsbezirk Oberbayern auch die Regierungsbezirke Schwaben, Mittelfranken und Niederbayern und Oberpfalz tangiert seien, habe die Landesplanungsabteilung das Verfahren an sich gezogen. Helwig machte aber zugleich klar, daß es nicht darum gehen könne, für die gesamte Region zu planen – immerhin rechnete man mit Industrialisierungsimpulsen in einem Umkreis von 50 km um Ingolstadt, die auch bisher „unterentwickelte Städte" wie Beilngries, Neustadt an der Donau, Eichstätt, Pfaffenhofen oder Schrobenhausen erfassen würden[216]. Eine Beschränkung auf die Kernzone des Strukturwandels, also die Stadt und den Landkreis Ingolstadt sowie auf den nördlichen Teil des Landkreises Pfaffenhofen, sei unabdingbar, wolle man allzu große Zeitverluste vermeiden[217]; diese seien „nicht zu verantworten, da die weit fortgeschrittenen Planungen der Mineralölgesellschaften schon in kürzester Zeit ein die verschiedenen Belange koordinierendes Planungskonzept" erforderten. Die Liste der an der Aufstellung des Raumordnungsplans zu beteiligenden oder anzuhörenden Dienststellen, Behörden, Verbände und Firmen war freilich trotz dieser Beschränkung beeindruckend und umfaßte mehr als fünfzig Adressen; langwierige Abstimmungsprozesse, die man eigentlich vermeiden wollte, waren also vorprogrammiert.

Bereits in diesem frühen Stadium ließen sich drei Problemfaktoren erkennen, welche die Arbeit der Landesplaner überschatten sollten. Zum einen stand das Vorhaben unter großem Zeitdruck, da der Raumordnungsplan für die Industrieregion Ingolstadt die Parameter für ein industrielles Großprojekt liefern sollte, das bereits ein konkretes Stadium erreicht hatte, ohne daß seine endgültige Dimension bereits feststand. Zum zweiten war die Erstellung eines Raumordnungsplans, den die wenigen Spezialisten in der bayerischen „Planungsschmiede"[218] zusätzlich zum Tagesgeschäft zu erarbeiten hatten, eine ebenso komplexe wie

---

[215] BayHStA, MWi 21736, Teilnehmerliste der Besprechung zum Thema „wirtschaftliche Entwicklung des Raumes Ingolstadt" am 26. 9. 1960 im Landratsamt Ingolstadt.
[216] Donau-Kurier vom 29./30. 7. 1961: „Raumordnung – ‚Korsett' für gesundes Wachstum".
[217] So auch ein ausführlicher Bericht im Donau-Kurier vom 27. 12. 1961: „Zukunftsbilder entstehen auf Reißbrettern der Landesplaner".
[218] Donau-Kurier vom 29./30. 7. 1961: „Raumordnung – ‚Korsett' für gesundes Wachstum".

zeitraubende Aufgabe, zumal die Erhebung, Verarbeitung und graphische Aufbereitung der notwendigen Daten noch weitgehend konventionell erfolgen mußte. Zum dritten – und dies kam erschwerend hinzu – fehlten entsprechende Vorbilder, an denen man sich in der Landesplanungsabteilung hätte orientieren können. Der Raumordnungsplan für die Industrieregion Ingolstadt war im Gegenteil der „erste seiner Art"[219] und sollte als „Modellfall" dienen, um an diesem Beispiel „die für die Raumordnung von ganz Bayern gültigen Maßstäbe zu erarbeiten"[220]. Den Landesplanern blieb also wenig anders übrig, als nach dem Prinzip von *trial and error* vorzugehen.

Als Leitmotiv diente dabei die Zielvorstellung, zwar die weitere Industrialisierung des Planungsgebiets zu fördern, gleichzeitig jedoch „ohne zu krasse Eingriffe in die Privatinitiative die Bildung von ungesunden Wirtschaftsstrukturen zu verhindern"[221]. Als „ungesund" galten Tendenzen zur Zusammenballung, die mit Blick auf das Ruhrgebiet ausgesprochen negativ konnotiert waren und denen durch eine gezielte Dezentralisierung begegnet werden sollte. In diesem Sinne richteten die Landesplaner ihr Augenmerk auf die Förderung geeigneter kleinerer und mittlerer Orte in der Region, die zu „Schwerpunkte[n] der Entwicklung" ausgebaut werden und so Ingolstadt als Wohnort und Industriestandort entlasten sollten[222]. Damit entsprachen die Grundzüge des Raumordnungsplans für die Industrieregion Ingolstadt aber auch den konzeptionellen Überlegungen des bayerischen Wirtschaftsministeriums, das 1962 mit der Denkschrift „Grundlagen und Ziele der Raumordnung in Bayern" eine Standortbestimmung und vorsichtige Neupositionierung der Landesplanung vollzog[223]. Der Verfasser dieses Memorandums war der stellvertretende Leiter der Landesplanungsabteilung, Wolfgang Helwig, der auch führend an der Ausarbeitung des Raumordnungsplans für die Region Ingolstadt beteiligt war. Die 14 vorangestellten Leitsätze gingen weit über gewöhnliche „wirtschafts- und infrastrukturbezogene Aussagen hinaus" und wurden „erstmals dem Anspruch einer zusammenfassenden Planung gerecht"[224]. Raumordnung, so hieß es in diesem Sinne, sei ein „wichtiges *Mittel der Gesellschaftspolitik*" und werde „um des Menschen willen gemacht". Die „tragenden Prinzipien des gesellschaftspolitischen Leitbildes der westlichen Welt" sollten „Grundsätze aller landesplanerischen Tätigkeit sein", die im übrigen so zu gestalten sei, „daß sie dem einzelnen den Antrieb" gebe, „freiwillig im Sinne [dieses] Leitbildes zu handeln"[225]. Dieses Axiom vertrug sich schlecht mit Geboten und Verboten; die zukünftige Entwicklung, schrieb man daher auch expressis verbis, dürfe „nicht durch eine Negativplanung", sondern nur „durch eine Positivplanung" durch Förderungsanreize beeinflußt werden.

---

[219] BayHStA, MWi 21736, Der Bayernspiegel vom 13. 2. 1962: „Ingolstadt wird zum Modellfall".
[220] Donau-Kurier vom 27. 12. 1961: „Zukunftsbilder entstehen auf Reißbrettern der Landesplaner". Ähnlich auch Helwig, Grundzüge, in: Aufgaben und Ziele der Raumordnungspolitik, S. 7.
[221] BayHStA, MWi 21736, Der Bayernspiegel vom 13. 2. 1962: „Ingolstadt wird zum Modellfall".
[222] Helwig, Grundzüge, in: Aufgaben und Ziele der Raumordnungspolitik, S. 10; vgl. auch Süddeutsche Zeitung vom 8. 1. 1963: „Ingolstadt auf dem Wege zur Großstadt".
[223] Vgl. Grundlagen und Ziele der Raumordnung in Bayern, hrsg. vom Bayerischen Staatsministerium für Wirtschaft und Verkehr, München 1962.
[224] Terhalle, Landesplanung, in: Beiträge, S. 37.
[225] Grundlagen und Ziele, S. 8; die folgenden Zitate finden sich ebenda, S. 9 f. und S. 14; Hervorhebungen im Original.

Die Denkschrift zielte auf eine Synthese zwischen gelenkter Modernisierung und Wahrung der historisch-kulturellen Tradition. Die Landesplanung habe demnach „dem Wesen und Charakter von Volk und Landschaft gerecht" zu werden und „das geschichtlich Gewachsene zu respektieren". Dazu zählte man zweifellos die Landwirtschaft, den gewerblichen Mittelstand und die überkommene kleinräumige Siedlungsform. Der Schlüssel zum Ausgleich der Disparitäten zwischen den prosperierenden und den weniger entwickelten Landesteilen lag für den Verfasser der „Grundlagen" in der gezielten Dezentralisation von Industriebetrieben und Infrastruktureinrichtungen, um die soziale Erosion im strukturschwachen ländlichen Raum zu verhindern und das „Leben innerhalb und außerhalb der Ballungsgebiete [...] gleich erstrebenswert erscheinen" zu lassen. Intendiert wurde, mit anderen Worten, die Gleichwertigkeit der Lebensverhältnisse durch die „Entwicklung eines *Netzes* von Kristallisationskernen"; diese nach wissenschaftlichen Kriterien ausgewählten und staatlich geförderten zentralen Orte sollten den Menschen in ihrem Einzugsbereich neben Arbeitsplätzen die wichtigsten Einrichtungen in den Bereichen Verwaltung, Schule und Bildung, Gesundheit, Freizeit und Kultur bieten.

Die Industrieregion Ingolstadt galt als Aktivzone oder Sicherungsraum, wo es vor allem darum ging, „vielfältige Spannungen und Interessenkonflikte raumbeanspruchender Maßnahmen der verschiedensten Art [...] frühzeitig zu erkennen" sowie „Flächen für bestimmte Zwecke zu *sichern*. Mit Grund und Boden" müsse „dabei so sparsam wie möglich umgegangen werden". Die zeitgleich mit den „Grundlagen" ausgearbeiteten Leitlinien für die Raumordnung im Raum Ingolstadt trugen dieser Maxime zumindest theoretisch Rechnung. „Straffe Zügel für die Industrie, gesunder Raum den Menschen", faßte ein Journalist des „Donau-Kuriers" die bisherigen Planungen schlagwortartig zusammen[226]. Das „Korsett" für ein „gesundes Wachstum"[227] sollte vor allem durch die Festlegung der Flächennutzung und die Kanalisierung des erwarteten Bevölkerungswachstums zusammengehalten werden. Dabei hielt die Stadtverwaltung im ersten Überschwang eine Zunahme der Einwohnerzahl um 70 000 von 52 000 auf über 120 000 für möglich, während das Landratsamt mit 32 000 bis 38 500 zusätzlichen Bürgern rechnete[228]. Die Landesplanungsabteilung teilte diese Annahmen im Prinzip, ging jedoch zumindest für die Stadt von niedrigeren Zahlen aus; wenn Ingolstadt „ein gesunder Organismus bleiben" solle, sei „einfach nicht für mehr" als 100 000 „Menschen Platz"[229].

Um den durch das Raffineriezentrum induzierten Industrialisierungsschub, der für alle Beteiligten als sicher galt, und das damit verbundene Bevölkerungswachstum in die richtigen Bahnen zu lenken, schlug die Landesplanungsabteilung eine funktionale Teilung des Planungsgebiets und deren Absicherung durch Flächen-

[226] Clemens Bierl, Raumstruktur und Raumordnung, in: Donau-Kurier vom 23. 10. 1962, Wirtschaftsbeilage, S. 3.
[227] Donau-Kurier vom 29./30. 7. 1961: „Raumordnung –, Korsett' für gesundes Wachstum".
[228] BayHStA, MWi 21736, Vormerkung der Landesplanungsabteilung (gez. Wilhelm Henninger) über eine Besprechung bezüglich des Raumordnungsplans „Industrieregion Ingolstadt" am 26. 8. 1960.
[229] Clemens Bierl, Raumstruktur und Raumordnung, in: Donau-Kurier vom 23. 10. 1962, Wirtschaftsbeilage, S. 3.

nutzungs- und Bauleitpläne vor[230]. Westlich von Ingolstadt sollte dem Landschaftsschutz und dem Erholungsbedürfnis der Menschen Rechung getragen und die Ansiedlung emittierender Industrie- und Gewerbeanlagen tunlichst vermieden werden. Nördlich der Stadt gedachte man, vorwiegend Wohngemeinden auszuweisen, während der östliche Teil des Landkreises ein Refugium der Landwirtschaft bleiben sollte, ohne daß die Niederlassung geeigneter – sprich: landwirtschaftsnaher – gewerblicher Betriebe zur Stärkung von Gemeinden wie Pförring, Oberdolling oder Kasing ausgeschlossen wurde. Abgesehen von Ingolstadt erkannten die Landesplaner vier Schwerpunkte der Entwicklung: die Gemeinde Ebenhausen und den Markt Reichertshofen im Landkreis Ingolstadt sowie die Städte Geisenfeld und Vohburg im Landkreis Pfaffenhofen an der Ilm. Über diese Hoffnungsträger der regionalen Entwicklung hieß es:

„Stärkerer Wohnungsbau soll mit der Errichtung von gewerblichen Betrieben, mit dem Ausbau von Handwerks- und Handelsbetrieben, mit Schaffung und Ausbau von Schulen, kulturellen Einrichtungen und von Beherbergungsbetrieben Hand in Hand gehen. Vohburg und Geisenfeld müssen besondere Anstrengungen machen, um die Nachteile ihrer Verkehrslage zu überwinden. Die im Entwurf vorliegenden Abwasserbeseitigungsanlagen müssen in Angriff genommen werden."[231]

Rings um die Stadt gruppierten sich Ortschaften, die von der Landesplanungsabteilung als Industrie- und Wohngemeinden klassifiziert wurden. Zu diesen Gemeinden, die für eine vermehrte Industrieansiedlung und einen verstärkten Wohnungsbau in Frage kamen, gehörten Zuchering, Mailing, Lenting, Kösching, Großmehring und Demling, die allesamt bereits in den Sog der nahen Stadt geraten waren, sowie die Märkte Gaimersheim und Manching, wo sich bereits eigenständige Wachstumsimpulse bemerkbar machten. Die Gemeinden, denen man eine reine Wohnfunktion zugedacht hatte, lagen mit Stammham, Hepberg, Wettstetten, Etting, Oberhaunstadt, Oberstimm, Niederstimm und Pichl vorwiegend im Norden und Süden Ingolstadts, wo sich Großbetriebe wie die Auto Union, die Despag oder das Ausbesserungswerk der Bundesbahn in erreichbarer Nähe befanden.

Über zentrale Fragen bestand jedoch keine Klarheit: Welche Infrastrukturmaßnahmen waren vordringlich? Wer sollte sie finanzieren? Und wie hatte man sich die Zukunft der stadtnahen Gemeinden vorzustellen? Würden sie „mit Haut und Haar von der wachsenden Stadt verschluckt" werden oder weiterhin ihr „kulturelles und gemeindliches Eigenleben führen" können[232]? Unsicher war auch der Zeitpunkt, bis wann der Raumordnungsplan fertiggestellt sein sollte. Im Juli 1961 ging man im bayerischen Wirtschaftsministerium noch davon aus, die Arbeiten „in etwa drei bis vier Monaten" abschließen zu können[233]. Doch es zeigte sich bald, daß dieser Termin nicht zu halten sein würde; im Frühjahr 1962 werde der

[230] Vgl. hierzu und zum folgenden Helwig, Grundzüge, in: Aufgaben und Ziele der Raumordnungspolitik, S. 7–10; Grundlagen und Ziele, S. 16 ff.; Bierl, Raumstruktur und Raumordnung, in: Donau-Kurier vom 23. 10. 1962, Wirtschaftsbeilage, S. 3; Donau-Kurier vom 27. 12. 1961: „Zukunftsbilder entstehen auf Reißbrettern der Landesplaner".
[231] Helwig, Grundzüge, in: Aufgaben und Ziele der Raumordnungspolitik, S. 10.
[232] Bierl, Raumstruktur und Raumordnung, in: Donau-Kurier vom 23. 10. 1962, Wirtschaftsbeilage, S. 3.
[233] Donau-Kurier vom 29./30. 7. 1961: „Raumordnung – ‚Korsett' für gesundes Wachstum".

Straffe Zügel für die Industrie

Gesunder Raum den Menschen

Schwerpunkte der Entwicklung
Industrie und Wohnen
reine Wohngemeinden
Reservat der Landwirtschaft
Waldgebiet

Raumordnungsplan vorliegen, hieß es nun[234]. Doch wiederum bremsten „endlose Kleinarbeit und zahllose Vergleiche" den Elan der Landesplaner[235], so daß im Laufe des Jahres lediglich kurze Skizzen präsentiert werden konnten[236], die weit hinter den ursprünglichen Ankündigungen zurückblieben. In Ingolstadt reagierte man auf die immer neuen Verzögerungen mit Enttäuschung. Es sei an der Zeit, „der interessierten Öffentlichkeit entweder den Raumordnungsplan für den neuen Industrieschwerpunkt Ingolstadt bekanntzugeben – oder ihr die Grenzen der Raumordnung aufzuzeigen", kommentierte der „Donau-Kurier" im Februar 1963. „Ein Teppich", der „erst hinter dem Ehrengast ausgerollt" werde, sei „auf jeden Fall sinnlos"[237]. Der sozialdemokratische Landtagsabgeordnete Fritz Böhm ging noch einen Schritt weiter, als er forderte, „Raumordnung als Instrument der Gesellschaftspolitik" zu begreifen[238], und zudem erklärte: „Wenn noch lange gewartet wird, dann gibt es im Industrieraum Ingolstadt nicht mehr viel zu ordnen

---

[234] Vgl. Donau-Kurier vom 27. 12. 1961: „Zukunftsbilder entstehen auf Reißbrettern der Landesplaner".

[235] BayHStA, MWi 21736, Der Bayernspiegel vom 13. 2. 1962: „Ingolstadt wird zum Modellfall".

[236] Vgl. Helwig, Grundzüge, in: Aufgaben und Ziele der Raumordnungspolitik, S. 7–10, und Grundlagen und Ziele, S. 16 ff.

[237] Donau-Kurier vom 23./24. 2. 1963: „Kein Raumordnungsplan?"

[238] Donau-Kurier vom 14. 4. 1964: „Auch der Bürger muß Verständnis aufbringen".

und dann muß, was von anderer Seite dort geschafften wurde, hingenommen werden."[239]

Je länger die Arbeiten dauerten, desto mehr wuchs der Berg gesammelter Daten und desto stärker trat die Komplexität der Aufgabe hervor. Dabei hatte sich auch die Beschränkung auf die Industrieregion Ingolstadt im engeren Sinne, die man in der Hoffnung auf rasche Ergebnisse vorgenommen hatte, als nicht zielführend erwiesen. Der Raumordnungsplan sollte nun das gesamte Mittelbayerische Donaugebiet umfassen. Um „die Grenzen des Lebensraumes" Ingolstadt zu erkennen, müsse man bewußt über den Nahbereich der Stadt hinausgreifen und auch Eichstätt, Neuburg an der Donau, Schrobenhausen, Pfaffenhofen an der Ilm, Mainburg, und Riedenburg in die Untersuchungen einbeziehen. Diese Städte führten „zwar ein starkes Eigenleben", wiesen aber auch „Überlagerung der Lebensbereiche und enge Wechselbeziehungen" auf, die sich beispielsweise im Pendlerverkehr zeigten[240]. Mit dieser Entscheidung war jedoch auch eine Abkehr vom bisher verfolgten Prinzip der Abgrenzung von Planungsräumen nach ihrer Funktion und die Hinwendung zum Grad der sozioökonomischen Verflechtung als ausschlaggebendem Kriterium verbunden. In diesem Sinne umfaßte die Planungsregion Mittelbayerisches Donaugebiet neben den kreisfreien Städten Ingolstadt, Neuburg an der Donau und Eichstätt 313 Gemeinden in 13 Landkreisen, die fünf Regierungsbezirken zugeordnet waren; die Bevölkerungszahl betrug 1961/62 rund 292 700[241].

Die Ausdehnung des Planungsgebiets, die Erhebung neuer Daten und die Analyse der Verflechtungen zwischen den einzelnen Teilregionen kosteten Zeit, so daß der 450 Seiten dicke Vorentwurf des Raumordnungsplans erst im Jahr 1965 abgeschlossen war. In der Einführung hatten die Verfasser folgende Aufgabenstellung festgeschrieben:

„Dieser künftige Verdichtungsraum ist charakterisiert durch ein starkes Bevölkerungswachstum und eine Fülle von Entwicklungsproblemen, da der Aufbau von 5 Erdölraffinerien einen tiefgreifenden Strukturwandel ausgelöst hat. Nicht nur diese Werke, auch die zu erwartenden Ergänzungs- und Nachfolgebetriebe und der Ausbau von Verkehrswegen erfordern ausgedehnte Flächen. Ebenso haben die Erweiterung der energiewirtschaftlichen Anlagen, die Beschaffung und Reinhaltung des Wassers, die Belange der Land- und Forstwirtschaft, die Forderungen der Bundeswehr, die Probleme des Landschaftsschutzes über die rein flächenmäßigen Bedürfnisse hinaus vielfältige raumbeeinflussende Konsequenzen. Sie alle stehen unter dem Primat der Frage, an welchen Orten die Bevölkerung arbeiten und wohnen soll und welche Orte durch den Aufbau mannigfacher Einrichtungen wirtschaftlicher, kultureller, verwaltungsmäßiger, zivilisatorischer Art eine besondere Stärkung ihrer zentralen Funktionen erhalten sollen."[242]

Der Raumordnungsplan beschrieb das Mittelbayerische Donaugebiet als gemischt strukturiertes Gebiet, in dem sich Industrie und Gewerbe auf etwa ein Drittel der Gemeinden konzentrierten, während die restlichen noch überwiegend eine agrarische Grundierung zeigten. Entsprechend groß war das Gefälle zwischen Ingolstadt sowie den 13 Gemeinden, die dem unmittelbaren Einzugsbereich

---

[239] Donau-Kurier vom 29. 3. 1963: „CSU gegen ‚starren Planglauben'".
[240] Raumordnungsplan Mittelbayerisches Donaugebiet (1965), S. 5 f.
[241] Vgl. ebenda, S. 8 f. und S. 69.
[242] Ebenda, S. 5.

dieser Stadt zugerechnet wurden, und den Teilen des Planungsraums – dazu
gehörten insbesondere Teile der Landkreise Eichstätt, Neuburg an der Donau,
Schrobenhausen, Pfaffenhofen an der Ilm und Riedenburg –, die 1963 wegen ihrer
besonderen Probleme zu Bundesausbaugebieten erklärt worden waren und eine
besondere Förderung erfahren sollten[243]. Neben dem Strukturgefälle machten die
Landesplaner vor allem folgende Entwicklungsmängel der Region aus: fehlende
Erwerbsmöglichkeiten außerhalb der Landwirtschaft, dadurch bedingte Finanz-
und Investitionsschwäche zahlreicher Gemeinden, wachsender Druck auf viele
Menschen, ihre Heimatorte vorübergehend oder dauerhaft zu verlassen, um anderswo Arbeit zu finden, die damit verbundene Gefahr der sozialen Erosion des
ländlichen Raums auf der einen und diejenige der Verstärkung unerwünschter
Ballungstendenzen auf der anderen Seite – vor allem in Ingolstadt selbst, wo man
bereits Ansätze für „Überlastungserscheinungen" zu erkennen und den „mittleren Grenzwert für gesunde Verdichtungsräume" überschritten glaubte. Dennoch
war die Prognose, die bis 1980 reichte, einigermaßen positiv: Industrialisierung
und Urbanisierung würden fortschreiten, ebenso der Agrarstrukturwandel und
das Bevölkerungswachstum. Binnen 15 Jahren, so die Annahme, werde die Einwohnerzahl des Mittelbayerischen Donaugebiets um 120 000 auf rund 420 000 gestiegen sein, wobei allein die Siedlungsschwerpunkte Neuburg, Ingolstadt und
Vohburg im Donautal 95 000 neue Bürger gewinnen sollten.

Um die Wirtschafts- und Sozialstruktur des Mittelbayerischen Donaugebiets
zu stärken, die Kluft zwischen den Teilregionen zu verringern oder zumindest
nicht weiter wachsen zu lassen und die Lebensbedingungen der Menschen zu
verbessern, schlug der Raumordnungsplan vor allem vier Maßnahmen vor: die
Schaffung zusätzlicher Arbeitsplätze in Industrie und Gewerbe mit dem Ziel, den
durchschnittlichen Industriebesatz des Planungsraums von rund 130 auf den
Landesdurchschnitt von 140 Arbeitsplätzen je 1000 Einwohner zu heben, ohne
freilich die „Industrialisierung der Gemeinden mit bäuerlichem Charakter" zu
forcieren; die Unterstützung der Landwirtschaft durch Flurbereinigung, Dorf-
erneuerung, Rationalisierung, Mechanisierung und sonstige Methoden zur Steigerung der Produktivität; den Ausbau der Infrastruktur in den Bereichen Verkehr,
Gesundheit, Wasserwirtschaft, Energieversorgung sowie Kultur und Bildung bei
gleichzeitiger Beachtung des Schutzes von Natur und Heimat; die Verbesserung
der Raumstruktur durch den gezielten Ausbau strategisch ausgewählter zentraler
Orte als „Kristallisierungspunkte" der Entwicklung.

Tragfähige zentrale Orte[244] – also günstig gelegene, zumeist größere Gemeinden
mit verschiedenen Versorgungsfunktionen für ihr Umland – waren vor allem in
den agrarisch geprägten Teilräumen des Mittelbayerischen Donaugebiets dünn
gesät. Die Landesplaner kalkulierten, daß immerhin die Hälfte der Bevölkerung
durch dieses Raster der Raumordnung fiel und keinen oder nur eingeschränkten
Zugang zu Einrichtungen von Verwaltung, Gesundheitswesen, Wirtschaft, Bil-

---

[243] Vgl. hierzu und zum folgenden ebenda, S. 223–251, S. 304–311 und S. 441–445; die folgenden
Zitate finden sich ebenda, S. 229, S. 235 und S. 240.
[244] Dazu grundlegend: Walter Christaller, Die zentralen Orte in Süddeutschland. Eine ökonomisch-
geographische Untersuchung über die Gesetzmäßigkeiten der Verbreitung und Entwicklung der
Siedlungstypen mit städtischen Funktionen, Jena 1933.

Zentrale Orte und Mittelpunktgemeinden in der „Raumschaft" Ingolstadt nach dem Raumordnungsplan Mittelbayerisches Donaugebiet[245]

Stadt/Gemeinde	1	2	3	4	5
Ingolstadt	100 000	30 000	11 000	Industrie	MZ
Baar	1 500	90	140	Wohnen	–
Brunnenreuth	2 500	–	470	Wohnen	–
Ebenhausen	4 000	800	770	Industrie	–
Eitensheim	2 000	200	270	Landwirtschaft	–
Etting	3 000	180	600	Wohnen	–
Friedrichshofen	1 800	–	500	Wohnen	–
Gaimersheim	6 000	360	600	Wohnen	LK
Gerolfing	3 000	180	570	Wohnen	–
Großmehring	6 000	600	900	Industrie	IK
Hepberg	2 500	150	450	Wohnen	–
Kösching	6 000	600	700	Industrie	IK
Lenting	5 000	300	800	Wohnen	–
Mailing	4 500	270	500	Wohnen	–
Manching	8 000	2 000	650	Industrie	IK
Oberhaunstadt	6 000	360	1 100	Wohnen	–
Oberstimm	3 000	180	320	Wohnen	–
Pförring	2 000	120	150	Wohnen	LK
Reichertshofen	5 000	500	960	Industrie	IK
Stammham	1 500	150	140	Wohnen	–
Wettstetten	3 000	200	700	Wohnen	–
Zuchering	3 000	200	440	Wohnen	–

dung und Kultur hatte, die über die tägliche Daseinsvorsorge hinausgingen. Als besonders beklagenswert galt der Zustand der Kernsiedlungen, die als unterste Stufe in der Hierarchie der zentralen Orte eigentlich dazu ausersehen waren, einen Nahbereich von vier bis sechs km und 10 000 bis 20 000 Menschen zu bedienen, aber vor allem in den ländlichen Gebieten „in den meisten Fällen noch nicht so entwickelt [waren], daß sie als Zentralorte ihre Nahbereiche mitversorgen können"[246]. Insgesamt klassifizierten die Mitarbeiter der Landesplanungsabteilung im Mittelbayerischen Donaugebiet mehr als vierzig Gemeinden mit aktueller oder potentieller zentralörtlicher Funktion, von denen etwa die Hälfte im Landkreis Ingolstadt lag. Darunter waren Städte wie Eichstätt, Schrobenhausen, Pfaffenhofen an der Ilm, Mainburg und – mit Einschränkungen – Riedenburg, die sich als Unterzentren anboten und denen jeweils ein bestimmtes Einzugsgebiet mit mehreren Kernsiedlungen zugeordnet wurde. An der Spitze der Pyramide standen die Städte Neuburg an der Donau und Ingolstadt als sogenannte Mittelzentren mit weitergehender überörtlicher Funktion; die Einstufung Ingolstadts war jedoch

---

[245] Vgl. Raumordnungsplan Mittelbayerisches Donaugebiet (1965), S. 443. Zu den Kennziffern: 1 – geschätzte Einwohnerziffer um 1980; 2 – geschätzte Arbeitsplätze in der Industrie um 1980; 3 – künftiger Wohnungsbedarf (1965/1980) in Wohneinheiten; 4 – Primärfunktionen; 5 – Zentralität.
[246] Raumordnungsplan Mittelbayerisches Donaugebiet (1965), S. 226; das folgende Zitate findet sich ebenda, S. 445.

nur vorläufig, da man hier bereits die Herausbildung eines „Stadtlandschaft" ge-
nannten Kontinuums zwischen Stadt und Umland sowie „Ansätze zu einem
Oberzentrum" erkannte. Kern- und Ergänzungsgebiete verschiedener zentraler
Orte ergaben auf den Reißbrettern der Landesplaner sogenannte Raumschaften,
die sich in ihrer Gesamtheit zum Mittelbayerischen Donaugebiet zusammenfüg-
ten; zur „Raumschaft" Ingolstadt gehörten dabei vor allem die Mittelpunktsge-
meinden Gaimersheim, Kösching, Großmehring und Manching nebst ihrer jeweiligen Nahbereiche.

Die Theorie der zentralen Orte diente zum einen dazu, die Raumstruktur einer
Region zu erfassen, und hatte zum anderen auch den Zweck, die vorhandenen
Mittel möglichst nutzbringend einzusetzen[247]. Für das Teilgebiet um die expandierende Stadt Ingolstadt konnte bei Investitionen in den Aus- oder Aufbau moderner Infrastruktur nur das Prinzip der Bedarfsdeckung in Frage kommen, während man im ländlichen Raum nach dem Erschließungsprinzip verfahren wollte,
um die Peripherie zu öffnen und besser an die Zentren anzubinden. In diesem
Sinne hieß es im Raumordnungsplan Mittelbayerisches Donaugebiet:

> „Vor allem bedarf es für eine Strukturverbesserung in den ländlichen Räumen vollfunktions-
> fähiger, zentralörtlicher Gemeinden. Damit erfahren die strukturschwachen Gebiete des mit-
> telbayerischen Donauraumes eine wirksame Belebung, die aber auch gleichzeitig der Entla-
> stung im Vorfeld der Verdichtungsräume München und Nürnberg dienen wird."[248]

Wie diese hochgesteckten Ziele erreicht werden sollten, skizzierten die Landesplaner in ihrem Entwicklungsprogramm jedoch nur in Umrissen. Am konkrete-
sten lasen sich noch die Ausführungen zum Verkehrswesen, wo wegen der Raffinerien bereits erste Maßnahmen im Gange waren, während die Vorschläge und
Projekte zu den Komplexen Land- und Forstwirtschaft, Industrie- und Gewerbe,
Gesundheitswesen oder Schul- und Bildungswesen stellenweise einem Wunsch-
zettel glichen. Dieser Eindruck mußte auch deshalb entstehen, weil Aussagen
über Zeitpläne und Finanzen fehlten. Alles in allem zeigte auch der umfangreiche
Vorentwurf des Raumordnungsplans Mittelbayerisches Donaugebiet die nicht
unerheblichen Mängel, die den bayerischen Planwerken dieser Jahre eigen waren
und die auf fehlende Erfahrung ebenso zurückgingen wie auf ein unausgereiftes
Instrumentarium. Insbesondere fiel das deutliche Übergewicht der Zustandsbe-
schreibung gegenüber fest umrissenen Aussagen zu den Planungszielen auf[249];
auch die Schwierigkeiten bei der Abgrenzung von Teilräumen und der Bestimmung zentraler Orte waren nicht von der Hand zu weisen.

Wirkungen und Bilanz

Gravierende negative Auswirkungen hatten diese Defizite freilich nicht, da der
Raumordnungsplan allen Anstrengungen zum Trotz nie abgeschlossen wurde.

---

[247] Vgl. Balcar, Politik auf dem Land, S. 414.
[248] Raumordnungsplan Mittelbayerisches Donaugebiet (1965), S. 305.
[249] Vgl. Winfried Terhalle, Entwicklung der Landesplanung in Bayern, in: Konrad Goppel/Franz
Schaffer (Hrsg.), Raumplanung in den 90er Jahren. Grundlagen, Konzepte, politische Herausforderungen in Deutschland und Europa – Bayern im Blickpunkt. Festschrift für Karl Ruppert,
Augsburg 1991, S. 35–45, hier S. 41.

Theoretisch bestand nach dem Landesplanungsgesetz von 1957 die Möglichkeit, Raumordnungspläne nach ihrer Fertigstellung und Beratung im bayerischen Ministerrat für verbindlich zu erklären. Dazu kam es jedoch weder im Falle des Raumordnungsplans für das Mittelbayerische Donaugebiet noch in anderen Fällen, obwohl die Arbeiten hier zum Teil bereits weiter gediehen waren[250]. Daß die Raumordnungspläne diese letzte Hürde nicht nehmen konnten, lag vor allem an zwei Gründen: Zum einen gab es erhebliche Widerstände gegen solche als dirigistisch empfundenen Eingriffe im Kabinett, zum anderen änderten sich die Rahmenbedingungen in der zweiten Hälfte der sechziger Jahre in geradezu atemberaubendem Tempo. Die Landesplaner fanden sich nicht selten in der unbequemen Rolle des Hasen wieder, der am Ziel den Igel erblickte und feststellen mußte, daß all seine Anstrengungen umsonst gewesen waren. Die Mitte der sechziger Jahre aufkommende Planungseuphorie schlug im konservativen Bayern zwar nicht voll durch, hinterließ aber Spuren, die deutlich genug waren, um die bisherigen Planungen als unzulänglich erscheinen zu lassen. Das Bundesraumordnungsgesetz von 1965 spielte hierbei eine wichtige Rolle[251], stand es doch für ein neues bayerisches Landesplanungsgesetz Pate, das im Dezember 1969 nach ebenso langwierigen wie heftigen Debatten zwischen der christlich-sozialen Regierungsmehrheit und der sozialdemokratischen Opposition vom Landtag verabschiedet wurde[252]. Das neue Gesetz stellte auch die Regionalplanung auf eine neue Grundlage, so daß schon deshalb ein Neuansatz unabdingbar war; Pläne zu einer durchgreifenden Gebietsreform machten wiederum das bisher festgelegte System zentraler Orte weitgehend obsolet.

Für das Mittelbayerische Donaugebiet im allgemeinen und die Stadt sowie den Landkreis Ingolstadt im besonderen bedeutete die Tatsache, daß der Raumordnungsplan eine Ruine blieb, zunächst das Fehlen einer zumindest teilweise verbindlichen Blaupause zur Steuerung der Entwicklung in einer Phase des beschleunigten Strukturwandels. Die Anstrengungen der Planungsbehörden waren jedoch aus drei Gründen nicht umsonst gewesen: Zum einen stimulierten die Arbeiten am Raumordnungsplan für das Mittelbayerische Donaugebiet die Bemühungen, die Stadtplanung in Ingolstadt auf eine neue wissenschaftliche Grundlage zu stellen[253]. Insbesondere die SPD stand dem Planungsgedanken aufgeschlossen gegenüber. Unter der Federführung der Ingolstädter Genossen wurde im Unterbezirk Donau-Ilm Anfang 1965 sogar eine „Arbeitsgemeinschaft für Raumordnung in der Region Ingolstadt" mit Landrat Otto Stinglwagner an der Spitze und Arbeitskreisen für Wirtschaft und Verkehr, Kultur und Bildung, Versorgung und Gesundheit sowie Leibesübung und Sport gegründet[254]. Zum zweiten ging von den

[250] Vgl. dazu ausführlich Balcar, Politik auf dem Land, S. 404–419, und Schlemmer/Grüner/Balcar, Landesplanung in Bayern, in: Frese/Paulus/Teppe (Hrsg.), Demokratisierung und gesellschaftlicher Aufbruch, S. 401–420.

[251] Vgl. Grüner, Industrie- und Strukturpolitik, S. 389–404.

[252] Vgl. Schlemmer/Grüner/Balcar, Landesplanung in Bayern, in: Frese/Paulus/Teppe (Hrsg.), Demokratisierung und gesellschaftlicher Aufbruch, S. 435–441, und Terhalle, Landesplanung, in: Beiträge, S. 51–54.

[253] Ein Meilenstein auf diesem Weg war die „Prognos"-Studie von Uebe/Furler, Wirtschaft, Bevölkerung und Infrastruktur.

[254] Stadtarchiv Ingolstadt, A 7022, Willi Schneider an die Stadt Ingolstadt vom 31. 1. 1965 und Auf-

Raumordnungsplänen auch dann die berühmte „normative Kraft des Faktischen" aus, die sogar zu einer Art „Selbstbindung der Betroffenen" führen konnte[255], wenn sie über den status nascendi nicht hinausgekommen waren. Die erhobenen Daten und die Vorschläge für konkrete Projekte zum Ausbau der Infrastruktur bildeten einen Fundus, aus dem Landesplaner und Kommunalpolitiker gleichermaßen schöpfen konnten, da Trassenführungen oder Standortentscheidungen bereits vorgezeichnet waren. Zum dritten wurde mit den ersten Raumordnungsplänen der Grundstein für die institutionalisierte Regionalplanung der siebziger Jahre gelegt, und sie bildeten nicht selten den Ausgangspunkt für die Erarbeitung neuer Regionalpläne[256].

Daß die Landesplaner nicht für die Schublade gearbeitet hatten, zeigte sich auch an den Programmen für Bayern I und II, die der Ministerrat im April 1969 beziehungsweise im Juli 1970 beschloß und die zwar keine Rechtsverbindlichkeit erlangten, aber die Ziele der Staatsregierung ebenso dokumentierten wie den Stand der Landes- und Regionalplanung. Das Programm für Bayern I beschäftigte sich mit dem ländlichen Raum und den industriellen Problemzonen des Freistaats in Oberfranken und in der Oberpfalz, das Programm für Bayern II mit elf Verdichtungsräumen, zu denen auch das aus der Stadt und dem Landkreis bestehende „Programmgebiet Ingolstadt" gehörte[257]. Das Leitbild für diese Region erinnerte in Diktion und Inhalt stark an die entsprechenden Passagen im 1965 ad acta gelegten Raumordnungsplan für das Mittelbayerische Donaugebiet, wenngleich die Schwerpunktsetzung auf Wirtschaftswachstum und Infrastruktur noch stärker hervortrat. Angemahnt und angekündigt wurden Initiativen zu einer verbesserten Abwasser- und Müllbeseitigung, der Ausbau des Schul- und Bildungswesens, neue Akzente in der Gesundheitsversorgung sowie vor allem Verkehrsprojekte auf Straße und Schiene. Die Belange des Umwelt-, Natur- und Landschaftsschutzes, die 1965 im Vorentwurf des Raumordnungsplans für das Mittelbayerische Donaugebiet durchaus eine Rolle gespielt hatten, fanden allerdings nur marginale Erwähnung. Dagegen bestand weiterhin die damals wiederholt geäußerte Erwartung einer vom Raffineriezentrum, das man für nichts weniger hielt als für ein „Jahrhundertwerk", ausgehenden „Kettenreaktion"[258]:

„Ziel der Raumordnung und Landesplanung für das Programmgebiet ist der verstärkte Ausbau des sekundären Wirtschaftsbereichs, in erster Linie in den bereits bestehenden Schwerpunkten. Neben der Erweiterung bestehender Industriekapazitäten wird dies durch die Ansiedlung energie- und rohstoffintensiver Betriebe erreicht werden. Die zentrale Lage des Raumes und die insbesondere zwischen Ingolstadt und Neustadt a. d. Donau nördlich und südlich der Donau verfügbaren Flächen bieten die Grundlage für diese Ergänzung der Indu-

---

stellung über den Vorstand und die Arbeitskreise der „Arbeitsgemeinschaft für Raumordnung in der Region Ingolstadt", undatiert.

255 Winfried Terhalle, Zur Geschichte der Landesplanung in Bayern nach dem zweiten Weltkrieg: Landesebene, in: Zur geschichtlichen Entwicklung der Raumordnung, Landes- und Regionalplanung in der Bundesrepublik Deutschland, Hannover 1991, S. 105–133, hier S. 119.

256 Vgl. Witzmann, Rückblick, in: Beiträge, S. 84.

257 Vgl. Ein Programm für Bayern I, hrsg. von der Bayerischen Staatsregierung, Augsburg 1969, und Programm für Bayern II („Programmgebiet Ingolstadt": S. 81–87); vgl. Schlemmer/Grüner/Balcar, Landesplanung in Bayern, in: Frese/Paulus/Teppe (Hrsg.), Demokratisierung und gesellschaftlicher Aufbruch, S. 434 f.

258 Witzmann, Rückblick, in: Beiträge, S. 80.

striestruktur. In Verbindung mit den Raffinerien kommen in erster Linie hierfür die Chemie- und Petrochemie oder auf chemischen Grundstoffen basierende Verarbeitungsindustrien, etwa im Kunststoff-, Kunstfaser und Arzneimittelbereich, in Betracht. Der Ansiedlung der Großindustrien wird in einer zweiten Ausbaustufe die Errichtung arbeitsintensiver weiterverarbeitender Betriebe folgen. [...] Eine Vergrößerung der Industriekapazität wirkt stimulierend auf das gesamte Wirtschaftsleben des Programmgebietes. So wird beispielsweise das Baugewerbe expandieren, um für die zusätzlichen Arbeitskräfte ausreichenden Wohnraum zu schaffen. Der Dienstleistungsbereich ist insbesondere in der Kernstadt weiter zu entwikkeln, dabei ist es erforderlich, das Dienstleistungsgewerbe durch den Ausbau bestehender und die Ansiedlung neuer Betriebe leistungsfähiger zu machen. Auch als Sitz weiterer Behörden kommt Ingolstadt in Betracht."[259]

Bevor diese Überlegungen präzisiert und in die Form substantieller Entwicklungsprogramme gegossen wurden, sollten freilich noch Jahre vergehen. Dieser angesichts der grassierenden Planungseuphorie bemerkenswerte Zeitverlust resultierte nicht zuletzt daraus, daß zwei entscheidende Voraussetzungen – die Einteilung des Staatsgebiets in Planungsregionen und die Ermittlung der Gemeinden mit zentralörtlichen Funktionen – erst 1973/74 gegeben waren, obwohl die Vorarbeiten dazu bereits zehn Jahre zuvor begonnen hatten. Die Festlegung der Planungsregionen hing wie die Bestimmung der zentralen Orte mit einem der wichtigsten und umstrittensten Reformprojekte der siebziger Jahre zusammen: mit der Gebietsreform und der damit verbundenen Neugliederung der Regierungsbezirke, Landkreise und politischen Gemeinden[260]. Die Gebietsreform veränderte insbesondere im Mittelbayerischen Donaugebiet die Landkarte grundlegend: Die Grenzen zwischen den Regierungsbezirken Oberbayern, Mittelfranken und Schwaben wurden neu gezogen, die Landkreise Neuburg an der Donau und Schrobenhausen zusammengelegt sowie die Landkreise Pfaffenhofen an der Ilm und Eichstätt vergrößert; der Landkreis Ingolstadt verschwand dafür von der Bildfläche, und die kreisfreien Städte Neuburg an der Donau und Eichstätt verloren ihren Status ebenso wie viele kleinere Gemeinden ihre Selbständigkeit. Durch diese politische Flurbereinigung großen Stils war es möglich, im Mittelbayerischen Donaugebiet zu einer Abgrenzung zu gelangen, die von den Landesplanern als besonders gelungen angesehen wurde. Anders als in den frühen sechziger Jahren, als 16 Land- und Stadtkreise aus fünf Regierungsbezirken ganz oder teilweise in die Arbeit hatten einbezogen werden müssen[261], fielen nun die administrativen Grenzen mit denjenigen zusammen, die von den Landesplanern gezogen worden waren. Die neugeschaffene Planungsregion 10 galt sogar als „Musterregion nach der ‚reinen Lehre'" mit Ingolstadt als dem von drei ausgewogenen Sektorenlandkreisen umgebenen Zentrum[262].

[259] Programm für Bayern II, S. 83.
[260] Vgl. Reinhold Bocklet, Kommunale Selbstverwaltung und Gebietsreform. Verstärkung oder Minderung der politischen Anteilnahme, in: Rainer A. Roth (Hrsg.), Freistaat Bayern. Die politische Wirklichkeit eines Landes der Bundesrepublik Deutschland, Donauwörth 1975, S. 189–219; Heinrich Schotter, Die bayerische Gemeindegebietsreform als Konflikt zwischen grundrechtlich verstandener Selbstverwaltung und staatlichen Reformpolitik, München 1980.
[261] Sozioökonomische Regionen in Bayern, hrsg. von der Landesplanungsstelle im Bayerischen Staatsministerium für Wirtschaft und Verkehr, München 1965, o.P.: Planungsregion 1/1 – Mittelbayerisches Donaugebiet.
[262] Witzmann, Rückblick, in: Beiträge: S. 86.

Was die zentralen Orte anging, so erhielt Ingolstadt wie etwa Rosenheim, Landshut oder Straubing das Zertifikat „mögliches Oberzentrum" und rangierte damit auf der zweiten Stufe der Hierarchie. Mögliche Oberzentren sollten die Großstädte wie München, Nürnberg oder Augsburg ergänzen und entlasten sowie eine bessere Versorgung des ländlichen Raums mit „Gütern und Dienstleistungen des spezialisierten höheren Bedarfs" gewährleisten[263]. Um diese Funktion erfüllen zu können und mittelfristig vielleicht sogar selbst zum Oberzentrum aufzusteigen, hielten die Landesplaner im Falle von Ingolstadt unter anderem folgende Maßnahmen für geboten: eine Entwicklung des Arbeitsmarkts durch die Schaffung qualifizierter Arbeitsplätze, eine Diversifizierung der industriellen Branchenstruktur, den Ausbau des Dienstleistungssektors und des Bildungswesens, eine bessere Ausstattung mit Behörden der mittleren Ebene, die Beseitigung städtebaulicher Defizite sowie Initiativen auf dem Feld des Gesundheitswesens. Hinter Ingolstadt wurden die Städte Eichstätt, Neuburg an der Donau, Pfaffenhofen und Schrobenhausen als Mittelzentren klassifiziert, Beilngries, Manching und Wolnzach als Unterzentren; neun weitere Gemeinden sollten als Kleinzentren eingestuft werden, darunter Gaimersheim, Kösching und Reichertshofen in der unmittelbaren Nachbarschaft Ingolstadts[264]. Bereits bei der Verteilung der zentralen Orte ließ sich das Gefälle innerhalb der Planungsregion 10 nicht übersehen: auf der einen Seite stand der industrielle Verdichtungsraum um Ingolstadt, auf der anderen die ländliche Peripherie, in der zentrale Orte so dünn gesät waren, daß noch der Regionalbericht aus dem Jahr 1977 resümierte:

„Die im Vergleich zum gesamten Landesgebiet Bayerns geringe Ausstattung der Region 10 mit zentralen Orten der qualifizierten Grundversorgung läßt es notwendig erscheinen, im Bereich der allgemeinen Grundversorgung (Kleinzentren) einen entsprechenden Ausgleich zu schaffen, damit die Grundversorgung der Bevölkerung in zumutbarer Entfernung von ihren Wohnorten sichergestellt werden kann."[265]

Zu dieser Zeit hatte die Planungseuphorie jedoch bereits ihren Höhepunkt überschritten und einer zunehmenden Planungsskepsis Platz gemacht[266]. Es entbehrt nicht einer gewissen Ironie, daß sich die Landesplanungsbehörden in der Hochphase des Booms nicht selten dazu gezwungen sahen, unter Zeitdruck zu improvisieren, während ihre Dienste dann immer weniger gefragt waren, als die entsprechenden Normen, Institutionen und Instrumente zur Verfügung standen. Der Bedeutungsverlust von Raumordnung und Landesplanung zeigte sich nicht zuletzt daran, daß man sich mit der Verabschiedung von Plänen und Programmen Zeit

---

[263] Karlheinz Witzmann, Ingolstadt in der Landesentwicklung. Versuch einer Darstellung der historischen Entwicklung und der Funktionen und Strukturen der Stadt, der Erreichung der Ziele der Raumordnung für die Stadt und den Verdichtungsraum sowie künftiger Entwicklungschancen, in: Landesentwicklung und Stadtregionen in Bayern. Entwicklungen, Strukturen, Konflikte und planerische Konzepte. Arbeitsberichte der LAG Bayern, Hannover 1990, S. 211–233, hier S. 218; zum folgenden vgl. ebenda, S. 217 ff.

[264] Vgl. Planungsregionen, hrsg. vom Bayerischen Staatsministerium für Landesentwicklung und Umweltfragen, München 1973, S. 67–72, hier S. 67, und 3. Raumordnungsbericht, hrsg. vom Bayerischen Staatsministerium für Landesentwicklung und Umweltfragen, München 1976, Karte: Zentrale Orte und Entwicklungsschwerpunkte.

[265] Region Ingolstadt, 1977, S. 12.

[266] Vgl. Schlemmer/Grüner/Balcar, Landesplanung in Bayern, in: Frese/Paulus/Teppe (Hrsg.), Demokratisierung und gesellschaftlicher Aufbruch, S. 443–450.

ließ[267]. Der erste Regionalplan für die Planungsregion 10 wurde 1985 verabschiedet – neun Jahre nach dem ersten bayerischen Landesentwicklungsprogramm und 13 Jahre nach der Einteilung des Staatsgebiets in Planungsregionen.

Zur sozioökonomischen Entwicklung der Region bis 1975

Während die Landesplaner also noch experimentierten, drohte ihnen die Entwicklung in der Region Ingolstadt gleichsam davonzulaufen, wo in den sechziger und frühen siebziger Jahren fast alle wichtigen Wachstumsindikatoren steil nach oben wiesen. Im Gebiet der Planungsregion 10 stieg etwa die Bevölkerungszahl nach einer Phase der Stagnation stark an: von 281 418 im Jahr 1960 über 320 521 im Jahr 1970 bis auf 332 184 Ende 1975[268]. Dies lag zwar auch am Geburtenüberschuß, der den bayerischen Durchschnittswert deutlich übertraf, war aber vor allem eine Folge „arbeitsplatzorientierte[r] Wanderungen innerhalb der Bundesrepublik und aus dem Ausland", die das „Wachstum des Maschinen- und Fahrzeugbaus und der Petrochemie ausgelöst" hatte. Dieser Zusammenhang zeigte sich insbesondere im Stadt- und Landkreis Ingolstadt, wo sich die begehrten Arbeitsplätze in zukunftsträchtigen Branchen konzentrierten oder von wo aus sie leicht zu erreichen waren. Die Einwohnerschaft der Stadt wuchs zwischen 1961 und 1970 um fast ein Drittel von rund 53 400 auf 70 400. Hier spielten zwar bereits erste Eingemeindungen eine Rolle, der Löwenanteil dieses Zuwachses resultierte aber aus Wanderungsgewinnen, von denen auch die Gemeinden des Landkreises profitierten[269]. Der Landkreis Ingolstadt, in dem 1970 etwa 56 500 Menschen lebten, nahm in den sechziger Jahren bei der Quote des Bevölkerungszuwachses unter den 143 bayerischen Landkreisen sogar eine Spitzenstellung ein[270].

Bemerkenswert war auch die Entwicklung des in der Region erwirtschafteten Bruttoinlandsprodukts, das sich seit 1957 circa alle fünf Jahre verdoppelte und 1972 fast das achtfache des Ausgangswerts betrug, während man sich bayernweit zwischen 1957 und 1972 mit einer deutlich niedrigeren Steigerungsrate zufriedengeben mußte[271]. Insgesamt belief sich das Bruttoinlandsprodukt in der Region 10 für 1972 auf fast 5,8 Milliarden DM[272]. Dabei konnte das produzierende Gewerbe die steilste Wachstumskurve vorweisen; zwischen 1957 und 1968 verdoppelt sich das hier erzielte Bruttoinlandsprodukt alle dreieinhalb Jahre. Der Anteil des produzierenden Gewerbes, der im Jahr 1957 noch 40 Prozent betragen hatte, stieg bis 1970 auf rekordverdächtige 74,6 Prozent und verminderte sich dann bis 1972 nur leicht auf 71,7 Prozent. Dieser Wert übertraf den Landesdurchschnitt von 53 Prozent bei weitem und wurde auch in keiner anderen Planungsregion erreicht; die

---

[267] Vgl. Witzmann, Ingolstadt in der Landesentwicklung, in: Landesentwicklung und Stadtregionen in Bayern, S. 219.

[268] Vgl. Region Ingolstadt, 1977, S. 25; das folgende Zitat findet sich ebenda.

[269] Vgl. die Tabelle Bevölkerungsentwicklung in den kreisfreien Städten und Landkreisen der Region Ingolstadt 1939 bis 1970 (S. 20).

[270] Vgl. Landkreis Ingolstadt (1971), S. 39.

[271] Vgl. Region Ingolstadt, 1977, S. 31 sowie Abbildungen 13 und 14; die folgenden Angaben zum Bruttoinlandsprodukt finden sich – soweit nicht anders belegt – ebenda.

[272] Vgl. Statistisches Jahrbuch für Bayern 31 (1975), S. 389.

Regionen Oberfranken Ost (62,7 Prozent) und Bayerischer Untermain (62 Prozent) folgten in gebührendem Abstand. Motor dieser Entwicklung war eindeutig das verarbeitende Gewerbe, wo immer mehr Arbeitsplätze geschaffen wurden. Zählte man hier in den Städten und Gemeinden der Region Ingolstadt im Jahr 1961 noch 42 090 Beschäftigte, so waren es neun Jahre später mit 54 718 schon 30 Prozent mehr! Dies entsprach zwar einem Trend, den man im gesamten Freistaat beobachten konnte, doch fiel der Anstieg mit 10,2 Prozent deutlich hinter den Vergleichswerten aus dem Mittelbayerischen Donaugebiet zurück[273].

Allerdings – und genau dies trieb auch die Landes-, Regional- und Stadtplaner um – war bei weitem nicht alles Gold, was auf den ersten Blick glänzte. Hinter der Fassade beeindruckender Wachstumsindikatoren verbarg sich die Tatsache, daß dieses Wachstum regional wie sektoral ausgesprochen ungleichgewichtig war und sich eher durch quantitative als qualitative Aspekte auszeichnete. Eine besondere Bedeutung gewann dabei das Gefälle zwischen Zentrum und Peripherie. Ingolstadt erwies sich als das Kraftwerk des Strukturwandels und als Einfallstor der Moderne, verstanden als Prozeß fortschreitender Differenzierung, Pluralisierung und Individualisierung. Das ungebrochene Bevölkerungswachstum der sechziger und frühen siebziger Jahre spricht hier eine ebenso deutliche Sprache wie die Entwicklung des sekundären Sektors. Die Zahl der Beschäftigten im für die ganze Region mittlerweile prägenden verarbeiteten Gewerbe stieg zwischen 1961 und 1970 um 39 Prozent auf 29 237. In den Gemeinden des Verdichtungsraums rund um die Stadt nahm die Zahl der Beschäftigten im verarbeitenden Gewerbe im selben Zeitraum sogar um 90 Prozent zu! Insgesamt verstärkte sich die Konzentration der Arbeitsplätze in der industriellen Kernzone der Region weiter, so daß hier im Jahr 1970 fast 64 Prozent aller Arbeitsplätze im verarbeitenden Gewerbe angesiedelt waren.

Dadurch ließen sich auch an und für sich schmerzliche Rückschläge verkraften, die anderswo zu erheblichen Problemen geführt hätten: So schloß im Oktober 1966 das Ausbesserungswerk der Bundesbahn seine Tore, das einmal zu den wichtigsten Arbeitgebern der Stadt gehört hatte. Aber selbst Gewerkschaftsvertreter bedauerten eher die soziokulturellen Konsequenzen für die letzten Eisenbahner am Ort, als dass sie gravierende Auswirkungen auf den Wirtschaftsstandort und den regionalen Arbeitsmarkt befürchtet hätten[274]. Auch als der Miederwarenhersteller Triumph International AG 1970 seine zehn Jahre zuvor errichtete und auf 1000 Beschäftigte ausgelegte Betriebsstätte aufgab oder als die Platinenfabrik Liebers & Co. Ingolstadt 1972 verließ, reagierte man gelassen. In beiden Fällen übernahm Audi NSU das Werksgelände und einen Teil der Belegschaft. Der Rest, so heißt es in einem Rechenschaftsbericht der Stadtverwaltung, sei „leicht unterzu-

---

[273] Vgl. Region Ingolstadt, 1977, S. 41; die folgenden Angaben finden sich ebenda.
[274] DGB-Kreis Ingolstadt, Kreisvorstand, Sitzungsprotokolle 1966–1975, Sitzung am 30. 8. 1966. Vgl. auch Ingolstadt baut auf 1960–1965, S. 32; hier bemerkte man im Vorfeld der Schließung: „Eine völlige Stillegung wäre besonders für den alten Stamm unter der noch ca. 300 Köpfe zählenden Belegschaft eine Härte, da diese Arbeiter sich nach auswärts versetzen lassen oder in Ingolstadt außerhalb des Bundesbahnbereichs Arbeit suchen müßten. Das wäre in menschlicher Hinsicht ein Problem, ein wirtschaftliches […] ist es jedoch nicht, weil der hiesige Arbeitsmarkt in der Lage wäre, die freiwerdenden Arbeitskräfte sofort in entsprechender Beschäftigung unterzubringen.“

bringen" gewesen[275]. Damit verstärkte sich jedoch eine doppelte Abhängigkeit: die Abhängigkeit vom Maschinen- und Fahrzeugbau im allgemeinen und von Audi NSU als dem größten Arbeitgeber der Region im besonderen.

Es war diese Monostruktur, die den Landesplanern Sorgen bereitete, zumal sie immer weitere Kreise zog. In 24 der 39 Gemeinden des Landkreises Ingolstadt war 1970 bereits mehr als die Hälfte der Erwerbspersonen im produzierenden Gewerbe tätig; im Jahr 1961 hatte man nur 14 von 41 Gemeinden gezählt, in denen über 50 Prozent der Erwerbspersonen in Industrie- und Handwerk arbeiteten[276]. Während also der Verdichtungsraum boomte, blieb der ländliche Raum jenseits des konzentrischen Kreises aus Industrie- und Arbeiterwohngemeinden rund um Ingolstadt zurück. In diesen eher windstillen Zonen der Region nahm die Zahl der Beschäftigten im verarbeitenden Gewerbe zwischen 1961 und 1970 absolut gesehen zwar ebenfalls um 9,4 Prozent zu, verlor aber dennoch an Gewicht, da nur noch 36,1 Prozent der Arbeiter und Angestellten in diesem Sektor aus dem ländlichen Raum stammten; 1961 waren es noch 42,9 Prozent gewesen[277]. Erfolge bei der Industrieansiedlung, wie man sie etwa in Eichstätt verzeichnen konnte, wo die Osram GmbH mit Hilfe des Freistaats ihre Produktionsstätten für Leuchtkörper auf- und ausbaute[278], waren zwar im kleinen bedeutsam, reichten aber im großen nicht aus, um das Ungleichgewicht zwischen Zentrum und Peripherie in der Region Ingolstadt auszubalancieren. Dementsprechend weit ging die Schere beim Bruttoinlandsprodukt pro Kopf auseinander. In Ingolstadt wurde 1974 – bezogen auf die Wohnbevölkerung – mit 25 430 DM ein auch im bayerischen Vergleich glänzendes Ergebnis erzielt. Die Landkreise Pfaffenhofen an der Ilm (17 750 DM), Eichstätt (16 170 DM) und vor allem Neuburg-Schrobenhausen (12 500 DM) blieben weit dahinter zurück, auch wenn man selbst im Landkreis Neuburg-Schrobenhausen den Durchschnittswert der oberbayerischen Landkreise (12 030 DM) übertreffen konnte[279].

Dieses Gefälle beim Bruttoinlandsprodukt pro Kopf hatte auch mit der Struktur der in den Landkreisen der Region – und zum Teil in Ingolstadt selbst – angebotenen Arbeitsplätze zu tun. Sowohl im ländlichen Raum als auch im Verdichtungsraum war der Anteil der Arbeiter an den Beschäftigten in der Industrie außerordentlich hoch, und die Arbeitskräfte mußten „eher Fertigkeiten statt Kenntnisse" mitbringen, so daß sie nicht selten „einer niedrigen Lohnstufe zugeordnet" wurden[280]. Dies traf vor allem die Frauen außerhalb der Kernzone, denn während die Ingolstädter Großbetriebe des Maschinen- und Straßenfahrzeugbaus vorwiegend für Männer attraktiv waren, „verblieb im ländlichen Raum ein Nachfrageüberhang nach Arbeitsplätzen für Frauen, der von der elektrotechnischen Industrie, dem Textil- und Bekleidungsgewerbe und der Nahrungs- und Genußmittelbranche zur Ansiedelung und Erweiterung von lohnintensiven Fertigungen genutzt wurden, die den Strukturgegensatz zum Verdichtungsraum verstärkt

[275] Ingolstadt plant und baut 1966–1971, S. 28.
[276] Vgl. die Tabelle Erwerbstätigkeit der Bevölkerung in den Gemeinden des Landkreises Ingolstadt 1961 (S. 145).
[277] Vgl. Region Ingolstadt, 1977, S. 41.
[278] Material hierzu im BayHStA, Stk 18638.
[279] Vgl. Statistisches Jahrbuch für Bayern 32 (1978), S. 393.
[280] Region Ingolstadt, 1977, S. 41; zum folgenden vgl. ebenda, S. 41 ff., die Zitate finden sich auf S. 42.

Erwerbstätigkeit der Bevölkerung in den Gemeinden des Landkreises Ingolstadt 1970[281]

	Er-werbs-personen	Land- und Forst-wirtschaft		Produzierendes Gewerbe		Handel und Verkehr		Dienst-leistungen	
Appertshofen	297	66	22,2%	182	61,3%	23	7,7%	26	8,8%
Baar	526	31	5,9%	300	57,0%	109	20,7%	86	16,3%
Brunnenreuth	577	56	9,7%	311	53,9%	105	18,2%	105	18,2%
Demling	166	87	52,4%	64	38,6%	10	6,0%	5	3,0%
Dünzing	217	102	47,0%	82	37,8%	17	7,8%	16	7,4%
Dünzlau	116	41	35,3%	55	47,4%	4	3,4%	10	13,8%
Ebenhausen	732	69	9,4%	468	63,9%	83	11,3%	112	15,3%
Eitensheim	696	167	24,0%	385	55,3%	69	9,9%	75	10,8%
Etting	712	80	11,2%	430	60,4%	92	12,9%	110	15,4%
Ettling	102	63	61,8%	33	32,4%	1	1,0%	5	4,9%
Gaimersheim	2119	200	9,4%	1271	60,0%	307	14,5%	341	16,1%
Gerolfing	620	142	22,9%	323	52,1%	67	10,8%	88	14,2%
Großmehring	1449	248	17,1%	827	57,1%	122	8,4%	252	17,4%
Hagau	142	51	35,9%	71	50,0%	10	7,0%	10	7,0%
Hepberg	484	36	7,4%	345	71,3%	45	9,3%	58	12,0%
Irgertsheim	241	88	36,5%	127	52,7%	9	3,7%	17	7,1%
Kasing	349	101	28,9%	175	50,1%	42	12,0%	31	8,9%
Kösching	1994	187	9,4%	1259	63,1%	198	9,9%	350	17,6%
Lenting	1238	82	6,6%	863	69,7%	133	10,7%	160	12,9%
Mailing	1509	86	5,7%	934	61,9%	202	13,4%	287	19,0%
Manching	2956	161	5,4%	1506	50,9%	358	12,1%	931	31,5%
Menning	218	85	39,0%	98	45,0%	17	7,8%	18	8,3%
Mühlhausen	63	40	63,5%	19	30,2%	1	1,6%	3	4,8%
Niederstimm	133	19	14,3%	70	52,6%	20	15,0%	24	18,0%
Oberdolling	283	96	33,9%	129	45,6%	24	8,5%	34	12,0%
Oberhartheim	78	63	80,8%	10	12,8%	2	2,6%	3	3,8%
Oberhaunstadt	1733	59	3,4%	1083	62,5%	248	14,3%	343	19,8%
Oberstimm	639	64	10,0%	269	42,1%	85	13,3%	221	34,6%
Pettenhofen	114	55	48,2%	42	36,8%	3	2,6%	14	12,3%
Pförring	625	142	22,7%	313	50,1%	66	10,6%	104	16,6%
Pichl	112	38	33,9%	41	36,6%	15	13,4%	18	16,1%
Reichertshofen	1052	57	5,4%	703	66,8%	129	12,3%	163	15,5%
Stammham	596	118	19,8%	349	58,6%	58	9,7%	71	11,9%
Theißing	225	142	63,1%	62	27,6%	10	4,4%	11	4,9%
Unterdolling	106	63	59,4%	34	32,1%	6	5,7%	3	2,8%
Wackerstein	174	62	35,6%	83	47,7%	11	6,3%	18	10,3%
Wettstetten	793	120	15,1%	479	60,4%	83	10,5%	111	14,0%
Winden	46	38	82,6%	4	8,7%	2	4,3%	2	4,3%
Zuchering	891	108	12,1%	475	53,3%	140	15,7%	168	18,9%

haben". In diesen Branchen dominierten „Betriebe mit reinen Fertigungsfunktio-
nen und dementsprechend niedrig qualifizierten Arbeitsplätzen", was auch der
geringe Anteil der Industrieangestellten zeigt, deren Dienste in Vertrieb, Organisation oder gar Forschung und Entwicklung in den Zweigwerken weitaus seltener
benötigt wurden als in den Firmenzentralen außerhalb der Region.

[281] Vgl. Bayerische Gemeinde- und Kreisstatistik 1970, Bd. 4/Teil A, S. 87f.

Wo Frauen aufgrund ihrer familiären Verpflichtungen oft auf Arbeitsplätze in der Nähe ihres Wohnorts angewiesen waren, fiel es Männern leichter, einen Job anzunehmen, der längere Anfahrtszeiten voraussetzte. Besonders viele Pendler zog es nach Ingolstadt als dem wirtschaftlichen Zentrum der gesamten Region. Nach den Erhebungen der Volkszählung von 1970 fuhren 21378 Berufstätige nach Ingolstadt – davon waren übrigens 73 Prozent Männer[282] –, die außerhalb der Stadtgrenzen wohnten. Diese Zahl verweist einmal mehr auf sozioökonomische Unwuchten, die sich in den sechziger Jahren deutlich verstärkt hatten, und sie verweist auf die Verdichtung des Stadt-Land-Kontinuums, wobei auch die bislang kaum untersuchte Funktion der Berufspendler als „Agenten der Modernisierung" in den Landgemeinden des Mittelbayerischen Donaugebiets nicht außer acht gelassen werden darf[283].

Die spezifische Form des Wachstums von Wirtschaft und Industrie in der Region Ingolstadt mit ihren qualitativen Schwächen und monostrukturellen Eigenheiten hatte „eine latente Instabilität des Arbeitsmarktes" zur Folge, die insbesondere bei Absatzrückgängen in der exportabhängigen Metall- und Elektroindustrie oder in Zeiten allgemeiner Rezession offen zutage trat[284]. Dabei überstiegen die Arbeitslosenzahlen im Bereich des Arbeitsamts Ingolstadt den Landesdurchschnitt zum Teil erheblich; im September 1967, als die Bundesrepublik noch mit den Folgen einer ersten Krise kämpfte, betrug die Arbeitslosenquote 2,4 Prozent (Bayern: 1,8 Prozent), und – nach dem Ende des Booms – im September 1975 sogar 6,6 Prozent (Bayern: 4,4 Prozent). Der tertiäre Sektor konnte nicht entscheidend dazu beitragen, diese Probleme zu lösen. Zu groß war das Gewicht der verarbeitenden Industrie in der Region, zu schwach waren die Wachstumsimpulse, die vom Dienstleistungsbereich ausgingen. Im gesamten tertiären Sektor wurden im Jahr 1970 nur 21 Prozent des Bruttoinlandsprodukts der Planungsregion 10 erwirtschaftet, bayernweit dagegen bereits 41,7 Prozent. Die Landes- und Regionalplaner erklärten diese unbefriedigende Situation damit, daß die „Zuwächse" im tertiären Sektor „nicht auf einer eigenständigen" Dynamik beruhten, sondern „zum überwiegenden Teil" als „Folgeerscheinungen der durch den Sekundärsektor induzierten Erhöhung des privaten Konsums und der Ausweitung der öffentlichen Versorgungsaufgaben und -leistungen" angesehen werden müßten. „Beide Wachstumsfaktoren und damit die Entwicklung des Dienstleistungsbereiches selbst" seien „noch in erheblichem Maße von der Wirtschaftskraft und damit von der wirtschaftlichen Lage des produzierenden Gewerbes unmittelbar abhängig."[285]

Die Stadt Ingolstadt konnte sich von dieser Entwicklung nicht abkoppeln. Zwar lag hier Anfang der siebziger Jahre der Dienstleistungsbesatz – also die Zahl der Beschäftigten pro 1000 Einwohner – über dem Landesdurchschnitt, doch das Wachstum des tertiären Sektors hatte nicht mit dem Wachstum der Bevölkerung mithalten können, so daß der Dienstleistungsbesatz in Ingolstadt zwischen 1961

---

[282] Vgl. Bayerische Gemeinde- und Kreisstatistik 1970, Bd. 4/Teil A, S. 9.
[283] Vgl. hierzu allgemein Gall, Verkehrspolitik, S. 260–270.
[284] Region Ingolstadt, 1977, S. 46; die folgenden Angaben finden sich ebenda (für September 1975) und in Ingolstadt plant und baut 1966–1971, S. 41 (für September 1967).
[285] Region Ingolstadt, 1977, S. 43; zum folgenden vgl. ebenda, S. 43 ff. (das Zitat findet sich auf S. 45).

und 1970 von 200,8 (Bayern: 167,1) auf 188,1 (Bayern: 172,2) fiel. Für ein mögliches Oberzentrum, das weitreichende Versorgungsfunktionen erfüllen sollte, war dieser Rückgang alarmierend, zumal es in Bayern kein anderes Oberzentrum beziehungsweise mögliches Oberzentrum gab, in dem ein geringerer Dienstleistungsbesatz ermittelt wurde. Damit aber, so resümierten die Landes- und Regionalplaner, verfüge der „Verdichtungsraum Ingolstadt insgesamt [...] über ein Dienstleistungsangebot, das für eine angemessene Bedarfsdeckung weitaus zu niedrig" sei.

Daher hielt man in der bayerischen Staatskanzlei die Stärkung des tertiären Sektors für unabdingbar, wollte man das Ziel, Ingolstadt zu einem weiteren Oberzentrum im Regierungsbezirk Oberbayern auszubauen und so München zu entlasten, nicht aus den Augen verlieren[286]. Das war freilich leichter gesagt als getan, denn die Stadtverwaltung hatte alle Hände voll zu tun, zunächst einmal die Folgen des ungebremsten Zuzugs und der Expansion der Großindustrie zu bewältigen. Wohnungsbau und Erschließungsmaßnahmen aller Art absorbierten einen großen Teil der vorhandenen Ressourcen, so daß in der Konkurrenz mit anderen bayerischen Städten um Bildungs-, Kultur-, Versorgungs- und Verwaltungseinrichtungen von überregionaler Bedeutung der Spielraum für eigene Vorleistungen begrenzt war. Immerhin gelang es, die Errichtung eines neuen Zentralklinikums mit mehr als 1000 Betten anzuschieben, dessen Baukosten zwar zu vier Fünfteln aus Fördermitteln von Bund und Land aufgebracht wurden, aber den Stadtsäckel dennoch erheblich belasteten[287]. Dagegen verliefen die Bemühungen Ingolstadts, tertiäre Bildungseinrichtungen – am besten wieder eine Universität wie vor 1800! – in die Stadt zu holen, zunächst im Sande[288]. Städte wie Regensburg oder Augsburg und sogar das nahe Eichstätt[289] waren hier erfolgreicher, so daß Ingolstadt auf diesem Feld dauerhaft ins Hintertreffen zu geraten drohte.

Derartige Projekte hatten viel mit der Suche nach einem neuen Leitbild für ein rasch wachsendes Gemeinwesen zu tun, das den Anspruch erhob, möglichst bald im Konzert der bayerischen Großstädte mitzuspielen, ohne jedoch die entsprechenden Instrumente schon zu beherrschen. Der Spagat zwischen Tradition und Fortschritt erwies sich als schwierig und gelang nicht immer, wie die Bemühungen der Stadtspitze zeigen, moderne Architektur in das historische Stadtbild zu integrieren. Während das 1966 eröffnete Stadttheater nach Plänen von Hardt-Waltherr Hämer und Marie-Brigitte Hämer-Buro als großer Wurf gelten muß, wäre das Ergebnis im Falle des einige Jahre zuvor fertiggestellten neuen Rathauses zumindest zu diskutieren[290]. Schwer tat man sich auch mit der Nutzung historischer Gebäude – insbesondere der teils trutzigen, teils filigranen Festungsbauten aus

---

[286] BayHStA, Stk 15325, Notiz: Aktuelle Probleme im Raum Ingolstadt – allgemeine Wirtschaftsentwicklung und Entwicklungsziele, undatiert (1969).

[287] Vgl. Ingolstadt plant und baut 1972–1982, S. 127–134.

[288] Material hierzu im BayHStA, Stk 17868.

[289] Zu den neuen Universitäten in Bayern vgl. Müller/Schröder/Mößlang, Bildungszeitalter, in: Schlemmer/Woller (Hrsg.), Erschließung, S. 329 f. und S. 337–352. Als von der Kirche getragene Gesamthochschule gegründet, firmiert die Hochschule seit 1980 als Katholische Universität Eichstätt bzw. seit 2001 als Katholische Universität Eichstätt-Ingolstadt; in Ingolstadt befindet sich die wirtschaftswissenschaftliche Fakultät.

[290] Vgl. dazu (mit Photographien) Ingolstadt baut auf 1960–1965, S. 76 f. und S. 139–150.

Abb. 16: Abbruch des Kavaliers Spreti

dem 19. Jahrhundert –, die der Stadt ihr unverwechselbares Gepräge gaben, aber lange Zeit wie sperriger Ballast behandelt wurden. Noch 1963 fiel mit dem Kavalier Spreti ein besonders beeindruckendes Beispiel klassizistischen Festungsbaus einem engherzigen Verständnis von Modernisierung zum Opfer, und es sollten zehn weitere Jahre ins Land gehen, bis die Sanierung anderer Baudenkmäler von überregionaler Bedeutung wie des Kavaliers Hepp oder des Kavaliers Elbracht in Angriff genommen wurde[291]. Oberbürgermeister Stinglwagner hat diese Bemühungen um ein neues Leitbild anläßlich eines Besuchs von Ministerpräsident Alfons Goppel im Dezember 1969 so beschrieben:

„In dieser rasch wachsenden Stadt geht es darum, der wirtschaftlichen Umstrukturierung die gesellschaftliche nicht nachhinken zu lassen. Altbürger und Neubürger dürfen nicht nebeneinanderher leben. Es gilt, sie in unsere Stadt mit Geschichte und kultureller Tradition zu einer einheitlichen gesellschaftsbewußten Bevölkerung zu verschmelzen. Wenn wir die Erneuerung der Altstadt nicht in rein konservierender Sanierung sehen, sondern geschichtliche und moderne Akzente in harmonische Verbindung setzen wollen, so soll auch die soziologische Integration einen traditionsbewußten, aber auch zielstrebig in die Zukunft blickenden Bürger hervorbringen."[292]

---

[291] Insbesondere die Sanierung des Kavaliers Hepp, das heute das Stadtarchiv, die wissenschaftliche Stadtbibliothek und das Stadtmuseum beherbergt, gilt als vorbildlich; vgl. Vogl, Festungsanlagen, S. 62f., und Aksel Reiter, Eine Festung wurde saniert. Die ehemalige Landesfestung Kavalier Elbracht, Ingolstadt, in: Die Bauverwaltung 57 (1984), S. 52–55.
[292] BayHStA, Stk 15325, Ansprache von Oberbürgermeister Otto Stinglwagner anläßlich eines Besuchs von Ministerpräsident Alfons Goppel in Ingolstadt am 5. 12. 1969.

3. Der stotternde Motor oder: von DKW zu Audi

Von Daimler-Benz zu Volkswagen

Landes- und Regionalplanung hatten in den sechziger Jahren durch das in München wie in Ingolstadt grassierende „Ölfieber" entscheidende Impulse erhalten. Entsprechend fasziniert waren die Verfasser der ersten Planungs- und Programmentwürfe von den Möglichkeiten, die sich mit dem Raffineriezentrum und dem als sicher geltenden Nachzug kapital- und arbeitsintensiver Industriebetriebe zur Herstellung von petrochemischen Produkten, Kunststoff oder Arzneimitteln für den Raum Ingolstadt eröffnen würden. Das traditionelle Rückgrat der regionalen Wirtschaft, die Metallindustrie im allgemeinen und der Maschinen- beziehungsweise Fahrzeugbau im besonderen, erschien demgegenüber als weitaus weniger attraktiv und entwicklungsfähig. Großbetriebe wie die Despag oder die Auto Union hatten im Koordinatensystem der Planer zwar ihren festen Platz, sie wurden freilich stets in einem Atemzug mit dem Problem der Monostruktur genannt, das es zu überwinden gelte[293].

Tatsächlich befand sich in der ersten Hälfte der sechziger Jahre mit der Auto Union das größte Unternehmen der gesamten Region in einer tiefen Krise, die zu dunklen Befürchtungen Anlaß gab. Die Auto Union schrieb rote Zahlen, die Zeit war über ihre zweitaktgetriebenen Fahrzeuge hinweggegangen, und ihre Innovationskraft erwies sich als unzureichend, um den toten Punkt in absehbarer Zeit durch marktgerechte neue Produkte zu überwinden. Daran änderte auch die strategische Allianz mit einem starken Partner wie Daimler-Benz nichts, bei dem sich zunehmend resignativer Ärger über die Tochter aus Ingolstadt breitmachte, die sich mehr und mehr als beratungsresistenter Klotz am Bein erwies. So schrieb der ehemalige Generaldirektor von Daimler-Benz und amtierende Vorsitzende des Aufsichtsrats der Auto Union, Fritz Könecke, zusammen mit dem in Stuttgart für Forschung und Entwicklung zuständigen Vorstandsmitglied Fritz Nallinger an die Geschäftsführung der Auto Union, man vermisse in Ingolstadt „die klare Linie", sei überrascht darüber, daß „unsere große Bereitschaft, Sie mit Rat und Tat zu unterstützen", auf so wenig Gegenliebe gestoßen sei und distanziere sich von den allzu offensichtlichen Versuchen, die Verantwortung für die aktuelle Misere auf den Mutterkonzern abzuwälzen[294].

Es war daher nicht überraschend, daß Überlegungen angestellt wurden, wie man die „armselige Aquisition" von 1958 wieder loswerden konnte, „deren Zweitakt-Programm des Aufhebens nicht lohne"[295]. Wieder übernahm Daimler-Benz-Großaktionär Friedrich Flick die Initiative, der einst dafür gesorgt hatte, daß die vier Ringe und der Mercedes-Stern zusammengefunden hatten. Mit Heinrich Nordhoff, dem ungekrönten König der Volkswagen AG, beriet er seit 1962 über eine Kooperation zwischen den beiden wichtigsten deutschen Automobilherstel-

---

[293] Vgl. z.B. Programm für Bayern II, S. 83 ff.; Raumordnungsplan Mittelbayerisches Donaugebiet (1965), S. 372; Uebe/Furler, Wirtschaft, Bevölkerung und Infrastruktur, S. 122.

[294] Fritz Könecke und Fritz Nallinger an William Werner und Werner Henze vom 8. 2. 1961; zit. nach Etzold/Rother/Erdmann, Vier Ringe, Bd. 2, S. 286f.

[295] Der Spiegel vom 4. 11. 1964: „VW/Daimler-Benz – IG Flick"; das folgende Zitat findet sich ebenda.

lern, um über eine „Schwingachse Wolfsburg-Stuttgart" Offensiven der amerikanischen Mitbewerber General Motors und Ford besser kontern zu können. Der Ehrgeiz, „die deutsche Automobilindustrie neu zu ordnen, um ihre Konkurrenzfähigkeit zu stärken"[296], trieb Flick und Nordhoff gleichermaßen an. Integraler Bestandteil dieser Bemühungen, die in einen Interessenausgleich zwischen Daimler-Benz und VW mündeten, war der Übergang der Auto Union in den Besitz der Volkswagen AG. Dieses Unternehmen mit seinen Kleinwagen und Mittelklassefahrzeugen der Marke DKW schien wesentlich besser zu VW zu passen als zu Daimler-Benz mit seinen Nobelkarossen und schweren Nutzfahrzeugen. Im Zuge einer Kapitalerhöhung von 80 auf 160 Millionen DM erwarben die Wolfsburger zunächst 50 Prozent des Stammkapitals der Auto Union und kauften zusätzlich weitere Anteile von Daimler-Benz, so daß „die industrielle Führung der Auto Union zu Beginn des Jahres 1965" auf die Volkswagen AG überging[297], die bis Ende 1966 in teilweise komplizierten Transaktionen auch das restliche Stammkapital des Ingolstädter Unternehmens erwarb. Insgesamt kostete es Volkswagen fast 300 Millionen DM, sich die Konkurrenz aus Bayern einzuverleiben.

Die Ausschaltung eines Konkurrenten war jedoch nur ein Motiv für den Kauf der Auto Union. Wichtiger dürfte die Aussicht gewesen sein, durch ein vergleichsweise modernes Werk mit einem potentiellen Ausstoß von etwa 100 000 Fahrzeugen pro Jahr und – in Zeiten der Vollbeschäftigung kaum zu überschätzen! – den dazugehörigen Arbeitskräften die eigene Kapazität zu erhöhen und damit weiter zu expandieren[298]. Freilich sah man im Vorstand von VW auch die Nachteile: eine Verkaufsorganisation, die als „verrottet" galt, zu hohe Herstellungskosten, unverkäufliche Modelle und entsprechende Lagerbestände, Verluste im operativen Geschäft und erhebliche Liquiditätsprobleme. Für die Auto Union sprach dagegen das Lohnniveau, das etwa 14 Prozent unter dem lag, was durchschnittlich in den deutschen Werken von VW gezahlt wurde[299]. Dafür – und dies zeigt die strukturellen Probleme der Auto Union schonungslos auf – war der Beschäftigungsgrad um so höher, „denn während bei Volkswagen im Schnitt 15,8 Beschäftigte ein Fahrzeug produzierten, waren es bei der Auto Union mit 30,4 fast doppelt soviel". Der Qualität kam dies allerdings nicht zugute. „Für Garantie- und Kulanzansprüche mußte die Auto Union 1964 pro Fahrzeug 213 Mark aufwenden; Volkswagen kam mit 64,06 Mark aus."

Auf die Volkswagen AG kam bei der Sanierung der Auto Union also keine leichte Aufgabe zu, und der Vorstand in Wolfsburg war sich dessen bewußt. Nordhoff orakelte gar, man habe „ein sinkendes Schiff übernommen"[300]. In Ingolstadt sorgten sich die Arbeitnehmer indes um ihre Zukunft. Was sollte nun werden? Inwieweit würde die Selbständigkeit der Auto Union im VW-Konzern erhalten bleiben? Welche Auswirkungen würde der Stabwechsel auf die Zahl und

[296] Heidrun Edelmann, Heinz Nordhoff und Volkswagen. Ein deutscher Unternehmer im amerikanischen Jahrhundert, Göttingen 2003, S. 259.
[297] Kruk/Lingnau, Daimler-Benz, S. 234; zur gesamten Transaktion vgl. ebenda, S. 233–236.
[298] Vgl. Edelmann, Heinz Nordhoff, S. 259; das folgende Zitat des VW-Chefs in der Vorstandssitzung am 22. 10. 1964 findet sich ebenda.
[299] Zu den Chancen und Risiken der Übernahme der Auto Union durch VW vgl. Etzold/Rother/Erdmann, Vier Ringe, Bd. 2, S. 287–290; die Zitate finden sich auf S. 289 f.
[300] Zit. nach ebenda, S. 317.

Struktur der Arbeitsplätze haben? Der Betriebsrat in Ingolstadt sah mehr die Chancen als die Risiken der neuen Konstellation. Der Vorsitzende Fritz Böhm zeigte sich bereits im Dezember 1964 in einem Rechenschaftsbericht vor der Belegschaft überzeugt, „daß die Verbindung mit dem VW-Werk für die Belegschaft der AU eine Wende zum Besseren bringt"[301]. Diese im Kern positive Einschätzung der Entwicklung lag zum einen daran, daß mit Volkswagen eines der erfolgreichsten deutschen Unternehmen überhaupt die Führung bei der Auto Union übernommen hatte[302], von dem man sich die nötige Unterstützung für einen Neuanfang erhoffen konnte, und zum anderen an der Einsicht, daß „die Auto Union als selbständige Gesellschaft [...] wirtschaftlich gesehen am Ende war". Es habe „keinen anderen Ausweg aus einer wahrhaft – insbesondere für die Belegschaft der AU – krisenhaften Situation" gegeben. Nur Volkswagen habe von den potentiellen Interessenten „die finanzielle und wirtschaftliche Kraft" gehabt, um der Auto Union wieder auf die Beine zu helfen „und die durch bedrohliche Absatzschwierigkeiten aufgerissenen Lücken in der Produktion zu füllen"[303].

Allerdings war es zunächst nur schwer zu erkennen, welche Rolle VW der neuen Tochter im Konzern zugedacht hatte und welcher Kurs gesteuert werden sollte. Um die Unruhe im Unternehmen zu dämpfen und Gerüchten in der Öffentlichkeit den Boden zu entziehen, betonte man zunächst die Selbständigkeit des Ingolstädter Autobauers und den Fortbestand des bestehenden Produktionsprogramms mit seinen zweitaktgetriebenen Fahrzeugen[304]. Je detaillierter jedoch der Überblick über die Situation der Auto Union wurde, desto mehr wuchsen in Wolfsburg – insbesondere bei Nordhoff, der weder viel von dezentralisierten Entscheidungsprozessen noch von der Idee des Zweitaktmotors hielt – die Sorgen: „Die Auto Union", so Nordhoff, „war, als wir sie übernahmen, ein sterbender Betrieb mit einer massiven Unterbilanz als Folge einer unfähigen Geschäftsleitung und als Folge von falschen Methoden auf allen Gebieten"[305]. Aus dieser zugespitzten Analyse erwuchs die Überzeugung, man dürfe nicht denselben Fehler begehen wie Daimler-Benz und sich die Zügel von einer Gruppe konzeptloser und mit sich selbst beschäftigter Manager aus der Hand nehmen lassen. Statt dessen sei es besser, reinen Tisch zu machen: „Wir sollten uns von dem gesamten Führungspersonal in Ingolstadt trennen. Bevor wir das nicht tun, kriegen wir das Ganze nicht in unseren Griff"[306].

Die Ablösung von Werner Henze, eines bis zuletzt überzeugten Verfechters zweitaktgetriebener Automobile, der seit 1956 der Geschäftsführung der Auto Union vorstand, kündigte im Juni 1965 Nordhoffs „Harte Welle" an[307]. Der neue

301 Archiv des Betriebsrats der Audi AG, Betriebsversammlungen, Rechenschaftsbericht des Vorsitzenden für die Betriebsversammlungen am 15./16. 12. 1964.
302 Zur Entwicklung von VW nach 1945 vgl. Volker Wellhöner, „Wirtschaftswunder", Weltmarkt, westdeutscher Fordismus. Der Fall Volkswagen, Münster 1996.
303 Archiv des Betriebsrats der Audi AG, Betriebsversammlungen, Rechenschaftsbericht des Vorsitzenden für die Betriebsversammlungen am 25./26. 5. 1965.
304 Eine entsprechende Bekanntmachung ist abgedruckt in: Etzold/Rother/Erdmann, Vier Ringe, Bd. 2, S. 318.
305 Zit. nach Werner, Fritz Böhm, in: ders./Hörmann (Hrsg.), Fritz Böhm, S. 96.
306 So Heinrich Nordhoff in einer Bilanz fünf Monate nach der Übernahme der Auto Union; zit. nach Etzold/Rother/Erdmann, Vier Ringe, Bd. 2, S. 321.
307 Der Spiegel vom 31. 10. 1966: „Auto Union: Harte Welle".

starke Mann in der Chefetage des Verwaltungsgebäudes an der Ettinger Straße
hieß Rudolf Leiding, der Nordhoffs besonderes Vertrauen genoß und bisher das
VW-Werk in Kassel geleitet hatte. Der gelernte KfZ-Mechaniker und Maschinen-
bauer Leiding hatte im Zweiten Weltkrieg als Offizier bei den Pionieren und bei
der Kraftfahrtruppe gedient, bevor er bereits im Sommer 1945 bei VW in Wolfsburg einstieg[308]. Obwohl von Haus aus Techniker, erwarb er sich rasch den Ruf
eines Generalisten, der sich von niemandem etwas vormachen ließ. Leiding trat in
Ingolstadt als harter Sanierer an und kehrte mit dem berüchtigten eisernen Besen.
Dies sei zwingend nötig gewesen, da „der Geist der Mannschaft [...] herunter-
gewirtschaftet" gewesen sei und „allgemeine Untergangsstimmung" geherrscht
habe[309]. Der Vorsitzende der Geschäftsführung bekämpfte den Schlendrian, wo er
ihn traf, und setzte auf Tugenden wie Leistung, Disziplin, Sauberkeit, Sparsamkeit
und Pünktlichkeit. Nach dem Motto „Wir machen alles wie VW!" versuchten
Leiding und seine Mitstreiter aus Wolfsburg, die Auto Union auf Vordermann zu
bringen[310], ja die als rückständig angesehene Neuerrungenschaft gleichsam zu ko-
lonisieren. Die neuen Führungskräfte traten auf, wie „der Missionar, der in den
Urwald kommt", setzten kompromißlos ihre Linie durch und duldeten keinen
Widerspruch, erinnerte sich ein Angestellter aus dem Bereich Personalwesen noch
Jahrzehnte später[311]. Der Zusammenprall zweier Unternehmenskulturen, von denen eine den Nimbus des Siegers, die andere aber das Stigma des Versagers trug,
führte zweifellos zu Irritationen und Reibungsverlusten. Doch schließlich rauften
sich die Wolfsburger und die Ingolstädter buchstäblich zusammen; letztere fügten
sich auch deshalb leichter in ihr Schicksal, da sie erkannt hatten, daß es für sie
keine Alternative gab. Zudem erwies sich Leiding bei all seiner geradlinigen Härte
und trotz aller Loyalität gegenüber der Konzernspitze als Glücksfall für die Auto
Union. Eigentlich als Totengräber der vier Ringe angetreten, machte er die Sache
der Auto Union zu seiner eigenen, nachdem er die Chancen erkannt hatte, die sich
dem Unternehmen ungeachtet der aktuellen Schwierigkeiten boten. Auf dieser
Basis verständigte er sich sowohl mit den verbliebenen Führungskräften als auch
mit den Arbeitnehmervertretern, die seinen Einsatz anerkannten, obwohl heftige
Auseinandersetzungen zwischen Geschäftsleitung und Betriebsrat und zähe Verhandlungen um notwendige Kompromisse nicht selten waren[312]. Doch Leiding
wurde von der Belegschaft zunehmend als einer der ihren akzeptiert, und dies war
die Basis für seinen später fast legendären Ruf als Retter in der Not[313].

Es genügte freilich nicht, „überall ein paar Korsettstäbe aus der VW-Organisa-
tion" einzuziehen[314]. Was die Auto Union dringender als alles andere benötigte,
war ein marktfähiges Produkt, um die Fertigungskapazitäten auszulasten, die Verluste zu begrenzen und zumindest mittelfristig wieder schwarze Zahlen zu schreiben. Da sich Fahrzeuge vom Typ DKW, von denen im Winter 1964/65 etwa 30 000

---

[308] Vgl. ebenda, und Mirsching, Audi, S. 201.
[309] Zit. nach Etzold/Rother/Erdmann, Vier Ringe, Bd. 2, S. 324 f.
[310] Steiger/Wirth, Audi 1965–1975, S. 25.
[311] Interview mit Franz Deß am 7. 10. 1999.
[312] Vgl. Werner, Fritz Böhm, in: ders./Hörmann (Hrsg.), Fritz Böhm, S. 96 ff.
[313] Archiv des Betriebsrats der Audi AG, Betriebsversammlungen, Protokoll der Betriebsversammlung am 16. 4. 1973.
[314] Der Spiegel vom 29. 9. 1965: „Audi-Preis: Korsett vom Konzern".

auf Halde standen, nur noch schwer an den Mann bringen ließen und kein serien-
reifes Nachfolgemodell zur Verfügung stand, kam zunächst nur eine externe Lösung in Frage: die Fertigung des bei den Kunden nach wie vor beliebten VW-Kä-
fer. Im Mai 1965 rollte der erste Käfer in Ingolstadt vom Band; bald waren es mehr
als 300 pro Arbeitstag. Zugleich lief die Fabrikation der zweitaktgetriebenen
Modelle DKW F 11, F 12 und F 102 bis Anfang 1966 unwiderruflich aus[315]. Die
Montage von Kraftfahrzeugen im Auftrag von Volkswagen hatte jedoch auch ihre
Schattenseiten. Zwar kamen damit Aufträge und technisch-organisatorisches
Know-how nach Ingolstadt, aber andererseits wuchs die Gefahr, daß eine voll-
wertige Automobilfabrik zu einem bloßen Zweigwerk degenerierte, in dem strategische Abteilungen wie Forschung und Entwicklung oder Marketing und Vertrieb nicht mehr benötigt wurden. Damit drohte das Unternehmen aber intellektuell auszubluten und vor allem hochqualifizierte Arbeitsplätze zu verlieren – mit
gravierenden Konsequenzen für die gesamte Region, deren Arbeitsmarkt ohnehin
stark von Jobs im gewerblich-produzierenden Sektor bestimmt wurde.

Diese Gefahr war um so größer, als sich Nordhoff noch im Sommer 1965 entschlossen zeigte, die Auto Union zum „Werk Ingolstadt der Volkswagen AG"
herabzustufen[316]. In Wolfsburg gab es jedoch auch Stimmen, die für einen anderen
Kurs plädierten. Carl H. Hahn, der im VW-Vorstand nicht nur für den Verkauf
zuständig war, sondern auch als junger Hoffnungsträger des Unternehmens galt,
„sah in dem Ingolstädter Werk mehr als eine Fabrikanlage, die dem Volkswagenwerk möglichst ohne Verluste als Zweigwerk anzugliedern sei. Ihm schwebte
vor", die Auto Union „nach amerikanischem Muster zu einer *division*, also zu
einem eigenständigen Unternehmen innerhalb des Volkswagenkonzerns zu machen". Es war jedoch nicht nur der erst vor kurzem aus den Vereinigten Staaten
zurückgekehrte Ökonom, der sich für eine echte Sanierung der Auto Union aus-
sprach, sondern auch der Sohn des Carl Hahn, der das Unternehmen im Zeichen
der vier Ringe zunächst in Sachsen, dann nach 1945 auch in Bayern an maßgebli-
cher Stelle mitgeprägt hatte[317]. Carl H. Hahn hatte in den ersten Kriegsjahren als
Schüler noch selbst in den Werken gearbeitet, die sein Vater leitete, und obwohl er
später seinen eigenen Weg ging, blieb er der Auto Union und ihren Fahrzeugen
doch stets in besonderer Weise zugetan. Diese nostalgische Verbundenheit, ge-
paart mit der Überzeugung, „eine geschickte Zweimarkenpolitik" sei „langfristig
das einzig richtige Rezept für Wolfsburg und Ingolstadt", führte dazu, daß Hahn
Alternativen zu den hemdsärmeligen Plänen seines Generaldirektors ventilierte.
Doch sollten solche Vorschläge eine Chance haben, brauchten die Ingolstädter
Autobauer einen Erfolg und eine Perspektive, die eine eigenständige Rolle im
Konzern rechtfertigten. Dabei tat Eile Not, denn im ersten Halbjahr 1965 hatte
man einen Verlust von 61 Millionen DM zu verkraften, und die finanziellen Ver-
bindlichkeiten des Unternehmens betrugen etwa 234 Millionen DM[318].

---

[315] Vgl. Etzold/Rother/Erdmann, Vier Ringe, Bd. 2, S. 321 ff., und Mirsching, Audi, S. 162.
[316] Zit. nach Edelmann, Heinz Nordhoff, S. 263; die folgenden Zitate finden sich ebenda, S. 262.
[317] Vgl. Hahn, Jahre mit Volkswagen, S. 11; das folgende Zitat findet sich ebenda, S. 103 f.
[318] Vgl. Etzold/Rother/Erdmann, Vier Ringe, Bd. 2, S. 331 f.

Der Audi verheißt Erfolg

Der einzige Pfeil, den man bei der Auto Union im Köcher hatte, waren die Pläne
für einen Pkw mit der Typenbezeichnung F 103. Dieses Fahrzeug wurde auf der
Basis des DKW F 102 entwickelt, sollte aber – und dies war die entscheidende
Neuerung – einen neuen Motor erhalten. Die Verantwortung für diese „Herz-
transplantation" trug Ludwig Kraus, seit 1963 Chef der Technischen Entwicklung
und seit März 1965 auch Mitglied der Geschäftsführung. Der Ingenieur war von
Daimler-Benz, wo er die Abteilung Vorentwicklung von Personenkraftwagen geleitet hatte, nach Ingolstadt gekommen, wo er jedoch alles andere als ein Fremder
war. In Hettenshausen (Landkreis Pfaffenhofen) geboren, besuchte Kraus die
Oberrealschule in Ingolstadt und absolvierte nach dem Abitur ein Praktikum im
dortigen Ausbesserungswerk der Reichsbahn, bevor er die Stadt an der Donau für
sein Maschinenbaustudium verließ und bei Daimler-Benz Karriere machte[319].
Leicht hatte es Kraus bei der Auto Union nicht; es fehlte an Geld, an Mitarbeitern
– ihm unterstanden anfangs rund 500 Arbeiter und Angestellte, während VW
4500 und Daimler-Benz sogar 5000 Personen in der Entwicklung beschäftigten –
und anfangs auch am Rückhalt aus der Chefetage. Zudem dauerte es seine Zeit, bis
Kraus seine Abteilung im Griff hatte und die vorhandenen Ressourcen effektiv
einsetzen konnte. Der neue Entwicklungschef war ein ebenso erfolgreicher wie
ehrgeiziger Tüftler, und er wollte sich in Ingolstadt gegenüber den Kollegen von
VW beweisen, die „auf einem sehr hohen Roß" saßen[320]. Kompetenz, Selbstbewußtsein, eine gehörige Portion Eigensinn und eine zunehmende emotionale
Verbundenheit zu dem Unternehmen, das für seine Heimatregion von eminenter
Bedeutung war, machten den Ingenieur zu einer entscheidenden Figur in schwierigen Zeiten.

Als Kraus seine neue Stelle – begleitet von einem kleinen Stab qualifizierter
Mitarbeiter – antrat, hatte er die Pläne für einen neuen Viertaktmotor im Gepäck,
der in Ingolstadt zur Serienreife gebracht werden und der Zweitakt-Ära ein
schnelles Ende setzen sollte. Der sogenannte Mitteldruckmotor, der wegen seines
günstigen Verhältnisses von Leistung und Verbrauch als technisch innovativ galt,
stand tatsächlich bald zur Verfügung[321]. Doch es überstieg die Kapazität der Auto
Union in diesen Tagen, eigens dafür ein Fahrzeug zu entwickeln, und man mußte
mit dem vorlieb nehmen, was man hatte. Der „Bastard", wie Kraus das erste Modell nannte, das in Ingolstadt vom Band rollte und seine Handschrift trug[322], war
die logische Konsequenz aus dieser Konstellation. Der neue Mitteldruckmotor
trieb einen modifizierten DKW F 102 an, den die Techniker der Auto Union nicht
nur optisch verändert, sondern auch an die Erfordernisse angepaßt hatten, die ein
größeres und schwereres Triebwerk mit sich brachte.

Das 4,38 m lange und 980 kg schwere Fahrzeug, dessen 72 PS starker Motor
eine Höchstgeschwindigkeit von fast 150 km/h ermöglichte, konnte seinen Kom-

[319] Vgl. ebenda, S. 326–330, und Mirsching, Audi, S. 201.
[320] Interview mit Ludwig Kraus, in: Steiger/Wirth, Audi 1965–1975, S. 87–90, hier S. 88.
[321] Zum Mitteldruckmotor, der Entwicklung des ersten Audi sowie zu dessen technischen Daten vgl.
Mirsching, Audi, S. 162–165; Etzold/Rother/Erdmann, Vier Ringe, Bd. 2, S. 330–340, sowie Stei-
ger/Wirth, Audi 1965–1975, S. 25–34.
[322] Interview mit Ludwig Kraus, in: ebenda, S. 88.

promißcharakter nicht verleugnen, doch ein Automobil, für das die Auto Union, Daimler-Benz und Volkswagen gleichermaßen Pate standen, weckte das Interesse des Publikums. Auch der Name klang etwas exotisch, aber doch seltsam vertraut: Audi. Automobile dieses Namens hatten die Auto Union vor dem Zweiten Weltkrieg in der gehobenen Mittelklasse repräsentiert, ohne freilich große Stückzahlen zu erreichen, und standen für eine Verbindung aus Eleganz und fortschrittlicher Technik[323]. Nach 1945 verzichtete die Auto Union darauf, diese Marke wiederzubeleben, doch im Zuge der Krise der zweitaktgetriebenen DKW schien der Zeitpunkt gekommen, mit dem Rückgriff auf die Marke Audi das Signal für einen Neuanfang zu setzen. In der Konzernzentrale plädierte vor allem Carl H. Hahn dafür, der Konkurrenz mit einem soliden Automobil dieses Namens zu einem vernünftigen Preis Marktanteile abzujagen, um mittelfristig unter dem Dach von VW eine zweite Marke zu positionieren. Als Beleg dafür, daß sich eigenständige Produktionsprogramme und Absatzorganisationen unter einem gemeinsamen Dach auszahlen konnten, galt ihm das Beispiel der Auto Union in den dreißiger Jahren und die erfolgreiche Mehrmarkenstrategie von General Motors. „Platziert man sich an den richtigen Stellen des Teichs mit den richtigen Ködern", so Hahns Credo, holt man mit zwei Angelhaken mehr Fische aus dem Wasser als mit einem."[324]

Tatsächlich war der „Anlauf des Audi", der im September 1965 auf der Internationalen Automobilausstellung in Frankfurt erstmals der Öffentlichkeit präsentiert wurde, „mit mehr Glück verbunden, als man erhoffen konnte", wie Rudolf Leiding Ende 1965 bilanzierte[325]. Zu diesem Zeitpunkt hatte die Auto Union bereits die gesamte Jahresproduktion von etwa 15 500 Audi verkauft und blickte mit verhaltenem Optimismus in die Zukunft[326]. Der „Bastard" füllte eine Marktlücke in der Mittelklasse und zog vor allem Käufer an, „denen Ford und Opel zu amerikanisch waren, der VW 1600 zu sehr nach VW aussah", die BMW für „zu aufwendig", den R 16 für „zu unkonventionell" und die Fahrzeuge vom Typ Fiat 124 für „zu schludrig gebaut" hielten[327]. Der Erfolg des ersten Audi, der bald als Typ 72 bezeichnet werden sollte, ermutigte die Verantwortlichen, die Modellpalette zu erweitern, um die Kapazitäten des Ingolstädter Werks so gut wie möglich auszulasten und das Netz der Auto Union-Händler mit neuen Angeboten zu bedienen. Ende 1966 konnte die Kundschaft wählen zwischen dem Audi 72, dem stärkeren Audi 80, den unter dem Namen „Variant" angebotenen Kombiversionen dieser Modelle sowie dem exklusiv ausgestatteten Audi Super 90. Diese Fahrzeuge entsprachen „in ihrem technisch-konstruktiven Aufbau" weitgehend dem Audi 72, besaßen „jedoch Motoren unterschiedlicher Leistung"[328]. Mit diesem Programm war die Auto Union wieder im Geschäft. Hatte man das Jahr 1965 noch mit Verlusten abgeschlossen, so blieb 1966 bereits ein kleiner Gewinn übrig. In den ersten elf Monaten dieses Jahres hatte das Unternehmen den Ausstoß um 39,6 Prozent

---

[323] Vgl. Etzold/Rother/Erdmann, Vier Ringe, Bd. 1, S. 285–290.
[324] Hahn, Jahre mit Volkswagen, S. 103.
[325] Zit. nach Edelmann, Heinz Nordhoff, S. 264.
[326] Archiv des Betriebsrats der Audi AG, Betriebsversammlungen, Bericht der Geschäftsführung (Rudolf Leiding) für die Betriebsversammlungen am 13./14. 12. 1965.
[327] Steiger/Wirth, Audi 1965–1975, S. 27.
[328] Vgl. Mirsching, Audi, S. 162–165; das Zitat findet sich auf S. 162.

gesteigert und mehr als 140 000 Automobile produziert; allerdings wurden noch immer mehr Volkswagen (fast 77 000) im Auftrag der Konzernmutter montiert, als die Auto Union in eigener Regie baute (etwa 63 000)[329].

Damit hatte der massive Kapitaleinsatz von Volkswagen – zwischen 1964 und 1966 wurden insgesamt 659 Millionen DM bei der Auto Union investiert – seine Wirkung nicht verfehlt[330]. Allerdings hatte sich die Lage des Unternehmens in der zweiten Hälfte des Jahres 1966 stark eingetrübt. Diese Entwicklung war jedoch weniger auf hausgemachte Probleme zurückzuführen als auf die unerwartete Rezession, welche die Wirtschaft der Bundesrepublik nach Jahren des stürmischen Wachstums getroffen hatte. Die konjunkturempfindliche Automobilindustrie spürte die Folgen der Flaute besonders deutlich, und auch die Auto Union machte hier keine Ausnahme. Da man die Audi-Produktion in der Hoffnung auf baldige Besserung erst spät drosselte, wuchsen die Lagerbestände, so daß die Stückzahlen 1967 heruntergefahren wurden und Kurzarbeit angeordnet werden mußte, um Entlassungen zu vermeiden. Während die Zahl der im Auftrag von VW gefertigten Pkw nur leicht zurückging, brach die Audi-Produktion (rund 36 600 Einheiten) geradezu ein, so daß der gesamte Fahrzeugausstoß der Auto Union auf etwa 120 000 sank[331]. Trotz dieser Schatten, die sich schwer auf das Gemüt der Mitarbeiter legten, wo sogar das Gerücht kursierte, die Audi-Produktion werde ganz eingestellt[332], kamen die Ingolstädter Autobauer vergleichsweise glimpflich durch diese erste Wirtschaftskrise in der Geschichte der Bundesrepublik. Dafür waren nicht zuletzt die Verbindung mit VW und die Tatsache verantwortlich, daß man bereits 1965/66 Personal abgebaut und Rationalisierungsmaßnahmen eingeleitet hatte, die sich nun auszahlten. So konnte Rudolf Leiding im Mai 1967 allen Problemen zum Trotz zufrieden feststellen:

„Wir fertigen heute wesentlich billiger und besser, als beispielsweise vor einem Jahr. Unsere Audi Fahrzeuge sind im Hinblick auf Qualität ständig verbessert worden. Das Ansehen der Auto Union, das auf Grund einer hohen Beanstandungsquote bei den früher gefertigten Zweitakttypen erheblich gesunken war, konnte genauso erheblich und spürbar aufgebessert werden. Wir konnten im letzten Jahr unsere Preise senken und die Ausstattung unserer Fahrzeuge verbessern und können heute Fahrzeuge mit anerkannt guter Qualität zu durchaus konkurrenzfähigen Preisen anbieten. Darüber hinaus haben wir im letzten Jahr unsere Ertragslage und die finanzielle Situation dieser Fabrik erheblich verbessert. [...] Ich weiß, was die Belegschaft dieses Unternehmens in den letzten 1½ Jahren geleistet hat und denke dabei an die vielen Zweifler, die eine solche Entwicklung in der Auto Union ganz einfach für unmöglich hielten."[333]

Als das schwierige Jahr 1967 zu Ende ging und sich die Konjunktur wieder aufgehellt hatte, atmete man in Ingolstadt auf. Die Auto Union war nicht nur „einigermaßen gut davongekommen", sondern hatte ihren Gewinn gegenüber dem Vor-

[329] Archiv des Betriebsrats der Audi AG, Betriebsversammlungen, Bericht der Geschäftsführung (Rudolf Leiding) für die Betriebsversammlungen am 20./21. 12. 1966.
[330] Vgl. Etzold/Rother/Erdmann, Vier Ringe, Bd. 2, S. 342.
[331] Archiv des Betriebsrats der Audi AG, Betriebsversammlungen, Bericht der Geschäftsführung (Rudolf Leiding) für die Betriebsversammlungen am 14./15. 12. 1967.
[332] Archiv des Betriebsrats der Audi AG, Betriebsversammlungen, Bericht der Geschäftsführung (Rudolf Leiding) für die Betriebsversammlungen am 19./20. 7. 1966.
[333] Archiv des Betriebsrats der Audi AG, Betriebsversammlungen, Bericht der Geschäftsführung (Rudolf Leiding) für die Betriebsversammlungen am 17./18. 5. 1967.

jahr sogar steigern können[334]. Mit dem 55 PS starken Audi 60, der im Februar 1968 auf den Markt kam und als günstiges Einsteigermodell zum populärsten Fahrzeug der ersten Audi-Generation avancierte, kehrte die Auto Union endgültig in die Erfolgsspur zurück[335].

Allerdings konnte es keinen Zweifel daran geben, daß der „Bastard" und seine Abkömmlinge die Auto Union nicht für alle Zeit über Wasser halten würden. Wollte das Unternehmen dauerhaft eine eigenständige Rolle im VW-Konzern spielen, mußten neue Produkte her. Doch das war leichter gesagt als getan, denn in Wolfsburg hielt man nichts davon, in Ingolstadt neue Fahrzeuge entwickeln zu lassen. Nordhoff untersagte zunächst sogar alle diesbezüglichen Aktivitäten und gestattete lediglich Arbeiten zur Pflege der aktuellen Modellpalette. Ein so begabter und umtriebiger Ingenieur wie Ludwig Kraus, der überdies erkannt hatte, was auf dem Spiel stand, konnte mit solchen Einschränkungen nur schwer leben. Daher legte er die Wolfsburger Vorgaben weit aus und trieb gleichsam „im Untergrund" die Entwicklung eines neuen Fahrzeugtyps voran[336], über den er und seine engsten Mitarbeiter bereits nachgedacht hatten, als Daimler-Benz noch das Sagen bei der Auto Union hatte. Die Geschichte des F 104, der als Audi 100 in die Annalen des deutschen Automobilbaus eingehen sollte, gehört zu den Mythen, die in der Chronik des Ingolstädter Unternehmens ihren festen Platz haben, und die immer wieder neu erzählt worden sind: Wie Rudolf Leiding durch Zufall dahinterkam, was in seiner Entwicklungsabteilung vor sich ging, wie er sich entschloß, dieses Projekt nach außen zu decken, wie Leiding und Kraus schließlich Farbe bekannten, aber mit ihrer Entlassung rechneten, als sie das Modell des neuen Audi einer Wolfsburger Delegation mit Nordhoff an der Spitze vorstellten, und wie dieser – obwohl zunächst rot vor Zorn – grünes Licht dafür gab, das Fahrzeug in Serie gehen zu lassen[337].

Der Audi 100, der im Herbst 1968 der Öffentlichkeit vorgestellt wurde[338], erwies sich als großer Wurf. Anders als die erste Audi-Generation, die auf „einem nicht ganz gelungenen Auto mit einem nicht ganz gelungenen Motor" basierte[339], war das neue Gefährt frei von allen Relikten aus der Zweitakt-Ära und galt wohlmeinenden Experten wie Carl H. Hahn als „eine Sensation der Ausgewogenheit und des Fortschritts"[340]. Tatsächlich war die Karosserie des Audi 100 vergleichsweise leicht und strömungsgünstig, aber widerstandsfähig. Das Fahrzeug besaß einen kräftigen Motor, der sportliche Fahrer ansprechen sollte; auch das Design konnte als gelungen gelten und traf den Zeitgeschmack[341]. Nachdem Testfahrer des ADAC die leistungsstärkste der drei Varianten des Audi 100 probegefahren

---

[334] Archiv des Betriebsrats der Audi AG, Betriebsversammlungen, Bericht der Geschäftsführung (Rudolf Leiding) für die Betriebsversammlungen am 14./15. 12. 1967.
[335] Zum Audi 60 vgl. Steiger/Wirth, Audi 1965–1975, S. 49 f.
[336] Etzold/Rother/Erdmann, Vier Ringe, Bd. 2, S. 347.
[337] Vgl. ebenda, S. 347 ff., und Interview mit Ludwig Kraus, in: Steiger/Wirth, Audi 1965–1975, S. 87 f.
[338] Vgl. Donau-Kurier vom 28. 11. 1968: „Täglich 1200 Premierengäste beim Auto-Union-‚Richtfest'" und vom 30. 11. 1968: „Heute und morgen Zutritt frei für die große Auto-Union-Schau".
[339] So Ludwig Kraus; zit. nach: Steiger/Wirth, Audi 1965–1975, S. 52.
[340] Hahn, Jahre mit Volkswagen, S. 106 f.
[341] Vgl. Steiger/Wirth, Audi 1965–1975, S. 54–60; die Zitate finden sich auf S. 59 f. Eine ausführliche Würdigung findet sich auch im Donau-Kurier vom 27. 11. 1968: „Audi-Zukunft wächst in neue Dimensionen".

Abb. 17: Erfolgsmodell – der Audi 100

hatten, fiel ihr Urteil geradezu hymnisch aus: „Wenn die Prinzessin auf der Erbse dem Märchenbuch entsteigen und uns fragen würde, welches Auto sie kaufen solle – wir würden ihr den Audi empfehlen." Der Audi 100, der auf eine Marktnische zielte, die man rasch „Sport-Komfortklasse" nannte, war ein entscheidender Schritt, um die gesamte Marke neu zu positionieren; die Auto Union warb nun um zahlungskräftige Kunden, die sich Fahrzeuge der gehobenen Mittelklasse leisten konnten. Der Erfolg des Audi 100 gab Ludwig Kraus und seinem Stab recht: Noch im Jahr 1969 wurden 67852 Fahrzeuge dieses Typs verkauft.

Die Konsolidierung der Auto Union und die gelungene Premiere des Audi 100 fielen in eine für den Mutterkonzern VW schwierige Zeit[342]. Die Personalkosten in den deutschen Werken waren hoch, die Finanzstruktur mußte als ungünstig gelten, und die Ertragslage gab immer wieder zur Sorge Anlaß. Am schwersten wog jedoch die Tatsache, daß der legendäre Käfer in die Jahre gekommen, aber kein verheißungsvolles Nachfolgemodell in Sicht war. Böse Zungen unkten gar, VW müsse jetzt den Preis dafür zahlen, daß man „alle Zukunftsüberlegungen […] auf den Erfahrungswerten des Käfers aufgebaut" und in fast drei Jahrzehnten kein wirklich neues Auto herausgebracht habe[343]. Die Schwierigkeiten in Wolfsburg und die positive Entwicklung des eigenen Unternehmens verschafften der Führungsmannschaft der Auto Union Respekt und neuen Handlungsspielraum. Im April 1967 hatte Heinrich Nordhoff noch verlauten lassen, der Markenname Audi

---

[342] Zur schwierigen Situation bei VW vgl. Edelmann, Heinz Nordhoff, S. 277–307.
[343] Kurt Lotz, Lebenserfahrungen. Worüber man in Wirtschaft und Politik auch sprechen sollte, Düsseldorf/Wien 1978, S. 97.

sei „der unglücklichste"[344], der sich habe finden lassen, und einige Monate später konnte nur mit Mühe verhindert werden, daß die vier Ringe am Kühlergrill des fast serienreifen Audi 100 durch das Firmenzeichen von VW ersetzt wurden[345]. Doch nachdem der alte Patriarch Nordhoff abgetreten war und die „Käfer-Dämmerung" neue Weichenstellungen bei Volkswagen erforderte[346], gelang es Carl H. Hahn, dem wohl wichtigsten Fürsprecher der Ingolstädter Autobauer in der Konzernzentrale, „buchstäblich in letzter Sekunde" den neuen starken Mann Kurt Lotz für seine „Mehrmarkenstrategie zu gewinnen und die Exekution von Audi zu verhindern"[347].

Mag sein, daß der Vertriebsvorstand und spätere Vorstandsvorsitzende von VW mit diesen drastischen Worten etwas übertrieb, doch die Tatsache, daß es derartige Überlegungen immer wieder gegeben hatte, ist nicht von der Hand zu weisen. Erst Ende der sechziger Jahre mußten die Ingolstädter Autobauer nicht mehr befürchten, in naher Zukunft von den mächtigen Herren aus Wolfsburg mediatisiert zu werden. Wie es mit der Auto Union weiterging, hing freilich vor allem von der weiteren Entwicklung der Volkswagen AG ab. Die strategischen Entscheidungen fielen ohne die Geschäftsführung in der Stadt an der Donau und oft genug über ihre Köpfe hinweg. Idyllisch gestalteten sich die Beziehungen zwischen Volkswagen und der Auto Union jedenfalls nicht, „denn irgendwie blieb die Verbindung zum Süden unverändert komplexbeladen".

Das gestiegene Selbstbewußtsein der bayerischen Tochter, die ihre Existenzberechtigung und Innovationskraft mit dem Audi 100 unter Beweis gestellt hatte, trug nicht unbedingt dazu bei, diese atmosphärischen Störungen zu beseitigen. Das neue Vertrauen in die eigenen Fähigkeiten wuchs noch, als 1969 insgesamt 230 Millionen DM für Investitionen freigegeben wurden – Investitionen, die zunächst zur Erweiterung der Produktionsanlagen auf eine Kapazität von 600 Fahrzeugen pro Arbeitstag gedacht waren, um die Nachfrage nach dem neuen Audi zu befriedigen, die selbst die kühnsten Erwartungen in den Führungsetagen von Volkswagen und der Auto Union überstiegen[348]. Besonders erfreut nahm man dabei die Tatsache zu Kenntnis, daß das „Image des neuen Audi [...] die anderen [Modelle] mit nach oben gezogen" habe. Das mittelfristig angestrebte Ziel, mit dem Vorstoß in ein neues Marktsegment die gesamte Marke höher zu positionieren, schien sich schneller realisieren zu lassen als gedacht. Doch das Investitionsprogramm erstreckte sich nicht nur auf die Produktionsanlagen. Mit dem Neubau für die Technische Entwicklung, die nach der Übernahme der Auto Union durch VW noch auf dem Aussterbeetat gestanden hatte, wurde auch die Substanz des Unternehmens nachhaltig gestärkt. Ludwig Kraus hatte Mittel und Wege gefunden, die Entscheidungsträger in Wolfsburg von der Notwendigkeit zu überzeugen, die bestehenden Provisorien durch eine große Lösung zu ersetzen. Das Motto „Fortschritt durch Technik", mit dem man für die Automobile der Marke

[344] Zit. nach Hahn, Jahre mit Volkswagen, S. 108.
[345] Vgl. Etzold/Rother/Erdmann, Vier Ringe, Bd. 2, S. 351.
[346] Der Spiegel vom 15. 5. 1967: „Volkswagen: Für Käfermüde".
[347] Hahn, Jahre mit Volkswagen, S. 111; das folgende Zitat findet sich ebenda.
[348] Vgl. Donau-Kurier vom 29./30. 3. 1969: „Klare Weichenstellung für Auto Union-Zukunft"; das folgende Zitat aus einem Interview mit VW-Chef Kurt Lotz findet sich ebenda.

Abb. 18:   Das Werk von Audi NSU an der Ettinger Straße

Audi warb[349], erwies sich mit diesem Schritt nicht nur als hohle Phrase. Die „Ludwigs-Burg", wie das Entwicklungszentrum bald heißen sollte, bot Jobs für 1300 Mitarbeiter und verschlang bis 1973 immerhin 76 Millionen DM[350]. Einmal mehr kam dem Automobilbau dabei die militärische Vergangenheit Ingolstadts zugute, denn der Neubau entstand in unmittelbarer Nähe zu den Fertigungsanlagen auf dem Gelände des ehemaligen Forts „Max Emanuel", das die öffentliche Hand zur Verfügung stellte, obwohl auch gemeinnützige Bauträger Ansprüche angemeldet hatten, um dort Sozialwohnungen zu errichten[351]. Der Neubau der Technischen Entwicklung war ein Symbol der allmählichen Emanzipation der Ingolstädter VW-Tochter, das Ende der Käfer-Montage im Juli 1969 ein anderes. Nachdem 347 869 Exemplare dieses legendären Fahrzeugs in Ingolstadt gebaut worden waren, konnte man die Bänder von nun an mit eigenen Produkten auslasten, ohne auf diese „Krücke" zurückgreifen zu müssen[352].

---

[349] Archiv des Betriebsrats der Audi AG, Betriebsversammlungen, Bericht der Geschäftsführung (Gerhard Prinz) für die Betriebsversammlung am 19. 12. 1972.

[350] Clauspeter Becker, Sie nennen es Ludwigs-Burg, in: Copilot 5/1972, S. 28–31; vgl. auch Etzold/ Rother/Erdmann, Vier Ringe, Bd. 2, S. 350.

[351] Vgl. Weber, Region Ingolstadt, S. 71 ff.

[352] Werner, Fritz Böhm, in: ders./Hörmann (Hrsg.), Fritz Böhm, S. 126; vgl. auch Mirsching, Audi, S. 162.

Die Geburt der Audi NSU Auto Union AG

Nach Jahren der Unsicherheit und des Übergangs war die Auto Union also auf einem guten Weg. Doch in Wolfsburg machte man sich nichtsdestotrotz über die Zukunft der bayerischen Tochter Gedanken, die zu klein schien, um auf Dauer als zumindest teilautonome Einheit innerhalb des Konzerns bestehen zu können. Da die Strategen im Hauptquartier von VW aber zugleich über die Übernahme der NSU Motorenwerke AG in Neckarsulm nachdachten, lag es nahe, die Schicksalsfäden der Auto Union und von NSU zu verweben. Schon Heinrich Nordhoff hatte seine Hände nach dem schwäbischen Traditionsunternehmen ausgestreckt, das 600 Fahrzeuge pro Tag produzieren konnte, bei den Kleinwagen wie in der unteren Mittelklasse gut positioniert war, mit der von einem Kreiskolbenmotor angetriebenen Limousine Ro 80 über ein interessantes Produkt im oberen Preissegment des Marktes verfügte, den K 70 als potentielle Konkurrenz zum Audi 100 bis zur Serienreife entwickelt hatte und als technisch innovativ galt. Obwohl der Vorstand von NSU einen starken Partner suchte und um den eigenen Kapitalbedarf wußte, hatte Nordhoff keinen Erfolg, da er – wie anfangs in Ingolstadt – vor allem darauf aus war, die eigenen Fertigkeitskapazitäten zu erweitern und die Wettbewerber zu schwächen[353]. Sein Nachfolger Kurt Lotz agierte flexibler und eröffnete NSU eine Perspektive unter dem Dach von VW, die die Verantwortlichen in Neckarsulm überzeugte. Nach einer Kapitalerhöhung von 87 Millionen auf 215 Millionen DM im März 1969 erwarb die Volkswagen AG zunächst 60 Prozent der Anteile von NSU; zugleich brachte VW die Auto Union, die rückwirkend zum 1. Januar 1969 mit NSU zur Audi NSU Auto Union AG verschmolzen wurde, in die neue Partnerschaft ein.

Das neue Unternehmen beschäftigte im Jahr 1969 mehr als 26 000 Arbeiter und Angestellte, produzierte in diesem Jahr 265 000 Fahrzeuge und machte einen Umsatz von 1,6 Milliarden DM[354]. Trotz dieses vielversprechenden Starts war die Stimmung in Ingolstadt nicht ungetrübt. Die Belegschaft der ehemaligen Auto Union wußte nicht recht, wie sie den neuen Kurs zu bewerten hatte und was er letztlich für den Standort Ingolstadt bedeuten würde. Daß kein Vertreter der eigenen Geschäftsführung zugegen war, als die Unterhändler von VW und NSU die Fusion verkündeten, konnte bedenklich stimmen, auch wenn VW-Chef Lotz entschuldigend erklärte, es habe sich lediglich um einen bedauerlichen Regiefehler gehandelt, der aber in der Sache ohne Bedeutung sei[355]. Auch die Tatsache, daß Audi NSU nicht Ingolstadt, sondern Neckarsulm als Firmensitz wählte, löste gemischte Gefühle aus, zumal in der neuen Führungsriege eindeutig die Manager von NSU in der Überzahl waren. Von den neun ordentlichen beziehungsweise stellvertretenden Mitgliedern des Vorstands kamen nicht weniger als fünf aus

---

[353] Vgl. Rad der Zeit, S. 200 und S. 220 f., sowie Der Spiegel vom 3. 3. 1969; „NSU – Dolles Ding drin" und vom 17. 3. 1969: „Konzentration – Zeit der Giganten" beziehungsweise das Interview („Wankel war der Zucker im Kaffee") mit NSU-Generaldirektor Gerd Stieler von Heydekampf in derselben Ausgabe des Magazins.

[354] Audi AG, Ablage der Abteilung Personalstatistik, Personalstatistik der Audi NSU Auto Union AG vom Dezember 1971; Die vier Ringe, Frühjahrs-Heft 1970: „Who is who?" Die Angaben zum Vorstand finden sich ebenda.

[355] Vgl. Donau-Kurier vom 29./30. 3. 1969: „Klare Weichenstellung für Auto Union-Zukunft".

Neckarsulm, darunter der Vorsitzende Gerd Stieler von Heydekampf und sein Stellvertreter Viktor Frankenberger. Die Volkswagen AG saß in Person des für die Produktion verantwortlichen Hans Kialka am Vorstandstisch, der bis 1968 das VW-Werk in Kassel geleitet hatte, während die alte Geschäftsführung der Auto Union lediglich durch Ludwig Kraus (Entwicklung) und das erst 1968 in das Unternehmen eingetretene stellvertretende Vorstandsmitglied Hans-Erdmann Schönbeck (Verkauf Inland) repräsentiert wurde.

Die neue Führungsmannschaft bemühte sich, die Bedenken und Zukunftsängste zu zerstreuen. Zukunftssicherung und Krisenprophylaxe im Zeichen gemeinsamen Wachstums lautete die Devise, auf die man die Belegschaft einzuschwören gedachte. Als sich Gerd Stieler von Heydekampf in einer Betriebsversammlung vorstellte, betonte er:

„Es ist ja gar nicht so leicht für Sie Ingolstädter einzusehen, daß Sie ausgerechnet in dem Jahre, wo der Senkrechtstarter, Audi 100, seine Blitzkarriere begonnen hat, nun ausgerechnet sich zusammentun müssen oder zusammen getan werden mit Leuten aus dem Schwabenland; [...] Das ist ja nicht selbstverständlich, selbst wenn man voraussetzt, daß die Schicksale dieses Hauses in den letzten 20 Jahren ja nicht unbewegt waren. [...] Das Automobilgeschäft ist eines der größten Geschäfte der Welt und wenn man für dieses Geschäft, dieses Automobilgeschäft, zu klein ist, kann man nicht mittun."[356]

Die Auto Union und NSU wuchsen nicht über Nacht zu einem Unternehmen zusammen. Die stabile Unternehmenskultur einer schwäbischen Traditionsfirma traf auf die fragmentierte der Ingolstädter Autobauer, und daß sich der Integrationsprozeß nicht noch schwieriger gestaltete, war nicht zuletzt den Arbeitnehmervertretern um Fritz Böhm zu verdanken. Nachdem die Konzernspitze sowohl den sozialen Besitzstand der Belegschaft garantiert als auch die Verlagerung von Unternehmensteilen aus dem Werk Ingolstadt ausgeschlossen hatte[357], warb der Betriebsrat bei den Kolleginnen und Kollegen um Zustimmung zur Fusion und kam dabei in seiner Situationsanalyse der Argumentation des Vorstands recht nahe:

„Angesichts der sich verschärfenden Wettbewerbssituation im In- und Ausland ergibt sich zwangsläufig die Notwendigkeit zur Schaffung leistungsfähiger Unternehmenseinheiten. Das ist nicht nur in der Automobilindustrie so, sondern im Hinblick auf die weltweite Verflechtung der Wirtschaft [...] auch in anderen Bereichen und in anderen Ländern. Es hat nach unserer Meinung wenig Sinn, sich, vielleicht aus einer kleinkarierten Denkungsweise heraus, dagegen zu stellen. Es handelt sich um eine zwangsläufige Entwicklung [...]. Der von den zuständigen Organen der beiden Gesellschaften [...] gebilligte Zusammenschluß ist ein folgerichtiger Schritt im Hinblick auf die künftige Entwicklung. Wir glauben, auch vom Standpunkt der Belegschaft gesehen, ist die Verschmelzung eine gute Lösung. [...] Ein solches Unternehmen ist besser in der Lage, sich auch unter schwierigen Wettbewerbsbedingungen zu behaupten, als ein weniger leistungsfähiges. Schließlich müssen wir uns insgesamt, die wir also Verantwortung tragen, auch wieder auf Zeiten vorbereiten, wo die Konjunktursonne nicht so scheint, wie das jetzt der Fall ist. Natürlich gibt es in der Wirtschaftspolitik vielfältige Instrumente, aber es ist immer die Frage, ob diese auch rechtzeitig angewendet werden. Ein Unternehmen also der Größenordnung, wie die neue Audi/NSU/Auto Union AG, wird

---

[356] Archiv des Betriebsrats der Audi AG, Betriebsversammlungen, Protokoll der Betriebsversammlung am 18. 12. 1969.
[357] Vgl. Werner, Fritz Böhm, in: ders./Hörmann (Hrsg.), Fritz Böhm, S. 125.

sich im Wettbewerb in jeder Beziehung besser behaupten können, als zwei selbständig operierende Firmen. Dabei liegen ja die Vorteile gleichermaßen bei der Entwicklung, Fabrikation und im Vertrieb."[358]

Doch nicht nur unter den Arbeitern und Angestellten, auch in der Stadtverwaltung wuchs die Unruhe, als die Pläne zur Fusion von NSU und Auto Union bekannt wurden. Nachdem Volkswagen die Auto Union übernommen hatte, kam es noch im Dezember 1965 zum Abschluß eines Gewinnabführungs- und Verlustübernahmevertrags, mit dem die Integration des Ingolstädter Automobilherstellers in den VW-Konzern kodifiziert wurde. Für die Stadt Ingolstadt hatte diese Regelung den unschätzbaren Vorteil, daß sich der Gewerbesteueranteil der Auto Union nun nicht mehr nach deren eigenem Betriebsergebnis bemaß, sondern nach der Bilanz von Volkswagen[359]. Während sich das Unternehmen im Zeichen der vier Ringe noch nie durch besondere Ertragsstärke und Finanzkraft ausgezeichnet hatte, die Gewerbesteuerzahlungen also, mit anderen Worten, nur schwer zu kalkulieren waren, ließ der Organschaftsvertrag die Stadt auf eine dauerhafte Teilhabe am Erfolg von Volkswagen hoffen – eines Unternehmens, das wie kein zweites für das „Wirtschaftswunder" der Nachkriegszeit stand. Mit der Verschmelzung von Auto Union und NSU wurden die bisherigen Regelungen freilich hinfällig, und die Unsicherheit über die neue Situation war nach einem Pressebericht so groß, daß die Stadtverwaltung „sämtliche Konsumausgaben des öffentlichen Haushalts gesperrt" habe[360]. Tatsächlich mußte die Stadt zeitweise einschneidende Gewerbesteuerverluste hinnehmen[361], bis im April 1971 ein Beherrschungs- und Gewinnabführungsvertrag zwischen Volkswagen und der Audi NSU Auto Union AG geschlossen wurde. Dieser Vertrag, dem die Hauptversammlung von Audi NSU erst nach hitzigen Debatten zustimmte, da die Kleinaktionäre ihre Rechte nicht ausreichend gewahrt sahen, räumte der Konzernzentrale das Recht ein, „im Rahmen der gesetzlichen Vorschriften dem Vorstand der Audi NSU Weisungen zu erteilen. Des weiteren verpflichtete sich die Audi NSU, ihren Bilanzgewinn [...] an die Volkswagenwerk AG abzuführen", die sich dafür bereit erklärte „jeden bei der Audi NSU entstehenden Verlust auszugleichen"[362].

Damit war de facto der Status quo ante wieder hergestellt, da „die Stadt steuerlich an den Erträgen" des Konzerns beteiligt wurde[363]. Entsprechend zufrieden zeigten sich die Verantwortlichen im Ingolstädter Rathaus. Ein Unternehmen auf dem aufsteigenden Ast mit einem Weltkonzern im Rücken verhieß vor allem eines: „Sicherheit". So ließ es sich leichter verschmerzen, daß Audi NSU seinen Sitz in Neckarsulm, und nicht in Ingolstadt genommen hatte. Der Verlust des prestigeträchtigen Attributs „Firmensitz" brachte im Normalfall nicht nur eine symbolische Degradierung, sondern auch reale Einbußen in der Form qualitativ hochwertiger Arbeitsplätze mit sich. In Ingolstadt schien dies freilich durch Investitio-

[358] Archiv des Betriebsrats der Audi AG, Betriebsversammlungen, Protokoll der Betriebsversammlung am 16. 7. 1969 (Fritz Böhm).
[359] Ingolstadt plant und baut 1966–1971, S. 36 ff.
[360] Donau-Kurier vom 29./30. 3. 1969: „Klare Weichenstellung für Auto Union-Zukunft".
[361] Stadtarchiv Ingolstadt, Haushaltsreden, Manuskript der Haushaltsrede von Oberbürgermeister Otto Stinglwagner vor dem Stadtrat am 18. 3. 1971.
[362] Meier, Entwicklungsphasen, S. 78 f.
[363] Ingolstadt plant und baut 1972–1982, S. 26; das folgende Zitat findet sich ebenda.

nen in großem Stil wie den Bau der neuen Technischen Entwicklung kompensiert
zu werden. Zudem erwies sich die Modellpalette von Audi als zukunftsträchtig,
während die Automobile von NSU mehr und mehr Marktanteile verloren. Folgerichtig avancierte die Auto Union binnen weniger Jahre zum dominierenden Part
des neuen Unternehmens[364], so daß – durch die Suche nach Rationalisierungs-
möglichkeiten verstärkt – Tendenzen zur Konzentration zentraler Funktionen in
Ingolstadt nicht auf sich warten ließen. Die Zahl der in Ingolstadt beschäftigten
Arbeiter und Angestellten im Vorstandsbereich Technische Entwicklung stieg
beispielsweise zwischen 1970 und 1973 um ein Drittel von 1119 auf 1649, während
der Werksbereich Neckarsulm im selben Zeitraum fast 36 Prozent seiner Stellen
(1970: 689 Arbeiter und Angestellte, 1973: 443) in dieser strategischen Sektion
verlor[365]. Arbeitsplätze im Bereich der Technischen Entwicklung waren in der
Regel nicht nur prestigeträchtig, sondern auch gut bezahlt. Daher konnte man im
Ingolstädter Rathaus hoffen, die Finanzkraft der Stadt zu steigern, obwohl sich
die rechtlichen Rahmenbedingungen nicht geändert hatten und der Sitz der Audi
NSU Auto Union AG nach wie vor Neckarsulm blieb[366].

Daß sich die Gewichte zwischen Audi und NSU zunehmend verschoben, zeigt
auch ein Blick in die Geschäftsberichte. Im Jahr 1971 hatte die Nummer vier unter
den deutschen Automobilherstellern bei einem Umsatz von 2,2 Milliarden DM
282 000 Fahrzeuge produziert. Darunter waren 185 000 Fahrzeuge aus der Audi-
Familie, aber nur 97 000 Modelle von NSU, was einem Verhältnis von 65 zu 35
entsprach. Um die Verluste zu begrenzen, die Audi NSU in diesem Jahr einfuhr,
konzentrierte man sich zunehmend auf die Produktion von teureren und für das
Unternehmen profitableren Modellen wie den Audi 100. Die Fertigung von
Kleinwagen aus dem Hause NSU wurde dagegen zurückgeschraubt (von den
Fahrzeugen, die in den ersten fünf Monaten des Jahres 1972 vom Band liefen,
trugen 77 Prozent das Firmenzeichen mit den vier Ringen) und dann weitgehend
eingestellt. Einzig der von den Fachleuten als „Meilenstein der Ingenieurskunst"
gefeierte, aber von den Kunden als zu teuer, zu exotisch und zu pannenanfällig
verschmähte Ro 80 lief in kleinen Stückzahlen weiter vom Band[367]. Als Ersatz
montierten die Arbeiter in Neckarsulm immer mehr Autos vom begehrten Audi
100, zumal in Ingolstadt Kapazitäten für ein neues Modell geschaffen werden
mußten, den Audi 80[368].

Dieser Wagen sollte die in die Jahre gekommenen Typen Audi 60 und Audi 75
aus der Generation „Bastard" ablösen und dem erfolgreichen Audi 100 ein konge-
niales Modell in der unteren Mittelklasse zur Seite stellen. Wieder zeichnete Ludwig Kraus für die Entwicklung verantwortlich, und wieder gelang dem Ingenieur
ein großer Wurf. Der Audi 80, der in drei Varianten von 55 bis 85 PS angeboten
wurde und bei seiner Markteinführung im September 1972 in der Basisversion

---

[364] Meier, Entwicklungsphasen, S. 68.
[365] Zentralregistratur der Audi AG, Box 106506, Personalstatistik der Audi NSU Auto Union AG
vom Dezember 1976.
[366] Stadtarchiv Ingolstadt, Haushaltsreden, Manuskript der Haushaltsrede von Oberbürgermeister
Otto Stinglwagner vor dem Stadtrat am 16. 12. 1971.
[367] Spiegel-online vom 10. 10. 2007: „Seiner Zeit voraus. 40 Jahre NSU Ro 80".
[368] Archiv des Betriebsrats der Audi AG, Betriebsversammlungen, Bericht der Geschäftsführung
(Gerhard Prinz) für die Betriebsversammlung am 31. 5. 1972.

7990 DM kostete, zeichnete sich durch sein geringes Gewicht, einen neu konstruierten Motor und sein zurückhaltendes, aber ansprechendes Design aus. Der neue „kleine Audi", der – so die Fachpresse – „von Käufern seit langem erwartet und von der Konkurrenz seit langem gefürchtet" worden sei, rechtfertigte die in ihn gesetzten Hoffnungen voll und ganz[369]. Es war nicht zuletzt dem Erfolg dieser Modellreihe zu verdanken, daß Audi NSU das Jahr 1972 mit einem erfreulichen Ergebnis abschloß. Das Unternehmen hatte fast 300000 Fahrzeuge produziert und bei einem Umsatz von 2,6 Milliarden DM einen Überschuß von 22 Millionen DM erwirtschaftete[370].

Erfolg bei Audi – Krise bei Volkswagen

Die positiven Geschäftszahlen von Audi NSU verblaßten allerdings vor dem Hintergrund eines gravierenden Gewinneinbruchs bei VW, der die strukturellen Probleme des Wolfsburger Weltkonzerns am Ende der Käfer-Ära offenlegte und in Ingolstadt für bekümmerte Mienen sorgte. Dies galt für die Verantwortlichen im Rathaus, wo man nach dem Organschaftsvertrag von 1971 mit sicheren Gewerbesteuereinnahmen gerechnet, nun aber schmerzliche Einbußen zu verzeichnen hatte[371], ebenso wie für die Geschäftsführung von Audi NSU. Die Entscheidungen, die nun getroffen werden mußten, um Volkswagen wieder zu einem rentablen Unternehmen zu machen, tangierten den bayerisch-schwäbischen Autobauer unmittelbar, denn VW ordnete die Interessen von Audi NSU mit beachtlicher Hemdsärmeligkeit den eigenen Bedürfnissen unter. Dies zeigte sich bei der Ausarbeitung von Konzepten zur Kostensenkung, bei der Versetzung von bewährten Führungskräften und vor allem bei der Übernahme von Fahrzeugen, die in Neckarsulm oder Ingolstadt entwickelt worden waren, in das eigene Produktionsprogramm. Der bei NSU konzipierte K 70 lief mit dem Firmenzeichen von VW vom Band, der Audi 80 stand Pate für den ab 1973 gebauten VW Passat, und auch der 1975 vorgestellte VW Polo ging direkt auf ein Modell aus Ingolstadt zurück[372]. Audi NSU, wagte der im Oktober 1971 zum Vorstandsvorsitzenden von Volkswagen avancierte Rudolf Leiding einen zotigen Vergleich, „ist unsere schönste Tochter, der wir gelegentlich auch einmal unter den Rock fassen"[373]. War noch 1971/72 darüber spekuliert worden, daß Audi NSU „im VW-Konzern eine immer größere Rolle spielen" werde[374], so entstand angesichts der kritischen Situation bei Volkswagen in der Öffentlichkeit nur wenig später der Eindruck, man sei in Wolfsburg bereit, Audi NSU notfalls für Volkswagen zu

[369] So die „ADAC Motorwelt", zit. nach Steiger/Wirth, Audi 1965–1975, S. 99; zum Audi 80 vgl. ebenda, S. 91–101, und Mirsching, Audi, S. 175 ff.
[370] Vgl. Meier, Entwicklungsphasen, S. 83; Archiv des Betriebsrats der Audi AG, Betriebsversammlungen, Bericht der Geschäftsführung (Gerhard Prinz) für die Betriebsversammlung am 19.12. 1972.
[371] Stadtarchiv Ingolstadt, Haushaltsreden, Manuskript der Haushaltsrede von Oberbürgermeister Peter Schnell vor dem Stadtrat am 19.12.1972.
[372] Vgl. Rad der Zeit, S. 224 ff.; Steiger/Wirth, Audi 1965–1975, S. 89 f. (Interview mit Ludwig Kraus), S. 92 und S. 107–116, sowie Der Spiegel vom 26.8.1974: „Wir haben nicht viel Fett auf dem Bukkel" (Interview mit Rudolf Leiding).
[373] Ingolstadt plant und baut 1972–1982, S. 27.
[374] Donau-Kurier vom 16.11.1971: „Wolfsburg setzt stärker auf ‚Audi'".

opfern[375]. Auch in der Belegschaft des Ingolstädter Werks machte sich zunehmend Unmut breit, denn der Konzernverbund schien allzu einseitig zugunsten von VW zu funktionieren. Manche Kollegen konnten sich gar des Eindrucks nicht erwehren, „daß wir nur zum Säen da sind, während in Wolfsburg geerntet wird. Der Verdacht, daß hier eine gewisse Kolonialpolitik gegenüber der Tochter betrieben" werde, sei naheliegend[376]. Der Beherrschungsvertrag lasse es zu, daß VW der „erfolgreichen Tochter" nicht nur „kräftig unter den Rock" lange, sondern sie auch „ihrer Reizwäsche" beraube. Die Erfolge von Audi, „die doch ein wenig demoralisierend auf Wolfsburg gewirkt haben", würden Ingolstadt und Neckarsulm nun „mit brachialer Nächstenliebe heimgezahlt"[377]. Die Gewißheit, selbst etwas geschaffen zu haben, und die Erinnerung an das nicht selten als anmaßend empfundene Auftreten der Herren von VW ließen in den Büros und Werkshallen von Audi das Selbstbewußtsein wachsen, das angesichts mancher Entscheidungen in der Konzernzentrale jedoch immer wieder in resignativen Zorn umschlug. Derartige Empfindungen klangen selbst bei Fritz Böhm durch, der immer wieder die Chancen der Ehe mit Volkswagen hervorgehoben und versucht hatte, die Wogen zu glätten. In einer Betriebsversammlung erklärte er:

> „Jedermann, der ein bißchen von der Entwicklung etwas kennt, weiß, [...] ohne die Leistungen unserer Entwicklungsabteilung [...] hätte VW die Krise, und es war eine Krise, nicht überstehen können. Wir haben, das kann niemand bestreiten, wenn das auch den Wolfsburgern gelegentlich nicht gefällt, und das sagen wir ihnen, da haben wir keine Hemmungen, wir haben durch unsere Bluttransfusion den Konzern gerettet. Da beißt die Maus keinen Faden ab."[378]

Insbesondere die Bilanz des Jahres 1973 bot die Gelegenheit, der stolpernden Volkswagen AG den Spiegel vorzuhalten. Audi NSU hatte bei einem Rekordumsatz von 3,7 Milliarden DM erstmals mehr als 400 000 Fahrzeuge produziert und dabei einen Gewinn von 46 Millionen DM nach Steuern eingefahren[379]. In diesem Jahr schien es wirklich, als würde der bayerisch-schwäbischen Tochter von VW aller Integrationsprobleme zum Trotz die Zukunft „zu Füßen" liegen[380].

Im Jahr 1973 erreichte auch die Zahl der Beschäftigten bei Audi NSU im allgemeinen und im Werk Ingolstadt im besonderen ihren vorläufigen Höchststand. Das Unternehmen bot fast 34 000 Menschen einen Arbeitsplatz, von denen etwa 20 000 in der Stadt an der Donau tätig waren. Die quantitative Entwicklung der Belegschaft ist ein guter Seismograph für die Lage des Unternehmens. Der negative Trend nach der Übernahme der Auto Union durch Volkswagen 1964/65 korrespondierte mit dem Zusammenbruch des Marktes für zweitaktgetriebene Pkw und den von Wolfsburg verordneten Restrukturierungsmaßnahmen; die

[375] Vgl. etwa Der Spiegel vom 12. 8. 1974: „Opfer für die Mutter".
[376] Archiv des Betriebsrats der Audi AG, Betriebsversammlungen, Protokoll der Betriebsversammlung am 31. 5. 1972.
[377] Archiv des Betriebsrats der Audi AG, Betriebsversammlungen, Protokoll der Betriebsversammlung am 16. 4. 1973.
[378] Archiv des Betriebsrats der Audi AG, Betriebsversammlungen, Protokoll der Betriebsversammlung am 9. 2. 1976.
[379] Archiv des Betriebsrats der Audi AG, Betriebsversammlungen, Bericht der Geschäftsführung (Werner Schmidt) für die Betriebsversammlung am 19. 3. 1974.
[380] Archiv des Betriebsrats der Audi AG, Betriebsversammlungen, Referat des Vorstandsvorsitzenden von VW, Rudolf Leiding, in der Betriebsversammlung am 16. 4. 1973.

Belegschaftsentwicklung der Auto Union GmbH bzw. der Audi NSU Auto Union AG von 1965 bis 1976[381]

Jahr	Ingolstadt				Neckarsulm[382]				NL und VZ gesamt	Auto Union Audi NSU gesamt
	Arbeiter	An-gestellte	Azubi	ges.	Arbeiter	An-gestellte	Azubi	ges.		
1965	8 920	1840	405	11 165	–	–	–	–	783	11 948[383]
1966	8 236	1872	378	10 486	–	–	–	–	734	11 220
1967	7 839	1871	381	10 091	–	–	–	–	640	10 731
1968	9 252	1995	408	11 655	–	–	–	–	618	12 273
1969	11 732	2307	374	14 413	9 414	2090	k.A.	11 504	627	26 544
1970	12 518	2850	474	15 842	9 564	2023	522	12 109	1194	29 145
1971	12 552	2973	518	16 043	9 377	1712	429	11 518	1060	28 621
1972	14 307	3146	577	18 030	9 726	1601	331	11 658	1486	31 174
1973	15 677	3257	611	19 545	10 842	1589	365	12 796	1533	33 874
1974	13 548	2922	541	17 011	8 630	1492	404	10 526	1399	28 936
1975	12 307	2651	510	15 468	4 920	1168	378	6 466	1346	23 280
1976	14 739	2770	498	18 007	5 949	1079	328	7 356	127[384]	25 490

allgemeine Rezession des Jahres 1966/67 tat ein übriges, um den Beschäftigungsstand weiter sinken zu lassen. Erst der Erfolg des Audi 100 führte im Jahr 1969 zu einer Ausweitung der Produktion und damit auch zu einer deutlichen Aufstockung der Belegschaft. Die Einführung des Audi 80 drei Jahre später gab dem Standort Ingolstadt einen zweiten großen Schub; die Zahl der Arbeiter und Angestellten wuchs zwischen 1971 und 1973 um fast ein Fünftel. Der Werksbereich Neckarsulm dagegen profitierte nicht in gleichem Maße von den neuen Modellen, da man zwar die gefragten Audi auch hier montierte, die Fertigung der Fahrzeuge aus dem Hause NSU jedoch Zug um Zug zurückschraubte. Während Ingolstadt expandierte, stagnierte der Werksbereich Neckarsulm oder verlor sogar an Bedeutung, wie etwa die zurückgehende Zahl der Angestellten auch in guten Jahren wie 1972 und 1973 zeigt.

Der zwischen 1968 und 1973 stetig steigende Personalbedarf im Werk Ingolstadt trocknete bestimmte Segmente des heimischen Arbeitsmarktes regelrecht aus. Insbesondere junge, leistungsfähige, männliche Arbeitskräfte für die Produktion waren nur noch schwer zu bekommen. Die Zuwanderung in die Region konnte die Nachfrage nicht befriedigen, und auch die Rekrutierung neuer Mit-

---

[381] Zusammengestellt nach: Audi AG, Ablage der Abteilung Personalstatistik, Personalstatistik der Auto Union GmbH vom Dezember 1966 und vom Dezember 1971, sowie Zentralregistratur der Audi AG, Box 106506, Personalstatistik der Audi NSU Auto Union AG vom Dezember 1974, Personalstatistik der Audi NSU Auto Union AG vom Dezember 1975 und Personalstatistik der Audi NSU Auto Union AG vom Dezember 1976; die Angaben beziehen sich in der Regel auf den letzten Tag des Jahres.

[382] Werksbereich Neckarsulm bis 1975 einschließlich der Werke Heilbronn und Neuenstein.

[383] Einschließlich acht für außerordentliche Einsätze abgestellte Beschäftigte.

[384] Die Niederlassungen und Vertriebszentren wurden im Laufe des Jahres 1976 ausgegliedert, veräußert oder geschlossen; die genannte Zahl, die auch in die Gesamtzahl eingerechnet wurde, bezieht sich auf Oktober 1976.

arbeiter im ländlichen Raum, die sich noch wenige Jahre zuvor als probates Mittel erwiesen hatte, stieß an ihre Grenzen. Offensichtlich hielt man es auch nicht für zielführend, mehr Frauen einzusetzen, obwohl der regionale Arbeitsmarkt nach wie vor unter einem geschlechterspezifischen Ungleichgewicht litt. Doch nachdem sich Anfang der sechziger Jahre der Anteil der Frauen unter den Lohnempfängern schlagartig von 4,4 Prozent auf 14,7 Prozent erhöht hatte, kam es im folgenden Jahrzehnt zu keinen gravierenden Veränderungen mehr. Bis 1965 stagnierte der Frauenanteil unter den Arbeitern bei etwa 15 Prozent, um dann bis Dezember 1967 auf 12 Prozent zu sinken; hier schlug offensichtlich die Tendenz durch, in kritischen Zeiten vor allem verheiratete Frauen aus dem Betrieb zu drängen, um Männer als Haupternährer einer Familie halten zu können. Als die Konjunktur wieder anzog und die Ingolstädter Autobauer mit erfolgreichen Produkten auf den Markt kamen, wurden auch wieder Frauen als Arbeiterinnen eingestellt, doch selbst 1973, als der Belegschaftsstand einen Höhepunkt erreichte, kam der Frauenanteil bei den Lohnempfängern nicht über 15,9 Prozent hinaus[385].

In dieser Situation entschlossen sich die Personalplaner an der Ettinger Straße dazu, verstärkt ausländische Arbeitskräfte einzustellen. Länger als beispielsweise bei Volkswagen[386] hatte man bei der Auto Union auf den heimischen Arbeitsmarkt gesetzt. Die sogenannten Gastarbeiter sollten vor allem helfen, Arbeitsspitzen zu bewältigen, nicht aber die nach wie vor weitgehend aus Deutschen bestehende Stammbelegschaft verstärken. Dieser Strategie entsprechend, erhielten die „Gastarbeiter" zumeist nur auf ein Jahr befristete Verträge, die keinerlei längerfristige Verpflichtungen für das Unternehmen mit sich brachten[387]. Ende 1964 beschäftigte die Auto Union 949 ausländische Arbeitnehmer, was einem Anteil an der Belegschaft des Werks Ingolstadt von 7,6 Prozent entsprach. Der durch die Zweitaktkrise erzwungene Personalabbau nach dem Übergang des Unternehmens von Daimler-Benz zu Volkswagen traf konsequenterweise die kleine Reservearmee der „Gastarbeiter" in besonderem Maße, die in der Regel einfach dadurch demobilisiert wurde, daß man ihre Verträge auslaufen ließ. Ende 1966 betrug der Anteil ausländischer Arbeitskräfte daher nur noch ganze 2,8 Prozent. Als sich die Lage wieder besserte, wurden seit 1968 mit Hilfe des Arbeitsamts wieder verstärkt „Gastarbeiter" angeworben, die 1970 bereits 9,1 Prozent der Belegschaft des Werks Ingolstadt stellten. Auch in den folgenden Jahren, die für Audi gute Jahre waren, deckte das Unternehmen seinen Personalbedarf zu einem erheblichen Teil aus dem Ausland, zumal man kaum mehr Chancen sah, auf dem heimischen Arbeitsmarkt fündig zu werden[388]. Daher stieg sowohl die absolute Zahl als

---

[385] Der Frauenanteil bei den Gehaltsempfängern lag erheblich höher, war aber tendenziell rückläufig – von 32,8 Prozent im Jahr 1960 auf 29,1 Prozent im Jahr 1966 bis auf 24,7 Prozent im Jahr 1973; alle Angaben nach Audi AG, Ablage der Abteilung Personalstatistik, Personalstatistik der Auto Union GmbH vom Dezember 1967, und Zentralregistratur der Audi AG, Box 106506, Personalstatistik der Audi NSU Auto Union AG vom Dezember 1974.

[386] Vgl. dazu Anne von Oswald, Volkswagen, Wolfsburg und die italienischen „Gastarbeiter" 1962–1975. Die gegenseitige Verstärkung des Provisoriums, in: AfS 42 (2002), S. 55–79.

[387] Historisches Archiv der Auto Union, ohne Signatur, Bericht über das Personalwesen der Auto Union GmbH, undatiert (Ende 1964).

[388] StA München, Arbeitsamt Ingolstadt 404, Niederschrift über die Dienstbesprechung der Führungskräfte am 16. 11. 1972.

Ausländische Arbeitskräfte bei der Auto Union bzw. bei der Audi NSU Auto Union AG von 1970 bis 1976[389]

Jahr	Türken	Jugo-slawen	Italiener	Grie-chen	Portu-giesen	Spanier	son-stige	ge-samt[390]	Anteil an der Beleg-schaft[391]
				Ingolstadt					
1964	–	–	–	–	–	580	–	949	7,6%
1965	–	–	–	–	–	–	–	362	3,2%
1966	–	–	–	–	–	–	–	289	2,8%
1970	167	845	101	23	1	79	221	1437	9,1%
1971	416	927	73	29	1	47	119	1612	10,1%
1972	1161	1491	103	38	19	58	134	3004	16,7%
1973	1576	2204	108	41	15	58	154	4156	21,3%
1974	1123	1486	82	37	14	52	122	2916	17,1%
1975	826	1153	66	28	11	40	106	2230	14,4%
1976	842	1144	107	27	11	36	128	2295	12,8%
				Neckarsulm[392]					
1970	1177	399	425	462	197	130	57	2847	23,5%
1971	1956	299	581	573	201	150	58	3818	33,2%
1972	2248	362	586	569	278	144	144	4331	37,2%
1973	2876	616	658	619	527	131	84	5511	43,1%
1974	1912	318	488	533	287	108	65	3711	35,3%
1975	564	139	318	154	67	34	44	1320	20,4%
1976	762	158	319	172	69	40	45	1565	21,3%

auch der prozentuale Anteil der „Gastarbeiter" zwischen 1971 und 1973 um mehr als das Doppelte[393].

Im Vergleich mit NSU verlief der Anstieg der Beschäftigung ausländischer Arbeitskräfte freilich gedämpft; im Werksbereich Neckarsulm waren im Jahr 1973 mehr als 5500 „Gastarbeiter" eingesetzt, was einem beeindruckenden Anteil von 43,7 Prozent an der Gesamtbelegschaft an den Standorten Neckarsulm, Heilbronn und Neuenstein entsprach. Hier stellten auch bereits 1970 die ausländi-

---

[389] Zusammengestellt nach: Chronik des Personalwesens, S. 114f.; Historisches Archiv der Auto Union, ohne Signatur, Bericht über das Personalwesen der Auto Union GmbH, undatiert (Ende 1964); Audi AG, Ablage der Abteilung Personalstatistik, Personalstatistik der Auto Union GmbH vom Dezember 1966; Zentralregistratur der Audi AG, Box 106506, Personalstatistik der Audi NSU Auto Union AG vom Dezember 1974, Personalstatistik der Audi NSU Auto Union AG vom Dezember 1975 und Personalstatistik der Audi NSU Auto Union AG vom Dezember 1976; die Angaben beziehen sich in der Regel auf den letzten Tag des Jahres.

[390] Ohne Niederlassungen und Vertriebszentren.

[391] Ohne Niederlassungen und Vertriebszentren.

[392] Werksbereich Neckarsulm bis 1975 einschließlich der Werke Heilbronn und Neuenstein.

[393] So heißt es in der Chronik des Personalwesens für das Jahr 1968 (S. 115): „Die Situation auf dem Arbeitsmarkt war bereits gegen Ende 1968 wieder angespannt. Bei den Lohnempfängern gelang es uns nicht mehr, zur Deckung unseres Personalbedarfs in der Produktion ausschließlich deutsche Arbeitskräfte einzustellen." Und für das Jahr 1970 (S. 117) ist zu lesen: „Die Deckung des Arbeits-kräftebedarfs war infolge der weiterhin sehr angespannten Lage auf dem Arbeitsmarkt nur durch die Anwerbung zahlreicher Gastarbeiter möglich."

schen Arbeiter türkischer Nationalität die Mehrheit, während in Ingolstadt vorwiegend neue Kollegen aus Jugoslawien angeworben wurden[394].

Die Kerntruppe der jugoslawischen „Gastarbeiter" stammte aus Murska Sobota in Slowenien, wobei die wirtschaftlichen Beziehungen zwischen den beiden
Städten offensichtlich zunächst durch Unternehmen der Textil- und Bekleidungsindustrie geknüpft wurden, bevor die Personalplaner in den Großbetrieben des
Maschinen- und Fahrzeugbaus die Möglichkeit ins Auge faßten, ihren Arbeitskräftebedarf aus dem slowenisch-österreichisch-ungarischen Grenzgebiet zu dekken. Die Anwerbung von Arbeitskräften aus Murska Sobota durch die Auto
Union beziehungsweise durch Audi deutete einen Strategiewechsel an, der auf gewisse Verstetigung des Einsatzes ausländischer Arbeitskräfte und auf Produktivi-
tätssteigerung durch mehr Integration zielte, die bei einer sozio-kulturell einigermaßen homogenen Gruppe leichter möglich schien. Tatsächlich verdichteten sich
die Beziehungen zwischen Ingolstadt und Murska Sobota in den siebziger Jahren
so weit, daß es im Jahr 1979 zu einer offiziellen Städtepartnerschaft kam.

Trotz dieser Tendenzen zur Verfestigung eines Provisoriums blieb die Wohn-
und Arbeitssituation vieler „Gastarbeiter" prekär, was sich hauptsächlich in Krisenzeiten zeigen sollte, als die Belegschaft des Audi-Werks in Ingolstadt nicht
zuletzt auf ihre Kosten verkleinert wurde. Dies geschah mit Zustimmung des Betriebsrats, der insbesondere die Vermittlung der betroffenen Kollegen zu anderen
Firmen befürwortete, obwohl es Stimmen gab, die kritisch anmerkten, es sei nicht
gerade menschlich, Belegschaftsmitglieder, mit denen man gestern noch zusam-
mengearbeitet habe, unter Androhung auf Entlassung gleichsam Hals über Kopf
von einer Stadt in die andere zu verfrachten und dabei auch die Grundregeln der
Sozialauswahl außer Acht zu lassen[395]. Weder die Werksleitung noch der Betriebsratsvorsitzende zerbrachen sich jedoch darüber den Kopf: Ausländische Arbeitnehmer seien eben mobiler als deutsche, und daher bedeute das gewählte Verfahren auch keine Diskriminierung[396].

Wie die Mitsprache beim Personalabbau in schwierigen Phasen zum Kernge-
schäft des Betriebsrats gehörte, so hatte er insbesondere an guten Tagen für die
Teilhabe der Belegschaft am Erfolg des Unternehmens einzutreten. Dies hieß für
Fritz Böhm und seine Mannschaft auch, auf eine Nivellierung des Gefälles beim
Einkommen und bei freiwilligen sozialen Leistungen hinzuarbeiten, das zwischen
VW und Audi nicht zuletzt aufgrund des bei Volkswagen geltenden Haustarifs
bestand[397]. In der Konzernzentrale biß der Betriebsrat mit entsprechenden Forderungen jedoch nur allzu oft auf Granit, und die Übertragung der Sonderregelun-
gen von VW auf die bayerisch-schwäbische Tochter blieb lediglich eine lockende
Illusion. Für die Arbeitnehmer bei Audi war es schmerzlich, diese Ungleichbe-
handlung dauerhaft hinnehmen zu müssen, doch diese Situation hatte zumindest
zwei Vorteile: Die im Konzernvergleich günstigere Kostenstruktur machte Ingol-

[394] Vgl. Ingolstadt plant und baut 1972–1982, S. 163 f.
[395] Archiv des Betriebsrats der Audi AG, Betriebsversammlungen, Protokoll der Betriebsversammlung am 20. 6. 1974.
[396] Archiv des Betriebsrats der Audi AG, Betriebsversammlungen, Protokoll der Betriebsversammlung am 1. 10. 1974 .
[397] Vgl. Werner, Fritz Böhm, in: ders./Hörmann (Hrsg.), Fritz Böhm, S. 103.

stadt als Standort attraktiv, und die fehlende Einbeziehung in den Haustarif
stärkte die Autonomie des Unternehmens unter dem Dach von VW. „Mit dem
Haustarif", so mutmaßte Carl H. Hahn in seinen Erinnerungen, „wäre der Weg
zum Werk 7 [von Volkswagen] sehr kurz gewesen."[398]
Der mehrheitlich von der IG Metall gestellte Betriebsrat konnte sich auf eine
starke Basis stützen. Bis 1973 wuchs die Zahl der eingeschriebenen Mitglieder der
Metallarbeitergewerkschaft im Einzugsgebiet des DGB-Kreises Ingolstadt auf
25 290 Männer und Frauen an[399], wobei die Arbeiter und Angestellten von Audi
mit ihrem ausgesprochen guten Organisationsgrad das Rückgrat der IG Metall
in der Region bildeten. Allerdings sagte die Mitgliedschaft in der IG Metall oder
einer anderen Gewerkschaft des DGB nicht unbedingt etwas über Affinitäten zu
Parteien oder Wahlverhalten aus, wie sich rasch zeigt, wenn man die politischen
Strukturen im Mittelbayerischen Donaugebiet zwischen 1965 und 1975 in den
Blick nimmt.

4. Politische Strukturen und sozialer Wandel II

„Wendejahre" im Mittelbayerischen Donaugebiet?

Die – wenn auch durch wiederholte Krisen gebremste – Expansion der Automobilindustrie im Zeichen der vier Ringe verstärkte und beschleunigte in den sechziger Jahren zusammen mit dem Ausbau der Region Ingolstadt zum bayerischen
Energiezentrum den sozioökonomischen Strukturwandel, der das Mittelbayerische Donaugebiet bereits seit längerem mehr oder weniger nachhaltig erfaßt hatte.
Die Bevölkerungsentwicklung belegt dies ebenso wie die Veränderung in der sozialen Schichtung der Erwerbspersonen, wobei sich freilich beachtliche Unterschiede zwischen den einzelnen Teilräumen ausmachen lassen, die durch das doppelte Gefälle zwischen Zentrum und Peripherie sowie zwischen Stadt und Land
gekennzeichnet waren. Das Epizentrum des Booms lag zweifelsohne in Ingolstadt, und von hier gingen auch die stärksten Veränderungsimpulse für die Region
aus. Die Stadt zählte 1968 fast 70 000 Einwohner und konnte seit 1961 einen Bevölkerungszuwachs von 17,9 Prozent verbuchen – keine einzige kreisfreie Stadt
Oberbayerns, nicht einmal München, verzeichnete höhere Zuwachsraten. Auch
beim Anteil der Beschäftigten in Industrie und Gewerbe lag Ingolstadt mit 50,3
Prozent an der Spitze; der bayerische Vergleichswert lag bei 44,4 Prozent, derjenige der kreisfreien Städte Oberbayerns sogar bei lediglich 38,8 Prozent[400]. Im
Landkreis Ingolstadt hatte die Wohnbevölkerung zwischen 1961 und 1968 sogar
um 33,2 Prozent auf knapp 58 000 zugenommen; in Oberbayern wuchsen nur die
Landkreise Fürstenfeldbruck, München und Wolfratshausen schneller. Ohne Beispiel war dagegen der Anteil der Beschäftigten im produzierenden Gewerbe, der

[398] Hahn, Jahre mit Volkswagen, S. 117.
[399] AsD, Bestand DGB-Landesbezirk Bayern, Geschäftsbericht des DGB-Kreises Ingolstadt für die
Jahre 1974–1976, S. 25.
[400] Vgl. hierzu und zum folgenden Statistisches Jahrbuch für Bayern 29 (1969), S. 390f. und S. 394–
397.

auf 58 Prozent hochschnellte, während die entsprechende Quote aller oberbayerischen Landkreise 40,9 Prozent noch nicht überstieg. Daß Anfang der sechziger
Jahre eine bislang unbekannte Veränderungsdynamik eingesetzt hatte und daß
diese wesentlich von der nahen Stadt genährt wurde, entging auch den Landesplanern in München nicht, als sie gegen Ende der Dekade Bilanz zogen: „Die Land-
kreisgemeinden nahmen erst nach 1961 an der wirtschaftlichen Entwicklung von
Ingolstadt teil. Gleichzeitig erhöhte sich der Siedlungsdruck in der Kernstadt und
führte zu einer verstärkten Bevorzugung der Umlandgemeinden."[401]

Im Gegenzug hatte der Aufschwung den Anteil der Erwerbstätigen in der
Land- und Forstwirtschaft im Landkreis Ingolstadt mit 21,8 Prozent auf einen
Wert gedrückt, der den für die oberbayerischen Landkreise berechneten Durch-
schnitt von 20,6 Prozent nur geringfügig überstieg. In allen anderen Landkreisen
des Mittelbayerischen Donaugebiets spielte der Agrarsektor dagegen nach wie vor
eine bestimmende Rolle; im Landkreis Pfaffenhofen an der Ilm betrug die Quote
der Erwerbstätigen im primären Sektor 34,4 Prozent, in Eichstätt 36,6 Prozent, in
Schrobenhausen 42,6 Prozent und in Neuburg an der Donau sogar 44,3 Prozent.
Außer im Landkreis Ingolstadt lag in der Region nur noch in Pfaffenhofen an der
Ilm der Anteil der Beschäftigten im sekundären Sektor signifikant über dem Anteil der Beschäftigten in der Land- und Forstwirtschaft. Alles in allem zählten die
Land- und Stadtkreise des Mittelbayerischen Donaugebiets – von Ingolstadt-
Stadt und -Land einmal abgesehen – nach wie vor nicht zur Speerspitze des soge-
nannten Wirtschaftswunders. Tendenziell wuchsen diese Gebietskörperschaften
langsamer, hatten mit einem verzögerten Agrarstrukturwandel sowie Problemen
bei der Ansiedlung neuer Industriebetriebe zu kämpfen und wiesen teils gravierende Defizite in den Bereichen Handel, Verkehr und Dienstleistungen auf. Die
Stadt Neuburg an der Donau, Teile des Landkreises Eichstätt sowie der Landkreis
Pfaffenhofen an der Ilm waren auf dem Weg in die Moderne dabei jedoch bereits
weiter fortgeschritten als die kreisfreie Stadt Eichstätt, der Landkreis Neuburg an
der Donau oder der Landkreis Schrobenhausen.

Diese Phasenverschiebungen hatten unübersehbare Auswirkungen auf die po-
litischen Strukturen in der gesamten Region, wie ein Blick auf die bayerische
Landtagswahl vom 20. November 1966 zeigt. Dieser Urnengang fiel in eine poli-
tisch ausgesprochen turbulente Zeit. Ludwig Erhard hatte seine Mehrheit im
Bundestag verloren, und der von der CDU/CSU-Fraktion am 10. November als
Kanzlerkandidat der Union nominierte Kurt Georg Kiesinger bemühte sich, die
Weichen für die Bildung einer neuen Regierung zu stellen – einer Regierung, an
der aller Voraussicht nach erstmals auch die SPD beteiligt sein würde[402]. Seitdem
sich die Sozialdemokratie 1959 mit dem Godesberger Programm auf den Weg zur
Volkspartei gemacht hatte und sich als regierungsfähige Alternative zu profilieren
suchte, befand sich die Partei im Bund wie in den Ländern im Aufwind. Der
Wahlsieg in Nordrhein-Westfalen, wo die SPD im Sommer 1966 49,5 Prozent der
Stimmen gewann und die Vorherrschaft der CDU in ihrem Stammland brechen

---

[401] Programm für Bayern II, S. 81.
[402] Vgl. Görtemaker, Geschichte der Bundesrepublik Deutschland, S. 436–443.

konnte, war ein eindeutiges Indiz dafür, daß der „Genosse Trend" mit immer größeren Schritten nach links marschierte[403].

Auch in Bayern bemühte sich die SPD darum, die alte Uniform der „Traditionskompanie" der Arbeiterbewegung gegen das Gewand einer modernen, dialogbereiten und weltoffenen politischen Kraft einzutauschen[404]. Freilich gingen die Uhren im Freistaat wieder einmal anders, genauer gesagt, sie gingen langsamer als in anderen Teilen der Republik. Die SPD verbuchte 1966 zwar auch in Bayern leichte Stimmengewinne und verbesserte sich gegenüber der Landtagswahl von 1962 von 35,3 Prozent auf 35,8 Prozent[405]; noch nie hatten so viele bayerische Wählerinnen und Wähler für die Partei Wilhelm Hoegners und Waldemar von Knoeringens gestimmt. Da aber auch die CSU allen bundespolitischen Problemen der Union zum Trotz von 47,5 Prozent auf 48,1 Prozent der Stimmen zugelegt hatte, blieb dieser Erfolg ein Muster ohne Wert[406]. Vor allem die Optimisten in der bayerischen SPD, die sich zumindest insgeheim eine Chance ausgerechnet hatten, gemeinsam mit der FDP die christlich-soziale Vorherrschaft im Münchner Maximilianeum beenden zu können[407], wurden enttäuscht. Der sozialdemokratische Frühling, der sich in Bayern seit Anfang der sechziger Jahre deutlich bemerkbar machte, ließ die Bäume des Machtwechsels nicht in den Himmel wachsen.

Dies galt nicht zuletzt für das Mittelbayerische Donaugebiet, wo die Ergebnisse der Landtagswahl Ende 1966 nicht unbedingt darauf schließen ließen, daß im Bund die „Wendejahre" begonnen hatten. Die CSU konnte in den Stimmkreisen Ingolstadt-Stadt und -Land, Eichstätt-Stadt und -Land/Weißenburg, Pfaffenhofen an der Ilm/Schrobenhausen sowie Neuburg an der Donau-Stadt und -Land/ Wertingen ihre Direktmandate verteidigen und zudem in fast allen Teilregionen ihren Stimmenanteil entweder behaupten oder sogar über den Landesdurchschnitt hinaus ausbauen, zumeist auf Kosten kleinerer Parteien wie der BP oder der GDP. Die bayerische Unionspartei war in der Regel dort besonders stark, wo die Zahl der Katholiken und der Erwerbstätigen in der Landwirtschaft hoch war. Ihr Spitzenergebnis erzielte die CSU – trotz eines Verlusts von knapp drei Prozentpunkten – mit 70 Prozent der Stimmen folgerichtig im Landkreis Eichstätt. Aber auch die Resultate in den Landkreisen Schrobenhausen (68,6 Prozent – plus 4,7 Prozent), Neuburg an der Donau (67,7 Prozent – plus 5,2 Prozent) und Pfaffenhofen an der Ilm (65,4 Prozent – plus 4,4 Prozent) konnten sich sehen lassen und lagen weit über dem Landesdurchschnitt. Selbst in den kreisfreien Städten

---

[403] Vgl. Klaus Schönhoven, Wendejahre. Die Sozialdemokratie in der Zeit der Großen Koalition 1966–1969, Bonn 2004, S. 214; das folgende Zitat nach dem Titel dieses Buches.

[404] Vgl. dazu ausführlich an ausgewählten regionalen Beispielen Süß, Kumpel und Genossen, S. 386–405, und Balcar, Politik auf dem Land, S. 294–341.

[405] Die folgenden Angaben finden sich in: Wahl zum Bayerischen Landtag 1962, S. 86–89, S. 98 f. und S. 104 f., sowie Wahl zum Bayerischen Landtag am 20. November 1966, Teil 1: Gemeindeergebnisse und Bewerberstimmen, hrsg. vom Bayerischen Statistischen Landesamt, München 1967, S. 48, S. 86, S. 91, S. 240, S. 251, S. 335 und S. 371.

[406] Als allgemein bedrohlich wurde zudem das Abschneiden der NPD empfunden, die mit 7,4 Prozent der Stimmen für eine Legislaturperiode in den Landtag einzog; vgl. Zorn, Bayerns Geschichte seit 1960, S. 20 f. Da das Mittelbayerische Donaugebiet jedoch nicht zu den Hochburgen der NPD zählte, die nur in Eichstätt ein deutlich über dem Landesdurchschnitt liegendes Ergebnis erzielte, und hier vor allem die Entwicklung von SPD und CSU interessierte, wurde darauf verzichtet, diese Episode eingehender zu untersuchen.

[407] Vgl. Die Welt vom 18. 11. 1966: „Bonn liegt an der Isar".

Eichstätt (62,2 Prozent – minus 1,4 Prozent) und Neuburg an der Donau (50,8 Prozent – plus 3,7 Prozent) blieb die CSU unangefochten, obwohl urbane Verhältnisse in der Regel die SPD begünstigten. Die Sozialdemokratie dagegen scheiterte sowohl in der kreisfreien Stadt Eichstätt (24,7 Prozent – minus 1,5 Prozent) als auch in den Landkreisen Eichstätt (22,8 Prozent – plus 1,6 Prozent), Pfaffenhofen an der Ilm (24,6 Prozent – plus 0,1 Prozent), Schrobenhausen (22 Prozent – plus 2,2 Prozent) und Neuburg an der Donau (20,1 Prozent – plus 3,5 Prozent) an der Marke von 25 Prozent der Wählerstimmen und konnte schwerlich den Anspruch erheben, eine linke Volkspartei zu sein. Hoffnungsschimmer gab es nur wenige; in der kreisfreien Stadt Neuburg an der Donau gewann die SPD immerhin 31,9 Prozent der Stimmen (plus 2,3 Prozent) und verlor die CSU nicht ganz aus den Augen. Allerdings war in Neuburg an der Donau wie in anderen Teilen des Mittelbayerischen Donaugebiets der Stimmenzuwachs der Christsozialen höher als der Stimmenzuwachs der Sozialdemokraten. Die Tatsache, daß sich die Schere zwischen SPD und CSU auch dort weiter öffnete, wo die SPD Stimmen hinzugewonnen hatte, mußte dabei doppelt entmutigend wirken.

Auch das Herz des Mittelbayerischen Donaugebiets schlug nicht wirklich links, obwohl die sozioökonomischen Veränderungsprozesse, die hier so rasch verliefen wie sonst fast nirgendwo in Bayern, zweifelsohne die Sozialdemokratie begünstigten. Anders als in den benachbarten Stadt- und Landkreisen befand sich die SPD im Raum Ingolstadt schon seit den fünfziger Jahren nicht mehr in der Diaspora, sondern hatte sich zu einem Faktor entwickelt, mit dem der politische Gegner rechnen mußte. In Ingolstadt selbst kam die Sozialdemokratie immerhin auf 43 Prozent der Stimmen und erzielte damit ein Ergebnis, das um mehr als sieben Prozentpunkte über dem landesweiten Resultat lag. Allerdings hatte die SPD gegen den Trend 2,9 Prozentpunkte verloren und fiel so hinter die CSU (43,9 Prozent der Stimmen – plus ein Prozent) zurück, der sie noch 1962 den Rang als stärkste Partei abgelaufen hatte. Im Landkreis Ingolstadt erwies sich die Situation als erfreulich und unerfreulich zugleich – als erfreulich, weil die SPD hier bei Stimmengewinnen von knapp einem Prozent auf 38,3 Prozent der Stimmen kam, während die CSU bei 52,2 Prozent stagnierte, und als unerfreulich, weil es augenscheinlich nicht gelungen war, das schnell fließende Wasser des sozialen Wandels auf die eigenen Mühlen zu lenken. Auch die Raffinerien als Symbole des Fortschritts halfen der SPD, die mit dem Slogan „Für ein modernes Bayern"[408] in den Wahlkampf gezogen war, nicht dabei, sich als Partei der Zukunft zu profilieren. Dagegen hatte es die CSU offenbar geschafft, den Wählerinnen und Wählern glaubwürdig die Botschaft zu vermitteln, der „große Aufschwung" in der Region sei „letztlich das Verdienst der Wirtschaftspolitik der Union"[409].

Von den 40 Gemeinden des Landkreises Ingolstadt wurde die SPD lediglich in fünf – Brunnenreuth, Kösching, Oberhaunstadt, Oberstimm und Reichertshofen – stärkste Partei; bei der Landtagswahl von 1962 waren es noch sieben gewesen. Den höchsten Stimmenanteil errang sie dabei mit 51,1 Prozent in Kösching, Rei-

---

[408] AsD, SPD-Bezirk Franken 148, Broschüre „Bayern braucht eine starke SPD" für den Wahlkampf 1966.

[409] Stenographischer Bericht über die 23. Sitzung des bayerischen Landtags am 27. 6. 1963, S. 856 (Max Streibl, CSU).

chertshofen und Oberstimm folgten mit 49,5 Prozent beziehungsweise 49,3 Prozent knapp dahinter[410]. Generell konnte die SPD der christlich-sozialen Konkurrenz vor allem in den stadtnahen Industrie- und Wohngemeinden sowie in Kommunen wie Gaimersheim, Manching, Baar, Ebenhausen und Reichertshofen Paroli bieten, die über eigenständige Entwicklungspotentiale verfügten. In 13 Gemeinden, die sich südlich und nördlich der Stadt wie ein Gürtel um Ingolstadt legten, übertraf die SPD die 40-Prozent-Marke, wobei es hier Kommunen gab wie Etting (55 Prozent der Stimmen für die CSU, 40,3 für die SPD), Lenting (48,6 Prozent CSU; 42,1 Prozent SPD) oder Stammham (53,4 Prozent CSU; 40,2 Prozent SPD), die zwar von sozialdemokratischen Bürgermeistern regiert wurden, aber im November 1966 dennoch mehrheitlich „schwarz" gewählt hatten. Die kommunalpolitische Kompetenz der SPD wurde hier augenscheinlich höher bewertet als ihre landespolitische, während die CSU mit der Parole punktete: „Macht Bayern stark. Dann kann es auch im Bund für Ordnung sorgen"[411]. Die bayerische Unionspartei kam in 12 Gemeinden auf mehr als 70 Prozent der Stimmen, wobei sich ihre Hochburgen in den zumeist kleinen Land- und Bauerngemeinden im westlichen und östlichen Teil des Landkreises konzentrierten. Ihr bestes Ergebnis erzielte die CSU mit 91,4 Prozent in Oberhartheim, einer agrarisch strukturierten Zwerggemeinde, wo 90 Wahlberechtigte lediglich vier Stimmen für die SPD übrig hatten; es dürfte im ganzen Ort niemanden gegeben haben, der die „Sozi" nicht namentlich gekannt hätte.

Die SPD zwischen Hoffnung und Enttäuschung

Was sich bei der Landtagswahl vom 20. November 1966 abzuzeichnen begann, bedeutete nicht mehr und nicht weniger als den Anfang vom Ende eines Trends: das Wachstumspotential der SPD war zumindest auf der landespolitischen Ebene weitgehend ausgeschöpft[412]. Dies mußte für die bayerischen Sozialdemokraten nicht zuletzt deshalb so unerwartet kommen[413], weil ihre Partei bei den Kommunalwahlen vom 13. März 1966 gut abgeschnitten hatte. Das galt insbesondere für die großen Städte und regionalen Zentren, wo die SPD die Wählerinnen und Wähler in besonderem Maße ansprechen konnte; aber auch auf dem Land hatte die Sozialdemokratie stellenweise auf sich aufmerksam gemacht. Das Nachrichtenmagazin „Der Spiegel" sah bereits Ansätze für eine politische Wachablösung:

„Überall im Lande besetzen junge Sozialdemokraten die von CSU-Bürgermeistern verschlissenen Bürgermeistersessel. Bei den Gemeindewahlen im März behauptete die SPD 364 Bürgermeisterposten, verlor nur 19 und gewann 120 neue hinzu. In den vier größten Städten – München, Nürnberg, Augsburg, Regensburg – stehen rote Rathäuser."[414]

[410] Vgl. hierzu und zum folgenden Wahl zum Bayerischen Landtag 1966, Teil 1: Gemeindeergebnisse, S. 70ff.
[411] IfZ-Archiv, ZA/P, Franz Josef Strauß 66/1–67/7, Wahlaufruf der CSU vom 7. 11. 1966.
[412] Vgl. Süß, Kumpel und Genossen, S. 387.
[413] Unter der Überschrift „Ausblick auf die nächsten vier Jahre" hieß es in der SPK vom 24. 11. 1966 nicht ohne Resignation: „Ob sich eine erfolgreiche parlamentarische Arbeit auch im Wahlergebnis ausdrückt, ist eine andere Frage."
[414] Der Spiegel vom 14. 11. 1966: „Bayern: Drei Buchstaben"; zu den Zahlen vgl. auch SPK (Bayern)

Ein weiteres rotes Rathaus stand seit März 1966 in Ingolstadt[415], nachdem sich Otto Stinglwagner gegen seinen Kontrahenten von der CSU hatte durchsetzen können. Dieser Erfolg kam nicht von ungefähr, sondern war auf das Zusammenwirken verschiedener Faktoren zurückzuführen: Zum einen konnte sich Oberbürgermeister Josef Listl nicht mehr zur Wahl stellen, weil er die Altersgrenze erreicht hatte; ein Amtsbonus kam diesmal also nicht zum Tragen. Zum zweiten konnte die SPD darauf hoffen, daß ihr die politische Großwetterlage in die Karten spielte, und zum dritten verfügte sie über einen ebenso zugkräftigen wie bekannten Kandidaten. Otto Stinglwagner hatte am 27. Juni 1925 in München das Licht der Welt erblickt und war nach dem Abitur mit 18 Jahren zur Wehrmacht eingezogen worden[416]. Aus der Kriegsgefangenschaft zurückgekehrt, begann er in seiner Heimatstadt ein Jurastudium, das er mit beiden Staatsexamina und der Promotion abschloß.

Der Verwaltungsjurist im Staatsdienst arbeitete zunächst bei der Bayerischen Versicherungskammer, dann im Kommunalreferat der Regierung von Oberbayern, bevor er 1955 an das Landratsamt Ingolstadt versetzt wurde. Als ein Nachfolger für den von der Bayernpartei vorgeschlagenen Landrat Alfred Straßer gesucht wurde, ging der ehrgeizige Stinglwagner im März 1958 als Kandidat für ein breites Wahlbündnis ins Rennen, das von der Christlichen Wählergemeinschaft über den Freien Flüchtlingsblock bis zur SPD reichte. Tatsächlich konnte sich der 32jährige Jurist in der Stichwahl gegen den von der CSU nominierten Amtsgerichtsrat Hans Götz durchsetzen und rückte zum jüngsten Landrat Bayerns auf. Sechs Jahre später wurde Stinglwagner mit überwältigender Mehrheit wiedergewählt[417]. Die CSU hatte auf einen eigenen Kandidaten verzichtet, um „angesichts der Entwicklung, die im Landkreis Ingolstadt vor allem dank der Initiative der bayerischen Staatsregierung [...] nunmehr ihrem Höhepunkt zustrebt", dem Landrat die Möglichkeit zu geben, „im Interesse des Wohles der Landkreisbevölkerung [...] ungestört von einem zeit- und kräfteraubenden Wahlkampf weiterarbeiten zu können". Als Gegenleistung ließen sich die Verhandlungsführer der Union von Stinglwagner zusichern, daß er loyal mit der CSU-Kreistagsfraktion zusammenarbeiten würde, wobei sie selbstredend davon ausgingen, daß er weiterhin parteilos bliebe[418]. Es konnte ihnen freilich nicht entgangen sein, daß Stinglwagner mit der SPD sympathisierte und wiederholt in Veranstaltungen des DGB auftrat; allein 1962/63 hatte er etwa im Rahmen der Ortskartellarbeit in dreizehn Gemeinden zu den Themen „Die Grundrechte des Staatsbürgers" so-

---

vom 21. 3. 1966: „Übersicht über die Wahlerfolge der SPD bei den Kommunalwahlen 1966" und vom 29. 3. 1966: „SPD-Erfolge bei den Stichwahlen fortgesetzt".

[415] Neben Ingolstadt war auch Memmingen an die SPD gefallen, obwohl „die CSU mit aller Kraft" versucht habe, „ihre Positionen" in beiden Städten „zu behaupten". In der Münchner Parteizentrale sah man gerade darin ein Zeichen für den Aufschwung. Vgl. SPK (Bayern) vom 18. 3. 1966: „Die CSU versucht, ihre Wahlziele zu vertuschen".

[416] Hierzu und zum folgenden AsD, SPD-Bezirk Südbayern 2/3–110, „Dr. jur. Otto Stinglwagner", undatiert (1965/66).

[417] BLSD, Referat Wahlen, Mappe Landkreis Ingolstadt, Statistischer Fragebogen zur Wahl der berufsmäßigen und ehrenamtlichen ersten Bürgermeister und Landräte am 23. 3. 1958, Statistischer Fragebogen über die Stichwahl am 30. 3. 1958 und Statistischer Fragebogen zur Neuwahl des Landrats am 8. 3. 1964.

[418] Donau-Kurier vom 7./8. 11. 1964: „Der Landrat antwortet der CSU".

Abb. 19: Oberbürgermeister
Otto Stinglwagner

wie „Probleme und Aufgaben im Landkreis und in unserer Gemeinde" gesprochen[419].

Im Herbst 1964 klärten sich dann die Fronten, als der Landrat „aufgrund der seit 1958 bewährten, erfolgreichen Zusammenarbeit mit den Mandatsträgern der SPD sowie seiner politischen Überzeugung der Sozialdemokratischen Partei als Mitglied" beitrat[420], nachdem es bereits seit längerem Gerüchte gegeben hatte, Stinglwagner würde sich der SPD anschließen, um sich die Kandidatur für das Amt des Oberbürgermeisters zu sichern. Die CSU reagierte mit wütenden Angriffen[421], konnte den neuen Hoffnungsträger des politischen Gegners jedoch nicht nachhaltig diskreditieren; dieser war überdies klug genug, sich zwar in der SPD zu engagieren – etwa als Vorsitzender des kommunalpolitischen Bezirksausschusses Oberbayern[422] –, aber ansonsten als undogmatischer Pragmatiker

---

[419] DGB-Kreis Ingolstadt, Ortskartelle, Mappe Großmehring, Flugblatt für eine Veranstaltung mit Landrat Stinglwagner am 9. 11. 1962; vgl. auch Donau-Kurier vom 16. 6. 1963: „Staatsbürgerliches Interesse geweckt".

[420] Stadtarchiv Ingolstadt, A 7022, Erklärung der SPD Ingolstadt vom 29. 10. 1964.

[421] Vgl. Donau-Kurier vom 31. 10. 1964: „Die CSU nimmt Stellung"; in der hier zitierten Erklärung der CSU-Kreisverbände Ingolstadt-Stadt und -Land hieß es unter anderem: „Die CSU wird sich [...] einer Kandidatur des Dr. Stinglwagner für den Oberbürgermeister der Stadt Ingolstadt in jeder Weise widersetzen."

[422] Stadtarchiv Ingolstadt, A 7022, SPD-Bezirk Südbayern an alle Kreisverbände und Unterbezirke vom 11. 8. 1965.

aufzutreten. Daß die Liaison zwischen Stinglwagner und der SPD Erfolg versprach, bestätigte auch eine vom Bezirk Südbayern in Auftrag gegebene Mei-
nungsumfrage, die vergleichsweise hohe Bekanntheits- und Sympathiewerte für
den Landrat ermittelte[423]. Entsprechend siegessicher gaben sich sowohl Stinglwagner als auch die gesamte Ingolstädter SPD[424], die zudem im Wahlkampf geschickt taktierte. Der Kandidat wurde mit seinen gerade einmal 40 Jahren als fast
noch jugendlicher, aber tatkräftiger, entschlossener und bürgernaher Kommunalpolitiker präsentiert, der modernen Planungs- und Managementmethoden aufgeschlossen gegenüberstand – kurz: ein Oberbürgermeister neuen Typs für eine
neue Zeit. Ähnlichkeiten mit dem Münchner Oberbürgermeister Hans-Jochen
Vogel, der nach seiner Wahl 1960 binnen weniger Jahre zu einem aufgehenden
Stern am Firmament der Sozialdemokratie avancierte, waren dabei keineswegs
zufällig, sondern beabsichtigt, wie nicht zuletzt die gemeinsame Großkundgebung der beiden im Februar 1966 zeigte[425]. Gleichzeitig wurden – eher untypisch
für die SPD – Heimatgefühle bedient, indem man Wahlkampfveranstaltungen
mit bayerischen Abenden kombinierte, wo Brauchtum und Volksmusik zu ihrem Recht kamen[426].

Die CSU tat sich schwer mit dieser Schlachtordnung, zumal sie keinen ähnlich
zugkräftigen Kandidaten aufbieten konnte. Anton Schenkel, ein 1920 in Degern-
dorf am Wendelstein geborener Jurist, der sich 1955 als Rechtsanwalt in Ingolstadt
niedergelassen hatte und 1958 der CSU beigetreten war, mußte im Gegenteil mit
der Polemik leben, er sei alles andere als erste Wahl, ja eigentlich nur ein Notna-
gel[427]. Auch seine fehlende kommunalpolitische Erfahrung bot eine offene Flanke,
in die Stinglwagner und die SPD immer wieder hineinstießen. Als besonders problematisch erwies sich allerdings das Faktum, daß der scheidende Oberbürgermeister Listl nicht vorbehaltlos hinter seinem potentiellen Nachfolger aus der
eigenen Partei zu stehen schien. Dieser wiederum ließ erkennen, daß er nicht alles
gut hieß, was Listl in puncto Stadtentwicklung und Städtebau auf den Weg gebracht hatte. Die SPD erkannte hier ihre Chance, einen Keil in das gegnerische
Lager zu treiben[428]. Listl, so hieß es in einem Flugblatt, habe den CSU-Kandida-
ten Schenkel bisher mit keinem Wort empfohlen und sogar seine Distanz ihm gegenüber erkennen lassen; es sei ein Risiko, die Geschicke der Stadt diesem Mann

---

[423] AsD, SPD-Bezirk Südbayern, ungeordneter Bestand (Mappe „Oberbürgermeisterwahl Ingolstadt
1966"), Klaus Liepelt (ifas) an Max Allmer vom 21. 10. 1965.
[424] Vgl. Donau-Kurier vom 29. 11. 1965: „Dr. Stinglwagner kandidiert nicht als Stadtrat".
[425] Stadtarchiv Ingolstadt, A 7022, Rundschreiben Otto Stinglwagners an „alle Mitglieder in Stadt
und Landkreis" vom 21. 1. 1966.
[426] Vgl. Donau-Kurier vom 11. 3. 1966: „Die weiß-blau-rote Wahlversammlung. Gstanzln für die
SPD/Dr. Stinglwagner mobilisiert Roider Jackl". Der Saal sei an diesem „urbayerischen Abend"
bis auf den letzten Platz gefüllt gewesen und „selbst Dr. Stinglwagner" habe „sich bayerisch" gegeben.
[427] ACSP, BWK/KV Ingolstadt, Schachtel KV Ingolstadt (Stadt) Fl-1966, Flugblatt „Die CSU stellt
vor: Ihren Oberbürgermeisterkandidaten Rechtsanwalt Anton Schenkel"; vgl. auch Donau-Kurier
vom 19. 7. 1965: „‚Der Fachmann geht, unser Fachmann kommt'. SPD nominiert Landrat Stinglwagner zum OB-Kandidaten/Scharfe Polemik gegen Schenkel".
[428] So wurden führende Sozialdemokraten mit den Worten zitiert, Schenkels abfällige Äußerungen
über die „Mietsilos" in den neuen Stadtvierteln seien eine „bewußte Provokation" des scheidenden
Oberbürgermeisters. Donau-Kurier vom 15./16. 1. 1966: „‚Wir werden den Gegner überall an-
greifen'. Ingolstädter SPD eröffnet den Kommunalwahlkampf".

Mitgliederentwicklung und Parteiorganisation im SPD-Unterbezirk Donau-Ilm 1960 bis 1971[429]

	Ortsvereine	Männer	Frauen	Mitglieder gesamt
1960				
KV Ingolstadt	12	677	70	747
KV Pfaffenhofen	3	130	4	134
KV Schrobenhausen	1	45	5	50
KV Aichach	3	88	9	97
Unterbezirk	19	940	88	1028
1963				
KV Ingolstadt	–	741	74	815
KV Pfaffenhofen	–	246	2	248
KV Schrobenhausen	–	57	5	62
KV Aichach	–	83	8	91
Unterbezirk	–	1127	89	1216
1965				
KV Ingolstadt	–	916	104	1020
KV Pfaffenhofen	–	322	19	341
KV Schrobenhausen	–	85	4	89
KV Aichach	–	82	9	91
Unterbezirk	36[430]	1405	136	1541
1969				
KV Ingolstadt-Stadt	5	539	95	634
KV Ingolstadt-Land	18	471	25	496 (ges. 1130)
KV Pfaffenhofen	9	261	21	282
KV Schrobenhausen	5	114	6	120
KV Aichach	4	88	7	95
Unterbezirk	41	1473	154	1627
1971				
KV Ingolstadt-Stadt	5	633	120	753
KV Ingolstadt-Land	18	529	35	564 (ges. 1317)
KV Pfaffenhofen	9	399	60	459
KV Schrobenhausen	6	153	14	167
KV Aichach	4	110	9	119
Unterbezirk	42	1824	238	2062

[429] Zusammengestellt nach: AsD, SPD-Bezirk Südbayern V/001, Jahrbuch des SPD-Bezirks Südbayern für 1962/63, S. 106 ff., Jahrbuch des SPD-Bezirks Südbayern für 1964/65, S. 109, Geschäftsbericht des SPD-Bezirks Südbayern für 1968/69, S. 59, Geschäftsbericht des SPD-Bezirks Südbayern für 1969–1971, S. 74. Die Angaben für 1960, 1969 und 1971 beziehen sich jeweils auf den 31. 12., die Angaben für 1963 und 1965 auf das IV. Quartal; die Mitgliederzahlen für 1969 in den Geschäftsberichten für 1968/69 bzw. für 1969–1971 differieren; hier wurden die nach unten korrigierten Angaben aus dem Bericht für 1969–1971 übernommen.
[430] Vgl. Die Bundestagswahl 1965, hrsg. vom Vorstand der Sozialdemokratischen Partei Deutschlands, Bonn o. J. (1968/69), S. 403.

anzuvertrauen[431]. Stinglwagner wurde dagegen als der legitime Nachfolger des populären Josef Listl präsentiert, dem man auch öffentlich Avancen machte[432]. In diesem Sinne suggerierte der Slogan „dem Fachmann folgt der Fachmann"[433] eine Kontinuität, die in der bürgerlichen Mitte Ängste abbauen und Vertrauen schaffen sollte.

Der Wahlkampf war ebenso massiv wie giftig und erreichte „für Ingolstadt bisher unbekannte Ausmaße"[434]. Die CSU zieh Stinglwagner wegen seiner Kandidatur für die SPD immer wieder des Verrats, die Sozialdemokraten brandmarkten dagegen Schenkels Wahlkampfführung als unsauber und punkteten mit den Wahlkampfthemen Infrastruktur und Bürgernähe. Parolen wie „Vater, Sohn und Enkel – Alle wählen Schenkel" wirkten demgegenüber bieder und abgestanden[435]. Als es am 13. März 1966 schließlich zum Schwur kam, hatte Anton Schenkel keine Chance. Stinglwagner siegte bereits im ersten Wahlgang mit 54 Prozent der Stimmen[436].

Der Sieg einer aufstrebenden Partei in einer aufstrebenden Stadt, die man nach Otto Schedls energiepolitischem Coup nicht mehr nur in Bayern kannte, hatte einen nicht zu unterschätzenden Symbolwert. Die SPD in Ingolstadt, ja in der gesamten Region konnte sich in der Erfolgsspur wähnen. Schließlich war es bei der Bundestagswahl vom September 1965 erstmals gelungen, mit Fritz Böhm, dem Vorsitzenden des Betriebsrats der Auto Union, einen eigenen Kandidaten nach Bonn zu entsenden. Das Direktmandat im Bundeswahlkreis 202 blieb zwar fest in den Händen der CSU, während Böhm die Fahrkarte in die Bundeshauptstadt über die SPD-Landesliste lösen mußte, aber das tat der Zuversicht keinen Abbruch, obwohl die Sozialdemokraten trotz eines Stimmengewinns von 3,7 Prozent mit 28,4 Prozent der Stimmen kein berauschendes Ergebnis eingefahren hatten. „Mit der Wahl von Fritz Böhm", so hieß es in einem Bericht des zuständigen Geschäftsführers, habe man „auf dieser Ebene mit dem politischen Gegner gleichgezogen"[437].

Mit Böhm und Stinglwagner hatte die SPD im Herzen des Mittelbayerischen Donaugebiets nun zwei Trümpfe in der Hand. Ob diese jedoch stechen würden, hing nicht zuletzt vom organisatorischen Unterbau der Partei ab. Stadt und Landkreis Ingolstadt gehörten zum SPD-Unterbezirk Donau-Ilm, in dem die zum Bundeswahlkreis 202 gehörenden Kreisverbände Aichach, Ingolstadt, Pfaffen-

[431] ACSP, BWK/KV Ingolstadt, Schachtel KV Ingolstadt (Stadt) Fl–1966, Flugblatt der SPD zur Kommunalwahl am 13. 3. 1966: „Ingolstadt braucht wieder einen Fachmann als Oberbürgermeister".

[432] AsD, SPD-Bezirk Südbayern, ungeordneter Bestand (Mappe „Oberbürgermeisterwahl Ingolstadt 1966"), SPD-Kreisverband Ingolstadt (gez. Willi Schneider) an den Bezirksvorstand Südbayern vom 14. 11. 1965; vgl. auch Donau-Kurier vom 20. 7. 1965: „Oberbürgermeister Listl: ‚Allen Kandidaten viel Erfolg'".

[433] AsD, SPD-Bezirk Südbayern 2/3–110, „Dr. jur. Otto Stinglwagner", undatiert (1965/66).

[434] Donau-Kurier vom 14. 3. 1966: „SPD stellt Oberbürgermeister".

[435] ACSP, BWK/KV Ingolstadt, Order CSU-Chronik 1965/66, Rundschreiben des CSU-Kreisverbands Ingolstadt, gez. Paul Weinzierl und Elmar Spranger, vom 3. 3. 1966.

[436] BLSD, Referat Wahlen, Mappe Ingolstadt, Statistischer Fragebogen zur Wahl des ersten Bürgermeisters am 13. 3. 1966.

[437] AsD, SPD-Bezirk Südbayern V/001, Jahrbuch des SPD-Bezirks Südbayern für 1964/65, S. 44; zum Ausgang der Bundestagswahlen von 1961 und 1965 vgl. Statistisches Jahrbuch für Bayern 28 (1964), S. 105 f., und 29 (1969), S. 118 f.

hofen und Schrobenhausen zusammengefaßt waren. Die Schaffung von Unterbe-
zirken mit hauptamtlich besetzten Sekretariaten war die organisationspolitische
Reaktion der Parteiführung auf die Erkenntnis, daß sich die vor allem im ländlichen Raum unübersehbaren Strukturschwächen und Mobilisierungsdefizite nicht
zuletzt auf die große Distanz zwischen Bezirk, Kreisverband und Ortsverein zu-
rückführen ließen[438]. Eine neue mittlere Ebene der Parteihierarchie schien die
Möglichkeit zu bieten, diesen Mängeln abzuhelfen und der Sozialdemokratie
gerade in ihren Problemgebieten neue Impulse zu geben, ohne die Parteifinanzen
über Gebühr zu belasten. Der politische Gegner hatte die Vorteile dieser Idee im
übrigen ebenfalls erkannt und ging seit Mitte der fünfziger Jahre daran, die eigene
Parteiorganisation durch ein Netz neuer Geschäftsstellen zu stärken, die mehrere
CSU-Kreisverbände betreuten und auf der Ebene der Bundeswahlkreise angesiedelt waren[439].
    Die ersten SPD-Unterbezirke in Südbayern wurden 1955 in Kempten und Ro-
senheim aus der Taufe gehoben. Im Mittelbayerischen Donaugebiet ließ man sich
dagegen Zeit. Hier ergriff die Ingolstädter SPD im März 1959 die Initiative zur
Gründung eines Unterbezirks, um die Kommunikation zu verstärken und eine
bessere Koordinierung der politischen Aktivitäten in der Region zu gewährleisten[440]. Auf Einladung des Kreisverbands Ingolstadt versammelten sich die Vertreter von sieben Kreisverbänden, die den Bezirk Südbayern in einer Resolution
aufforderten, einen neuen Unterbezirk mit einem hauptamtlichen Sekretär zu
schaffen. In München reagierte man positiv auf dieses Signal, so daß im folgenden
Jahr mit dem Aufbau des Unterbezirks und der dazugehörigen Geschäftsstelle
begonnen werden konnte. Seit Oktober 1963 fungierte mit Fritz Böhm ein sozial-
demokratisches Schwergewicht als Unterbezirksvorsitzender. Zur Seite stand ihm
mit Thomas Ferstl aus Kösching ein Geschäftsführer, der als stellvertretender
Landrat, Gemeinderat und zweiter Bürgermeister fest in der Kommunalpolitik
verwurzelt war und vor allem die Verhältnisse im Landkreis Ingolstadt gut
kannte[441]. Daß das politische und organisatorische Gravitationszentrum des Unterbezirks in Ingolstadt lag, ließ sich nicht übersehen. Hier residierten nicht nur
der Vorsitzende und die Geschäftsstelle, hier zeigte sich auch die zunehmende Diversifizierung und Intensivierung der Parteiarbeit am deutlichsten. So hatten etwa
die beiden Arbeitsgemeinschaften für Kommunal- und Sicherheitspolitik, die sich
1964/65 auf Unterbezirksebene bildeten, ihren Sitz in Ingolstadt und standen unter der Leitung von Ingolstädter Sozialdemokraten; dasselbe galt für den Arbeitskreis Kulturpolitik, und auch die Betriebs- und die Frauenarbeit des Unterbezirks
wurden von Ingolstadt aus koordiniert[442]. Freilich wußte der Geschäftsführer, daß
auch einige Jahre nach der Konstituierung des Unterbezirks Donau-Ilm noch ei-

[438] Vgl. Balcar, Politik auf dem Land, S. 328 f.
[439] Vgl. Schlemmer, Aufbruch, S. 483 f.
[440] AsD, SPD-Bezirk Südbayern V/001, Geschäftsbericht des SPD-Bezirks Südbayern für 1968/69,
    S. 58; SPD-Bezirk Südbayern 2/3–110, Unterlagen zur Konferenz des SPD-Unterbezirks Donau-
    Ilm am 5. 10. 1963; Stadtarchiv Ingolstadt, A 7022, Protokoll der Sitzung des Vorstands des SPD-
    Unterbezirks Donau-Ilm am 12. 11. 1963.
[441] Vgl. Donau-Kurier vom 8./9. 4. 1972: „25 Jahre SPD-Ortsverein".
[442] AsD, SPD-Bezirk Südbayern V/001, Jahrbuch des SPD-Bezirks Südbayern für 1964/65, S. 43, und
    Geschäftsbericht des SPD-Bezirks Südbayern für 1969–1971, S. 70.

niges im argen lag, und er wies vor allem auf nach wie vor bestehende Defizite in den Bereichen Kommunikation und Koordination hin, als er 1965 schrieb:

„Eine engere Zusammenarbeit der Mandatsträger aus Städten, Landkreisen und Gemeinden mit den Fraktionen des Bezirks- und des Landtages ist unbedingt erforderlich, um regionale und überregionale Maßnahmen rechtzeitig aufeinander abstimmen und sinnvoll durchführen zu können."[443]

Besonders deutlich zeigte sich die Vormachtstellung der Ingolstädter SPD bei den Mitgliederzahlen. 1963 gehörten 67 Prozent aller Sozialdemokraten des Unterbezirks zum Kreisverband Ingolstadt, und auch wenn dieser Anteil bis 1971 auf 64 Prozent sank, so blieben die Kräfteverhältnisse doch eindeutig. Die Verteilung der Mitglieder auf die einzelnen Kreisverbände verweist einmal mehr auf die sozioökonomische Zweiteilung des Mittelbayerischen Donaugebiets, zu dem der Unterbezirk Donau-Ilm geographisch größtenteils gehörte. Die Industriestadt Ingolstadt und ihr unmittelbarer Einzugsbereich boten der SPD einen guten Nährboden, während sie in agrarisch geprägten Landkreisen wie Aichach oder Schrobenhausen mitglieder- und organisationsschwach blieb. Für sich genommen konnten zwar auch hier kleinere Erfolge erzielt werden – der Kreisverband Schrobenhausen konnte die Zahl seiner Mitglieder zwischen 1960 und 1971 mehr als verdreifachen –, doch blieb die Personaldecke trotz aller Mahnungen und Bestrebungen, die Mitgliederwerbung zu verstärken[444], ausgesprochen dünn. Bei einer Wohnbevölkerung von rund 42 000 Menschen[445] dürften die 119 Mitglieder des SPD-Kreisverbands Aichach schwerlich dazu in der Lage gewesen sein, die demokratische Selektion von Kandidaten für öffentliche oder parteiinterne Wahlämter zu gewährleisten, Interessen zu bündeln und zu artikulieren und so nachhaltig an der politischen Willensbildung mitzuwirken. Daß dieses kleine Häuflein aufrechter Sozialdemokraten eine echte Bedrohung für den politischen Gegner gewesen wäre, konnte man ebenfalls nicht erwarten. Immerhin gaben die Mitgliederzahlen im Landkreis Pfaffenhofen Anlaß zur Zuversicht, obwohl der Kreisverband wiederholt durch interne Zwistigkeiten und Querelen erschüttert wurde[446]. Hier entwickelten sich neben der Kreisstadt mit Münchsmünster, Vohburg und Wolnzach, wo es einen aktiven Ortsverein gab und sozialdemokratische Kommunalpolitik eine lange Tradition hatte, drei Wachstumskerne, die entweder von den Impulsen aus dem benachbarten Ingolstadt profitierten oder selbst zum Bannkreis des expandierenden Raffinerie- und Energiezentrums gehörten. 1971 zählte der SPD-Kreisverband Pfaffenhofen an der Ilm immerhin fast so viele Mitglieder wie der Kreisverband Ingolstadt-Land.

Die bayerische SPD war vor allem eine Partei der Städte; im ländlichen Raum befand sie sich auch in den Jahren des sozialdemokratischen Aufbruchs zumeist „in der Diaspora", wie ein Strategiepapier für den Vorstand des Bezirks Südbayern „illusionslos" vermerkte[447]. Es erwies sich jedoch als schwieriges Unter-

---

[443] AsD, SPD-Bezirk Südbayern V/001, Jahrbuch des SPD-Bezirks Südbayern für 1964/65, S. 43.
[444] AsD, SPD-Bezirk Südbayern I/136, Monatsbericht des Unterbezirks Donau-Ilm für Januar 1968.
[445] Vgl. Statistisches Jahrbuch für Bayern 29 (1969), S. 390.
[446] Vgl. Kolbinger, Pfaffenhofen, S. 264.
[447] AsD, SPD-Bezirk Südbayern I/99, Reimar Allerdt (vertraulich): „Wählerinitiative zu der Landtagswahl 1970 in Bayern", undatiert.

fangen, über die Hochburgen hinauszugreifen und auch auf dem Land verstärkt Fuß zu fassen. Ein entscheidender Schritt auf diesem Weg war die Gründung sozialdemokratischer Ortsvereine in der Provinz, aber eben damit tat sich die Partei ausgesprochen schwer. Zwischen 1960 und 1965 konnten in den Kreisverbänden des Unterbezirks Donau-Ilm zwar 17 Ortsvereine neu gegründet werden, bei insgesamt 230 Städten und Gemeinden kam man aber dennoch über einen Organisationsgrad von 15,7 Prozent nicht hinaus. 1964/65 wurden weitere fünf Ortsvereine aus der Taufe gehoben: in Mühlried (Kreisverband Schrobenhausen), in Niederlauterbach (Kreisverband Pfaffenhofen an der Ilm) sowie in Großmehring, Mailing und Pförring (Kreisverband Ingolstadt). In den folgenden Jahren gelang es dagegen immer seltener, Neugründungen vorzunehmen[448]. 1968/69 kamen mit Aresing (Kreisverband Schrobenhausen), Münchsmünster (Kreisverband Pfaffenhofen) und Wackerstein (Kreisverband Ingolstadt-Land) drei weitere Ortsvereine hinzu, 1970/71 waren es mit Ernsgaden (Kreisverband Pfaffenhofen) und Waidhofen (Kreisverband Schrobenhausen) nur noch zwei. Dabei verliefen nicht alle Versuche erfolgreich, die organisatorische Basis der Sozialdemokratie zu erweitern. So scheiterte beispielsweise Ende 1967 der Versuch, in Rohrbach (Kreisverband Pfaffenhofen) einen Ortsverein zu gründen, obwohl sich mit Fritz Böhm und dem Landtagsabgeordneten Hans Höllrigl zwei prominente Genossen persönlich dafür ausgesprochen hatten; auch ein zweiter Anlauf im Januar 1968 endete ergebnislos[449]. Bis 1971 ließ sich der Organisationsgrad der SPD im Einzugsbereich des Unterbezirks Donau-Ilm daher nur auf 18,3 Prozent steigern, das heißt, es existierte nicht einmal in jeder fünften politischen Gemeinde des Unterbezirks ein Ortsverein. Besonders finster sah die Lage im Kreisverband Aichach aus, wo der Organisationsgrad gerade einmal 5,5 Prozent betrug. Im Landkreis Pfaffenhofen zählte man zwar immerhin neun Ortsvereine, doch bei 78 Gemeinden reichte dies gerade einmal für einen Organisationsgrad von 11,5 Prozent. In Schrobenhausen, dem kleinsten Landkreis der Region, genügten dagegen sechs Ortsvereine für einen Organisationsgrad von 15,8 Prozent.

Dagegen erschienen die Verhältnisse im Landkreis Ingolstadt nahezu vorbildlich. Hier war es bis 1971 gelungen, in 18 von 39 Gemeinden einen Ortsverein zu gründen und so einen für das Mittelbayerische Donaugebiet fast schwindelerregenden Organisationsgrad von 46,2 Prozent zu erreichen. Die Ortsvereine in den Gemeinden des Landkreises bildeten seit 1966 den eigenständigen Kreisverband Ingolstadt-Land. Die Entscheidung, den Kreisverband Ingolstadt zu teilen, spiegelte die positive Entwicklung zahlreicher stadtnaher Gemeinden wider und stärkte deren politisches Gewicht in den regionalen Gliederungen der Partei. Als der erste Vorsitzende des neuen Kreisverbands, der Gaimersheimer Bürgermeister Martin Meier, im Sommer 1968 den Stab an seinen Nachfolger Horst Günter Schakat weiterreichte, der in Unterhaunstadt wohnte, aber in Ingolstadt die dortige Filiale der Bank für Gemeinwirtschaft leitete, berichtete Unterbezirksgeschäftsführer Thomas Ferstl:

---

[448] AsD, SPD-Bezirk Südbayern V/001, Jahrbuch des SPD-Bezirks Südbayern für 1964/65, S. 43, sowie Geschäftsbericht des SPD-Bezirks Südbayern für 1968/69, S. 59, und Geschäftsbericht des SPD-Bezirks Südbayern für 1969–1971, S. 74.

[449] AsD, SPD-Bezirk Südbayern I/136, Monatsbericht des Unterbezirks Donau-Ilm für Januar 1968.

„Die Antrittsrede des neugewählten Vorsitzenden Dr. Schakat, der von 95 Stimmen 93 erhielt, war gut vorgetragen und kurz, enthielt aber doch alle Merkmale einer vorwärtsdrän-
genden Partei auf der Grundlage unserer freiheitlich-demokratischen Grundordnung und
wurde mit nachhaltigem Beifall aufgenommen. Der Kreisverband Ingolstadt-Land gab mit
seiner Hauptversammlung ein Beispiel demokratischen Verhaltens nach innen und außen.
Auf dieser Basis weiterzuarbeiten macht Freude und verspricht Erfolg. Die Gründung vor
2½ Jahren hatte ihren sichtbarsten Fortschritt in der Aufwärtsentwicklung ihrer Mitglieder.
Von 283 wuchs die Zahl auf 502, die sich auf 17 Ortsvereine aufteilt."[450]

Von diesen Mitgliedern konzentrierte sich mehr als die Hälfte in den vier Ortsvereinen Gaimersheim (96 Mitglieder), Kösching (88), Wettstetten (51) und Reichertshofen (47)[451] – in wachsenden Gemeinden mit aktiven und erfolgreichen
sozialdemokratischen Kommunalpolitikern an der Spitze. In solchen Gemeinden
hatte die politische Arbeit der SPD eine tragfähige Basis, so daß der Ortsverein
auch Akzente setzen konnte, die über die eigene Klientel hinaus wirkten. Dies war
etwa in Kösching der Fall, wo es bereits in den zwanziger Jahren einen Stützpunkt
der SPD gegeben hatte und wo unter der Patenschaft des sozialdemokratischen
Urgesteins Josef Strobl 1946 ein Ortsverein ins Leben gerufen wurde. Um den
25. Jahrestag dieses Ereignisses angemessen zu feiern, organisierte der Ortsverein
eine Veranstaltung mit Hans-Jochen Vogel, an der mehr als 500 Personen teilnahmen und die über Tage hinweg an den Stammtischen das wichtigste Gesprächs-
thema war[452].

Andere Ortsvereine funktionierten dagegen weniger gut, wobei vieles – wenn
nicht gar alles – davon abhing, ob sich eine Mindestzahl an aktiven Mitgliedern
mobilisieren ließ und ob ein engagierter Vorsitzender gefunden werden konnte.
Wo dies nicht der Fall war, konnten kleine Ortsvereine rasch in eine existenzbe-
drohende Krise geraten. Eine solche Entwicklung scheint der Ortsverein Stammham genommen zu haben. Der junge Sozialdemokrat Alfons Zehndbauer, Partei-
mitglied seit 1964 sowie Schriftführer und Gemeinderat in Wettstetten, fand
jedenfalls chaotische Verhältnisse vor, als er 1967 nach Stammham zog. Da er mit
seinen Monita in der Geschäftsstelle des Unterbezirks nur ein Achselzucken
erntete, wandte er sich empört an die Genossen in München:

„Als erstes erfuhr ich, daß vom Frühjahr 1966 bis zum Herbst 67 seitens des SPD-Ortsvereins Stammham keine einzige Veranstaltung abgehalten wurde. Länger als ein Jahr benötigte
ich dann noch, den damals amtierenden Vorsitzenden über den Bürgermeister (SPD-Mitglied) zur Einberufung einer Mitgliederversammlung zu bewegen. Am Sonntag, den 24. Nov.
1968 war es dann endlich soweit. Mein Vorgänger trat wegen Zeitmangel (Hausbau) zurück,
und ich wurde zum neuen Vorsitzenden gewählt. Zwischenzeitlich erfuhr ich, daß der anfangs der [sech]ziger Jahre bestehende Mitgliederstand von circa 28 auf 11 zusammenge-
schrumpft sei. Mein erster Weg als Vorsitzender war deshalb zum Kassier, um eine Liste der
noch verbliebenen und ausgetretenen Mitglieder zu erstellen. Dies gelang auch, aber dabei
mußte ich feststellen, daß von den 11 verbliebenen Mitgliedern von 7 oder 8 Ende 1968 noch
keine Mark Beitrag eingeholt war. Auf meine Frage, warum das nicht geschehen war, bekam

450 AsD, SPD-Bezirk Südbayern I/136, Monatsbericht des Unterbezirks Donau-Ilm für Juni 1968.
451 Vgl. Donau-Kurier vom 26. 6. 1968: „SPD Landkreis tilgte fast 16 000 DM Schulden und verdop-
    pelte fast die Mitgliederzahl".
452 AsD, SPD-Bezirk Südbayern IV/83, Bericht von Thomas Ferstl über die Feierlichkeiten zum
    25jährigen Bestehens des Ortsvereins Kösching vom 14. 4. 1972; vgl. auch Donau-Kurier vom
    8./9. 4. 1972: „25 Jahre SPD-Ortsverein".

ich vom Kassier die Antwort, er hätte keine Beitragsmarken mehr und müsse sich erst welche besorgen. Auf die Frage nach einem Kassenbuch bekam ich die Antwort, ein solches haben wir noch nie gehabt. [...] Nun in der Zeit von Mai bis Aug. [1969] habe ich mehrmals mit dem 1. und 2. Bürgermeister darüber gesprochen und vorgeschlagen, eine außerordentliche Hauptversammlung einzuberufen und einen neuen Kassier zu wählen. Man riet mir ab, der Familienkreis und Einflußbereich (Sportverein) des Kassiers sei zu groß, der eventuelle Verlust eines weiteren Mitgliedes könne bei der geringen Anzahl nicht riskiert werden. Resultat des verschleppten Kassierens: der 2. Vorsitzende und Schriftführer weigern sich für das Jahr 68 ihre Beiträge nachzuzahlen. Sie sind zwar willens, 1969 ihre Beitragszahlung fortzusetzen, aber nicht willens nachzuzahlen. [...] Zu all diesem Negativen auch etwas Positives. 4 ehemalige Mitglieder konnte ich dazu bewegen [...] wieder Mitglied zu werden. (Die Austrittsgründe: Persönlicher Streit, vorübergehendes Desinteresse, die 18 DM Jahresbeitrag, *schlechte Betreuung*.)"[453]

Stammham war kein Einzelfall. Zwei Jahre später, im Sommer 1971, gab der Vorsitzende eines Münchner SPD-Kreisverbands die Eindrücke eines Genossen über den Zustand des angeblich knapp 20 Mitglieder umfassenden Ortsvereins Ilmmünster im Landkreis Pfaffenhofen an den Bezirk Südbayern weiter. Die letzte Versammlung habe im Jahr 1969 stattgefunden, Beiträge würden seit Anfang 1970 nicht mehr kassiert, notwendige Neuwahlen hätten nicht stattgefunden, und der Vorsitzende, der bereits mehrfach wegen Trunkenheit am Steuer aufgefallen sei, habe „keinerlei Absicht mehr, den Ortsverein zu führen". Das bittere Fazit lautete kurz und knapp: „Der Ortsverein besteht nur noch auf dem Papier."[454] Die Bemühungen des Unterbezirksgeschäftsführers, die Lage in Ilmmünster zu bereinigen, blieben ohne sichtbaren Erfolg. Bis September 1971 hatte sich „niemand gefunden", um „den Vorsitz bzw. die Kassierung im Ortsverein zu übernehmen"[455], und noch im Januar 1972 hieß es, der Ortsverein sei „nicht aktionsfähig"[456]. Erst am 30. Juli 1972, mehr als ein Jahr nach den ersten Klagen, konstituierte sich der Ortsverein Ilmmünster neu[457].

Die Ortskartelle des DGB als strategischer Partner der Sozialdemokratie?

Die SPD tat sich nicht zuletzt deshalb so schwer damit, auf dem Land Fuß zu fassen, weil sie diese Aufgabe hauptsächlich aus eigener Kraft bewältigen mußte. Wo die CSU auf die Unterstützung der katholischen Kirche und des Bayerischen Bauernverbands zählen konnte, wenn es darum ging, eigene Defizite zu überbrücken oder fehlende Knoten im Netz der basisnahen Parteiorganisation zu ersetzen,

[453] AsD, SPD-Bezirk Südbayern I/44, Alfons Zehndbauer an das SPD-Landessekretariat vom 4. 8. 1969; Max Allmer, der diesen Brief vier Tage später für den Bezirk Südbayern beantwortete, kündigte an, den Unterbezirksvorstand einzuschalten und bot an, selbst tätig zu werden, sollte sich die Situation nicht bessern.

[454] AsD, SPD-Bezirk Südbayern I/44, Klaus Warnecke an den SPD-Bezirk Südbayern vom 25. 6. 1971; Max Allmer antwortete noch am selben Tag, man wisse daß es „schlimm" sei in Ilmmünster, wenn wohl auch nicht ganz so arg wie beschrieben. Eigentlich habe der zuständige Betreuungsabgeordnete Hans Kolo „gerade in Pfaffenhofen ein Exempel statuieren" wollen, „wie ein moderner Betreuungsabgeordneter" ein solches Problem löse, doch leider sei „durch seine anderweitige Überbelastung" bisher nichts geschehen.

[455] AsD, SPD-Bezirk Südbayern I/44, Max Allmer an Thomas Ferstl vom 25. 6. 1971 und die auf diesem Schreiben vermerkte Notiz vom 22. 9. 1971 (hier auch das Zitat).

[456] AsD, SPD-Bezirk Südbayern I/131, Monatsbericht des Unterbezirks Donau-Ilm für Januar 1972.

[457] AsD, SPD-Bezirk Südbayern I/131, Monatsbericht des Unterbezirks Donau-Ilm für Juli 1972.

stand die Sozialdemokratie zumeist allein[458]. Ihr natürlicher strategischer Partner, die Gewerkschaften, hatten auf dem Land in der Regel mit denselben Problemen zu kämpfen wie die SPD: Die aktive Mitgliederschaft und die hauptamtlich besetzten Geschäftsstellen konzentrierten sich in den – vorzugsweise industrialisierten – Städten, während der ländliche Raum organisationsschwache Diaspora blieb. Dieses Grundmuster ließ sich in weiten Teilen des Mittelbayerischen Donaugebiets im allgemeinen und des Unterbezirks Donau-Ilm im besonderen wiederfinden, und je agrarisch-kleinräumiger ein Landkreis strukturiert war, desto schärfer trat das Gefälle zwischen Zentrum und Peripherie hervor. Es gab freilich eine gewichtige Ausnahme: den Landkreis Ingolstadt, dessen Gemeinden zunehmend in den Sog des sozioökonomischen Strukturwandels gerieten, der die Region bereits in den fünfziger Jahren erfaßt hatte. Anders als in den meisten Kommunen der benachbarten Landkreise boten sich hier sowohl für die Sozialdemokratie als auch für die Gewerkschaften wesentlich günstigere Voraussetzungen, außerhalb ihrer eigentlichen Hochburgen die eigenen Feldzeichen aufzupflanzen.

Die Gewerkschaften des DGB in Ingolstadt sahen sich dabei mit der Situation konfrontiert, daß sie einen beachtlichen Mitgliederzuwachs zu verzeichnen hatten, von ihrer organisatorischen Struktur her aber nur unvollkommen dazu in der Lage waren, ihre Klientel auch angemessen zu betreuen und so dauerhaft zu binden. Zwischen September 1959 und Dezember 1962 stieg die Zahl der Gewerkschaftsmitglieder im Einzugsbereich des DGB-Kreises Ingolstadt, der die Stadt und den gleichnamigen Landkreis umfaßte, um mehr als die Hälfte von 12372 auf 19449[459]. Allerdings wohnten zahlreiche Mitglieder nicht in Ingolstadt selbst, sondern befanden sich unter den 8500 Pendlern, die täglich aus den Gemeinden des Landkreises in die Stadt zur Arbeit fuhren. Für den DGB und seine Einzelgewerkschaften, die Anfang der sechziger Jahre in Ingolstadt sechs hauptamtlich besetzte Geschäftsstellen unterhielten, stellte diese Entwicklung ein nicht zu unterschätzendes Problem dar, da man erkennen mußte, daß „diese Arbeitnehmer sich kaum an einer gewerkschaftlichen Veranstaltung in Ingolstadt" beteiligten. Zwischen Betrieb, Geschäftsstelle und Wohnort klaffte also eine bedenkliche Lücke in der gewerkschaftlichen Organisation, die sich um so unangenehmer bemerkbar machte, je mehr Mitglieder ihren Lebensmittelpunkt nicht mehr in Ingolstadt hatten. Um diesem strukturellen Problem zu begegnen, beschloß die Delegiertenversammlung des DGB Kreises Ingolstadt – zuständig unter anderem für Werbemaßnahmen, die Unterstützung der Einzelgewerkschaften, die organisatorische Erfassung der Jugend, der Frauen, der Angestellten und der Beamten sowie für die Schulung und Beratung der Mitglieder[460] – am 18. November 1960, „vordringlich die Durchsetzung des Kreisgebietes mit Ortskartellen in Angriff zu nehmen".

Dieser neuen Ebene der gewerkschaftlichen Organisation war die Aufgabe zugedacht, „eine engere Verbindung mit den Mitgliedern der einzelnen Industriegewerkschaften her[zu]stellen und so eine stärkere Aufklärung über die gewerk-

[458] Vgl. Balcar, Politik auf dem Land, S. 333.
[459] AsD, Bestand DGB-Landesbezirk Bayern, Geschäftsbericht des DGB-Kreises Ingolstadt für 1960/62, S. 23; Zu den Anfängen der Ortskartelle im Raum Ingolstadt vgl. ebenda, S. 10, S. 18, S. 20 und S. 37–40; die folgenden Zitate finden sich ebenda, S. 20 und S. 37.
[460] Vgl. Engelberth, Gewerkschaften auf dem Lande, S. 83 f.

schaftlichen Ziele zu erreichen und den Mitgliedern die Möglichkeit zu geben, sich mit ihren Wünschen und Anliegen unmittelbar an die örtlichen DGB-Organe zu wenden"[461]. Als basisnahe Anlaufstellen für die Mitglieder aller im DGB zusammengeschlossenen Einzelgewerkschaften sollten die Ortskartelle den Zusammenhalt nach innen fördern und nach außen als gewerkschaftliches Sprachrohr auf kommunaler Ebene fungieren. Die Ortskartellarbeit war somit als komplementäres Gegenstück zur Betriebsarbeit der Gewerkschaften gedacht und sollte im Idealfall auch die Familien der Mitglieder erreichen. Damit hoffte man auch, ein festes „Bollwerk gegen alle Abwerbungsversuche gegnerischer Organisationen" wie der Aktionseinheit von Christlichen Gewerkschaften und katholischem Werkvolk zu errichten[462]. Zu diesem Zweck hatten die Ortskartelle „in größtmöglicher Selbständigkeit, jedoch in engstem Einvernehmen mit dem DGB-Kreisvorstand, an dessen Beschlüsse sie gebunden sind"[463], Informations-, Werbe- und Schulungsveranstaltungen abzuhalten, gewerkschaftliche Traditionen wie die Feiern zum 1. Mai zu pflegen oder auch gesellige Veranstaltungen zu organisieren[464].

Das erste Ortskartell wurde am 13. Januar 1961 in Gaimersheim gegründet; von den sieben einstimmig gewählten Vorstandsmitgliedern waren der Vorsitzende, Herbert Haneke, und sein Stellvertreter, Robert Ausfelder, ebenso in der IG Metall organisiert wie der Schriftführer und der Kassier; die drei Beisitzer repräsentierten die IG Bau-Steine-Erden, die ÖTV sowie die Gewerkschaft der Eisenbahner Deutschlands (GdED). Hier zeigten sich schlaglichtartig die Machtverhältnisse im gewerkschaftlichen Lager, wobei sich dieser Eindruck noch dadurch verstärkte, daß die vier wichtigsten Vorstandsposten ausschließlich von Kollegen besetzt wurden, die in den beiden größten Betrieben der Region arbeiteten: bei der Despag und bei der Auto Union[465]. Zwischen Januar und April 1961 entstanden insgesamt 14 Ortskartelle; ein weiteres wurde Ende März 1962 in Etting aus der Taufe gehoben. Dabei verlief die Gründung eines neuen Ortskartells stets in etwa so, wie sie sich in Pförring vollzog. Der Kreisvorsitzende des DGB, Max Johler, hatte zu einer Aufklärungsversammlung zum Thema „Wie kann der Arbeitnehmer Lohnsteuer sparen?" eingeladen, nicht ohne die Adressaten darauf hinzuweisen, daß diese Informationen „bares Geld für Sie bedeuten können"[466]. Vertraut man der Anwesenheitsliste, so fanden sich am Abend des 15. Januar 1965 32 Interessenten im Gasthof „Zur Post" ein, von denen zwei Drittel gewerkschaftlich organisiert waren, und zwar überwiegend in der IG Metall und der IG

[461] DGB-Kreis Ingolstadt, Ortskartelle, Mappe Mailing 1961–1968, Rundschreiben Fritz Böhms vom 20. 3. 1961.
[462] AsD, Bestand DGB-Landesbezirk Bayern, Geschäftsbericht des DGB-Kreises Ingolstadt für 1960/62, S. 18.
[463] Zukunft braucht Solidarität, o.P.
[464] DGB-Kreis Ingolstadt, Organisation – Ortskartelle bis 31. 12. 1984, Überblick über die Arbeit des Ortskartells Kösching seit 1961, sowie Organisation, DGB-Ortskartell Kösching 1961–1986. Ortskartellhandbuch, S. 27 ff.
[465] DGB-Kreis Ingolstadt, Ortskartelle, Mappe Kösching 1961–1967, Aufstellung: Ortskartell Gaimersheim – Ortskartell-Vorstand vom 14. 1. 1961.
[466] DGB-Kreis Ingolstadt, Ortskartelle, Mappe Pförring 1965–1967, Einladung zur „Aufklärungs-Versammlung" am 15. 1. 1965 in Pförring.

Bau-Steine-Erden[467]. Nach seinem Vortrag forderte der Referent „die Versammlung auf, auch in Pförring ein DGB-Ortskartell zu gründen, damit die Basis geschaffen sei, die Arbeitnehmer ständig über alle Fragen des Arbeits-, Sozial- und Lohnsteuerrechts sowie der Wirtschafts- und Steuerpolitik und über die Leistungen der Gewerkschaften zu informieren". Dieser Vorschlag, so heißt es in einem Zeitungsbericht, sei „allgemein begrüßt" worden, so daß man zur Wahl eines siebenköpfigen Vorstands schreiten konnte[468]. Dieser bestand aus je einem Mitglied der IG Bau-Steine-Erden und der IG Chemie sowie aus fünf Vertretern der IG Metall, von denen wiederum vier bei der Auto Union arbeiteten[469]. Das Ortskartell Pförring war damit konstituiert.

Mit der Gründung des Ortskartells Oberstimm im Februar 1965 stieg die Zahl der Ortskartelle vorübergehend auf 20 an[470]. Bei 40 Gemeinden entsprach das einem Organisationsgrad von 50 Prozent, der sich freilich nicht auf Dauer halten ließ; für 1973 meldete der DGB-Kreis Ingolstadt in seinem Geschäftsbericht nur noch 17 bestehende Ortskartelle nach München[471]. Der Kreisvorstand legte vor allem in den Gemeinden auf funktionierende Ortskartelle Wert, in denen der wirtschaftliche Strukturwandel bereits fortgeschritten war wie in Manching oder die sich zu Arbeiterwohngemeinden entwickelt hatten wie Stammham und Wettstetten. Damit wurden aber auch die Grenzen gewerkschaftlicher Organisationspolitik jenseits der Städte deutlich. Im östlichen Teil des Landkreises, wo sich jenseits der Linie Großmehring – Kösching – Stammham noch zahlreiche agrarisch geprägte Gemeinden befanden, verfügte der DGB mit dem Ortskartell Pförring gerade einmal über einen Stützpunkt.

Die Arbeit der Ortskartelle ließ sich gut an. In den Jahren 1961 und 1962 wurden 66 Veranstaltungen durchgeführt, an denen fast 5000 Personen teilnahmen[472]. Damit konnte das angestrebte Ziel von vier Veranstaltungen pro Jahr und Ortskartell zwar nicht erreicht werden, aber ein Anfang schien immerhin gemacht. Die Palette der behandelten Themen war breit und reichte von kommunalpolitischen Problemen über Staatsbürgerkunde und Werbung in eigener Sache bis zu tagespolitischen Themen der Sozial-, Wirtschafts- und Steuerpolitik, wo sich gewerkschaftliche und sozialdemokratische Positionen stark überschnitten. Zumeist luden die Ortskartelle zu Vorträgen ein, die gemeinsam mit dem DGB-Landesbezirk und dem DGB-Kreis Ingolstadt organisiert wurden, wobei sowohl prominente Gewerkschafter und Sozialdemokraten aus der Region als auch hauptamtliche Gewerkschaftsfunktionäre aus München und Frankfurt als Redner auftra-

---

[467] DGB-Kreis Ingolstadt, Ortskartelle, Mappe Pförring 1965–1967, Anwesenheitsliste zur Gründungsversammlung des Ortskartells Pförring am 15. 1. 1965.
[468] Donau-Kurier vom 21. 1. 1965: „18. Ortskartell des DGB".
[469] DGB-Kreis Ingolstadt, Ortskartelle, Mappe Pförring 1965–1967, Aufstellung: Ortskartell Pförring – Ortskartell-Vorstand vom 15. 1. 1965.
[470] Vgl. Donau-Kurier vom 19. 2. 1965: „Lohnsteuersenkung macht ein drittel Prozent aus".
[471] AsD, Bestand DGB-Landesbezirk Bayern, Geschäftsbericht des DGB-Kreises Ingolstadt für 1971–1973, S. 12 f.; aufgeführt wurden die Ortskartelle Ebenhausen-Baar, Eitensheim, Gaimersheim, Gerolfing, Großmehring, Hepberg, Kösching, Lenting, Mailing-Feldkirchen, Manching, Ober- und Unterhaunstadt, Oberstimm, Pförring, Reichertshofen, Stammham, Wettstetten und Zuchering.
[472] AsD, Bestand DGB-Landesbezirk Bayern, Geschäftsbericht des DGB-Kreises Ingolstadt für 1960/62, S. 39 f.; das folgende Zitat findet sich ebenda, S. 40.

ten. In Ingolstadt war man mit der ersten Versammlungswelle jedenfalls zufrieden:

„Zu diesen Veranstaltungen wurden von uns die Bürgermeister, Gemeinde- und Kreisräte
und die Gesamtbevölkerung eingeladen. Überraschend viele Besucher aus dem Kreis der ge-
ladenen Gäste, zahlreiche Teilnehmer aus allen Bevölkerungsschichten, fruchtbare Diskussionen und eine gute Presse über jede Versammlung waren die Plus-Punkte dieser Veranstal-
tungs-Serie."

Der Elan ließ freilich bald nach[473], und obwohl die Zahl der Ortskartelle stieg,
ging die Zahl der Veranstaltungen ebenso zurück wie die öffentliche Resonanz.
Fanden im Jahr 1968 noch 50 Veranstaltungen mit 1342 Teilnehmern statt, so
waren es 1969 nur noch 16, die von 368 Interessenten besucht wurden. Ein Jahr
später erreichte die Zahl der Veranstaltungen mit 15 (464 Teilnehmer) ihren Tief-
punkt; bei 17 nominell bestehenden Ortskartellen bedeutete das, daß nicht einmal
mehr jedes auch nur eine Veranstaltung in 12 Monaten auf die Beine gestellt hatte.
In den folgenden Jahren zeigten sich die Ortskartelle zwar etwas aktiver und die
Zahl ihrer Veranstaltungen stieg wieder auf 23 im Jahr 1973 mit 509 Teilnehmern
an, aber es war nicht zu übersehen, daß sich die Hoffnungen, die man ursprünglich mit der Einrichtung von Ortskartellen verbunden hatte, nicht oder nur teilweise erfüllt hatten[474].

Schon eine genauere Auswertung der Ortskartellarbeit in den guten Jahren
1961 und 1962 zeigte ein sehr ambivalentes Bild. Neben einigen gut funktionie-
renden Ortskartellen gab es solche, die ihrer Aufgabe gar nicht oder nur ansatzweise gerecht wurden. Im Ortskartell Ebenhausen-Baar etwa fanden in dieser Zeit
nur zwei Veranstaltungen statt, an denen ganze 23 Personen teilnahmen. Nicht
viel besser sah es in Etting, Stammham und Unsernherrn aus, wo die Veranstal-
tungshäufigkeit ebenso zu wünschen übrig ließ wie die Teilnehmerzahl[475]. Nicht
selten geschah nur dann etwas, wenn die Kreisgeschäftsstelle in Ingolstadt die
Initiative ergriff und vor Ort nur die Verteilung der Einladungen und die Reser-
vierung des Versammlungsraums übernommen werden mußte. Vor allem die kleineren Ortskartelle verfügten über zu wenige aktive Mitglieder, um ein ausgepräg-
teres Eigenleben zu führen. Da es „in erster Linie […] auf die Kollegen an[kam],
die als Vorsitzende oder im Ortskartellvorstand durch ihren persönlichen Einsatz
in der Kleinarbeit die Voraussetzungen schaffen", daß Veranstaltungen durchgeführt und die Mitglieder in ihrem Zuständigkeitsbereich angemessen betreut wurden[476], konnte das gesamte Ortskartell bedroht sein, wenn der Vorsitzende ausfiel
oder der Vorstand seinen Pflichten nicht mehr nachkam. Gründe dafür gab es
genügend, wie die Kreisgeschäftsstelle kritisch anmerkte, und sei es nur, daß sich
die Vorstandsmitglieder wegen wechselnder Schichten auf keine gemeinsamen

[473] Kritische Worte zur Ortskartellarbeit fielen bereits auf der Kreis-Delegiertenkonferenz am 21.10.
1967 in Ingolstadt; DGB-Kreis Ingolstadt, Kreisvorstand, Sitzungsprotokolle 1966–1975.
[474] AsD, Bestand DGB-Landesbezirk Bayern, Geschäftsbericht des DGB-Kreises Ingolstadt für
1968–1970, S. 4, und Geschäftsbericht des DGB-Kreises Ingolstadt für 1971–1973, S. 12.
[475] AsD, Bestand DGB-Landesbezirk Bayern, Geschäftsbericht des DGB-Kreises Ingolstadt für
1960/62, S. 39.
[476] AsD, Bestand DGB-Landesbezirk Bayern, Geschäftsbericht des DGB-Kreises Ingolstadt für
1967, S. 15.

Termine mehr einigen konnten[477]. Andere fielen wegen „einer noch vorhandenen Verbindung zur bäuerlichen Arbeit, die weitgehend in den Sommer- und Herbstmonaten die Zeit nach Feierabend bestimmt", zumindest zeitweise aus. Wieder andere übten zusätzlich andere Ämter in der Gewerkschaft, im Betrieb, in der SPD oder in der Gemeinde aus, so daß für die Ortskartellarbeit zu wenig Zeit blieb. Die „ehrenamtliche Kerntruppe"[478], die zu einem erheblichen Teil aus Betriebsräten und Vertrauensleuten bestand, zeigte sich immer wieder überfordert. Als zum Beispiel 1966 der Vorsitzende des Ortskartells Etting und GdED-Aktivist Lorenz Schmidt für die SPD zum Bürgermeister gewählt wurde, blieb das Ortskartell „verwaist" und fehlte bereits im Geschäftsbericht des DGB Kreises Ingolstadt für die Jahre 1968 bis 1970[479]. Auch andere Ortskartelle fristeten aufgrund der Untätigkeit des Vorstands ein Schattendasein. In Stammham kam es sogar soweit, daß der DGB-Kreisvorsitzende Max Johler das Ortskartell „als nicht mehr existent" betrachtete und Anfang 1965 eine Neugründung veranlaßte[480]. Auch die Enttäuschung darüber, daß die eigenen Aktionen oftmals nur auf geringe Resonanz stießen, bremsten den Elan so manches Vorstandsmitglieds. So schrieb der Vorsitzende des Ortskartells Gerolfing, Leopold Demel, an Max Johler, nachdem sich dieser bitter über das Phlegma beschwert hatte, das dort seines Erachtens nach herrschte[481]:

„Daß die Arbeit in unserem Ortskartell in letzter Zeit zum Erliegen gekommen ist, stimmt. Es liegt einerseits an meiner Arbeitszeit – ich arbeite im kontinuierlichen Schichtdienst –, die es mir nicht gestattet, den Kontakt zu meinen Kollegen so zu pflegen, wie es notwendig wäre, zum anderen an dem kleinen Ort und an dem allgemeinen geringen Interesse in dieser und ähnlichen Richtungen. Denn wenn Versammlungen, gut vorbereitet, nicht mehr als im Durchschnitt 25 Teilnehmer brachten und von diesen oft die Hälfte mit dem Stoff nichts anzufangen wußten, so macht diese Arbeit keinen Spaß, sondern belastet."[482]

Überdies waren die finanziellen Mittel knapp, die für die Ortskartellarbeit zur Verfügung standen. So war es dem Kreisvorsitzenden beispielsweise nicht möglich, 15 DM aufzubringen, um den Vorsitzenden des Ortskartells Etting von der Aufgabe zu entlasten, die Einladungen für die Gewerkschaftsveranstaltungen zu verteilen[483]. Obwohl betont wurde, die Arbeit der Ortskartelle sei „eine der wichtigsten Aufgaben" im Raum Ingolstadt[484], häuften sich die Klagen über die geringen Handlungsspielräume[485] und über die Belastungen der wenigen Aktivisten.

[477] AsD, Bestand DGB-Landesbezirk Bayern, Geschäftsbericht des DGB-Kreises Ingolstadt für 1966, S. 3f.
[478] Engelberth, Gewerkschaften auf dem Lande, S. 248.
[479] AsD, Bestand DGB-Landesbezirk Bayern, Geschäftsbericht des DGB-Kreises Ingolstadt für 1967, S. 4, und Geschäftsbericht des DGB-Kreises Ingolstadt für 1968–1970, S. 5.
[480] DGB-Kreis Ingolstadt, Ortskartelle, Mappe Stammham 1961–1967, Max Johler an Alfons Waffler vom 14. 1. 1965; vgl. auch Donau-Kurier vom 2. 2. 1965: „DGB-Ortskartell gegründet".
[481] DGB-Kreis Ingolstadt, Ortskartelle, Mappe Gerolfing 1961–1967, Max Johler an Leopold Demel vom 14. 1. 1965.
[482] DGB-Kreis Ingolstadt, Ortskartelle, Mappe Gerolfing 1961–1967, Leopold Demel an Max Johler, undatiert.
[483] DGB-Kreis Ingolstadt, Ortskartelle, Mappe Gerolfing 1962–1967, Max Johler an Lorenz Schmidt vom 30. 9. 1966.
[484] DGB-Kreis Ingolstadt, Kreisvorstand, Sitzungsprotokolle 1966–1975, Sitzung am 14. 12. 1969.
[485] AsD, Bestand DGB-Landesbezirk Bayern, Geschäftsbericht des DGB-Kreises Ingolstadt für 1971–1973, S. 4–7.

Zuweilen fühlten sich die Funktionsträger in den Ortskartellen gar als ungeliebtes „fünftes Rad am Wagen"[486].

Es gab freilich nicht nur Enttäuschungen und Mißerfolge. Einige Ortskartelle erfüllten tatsächlich die Erwartungen, die man in sie gesetzt hatte, und entwickelten sich zumindest zeitweise zu einem politischen Faktor in ihrer Gemeinde. Dies traf auf Gaimersheim zu, vielleicht auch auf Reichertshofen, Lenting und Wettstetten, in erster Linie aber auf Kösching. Daß gerade dieses Ortskartell Erfolge vorweisen konnte, hatte mehrere Gründe. Erstens bot die Industriegemeinde mit ihren rund 4500 Einwohnern genügend Resonanzraum für die Aktivitäten des Ortskartells, während die Angebote der Gewerkschafter in kleineren Gemeinden nur allzu oft verpufften. Zum zweiten bot Kösching Mitte der sechziger Jahre immerhin der Hälfte aller rund 1600 gewerblichen Arbeitnehmer, die in der Marktgemeinde wohnten, einen Arbeitslatz; die anderen pendelten überwiegend nach Ingolstadt, wo sie bei der Auto Union und der Despag ihrem Beruf nachgingen. In diesen Großbetrieben war jedoch das Netz der gewerkschaftlichen Vertrauensleute dicht und der Organisationsgrad hoch; 70 Prozent aller gewerblichen Arbeitnehmer in Kösching, so schätzte der Vorstand des Ortskartells, gehörten 1964 der IG Metall oder einer anderen Gewerkschaft des DGB an[487]. Drittens gab es in der Gemeinde eine gewisse sozialdemokratische Tradition, die bis in die Weimarer Republik zurückreichte und nach 1945 neu belebt wurde[488], so daß sich den Gewerkschaftern auch vor Ort eine politische Heimat bot. Gewerkschaftliche und sozialdemokratische Organisationsstrukturen konnten sich also in Kösching unterstützen und ergänzen. Dies führte viertens dazu, daß das Ortskartell stets über genügend engagierte Führungskräfte verfügte und auch Umbesetzungen in der Vorstandschaft ohne Schaden überstand.

In den ersten Jahren setzte das Ortskartell mit einigem Erfolg auf öffentlichkeitswirksame Informations- und Aufklärungsveranstaltungen, an denen zuweilen angeblich bis zu 350 Personen teilnahmen und die von der sozialdemokratisch-gewerkschaftlichen Prominenz des Landkreises wiederholt als Bühne genutzt wurden[489]. Nicht zuletzt aufgrund dieser gut vorbereiteten Versammlungen

---

[486] Zit. nach DGB-Kreis Ingolstadt, Organisation, DGB-Kreis Ingolstadt, Handbuch für Funktionäre, Teil II, Ortskartelle, S. 6. Im Protokoll der Vorstandssitzung des Ortskartells Kösching am 26. 1. 1973 (DGB-Kreis Ingolstadt, Ortskartelle, Ordner Kösching 1968–1973) heißt es nicht ohne Bitterkeit: „Es kam mehrheitlich zum Ausdruck, daß die hauptamtlichen Kollegen für die ehrenamtlichen da sein sollen und nicht umgekehrt."

[487] DGB-Kreis Ingolstadt, Ortskartelle, Mappe Kösching 1961–1967, Geschäftsbericht des DGB-Ortskartells Kösching vom 20. 1. 1961–21. 3. 1963. Die Datierung ist vermutlich falsch, wie ein Zeitungsbericht über die Hauptversammlung des Ortskartells belegt; vgl. Donau-Kurier vom 24. 3. 1964: „Ein Lob für das Ortskartell".

[488] Vgl. Donau-Kurier vom 8./9. 4. 1972: „25 Jahre SPD-Ortsverein". Zudem lebte in Kösching die große Familie des bekannten bayerischen Kommunisten Richard Scheringer, die links von der SPD immer wieder von sich reden machte. Scheringer selbst gelang noch Anfang der siebziger Jahre für die DKP der Sprung in den Marktgemeinderat. Vgl. Donau-Kurier vom 13. 6. 1972: „SPD wieder stärkste Partei"; zu Richard Scheringer vgl. dessen Erinnerungen Das große Los. Unter Soldaten, Bauern und Rebellen, Hamburg 1959, und Grüner Baum auf rotem Grund, Neuss/München 1983.

[489] Vgl. z.B. Donau-Kurier vom 26./27. 1. 1963: „Lernen, lernen und wieder lernen!", vom 1./2. 2. 1964: „Preissteigerungen: Folge der Politik" oder vom 26. 1. 1965: „Berufswissen ist kein fester Besitz".

galt die Arbeit der Köschinger als „vorbildlich"[490]. In der zweiten Hälfte der sechziger Jahre stießen die Informationsveranstaltungen des Ortskartells jedoch auf immer weniger Interesse, ganz gleich ob sie als Abendvortrag, politischer Frühschoppen oder Lichtbildschau konzipiert waren. Der Geschäftsbericht für die Jahre 1967 bis 1970 weist immerhin 17 derartige Veranstaltungen aus, für die insgesamt rund 6000 Einladungen verteilt oder verschickt wurden; mehr als insgesamt 600 Teilnehmer ließen sich aber nicht mobilisieren. Einige Veranstaltungen waren sogar geradezu beschämend schlecht besucht. Im Oktober 1969 interessierten sich für das Referat des SPD-Kreis- und Bezirksrats Alois Schwarz, der zugleich als Betriebsratsvorsitzender von Messerschmitt-Bölkow-Blohm in Manching zu den prominentesten Vertretern der IG Metall in der Region Raum Ingolstadt gehörte, zum Thema „Sind die Arbeitsplätze [im Raum] Ingolstadt in Zukunft krisenfester?" nur 15 Zuhörer – 300 Einladungen hatte man herausgegeben[491].

Der Vorstand des Ortskartells ließ sich aber nicht entmutigen. Während große Traditionsveranstaltungen wie die Feierlichkeiten zum 1. Mai oder die Kundgebungen mit anschließendem „Heimatabend", die jeweils im Januar stattfanden[492], nach wie vor gepflegt wurden, stärkte das Ortskartell durch Schulungen und Seminare im kleinen Kreis zunehmend den Zusammenhalt nach innen[493]. Diesem Ziel diente auch der – finanziell schwierig zu bewältigende – Ausbau eines nicht mehr genutzten Gebäudes zum Köschinger Gewerkschaftsheim 1968/69, das vor allem der Jugendarbeit zugute kam[494]. Nicht zufällig wurde im Juli 1968 eine Gruppe der „Falken" neu gegründet, deren Gruppenleiter sowohl dem Vorstand des Ortskartells als auch dem Vorstand des mitgliederstarken SPD-Ortsvereins Kösching angehörte[495]. Die Schnittmenge zwischen diesen beiden Gremien war allerdings weitaus größer. Ende der sechziger Jahre hatten von den 14 Mitgliedern des SPD-Ortsvereinsvorstands sechs auch ein Amt im Vorstand des Ortskartells inne. Dazu kamen noch der zu einem der Revisoren des Ortsvereins gewählte Michael Betz, ein erfahrener Betriebsrat bei der Despag, der das Ortskartell als Gründungsvorsitzender einige Jahre geleitet hatte, und Thomas Ferstl, der Ortsvereinsvorsitzende und Geschäftsführer des SPD-Unterbezirks Donau-Ilm, der kaum eine wichtige Veranstaltung des Ortskartells ausließ[496]. Rudolf Ullinger, der

[490] Donau-Kurier vom 24. 3. 1964: „Ein Lob für das Ortskartell"; ähnlich auch ein undatierter (1971) Zeitungsausschnitt: „Viele Gäste beim Geburtstag" und ein Artikel vom 13. 10. 1972: „DGB mißt die Parteien an seinen Forderungen".

[491] DGB-Kreis Ingolstadt, Ortskartelle, Ordner Kösching 1968–1973, Zusammenstellung über die Arbeit des Ortskartells Kösching vom April 1967 bis Mai 1970.

[492] DGB-Kreis Ingolstadt, Ortskartelle, Ordner Kösching 1968–1973, Zusammenstellung über die Arbeit des Ortskartells Kösching vom November 1970 bis März 1974.

[493] DGB-Kreis Ingolstadt, Organisation – Ortskartelle 1968–1977, Otto Zehm an den DGB-Bundesvorstand vom 16. 3. 1977.

[494] DGB-Kreis Ingolstadt, Kreisvorstand, Sitzungsprotokolle 1966–1975, Sitzungen am 20. 5., 12. 9. und 14. 10. 1968; vgl. auch den undatierten Zeitungsausschnitt (1971): „Viele Gäste beim Geburtstag".

[495] Im März 1973 zählte der SPD-Ortsverein Kösching 111 Mitglieder; vgl. Donau-Kurier vom 21. 3. 1973: „Im Kreuzfeuer: Gebietsreform und die radikalen Elemente".

[496] AsD, SPD-Bezirk Südbayern I/136, Monatsbericht des Unterbezirks Donau-Ilm für Juli 1968; DGB-Kreis Ingolstadt, Organisation – Ortskartelle 1968–1977, Aufstellung: Vorstand des Ortskartells Kösching, gewählt am 7. 11. 1970.

das Ortskartell seit 1969 führte, verkörperte die Verbindung von SPD und Gewerkschaft in geradezu idealtypischer Weise: Als Vertrauensmann der IG Metall,
Betriebsrat bei der Auto Union, Ortskartellvorsitzender, Mitglied des DGB-
Kreisvorstands, aktiver Sozialdemokrat und Mitglied des SPD-Ortsvereinsvorstands sowie als Kandidat für den Marktgemeinderat ließ er kaum eine Möglichkeit aus, sich politisch zu engagieren.

In Kösching, so könnte man bilanzieren, führten Tradition und Wandel zu einer
Zeit, die eigentlich von der Erosion sozialer Milieus gekennzeichnet war, zu einer
Stärkung der Arbeiterbewegung und zu einer organisatorischen Verdichtung, die
es der SPD ermöglichte, Kösching auch in schwierigen Zeiten zu halten. Folgerichtig wurden im Ortskartell noch 1984 Stimmen laut, die betonten, das gute Abschneiden Erfolg der SPD bei den zurückliegenden Kommunalwahlen sei „in
erster Linie der Gewerkschaftsarbeit in Kösching zu verdanken"[497]. Der Versuch,
über Ortskartelle in den Gemeinden des Landkreises Fuß zu fassen, war freilich
nur begrenzt erfolgreich. Anfang der achtziger Jahre bestand in elf der zwei De-
kaden zuvor gegründeten Ortskartelle kein Vorstand mehr[498]. Eine strategische
Partnerschaft zwischen SPD und Gewerkschaften zur Durchdringung des ländlichen Raums kam somit auch in der Region Ingolstadt nur in wenigen Fällen
zustande.

Die Jusos zwischen Aufbruch und gebremster Radikalisierung

Die sechziger Jahre gelten in Ingolstadt bis heute als „die glücklichen Jahre der
SPD"[499], und tatsächlich scheinen die Mitgliederentwicklung, das Wirken populä-
rer Führungsfiguren wie Fritz Böhm oder die Eroberung des Rathauses im März
1966 diese Einschätzung zu bestätigen. Sieht man genauer hin, so zeigt sich freilich neben dem Glanz auch das Elend der Sozialdemokratie, das sich jedoch nicht
nur im Mittelbayerischen Donaugebiet, sondern in ganz Bayern beobachten ließ.
Hier wie dort bremsten strukturelle Faktoren, historische Traditionen und ein
starker politischer Gegner den Aufschwung der SPD auch in den Jahren, in denen
der Wind für die Partei von Willy Brandt, Volkmar Gabert und Hans-Jochen
Vogel günstig stand. Der Rekurs auf die spezifisch bayerischen Verhältnisse reicht
freilich nicht aus, um zu erklären, warum dem sozialdemokratischen Frühling
kein Sommer folgte. Eine nicht zu unterschätzende Rolle spielten hierbei auch die
hausgemachten Probleme der bayerischen SPD, die der CSU willkommene Munition lieferten und die eigene Schlagkraft dauerhaft schwächten.

Persönliche Animositäten und Eifersüchteleien, programmatische Streitigkei-
ten oder Konflikte um Sachfragen, die in selbstzerstörerische Grundsatzdebatten
ausarteten, waren dabei kein Privileg der Münchner SPD. Der Virus der Uneinig-
keit stellte sich im Gegenteil als ausgesprochen ansteckend heraus und infizierte

[497] DGB-Kreis Ingolstadt, Organisation – Ortskartelle bis 31. 12. 1984, Protokoll der Vorstandssitzung des Ortskartells Kösching am 12. 4. 1984.
[498] DGB-Kreis Ingolstadt, Organisation, DGB-Kreis Ingolstadt, Handbuch für Funktionäre, Teil II,
Ortskartelle, S. 3.
[499] Theodor Straub, Die Geschichte der SPD Ingolstadt. Vom Fortschritt zur sozialen Demokratie, in:
Schutter Kurier. Sozialdemokratische Zeitung für Ingolstadt vom 13. 5. 1993, S. 1–31, hier S. 29.

auch Sozialdemokraten im Mittelbayerischen Donaugebiet. Vor allem im Kreisverband Ingolstadt-Stadt, dem Rückgrat des Unterbezirks Donau-Ilm, kam es zu
anhaltenden, von „Intrigen"[500] und Kulissenschiebereien begleiteten Kontrover-
sen, die so weit gingen, daß sogar von „Gruppenbildungen"[501] und einer „Spaltung der SPD in zwei Lager" gesprochen wurde. Wer daran zweifelte, daß an der
sarkastischen Trias „Feind – Erzfeind – Parteifreund" etwas Wahres dran war,
konnte sich eines Besseren belehren lassen, denn es gab sogar Genossen, die vor
Denunziationen und anonymen Briefen nicht zurückschreckten, um sich für besonders schmerzliche Niederlagen zu rächen[502]. Die Querelen beschränkten sich
jedoch nicht auf die Ingolstädter SPD, sondern fanden im Unterbezirksvorstand
ihre Fortsetzung, der dadurch so schwer in Mitleidenschaft gezogen wurde, daß
sich sogar der Bezirk Südbayern in die Auseinandersetzungen einschaltete. Man
müsse dafür sorgen, so hieß es aus München, „daß dieser Vorstand an ordentliche
politische Arbeit gewöhnt wird und in Zukunft nicht mehr als Giftküche benützt
werden kann"[503].

Als Katalysator des Konflikts erwiesen sich der Eintritt der SPD in die Große
Koalition im Dezember 1966 und die Politik der Regierung Kiesinger/Brandt in
den folgenden Jahren. Die sozialdemokratische Führungsspitze tat sich sichtlich
schwer damit, „den Wechsel der SPD von den Oppositions- auf die Regierungs-
bänke personell zu verkraften", bei den eigenen Anhängern ins rechte Licht zu
rücken und auch „organisatorisch zu koordinieren"[504]. Die von Anfang an ver-
breitete Skepsis gegenüber der Großen Koalition auf der einen und die Enttäuschung übersteigerter Erwartungen auf der anderen Seite drohten im Sommer
1967 eine „breite innerparteiliche Protestwelle" auszulösen, die sich auch in Bayern unübersehbar ankündigte. Südbayern gehörte sogar zu den Bezirken, die –
letztlich erfolglos – einen außerordentlichen Parteitag zu erzwingen suchten, um
der Führungsmannschaft in der Bundeshauptstadt gehörig die Leviten zu lesen.
In den Kreisverbänden Ingolstadt-Stadt und -Land, ja im gesamten Unterbezirk
Donau-Ilm stießen die Kritiker des schwarz-roten Bündnisses auf offene Ohren.
Was die Pragmatiker als weiteren Beweis für das staatsmännische Verantwortungs-
bewußtsein und die Regierungsfähigkeit der eigenen Partei herausstellten, war für
sie nichts weniger als ein Dolchstoß, mit dem „die SPD die ‚Linke'" verraten habe,
„als sie mit einer rechten Partei eine Koalition bildete"[505]. In Ingolstadt gab eine
ganze Reihe von Genossen aus Protest gegen die Bonner Entwicklungen sogar ihr
Parteibuch zurück; die Verantwortlichen im SPD-Kreisverband empfanden das
Jahr 1967 nicht zuletzt deshalb als „ein schwarzes Jahr"[506]. Auch wenn sich die
Wogen zeitweise wieder glätteten, so blieb die Große Koalition bei vielen Sozial-

[500] AsD, SPD-Bezirk Südbayern I/136, Zeitungsausschnitt vom 15. 7. 1968: „Parteitag des SPD-Unterbezirks vor zahlreichen Schrobenhausener Anträgen".
[501] Vgl. Donau-Kurier vom 1. 7. 1968: „Kampfabstimmung um SPD-Vorsitz"; das folgende Zitat
ebenda.
[502] Exemplarisches Material hierzu findet sich im Stadtarchiv Ingolstadt, A 7024.
[503] AsD, SPD-Bezirk Südbayern I/44, Max Allmer an Otto Stinglwagner vom 2. 2. 1971.
[504] Vgl. hierzu und zum folgenden Schönhoven, Wendejahre, S. 190–214; die Zitate finden sich auf
S. 191 und S. 202.
[505] Donau-Kurier vom 24. 6. 1968: „Die SPD im Widerstreit der Meinungen – Jungsozialisten luden
zur Diskussion".
[506] Donau-Kurier vom 2. 7. 1968: „... daß die SPD die stärkste Partei wird".

demokraten in der Region ausgesprochen unpopulär. Dies zeigte sich unter anderem auf dem Unterbezirksparteitag im Juli 1968, als ein Antrag verabschiedet wurde, „die Spitzengremien der Partei" aufzufordern, „nach der nächsten Bundestagswahl die Regierungskoalition mit der CDU/CSU nicht zu erneuern"[507]. Daß die Debatte über die Regierungsbeteiligung der SPD in Ingolstadt so heftig ausgefochten wurde, lag nicht zuletzt an Fritz Böhm. Der Unterbezirksvorsitzende und Bundestagsabgeordnete agierte schon als Betriebsratsvorsitzender bei der Auto Union aller rhetorischen Schärfe zum Trotz ergebnis- und zielorientiert; Kompromisse waren für ihn kein Teufelswerk, sondern ein notwendiges Mittel zum Zweck, um das Mögliche zu erreichen. Folgerichtig trat er auch als Mitglied der SPD-Bundestagsfraktion offen für die Koalition mit der Union ein und wies seine Wähler immer wieder auf die Erfolge der sozialdemokratischen Bundesminister hin. Als Böhm jedoch nach reiflicher Überlegung zu dem Entschluß kam, auch die Notstandsgesetze zu unterstützen[508], eskalierte der Konflikt. Der vielleicht bekannteste Repräsentant der SPD in der Region und exponierte Gewerkschafter stellte sich damit nicht nur gegen Teile seiner eigenen Partei, sondern vor allem gegen die IG Metall, die offen gegen die Notstandsgesetze opponierte[509]. Die wachsende Entfremdung zwischen der Sozialdemokratie und den Gewerkschaften stellte insbesondere altgediente Genossen auf eine harte Probe und bedrohte die idyllische Vorstellung von der politischen Aktionseinheit der Arbeiterbewegung, die zwar nicht mehr der Realität entsprach, aber für viele ein Stück Heimat bedeutete. Schon aufgrund ihrer numerischen Stärke war die Verflechtung zwischen der IG Metall und der SPD in der Region Ingolstadt besonders eng; aktive Gewerkschafter gehörten in den meisten Orts- und Kreisverbänden zu den Meinungsführern oder vertraten die SPD in Stadt- und Gemeinderäten. Ein Riß zwischen Gewerkschaften und Sozialdemokratie konnte zumindest in Teilen des Unterbezirks Donau-Ilm zu einem folgenschweren Riß in der SPD selbst führen. Appelle, in „die Partei müsse wieder Geschlossenheit einkehren" und der „Streit um Zweckmäßigkeit der Großen Koalition und Notstandsgesetz müsse aufhören"[510], waren gut gemeint, fruchteten aber wenig.

Ein anderer als Fritz Böhm, dem man offen vorwarf, er habe sich als „Funktionär der IG Metall" über deren Beschlüsse „ohne weiteres hinweggesetzt"[511] und so mangelndes Demokratieverständnis bewiesen, hätte vermutlich um sein politisches Überleben fürchten müssen. Er konnte sich jedoch auf seine Hausmacht – den Betriebsrat, den IG Metall-Vertrauenskörper und die SPD-Betriebsgruppe – bei der Auto Union verlassen, so daß er fest genug im Sattel saß, um auch Angriffe der bayerischen IG Metall-Zentrale in München und des wortgewaltigen Bezirks-

---

[507] AsD, SPD-Bezirk Südbayern I/136, Materialien zum Parteitag des SPD-Unterbezirks Donau-Ilm am 13. 7. 1968 in Schrobenhausen.
[508] AsD, SPD-Bezirk Südbayern I/136, Rundschreiben Fritz Böhms vom Juni 1968 und seine Stellungnahme „Mein ‚Ja' zu den Vorsorgegesetzen".
[509] Vgl. dazu ausführlich Michael Schneider, Demokratie in Gefahr? Der Konflikt um die Notstandsgesetze. Sozialdemokratie, Gewerkschaften und intellektueller Protest (1958–1968), Bonn 1986.
[510] Donau-Kurier vom 20. 6. 1968: „Dr. Horst Schakat zum neuen SPD-Kreisvorsitzenden nominiert".
[511] Donau-Kurier vom 1. 7. 1968: „Kampfabstimmung um SPD-Vorsitz".

leiters Erwin Essl entweder parieren oder aussitzen zu können[512]. Der Einfluß des „tatkräftigen, Durchsetzungsfähigkeit mit Augenmaß verbindenden, geradezu unersetzlichen Vertrauensmann[s] der Auto Union-Belegschaft"[513] reichte noch aus, um am 30. Juni 1968 in offener Feldschlacht eine Kampfabstimmung gegen Willi Schneider um den Vorsitz des SPD-Kreisverbands Ingolstadt-Stadt zu gewinnen. Dabei kam es in der Delegiertenversammlung jedoch zu so heftigen Debatten, daß Unterbezirksgeschäftsführer Ferstl unkte, „die Ingolstädter Bevölkerung" werde „nicht zu schnell diese Vorkommnisse vergessen"[514]. Dagegen gelang es ihm zwei Wochen später nicht mehr, Hans Höllrigl als seinen Nachfolger im Vorsitz des Unterbezirks zu installieren. Hier setzte sich Willi Schneider durch, so daß der Riß, der durch die Partei ging, ein weiteres Mal sichtbar wurde[515].

Daß die Gruppe um Fritz Böhm geschwächt war, tangierte auch die Arbeit der SPD im Ingolstädter Rathaus und ihres Oberbürgermeisters. Böhm und Stinglwagner bildeten so etwas wie die – durch eine persönliche Freundschaft verstärkte – pragmatische Achse der Ingolstädter SPD, die mit radikalen Strömungen wenig anfangen konnte und sich um eine mittlere Linie bemühte. Ihre Gegner gruppierten sich um den ebenso ehrgeizigen wie empfindlichen Willi Schneider, der seine neue Funktion als Unterbezirksvorsitzender dazu nutzte, um seinen Widersachern das Leben schwer zu machen. Ein Hebel dazu waren die Schulden, die der Unterbezirk angehäuft hatte, um diverse Wahlkämpfe zu finanzieren. Anstatt das Problem tatkräftig in Angriff zu nehmen, wurde es unter gegenseitigen Schuldzuweisungen auf die lange Bank geschoben[516]. Damit drohte der SPD in der Region aber gleichsam die doppelte Paralyse – die Selbstblockade durch innere Auseinandersetzungen und der Verlust der Kampagnenfähigkeit durch finanzielle Probleme. Schon für die Landtagswahl im Jahr 1970, so hieß es, ständen „so gut wie keine Mittel zur Verfügung"[517].

Wie die Auseinandersetzungen um die Große Koalition und die Notstandsgesetze gezeigt hatten, kam die SPD Ende der sechziger Jahre zunehmend vom linken Rand des politischen Spektrums her unter Druck, wobei die Grenzen zwischen der Außerparlamentarischen Opposition (APO) und dem linken Flügel der eigenen Partei bisweilen fließend waren und insbesondere die Jungsozialisten die wirkungsmächtigen gesellschaftlichen Veränderungsimpulse in die SPD hineintrugen. Im Mittelbayerischen Donaugebiet rumorte es ebenfalls, auch wenn die Region alles andere als eine Hochburg der APO war und auch nicht zu den Bastionen der radikalen Jusos gehörte. Selbst in Ingolstadt fehlte es dafür an den entscheidenden Voraussetzungen: Es gab keine Universität, der Ausbau der Gym-

[512] Interview mit Fritz Böhm am 5. 8. 1998.
[513] Straub, Geschichte der SPD Ingolstadt, S. 28.
[514] AsD, SPD-Bezirk Südbayern I/136, Monatsbericht des Unterbezirks Donau-Ilm für Juni 1968; vgl. auch Donau-Kurier vom 1. 7. 1968: „Kampfabstimmung um SPD-Vorsitz".
[515] AsD, SPD-Bezirk Südbayern I/136, Monatsbericht des Unterbezirks Donau-Ilm für Juli 1968; vgl. Donau-Kurier vom 15. 7. 1968: „SPD sucht nach Alternativen – Wünsche des Unterbezirks".
[516] AsD, SPD-Bezirk Südbayern I/44, Finanzbericht über den Bundestagswahlkampf 1969, Protokoll der Vorstandssitzung des SPD-Unterbezirks Donau-Ilm vom 8. 11. 1969, Notiz „Schrobenhausen, 29. Januar 1971", Max Allmer an Horst Günter Schakat vom 2. 2. 1971, Max Allmer an Otto Stinglwagner vom 2. 2. 1971 und Fritz Böhm an den Vorstand des SPD-Unterbezirks Donau-Ilm vom 18. 2. 1971.
[517] AsD, SPD-Bezirk Südbayern I/44, Willi Schneider an den SPD-Bezirk Südbayern vom 21. 7. 1970.

nasien hatte erst begonnen, und auch das kulturelle Leben einer Stadt, die sich noch auf der Suche nach ihrer Identität zwischen bürgerlich-katholischer Tradition und industrieller Moderne befand, bot wenige Ansatzpunkte für extreme Kräfte – zumal dann nicht, wenn sie von links kamen. Allerdings war der Zeitgeist auch hier zu spüren und ließ die Jugend aufmüpfiger, unzufriedener und kampfeslustiger werden.

Unter Federführung des Scheringer-Clans aus Kösching fand sich etwa die Initiativgruppe zur Gründung einer Demokratisch-sozialistischen Opposition zusammen, die – altbekannte marxistische Positionen mit Forderungen der sogenannten Neuen Linken verbindend – „eine echte Alternative" zu den „bestehenden Parteien in der Bundesrepublik" sein und aus einem Zusammenschluß aller „oppositionellen Demokraten und Sozialisten" hervorgehen sollte[518]. Viel Erfolg hatten diese Bemühungen zwar nicht, doch das Interesse an den Vorschlägen der „Wahlalternative 1969" war immerhin groß genug, um einen Wirtshaussaal zu füllen und eine Debatte in Gang zu setzen, an der Vertreter der Jungen Union ebenso teilnahmen wie ein Student der Pädagogischen Hochschule in Eichstätt, „ein werdender Volksschullehrer also, der die Versammelten als ‚Bürger der sogenannten Bundesrepublik Deutschland' anredete und der sagte: ‚Ich habe mir extra für Sie heute die Haare um fünf Zentimeter kürzer schneiden lassen.'"[519] Auch in einer Provinzstadt wie Schrobenhausen hatte die Jugend Diskussionsbedarf. Hier nahm der Politische Arbeitskreis des Gymnasiums Fritz Böhm ins „Kreuzfeuer" und bedrängte den Bundestagsabgeordneten im Mai 1968 mit Fragen zur Ost- und Deutschlandpolitik, den Notstandsgesetzen und den teils gewalsamen Studentendemonstrationen der vergangenen Wochen[520]. Hans Höllrigl erging es zwei Monate später an gleicher Stelle nicht anders, als er über die Aufgaben und Ziele der Großen Koalition sprach. „Die jungen Leute waren der Auffassung, daß die Parteien immer noch nicht einsehen, daß mit den Reformen ernst gemacht werden muß und endlich etwas geschehen müsse."[521]

In Ingolstadt kam diese Überzeugung am Karsamstag des Jahres 1968 zum Ausdruck, als eine vom Berliner Architekten Hardt-Waltherr Hämer in den Räumen des von ihm entworfenen Stadttheaters organisierte Veranstaltung der „Kampagne für Abrüstung" in eine nicht genehmigte Demonstration mündete, zu welcher der mit der Studentenbewegung sympathisierende Professor an der Berliner Hochschule für bildende Künste angeblich aufgerufen hatte, „damit die Ingolstädter endlich einmal aufwachen"[522]. Vertreter der CSU reagierten empört und verlangten im Stadtrat, die Möglichkeit von Sanktionen gegen Hämer zu prüfen. Die Aktion löste aber auch im Lager der Linken ein zwiespältiges Echo aus. Während die IG Metall Verständnis für die Demonstranten äußerte, die sich zudem angemessen verhalten hätten, wurde Hermann Egermann, der 44jährige Leiter der GdED-Verwaltungsstelle, erfahrene SPD-Stadtrat und 2. Bürgermeister, mit den

---

[518] AsD, SPD-Bezirk Niederbayern-Oberpfalz 47, Flugblatt „Demokratisch-sozialistische Opposition".

[519] Donau-Kurier vom 27. 8. 1968: „Volles Haus für die ‚Neue Linke'. Aber mehr Kritik als Zustimmung".

[520] Schrobenhausener Zeitung vom 8. 5. 1968: „Abgeordneter im Kreuzfeuer von Gymnasiasten".

[521] AsD, SPD-Bezirk Südbayern I/136, Monatsbericht des Unterbezirks Donau-Ilm für Juli 1968.

[522] Stadtarchiv Ingolstadt, Stadtratsprotokolle, Sitzung am 2. 5. 1968.

ebenso trotzigen wie engherzigen Worten zitiert: „Wir lassen uns nichts zerstören, was unsere Väter aufgebaut haben."[523] Auch wenn Egermann mit dieser Position in der Minderheit war und die Gewerkschaftsfunktionäre Ingolstadts der
Studentenbewegung mit einer gewissen Sympathie begegneten, so ließ sich eine
gewisse Unsicherheit über ihre Ziele und Methoden nicht verbergen, von der Ge-
waltfrage, die insbesondere Fritz Böhm offen angesprochen hatte, einmal ganz
abgesehen[524]. Im Protokoll einer Sitzung des DGB-Kreisvorstands heißt es:

„Die weitere Aussprache ergab, daß man sehr ernst prüfen müsse, ob denn die Studenten
eigentlich die Freunde der Gewerkschaften seien. Wenn sie allerdings ‚Mao und Stalin' als
Vorbilder propagieren, sagen, daß ein 2. und 3. Vietnam her müsse, und ähnliche Dinge mehr,
so sei das glattweg zu verneinen. Allerdings könne man die Dinge nicht verallgemeinern, da
es sich nachweisbar nur um studentische Minderheiten handle. Es müsse jedoch diese Frage
voll ausdiskutiert werden, und wir sollten insbesondere mit dem sozialistischen Studenten-
bund reden. Tatsache bliebe jedoch, daß unsere kapitalistische Gesellschaftsordnung nun
einmal nicht in ihrer Form die richtige Ordnung für uns ist und darüber hinaus die große Koalition viel Unbehagen bringt. Die Tatsache, daß die SPD als Vielpartei auch die Interessen
anderer Volksschichten wahrzunehmen habe, hätte sie zwangsläufig in einen Gewissenskon-
flikt mit den Gewerkschaften, als reine Interessenvertretung der Arbeitnehmerschaft, gebracht."[525]

Die SPD im Unterbezirk Donau-Ilm mußte sich zunächst keine Sorgen darüber
machen, daß ihr Nachwuchs ins radikale Fahrwasser abglitt. Gleichwohl begannen sich die Jusos, die zuvor mehr oder weniger ein Schattendasein gefristet hatten, seit Mitte der sechziger Jahre zunehmend bemerkbar zu machen. Es gelang
den jungen Sozialdemokraten sogar, in den nicht selten mitgliederschwachen und
überalterten Basisorganisationen Fuß zu fassen, ohne daß dies zu großen Verwerfungen geführt hätte. In Lenting beispielsweise fungierte der 24jährige Anton
Nindl Ende 1964 als Schriftführer des SPD-Ortsvereins, obwohl er der Partei erst
im November 1963 beigetreten war; zugleich amtierte der bei der Auto Union beschäftigte Metallfacharbeiter als Vorsitzender des DGB-Ortskartells[526]. Auch
Willihard Kolbinger machte rasch Karriere. Der Berufsschullehrer aus dem Bayerischen Wald wurde 1965 zum stellvertretenden Vorsitzenden des Ortsvereins
Pfaffenhofen an der Ilm gewählt, obwohl er der SPD gerade einmal ein halbes Jahr
angehörte. Er nahm die Reorganisation der Jusos in die Hand und zog bereits
1966 in den Stadtrat wie in den Kreistag ein; weitere Ämter in Kommunalpolitik
und Partei folgten, so daß Kolbinger in wenigen Jahren zu einer bekannten sozialdemokratischen Größe im Unterbezirk aufstieg[527].
    Wenn sich auch einzelne junge Genossen in den Vordergrund spielen konnten,
so war der Parteinachwuchs insgesamt organisatorisch schwach, und dies traf
nicht nur auf den Unterbezirk Donau-Ilm, sondern auf ganz Bayern zu, obwohl
der Anteil neuer Mitglieder, die noch keine 35 Jahre zählten, von Jahr zu Jahr

[523] DGB-Kreis Ingolstadt, Kreisvorstand, Sitzungsprotokolle 1966–1975, Sitzung am 20. 5. 1968.
[524] Schrobenhausener Zeitung vom 8. 5. 1968: „Abgeordneter im Kreuzfeuer von Gymnasiasten".
[525] DGB-Kreis Ingolstadt, Kreisvorstand, Sitzungsprotokolle 1966–1975, Sitzung am 20. 5. 1968.
[526] DGB-Kreis Ingolstadt, Ortskartelle, Mappe Lenting 1961–1967, Fragebogen über Ortskartell-
    Vorsitzende: Lenting (Anton Nindl) vom 21. 11. 1964.
[527] Vgl. Kolbinger, Pfaffenhofen, S. 266–274 und S. 320.

wuchs[528]. Ende 1965 bestanden im Unterbezirk lediglich fünf Arbeitsgemeinschaften der Jungsozialisten, und zwar in Ingolstadt, in Aichach, in Pfaffenhofen,
in Wettstetten (Landkreis Ingolstadt) und in Wolnzach (Landkreis Pfaffenhofen
an der Ilm)[529]. Die „Arbeitsgemeinschaft Junger Sozialdemokraten in Ingolstadt"
hatte erst Anfang November 1965 einen neuen Anlauf genommen, um die politische Arbeit zu intensivieren. Der Anspruch, den der Vorsitzende der Arbeitsgemeinschaft, Jost Göppner, dabei erhob, war freilich alles andere als revolutionär
und fügte sich ein in das Bild des folgsamen Parteinachwuchses, das die Jusos
größtenteils noch abgaben:

> „Wir möchten weiterarbeiten und dazu eine breitere Grundlage finden. Mit ein paar jungen
> Freunden können wir keine politische Kraft werden. Dazu brauchen wir mehr, die mitarbei-
> ten, dazu brauchen wir aber auch die Unterstützung wenigstens einiger älterer Genossen, wie
> man dieses oder jenes macht, die aber auch das nötige Verständnis für die jungen Menschen
> mitbringen. Die letzteren haben wir gefunden. [...] Wir möchten alle jungen Mitglieder un-
> seres Ortsvereins zu einer *Arbeitsgemeinschaft Junger Sozialdemokraten* zusammenfassen.
> Das sind viele. Wenn alle mitarbeiten, braucht uns nicht bange zu sein. Gerade wir jungen
> Menschen sollten den Ortsverein neu beleben und die aktive Kraft sein. Erst wenn es soweit
> ist, können wir ein gewichtiges Wort mitreden."[530]

Insgesamt meldete der Kreisverband weniger als 80 junge Genossen, die für die
Juso-Arbeitsgemeinschaft in Frage kamen; darunter fanden sich nur vier Schüler
und Studenten, aber 24 Arbeiter und Angestellte der Auto Union[531]. Die Automobilindustrie entfaltete auch hier ihre strukturprägende Kraft. Spürbare Impulse
gingen von der Arbeitsgemeinschaft jedoch zunächst nicht aus; die Arbeit der
Jusos im Kreisverband Ingolstadt-Stadt kam im Gegenteil „fast vollständig zum
Erliegen", nachdem der Vorsitzende seinen Lebensmittelpunkt aus beruflichen
Gründen nach München verlegt hatte. Im Mai 1968 wagten die Jusos einen Neuanfang, auch wenn nur 22 stimmberechtigte Teilnehmer zur Hauptversammlung
des Kreisverbands erschienen waren. Mit Manfred Schuhmann wurde ein Vorsitzender gewählt, der dem Sozialprofil einer neuen Generation von Juso-Funktio-
nären, die in diesen Jahren vor allem in den größeren Städten ins Amt kamen, in
nahezu idealtypischer Weise entsprach[532]. Der gebürtige Ingolstädter war 1963 in
die SPD eingetreten und hatte sein Studium der Geschichte, Germanistik und So-
zialkunde mit der Promotion abgeschlossen. Der Jungakademiker, der eine Laufbahn als Gymnasiallehrer anstrebte, brachte jedoch nicht nur das an der Hochschule erworbene Wissen in seine Heimatstadt zurück, sondern als zeitweiliger
Präsident des Studentenparlaments der Universität Würzburg gleichsam auch die
geheimnisvolle Aura der Revolte. Noch bevor Schuhmann an die Spitze der Ingolstädter Jusos aufrückte, hatten ihn die Mitglieder des Ortsvereins Südwest zu
ihrem stellvertretenden Vorsitzenden gewählt, so daß er sogar über eine kleine

---

[528] Vgl. Dietmar Süß, Die Enkel auf den Barrikaden. Jungsozialisten in der SPD in den siebziger Jahren, in: AfS 44 (2004), S. 67–104, hier S. 68 ff., und Schönhoven, Wendejahre, S. 534–557.

[529] AsD, SPD-Bezirk Südbayern V/001, Jahrbuch des SPD-Bezirks Südbayern für 1964/65, S. 43.

[530] Stadtarchiv Ingolstadt, A 7022, Rundschreiben der Arbeitsgemeinschaft Junger Sozialdemokraten
vom 1. 11. 1965; Hervorhebung im Original.

[531] Stadtarchiv Ingolstadt, A 7022, Aufstellung: Genossen, die für die Gruppe Jungsozialisten Ingolstadt in Betracht kommen.

[532] Vgl. Süß, Enkel auf den Barrikaden, S. 75.

Hausmacht verfügte[533]. Entsprechend selbstbewußt trat der neue Vorstand auf und verkündete, „in der Partei ein wichtiges Wort mitsprechen" zu wollen. Man könne nur hoffen, so kommentierte der Unterbezirksgeschäftsführer nicht ohne eine Portion Skepsis, „daß dies nicht nur ein Vorsatz bleibt"[534].

In diesen Wochen konstituierte sich auch die Arbeitsgemeinschaft der Jusos im Kreisverband Ingolstadt-Land, die sich insbesondere auf die Juso-Gruppen in Gaimersheim, Kösching, Reichertshofen und Wettstetten stützte. Der Beschluß des neugewählten Vorstands, sich „in diesem Jahr stärker mit politischen Themen [zu] befassen"[535], sagte dabei viel über die Aktivitäten der jungen Sozialdemokraten und ihr Angebot an interessierte Altersgenossen aus. Während die bayerischen Jusos nach der Wahl von Rudolf Schöfberger zu ihrem Vorsitzenden 1967 und der Verabschiedung des „Haushamer Manifests" ein Jahr später deutlich nach links gerückt waren[536], bewegte sich das Programm der Jusos im Landkreis Ingolstadt noch sehr im Bereich der Freizeitgestaltung. Bastel- und Quizabende, sportliche Wettkämpfe oder Filmvorführungen waren mindestens genauso wichtig wie die politischen Aktivitäten, die allerdings mehr rezeptiver Natur waren. Die Jusos informierten sich über aktuelle Fragen, indem sie prominentere Genossen aus der Region einluden, ohne jedoch den Anspruch auf Mitgestaltung wirklich offensiv zu vertreten[537]. Dabei gehörten junge Sozialdemokraten aus dem Bezirk Südbayern zur Speerspitze des radikaldemokratisch-linksoppositionellen Lagers der Parteijugend, die sowohl die Jusos als auch die SPD umkrempeln wollten[538]. Aber bis die Veränderungsimpulse von München oder Augsburg Ingolstadt erreichten und von dort aus wiederum in die Juso-Gruppen der umliegenden Gemeinden diffundierten, dauerte es seine Zeit. Allein diese Verzögerungen waren jedoch dazu angetan, allzu extremen Positionen die Spitze abzubrechen, so daß sich der Sturm aus der Landeshauptstadt vielfach bereits abgeschwächt hatte, als er die Provinz erreichte.

Die Windböen wehten freilich noch kräftig genug, um den Parteinachwuchs aufzurütteln. Und wenn auch von einer echten Radikalisierung der Jusos noch keine Rede sein konnte, so waren doch Ende der sechziger Jahre eine zunehmende Politisierung und verstärkte Bemühungen um die Emanzipation von der Parteiorganisation unverkennbar. Die Kritik an der Großen Koalition und an den Notstandsgesetzen, die auch im Unterbezirk Donau-Ilm besonders lautstark von den Jusos vorgebracht wurde, diente dabei der inneren Mobilisierung ebenso wie der Abgrenzung vom nicht selten als paternalistisch empfundenen Establishment der Partei, wie etwa Fritz Böhm bei diversen Veranstaltungen erfahren mußte[539]. Die

[533] Vgl. Donau-Kurier vom 9. 4. 1968: „Junge SPD-Generation rückt vor – Neuwahlen im Ortsverband Südwest". Schuhmann wurde 1972 erstmals in den Stadtrat gewählt und gehörte zwischen 1986 und 2003 auch dem bayerischen Landtag an; vgl. Handbuch des Bayerischen Landtags. 12. Wahlperiode, hrsg. vom Landtagsamt, München 1991, S. 162.
[534] AsD, SPD-Bezirk Südbayern I/136, Monatsbericht des Unterbezirks Donau-Ilm für Mai 1968.
[535] AsD, SPD-Bezirk Südbayern I/136, Mitteilungen der Jusos im Kreisverband Ingolstadt-Land vom 25. 5. 1965.
[536] Süß, Enkel auf den Barrikaden, S. 72 f.
[537] AsD, SPD-Bezirk Südbayern I/136, Monatsbericht des Unterbezirks Donau-Ilm für März 1968 und Mitteilungen der Jusos im Kreisverband Ingolstadt-Land vom 25. 5. 1965.
[538] Vgl. Schönhoven, Wendejahre, S. 543 und S. 546.
[539] AsD, SPD-Bezirk Südbayern I/136, Zeitungsausschnitt vom 11. 6. 1968: „In den SPD-Kreisen

Reaktion der etablierten Genossen auf die Initiativen der Jusos war dabei zunächst durchaus positiv. Böhm bedankte sich im Juli 1968 sogar ausdrücklich für
ihre Arbeit[540], und auch Geschäftsführer Ferstl sparte im Mai 1972 nicht mit Lob:
Für alle Kreisverbände des Unterbezirks sei „die hervorragende Arbeit der Jungsozialisten" im Kommunalwahlkampf „besonders festzuhalten"[541]. Tatsächlich
profitierte die Partei in vieler Hinsicht von aktiven Arbeitsgemeinschaften der Jusos, wenngleich die Integration der zuweilen heißblütigen, vom Geist der Studentenbewegung durchdrungenen Nachwuchskräfte beileibe nicht überall reibungslos vonstatten ging. Willihard Kolbinger, der selbst bei den Jusos „gedient" hatte,
erinnerte sich an die Situation in Pfaffenhofen:

„Es kamen auf einmal viele Studenten in die Versammlungen und begehrten Basisdemokratie
in Form von imperativen Beschlüssen, welche die Stadträte binden sollten, Listenplätzen
ohne jegliche Vorleistungen, Verfügungsrechten über die Parteikasse usw. Man brachte eine
ganze Reihe dieser jungen Leute dazu, ganz offiziell der Partei beizutreten. Als die jungen
Revoluzzer dann bei den Nominierungsabstimmungen nicht das bekamen, was sie wollten,
gaben sie ungeniert ihre Parteibücher wieder zurück."[542]

Als bundes- und bayernweit die „Linkswende der Jusos" unverkennbar geworden war[543], wurden auch im Unterbezirk Donau-Ilm seit 1973 verstärkt Stimmen
laut, die neben Verständnis für den Sturm und Drang der Jugend auch Unbehagen
bestimmten Positionen gegenüber erkennen ließen und eine Abgrenzung von
radikalen Elementen forderten, die den Boden des Grundgesetzes wie des Godesberger Programms verlassen hätten[544]. Tatsächlich vernahm man auch in der Region Ingolstadt aus den Reihen der Jusos schrillere Töne. So atmete ein Diskussi-
onspapier „für die weitere Arbeit der Arbeitsgemeinschaft der Jungsozialisten im
SPD-Unterbezirk Ingolstadt", das für den Landtagswahlkampf 1974 gedacht war,
den Geist neomarxistischer Kapitalismuskritik:

„Die Jusos verstehen sich als eine Kraft, die die Überwindung des kapitalistischen Systems,
ihres Grundwiderspruchs der privaten Aneignung und der gesellschaftlichen Produktion,
sowie des Widerspruchs zwischen der exakten betrieblichen Arbeitsteilung und ihrer Anar-
chie auf gesellschaftlicher Ebene, anstrebt. Da eine Revolution über die Köpfe der Mehrheit
sinnlos ist, muß in zäher Arbeit ein fortschrittliches demokratisches Bewußtsein geschaffen
werden. Unsere Methode ist die *Doppelstrategie*: durch Mitarbeit in der Partei eine fort-
schrittliche Politik zu erzielen und durch Mitarbeit in Parlamenten und Institutionen auch in
diesem Rahmen unsere Ziele zu verwirklichen; durch Mobilisierung der Bevölkerung Wider-
spruche in unserer Gesellschaft aufzuzeigen, bewußt zu machen und auf die Selbstorganisa-
tion der Betroffenen hinarbeiten. Ziel der Doppelstrategie ist es also, die Interessen der
Bevölkerung zu vertreten und zugleich die Bevölkerung selbst zum Träger fortschrittlicher
Politik zu machen. Für die Arbeit der Jungsozialisten in unserer Region ergeben sich mehrere Ansatzpunkte. [...] Im landwirtschaftlichen Bereich sind vor allem die Jungbauern
unsere Zielgruppe. Hier wurde von der SPD noch wenig gemacht. Hier können als Anfang

Unzufriedenheit mit den Notstandsgesetzen"; vgl. auch Donau-Kurier vom 24. 6. 1968: „Die SPD
   im Widerstreit der Meinungen – Jungsozialisten luden zur Diskussion".
[540] Vgl. Donau-Kurier vom 15. 7. 1968: „SPD sucht nach Alternativen – Wünsche des Unterbezirks".
[541] AsD, SPD-Bezirk Südbayern I/131, Monatsbericht des Unterbezirks Donau-Ilm für Mai 1972.
[542] Kolbinger, Pfaffenhofen, S. 271.
[543] Süß, Enkel auf den Barrikaden, S. 69.
[544] Vgl. Donau-Kurier vom 21. 3. 1973: „Im Kreuzfeuer: Gebietsreform und die radikalen Elemente"
   sowie vom 28. 4. 1973: „SPD-Unterbezirk Ingolstadt nimmt Kurs auf Landtagswahl".

Veranstaltungen auf den Dörfern durchgeführt werden zum Thema ‚Was wollen die Jungsozialisten?' oder Frühschoppen im Gasthaus nach der Kirche [...]. Da in vielen Dörfern noch
nie eine SPD-Veranstaltung stattfand, ist das Ziel, bis zur Wahl in jedem Dorf gewesen zu
sein."[545]

Kämpferische Jungsozialisten mit antikapitalistischen Parolen im Wahlkampfein-
satz auf dem Land waren für viele altgediente Sozialdemokraten ein Alptraum –
frei nach dem Motto, man könne in der bayerischen Provinz „nur dann erfolgreich für die SPD arbeiten, wenn man möglichst wenig in Erscheinung tritt"[546].
Während die Jusos darauf drängten, die Fahne des Fortschritts hochzuhalten und
das Profil der eigenen Partei zu schärfen, fürchteten vor allem ihre Genossen in
den Stadt- und Gemeinderäten um ihre Wahlchancen. Sie setzten auf das überpar-
teiliche Auftreten der Bürgermeister mit SPD-Parteibuch, um die katholischen
Bauern und den Besitzmittelstand nicht zu brüskieren; zugleich rieten sie dazu,
taktisch geschickt freie Wählerlisten zu organisieren, um nicht gleichsam mit der
Tür ins Haus zu fallen und potentielle Wähler mit Berührungsängsten vor einer
linken Partei zu verschrecken[547].

Die Auseinandersetzung über das richtige Vorgehen führte wiederholt zu Konflikten in den Ortsvereinen und Kreisverbänden, obwohl die Jusos organisatorisch schwerlich dazu in der Lage waren, ihr Vorhaben in die Tat umzusetzen, in
jedem Dorf Präsenz zu zeigen. Die Jusos verfügten zwar über Arbeitsgemeinschaften in allen Kreisverbänden des Unterbezirks mit insgesamt 21 Ortsvereinen,
doch diese waren nicht alle gleichermaßen aktiv. Auch Vernetzung und Kooperation ließen zu wünschen übrig, von der zuweilen dünnen Personaldecke und den
kraftraubenden Kämpfen in den „theoretischen Schützengräben der Kapitalismuskritik"[548] ganz abgesehen[549]. Die Bilanz des Aufbruchs der jungen Genossen
seit Mitte der sechziger Jahre fiel zwiespältig aus – in Bayern wie im Mittelbayerischen Donaugebiet. Der Mobilisierung neuer Mitglieder, der Blutauffrischung al-
ternder Funktionärskader, der Verbreitung produktiver Unruhe in- und außerhalb der eigenen Partei standen Flügelkämpfe und das Abgleiten in ideologische
Verirrungen gegenüber, was gerade in einem konservativen Umfeld nicht ohne
Folgen bleiben konnte.

*Das Imperium schlägt zurück: Wahlergebnisse und kommunalpolitische Eliten
in den Jahren der Gebietsreform*

Zunächst war davon jedoch nichts zu spüren. Bei der Bundestagswahl am 28. September 1969 hielt der Aufwärtstrend der Sozialdemokratie im Gegenteil an,

[545] AsD, SPD-Bezirk Südbayern IV/155, Vorschlag für die weitere Arbeit der Arbeitsgemeinschaft
der Jungsozialisten im SPD-Unterbezirk Ingolstadt, undatiert (ca. 1973); Hervorhebung im Original.
[546] AsD, SPD-Bezirk Südbayern I/136, Monatsbericht des Unterbezirks Donau-Ilm für Februar
1968.
[547] AsD, SPD-Bezirk Südbayern I/136, Monatsbericht des Unterbezirks Donau-Ilm für Januar 1968,
und SPD-Bezirk Südbayern I/174, Monatsbericht des Unterbezirks Donau-Ilm für Januar 1973.
[548] Süß, Enkel auf den Barrikaden, S. 68.
[549] AsD, SPD-Bezirk Südbayern IV/155, Notiz zum Rechenschaftsbericht der Jusos im Unterbezirk
Donau-Ilm, undatiert (1973/74), und Aufstellung über die Juso-Arbeitsgemeinschaften im Unterbezirk.

wenngleich sich das Tempo des Aufschwungs sichtlich verlangsamt hatte. Nach 33,1 Prozent im Jahr 1965 vereinigte die SPD in Bayern nun 34,6 Prozent der Zweitstimmen auf sich. Damit lag die bayerische Sozialdemokratie im Ländervergleich sowohl beim Stimmenanteil als auch beim Stimmenzuwachs an letzter Stelle und hinkte nach wie vor erheblich hinter dem Bundesdurchschnitt von 42,7 Prozent her[550]. Der bescheidene Stimmengewinn der SPD im Freistaat trug jedoch nicht nur das Seine dazu bei, daß es in Bonn für eine knappe sozialliberale Mehrheit reichte, sondern beflügelte auch die Hoffnungen der bayerischen Genossen, den Abstand zur CSU, die 1969 mit 54,4 Prozent der Zweitstimmen ihr schlechtestes Ergebnis bei Bundestagswahlen seit 1957 eingefahren hatte, Schritt für Schritt verringern zu können. Auch wenn die beiden Volksparteien noch fast zwanzig Punkte trennten, so war es der bayerischen SPD zwischen 1961 und 1969 immerhin gelungen, fünf Punkte aufzuholen[551].

Im Bundeswahlkreis Ingolstadt, zu dem neben der Stadt und dem Landkreis Ingolstadt auch die Landkreise Aichach, Pfaffenhofen und Schrobenhausen gehörten, gelang es der SPD sogar, fast doppelt soviel Boden gut zu machen und ihren Anteil von 24,7 Prozent (1961) über 28,4 Prozent (1965) auf 30,4 Prozent (1969) der Zweitstimmen auszubauen. Das wollte freilich nicht viel heißen, denn die CSU behauptete sich trotz wiederholter Verluste auf hohem Niveau; ihr Stimmenanteil ging von 65,4 Prozent (1961) über 64,2 Prozent auf 62 Prozent der Zweitstimmen zurück[552]. Damit lagen zwischen Union und Sozialdemokratie im Herzen des Mittelbayerischen Donaugebiets noch immer mehr als 30 Punkte, so daß die Erfolge der SPD eher Nadelstiche waren, als daß sie die hegemoniale Stellung der CSU ernsthaft hätten bedrohen können. Besonders augenfällig wurde dieses Faktum im Landkreis Aichach, wo 75,2 Prozent der Wählerinnen und Wähler für die CSU, aber nur 18,3 Prozent für die SPD stimmten; in Schrobenhausen (72,1 Prozent CSU; 21,7 Prozent SPD) herrschten ähnliche Verhältnisse, und trotz einer für die Sozialdemokratie günstigeren Relation (65,9 Prozent CSU; 26,3 Prozent SPD) gehörte auch der Landkreis Pfaffenhofen nach wie vor zu den Hochburgen der Union[553]. Selbst im Landkreis Ingolstadt übertraf die CSU mit 58,3 Prozent den Landesdurchschnitt deutlich, während die SPD mit 34,9 Prozent immerhin passabel abschnitt. Allerdings lag die Sozialdemokratie in keiner einzigen der 39 kreisangehörigen Gemeinden vor der Union, nicht einmal dort, wo sie Bürgermeister stellte oder bereits bei Kommunal- und Landtagswahlen Mehrheiten errungen hatte. Selbst im „roten" Kösching hatte die SPD mit 44,1 Prozent der Stimmen gegenüber der CSU mit 47,5 Prozent der Stimmen das Nachsehen, die bei Bundestagswahlen offenbar noch immer auf ihren besonderen Nimbus als Gralshüterin bayerisch-föderalistischer Interessen zählen konnte. Auch in Ingolstadt selbst hatte die CSU die SPD deutlich distanziert; 49,7 Prozent der Stimmen für die Union standen 41 Prozent für die Sozialdemokratie gegenüber, die damit

[550] Zur Bundestagswahl von 1969 aus der Sicht der SPD vgl. Schönhoven, Wendejahre, S. 666–685.
[551] Vgl. Gerhard A. Ritter/Merith Niehuss, Wahlen in Deutschland 1946–1991. Ein Handbuch, München 1991, S. 100f. und S. 121.
[552] Vgl. Statistisches Jahrbuch für Bayern 28 (1964), S. 105f., und 29 (1969), S. 118–121.
[553] Vgl. hierzu und zum folgenden Sechste Bundestagswahl in Bayern am 28. September 1969, Teil 1: Gemeindeergebnisse, hrsg. vom Bayerischen Statistischen Landesamt, München 1970, S. 14f., S. 24f. und S. 45f.

nach dem strahlenden Sieg bei der Kommunalwahl im März 1966 nach der Landtagswahl im November desselben Jahres der CSU ein zweites Mal den Vortritt lassen mußte. Der Achtungserfolg von Fritz Böhm, der als Wahlkreiskandidat zwar gegen seinen christlich-sozialen Kontrahenten Karl Heinz Gierenstein keine echte Siegchance hatte, aber immerhin stellenweise besser abschnitt als seine Partei (in Ingolstadt errang er immerhin 42,2 Prozent der Erststimmen, in Aichach dagegen nur 18,5 Prozent) und über die bayerische Landesliste der SPD erneut in den Bundestag einzog, bedeutete wenigstens eine gewisse Kompensation.

Als die bayerischen Wähler am 22. November 1970 erneut zu den Urnen gerufen wurden, um über einen neuen Landtag zu entscheiden, hatten sich die Vorzeichen in einem wichtigen Punkt geändert: Die SPD führte diesen Wahlkampf erstmals als Kanzlerpartei, und auch wenn es sich um einen Landtagswahlkampf handelte, spielte die Bundespolitik eine entscheidende Rolle, zumal die in Bayern regierende CSU nichts unversucht ließ, um die „Bonner ,Kunststoffkoalition' (Strauß) möglichst noch in diesem Jahr aus dem Sattel zu heben"[554]. Insbesondere Franz Josef Strauß versuchte, die Landtagswahl zu einem Plebiszit gegen die Regierung Brandt/Scheel hochzustilisieren, und warnte vor einem Abgleiten der Bundesrepublik in den Sozialismus. Das sozialliberale Lager schürte dagegen die Furcht vor einer neuen nationalen Bewegung unter der Führung der CSU und ihres Vorsitzenden[555]. Trotz der aufgeheizten Atmosphäre gaben sich die Wahlkampfstrategen der bayerischen SPD zunächst optimistisch[556] und hofften darauf, die Union gemeinsam mit der FDP auch in Bayern überrunden zu können. Es zeichnete sich zwar schon im Laufe des November ab, daß dieses Kalkül nicht aufgehen würde[557], das Wahlergebnis war aber dennoch eine Überraschung, da man nicht mit einem so eindeutigen Erfolg der CSU gerechnet hatte[558]. Die bayerische Unionspartei verbesserte sich gegenüber 1966 um 8,3 Prozent der Stimmen und fuhr mit 56,4 Prozent der Stimmen ihr bisher bestes Ergebnis bei einer Landtagswahl ein; die SPD verlor dagegen zweieinhalb Punkte und fiel auf 33,3 Prozent der Stimmen zurück. Anders als die NPD, die mit 2,9 Prozent der Stimmen den Wiedereinzug in den Landtag klar verfehlte, schaffte die FDP mit 5,6 Prozent der Stimmen den Sprung ins Münchner Maximilianeum; ihre zehn Mandate fielen aber kaum ins Gewicht.

In den Stimmkreisen des Mittelbayerischen Donaugebiets bestätigte sich der allgemeine Trend, daß die CSU selbst in ihren Hochburgen noch einmal zulegen konnte, während die SPD in der Diaspora einen Teil des zuvor mühsam errungenen Bodens wieder verlor und auch dort zum Teil schmerzliche Einbußen zu verkraften hatte, wo sie traditionell stark war[559]. Am besten schnitt die CSU mit 72,9

[554] Süddeutsche Zeitung vom 19. 10. 1970: „Mit fauchendem Löwen in die politische Schlacht".
[555] Zahlreiche Beispiele finden sich im IfZ-Archiv, ZA/P, Franz Josef Strauß 1970.
[556] AsD, SPD-Bezirk Südbayern I/99, Reimar Allerdt an Volkmar Gabert und Hans-Jochen Vogel, undatiert: „Wahlkampfprogramm für die Bayerische Landtagswahl 1970".
[557] AsD, SPD-Bezirk Südbayern I/99, „Aktuelle Wahl-Information" der bayerischen SPD vom 12. 11. 1970.
[558] Vgl. Süddeutsche Zeitung vom 24. 11. 1970: „Höhe des CSU-Erfolges hat überrascht"; zum Wahlergebnis vgl. Ritter/Niehuss, Wahlen in Deutschland, S. 174.
[559] Vgl. Klaus G. Troitzsch, Die Landtagswahlen des Jahres 1970, in: ZfParl 2 (1971), S. 174–186, hier S. 175.

Prozent im Stimmkreis Pfaffenhofen an der Ilm/Schrobenhausen ab, wo sie ihr gutes Ergebnis von 1966 noch einmal um 6,4 Prozent übertraf. Sogar um 9,4 Prozent auf 71,9 Prozent der Stimmen verbesserte sich die bayerische Unionspartei im Stimmkreis Neuburg an der Donau-Stadt und -Land/Wertingen. Im Stimmkreis Eichstätt-Stadt und -Land/Weißenburg fiel der Zuwachs mit 5,3 Prozent nicht ganz so üppig aus, doch auch hier übertraf die CSU mit 65,1 Prozent der Stimmen den Landesdurchschnitt bei weitem. Die SPD dagegen verlor in allen drei Stimmkreisen – am stärksten in Eichstätt-Stadt und -Land/Weißenburg mit 3,8 Prozent, am wenigsten in Neuburg an der Donau-Stadt und -Land/Wertingen mit einem Prozent – und mußte sich mit einem Stimmenanteil begnügen, der zwischen 23,7 Prozent im Stimmkreis Eichstätt-Stadt und -Land/Weißenburg und 21,7 Prozent im Stimmkreis Neuburg an Donau-Stadt und -Land/Wertingen lag. Es erübrigt sich fast zu betonen, daß die gewählten Direktkandidaten allesamt das Parteibuch der CSU besaßen[560].

Auch im Stimmkreis Ingolstadt-Stadt und -Land, den wie schon 1966 Peter Schnell gewann, feierte die Partei von Franz Josef Strauß und Alfons Goppel einen großen Erfolg. Die 56 Prozent der Stimmen, die die CSU hier auf sich vereinigen konnte, bedeuteten zwar für das Mittelbayerische Donaugebiet ein eher mäßiges Resultat, das zudem noch leicht unter dem bayernweiten Ergebnis der Union lag. Angesichts des beschleunigten sozioökonomischen Strukturwandels, der hier in den vergangenen zwei Jahrzehnten stattgefunden hatte, und der Tatsache, daß die CSU mit 8,6 Prozent überdurchschnittlich viele Stimmen gewonnen hatte, ließ sich dieses Ergebnis als endgültiger Durchbruch der bayerischen Staatspartei auf stellenweise schwierigem Terrain begreifen. Dies galt um so mehr, als die CSU nicht nur im Landkreis Ingolstadt um 7,8 Prozent auf 60,1 Prozent der Stimmen zugelegt hatte, sondern auch in der Stadt mit 52,9 Prozent bei einem Plus von neun Punkten die 50-Prozent-Marke deutlich übertroffen hatte. Die SPD verlor dagegen im Stimmkreis Ingolstadt-Stadt und -Land 3,6 Prozent der Stimmen, so daß sich der Abstand zwischen Union und Sozialdemokratie von 6,4 Prozentpunkten im Jahr 1966 auf 18,6 Prozentpunkte fast verdreifachte. Die SPD hatte dabei nicht nur im Landkreis (–3,9 Prozent auf 34,4 Prozent der Stimmen), sondern auch in der Stadt (–3,2 Prozent auf 39,8 Prozent der Stimmen) kräftig Federn lassen müssen.

In den 39 Gemeinden des Landkreises Ingolstadt lag die SPD in keiner einzigen mehr vor der CSU, nachdem ihr dieses Kunststück 1966 noch immerhin fünfmal gelungen war. Ihr bestes Ergebnis fuhr die SPD mit 46,6 Prozent der Stimmen noch in Kösching ein, doch auch hier mußte sie sich der CSU mit 47,8 Prozent geschlagen geben[561]. 1966 hatte die SPD die Marke von 40 Prozent noch in 13 Gemeinden hinter sich gelassen; 1970 war den Sozialdemokraten dieses Erfolgserleb-

[560] Vgl. Wahl zum Bayerischen Landtag am 22. November 1970, Teil 2: Text, Tabellen und Schaubilder, hrsg. vom Bayerischen Statistischen Landesamt, München 1973, S. 98, S. 103, S. 106, S. 151 ff. und Schaubild 1; vgl. auch Süddeutsche Zeitung vom 23. 11. 1970: „Das Wahlergebnis in den Stimmkreisen" und vom 24. 11. 1970: „Wahlergebnisse aus den 102 Stimmkreisen" sowie „So wählten die 143 Landkreise und 48 kreisfreien Städte".
[561] Vgl. Wahl zum Bayerischen Landtag am 22. November 1970, Teil 1: Gemeindeergebnisse und Bewerberstimmen, hrsg. vom Bayerischen Statistischen Landesamt, München 1971, S. 19 und S. 42 ff.

nis nur noch in vier Gemeinden vergönnt – außer in Kösching in Brunnenreuth (40,1 Prozent), in Gaimersheim (40,6 Prozent) und in Reichertshofen (40,4 Prozent). Dagegen errang die CSU in 16 Kommunen mehr als 70 Prozent der Stimmen – 1966 waren es 13 gewesen –, wobei sie ihr Rekordergebnis von 93,2 Prozent der Stimmen in Pettenhofen erzielte. In Oberhartheim, einer Gemeinde, die sich inmitten des landwirtschaftlich geprägten östlichen Teils des Landkreises befand, schnitt die CSU kaum schlechter ab; die SPD erhielt hier ganze drei Stimmen und lag damit noch hinter der NPD.

Die Tage dieser Partei als politische Kraft waren freilich gezählt. Der Niedergang der NPD, deren Stimmenanteil bayernweit von 7,4 Prozent auf 2,9 Prozent zurückfiel, war ein Grund für die Gewinne der CSU, die zudem auch die Reste der Bayernpartei weitgehend aufsaugen konnte. Die Stärke der Union und der Erfolg ihrer Bemühungen, das bürgerliche Lager um die eigenen Feldzeichen zu scharen, hatte freilich auch mit den Problemen der Sozialdemokratie zu tun. Die bayerische SPD litt nicht nur daran, daß die Wählerinnen und Wähler bei Landtagswahlen in der Regel die Opposition in Bonn stärkten[562], sondern auch daran, daß die Bundesregierung unter Willy Brandt Entscheidungen zu treffen hatte, die für die eigene Klientel nicht unbedingt von Vorteil waren, und daß so mancher Sozialdemokrat aus strategischen Erwägungen sein Kreuz diesmal bei der FDP machte. Zudem fand die Führungsspitze der SPD im Freistaat keine Antwort auf die massive Kritik der CSU an der Ost- und Deutschlandpolitik der sozialliberalen Koalition, die nicht zuletzt bei den Heimatvertriebenen schlecht ankam. Problematisch waren überdies die Auseinandersetzungen zwischen dem SPD-Landesvorstand um Volkmar Gabert und linken Münchner Jusos unter der Führung Rudolf Schöfbergers, welche die Schlagkraft der eigenen Partei schwächten und dem politischen Gegner mit seinen Warnungen vor einer roten Zukunft recht zu geben schienen[563]. Daß die SPD im Wahlkampf Bayern als „unterentwickeltes Land" und einen großen Teil seiner Bürger als rückständig betrachtete[564], trug ebenfalls nicht dazu bei, die Sympathiewerte der Sozialdemokratie vor allem in der viel geschmähten Provinz zu erhöhen, zumal es nicht viele SPD-Politiker vom Schlage eines Georg Kronawitter gab, die die Sprache der Menschen auf dem Lande sprachen, sich ihrer Sorgen annahmen und in der Lage waren, etwa den Schweinemarkt in Schrobenhausen erfolgreich als Forum für Werbung in eigener Sache zu nutzen[565]. In ihrer Gesamtheit bewirkten diese Faktoren, daß sich der in den sechziger Jahren zu beobachtende Trend zugunsten der Sozialdemokratie umzukehren begann und selbst in einem Stimmkreis wie Ingolstadt-Stadt und -Land, wo die sozioökonomische Entwicklung die Sozialdemokratie begünstigte und ihr lange Jahre gute Wahlergebnisse beschert hatte, der CSU auf die Siegerstraße verhalf.

---

[562] Vgl. Kielmannsegg, Nach der Katastrophe, S. 311–315.

[563] AsD, SPD-Bezirk Südbayern I/63, Aktennotiz über die Sitzung des Landesvorstands der bayerischen SPD am 25. 11. 1970; vgl. auch Frankfurter Allgemeine Zeitung vom 27. 11. 1970: „Bayerische SPD analysiert Verluste".

[564] AsD, SPD-Bezirk Südbayern I/99, Reimar Allerdt an Volkmar Gabert und Hans-Jochen Vogel, undatiert: „Wahlkampfprogramm für die Bayerische Landtagswahl 1970".

[565] AsD, SPD-Bezirk Südbayern I/136, Monatsbericht des Unterbezirks Donau-Ilm für Februar 1968; vgl. dazu auch Balcar, Politik auf dem Land, S. 309–315.

Die Landtagswahl im November 1970 fand noch einmal im vertrauten Rahmen statt. Eines der ehrgeizigsten und umstrittensten Reformprojekte der im Amt bestätigten Staatsregierung unter Ministerpräsident Alfons Goppel sollte die politisch-administrative Physiognomie Bayerns und damit das Umfeld, in dem die Parteien operieren mußten, in den folgenden Jahren jedoch grundlegend verändern: die Gebietsreform. Konkret ging es im Freistaat wie auch in anderen Bundesländern darum, Landkreise neu zuzuschneiden sowie bislang selbständige Gemeinden zusammenzulegen, um durch die Schaffung größerer Einheiten die Effizienz der kommunalen Selbstverwaltung, ihre Wirtschaftlichkeit und möglichst auch ihre Bürgernähe zu steigern. Zu diesem Zweck wurde zum 1. Juli 1972 die Zahl der bayerischen Landkreise von 143 auf 71 und die Zahl der kreisfreien Städte von 48 auf 25 reduziert; die Anzahl der politischen Gemeinden sank bis 1978 von rund 7000 auf etwa 2000[566]. Eine kommunalpolitische Flurbereinigung dieses Ausmaßes hinterließ zwangsläufig Gewinner und Verlierer, zwang zusammen, was nicht unbedingt zusammengehörte, und nahm – zumal in Zeiten der Planungseuphorie – selbst in Bayern nur wenig Rücksicht auf gewachsene politisch-kulturelle Traditionen.

Dies wurde nicht zuletzt im Mittelbayerischen Donaugebiet an der Nahtstelle von fünf Regierungsbezirken deutlich, wo neue sozioökonomische Verflechtungen nicht mehr unbedingt mit alten administrativen Grenzen übereinstimmten, die gleichwohl nicht nur auf dem Papier standen, sondern das Bewußtsein der dort lebenden Menschen seit Generationen mitgeprägt hatten. Franz Josef Strauß wetterte noch in seinen Erinnerungen, man habe sich „von der krankhaften Reformsucht der SPD" anstecken lassen und unter dem „Druck einer reformeuphorischen Bürokratie" so unverzeihliche Fehler begangen, wie „die alte fränkische Bischofsstadt Eichstätt Oberbayern einzuverleiben", Neuburg an der Donau, „das einst sogar dem Regierungsbezirk ‚Schwaben und Neuburg' mit den Namen gegeben hatte, von Schwaben nach Oberbayern umzugliedern", oder den zum Bundeswahlkreis Ingolstadt gehörenden Landkreis Aichach, „in dem die Stammburg der Wittelsbacher liegt, von Oberbayern wegzunehmen und Schwaben zuzuordnen"[567]. Umstritten war im Raum Ingolstadt freilich nicht nur die Grenzziehung zwischen den Regierungsbezirken Oberbayern, Mittelfranken und Schwaben, sondern auch der Neuzuschnitt der Landkreise. Ursprünglich hatte man in München überlegt, den Landkreis Ingolstadt auf Kosten der Landkreise Eichstätt, Neuburg an der Donau, Schrobenhausen und Kelheim zu erweitern oder alternativ mit Ingolstadt und Pfaffenhofen zwei große Landkreise zu schaffen, wobei die bisherigen Landkreise Schrobenhausen und Aichach sowie die östlichen und südlichen Gebiete des Landkreises Ingolstadt an Pfaffenhofen fallen sollten. Der neue Landkreis Ingolstadt sollte dagegen die Kreise Riedenburg und Eichstätt, Teile der Landkreise Beilngries, Hilpoltstein und Neuburg an der Donau sowie die bisher kreisfreien Städte Eichstätt und Neuburg erhalten[568].

[566] Vgl. Gelberg, Vom Kriegsende, in: Handbuch der bayerischen Geschichte, Bd. 4/1, S. 906–912.
[567] Franz Josef Strauß, Die Erinnerungen, Berlin 1989, S. 538 f.
[568] Vgl. Zwanzig Jahre nach der Gebietsreform. 1972–1992: Der Weg zur Großstadt, o.O. (Ingolstadt), o.J. (1972), S. 2 ff.

Unterstützt von der Kreistagsmehrheit trat Landrat Adolf Fink für die Schaffung eines „Großlandkreises" Ingolstadt ein, der sich möglichst – wie es etwa ana-
loge Planungen für Ansbach Bamberg, Bayreuth oder Landshut vorsahen – ring-
förmig um die Stadt Ingolstadt als Sitz des Landratsamts legen sollte. Dieses Modell, so Fink, entspreche den sozioökonomischen Gegebenheiten der Region und
dem Willen der Bevölkerung weit mehr als eine wie auch immer geartete Teilung
des bisherigen Kreisgebiets[569]. Doch während eine Zweierlösung unter Erhalt des
Landkreises Ingolstadt für die Entscheidungsträger im Landratsamt zumindest
vorstellbar war, galt dies für eine weitere Variante nicht, die von der Regierung
von Oberbayern ins Gespräch gebracht wurde: die Gliederung der Region in drei
Landkreise um die Kreisstädte Eichstätt, Neuburg an der Donau und Pfaffenhofen an der Ilm unter Auflösung des Landkreises Ingolstadt, dessen Kommunen
den drei neuen Landkreisen zugeschlagen oder nach Ingolstadt eingemeindet werden sollten. Aus dem Landratsamt unterstützte Bürgerinitiativen wie die Bürger-
aktion Kreis Donau-Altmühl[570] riefen zu Protestveranstaltungen auf und verbreiteten Flugblätter, in denen es hieß:

„Weil Minister Eisenmann und Bischof Brems es wollen, müssen Tausende in Ingolstadt Beschäftigte künftig für Behördengänge 1 Tag Urlaub opfern [...], müssen Kaufleute, Banken,
Handwerker und Gewerbetreibende aller Art in Stadt und Land Erschwernisse und finanzielle Einbußen hinnehmen, muß das geplante Oberzentrum Ingolstadt schwere Rückschläge in seiner Entwicklung einstecken. [...] Nur die Solidarität im Raum Ingolstadt mit
allen rechtschaffenen Bürgern in ganz Bayern wird die Vetterleswirtschaft zu Fall bringen
und den Weg frei machen für eine großzügig bemessene Region Ingolstadt, für die weitere
Entwicklung des Oberzentrums Ingolstadt, für einen von der Bevölkerung geforderten
Ringlandkreis mit Sitz Ingolstadt."[571]

Im Innenministerium und im Kabinett ließ man sich freilich nicht beirren und
legte sich im Herbst 1971 endgültig auf die Dreierlösung im Raum Ingolstadt
fest[572]. Dieses Konzept setzte sich nicht zuletzt deswegen durch, weil es den Ideal-
vorstellungen der Landesplaner sehr nahekam. Im Herzen Bayerns entstand so
gleichsam eine „Musterregion der ‚reinen' Lehre" mit Ingolstadt als Zentrum[573],
umgeben von drei etwa gleich großen Sektorenlandkreisen, deren Kreisstädte
Eichstätt, Pfaffenhofen an der Ilm und Neuburg an der Donau als Mittelzentren
klassifiziert waren und gleichermaßen als Ergänzung und Gegengewicht zu Ingolstadt als möglichem Oberzentrum dienen sollten[574]. Obwohl sich Landrat Adolf
Fink, der 1966 von der CSU nominiert worden war, mit Unterstützung des Kreistags vehement gegen die Pläne seiner politischen Freunde in der Landeshauptstadt
zur Auflösung des Landkreises Ingolstadt wehrte und die Rechtmäßigkeit der

[569] BayHStA, Stk 16823, Landratsamt Ingolstadt (gez. Adolf Fink) an das bayerische Innenministerium vom 14. 9. 1971.
[570] Vgl. Augsburger Allgemeine vom 26. 8. 1971: „Ingolstadt-Land läßt sich Großlandkreis etwas
kosten".
[571] BayHStA, Stk 16823, Flugblatt: Einladung zur Großkundgebung der Arbeitsgemeinschaft demokratische Gebietsreform, undatiert (1971).
[572] Vgl. Donau-Kurier vom 6. 10. 1971: „Ministerrat entschied sich für Dreierlösung im Raum Ingolstadt".
[573] Witzmann, Ingolstadt in der Landesentwicklung, in: Landesentwicklung und Stadtregionen in
Bayern, S. 212.
[574] Vgl. Donau-Kurier vom 21. 7. 1971: „Dreier-Variante wahrscheinlicher".

Neugliederungsverordnung vor Gericht bestritt, verschwand der Landkreis Ingolstadt im Sommer 1972 von der Landkarte[575]. Ingolstadt war nun von den neu zugeschnittenen Landreisen Eichstätt im Norden, Pfaffenhofen an der Ilm im Südosten und Neuburg-Schrobenhausen im Südwesten umgeben.

Im Ingolstädter Rathaus konnte man die Schlacht um den Landkreis gelassen verfolgen, da bei mehr als 70000 Einwohnern niemand auf die Idee kam, den begehrten Status als kreisfreie Stadt ernsthaft auf den Prüfstand zu stellen. Nicht ohne Bedeutung war freilich die Frage, wie die Region künftig beschaffen und wie groß der Gewinn sein würde, den Ingolstadt in der Form von Eingemeindungen aus der Gebietsreform ziehen konnte. Hier war es vor allem die SPD, die eine Chance sah, durch zupackendes Handeln die territoriale wie die demographische Basis der Stadt nachhaltig zu stärken und darüber hinaus die administrative Neugliederung des Mittelbayerischen Donaugebiets so zu gestalten, daß sie Ingolstadt die besten Entwicklungschancen bot[576]. Solange es so aussah, als bliebe der Landkreis Ingolstadt erhalten, konnte die Stadt aber lediglich mit einem relativ bescheidenen Zugewinn in der Form von Stadtrandgemeinden wie Brunnenreuth im Süden sowie Etting, Oberhaunstadt und Mailing im Norden rechnen, die bereits vielfach mit Ingolstadt verflochten waren[577]. Diese Planungen deckten sich mit der von der Stadtverwaltung schon bisher verfolgten Strategie der vorsichtigen Expansion unter Rücksichtnahme auf die Wünsche der Bürgerinnen und Bürger in den Stadtrandgemeinden, die sich bereits bei der Eingemeindung von Unsernherrn mit seinen immerhin 6000 Einwohnern zum 1. Januar 1962 und von Friedrichshofen (460 Einwohner) zum 1. Juli 1969 bewährt hatte. Die Stadt konnte nicht zuletzt auf die Attraktivität ihrer Infrastruktur setzen, da kleine Gemeinden wie Friedrichshofen oft nicht mehr in der Lage waren, den Ansprüchen gerecht zu werden, die ihre Bürger an ein modernes Gemeinwesen stellten. Wasserversorgung, Kanalisation, Straßenbau, Erschließung neuer Wohngebiete, eine neue Schule und eine Turnhalle – das waren die Projekte, die anstanden und die sich keinesfalls aus eigener Kraft bewältigen ließen. So hieß es in einer Stellungnahme des Gemeinderats zur Eingemeindungsfrage mit Blick auf das drängendste Problem, den Bau eines neuen Schulhauses: „Die Kinder von Friedrichshofen haben, wie andere Kinder in Bayern auch, Anspruch darauf, eine vollausgebaute Schule zu besuchen, in der ihnen ein zeitgemäßer Unterricht geboten werden kann. Dieser Anspruch läßt sich nur durch den Anschluß an die Stadt Ingolstadt erfüllen."[578]

---

[575] Vgl. Heinrich Lamping, Die Neugliederung der Kreise im Raum Ingolstadt im Vergleich mit der Neueinteilung der Kreise in Bayern, Würzburg 1972, und Franz-Ludwig Knemeyer, Die Neugliederung im Raume Ingolstadt. Rechtliche Möglichkeiten gegen die vorgesehene Auflösung des Landkreises Ingolstadt. Prozeßgutachten erstattet im Auftrag des Landkreises Ingolstadt, Würzburg 1972. Die diesbezügliche – negative – Entscheidung des Bayerischen Verfassungsgerichtshofs bezüglich des Antrags von Adolf Fink, Teile der Verordnung zur Neugliederung Bayerns in Landkreise und kreisfreie Städte vom 27. 12. 1971 für verfassungswidrig zu erklären, findet sich im BayHStA, Stk 16824.
[576] Stadtarchiv Ingolstadt, Stadtratsprotokolle, Sitzungen am 18. 2., 7. 9. und 21. 10. 1971 sowie am 6. 7. 1972.
[577] Vgl. hierzu und zum folgenden Ingolstadt plant und baut 1966–1971, S. 18–24, und Ingolstadt plant und baut 1972–1982, S. 15 ff.
[578] Stadtarchiv Ingolstadt, A 6995a, Stellungnahme des Gemeinderats von Friedrichshofen vom 20. 10. 1967.

Als sich abzuzeichnen begann, daß der Landkreis Ingolstadt aufgelöst werden würde, waren auch größere Lösungen im Gespräch, die Ingolstadt Gebietsgewinne von Hepberg im Norden bis nach Manching im Süden eingebracht und die Stadt praktisch über Nacht zur Großstadt gemacht hätten. Doch diese Pläne wurden wieder zurückgestutzt, so daß letztlich zum 1. Juli 1972 elf bislang selbständige Kommunen mit fast 15600 Einwohnern und einer Fläche von mehr als 8400 ha ihren Weg nach Ingolstadt fanden. Unstrittig und weitgehend problemlos verlief dabei die Eingemeindung der Stadtrandgemeinden Brunnenreuth, Etting, Hagau, Mailing, Oberhaunstadt und Gerolfing. Andere Gemeinden, die ihre Autonomie in einem wie auch immer zugeschnittenen Landkreis Ingolstadt behalten wollten, änderten ihre Haltung, nachdem sie erkannt hatten, daß ihr Landkreis der Gebietsreform zum Opfer fallen würde. In Zuchering etwa waren die Bürger und ihre Gemeindevertreter eher bereit, ihre Selbständigkeit zu opfern, als im neuen Landkreis Neuburg-Schrobenhausen in eine als ebenso unbequem wie nachteilig empfundene Randlage zu geraten[579]. Neben Zuchering bemühten sich auch Dünzlau, Irgertsheim, Mühlhausen und Pettenhofen, die bislang den südwestlichen Zipfel des Landkreises Ingolstadt gebildet hatten, erfolgreich um eine Eingemeindung.

Die Gebietsreform ließ die Einwohnerzahl Ingolstadts auf fast 89000 anwachsen, und auch wenn sich bei weitem nicht alle Hoffnungen erfüllt hatten, die man vor allem im sozialdemokratischen Lager gehegt hatte, so eröffneten sich der Stadtentwicklung dennoch ungeahnte Möglichkeiten. Das war aber nicht die einzige Konsequenz dieses Projekts. Die Integration ausgesprochen ländlicher Gemeinden wie Dünzlau, Hagau, Mühlhausen oder Pettenhofen bedeutete für Ingolstadt gewiß keinen Zuwachs an Urbanität – und sie stärkten nicht unbedingt das Wählerpotential der Sozialdemokratie. In zehn der elf Gemeinden, die am 1. Juli 1972 zu Stadtteilen Ingolstadts wurden, hatte man bei der Landtagswahl im November 1970 mehr Wähler der CSU gezählt als in der nahen Stadt (52,9 Prozent); lediglich in Brunnenreuth lag der Anteil der Union mit 52,5 Prozent der Stimmen knapp darunter[580]. In sieben Gemeinden hatten sogar mehr als sechzig Prozent der Wähler für die CSU gestimmt. Dagegen hatte sich die SPD in vier der elf Gemeinden mit weniger als 20 Prozent der Stimmen zufriedengeben müssen und war nur in Brunnenreuth knapp über die 40-Prozent-Marke hinausgekommen. Lediglich in Etting kam der Bürgermeister aus den Reihen der Sozialdemokraten, und in Oberhaunstadt, der größten der eingemeindeten Kommunen, wurde er von ihnen unterstützt. In den neun anderen Gemeinden, die 1972 ihre Selbständigkeit gegen die Aussicht auf Fortschritt und Erschließung tauschten, hatten bisher Bürgermeister regiert, die von unabhängigen Listen aufgestellt oder nach alter Väter Sitte gänzlich ohne Wahlvorschlag ausgekommen waren.

[579] Stadtarchiv Ingolstadt, A 6988, Aufruf an die „Bürger und Bürgerinnen von Zuchering und Winden", undatiert (Oktober 1971). In diesem Aufruf hieß es: „Neuburg/Donau wird Verwaltungssitz von sämtlichen Ämtern eines Landkreises [...]. Der einfache Weg von Zuchering nach Neuburg/Donau beträgt ca. 20 km. Die Verkehrsverbindungen dorthin sind nicht die besten. Wer von Zuchering arbeitet schon in Neuburg/Donau? Ferner werden die oberen Klassen unserer Schulkinder nach Karlskron gehen müssen."
[580] Vgl. Wahl zum Bayerischen Landtag 1970, Teil 1, S. 42 ff.

Tatsächlich ging man bei der SPD mit gemischten Gefühlen in die bevorstehenden Kommunalwahlen. „Im Bereich der Region Ingolstadt wäre es schon ein Erfolg, wenn wir den Landesdurchschnitt erreichen würden", stellte Unterbezirksgeschäftsführer Thomas Ferstl besorgt fest. Da im Zuge der Gebietsreform „nahezu zu allen Städten, Landkreisen und Gemeinden mit hohen SPD-Wähleranteilen Gebiete und Gemeinden mit weit höheren CSU-Wähleranteilen" gekommen seien, sollten „die Erwartungen entsprechend kalkuliert werden"[581]. Daß sich die Sozialdemokraten insbesondere über den Wahlausgang in Ingolstadt sorgen mußten, hatte jedoch weniger mit den Folgen der Gebietsreform als mit der fehlenden Geschlossenheit der eigenen Mannschaft und den damit verbundenen inneren Auseinandersetzungen zu tun, die auch der Öffentlichkeit nicht verborgen blieben. Diese programmatisch-personellen Querelen, von denen bereits die Rede war, machten vor den Toren des Rathauses nicht halt und erleichterten Oberbürgermeister Stinglwagner seine Arbeit nicht gerade. Im März 1966 noch als Hoffnungsträger der SPD angetreten, profilierte sich der frischgebackene Oberbürgermeister rasch als ebenso tatendurstiger wie ehrgeiziger Macher[582] und stieß dabei altgediente Genossen vor den Kopf, die mit dem Führungsstil eines Technokraten ohne echten sozialdemokratischen Stallgeruch nicht zurechtkamen. Neid auf Stinglwagners Popularität, Mißverständnisse – auch mit Gewerkschaftsvertretern[583] – und Differenzen in Sachfragen taten ein übriges, um die Zwietracht in den Reihen der SPD zu verstärken. Im März 1968 hieß es in einem Bericht an den Bezirk Südbayern, der Oberbürgermeister informiere die eigene Stadtratsfraktion nicht so, „wie dies erwartet werden kann"; auch zwischen Stinglwagner und den Gewerkschaften beständen „Spannungen, die unbedingt beseitigt werden müssen"[584]. Willi Schneider, der dem Stadtrat selbst bis September 1967 angehörte, warf Stinglwagner sogar coram publico vor, zu viele „faule Kompromisse geschlossen" zu haben, und sah sich überdies zu dem Ausruf genötigt: „Es muß endlich wieder einmal sozialdemokratische Politik betrieben werden."[585]

Neben Schneider war es vor allem Hermann Egermann, SPD-Stadtrat und seit 1966 2. Bürgermeister, der Stinglwagner das Leben schwermachte und zum „Intimfeind" des Oberbürgermeisters avancierte[586]. Es entspann sich ein zermürbender Kleinkrieg, in dem es auch an gezielten Indiskretionen nicht fehlte. Schon seit mehr als einem Jahr, so lauteten die Klagen, die aus dem von Willi Schneider geführten Unterbezirksvorstand nach München drangen, weigere sich Stinglwagner, die obligatorischen Mandatsträgerabgaben an die Parteikasse zu leisten; zudem habe er fälschlich Spenden aus der Wirtschaft als eigene Abgaben an die Partei deklariert und diese so getäuscht[587]. In der Führungsetage der südbayerischen SPD nahm man diese Vorwürfe offensichtlich weniger ernst als die anhaltenden Auseinandersetzungen unter den Ingolstädter Sozialdemokraten[588], zumal sich Stingl-

581 AsD, SPD-Bezirk Südbayern I/131, Monatsbericht des Unterbezirks Donau-Ilm für Mai 1972.
582 Vgl. Die Presse (Wochenendbeilage) vom 11./12. 2. 1967: „Die neuen Kavaliere von Ingolstadt".
583 DGB-Kreis Ingolstadt, Kreisvorstand, Sitzungsprotokolle 1966–1975, Sitzung am 20. 5. 1968.
584 AsD, SPD-Bezirk Südbayern I/136, Monatsbericht des Unterbezirks Donau-Ilm für März 1968.
585 Donau-Kurier vom 1. 7. 1968: „Kampfabstimmung um SPD-Vorsitz".
586 So zitiert die Jubiläumsschrift 40 Jahre CSU Ingolstadt, S. 69, die Süddeutsche Zeitung.
587 AsD, SPD-Bezirk Südbayern I/44, Notiz „Schrobenhausen, 29. Januar 1971".
588 AsD, SPD-Bezirk Südbayern I/44, Max Allmer an Otto Stinglwagner vom 2. 2. 1971.

wagner wiederholt bitter darüber beklagte, „daß er die Querelen in Ingolstadt" satt habe „und daß man ihm das Oberbürgermeisteramt von der Partei her madig" mache[589]. Freilich verkündete Stinglwagner im Sommer 1971 seinen Verzicht auf eine erneute Kandidatur erst, als er damit rechnen konnte, nach dem Ende seiner Amtszeit in leitender Position zum gewerkschaftseigenen Wohnungsbaukonzern „Neue Heimat" zu wechseln[590]. Damit verlor er auch bei den Genossen an Rückhalt, die ihn bisher unterstützt hatten; selbst Fritz Böhm zeigte sich enttäuscht über Stinglwagners Hinhaltetaktik und sein mangelndes Stehvermögen[591].

Die CSU konnte ihr Glück kaum fassen, als bekannt wurde, daß der Oberbürgermeister nicht mehr antrat[592]. Schließlich hatte Stinglwagner einiges für die Modernisierung der Kommunalpolitik getan und öffentlichkeitswirksam eine Reihe von zukunftsträchtigen Infrastrukturprojekten angestoßen. Der Amtsbonus, den er sich seit seiner Wahl erarbeitet hatte und der jedem Gegenkandidaten das Leben schwer gemacht hätte, fiel nun weg. Die CSU setzte in dieser Situation auf Angriff, wobei ihr die Tatsache zugute kam, daß es nach der Niederlage im März 1966 gelungen war, den Kreisverband neu zu beleben und einen Generationswechsel an der Spitze zu vollziehen. Verdiente Lokalgrößen wie Paul Weinzierl zogen sich aufs Altenteil zurück und machten den Weg frei für Männer wie den 1920 geborenen Karl Heinz Gierenstein[593], der schon 1965 erstmals in den Bundestag gewählt worden war, oder für Elmar Spranger[594]. Der 1926 geborene selbständige Wirtschaftsfachmann, der seit 1960 dem Stadtrat angehörte, trat im Februar 1967 an die Spitze des Kreisverbands Ingolstadt-Stadt. Der „Padrone", wie man ihn bald nannte, stellte nicht nur die Weichen für die finanzielle Konsolidierung und organisatorische Mobilisierung der Ingolstädter CSU, sondern ließ auch junge politische Talente neben sich wachsen, ohne selbst in den Vordergrund zu drängen. Nicht zuletzt aus diesem Grund entwickelte sich die Junge Union – zuweilen durchaus im Konflikt mit der eigenen Partei[595] – zur Stoßtruppe der CSU im Kampf um die Rückeroberung des Rathauses, die von Spranger als erklärtes Ziel ausgegeben worden war.

Zu den führenden Vertretern der Jungen Union gehörte Hermann Regensburger, der 1940 als Sohn eines Lagerarbeiters bei der Despag in Ingolstadt das Licht der Welt erblickt und nach seiner Zeit bei der Bundeswehr die Laufbahn eines Verwaltungsbeamten eingeschlagen hatte. 1965 trat der Reserveoffizier der JU bei,

[589] AsD, SPD-Bezirk Südbayern I/141, Max Allmer an Fritz Böhm vom 19. 7. 1971.
[590] AsD, SPD-Bezirk Südbayern I/141, Fritz Böhm an Heinz Oskar Vetter vom 15. 7. 1971; vgl. auch Peter Kramper, Das gescheiterte Reformprojekt? Die neue Heimat 1950–1982, in: Jan-Otmar Hesse/Tim Schanetzky/Jens Scholten (Hrsg.), Das Unternehmen als gesellschaftliches Reformprojekt. Strukturen und Entwicklungen von Unternehmen der „moralischen Ökonomie" nach 1945, Essen 2004, S. 201–227.
[591] So Fritz Böhm in einem Interview am 5. 8. 1998.
[592] Vgl. 40 Jahre CSU Ingolstadt, S. 55–75.
[593] Vgl. Biographisches Handbuch der Mitglieder des Deutschen Bundestages 1949–2002, hrsg. von Rudolf Vierhaus und Ludolf Herbst unter Mitarbeit von Bruno Jahn, Bd. 1: A-M, München 2002, S. 260 f.
[594] Vgl. Donau-Kurier vom 7. 10. 2001: „Elmar Spranger feiert 75. Geburtstag" und Ingolstädter Information vom 7. 10. 2006: „Dr. Elmar Spranger wird 80".
[595] ACSP, BWK/KV Ingolstadt, Ordner Chronik, Protokoll der Sitzung des Kreisvorstands Ingolstadt-Stadt am 2. 5. 1967.

Abb. 20: Oberbürgermeister
Peter Schnell, 1972

ein Jahr später auch der CSU[596]. Als Schriftführer, stellvertretender Kreisvorsitzender und Kreisvorsitzender der Ingolstädter JU avancierte er zum kongenialen Partner von Peter Schnell, der sich nach Stinglwagners Wahlsieg rasch als der neue Hoffnungsträger der CSU erwies[597]. Auch der 1935 geborene Schnell, dem selbst der politische Gegner bescheinigte, er sei jung, völlig unverbraucht und menschlich sympathisch gewesen[598], war ein Aufsteiger aus kleinen Verhältnissen. Im katholischen Glauben erzogen, studierte Schnell in Erlangen und München Jura, wo er auch die Bekanntschaft von ausgesprochen linken Kommilitonen machte. Die zunehmende Politisierung der Universitäten führte bei dem jungen Juristen, der nach seinen Examina als Staatsanwalt und Richter in die bayerische Justizverwaltung eintrat, zu einer Aktivierung konservativer Vorprägungen. Als Kreisvorsitzender der JU und seit 1966 als Stadtrat seiner Heimatstadt, die er zwischen 1966 und 1972 auch im Landtag vertrat, gehörte er rasch zu denen, die für höhere Ämter in Frage kamen, und es war fast folgerichtig, daß ihn die CSU im Mai 1971 zum Kandidaten für das Amt des Oberbürgermeisters kürte.

Sein sozialdemokratischer Gegenkandidat war kein anderer als der 2. Bürgermeister der Stadt, Hermann Egermann. Der 48jährige verkörperte in mehrfacher Hinsicht das Gegenbild zu Peter Schnell – Oberfranke, evangelisch, Maschinen-

---

[596] Vgl. Handbuch des Bayerischen Landtags. 7. Wahlperiode, hrsg. vom Landtagsamt, München 1975, S. 141.
[597] Vgl. Hans Tigges, Das Stadtoberhaupt. Porträts im Wandel der Zeit, Baden-Baden 1988, S. 217f.
[598] Vgl. Straub, Geschichte der SPD Ingolstadt, S. 29.

schlosser im Ingolstädter Eisenbahnausbesserungswerk, 1. Bevollmächtigter der
GdED, seit 1952 Stadtrat und seit 1955 auch Mitglied des oberbayerischen Be-
zirkstags für die SPD[599]. Egermann und die SPD führten 1972 einen Wahlkampf
unter dem Motto „Für eine Stadt, in der sich leben läßt", wobei das auf Planung
und Modernisierung zielende Konzept Stinglwagners durch neue Akzente auf
den Feldern Umweltschutz und Sozialwesen ergänzt wurde[600]. Union und Sozialdemokratie schenkten sich in dieser Kampagne nichts, und als die Wählerinnen
und Wähler am 11. Juni 1972 an die Urnen gerufen wurden, erlebte die SPD eine
böse Überraschung. Schnell siegte bereits im ersten Wahlgang klar mit 58,6 Prozent der Stimmen gegen Egermann, der sich mit 41,4 Prozent zufriedengeben
mußte. Auch im Stadtrat änderten sich die Mehrheitsverhältnisse in signifikanter
Weise. Die CSU erhielt 46,7 Prozent der Stimmen (1966: 40,9 Prozent) und gewann 22 der 44 Sitze im Stadtrat – fünf mehr als 1966; die SPD verlor 3,4 Prozent
der Stimmen und kam auf 43 Prozent und 19 Sitze im Stadtrat, in dem neben den
beiden großen Parteien nur noch die Unabhängige Wählerschaft mit drei Sitzen
vertreten war[601]. Wie 1966 die CSU als zweitgrößte Fraktion im Stadtrat von der
Führung der Geschäfte ausgeschlossen wurde, so erging es jetzt der SPD. Neben
den neuen Oberbürgermeister Peter Schnell traten Hermann Regensburger als 2.
und Otto Lamm von der UW, die sich mit der CSU verbündet hatte, als 3. Bürgermeister.

„Die Wahlniederlage in Ingolstadt ist höher ausgefallen als die größten Pessi-
misten angenommen haben", kommentierte Unterbezirksgeschäftsführer Ferstl
nach geschlagener Schlacht. Die Ursache für den Machtverlust liege jedoch „nicht
nur in der Wahlkampfführung, sondern vielmehr in der mangelnden Koordinierung der guten Kommunalpolitik der vergangenen Periode". Oberbürgermeister
Stinglwagner und die SPD-Rathausfraktion mußten sich den Vorwurf gefallen lassen, den Erfolg leichtfertig verspielt zu haben, da es ihnen „in der Agitation und
Aktion" zu keiner Zeit gelungen sei, „jene Einheit" zu finden, „die in der Bürger-
schaft Vertrauen erweckt"[602]. Für die Sozialdemokraten war dieses eindeutige Ergebnis deshalb besonders bitter, weil es nicht unbedingt im Trend lag. Die CSU
hatte zwar gegenüber 1966 ihren Stimmenanteil bayernweit um 5,6 Prozent auf
45,6 Prozent ausgebaut und damit ihr bestes Ergebnis bei Kommunalwahlen seit
1948 erzielt, aber auch die SPD hatte um zwei Prozent auf 36,8 Prozent zugelegt[603]. Ihre Hochburgen lagen nach wie vor in den kreisfreien Städten (49,1 Prozent der Stimmen), wo es gelungen war, die CSU (39,7 Prozent der Stimmen) um
fast zehn Punkte zu distanzieren[604]. In Ingolstadt hatte die SPD freilich nicht nur
den Oberbürgermeister verloren, sondern auch das Ergebnis der kreisfreien
Städte deutlich verfehlt, während die CSU bei der Wahl des Stadtrats in einem
Terrain, das von den Voraussetzungen her nicht unbedingt das ihre war, sogar besser abschnitt als im Landesdurchschnitt.

[599] Vgl. ebenda, S. 28, und DGB-Kreis Ingolstadt, Ordner SPD, Kreisangestelltenausschuß, Kreis-
beamtenausschuß bis 1980, Kandidaten der SPD zur Landtagswahl 1978.
[600] AsD, SPD-Bezirk Südbayern IV/83, SPD-Ingolstadt: „Unser Programm '72".
[601] Vgl. Ingolstadt plant und baut 1972–1982, S. 14 f., und 40 Jahre CSU Ingolstadt, S. 72.
[602] AsD, SPD-Bezirk Südbayern I/131, Monatsbericht des Unterbezirks Donau-Ilm für Juni 1972.
[603] Vgl. Statistisches Jahrbuch für Bayern 31 (1975), S. 96 f.
[604] Vgl. Münchner Merkur vom 19. 6. 1972: „CSU Sieger der Kommunalwahlen".

Auch in den umliegenden Kreisstädten gab es für die SPD wenig zu holen. In Eichstätt, wo der erst 1970 im Amt bestätigte Oberbürgermeister Hans Hutter (CSU) nicht zur Wahl stand, verbuchten die Sozialdemokraten zwar bei der Stadtratswahl einen Stimmengewinn von 3,7 Prozent auf 22,8 Prozent, ob sie sich aber angesichts der Tatsache, daß die CSU um 8,6 Prozent zugelegt und die Wahl mit 60 Prozent der Stimmen klar gewonnen hatte, wirklich darüber freuen konnten, ist zweifelhaft[605]. In der Stadt Neuburg an der Donau, die ebenso wie Eichstätt den begehrten Status der Kreisfreiheit im Zuge der Gebietsreform verloren hatte, gab es an der Spitze der Stadtverwaltung ebenfalls keine Veränderung; hier hatten die Bürgerinnen und Bürger den amtierenden Oberbürgermeister Theo Lauber (Neuburger Bürgerblock/Parteilose Wählergruppe) bereits im ersten Wahlgang mit 56,5 Prozent der Stimmen wiedergewählt, während die Bewerber von CSU (16,2 Prozent) und SPD (10,5 Prozent) noch hinter dem Kandidaten des Jungbürgerbunds auf die Plätze verwiesen wurden. Dagegen gewann die CSU bei einem Stimmenzuwachs von 11,3 Prozent die Stadtratswahl klar, mußte sich aber angesichts der unübersichtlichen kommunalpolitischen Verhältnisse mit 34,8 Prozent der Stimmen begnügen. Auch die SPD gewann deutlich und kam nach 15,4 Prozent der Stimmen im Jahr 1966 nun auf 22 Prozent. Damit lagen die Sozialdemokraten zwar vor der Liste Neuburger Bürgerblock/Parteilose Wählergruppe, aber hinter dem Jungbürgerbund und waren somit nur die dritte Kraft im Stadtrat[606]. Die nicht parteigebundenen Wähler spielten auch in Pfaffenhofen eine große Rolle, wo der amtierende 1. Bürgermeister Jakob Sanwald nicht mehr antrat. Die Hoffnungen der CSU, auch dieses Rathaus zu erobern, scheiterten jedoch, obwohl ihr Kandidat, der Mesner Josef Scherer, nach dem ersten Wahlgang noch mit 38,6 Prozent der Stimmen in Führung gelegen hatte. In der Stichwahl setzte sich jedoch der Straßenbauunternehmer Anton Schranz von den Freien Wählern mit 51,6 Prozent der Stimmen durch, den auch die SPD unterstützte, nachdem ihr eigener Bewerber um das Amt des 1. Bürgermeisters, der Amtmann Clemens Fehringer, bereits im ersten Wahlgang ausgeschieden war. Dafür gingen die Freien Wähler im Stadtrat eine Koalition mit der SPD ein, deren knappe Mehrheit ausreichte, um den Sozialdemokratischen Stadtrat Willihard Kolbinger zum 2. Bürgermeister zu wählen. Damit hatte sich aber der Wahlerfolg der CSU, die mit 12 von 25 Stadträten die absolute Mehrheit nur knapp verfehlt hatte, als Muster ohne Wert erwiesen, während die SPD das beste aus der Situation und ihrem stagnierenden Stimmenanteil machte und das Gewicht ihrer sieben Stadträte bei knappen Mehrheitsverhältnissen geschickt ausnutzte[607]. In der lange Jahre zum SPD-Unterbezirk Donau-Ilm gehörenden Stadt Aichach erlebten die Sozialdemokraten dagegen ähnlich wie in Ingolstadt einen „schwarzen Tag". Die SPD mußte nicht nur das Bürgermeisteramt an die CSU abgeben, sondern verlor bei der Stadtrats-

[605] BLSD, Referat Wahlen, Mappe Eichstätt, Statistischer Fragebogen zur Wahl der ehrenamtlichen Gemeinderatsmitglieder am 13. 3. 1966 und am 11. 6. 1972 sowie Statistischer Fragebogen zur Wahl des Oberbürgermeisters am 8. 3. 1970.

[606] BLSD, Referat Wahlen, Mappe Neuburg an der Donau, Statistischer Fragebogen zur Wahl der ehrenamtlichen Gemeinderatsmitglieder am 13. 3. 1966 und am 11. 6. 1972 sowie Statistischer Fragebogen zur Wahl des Oberbürgermeisters am 11. 6. 1972.

[607] AsD, SPD-Bezirk Südbayern I/131, Monatsbericht des Unterbezirks Donau-Ilm für Juni 1972; vgl. auch Kolbinger, Pfaffenhofen, S. 407–411 und S. 426 f.

wahl mehr als elf Prozent der Stimmen, während die Union einen großen Sieg ein-
fahren konnte. Mit 13 von 20 Sitzen verfügte die CSU nun fast über eine Zweidrit-
telmehrheit im Gemeindeparlament[608].

Wenn die SPD bei den Kommunalwahlen schon in den wichtigsten Städten der
Region Ingolstadt keine entscheidenden Fortschritte machte, sondern im Gegenteil wertvolles Terrain verlor, so konnte man nicht erwarten, daß die Sozialdemokratie in den Landkreisen mehr Erfolg hatte, in denen die CSU traditionell die
stärkste Kraft war. Nach der Gebietsreform mit ihren neu zugeschnittenen Landkreisen ließ sich freilich schwer vorhersagen, wie die Wahl ausgehen würde, zumal
vor allem die CSU Protest und verletzten Lokalpatriotismus fürchten mußte. Klar
war nur, daß die SPD mit dem aufgelösten Landkreis Ingolstadt ihren Eckpfeiler
im Mittelbayerischen Donaugebiet verloren hatte. Die „roten" Gemeinden, die
nun zu den Landkreisen Eichstätt und Pfaffenhofen gehörten, stärkten zwar das
sozialdemokratische Wählerpotential, ihr Gewicht reichte aber nicht aus, um die
Vormachtstellung der Union zu gefährden. Während die CSU bei den Kreistagswahlen den Landesdurchschnitt von 48 Prozent der Stimmen in allen drei Landkreisen der Region übertraf (Pfaffenhofen an der Ilm: 52,6; Eichstätt: 52,3 Prozent; Neuburg/Schrobenhausen: 49,1 Prozent), verfehlte die SPD ihr durch-
schnittliches Ergebnis von 31,7 Prozent der Stimmen, das sie in den bayerischen
Landkreisen erzielt hatte, im Mittelbayerischen Donaugebiet deutlich (Pfaffenhofen an der Ilm: 28,1 Prozent; Eichstätt: 25,2 Prozent; Neuburg/Schrobenhausen:
22,8 Prozent). Vermutlich wäre die Differenz zwischen CSU und SPD noch größer gewesen, wenn nicht parteiungebundene Listen Stimmen aus dem christlich-
bürgerlichen Lager hätten abziehen können, die ansonsten vermutlich der CSU
zugefallen wären. Im Landkreis Neuburg/Schrobenhausen beispielsweise entfielen 28 Prozent der Stimmen auf die Kandidaten der Unabhängigen Wähler, der
Parteilosen Wählergemeinschaft und des Neuburger Bürgerblocks; auch im
Landkreis Eichstätt lag das Potential solcher Listen bei deutlich über 20 Prozent[609]. Lediglich im Landkreis Pfaffenhofen kamen die Freien Wähler nicht über
12,7 Prozent der Stimmen hinaus.

Noch deutlicher als die Kreistagswahl entschied die CSU die Wahl der Landräte
für sich. Ihre Kandidaten Traugott Scherg (Pfaffenhofen), Konrad Regler (Eichstätt) und Walter Asam (Neuburg/Schrobenhausen; gemeinsamer Kandidat von
CSU und PWG) siegten allesamt im ersten Wahlgang. In Pfaffenhofen konnte
Willihard Kolbinger mit 29,5 Prozent der Stimmen noch einen Achtungserfolg für
die SPD erzielen. In Eichstätt dagegen, wo sich Konrad Regler und der von der
Christlichen Union der Mitte nominierte Adolf Fink – als Landrat des aufgelösten
Landkreises Ingolstadt so etwas wie ein König ohne Land – einen harten Kampf
um das Landratsamt geliefert hatten, landete der Sozialdemokrat Thomas Ferstl
abgeschlagen bei 16,6 Prozent der Stimmen, obwohl er sich zu Beginn des Wahl-

---

[608] AsD, SPD-Bezirk Südbayern I/131, Monatsbericht des Unterbezirks Donau-Ilm für Juni 1972.
[609] BLSD, Referat Wahlen, Mappe Landkreis Eichstätt, Statistischer Fragebogen zur Wahl des Kreistags am 11. 6. 1972; Mappe Landkreis Pfaffenhofen an der Ilm, Statistischer Fragebogen zur Wahl
des Kreistags am 11. 6. 1972, und Mappe Landkreis Neuburg/Schrobenhausen, Statistischer Fragebogen zur Wahl des Kreistags am 11. 6. 1972.

kampfs noch Hoffnungen gemacht hatte, Regler in die Stichwahl zu zwingen[610].
Im Landkreis Neuburg/Schrobenhausen hatte die SPD nicht einmal einen Kandidaten für das Amt des Landrats ins Rennen geschickt[611].
Freilich gab es bei den Gemeinderats- und Bürgermeisterwahlen in den kleineren Kommunen der Region auch einige Lichtblicke. Im Norden Ingolstadts zeigte sich gar ein regelrechter Gürtel stadtnaher Industrie- und Arbeiterwohngemeinden, in denen die SPD den Ton angab. Insgesamt stellte die SPD in den verbliebenen Gemeinden des ehemaligen Landkreises Ingolstadt sieben Bürgermeister und verfügte in Gaimersheim, Kösching, Lenting, Oberstimm, Reichertshofen, Stammham und Wettstetten auch über die absolute Mehrheit im Gemeinderat. Mancherorts wie in Kösching konnte die SPD ihre Vormachtstellung deutlich ausbauen. Hier siegte der amtierende Bürgermeister Karl Dollinger mit 80,2 Prozent der Stimmen klar gegen seinen christlich-sozialen Herausforderer; im Gemeinderat entfielen von 20 Sitzen 12 auf Kandidaten der SPD und nur fünf auf die CSU[612]. Die Union mußte sich dagegen mit fünf Rathäusern zufriedengeben und hatte zumindest in Manching schmerzliche Verluste hinnehmen müssen. Bürgermeister Hans Stutz erhielt trotz seiner Wiederwahl einen „Denkzettel", den er auf die ungeliebte Gebietsreform zurückführte, während die SPD so viele Stimmen gewann, daß sie im Gemeinderat mit der CSU gleichziehen konnte; beide Fraktionen stellten je acht Vertreter. Die vier Gemeinderäte der Freien Wähler konnten sich als Zünglein an der Waage fühlen[613].
Die Gebietsreform rief nicht nur stellenweise großen Unmut hervor, der sich in den Wahlergebnissen widerspiegelte, sondern veränderte auch die Voraussetzung für die Rekrutierung kommunalpolitischer Eliten grundlegend. Von den 39 Gemeinden des ehemaligen Landkreises Ingolstadt hatte 1972 noch ungefähr die Hälfte Bestand. Wo es zu Eingemeindungen gekommen war, mußte aber sowohl eine Balance zwischen alten und neuen Ortsteilen gefunden als auch die Gemeindeverwaltung den veränderten Gegebenheiten und Bedürfnissen angepaßt werden. Mit der Auflösung kleiner, finanz- und leistungsschwacher Landgemeinden wie Wackerstein und Ettling, die 1972 zu Pförring kamen, wurden die traditionellen Machtpositionen der dörflich-bäuerlichen Elite vielfach gleichsam „wegrationalisiert", während sich das Anforderungsprofil an Bürgermeister und Gemeinderäte in den neu zugeschnittenen Kommunen sichtlich veränderte[614]. „Das traditionelle Kriterium der Lebenserfahrung trat nun mehr und mehr hinter fachliche Gesichtspunkte, etwa einer besseren Bildung oder Ausbildung zurück." Dieser Prozeß hatte vor allem in den stadtnahen Gemeinden des Landkreises Ingolstadt bereits in den sechziger Jahren begonnen und damit früher eingesetzt als in den eher windstillen Zonen des Strukturwandels. Die Gebietsreform verhalf dieser Entwicklung aber auch hier zum Durchbruch.

[610] AsD, SPD-Bezirk Südbayern I/131, Monatsbericht des Unterbezirks Donau-Ilm für Juni 1972.
[611] BLSD, Referat Wahlen, Mappe Landkreis Pfaffenhofen an der Ilm, Statistischer Fragebogen zur Wahl des Landrats am 11. 6. 1972; Mappe Landkreis Eichstätt, Statistischer Fragebogen zur Wahl des Landrats am 11. 6. 1972, und Mappe Landkreis Neuburg/Schrobenhausen, Statistischer Fragebogen zur Wahl des Landrats am 11. 6. 1972.
[612] Vgl. Donau-Kurier vom 13. 6. 1972: „SPD wieder stärkste Partei".
[613] Donau-Kurier vom 13. 6. 1972: „Gebietsreform wirkte sich aus".
[614] Vgl. Balcar, Politik auf dem Land, S. 89; das folgende Zitat findet sich ebenda, S. 91.

So gesehen ist es nicht verwunderlich, daß das Jahr 1972 im Zeichen einer weiteren Professionalisierung stand. Von den 20 Bürgermeistern, die in den Kommunen des aufgelösten Landkreises Ingolstadt gewählt wurden, sollten ihrer Gemeinde neun ehrenamtlich, elf jedoch berufsmäßig vorstehen[615]. Wenn man bedenkt, daß es 1960 im Landkreis Ingolstadt ausschließlich ehrenamtliche Bürgermeister gegeben und das Verhältnis zwischen ehrenamtlichen und berufsmäßigen
Bürgermeistern 1966 etwa 3:1 betragen hatte, so wird deutlich, wie rasch sich
dieser Umbruch vollzog. Mit der Kommunalwahl des Jahres 1972 und der Gebietsreform traten die letzten der Dinosaurier unter den Bürgermeistern ab; älter
als 60 Jahre war unter den Gemeindevorstehern, deren Durchschnittsalter 49,45
Jahre betrug, keiner mehr. Freilich hatten es auch jüngere Kandidaten nach wie
vor nicht leicht, von ihren Mitbürgern akzeptiert zu werden. Von den 20 im Jahr
1972 gewählten Bürgermeistern waren nur drei jünger als 40 Jahre, während
sieben 41 bis 50 Jahre und zehn 51 bis 60 Jahre zählten. Es dominierten also
Männer – eine Frau fand sich unter den Bürgermeistern nach wie vor nicht –, die
den nationalsozialistischen Krieg mit all seinen Schrecken bewußt erlebt hatten
und für die der Wiederaufbau zu einer zweiten prägenden Erfahrung geworden
war.

Eine folgerichtige Konsequenz des Professionalisierungsschubes zwischen
1966 und 1972 zeigte sich in der veränderten Berufsgruppenschichtung der Bürgermeister. Die neuen Aufgaben und das damit verbundene Anforderungsprofil
begünstigten im Verein mit dem Trend, berufsmäßige Bürgermeister zu bestellen,
sowohl Beamte und Angestellte des öffentlichen Dienstes, die zumeist auf Ver-
waltungserfahrung verweisen konnten, als auch Arbeitnehmer in der privaten
Wirtschaft, die über eine entsprechende Qualifikation oder über den Rückhalt
einer politischen Partei verfügten. Selbständige hingegen, die sich um ihren Bau-
ernhof oder Handwerksbetrieb kümmern mußten und aufgrund ihrer Unabhän-
gigkeit als ehrenamtliche Bürgermeister prädestiniert gewesen waren, sahen sich
immer seltener dazu in der Lage, die Zeit aufzubringen, um die Geschicke ihrer
Heimatgemeinde zu lenken. 1972 stellten die Beamten und Angestellten des öffentlichen Dienstes sieben Bürgermeister, die Vertreter der selbständigen Berufe
nur fünf, unter denen sich drei Landwirte befanden – der 1935 geborene Martin
Mayer in Demling, der 1927 geborene Anton Brogner in Menning und der 1933
geborene Adolf Härdl in Theißing. Die Herrschaft der Selbständigen war damit
gebrochen; insbesondere die Verfügungsgewalt über Grund und Boden, die den
begüterten Bauern in den Landgemeinden traditionell eine herausgehobene Stellung garantiert hatte, stellte kein entscheidendes Kriterium bei der Auswahl neuer
Bürgermeister mehr dar. Hingegen – und dies verweist auf die Bedeutung der
Industrie und der Industriearbeiterschaft im Verdichtungsraum um Ingolstadt –
avancierten auch Arbeitnehmer in der privaten Wirtschaft zu Entscheidungsträgern. Von den 1972 gewählten Bürgermeistern gaben fünf an, ihr Brot als Facharbeiter und Angelernte verdient zu haben; drei weitere fielen unter die Berufsgruppe der technischen und kaufmännischen Angestellten.

---

[615] Die folgenden Angaben wurden zusammengestellt nach: BLSD, Referat Wahlen, Mappen zu den
Wahlen in den Gemeinden des ehemaligen Landkreises Ingolstadt.

In den Kreistagen der Region zeichneten sich ähnliche Trends ab, wobei in den neuformierten Landkreisen Eichstätt und Pfaffenhofen an der Ilm, in denen die übriggebliebenen Gemeinden des aufgelösten Landkreises Ingolstadt aufgegangen waren, die Folgen des sozioökonomischen Strukturwandels deutlicher sichtbar wurden als im Landkreis Neuburg/Schrobenhausen, dessen agrarische Grundierung noch sichtbar hervortrat[616]. Daß die älteren Jahrgänge nicht mehr das Monopol auf kommunalpolitische Ämter hatten, zeigte sich an der Zahl der Kreisräte unter 40 Jahren, von denen es in den Kreistagen des Untersuchungsraums so viele gab wie nie zuvor. Im Eichstätter Kreistag stellte die jüngere Generation ein Drittel der Kreisräte, in Pfaffenhofen und Neuburg/Schrobenhausen rund ein Fünftel. In allen Kreistagen waren nun auch jeweils zwei Frauen vertreten, deren Anspruch auf Mitgestaltung selbst auf dem Land nicht mehr gänzlich ignoriert werden konnte. Im Eichstätter Kreistag kam es der 32jährigen Bäuerin und Hausfrau Heidrun Ponschab (CSU) sowie der 35jährigen medizinisch-technischen Assistentin Monika Kalb-Mahner (SPD) zu, sich in einer Männerdomäne zu behaupten.

Was die Berufsgruppenschichtung betrifft, so fällt zunächst auf, daß der Anteil der Selbständigen unter den Kreisräten im allgemeinen und der Anteil der Landwirte im besonderen signifikant zurückging. In Eichstätt betrug der Anteil der Selbständigen nur noch 35 Prozent; die Landwirte mußten sich mit acht von 60 Sitzen im Kreistag zufriedengeben und sich damit abfinden, daß sie hinter den Beamten und den Angestellten in der freien Wirtschaft nur noch die drittgrößte Berufsgruppe stellten. Im Kreistag von Pfaffenhofen schnitten die Selbständigen mit 48 Prozent zwar erheblich besser ab, aber auch hier reichte es nicht mehr für die absolute Mehrheit. Im Kreistag des Landkreises Neuburg/Schrobenhausen hingegen betrug der Anteil der Selbständigen noch 56 Prozent; hier war mit 32 Prozent auch der Anteil der Landwirte unter den Kreisräten am höchsten. Dagegen nahm die Zahl der Angehörigen des öffentlichen Dienstes, und hier namentlich der Beamten, unverkennbar zu. Im Eichstätter Kreistag stellten sie mit 36,7 Prozent gar die größte Gruppe, während sie in Neuburg/Schrobenhausen (30 Prozent) und Pfaffenhofen (28 Prozent) hinter den Selbständigen die zweitgrößte Gruppe bildeten. Auch Arbeitnehmer waren nun in der Regel besser vertreten, wie sich insbesondere in den Kreistagen von Pfaffenhofen und Neuburg/Schrobenhausen zeigte. Allerdings profitierten von dieser Entwicklung zumeist die Angestellten; Arbeitern gelang der Sprung in den Kreistag hingegen nach wie vor vergleichsweise selten.

Die Fraktionen der beiden großen Parteien unterschieden sich dabei nach ihrer Zusammensetzung in charakteristischer Weise. Die sozialdemokratischen Kreisräte entstammten zumeist dem öffentlichen Dienst oder sie verdienten ihren Lebensunterhalt als Arbeiter und Angestellte in der privaten Wirtschaft; die Selbständigen spielten abgesehen von der SPD-Fraktion in Neuburg-Schrobenhausen keine nennenswerte Rolle. Auch unter den Kreisräten der CSU sahen sich die Beschäftigten des öffentlichen Dienstes gut vertreten, während – abgesehen von

---

[616] Die folgenden Angaben wurden zusammengestellt nach: BLSD, Referat Wahlen, Mappe Landkreis Eichstätt, Mappe Landkreis Pfaffenhofen und Mappe Landkreis Neuburg/Schrobenhausen.

Eichstätt – die Arbeitnehmer und hier vor allem die Arbeiter unterrepräsentiert waren. Das Rückgrat der christsozialen Kreistagsfraktionen bildeten (vor allem in Pfaffenhofen und Neuburg/Schrobenhausen) die Selbständigen in Landwirtschaft, Handel und Handwerk, welche die angestammte Klientel der CSU vertraten. Die Tradition, in der die bayerische Unionspartei stand, zeigte sich auch darin, daß sie in alle drei Kreistage der Region noch einen Geistlichen entsandt hatte, obwohl die Zeit der politischen Prälaten lange vorbei war[617].

Dies galt nicht nur für den bayerischen Landtag, wo es seit dem Tod von Leopold Lerch im Jahr 1964 keinen katholischen Geistlichen mehr gab, sondern auch für die Stadträte der drei wichtigsten Städte der Region: Ingolstadt, Eichstätt und Neuburg an der Donau[618]. Was die soziale Zusammensetzung dieser Stadträte angeht, so prägten die Beschäftigten des öffentlichen Dienstes allen drei Stadtparlamenten ihren Stempel auf. In Neuburg an der Donau stellten sie sogar die Hälfte aller Stadträte, und auch in Eichstätt lag ihr Anteil bei mehr als 40 Prozent. Da Ingolstadt mehr Industriestadt als Verwaltungszentrum war, galten etwas andere Gesetze; die Beamten und Angestellten des öffentlichen Dienstes stellten zwar auch hier die größte Gruppe, ihr Anteil blieb jedoch nach der Stadtratswahl im Juni 1972 mit 36,4 Prozent deutlich hinter den Vergleichszahlen aus Neuburg und Eichstätt zurück. Dagegen war im Ingolstädter Stadtrat die Gruppe der Gewerkschaftssekretäre und hauptamtlichen Betriebsräte gut vertreten, was wiederum auf die Bedeutung verweist, welche die Großindustrie für die Stadt gewonnen hatte. Mit Hermann Egermann, dem Leiter der Geschäftsstelle der GdED, Manfred Schmid, dem 2. Bevollmächtigten der IG Metall, mit Franz Gillich, dem Leiter der Rechtsstelle des DGB sowie mit den beiden Betriebsräten Sebastian Metz (Despag) und Robert Weisbach (Audi) hatten die Gewerkschaften ein gewichtiges Wort im Stadtrat mitzureden. Es versteht sich fast von selbst, daß diese fünf Stadträte alle der SPD-Fraktion angehörten; diese wies damit eine spezifische Färbung auf, die den anderen sozialdemokratischen Stadtratsfraktionen in der Region fehlte.

Nimmt man die Gewerkschaftssekretäre und hauptamtlichen Betriebsräte sowie die Arbeitnehmer in der privaten Wirtschaft als eine Gruppe, so stellte diese rund ein Drittel aller Stadträte Ingolstadts – eine Quote, die weder in Eichstätt und schon gar nicht in Neuburg an der Donau erreicht wurde. Immerhin überstieg im Eichstätter Stadtrat der Anteil der Arbeiter und Angestellten in der privaten Wirtschaft erstmals den Anteil der Stadträte, die einer selbständigen Tätigkeit nachgingen. Am stärksten waren die Selbständigen (und hier insbesondere die Repräsentanten des alten Besitzmittelstands) noch in Neuburg vertreten, wo sie knapp 30 Prozent aller Stadträte stellten; in Eichstätt und Ingolstadt dagegen übte – grob gerechnet – nur jeder fünfte Stadtrat eine selbständige Tätigkeit aus. Die Selbständigen spielten vor allem in den CSU-Stadtratsfraktionen eine wichtige Rolle, auch wenn sie nur noch in Neuburg an der Donau die größte Gruppe unter den christlich-sozialen Stadträten stellten. In Ingolstadt und Eichstätt gaben dage-

[617] Vgl. Rudolf Morsey, Prälaten auf der politischen Bühne. Zur Rolle geistlicher Parlamentarier im 19. und 20. Jahrhundert, in: Becker/Chrobak (Hrsg.), Staat, Kultur, Politik, S. 313–323.
[618] Die folgenden Angaben wurden zusammengestellt nach: BLSD, Referat Wahlen, Mappe Eichstätt, Mappe Pfaffenhofen und Mappe Neuburg an der Donau.

gen bereits Vertreter des öffentlichen Dienstes den Ton an, während die Arbeitnehmer – bei deutlicher Präferenz für Angestellte – nur ein Fünftel bis ein Viertel
der CSU-Stadträte stellten. Alles in allem deckten die christlich-sozialen Stadtratsfraktionen, die auch größer waren, aber ein breiteres soziales Spektrum ab als
die sozialdemokratischen, die sich vor allem auf Beamte (und hier nicht selten auf
Lehrer) und Facharbeiter stützten; lediglich in Ingolstadt präsentierte sich die
SPD-Fraktion als Vertretung einer linken Volkspartei in der Tradition der Arbeiterbewegung.

Hegemonie und Abstieg: CSU und SPD 1972 bis 1975

Die Schlappe, welche die SPD in der Region Ingolstadt bei der Kommunalwahl
von 1972 erlitten hatte, schien jedoch zunächst nur eine häßliche Momentaufnahme zu sein. Denn als die Wählerinnen und Wähler am 19. November 1972 an
die Urnen gerufen wurden, um nach dem gescheiterten Mißtrauensvotum gegen
Bundeskanzler Brandt ein neues Parlament zu wählen, konnte sich das Ergebnis
durchaus sehen lassen[619]. Mit Ausnahme von Ingolstadt, wo die SPD bei einem
Plus von 2,9 Prozent auf 42,9 Prozent der Zweitstimmen kam, blieb der Landesdurchschnitt von 37,8 Prozent – das beste Ergebnis, das die SPD in Bayern jemals
erzielt hatte – im Mittelbayerischen Donaugebiet zwar außer Reichweite. Bei
Stimmengewinnen zwischen 0,6 und 4,3 Prozent hatte sich die SPD aber in den
Landkreisen Pfaffenhofen und Neuburg/Schrobenhausen der 30-Prozent-Marke
angenähert und diese im Landkreis Eichstätt sogar übersprungen. Die SPD profitierte dabei vor allem von der hohen Wahlbeteiligung, denn ihre Erfolge gingen
kaum zu Lasten der CSU, die ihren Stimmenanteil gegenüber 1969 landesweit
noch einmal leicht auf 55,1 Prozent der Zweitstimmen ausbauen konnte. In der
Region Ingolstadt stagnierte die Union allerdings oder mußte Verluste von bis zu
1,9 Prozent hinnehmen, die sie angesichts ihrer starken, ja in weiten Teilen des
Untersuchungsraums hegemonialen Stellung verschmerzen konnte. In den Landkreisen Eichstätt, Pfaffenhofen und Neuburg/Schrobenhausen entschieden sich
etwa zwei Drittel der Wählerinnen und Wähler für die CSU, die auch in Ingolstadt relativ gut abschnitt. Für eine Partei, die eher auf dem Land als in den (Indu-
strie-) Städten zu Hause war, bedeutete ein Stimmenanteil von 51 Prozent auch
dann einen Erfolg, wenn der Landesdurchschnitt verfehlt wurde.

Die Stimmengewinne der SPD im Mittelbayerischen Donaugebiet täuschten
freilich nur vorübergehend über die Strukturprobleme der Sozialdemokratie im
Herzen Bayerns hinweg. Persönliche Querelen machten sich immer wieder stö-
rend bemerkbar und fanden ihren Ausdruck nicht zuletzt darin, daß Vorstands-
wahlen wiederholt in Kampfabstimmungen endeten und daß sich mit Willi
Schneider, Werner Pößl und Hans Höllrigl in wenigen Jahren drei Genossen im
Vorsitz des Unterbezirks ablösten[620]. Die Depression nach der verlorenen Kom-

---

[619] Die folgenden Angaben nach: Statistisches Jahrbuch für Bayern 30 (1972), S. 108 f., und 31 (1975),
   S. 100 f.
[620] AsD, SPD-Bezirk Südbayern I/174, Monatsberichte des Unterbezirks Donau-Ilm bzw. Ingolstadt
   für Januar 1973 und November 1974, sowie SPD-Bezirk Südbayern V/001, Geschäftsbericht des
   SPD-Bezirks Südbayern für den Bezirksparteitag 1975, S. 75.

Mitgliederentwicklung und Parteiorganisation im SPD-Unterbezirk Ingolstadt 1972 bis 1974[621]

	Ortsvereine	Männer	Frauen	Mitglieder gesamt
1972				
KV Ingolstadt	10	–	–	857
KV Pfaffenhofen	13	–	–	625
KV Neuburg/Schr.	6	–	–	343
KV Donau-Altmühl	23	–	–	867
Unterbezirk	52	–	–	2692
1973				
KV Ingolstadt	–	–	–	791
KV Pfaffenhofen	–	–	–	617
KV Neuburg/Schr.	–	–	–	423
KV Donau-Altmühl	–	–	–	871
Unterbezirk	–	–	–	2702
1974				
KV Ingolstadt	–	708	140	848
KV Pfaffenhofen	12	544	82	626
KV Neuburg/Schr.	10	374	56	430
KV Eichstätt	21	747	78	825
Unterbezirk	–	2373	356	2729

munalwahl tat ein übriges, um Tatkraft und Einsatzfreude für die Sache der Partei zu lähmen[622]. Dazu kam, daß die SPD in der Region neben dem abgewählten Otto Stinglwagner 1972 eine zweite Galionsfigur verlor: Fritz Böhm, der – nicht zuletzt desillusioniert nach den heftigen Angriffen wegen seiner Haltung zur Notstandsgesetzgebung – auf eine erneute Kandidatur für den Bundestag verzichtet hatte[623].

Da war es wenig hilfreich, daß die organisatorischen Folgen der Gebietsreform gewachsene Strukturen zerschlugen und auf der Ebene der Ortsvereine, Kreisverbände wie des Unterbezirks Integrationsleistungen verlangten, die nicht wenige Kapazitäten absorbierten. Der Kreisverband Donau-Altmühl um die Stadt Eichstätt stieß gar vom Bezirk Franken zum neuen Unterbezirk Ingolstadt, der neben dem Kreisverband Ingolstadt und dem Kreisverband Donau-Altmühl die Kreisverbände Pfaffenhofen und Neuburg/Schrobenhausen umfaßte, während der

[621] Stichtag für 1972: 31. 7., für 1973: 1. 1. und für 1974: 31. 12; der Kreisverband Eichstätt firmierte zunächst unter dem Namen Kreisverband Donau-Altmühl. Zusammengestellt nach: AsD, SPD-Bezirk Südbayern V/001, Geschäftsbericht des SPD-Bezirks Südbayern für den Bezirksparteitag 1973, S. 76; SPD-Bezirk Südbayern I/174, SPD-Unterbezirk Ingolstadt: Tätigkeitsbericht des Unterbezirksvorsitzenden 1973/74; SPD-Bezirk Südbayern I/177, Mitgliederstand, Beitragsaufkommen und Finanzlage der Parteigliederungen im Unterbezirk Ingolstadt am 31. 12. 1974.

[622] AsD, SPD-Bezirk Südbayern I/131, Bericht (gez. Thomas Ferstl) über das Ergebnis des Volksbegehrens „Rundfunkfreiheit", undatiert (1972).

[623] AsD, SPD-Bezirk Südbayern I/131, Monatsbericht des Unterbezirks Donau-Ilm für Juli 1972, und SPD-Bezirk Südbayern IV/83, Unterbezirk Donau-Ilm (gez. Willi Schneider) an den Landes- und den Bezirksvorstand Südbayern vom 26. 9. 1972.

Kreisverband Aichach, der lange Jahre Teil des Unterbezirks Donau-Ilm gewesen war, einem schwäbischen Unterbezirk zugeschlagen wurde[624]. In diesem Zusammenhang trugen auch ausgreifende Eingemeindungsvorstellungen der Ingolstädter Sozialdemokraten dazu bei, Zwietracht in den eigenen Reihen zu säen und Parteifreunde auf die Barrikaden zu rufen, die – wie in Gaimersheim – auf Selbständigkeit bedacht waren[625].

Überhaupt litt der Unterbezirk nach wie vor an organisatorischen Defiziten, die den Erfolg der Sozialdemokratie in der Region Ingolstadt begrenzten. Die Achillesferse der SPD war noch immer der niedrige Organisationsgrad. Am günstigsten gestaltete sich dieser aufgrund des Erbes des aufgelösten Landkreises Ingolstadt noch auf dem Gebiet des Kreisverbands Donau/Altmühl (Eichstätt), wo 58 politischen Gemeinden 21 Ortsvereine der SPD gegenüberstanden. Der daraus resultierende Organisationsgrad von 36,2 Prozent wurde weder im Kreisverband Pfaffenhofen noch im Kreisverband Neuburg/Schrobenhausen erreicht; in Pfaffenhofen hatten es die Genossen in knapp einem Viertel der 49 Gemeinden geschafft, einen Ortsverein zu gründen, in Neuburg/Schrobenhausen gab es dagegen nur in zehn der 56 Kommunen eine sozialdemokratische Basisorganisation, was einem Organisationsgrad von gerade einmal 17,9 Prozent entsprach[626]. Ein niedriger Organisationsgrad brachte aber Probleme bei der Mobilisierung für Wahlen oder Volksabstimmungen mit sich[627] und erschwerte auch die Mitgliederwerbung.

Zwischen Mitte 1972 und Ende 1974 stagnierte die Zahl der Genossen im Unterbezirk, deren stärkste Bataillone in Ingolstadt und im Landkreis Eichstätt standen. Die meisten neuen Mitglieder konnte die SPD im Kreisverband Neuburg/ Schrobenhausen gewinnen, wo man freilich nach wie vor die wenigsten Genossen im Unterbezirk zählte. Altschulden aus vorangegangenen Wahlkämpfen und Probleme, Mitgliederbeiträge einzutreiben oder gar Beitragserhöhungen durchzusetzen, taten ein übriges, um die Schlagkraft der SPD in der Region Ingolstadt zu schwächen[628]. In München vermerkte man bitter, die führenden Genossen dort

---

[624] AsD, SPD-Bezirk Südbayern I/145, Max Allmer an Johann Wittmann (Kreisverband Eichstätt) vom 20. 12. 1971, und SPD-Bezirk Südbayern V/001, Geschäftsbericht des SPD-Bezirks Südbayern für den Bezirksparteitag 1973, S. 75 f.; zu den „Geburtswehen" der verschmolzenen Kreisverbände Neuburg an der Donau und Schrobenhausen vgl. auch SPD-Bezirk Südbayern I/174, Monatsbericht des Unterbezirks Donau-Ilm für Januar 19/3.

[625] AsD, SPD-Bezirk Südbayern I/96, SPD-Fraktion im Ingolstädter Stadtrat an Oberbürgermeister Peter Schnell vom 30. 8. 1973, Stellungnahme der SPD-Gemeinderatsfraktion Gaimersheim zum Eingemeindungsantrag der SPD-Stadtratsfraktion Ingolstadt vom 11. 9. 1973 und das dazugehörige Anschreiben des Gaimersheimer Fraktionsvorsitzenden Pflug an den Stadtratsfraktionsvorsitzenden Pößl vom selben Tag.

[626] Berechnet nach den Angaben in der vorstehenden Tabelle und im Statistischen Jahrbuch für Bayern 31 (1975), S. 375.

[627] AsD, SPD-Bezirk Südbayern I/131, Bericht (gez. Thomas Ferstl) über das Ergebnis des Volksbegehrens „Rundfunkfreiheit", undatiert (1972).

[628] AsD, SPD-Bezirk Südbayern I/65, Rudolf Mager an Richard Waizinger (Kösching) vom 6. 7. 1972, und SPD-Bezirk Südbayern V/001, Geschäftsbericht des SPD-Bezirks Südbayern für den Bezirksparteitag 1975, S. 75. Der Tätigkeitsbericht des Unterbezirks Ingolstadt für Dezember 1974 (SPD-Bezirk Südbayern I/174) verzeichnete Schulden in einer Höhe von 21 000 DM, die abgetragen werden müßten, um bis „zur Bundestagswahl 1976 [...] wieder handlungsfähig" zu sein. Vgl. auch Donau-Kurier vom 23. 1. 1973: „Mancherlei Kritik im SPD-Unterbezirk".

„scheinen sich überhaupt nur für das Parteigeld zu interessieren, wenn es sich um ihre eigene Gehaltserhöhung handelt"[629].

Besonders belastend wirkten sich die Auseinandersetzungen um die Jungsozialisten aus. Dieser Konflikt wurde zwar vor allem in München ausgefochten, ließ aber die Region Ingolstadt nicht unberührt. Die Berichterstattung über die „Münchner Verhältnisse" war dabei die eine Seite der Medaille, die Positionierung der Jusos des Unterbezirks, die nach links rückten, kapitalismuskritische Töne anschlugen und Berufsverbote gegen linke Aktivisten anprangerten, eine andere[630]. Dabei ging es zuweilen weniger um die tatsächlichen Stellungnahmen als um die Darstellung der Jusos in der Lokalpresse, die den Eindruck erweckte, der sozialdemokratische Nachwuchs halte es mit den Kommunisten[631]. Differenzierende Klarstellungen[632] fruchteten in solchen Fällen ebenso wenig wie Aufrufe, die Parteilinie zu wahren, zumal sich auch führende Genossen im Unterbezirk nicht darüber einig waren, wo diese genau verlief[633]. Die CSU nutzte diese Angriffspunkte weidlich aus und schaltete Anzeigen, in denen die Wählerinnen und Wähler aufgefordert wurden, dafür zu sorgen „daß München, Bayerns Hauptstadt, nicht noch mehr zur Brutstätte von Anarchisten, Kommunisten, Maoisten, Terroristen, Verbrechern und Mördern wird"[634]. Basis- und wählerferne Personalentscheidungen schränkten die Attraktivität der SPD in der Region Ingolstadt weiter ein, wie der altgediente Sozialdemokrat Willihard Kolbinger aus Pfaffenhofen geradezu verzweifelt bemerkte:

„Zu dieser Einschätzung kommt erschwerend die zwar demokratische, aber doch ungemein starre, fast zentralistisch-hierarchische Ordnung der sozialdemokratischen Partei hinzu und die übergeordneten Bezirks- und Landesversammlungen hatten nichts anders zu tun, als ihre ländlichen Kreis- und Ortsverbände mit kopflastigen, ideologisch aufgeheizten Kandidaten oder Kandidatinnen zu vergewaltigen, die von den Menschen auf dem Land nichts, aber schon gar nichts verstanden, weil sie von da nicht hergekommen waren. Was einzelne Personalangebote der SPD bei Landtags- oder Bundestagswahlen als Bild der SPD aufbauten, konnten die örtlichen Kandidatinnen und Kandidaten bei den Kommunalwahlen nicht mehr ausgleichen. Die CSU mußte nicht mehr viel dazutun, sie tat es trotzdem genüßlich, über ihre CSA viele Arbeitnehmer der traditionellen Vertretung der Arbeiterschaft, nämlich der SPD zu entfremden und ihnen in der CSU nicht nur eine Standesvertretung zu versprechen, sondern auch noch die Heimat- und Familiengefühle zu vermitteln, die selbst kritische Wähler wertschätzen."[635]

Trotz dieser Probleme war der Vorstand des Unterbezirks für die Ende 1974 anstehende Landtagswahl optimistisch. Man habe diesmal „eine echte Chance zum Machtwechsel in Bayern", erklärte der Unterbezirksvorsitzende Werner Pößl

[629] AsD, SPD-Bezirk Südbayern I/65, Rudolf Mager an Thomas Ferstl vom 21. 8. 1972.
[630] AsD, SPD-Bezirk Südbayern IV/155, Kurzprotokolle der Konferenzen und Vorstandssitzungen der Jusos im Unterbezirk Ingolstadt 1973/74.
[631] Vgl. Donau-Kurier vom 16. 7. 1974: „Jusos kämpfen für DKP-Mitglied".
[632] AsD, SPD-Bezirk Südbayern IV/83, Michael Kettner an den Vorstand des Bezirks Südbayern vom 24. 7. 1974.
[633] Vgl. Donau-Kurier vom 21. 3. 1973: „Im Kreuzfeuer: Gebietsreform und radikale Elemente" sowie vom 30. 4. 1973: „SPD-Unterbezirk Ingolstadt nimmt Kurs auf Landtagswahl".
[634] AsD, SPD-Bezirk Südbayern I/162, Zeitungsanzeige des CSU-Kreisverbands Miesbach vom November 1974.
[635] Kolbinger, Pfaffenhofen, S. 269.

Ende April 1973, und gab im gleichen Atemzug das Ziel aus, in Ingolstadt das
Direktmandat zu gewinnen und einen weiteren Genossen aus der Region über die
oberbayerische Wahlkreisliste in den Landtag zu entsenden[636]. Die sozialdemokratischen Hoffnungen erwiesen sich jedoch nicht zuletzt aufgrund der politischen Großwetterlage als trügerisch. Der CSU gelang es zumindest in Bayern,
erfolgreich gegen die Ost- und Gesellschaftspolitik der sozialliberalen Koalition
zu agitieren. Die bayerische Unionspartei zog vehement gegen die angebliche
Benachteiligung des Freistaats zu Felde, beschwor den Untergang der christlich-
abendländischen Kultur und stellte die SPD als sozialistischen Bürgerschreck an
den Pranger. Der Autoritätsverlust Willy Brandts und sein Rücktritt als Bundeskanzler im Mai 1974 trugen im Vorfeld der Landtagswahl auch nicht gerade dazu
bei, die Wahlchancen der bayerischen SPD zu verbessern. Dagegen versuchte die
CSU-geführte bayerische Staatsregierung seit dem Machtwechsel in Bonn, mit einer Reformpolitik zwischen Fortschritt und Tradition glaubwürdige konservative
Alternativen zu den Initiativen der Bundesregierung zu formulieren, und konnte
sich dabei auf populäre Führungsfiguren wie Ministerpräsident Alfons Goppel
stützen[637].
   In Ingolstadt hatte sich zudem Peter Schnell rasch in seinem neuen Amt als
Oberbürgermeister zurechtgefunden und konnte nicht nur sein persönliches
Renommee, sondern auch gelungene kommunalpolitische Projekte in die Waagschale werfen, wenn es galt, für die eigene Partei zu werben. Der Erfolg, so heißt
es in der Chronik der Ingolstädter CSU, „wirkte auf den Kreisverband wie ein
Magnet"[638]. Sichtbarstes Zeichen für diese positive Entwicklung waren die Mitgliederzahlen. Im Jahr 1967 zählte der CSU-Kreisverband Ingolstadt-Stadt nur
387 Köpfe und war damit erheblich schwächer als sein sozialdemokratischer Ge-
genpart. Zudem mußte man den Kreisverband als überaltert ansehen – 115 Mitglieder waren älter als 60 und nur 55 jünger als 35 Jahre –, als zu katholisch – nur
19 Mitglieder bekannten sich zum evangelischen Glauben – und als zu stark
männlich dominiert[639]. In den folgenden Jahren konnte die CSU jedoch überkommene soziokulturelle Grenzen überschreiten und auch gegenüber den Sozialdemokraten Boden gut machen; bis Ende 1974 hatte der CSU-Kreisverband
Ingolstadt-Stadt mit mehr als 800 Mitgliedern zur SPD aufgeschlossen[640]. Trotz
dieses bemerkenswerten Mitgliederzuwachses gelang es der Ingolstädter CSU
offensichtlich, den Zusammenhalt zu wahren, während sie andererseits genüßlich an die anhaltenden Querelen in den Reihen des politischen Gegners erinnerte:

„Zerstrittenheit und Mißerfolge [...] besonders auch innerhalb der Stadtratsfraktion prägen
seit Jahren das Bild der Ingolstädter SPD und sind die eigentliche Ursache dafür, ‚daß die

[636] Vgl. Donau-Kurier vom 21.3.1973: „Im Kreuzfeuer: Gebietsreform und radikale Elemente"
    sowie vom 30.4.1973: „SPD-Unterbezirk Ingolstadt nimmt Kurs auf Landtagswahl".
[637] Vgl. dazu zusammenfassend Schlemmer/Woller, Einleitung zu: dies. (Hrsg.), Gesellschaft, S. 11.
[638] 40 Jahre CSU Ingolstadt, S. 78.
[639] ACSP, BWK/KV Ingolstadt, Ordner Chronik, Protokoll der Kreisversammlung Ingolstadt-Stadt
    am 18.2.1967.
[640] ACSP, BWK/KV Ingolstadt, Ordner Chronik, Analyse: CSU-Mitglieder in der Region 10, Stand
    Dezember 1974.

SPD in der Öffentlichkeit zu wenig Resonanz finde', wie in der letzten SPD-Kreisversammlung von den eigenen Genossen kritisiert wurde [...]. Die Ingolstädter CSU ist dagegen eine aktive, in sich geschlossene Gruppe wie kaum zuvor. Die CSU verfügt (im Gegensatz zur SPD) über eine ganze Reihe qualifizierter Mitglieder, die es ihr ermöglicht, Kandidaten für politische Ämter nach Qualifikation und Wahlaussichten auszuwählen."[641]

Dieses Bild von Geschlossenheit und Zerstrittenheit mochte noch so schwarz-weiß gezeichnet sein, der Erfolg gab den Christsozialen in der Stadt an der Donau recht. Die bayerische Landtagswahl vom 27. Oktober 1974 „bescherte der CSU und der Regierung einen Triumph, den sie noch nie erreicht hatte"[642]: Mit 62,1 Prozent der Stimmen verbesserte sie ihr Spitzenergebnis von 1970 noch einmal um fast sechs Prozent, während die SPD 3,1 Prozent verlor und mit 30,2 Prozent der Stimmen auf den Stand von 1958 zurückfiel; von den anderen Parteien spielte nur die FDP mit 5,2 Prozent der Stimmen eine Rolle, die anderen, gleich ob die Bayernpartei, die NPD oder die DKP, wurden marginalisiert[643]. Dieser Triumph war auch der Triumph der Ingolstädter CSU, die gegenüber 1970 ein deutliches Plus verzeichnen konnte und mit 59,8 Prozent die SPD weit hinter sich ließ. Die Sozialdemokraten verloren in Ingolstadt dagegen überdurchschnittlich viele Stimmen und landeten bei nur noch 35,1 Prozent. In den Landkreisen Pfaffenhofen (22,6 Prozent der Stimmen) und Neuburg/Schrobenhausen (22,2 Prozent der Stimmen) mußte die SPD ebenfalls Federn lassen; die Einbußen waren zwar nicht gravierend, aber angesichts des niedrigen Ausgangsniveaus doch schmerzlich. Lediglich im Landkreis Eichstätt verbuchte die SPD ein leichtes Plus und kam auf 23,7 Prozent der Stimmen. Die CSU dagegen nahm bei Stimmengewinnen die 70-Prozent-Marke in allen drei Landkreisen der Region Ingolstadt deutlich; in Eichstätt gewann die bayerische Unionspartei 72 Prozent der Stimmen, in Pfaffenhofen 72,8 Prozent und in Neuburg/Schrobenhausen 72,9 Prozent.

Zeitgenössische Beobachter haben ebenso wie Parteienforscher den Erfolg der CSU im Oktober 1974 vor allem darauf zurückgeführt, daß es der Union gelungen sei, in die traditionellen Hochburgen der SPD einzubrechen[644]. Diese Beobachtung ist sicherlich richtig, doch wie sich am Beispiel des Mittelbayerischen Donaugebiets zeigen läßt, wäre dieser Erfolg nicht möglich gewesen, wenn die CSU nicht in der Lage gewesen wäre, ihr Wählerpotential in ihren ländlich-katholischen Stammlanden gleichsam bis zur Neige auszuschöpfen und dabei praktisch alle konkurrierenden Kräfte rechts von der SPD im Zeichen von Löwe und Raute zu integrieren. Dies galt in der Region Ingolstadt mehr oder weniger auch für die FDP, die sich mit Ergebnissen zwischen zwei und drei Prozent der Stimmen zufriedengeben mußte. Doch noch etwas anderes wurde mit der Landtagswahl von 1974 überdeutlich: Der sozioökonomische Strukturwandel, der gerade das Ge-

[641] Donau-Kurier vom 14./15. 6. 1975: Leserbrief (gez. Elmar Spranger und Hermann Regensburger): „Die Ingolstädter CSU eine aktive, in sich geschlossene Gruppe wie kaum zuvor".
[642] Zorn, Bayerns Geschichte seit 1960, S. 63.
[643] Vgl. hierzu und zum folgenden Wahl zum Bayerischen Landtag am 27. Oktober 1974, Teil 1: Gemeindeergebnisse und Bewerberstimmen, hrsg. vom Bayerischen Statistischen Landesamt, München 1975, S. 10f., S. 19, S. 47–51 und S. 69–76.
[644] Vgl. hierzu die differenzierte Momentaufnahme von Alf Mintzel, Die bayerische Landtagswahl vom 27. Oktober 1974. Triumph einer konservativen Partei: Ein wahlsoziologischer Sonderfall?, in: ZfParl 6 (1975), S. 429–446.

sicht der Region Ingolstadt so nachhaltig verändert hatte, war kein Garant für sozialdemokratische Erfolge. Die CSU konnte hier den sogenannten neuen Mittelstand ebenso an sich binden wie Teile der Arbeiterschaft, und zwar namentlich dann, wenn sie aus der Region selbst kam und ihre Bindung an ihren ländlichen Wurzelgrund nicht verloren hatte. Die SPD hatte dagegen zunehmend Schwierigkeiten, ihre Klientel zu mobilisieren und Stimmen bei jungen Wählern oder Frauen zu gewinnen, auf die man besonders gesetzt hatte. Der Geschäftsführer des Unterbezirks Ingolstadt führte das mäßige bis schlechte Abschneiden seiner Partei vor allem auf drei Faktoren zurück: erstens auf die Verunsicherung und „Verdrossenheit" vieler Arbeitnehmer, die sich an den Stimmenverlusten in bestimmten Quartieren deutlich ablesen lasse, zweitens auf „die linkslastige Darstellung der Münchner SPD" und drittens auf die „Beeinflussung der Frauen" im Konflikt um die gesetzliche Regelung des Schwangerschaftsabbruchs „über die Kirchen und deren Hilfsorganisationen"[645].

Daß es der CSU gelang, neue Wählerschichten zu erschließen und zugleich die angestammte, aber erodierende soziale Basis zu halten, war eine wesentliche Voraussetzung für ihren endgültigen Durchbruch zur „bayerischen Staats- und Hegemonialpartei"[646], der nach dem Paukenschlag von 1974 weit über den Freistaat hinaus Beachtung fand. Auf der anderen Seite begann die „Leidensspirale" der SPD[647], die in Bayern wie in der Region Ingolstadt zu einer dauerhaften Verfestigung asymmetrischer politischer Strukturen beitrug. Eine Bestandsaufnahme der CSU-Bundeswahlkreisgeschäftsstelle Ingolstadt nach der Bundestagswahl am 3. Oktober 1976 warf schon früh ein grelles Schlaglicht auf diese Entwicklung[648]. Ein hoher Organisationsgrad (drei Kreis- und 77 Ortsverbände) und eine solide Mitgliederbasis (4085, davon 983 im Kreisverband Ingolstadt, 2214 im Kreisverband Eichstätt und 888 im Kreisverband Neuburg/Schrobenhausen) waren Pfunde, mit denen man wuchern konnte – zumal dann, wenn der politische Gegner mit chronischen organisationspolitischen Problemen zu kämpfen hatte. Als Gründe für die Stimmengewinne der eigenen Partei bei der zurückliegenden Bundestagswahl führte die Bundeswahlkreisgeschäftsstelle an: das „deutliche Ansprechen der bestehenden Probleme durch die CSU", die „Mobilisierung unserer Mitglieder, auch für Straßendiskussionen", und den „überzeugende[n] Einsatz des Kandidaten". Die Schlappe der SPD im Bundeswahlkreis sei dagegen umgekehrt auf die schwache Vorstellung ihres Bewerbers um das Direktmandat, die „wenig überzeugende Politik in Bonn" und die „geringe Beteiligung der SPD-Basis an den Aktionen der Partei" zurückzuführen.

[645] AsD, SPD-Bezirk Südbayern I/174, Monatsbericht des Unterbezirks Ingolstadt für November 1974.
[646] Mintzel, Regionale politische Traditionen, in: Oberndörfer/Schmitt (Hrsg.), Parteien und regionale Traditionen, S. 126.
[647] Alf Mintzel, Die CSU-Hegemonie in Bayern. Strategie und Erfolg, Gewinner und Verlierer, Passau ²1999, S. 129.
[648] ACSP, BWK/KV Ingolstadt, Ordner Bundeswahlkreis II 1961–1978, Fragebogen zum Stand der Parteiorganisation und zum Verlauf der Bundestagswahl am 3. 10. 1976.

V. Zusammenfassung und Ausblick

Ingolstadt erwarb sich in den goldenen Jahren des Booms den Ruf als „Bayerns Ruhrgebiet"[1] und wurde zu einem viel beachteten Symbol des Strukturwandels vom Agrar- zum Industrieland. Tatsächlich entwickelte sich die Kernzone des Untersuchungsraums um den Stadtkreis Ingolstadt zu einem Verdichtungsraum, der immer mehr Menschen, Arbeitsplätze, Infrastruktureinrichtungen und Dienstleistungsanbieter anzog. Noch in den fünfziger Jahren war die Strahlkraft Ingolstadts relativ begrenzt. Mit Beginn der neuen Dekade griff die Stadt jedoch zunehmend über ihre angestammten Grenzen hinaus und wurde immer stärker zum Bezugspunkt für die gesamte Region. Einige Zahlen sollen nochmals verdeutlichen, wie rasant das Wirtschaftspotential Ingolstadts wuchs: Der Industriejahresumsatz betrug 1950 216 Millionen DM, 1960 überschritt er die 500 Millionen DM-Grenze, und 1970 erreichte er die Marke von 1,9 Milliarden DM. 1950 fanden in den 34 meist kleineren Industriebetrieben der Stadt 8000 Menschen Arbeit, 1960 waren in 42 Firmen schon 19000 Arbeiter und Angestellte beschäftigt und 1970 in 40 Betrieben 26000 Menschen[2].

Die zunehmende Zahl an Arbeitsplätzen in der Industrie führte dazu, daß Ingolstadt in den sechziger Jahren beinahe genauso schnell expandierte wie die bayerischen Metropolen München und Nürnberg[3]. Ingolstadt war somit eine von den Städten, die zunächst zu den Keimzellen, dann zu den Motoren eines Prozesses gehörten, den man auch als das „bayerische Wirtschaftswunder" bezeichnet hat[4]. Ein Blick auf die Industriedichte in 13 Städten des Freistaats zeigt, welche Bedeutung Ingolstadt im Zuge der späten „Vollindustrialisierung" zuwuchs[5]: 1948 rangierte Ingolstadt bei einer Industriedichte von 122 (Bayern: 66) noch an achter Stelle, bis 1955 rückte die Stadt mit einem Wert von 267,4 (Bayern: 106,4) auf Rang vier vor; 1964 errechneten die Statistiker für Ingolstadt eine Industriedichte von 327,7 (Bayern: 128,5), womit die Stadt an der Donau hinter Schweinfurt auf dem zweiten Platz lag, den sie auch bis 1970 (367,3; Bayern: 132,6) verteidigte[6]. Außerhalb der Kernzone des Untersuchungsraums um Ingolstadt entfalteten die sozialen und ökonomischen Veränderungsprozesse weit weniger Dynamik. Vor allem die Umgebung von Eichstätt und Schrobenhausen sowie der östliche Ausläufer des Landkreises Ingolstadt galten lange Zeit als strukturschwache

---

[1] Langewiesche, Ingolstadt – ein Städtebild, S. 2.
[2] Zahlen nach Ingolstadt baut auf 1960–1965, S. 30, und Ingolstadt plant und baut 1966–1971, S. 28.
[3] BWA, IN 10, „Ingolstadt wächst in die Großstadtstiefel" (1963); Donau-Kurier vom 13. 4. 1966: „Die Stadt, in der wir leben".
[4] Lanzinner, Sternenbanner und Bundesadler, S. 251.
[5] Mintzel, Geschichte der CSU, S. 35.
[6] Vgl. Frey, Industrielle Entwicklung, S. 360; der Autor hebt in seiner Studie die Bedeutung der größeren Industriestädte für den wirtschaftlichen Aufschwung Bayerns in besonderer Weise hervor.

Problemgebiete, in denen Bevölkerungsdichte, Bevölkerungszuwachs und Anzahl der Beschäftigten außerhalb der Landwirtschaft den Landesdurchschnitt nicht erreichten.

Teile des Mittelbayerischen Donaugebiets gerieten erst spät und abgeschwächt in den Sog des Strukturwandels. Der Landkreis Ingolstadt, der noch Anfang der fünfziger Jahre eine starke agrarische Prägung aufwies, wurde jedoch Zug um Zug von der Großindustrie überformt. Dafür war vor allem die Expansion eines Unternehmens verantwortlich, das die Wirren des Zweiten Weltkriegs nach Ingolstadt verschlagen hatte: die Auto Union, die nach der Demontage und Enteignung ihrer Fertigungsstätten von Sachsen nach Bayern übersiedelte. Ingolstadt profitierte so gleichsam von der deutschen Teilung. Auch anderen bayerischen Regionen wuchs in ähnlicher Weise unverdientes Startkapital in die Nachkriegszeit zu[7], in der Stadt an der Donau trug es jedoch besonders reiche Zinsen. 1952 waren schon mehr als 5000 Arbeiter und Angestellte bei der Auto Union beschäftigt, und die Belegschaft vergrößerte sich trotz der phasenweise schwierigen Lage des Unternehmens weiter: etwa 11 200 Beschäftigte waren es im Jahr 1965 und 18 000 Ende 1972[8]. Die Arbeitskräftereserven der Stadt und ihrer unmittelbaren Umgebung waren bald erschöpft. 1968 pendelten fast 20 000 Arbeitnehmer, Auszubildende und Schüler aus einem Umkreis von bis zu 75 Kilometern nach Ingolstadt. Von den Berufspendlern hatten viele ihr Auskommen noch in den fünfziger Jahren in der Landwirtschaft gefunden. Im Landkreis Ingolstadt arbeiteten 1950 noch mehr Menschen in der Land- und Forstwirtschaft als in Industrie und Handwerk; 1961 zählte man dagegen schon fast doppelt so viele Erwerbstätige im produzierenden Gewerbe wie in der Land- und Forstwirtschaft, und in der Folgezeit nahm die Bedeutung der Landwirtschaft rasch weiter ab. In den sechziger Jahren sank die Zahl der landwirtschaftlichen Betriebe im Landkreis Ingolstadt mehr als doppelt so schnell, als es der Landesdurchschnitt hätte vermuten lassen[9].

Die Kernzone um Ingolstadt nahm im regionalen Vergleich eine Sonderstellung ein, denn inmitten von bäuerlichen Dörfern hatte sich um den Stadtbezirk ein Ring aus wachsenden Industrie- und Arbeiterwohngemeinden gebildet. Hier war ein stetig fortschreitender Prozeß im Gange, der die Grenzen zwischen Stadt und Land allmählich verschwimmen ließ und schließlich zu einem unübersehbaren Stadt-Land-Kontinuum führte. Die Stadt war auch hier die Wiege der modernen Konsum- und Freizeitgesellschaft, ebenso gehörte sie zu den Katalysatoren des Wertewandels. Es bleibt künftigen Forschungen vorbehalten zu untersuchen, wie sich diese zuerst allmähliche, dann aber immer raschere Diffusion urbaner Lebensweisen in ländliche Regionen im einzelnen vollzog, welcher Transportmedien sie sich bediente und welche Auswirkungen sie in bislang eher peripheren Gebieten hatte. Sicher ist jedoch, daß die vielen Berufspendler zumindest anfangs die wichtigsten „Agenten der Modernisierung"[10] des ländlichen Raumes gewesen

---

[7] Vgl. hierzu allgemein Peter Hefele, Die Verlagerung von Industrie- und Dienstleistungsunternehmen aus der SBZ/DDR nach Westdeutschland. Unter besonderer Berücksichtigung Bayerns (1945–1961), Stuttgart 1998, S. 174–179.

[8] Historisches Archiv der Auto Union, „Geschichte des Personalwesens" vom 15. 1. 1974.

[9] Zahlen nach: Ingolstadt plant und baut 1966–1971, S. 25 f.; Statistisches Jahrbuch für Bayern 24 (1952), S. 503, und 28 (1964), S. 382, und Landkreis Ingolstadt (1971), S. 45 f.

[10] Gall, Verkehrspolitik, S. 200.

sind. Sie wurden in der Stadt mit neuen Einstellungen, Verhaltensweisen und
Konsumgewohnheiten gleichsam infiziert und gaben diese an ihre Freunde, Ehe-
partner und Familien weiter.

Tausende von Industriearbeitern, die insbesondere bei der Auto Union beschäftigt waren und täglich zwischen Ingolstadt und ihren Heimatgemeinden pendelten, besaßen einen Mitgliederausweis der IG Metall, weit weniger jedoch auch das
Parteibuch der SPD. Hier zeigte sich bereits das strategische Problem der Arbeiterbewegung, die ihre Anhänger zwar am Arbeitsplatz, in erheblich geringerem
Maß aber am Wohnort für ihre Ziele mobilisieren konnte. Der Erfolg der SPD
blieb – mit anderen Worten – trotz eines beachtlichen Aufschwungs in den sechziger Jahren weit hinter dem Erfolg der Gewerkschaften zurück. Der CSU kam es
dagegen offensichtlich zugute, daß in der Region Ingolstadt viele Industriearbeiter
„in den ländlichen Grund und Boden" verwurzelt blieben[11]. Die in den sechziger
Jahren intensivierten Bemühungen des katholischen Lagers, mehr Einfluß auf die
wachsende Industriearbeiterschaft der Region zu gewinnen, blieben zwar nur
Stückwerk, wie sich am Beispiel der Auto Union zeigen läßt, wo christliche Gewerkschaften, katholische Arbeitnehmerorganisationen und Betriebsseelsorge
immer weniger der expansiven Integration dienten als der Stabilisierung verblie-
bener Milieukerne. Diese Funktion darf allerdings nicht unterschätzt werden, da
die Milieukerne immerhin stark genug blieben, um eine christlich-katholische
Grundierung der Gesellschaft aufrechtzuerhalten, die sich zwar nicht mehr mit
den festgefügten sozialen Milieus vergangener Tage vergleichen ließ, aber doch ein
Klima schuf, in dem konservative Politikangebote besser gediehen als sozialdemokratische.

Dabei hatte es zumindest im Stadt- und Landkreis Ingolstadt lange Zeit so ausgesehen, als würde der Strukturwandel die SPD begünstigen und der CSU mit
ihrer erodierenden Basis im katholischen Besitzmittelstand langsam das Wasser
abgraben. Gute Wahlergebnisse waren dafür ebenso ein Indikator wie der Sieg des
sozialdemokratischen Kandidaten bei der Wahl zum Oberbürgermeister der Stadt
im Jahr 1966. Daß der sozialdemokratische Frühling aber schon Anfang der siebziger Jahre zu Ende ging, hatte mehrere Gründe, die nicht nur die Trendwende im
Herzen des Mittelbayerischen Donaugebiets erklären, sondern in weiten Teilen
Bayerns für den anhaltenden Erfolg der CSU und den zunehmenden Mißerfolg
der Sozialdemokratie Pate standen. Dazu gehörten Defizite im organisatorischen
Gefüge der SPD und die chronischen Probleme der Partei, auf dem Land Fuß zu
fassen, unübersehbare Risse in der Führungsriege und Auseinandersetzungen
über das Erscheinungsbild der Partei, zu denen nicht zuletzt die Jusos beitrugen.
Dazu gehörte aber auch die politische Großwetterlage in Bayern, die der CSU seit
dem Machtwechsel in Bonn sehr zupaß kam, der es in Ingolstadt zudem gelang,
Ende der sechziger/Anfang der siebziger Jahre eine agile neue Mannschaft aufzubauen, welche die Stammwähler der Partei ebenso ansprach wie Teile der aufstrebenden neuen Mittelschichten und der Arbeiterschaft. Die Gebietsreform tat ein
übriges, um die Chancen der Sozialdemokratie zu schmälern, die mit dem Land-

---

[11] Erker, Keine Sehnsucht, S. 499 f.

kreis Ingolstadt 1972 einen wichtigen Eckpfeiler im Mittelbayerischen Donaugebiet verlor.

Die Entwicklung politischer Strukturen unter den Bedingungen beschleunigten
sozialen Wandels betraf aber nicht nur die Parteien, sondern in besonderer Weise
auch die basisnahen politischen Eliten. Diese waren einem Prozeß der Professionalisierung, Verjüngung und (Partei-)Politisierung unterworfen, der sich insbesondere in vielen Landgemeinden des Untersuchungsraums zeigte, wo auch der
Bedeutungsverlust der Landwirtschaft voll durchschlug. So dauerte es im Landkreis Ingolstadt gerade einmal 20 Jahre, bis das traditionell entscheidende Kriterium für die Auswahl kommunaler Entscheidungsträger auf dem Land – die Ver-
fügbarkeit über Grund und Boden – nahezu jede Bedeutung verloren hatte. 1952
waren noch fast 83 Prozent der Bürgermeister in den Gemeinden des Landkreises
Bauern gewesen; 1966 hatte sich ihr Anteil schon auf knapp 43 Prozent verringert.
Die Gebietsreform der siebziger Jahre beschleunigte diesen Prozeß noch. Die
meisten Bauern verfügten weder über die Zeit noch über die Ausbildung, um das
Bürgermeisteramt in den neuen Großgemeinden oder Verwaltungsgemeinschaf-
ten ausfüllen zu können. 1972 sank der Anteil der Landwirte an den Bürgermeistern des aufgelösten Landkreises Ingolstadt auf nur noch 15 Prozent, und sechs
Jahre später wurde hier erstmals kein Landwirt mehr zum Bürgermeister gewählt.
Dafür dominierten nun Vertreter des öffentlichen Dienstes, Rechtsanwälte und –
zumindest in den von der Industrie geprägten Gemeinden der Kernzone – Arbeiter und Angestellte. Wie Jaromír Balcar gezeigt hat[12], läßt sich eine ähnliche Entwicklung in ganz Bayern beobachten; in der Region Ingolstadt setzte sie aber vergleichsweise früh ein, entfaltete eine größere Dynamik als in anderen Teilen des
Freistaats und ließ von den vertrauten Gegebenheiten noch weniger übrig.

Die politischen Strukturen von Stadt und Land begannen sich nicht nur in der
Region Ingolstadt seit Mitte der sechziger Jahre langsam anzugleichen; man hat
sogar davon gesprochen, daß „die Städte und Märkte ihre politischen Eliten in die
Dörfer" exportiert hätten. Doch dies war nicht die einzige Folge der sich verdich-
tenden Austauschbeziehungen zwischen Zentrum und Peripherie. Dadurch wurden auch materielle Bedürfnisse geweckt, und es war nur konsequent, daß viele
Bürger kleiner Landgemeinden nach einer Verbesserung der Lebensverhältnisse
vor Ort riefen. Die öffentliche Hand war gezwungen, auf diese Forderungen zu
reagieren. Die Erschließung des Landes kam in den fünfziger Jahren freilich nur
langsam in Gang und gewann erst nach 1960 deutlich an Fahrt, so daß am Ende
des zweiten Nachkriegsjahrzehnts weite Teile des Mittelbayerischen Donaugebiets noch mitten im Umbruch steckten. Die politischen Handlungsspielräume,
die das sogenannte Wirtschaftswunder geschaffen hatte, wurden erst allmählich
dazu genutzt, Infrastrukturpolitik in systematischer Weise zu betreiben. Damit
ergab sich aber eine signifikante, bislang gleichwohl wenig beachtete zeitliche
Lücke zwischen der Verbesserung der allgemeinen Wirtschaftslage und der Verbesserung der Lebenschancen breiter Bevölkerungsschichten in den Regionen
abseits der urbanen Zentren. So manche Gemeinde beteiligte sich am Ausbau der
Infrastruktur, auch wenn sie die Grenzen ihrer finanziellen Leistungsfähigkeit

---

[12] Vgl. Balcar, Politik auf dem Land, S. 493 ff.; das folgende Zitat findet sich ebenda, S. 495.

weit überschreiten mußte. Damit ging aber nicht nur mehr Lebensqualität für die Bürger in der Form neuer Schulen, Straßen, Krankenhäuser und anderer Systeme der Ver- oder Entsorgung einher: Manche Kommunen veränderten ihr Gesicht in kurzer Zeit so stark, daß sie kaum wiederzuerkennen waren.

Die Region Ingolstadt stand jedoch in den sechziger Jahren vor allem wegen der von der bayerischen Staatsregierung nicht unwesentlich beeinflußten Entscheidung großer Mineralölkonzerne, Pipelines von den Ölhäfen am Mittelmeer nach Ingolstadt zu bauen und so die Voraussetzungen für ein Raffineriezentrum von europäischem Rang zu schaffen, im Blickpunkt der Öffentlichkeit. Zwischen 1962 und 1967 wurden in der Region Ingolstadt, wo sich schließlich drei Pipelines kreuzten, fünf Raffinerien errichtet. Damit änderte sich schlagartig auch das Image Ingolstadts. Aus einer Provinzstadt im Schatten der Metropolen München und Nürnberg wurde das in Rundfunk und Presse gefeierte „Herz der bayerischen Energieversorgung"[13]. Im bayerischen Wirtschaftsministerium prophezeite man der Region sogar „eine Entwicklung amerikanischen Maßstabes"[14].

Die großen Hoffnungen, die man in den Aufbau des Raffineriezentrums gesetzt hatte, erfüllten sich zwar für Bayern in erheblichem Maße, für Ingolstadt jedoch nur zum Teil. Dafür zeigte sich mit den Jahren, daß die Warnungen vor den schädlichen Auswirkungen der emittierenden Industrie- und Kraftwerksanlagen nicht unbegründet waren. Schon Anfang der siebziger Jahre wurden Politik und Öffentlichkeit durch ein Phänomen aufgeschreckt, für das ein Begriff geprägt wurde, der weit über Bayern und Deutschland hinaus Karriere machte: „Waldsterben"[15]. Obwohl die Staatsregierung wiederholt betonte, es bestehe keine Gefahr für Mensch oder Natur, und obwohl die technischen Überwachungssysteme ausgebaut wurden, wuchs die Skepsis in der Region. Dies hatte neben den sichtbaren Umweltschäden auch viel damit zu tun, daß die soziale Akzeptanz von Großprojekten wie dem Raffinerie- und Energiezentrum in einer Zeit brüchig gewordener Fortschrittshoffnungen rasch zu schwinden begann[16]. Zu diesen nicht selten diffusen Ängsten gesellte sich die Enttäuschung über die ausbleibenden Beschäftigungseffekte, die sich vor allem deshalb in Grenzen hielten, weil nur eine größere petrochemische Produktionsstätte im Umfeld der Raffinerien angesiedelt werden konnte. Damit war es nicht gelungen, neben der außerordentlich konjunkturabhängigen Automobilindustrie ein zweites zukunftsträchtiges ökonomisches Standbein im Mittelbayerischen Donaugebiet aufzubauen.

Es dauerte freilich seine Zeit, bis man diese Einsicht akzeptierte, was sich etwa daran zeigte, daß Kommunalpolitiker und Landesplaner lange von viel zu optimistischen Annahmen über die Bevölkerungsentwicklung der Region Ingolstadt und den damit zusammenhängenden Bedarf an Infrastruktur ausgingen. Andererseits waren es eben diese optimistischen Erwartungen, welche die Landesplaner

13 Donau-Kurier vom 4. 12. 1963: „Ingolstadt in den Schlagzeilen der Kollegen"; zitiert wird das 8-Uhr-Blatt.
14 BayHStA, MWi 21578, Entwurf aus dem bayerischen Wirtschaftsministerium über die Grundzüge der bayerischen Wirtschaftspolitik, 1962.
15 Süddeutsche Zeitung vom 18. 10. 1972: „Tonnen von Schwefel regnen vom Himmel. In der Umgebung der Raffinerien von Ingolstadt und Vohburg sterben die Kiefernbäume".
16 Zur Zäsur Mitte der siebziger Jahre und ihren Auswirkungen vgl. die Aufsätze von Doering-Manteuffel, Nach dem Boom, und Maier, Fortschrittsoptimismus.

hellhörig werden ließen und in Ingolstadt auch einer wissenschaftlich fundierten Stadtplanung zum Durchbruch verhalfen. Zu einer Zeit, als in Bayern noch nicht viel von der Planungseuphorie der späten sechziger und frühen siebziger Jahre zu spüren war, schien das Großprojekt Raffineriezentrum längerfristige Strategien und genau abgestimmte Programme auf der Basis fundierter Analysen und Prognosen unumgänglich zu machen. Die Region Ingolstadt wurde so gleichsam zu einem bevorzugten Laboratorium der Planer, die begierig darauf waren, ihre oft noch neuen Instrumente zu erproben. Tatsächlich bewilligten die Verantwortlichen kostspielige Investitionen, zu denen man ihnen im Zuge des Raffinerieprojekts geraten hatte. Wo diese Erschließungs- und Infrastrukturmaßnahmen durchgeführt wurden, kamen sie freilich nicht selten einem dankbaren Abnehmer zugute, um den es im Zuge des Spektakels um die „Ölstadt Ingolstadt"[17] eher still geworden war, der sich aber in der zweiten Hälfte der sechziger Jahre als die wahre Triebfeder für Wachstum und Beschäftigung erweisen sollte: der Automobilindustrie, deren Personalstand allein zwischen 1965 und 1970 von 11200 auf 15800 stieg[18].

Nach ausgesprochen krisenhaften Jahren um die Mitte der Dekade schien sich Audi NSU Auto Union AG, wie die Auto Union seit ihrer Verschmelzung mit den Automobilwerken in Neckarsulm im Jahr 1969 hieß, in der Erfolgsspur zu befinden. Modelle wie der Audi 100 und später der Audi 80 sorgten dafür, daß die vier Ringe wieder für Innovation und Zuverlässigkeit standen, nachdem ihr Ruf in der Agonie der Zweitakter vom Typ DKW schwer gelitten hatte. 1973 war ein besonders ersprießliches Jahr – zumindest auf den ersten Blick. Der Umsatz des Unternehmens, dessen Herz mehr und mehr in Ingolstadt schlug, auch wenn sich der Firmensitz offiziell noch in Neckarsulm befand, stieg um 44 Prozent auf 3,7 Milliarden DM. Der Produktionszuwachs blieb mit 37 Prozent auf 409793 Fahrzeuge nur wenig dahinter zurück, so daß sich Audi NSU bei einem Marktanteil bei den Neuzulassungen von 9,9 Prozent auf Rang vier der Zulassungsstatistik festsetzen konnte[19]. Gleichwohl trübte sich in der zweiten Jahreshälfte der Konjunkturhimmel rasch ein, ja der drastische Preisanstieg für Rohöl schlug voll auf den Fahrzeugbau durch und traf insbesondere Audi mit seinen nicht gerade sparsamen Modellen hart. „Manchmal verkaufen wir am Tag nicht einen Wagen", klagte ein Vertragshändler in Ingolstadt; das habe „es bisher noch nicht gegeben"[20]. Der Umsatz von Audi NSU brach 1974 um 17 Prozent auf 3,06 Milliarden DM ein, die Produktion schrumpfte gar um 35 Prozent auf 266420 Fahrzeuge, die sich zudem nur schwer an den Mann bringen ließen. Um die Halden nicht zu groß werden zu lassen und zugleich Massenentlassungen zu vermeiden, blieb als Ausweg zunächst nur die Kurzarbeit. Bei Volkswagen dachte man zudem darüber nach, wie man den Konzernverbund stärken und Rationalisierungspotentiale aus-

---

17 Donau-Kurier vom 8. 11. 1962: „Raffineriebau auf den Bildschirmen".
18 Historisches Archiv der Auto Union, „Geschichte des Personalwesens" vom 15. 1. 1974.
19 Die Geschäftszahlen von Audi NSU für die Jahre 1973 und 1974 nach Egon Endres, Macht und Solidarität. Beschäftigungsabbau in der Automobilindustrie. Das Beispiel Audi NSU Neckarsulm, Hamburg 1990, S. 175; vgl. auch Donau-Kurier vom 19./20. 1. 1974: „Audi NSU konnte Gesamtumsatz 1973 um 44 Prozent steigern" und vom 14. 2. 1975: „Umsatzrückgang zwang Audi NSU 1974 nicht in die Verlustzone".
20 Donau-Kurier vom 14. 12. 1973: „Audi – Ungewißheit für 20000 nach der letzten Schicht '73".

schöpfen konnte. Das Ergebnis dieser strategischen Überlegungen war für Audi NSU einschneidend, denn das Unternehmen verlor seinen eigenständigen Vertrieb, der trotz heftigen Widerstands der Tochter aus Süddeutschland mit der entsprechenden Abteilung in der Wolfsburger Zentrale verschmolzen wurde. Damit gingen freilich nicht nur ebenso wertvolle wie qualifizierte Arbeitsplätze verloren. Auf Dauer wog die Tatsache noch schwerer, daß Audi NSU in seiner Substanz geschwächt und das Fundament einer Zwei-Marken-Strategie, wie sie etwa dem 1972 von Volkswagen zu Continental gewechselten Carl H. Hahn vorschwebte, untergraben wurde[21].

Als sich die Situation jedoch nicht besserte, konnten drastische Einschnitte nicht ausbleiben, und bevor man Genaueres wußte, schossen Gerüchte ins Kraut, die von einer Verlegung einzelner Abteilungen zum Mutterkonzern sprachen, die Übernahme durch Konkurrenten wie BMW kolportierten oder sogar von der Stillegung des gesamten Werks wissen wollten[22]. Doch trotz dieser Schreckensmeldungen sollte es nicht zum Super-GAU, gleichsam zur industriellen Kernschmelze kommen, die verheerende Auswirkungen für die gesamte Region gehabt hätte, auch wenn der im April 1975 vom VW-Aufsichtsrat verabschiedete Sanierungsplan harte Maßnahmen enthielt und die Streichung von fast 24 000 der insgesamt 132 000 Arbeitsplätze im Gesamtkonzern verfügte[23]. Gemessen an Salzgitter, wo die Belegschaft um 33 Prozent reduziert werden sollte, oder gar an Neckarsulm, wo mit 4700 der rund 10 000 Arbeitern und Angestellten fast die Hälfte der Beschäftigten zur Entlassung vorgesehen waren, kam die Stadt an der Donau allerdings noch einmal mit einem „blauen Auge" davon, wie Oberbürgermeister Schnell erleichtert bemerkte[24]. Tatsächlich sollten bei Audi in Ingolstadt nur 1700 Arbeitsplätze verlorengehen; dies entsprach einer Quote von etwa zehn Prozent, während im Gesamtkonzern 18 Prozent der Arbeitsplätze abgebaut werden sollten. Dennoch litt die ganze Region darunter, daß der Personalstand im Audi-Werk Ingolstadt zwischen 1973 und 1975 von 19 545 auf 15 468 Arbeiter und Angestellte sank[25], zumal die Bemühungen der Arbeitsverwaltung, die Freigesetzten zu anderen bayerischen Fahrzeugbauern wie MAN oder BMW zu vermitteln, nur begrenzt erfolgreich waren, und sich die Verluste an Arbeitsplätzen vor Ort auch nicht durch neue Arbeitsplätze in anderen Sparten der Metallindustrie oder gar in anderen Branchen kompensieren ließen. Die Despag blieb als stark exportabhängiges Unternehmen von der Krise der siebziger Jahre ebenfalls nicht verschont, und auch die in Ingolstadt ansässigen Betriebe der Elektroindustrie reduzierten

---

21 Vgl. Hahn, Jahre mit Volkswagen, S. 117, und Donau-Kurier vom 16. 7. 1974: „Für alle Lohnempfänger des Vertriebs ein Arbeitsplatz in Ingolstadt".
22 Vgl. Donau-Kurier vom 17. 1. 1975: „Gerüchte um Audi: Nichts als Spekulationen und Unsinn" sowie vom 12. 2. 1975: „Entscheidung über Audi NSU voraussichtlich am 25. April".
23 Zu den Sanierungsplänen von VW vgl. Endres, Macht und Solidarität, S. 37–47 und S. 179; Zahlen nach BAK, B 149/24198, Position der Bundesregierung für die Entscheidung des Planungsausschusses der Gemeinschaftsaufgabe „Verbesserung der regionalen Wirtschaftsstruktur" am 2. 5. 1975 über ein regional- und arbeitsmarktpolitisches Flankierungsprogramm zu den Entscheidungen der Volkswagenwerk AG vom 25. 4. 1975 (Entwurf).
24 Zit. nach Ingolstadt plant und baut 1972–1982, S. 28.
25 Zentralarchiv der Audi AG, Box 106506, Personalstatistik für 1976, Blatt Nr. A 5.0.

ihren Personalstand[26]. Dies traf vor allem die weiblichen Beschäftigten hart, die aufgrund der Wirtschaftsstruktur im Zentrum des Mittelbayerischen Donaugebiets seit jeher Schwierigkeiten hatten, eine angemessene Anstellung zu finden.

Ingolstadt war jedoch nicht nur Sitz einer bedeutenden Automobilfabrik, sondern auch Zentrum der bayerischen Mineralölverarbeitung. Die Ölkrise von 1973/74 hatte daher im Mittelbayerischen Donaugebiet besonders schwerwiegende Auswirkungen. Zunächst legten die Mineralölkonzerne lediglich Erweiterungs- und Ausbaupläne ihrer Produktionsstätten auf Eis. Als dann der Anteil des Erdöls am Primärenergieverbrauch in der zweiten Hälfte der siebziger Jahre so weit sank, daß Überkapazitäten entstanden, entschloß sich die Deutsche Shell, ihre Raffinerie mit einer Jahreskapazität von drei Millionen t Rohöl stillzulegen, wodurch 300 Arbeitsplätze verlorengingen und das Image Ingolstadts als erfolgreiche Industriestadt weitere Risse erhielt[27]. Zu einem wichtigen Indikator für die Probleme der Stadt und darüber hinaus der gesamten Region entwickelte sich die Arbeitslosenquote, die im Bereich des Arbeitsamtsbezirks Ingolstadt von 1,8 Prozent im Jahr 1972 (Bayern: 1,6 Prozent) auf 3,3 Prozent im Jahr 1973 (Bayern: 2,8 Prozent), 6,5 Prozent im Jahr 1974 (Bayern: 4,9 Prozent) bis auf 8,0 Prozent im Jahr 1975 (Bayern: 6,2 Prozent) stieg[28]. Diese Entwicklung war nicht zuletzt deshalb so alarmierend, weil die Arbeitslosenzahlen auch dann signifikant hoch blieben und den bayerischen Durchschnitt deutlich überstiegen, als die Wirtschaft wieder an Fahrt gewann. Insbesondere Frauen, junge Menschen mit ungenügender Schulbildung, ältere Arbeitnehmer mit gesundheitlichen Handicaps und Arbeitnehmer in Angestelltenberufen, für die es angesichts der örtlichen Gegebenheiten keine Verwendung gab, taten sich schwer auf einem Arbeitsmarkt, der zunehmend männliche Facharbeiter mit bestimmten Qualifikationsmerkmalen privilegierte[29].

Die von der Automobilindustrie dominierte einseitige ökonomische Struktur erwies sich gleichermaßen als Pfund, mit dem man wuchern konnte[30], wie als Gefahr, die zuweilen als Damoklesschwert über der gesamten Region hing. In guten Jahren, wenn die Wirtschaft brummte und insbesondere die Automobilindustrie hart am Wind der Konjunktur segelte, war davon allerdings nicht viel zu spüren, so daß die Monostruktur wie ein „Gespenst" erschien, das nur einige furchtsame Gelehrte zu erschrecken vermochte[31]. In schwierigen Zeiten zeigte dieser Ungeist jedoch wiederholt sein wahres Gesicht und löste politische wie sozioökonomische Turbulenzen aus, die Ingolstadt als Zentrum des Mittelbayerischen Donaugebiets besonders nachhaltig zu spüren bekam. Dann galt die „metallastige Wirt-

26 StA München, Arbeitsämter 1883, Vermerk über den Außendienst beim Arbeitsamt Ingolstadt am 4. 8. 1975 in der Sache Audi NSU.
27 Vgl. Ingolstadt plant und baut 1972–1982, S. 23–26, und Wilhelm Ernst, Heimatbuch Großmehring, Großmehring 1984, S. 285.
28 Detaillierte Zahlenangaben finden sich in: Ingolstadt plant und baut 1972–1982, S. 39–42.
29 BAK, B 149/24198, Kapazitätsabbau im VW-Konzern (streng vertraulich): Audi-NSU Werk Ingolstadt, undatiert (1975).
30 Vgl. Donau-Kurier vom 27. 1. 1992: „Ingolstadt muß mit seinen Pfunden wuchern".
31 Donau-Kurier vom 27. 1. 1992: „Die Monostruktur ist nur ein Gespenst". So ist es angesichts der anhaltend guten Geschäftsentwicklung der Audi AG auch nicht verwunderlich, daß Ingolstadt im „Zukunftsatlas 2007" der Prognos AG glänzende Chancen eingeräumt werden; vgl. www.prognos.com.zukunftsatlas.

Einzugsgebiet Audi

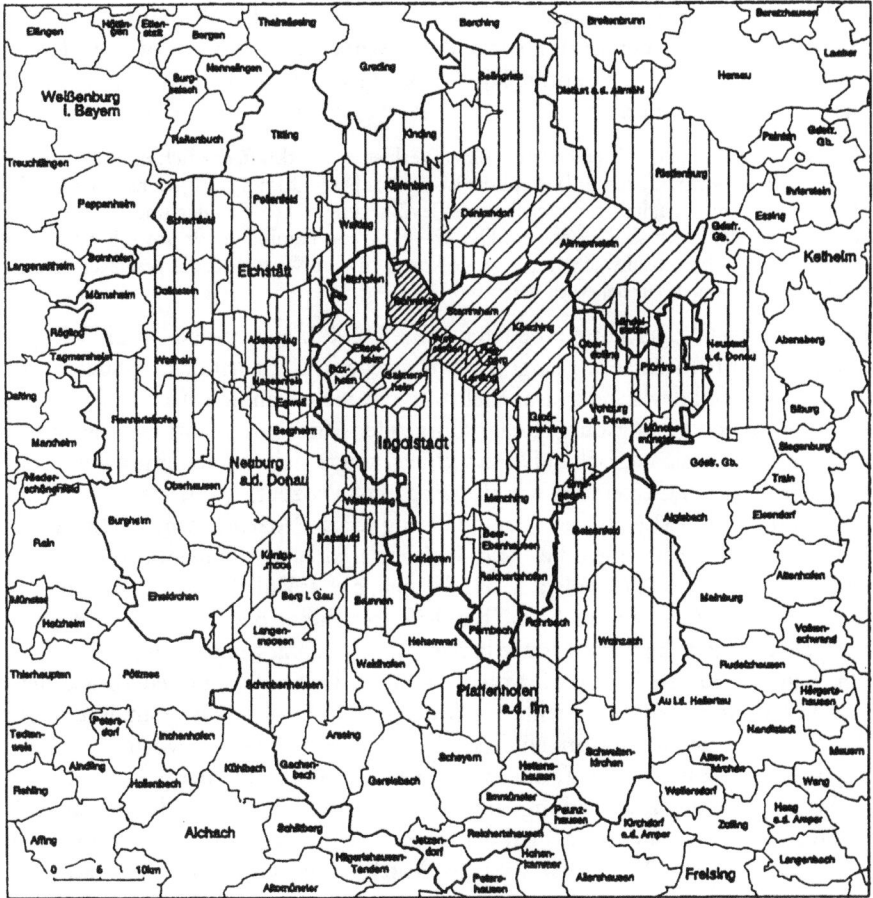

**Beschäftigte bei Audi in
Prozent der Erwerbstätigen
am Wohnort**

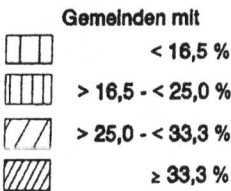

Gemeinden mit

⊞	< 16,5 %
⊞	> 16,5 - < 25,0 %
▨	> 25,0 - < 33,3 %
▨	≥ 33,3 %

Quelle: Angaben der Audi AG.
Eigene Berechnungen.

Kartengrundlage: Bayerisches Staatsministerium des Innern und
Bayerisches Staatsministerium
für Landesentwicklung und Umweltfragen: Kommunale Ver-
waltungsgrenzen.
Stand: 1.1.1986

Maßstab: 1:500000

schaftsstruktur" als zentrales Problem[32], und führende Kommunalpolitiker kamen nicht umhin zu betonen, „die soziale Bedeutung" der Automobilindustrie sei „entscheidend für [den] wirtschaftlichen Aufschwung oder Niedergang" der gesamten Region[33]. Oberbürgermeister Peter Schnell rechnete vor, welche Kreise eine Krise bei Audi ziehen konnte, und er bezog sich dabei nicht nur auf den Ausfall der Gewerbesteuer:

> „Der Verlust an Arbeitskräften bedeutet einen Verlust an Kaufkraft, der sich auf die Einkommenssteuer auswirkt. Unsere Infrastruktur ist auf Vollbeschäftigung ausgerichtet. Wir haben genügend Wohnungen, haben für wachsende Bevölkerungszahlen Schulen und Kindergärten gebaut, die Folgelasten sind zu tragen. Der Weggang von Familien trifft uns schwer, zumal jetzt noch die geburtenschwachen Jahrgänge kommen. Die Wirtschaft der gesamten Region wird vom Personalabbau bei Audi betroffen."[34]

Anfang der neunziger Jahre arbeiteten rund 27 000 Menschen bei Audi in Ingolstadt, die dafür nicht selten lange Anfahrtswege in Kauf nahmen. Insbesondere der südliche Teil des Landkreises Eichstätt, der nicht von den Wachstumsimpulsen aus Nürnberg, Augsburg, Regensburg oder München profitierte wie andere Gebiete des Mittelbayerischen Donaugebiets, zeigte sich als Hochburg der Automobilindustrie; in Gemeinden wie Hepberg (35,8 Prozent), Wettstetten (35,4 Prozent), Böhmfeld (33,6 Prozent) und Lenting (33,5 Prozent) stand mehr als ein Drittel aller Erwerbstätigen bei Audi in Lohn und Brot[35]. Zudem zählte man in der Planungsregion 10 (Ingolstadt) 381 Firmen, die als Zulieferer von Audi abhängig waren; von den mehr als 17 000 Beschäftigten dieser Betriebe arbeiteten allein 10 500 in der Stadt Ingolstadt sowie in den Gemeinden des angrenzenden Verdichtungsraums und verstärkten dort die Dominanz des Straßenfahrzeugbaus erheblich. Diese Monostruktur machte die wiederholt geforderte Diversifizierung der Wirtschaft zu einem schwierigen Geschäft und war dafür verantwortlich, daß die Region Ingolstadt eine Art Sonderweg einschlug. So machte der gesamte Untersuchungsraum die Entwicklung von der Industrie- zur Dienstleistungsgesellschaft nur teilweise mit, und auch der tertiäre Sektor trug auffallend industrielle Züge. Zwischen 1970 und 1987 stieg der Anteil der im Dienstleistungssektor Beschäftigten in der Planungsregion 10 zwar von 38,1 auf 47,1 Prozent; im Landesdurchschnitt waren 1987 aber schon mehr als 56 Prozent der Beschäftigten im Dienstleistungsbereich tätig. Der Anteil der Erwerbstätigen im produzierenden Gewerbe nahm dagegen im Verdichtungsraum Ingolstadt zwischen 1970 und 1987 um nahezu 19 Prozent zu, während er bayernweit im selben Zeitraum um drei Prozent zurückging. Eine ähnliche Erwerbsstruktur wies in Bayern Anfang der neunziger Jahre lediglich der ebenfalls monostrukturelle Verdichtungsraum Schweinfurt mit seinen großen Kugellagerfabriken auf. Auffällig ist auch, daß die Region Ingolstadt in einer Erhebung über die Innovationsbetriebe und die Innovationsdichte in den 18 Planungsregionen Bayerns aus dem Jahr 1984 lediglich im

---

[32] Undatierter Zeitungsausschnitt (1975): „Zur Monostruktur kommt noch der Förderungsverlust".
[33] Donau-Kurier vom 18. 2. 1975: „Man würde uns nie verzeihen, wenn wir jetzt nichts täten".
[34] Donau-Kurier vom 30. 4. 1975: „Gastarbeiter stehen Schlange für Audi-Aufhebungsverträge".
[35] Vgl. Rainer Greca u. a., Gutachten Ingolstadt. Landesplanerisches Gutachten zu den Problemen und Chancen des monostrukturellen Wirtschaftsraumes Ingolstadt, München 1992, S. 104 ff.; zum folgenden vgl. ebenda, S. 112, S. 48 und S. 52–58 sowie S. 93 ff.

hinteren Mittelfeld rangierte. Dazu paßt der Befund des Bundesministeriums für Raumordnung und Städtebau, das die Region Ingolstadt zu den Regionen zählte, die sich neben einer unterdurchschnittlichen Innovationsdichte durch einen ebenfalls unterdurchschnittlichen „Verflechtungsgrad mit externem Know-how", eine geringe Personalintensität im Bereich Forschung und Entwicklung sowie durch einen niedrigen Anteil von „Beschäftigten mit hochqualifizierter Ausbildung" auszeichneten. Niedrig sei auch die Zahl der wissenschaftlichen Mitarbeiter an Hochschulen und außeruniversitären Forschungseinrichtungen, die Arbeitslosigkeit liege dagegen ebenso wie „der Verflechtungsgrad mit Auslandsmärkten" über dem Durchschnitt[36].

Die Entwicklung der Region Ingolstadt in den siebziger und achtziger Jahren zeigt damit nicht zuletzt die Grenzen der Steuerungskapazität politisch-administrativer Institutionen in einer demokratisch verfaßten Gesellschaft auf. Zwar wurden wiederholt Versuche unternommen, die ökonomische Monostruktur aufzubrechen oder wenigstens ihre Folgen abzumildern; nicht zuletzt die Stadt Ingolstadt machte mit ihrer 1969 gegründeten Industrie-Förderungsgesellschaft einige Anstrengungen in diese Richtung[37] und bemühte sich um die Ansiedlung mittelständischer Gewerbebetriebe, die man – nach eigener Aussage – lange zu sehr vernachlässigt hatte[38]. Erfolge ließen sich freilich nur Schritt für Schritt und in vergleichsweise kleinem Rahmen erzielen. Erschwerend kam hinzu, daß die wichtigsten Arbeitgeber der Region Ingolstadt in ihren Entscheidungen zumeist nicht autonom waren[39]. Dies traf insbesondere auf die Audi NSU Auto Union AG zu, die sich noch in den sechziger Jahren als integraler Bestandteil des Volkswagen-Konzerns in eine Unternehmensstrategie einordnen mußte, die letztlich in Wolfsburg und nicht in Ingolstadt festgelegt wurde. Die Bedürfnisse und spezifischen Gegebenheiten einer Fabrik, einer Stadt oder einer ganzen Region spielten daher fast zwangsläufig nur eine untergeordnete Rolle, wenn man in der fernen Konzernzentrale über neue Produkte, Investitionen oder den Abbau von Arbeitsplätzen entschied. Daß Audi NSU zwar als selbständige Tochtergesellschaft geführt, aber vom VW-Vorstand an der kurzen Leine gehalten wurde, zeigte sich auf allen Ebenen. Im Unternehmen litt nicht zuletzt der Betriebsrat unter dieser Konstellation, die bei Verhandlungen um Sonderzahlungen oder betriebliche Sozialleistungen nicht selten dazu führte, daß nicht nur ein dritter Partner, sondern sogar ein Veto-Spieler unsichtbar mit am Tisch saß. Aber auch die Manager in Ingolstadt fühlten immer wieder die schmerzlich engen Grenzen ihres Handlungsspielraums. Der Vorstandsvorsitzende von Audi NSU, Werner P. Schmidt, mußte sich 1973 im Konflikt um die Neuordnung des Vertriebs im Konzern beispielsweise die unverhohlene Drohung gefallen lassen, bei weiterer Unbotmäßigkeit würde man auch noch die verbliebenen autonomen Bastionen in Ingolstadt schleifen[40].

---

[36] Die Studie des Bundesministeriums für Raumordnung, Bauwesen und Städtebau aus dem Jahr 1984 wird zit. nach ebenda, S. 94.

[37] Vgl. 25 Jahre Wirtschaftsförderung in Ingolstadt, hrsg. von der Industrie-Förderungsgesellschaft Ingolstadt, o. O. o. J., und Industrieförderungsgesellschaft Ingolstadt GmbH, Ingolstadt 1984.

[38] Vgl. den undatierten Zeitungsausschnitt (1975): „Zur Monostruktur kommt noch der Förderungsverlust".

[39] Vgl. Greca u. a., Gutachten Ingolstadt, S. 118.

[40] Vgl. Werner, Fritz Böhm, in: ders./Hörmann (Hrsg.), Fritz Böhm, S. 151.

Die politischen Entscheidungsträger vor Ort waren fast noch schlechter gestellt, verfügten sie doch über keine institutionalisierten Kommunikationskanäle,
um verläßliche Informationen einzuholen oder diejenigen zu erreichen, die im
Konzern das Sagen hatten. Mehr als das Mittel des deklamatorischen Appells in
mündlicher oder schriftlicher Form stand auch Persönlichkeiten wie Oberbürgermeister Peter Schnell nicht zu Gebote[41], der zwar als ehemaliger Landtagsabge-
ordneter das Terrain in München gut kannte – dessen gewichtige Kontakte aber
auch nicht wesentlich über die bayerische Landeshauptstadt hinausreichten. Die
Chancen, externe Willensbildungsprozesse auch nur begrenzt beeinflussen zu
können, standen für die verantwortlichen Kommunalpolitiker also eher schlecht.
Sie waren namentlich in Krisenzeiten darauf angewiesen, die Interessen ihrer Region etwa von der bayerischen Staatsregierung vertreten zu lassen, die freilich
1975 zugeben mußte, die Pläne von VW für Audi NSU nicht zu kennen[42]. Überlegungen, Audi NSU zumindest vorübergehend von Volkswagen zu übernehmen,
um angeblich drohende Werkschließungen zu verhindern, erwiesen sich letztlich
als Muster ohne Wert[43]. Was die Staatsregierung vor allem tun konnte, um zumindest die Auswirkungen der Ölpreis- und Automobilkrise zu dämpfen, war, im
Wettbewerb mit anderen Ländern Bundesmittel für die Region zu mobilisieren
und – wenn dies wie im Fall des Sonderprogramms der Bundesregierung für die
von der Krise besonders betroffenen Standorte des VW-Konzerns ohne durch-
schlagenden Erfolg blieb[44] – eigene Mittel dafür einzusetzen[45].
    In aller Deutlichkeit hatte sich die Anfälligkeit der Region Ingolstadt erstmals
im Zuge des Öl(preis)schocks gezeigt, deren Folgen die Kalkulationen für zahlreiche Projekte zum Ausbau der Infrastruktur über den Haufen warfen. Allein Ingolstadt hatte in der bis 1977 reichenden mittelfristigen Finanzplanung Investitionen in einer Höhe von rund 582 Millionen DM vorgesehen, darunter 350 Millionen DM für das Zentralklinikum, 50 Millionen DM für ein neues Schulzentrum,
26 Millionen DM für eine Müllverbrennungsanlage und 21 Millionen DM für die
Sanierung der Altstadt[46]. Derartige Projekte waren in den guten Tagen optimistischer Zukunftserwartung geplant worden und lasteten nun schwer auf den öffentlichen Haushalten; häufig ließen sie sich überhaupt nur durch eine Erhöhung der
Neuverschuldung finanzieren. Es entging vielen Verantwortlichen vor Ort nicht,
daß sich die Rahmenbedingungen für ihr Handeln damit signifikant verändert
hatten. Vielleicht erkannten sie sogar, daß eine Ära zu Ende gegangen war. So

---

[41] Vgl. Donau-Kurier vom 18. 2. 1975: „Man würde uns nie verzeihen, wenn wir jetzt nichts täten"
und vom 24. 4. 1975: „Audi-Belegschaft zu ruhig".
[42] Vgl. Donau-Kurier vom 27. 2. 1975: „Staatsregierung kennt die Pläne des Konzerns für Audi NSU
nicht".
[43] Vgl. Donau-Kurier vom 12./13. 4. 1975: „Jaumann bestätigt Gespräche über Ankauf von Audi
NSU" und vom 30. 4. 1975: „Stuttgart und München erklären: Keine Sonderpläne mit Audi
NSU".
[44] BAK, B 149/24198, Vermerk der Abteilung II des Bundesarbeitsministeriums (gez. Ministerialrat
Hubbert) vom 30. 4. 1975: Sonderprogramm anläßlich der personalpolitischen Entscheidungen
des Volkswagen-Konzerns.
[45] Vgl. Donau-Kurier vom 30. 4. 1975: „Wirtschaftsministerium beauftragt Hilfsmaßnahmen zu fördern und einzuleiten – 20 Millionen für Ingolstadt".
[46] Vgl. den undatierten Zeitungsausschnitt (1975): „Zur Monostruktur kommt noch der Förderungsverlust".

führte beispielsweise Oberbürgermeister Peter Schnell in seiner Haushaltsrede am 18. Dezember 1975 aus:

„Den Titel einer Studie des Club of Rome zu leihen nehmend, möchte ich sagen: ‚Die Grenzen des Wachstums, sind jetzt sichtbar geworden. Die Zeiten, in denen die Einnahmen aus Steuern von Jahr zu Jahr wuchsen und den Weg für neue Projekte und Verbesserung bestehender Einrichtungen ebneten, sind vorbei. Wir haben jetzt sorgfältig zu prüfen, was wir uns leisten und was wir dem steuerzahlenden Bürger zumuten können. Umgekehrt muß aber auch dem Bürger klar werden, daß er angesichts dieser Situation von der Gemeinde nicht vermehrte und verbesserte Dienstleistungen erwarten kann. Wir alle müssen uns wieder darin üben, vorsichtiger zu handeln und bescheidener in unseren Erwartungen zu werden."[47]

---

[47] Stadtarchiv Ingolstadt, Haushaltsreden, Manuskript der Haushaltsrede von Oberbürgermeister Peter Schnell vor dem Stadtrat am 18. 12. 1975.

Nachwort

Beim Durchblättern des fertigen Manuskripts kehren viele Bilder und Eindrücke zurück, an die ich mich lange nicht erinnert habe – die ersten Gespräche über das Projekt „Gesellschaft und Politik in Bayern 1949 bis 1973" im Kollegenkreis; die Explorationen in den verschiedensten bayerischen Archiven zusammen mit Jaromír Balcar und Dietmar Süß; die Projektbesprechungen, in denen unserem an Hybris grenzenden Einfallsreichtum keine Grenzen gesetzt waren und wo die Welt wenig zu kosten schien; das sichere Gefühl, Teil einer schlagkräftigen Mannschaft zu sein, zu der auch Katja Klee und Stefan Grüner gehörten, und das Vertrauen in ihren Kapitän Hans Woller. Nur vor diesem Hintergrund war es möglich, dieses auf sieben Bände angelegte Großprojekt zu stemmen, und nur vor diesem Hintergrund konnte ich auch meinen Band über den Strukturwandel in der Region Ingolstadt – nach einem Zwischenstopp in Italien von fast vier Jahren – erfolgreich abschließen.

Für bestmögliche Rahmenbedingungen sorgten der Direktor des Instituts für Zeitgeschichte, Horst Möller, und sein Stellvertreter Udo Wengst, die sich zusammen mit den Verwaltungsleitern – zunächst noch Georg Maisinger, dann Ingrid Morgen – auch darum kümmerten, daß stets genug Geld in der Kasse war, und die nur selten die Contenance verloren, wenn ich sie wieder einmal um Geduld bitten mußte. Dafür sei ihnen ebenso herzlich gedankt wie allen Kolleginnen und Kollegen aus dem Institut, die mich bei meiner Arbeit unterstützt oder mir den Rücken freigehalten haben; stellvertretend seien an dieser Stelle nur Kutlay Arin, Renate Bihl und Saskia Hofmann genannt. Hans Woller hat das Manuskript mit spitzer Feder gelesen. Seinem Rat, seinen Hinweisen und seinem untrüglichen Spürsinn für die Textstellen, an denen es sich der Autor zu leicht gemacht hatte, verdanke ich viel – wieder einmal. Unverzichtbar war auch die Unterstützung, die mir in den Archiven zuteil wurde. Besonders gerne denke ich an meine Zeit im Kavalier Hepp zurück. Beatrix Schönewald, die Leiterin des Stadtarchivs Ingolstadt, und ihr Team stellten mir nicht nur großzügig die Schätze ihres Hauses zur Verfügung, sondern erläuterten mir, dem Ortsfremden, auch so manchen Zusammenhang, der sich aus den Akten nicht ohne weiteres erschlossen hätte. Gabriele Jaroschka vom Oldenbourg Verlag schließlich hat das Manuskript mit freundschaftlicher Umsicht betreut.

Am tiefsten stehe ich jedoch in der Schuld meiner Familie, die nur allzu oft mit einem unzufriedenen oder ganz einfach abwesenden Ehemann und Vater zurechtkommen mußte. Dafür, daß mir Regina, Lukas, Rebekka und Benedikt die Gefolgschaft nicht aufgekündigt haben, obwohl sie längst nicht mehr an meine Versprechungen glauben, es würde sich etwas ändern, wenn nur dieses Manuskript erst abgeschlossen sei, kann ich nur dankbar sein. Eines ist meinen Kindern immerhin geblieben: ein unverwüstlicher, inkagelber Plastik-Audi, auf dem mein Jüngster stolz durch die Gegend flitzt.

Das Manuskript dieser Studie wurde im Wintersemester 2008/09 von der Fakultät für Geschichts- und Kunstwissenschaften der Ludwig-Maximilians-Universität als Habilitationsschrift angenommen. Meinen Mentoren Christoph Boyer, Hans Günter Hockerts und Horst Möller sei herzlich dafür gedankt, daß sie mich mit Rat und Tat durch das Verfahren begleitet haben.

München, im Februar 2009   Thomas Schlemmer

Anhang: Politische Strukturen in ausgewählten Stadt- und Landkreisen des Mittelbayerischen Donaugebiets[1]

Bürgermeister im (Alt-)Landkreis Ingolstadt 1948 bis 1978

Anzahl der untersuchten Gemeinden:

1948, 1952, 1956 und 1960: 41
1966: 40[3]
1972: 20[4]
1978: 14

Altersdurchschnitt der gewählten Bürgermeister:

1948[2]: 48,79 Jahre
1952: 52,61 Jahre
1956: 54,24 Jahre
1960: 52,68 Jahre
1966: 48,50 Jahre
1972: 49,45 Jahre
1978: 54,50 Jahre

Altersstruktur der gewählten Bürgermeister:

	1948		1952		1956		1960		1966		1972		1978	
31–40	3[5]	10,35[6]	3	7,32	1	2,44	7	17,07	7	17,50	3	15,0	1	7,14
41–50	13	44,83	14	34,15	12	29,27	8	19,51	17	42,50	7	35,0	2	14,29
51–60	12	41,38	17	41,46	16	39,02	17	41,46	11	27,50	10	50,0	9	64,29
61–70	1	3,45	7	17,07	11	26,83	9	21,95	5	12,50	–	–	2	14,29
über 70	–	–	–	–	1	2,44	–	–	–	–	–	–	–	–

[1] Alle Tabellen zusammengestellt nach: BLSD, Referat Wahlen, Mappen der Landkreise bzw. kreisfreien Städte Eichstätt, Ingolstadt und Pfaffenhofen an der Ilm sowie Mappen der 41 kreisangehörigen Gemeinden des Landkreises Ingolstadt.
[2] In der Regel bezogen auf das Datum der Wahl: 25. 4. 1948, 30. 3. 1952, 18. 3. 1956, 27. 3. 1960, 13. 3. 1966, 11. 6. 1972, 5. 3. 1978. Für das Jahr 1948 war das Geburtsdatum lediglich für 29 von 41 Bürgermeistern zu ermitteln, alle übrigen Angaben beziehen sich auf die Gesamtzahl der gewählten Bürgermeister.
[3] 1962 Eingemeindung von Unsernherrn nach Ingolstadt.
[4] Hier wurde der am 5. 3. 1972 gewählte Willy Mayer aus Brunnenreuth mitgezählt. Die Neuwahl war notwendig geworden, nachdem der Amtsinhaber Johann Haas im Dezember 1971 verstorben war. Brunnenreuth wurde im Sommer 1972 nach Ingolstadt eingemeindet.
[5] Absolute Zahlen.
[6] Angaben in Prozent.

ehrenamtlich oder berufsmäßig tätig:

	1948	1952	1956	1960	1966		1972		1978	
ehrenamtl.	41[7]	41	41	41	29	72,5[8]	9	45,0	6	42,86
berufsmäß.	– –	– –	– –	– –	8	20,0	11	55,0	8	57,14
unbekannt	– –	– –	– –	– –	3	7,5	–		–	–

Berufsgruppenschichtung (absolute Zahlen)[9]:

	Öffentlicher Dienst				Selbständige Berufe					Arbeitnehmer[10]				Rentner
	Beamte	Ang.	Arb.	ges.	H.u.G.	Kaufl.	Land-wirte	freie Berufe	ges.	k.u.t.Ang.	Facha. u.	Hilfs.	ges.	
1948	–	–	–	–	4	2	31	1	38	–	1	1	2	1
1952	–	1	–	1	1	2	34	1	38	1	1	–	2	–
1956	2	1	–	3	2	3	30	1	36	1	1	–	2	–
1960	5	4	–	9	2	1	26	–	29	–	2	–	2	1
1966	3	8	–	11	2	–	17	–	19	2	7	–	9	1
1972	3	4	–	7	1	–	3	1	5	3	5	–	8	–
1978	4	2	–	6	1	1	–	2	4	2	2	–	4	–

Berufsgruppenschichtung (Angaben in Prozent):

	Öffentlicher Dienst				Selbständige Berufe					Arbeitnehmer[11]				Rentner
	Beamte	Ang.	Arb.	ges.	H.u.G.	Kaufl.	Land-wirte	freie Berufe	ges.	k.u.t.Ang.	Facha. u. Angl.	Hilfs.	ges.	
1948	–	–	–	–	9,76	4,88	75,61	2,44	92,68	–	2,44	2,44	4,88	2,44
1952	–	2,44	–	2,44	2,44	4,88	82,93	2,44	92,68	2,44	2,44	–	4,88	–
1956	4,88	2,44	–	7,32	4,88	7,32	73,17	2,44	87,81	2,44	2,44	–	4,88	–
1960	12,20	9,76	–	21,95	4,88	2,44	63,41	–	70,73	–	4,88	–	4,88	2,44
1966	7,50	20,0	–	27,50	5,0	–	42,50	–	47,50	5,0	17,50	–	22,50	2,50
1972	15,0	20,0	–	35,0	5,0	–	15,0	5,0	25,0	15,0	25,0	–	40,0	–
1978	28,57	14,29	–	42,86	7,14	7,14	–	14,29	28,57	14,29	14,29	–	28,57	–

[7] Absolute Zahlen.
[8] Angaben in Prozent.
[9] Berufsbezeichnungen in Zeile 2: Beamte, öffentliche Angestellte, Arbeiter; Handwerker und Gewerbetreibende, selbständige Kaufleute, Landwirte, freie Berufe; kaufmännische und technische Angestellte, Facharbeiter und Angelernte, Hilfsarbeiter. Die Aufschlüsselung lehnt sich an die statistischen Fragebögen des Bayerischen Statistischen Landesamts für die Kommunalwahlen an. Auf Kategorien wie Geistliche oder hauptamtliche Partei- bzw. Gewerkschaftsangestellte wurde verzichtet, da kein Bürgermeister diesen Berufsgruppen zuzurechnen war.
[10] Ohne öffentlichen Dienst.
[11] Ohne öffentlichen Dienst.

Herkunft der gewählten Bürgermeister nach Geburtsort:

	1948		1952		1956		1960		1966		1972		1978	
Dienstort	21[12]	51,20[13]	29	70,73	27	65,85	25	60,98	24	60,0	9	45,0	8	57,14
LK u. SK Ingolstadt	2	4,88	3	7,32	4	9,76	6	14,64	8	20,0	3	15,0	2	14,29
übriges Bayern	6	14,63	8	19,51	9	21,95	9	21,95	6	15,0	7	35,0	2	14,29
Deutschland	–	–	1	2,44	1	2,44	1	2,44	1	2,5	–	–	–	–
Ausland	–	–	–	–	–	–	–	–	–	–	–	–	–	–
Flüchtling	–	–	–	–	–	–	–	–	–	–	–	–	–	–
unbekannt	12	29,27	–	–	–	–	–	–	1	2,5	1	5,0	2	14,29

Bürgermeister gewählt auf Vorschlag von:

	1948		1952		1956		1960		1966		1972		1978	
CSU	14[14]	34,15[15]	3	7,32	6	14,63	7	17,07	6	15,0	5	25,0	6	42,86
CSU u.a.[16]	–	–	1	2,44	2	4,88	3	7,32	2	5,0	–	–	–	–
SPD	1	2,44	–	–	–	–	3	7,32	7	17,5	6	30,0	3	21,43
SPD u.a.	–	–	1	2,44	1	2,44	–	–	1	2,5	1	5,0	1	7,14
BP	–	–	2	4,88	1	2,44	–	–	1	2,5	–	–	–	–
FW/PW/UW/GL	–	–	10	24,39	13	31,71	11	26,83	11	27,5	4	20,0	3	21,43
Flüchtlinge	1	2,44	1	2,44	–	–	–	–	–	–	–	–	–	–
CWG	–	–	2	4,88	–	–	3	7,32	2	5,0	–	–	1	7,14
Sonstige	1	2,44	2	4,88	3	7,32	1	2,44	–	–	–	–	–	–
ohne	24	58,54	19	46,34	16	39,02	13	31,71	11	27,5	4	20,0	–	–

12 Absolute Zahlen.
13 Angaben in Prozent.
14 Absolute Zahlen.
15 Angaben in Prozent.
16 In Verbindung mit anderen Parteien oder Gruppierungen.

Kontinuität und Wandel – neugewählte und wiedergewählte Bürgermeister:

	1948[17]	1952	1956	1960	1966	1972	1978
neugewählt	–	17[18] / 41,46[19]	7 / 17,07	12 / 29,27	19 / 47,5	4 / 20,0	4 / 28,57
wiedergewählt	–	24 / 58,54	34 / 82,93	29 / 70,73	21 / 52,5	16 / 80,0	10 / 71,43

Stadtratswahlen und Stadträte in Ingolstadt 1948 bis 1978

Sitzverteilung:

	1948	1952	1956	1960	1966	1972	1978
Sitze ges.	32	32	32	42	42	44	44
CSU	9	10	14	18	17	22	27
SPD	11	13	13	18	20	19	14
BP	–	3	2	–	–	–	–
FDP	1	–	–	–	–	–	1
KPD/DKP	2	–	1	2	–	–	–
BHE	–	1	–	–	–	–	–
UdV	2	1	–	–	–	–	–
FW/UW/PW	6	4	2	3	4	3	2
Sonstige	1[20]	–	–	1[21]	1[22]	–	–

17 Für 1946 liegen keine Angaben vor.
18 Absolute Zahlen.
19 Angaben in Prozent.
20 Notgemeinschaft der Ausgebombten, Heimatverwiesenen und Körpergeschädigten.
21 Wahlblock Mitte (BP, FDP und DP).
22 Gemeinsamer Wahlvorschlag BHE/NPD.

Berufsgruppenschichtung der gewählten Stadträte gesamt:

		1948		1952		1956		1960		1966		1972		1978	
Öff. Dienst	Beamte	11[23]	*34,38[24]*	8	*25,0*	10	*31,25*	14	*33,33*	13	*30,95*	12	*27,27*	11	*25,0*
Öff. Dienst	Geistliche	–	*–*	–	*–*	–	*–*	–	*–*	–	*–*	–	*–*	–	*–*
Öff. Dienst	Angestellte	5	*15,63*	2	*6,25*	1	*3,13*	2	*4,76*	2	*4,76*	4	*9,10*	2	*4,55*
Öff. Dienst	Arbeiter	–	*–*	–	*–*	–	*–*	–	*–*	–	*–*	–	*–*	–	*–*
Öff. Dienst	*gesamt*	16	*50,0*	10	*31,25*	11	*34,38*	16	*38,10*	15	*35,71*	16	*36,36*	13	*29,55*
hauptamtl. Partei- u. Gewerkschafts-ang., Betriebsräte		–	*–*	4	*12,5*	4	*12,5*	3	*7,14*	1	*2,38*	5	*11,36*	4	*9,10*
selbst. Berufe	H. u. G.	6	*18,75*	7	*21,88*	5	*15,63*	7	*16,67*	3	*7,14*	3	*6,82*	2	*4,55*
selbst. Berufe	Kaufleute	2	*6,25*	4	*12,5*	2	*6,25*	2	*4,76*	1	*2,38*	2	*4,55*	3	*6,82*
selbst. Berufe	Landwirte	–	*–*	2	*6,25*	1	*3,13*	1	*2,38*	1	*2,38*	–	*–*	–	*–*
selbst. Berufe	fr. Berufe	6	*18,75*	2	*6,25*	2	*6,25*	2	*4,76*	5	*11,90*	5	*11,36*	7	*15,91*
selbst. Berufe		14	*43,75*	15	*46,88*	10	*31,25*	12	*28,57*	10	*23,81*	10	*22,73*	12	*27,27*
Arbeitnehmer	k. u. t. Ang.	–	*–*	1	*3,13*	3	*9,38*	5	*11,90*	8	*19,04*	5	*11,36*	7	*15,91*
Arbeitnehmer	Facharb. u. Angel.	1	*3,13*	1	*3,13*	1	*3,13*	4	*9,52*	5	*11,90*	4	*9,10*	2	*4,55*
Arbeitnehmer Hilfsarb.		–	*–*	–	*–*	–	*–*	–	*–*	–	*–*	–	*–*	–	*–*
Arbeitnehmer[25]	*gesamt*	1	*3,13*	2	*6,25*	4	*12,5*	9	*21,43*	13	*30,95*	9	*20,45*	9	*20,45*
Rentner, Pensionäre		–	*–*	–	*–*	2	*6,25*	1	*2,3*	2	*4,76*	3	*6,82*	4	*9,10*
Hausfrauen		1	*3,13*	1	*3,13*	1	*3,13*	1	*2,38*	1	*2,38*	1	*2,27*	2	*4,55*

23 Angaben in absoluten Zahlen.
24 Angaben in Prozent.
25 Ohne öffentlichen Dienst.

Berufsgruppenschichtung der CSU-Stadtratsfraktion – absolute Zahlen und Anteil an allen Stadträten der jeweiligen Berufsgruppe:

		1948		1952		1956		1960		1966		1972		1978	
Öff. Dienst	Beamte	4[26]	36,36[27]	4	50,0	8	80,0	7	50,0	5	38,46	9	75,0	8	72,72
Öff. Dienst	Geistliche	–	–	–	–	–	–	–	–	–	–	–	–	–	–
Öff. Dienst	Angestellte	1	20,0	–	–	–	–	1	50,0	1	50,0	–	–	1	50,0
Öff. Dienst	Arbeiter	–	–	–	–	–	–	–	–	–	–	–	–	–	–
Öff. Dienst	*gesamt*	5	31,25	4	40,0	8	72,72	8	50,0	6	40,0	9	56,25	9	69,23
hauptamtl. Partei- u. Gewerkschafts-ang., Betriebsräte		–	–	–	–	–	–	–	–	–	–	–	–	–	–
selbst. Berufe	H.u.G.	3	50,0	5	71,43	4	80,0	5	71,43	1	33,33	2	66,67	1	50,0
selbst. Berufe	Kaufleute	–	–	1	25,0	–	–	–	–	–	–	1	50,0	2	66,67
selbst. Berufe	Landwirte	1	16,67	–	–	1	100,0	1	100,0	1	100,0	–	–	–	–
selbst. Berufe	fr. Berufe	–	–	–	–	1	50,0	2	100,0	2	40,0	2	40,0	3	42,86
selbst. Berufe	*gesamt*	4	28,57	6	40,0	6	60,0	8	66,67	4	40,0	5	50,0	6	50,0
Arbeitnehmer	k.u.t. Ang.	–	–	–	–	–	–	–	–	4	50,0	4	80,0	6	85,71
Arbeitnehmer	Facharb. u. Angel.	–	–	–	–	–	–	1	25,0	1	20,0	1	25,0	1	50,0
Arbeitnehmer	Hilfsarb.	–	–	–	–	–	–	–	–	–	–	–	–	–	–
Arbeitnehmer[28]	*gesamt*	–	–	–	–	–	–	1	11,1	5	38,46	5	55,56	7	77,78
Rentner, Pensionäre		–	–	–	–	–	–	1	100,0	2	100,0	2	66,67	4	100,0
Hausfrauen		–	–	–	–	–	–	–	–	–	–	1	100,0	1	50,0

[26] Angaben in absoluten Zahlen.
[27] Angaben in Prozent.
[28] Ohne öffentlichen Dienst.

Berufsgruppenschichtung der CSU-Stadtratsfraktion – absolute Zahlen und Anteil an der CSU-Stadtratsfraktion:

		1948		1952		1956		1960		1966		1972		1978	
Öff. Dienst	Beamte	4[29]	44,44[30]	4	40,0	8	57,14	7	38,89	5	29,41	9	40,9	8	29,63
Öff. Dienst	Geistliche	–	–	–	–	–	–	–	–	1	5,88	–	–	–	–
Öff. Dienst	Angestellte	1	11,11	–	–	–	–	1	5,56	–	–	–	–	1	3,70
Öff. Dienst	Arbeiter	–	–	–	–	–	–	–	–	–	–	–	–	–	–
Öff. Dienst	gesamt	5	55,56	4	40,0	8	57,14	8	44,44	6	35,29	9	40,9	9	33,33
hauptamtl. Partei- u. Gewerkschafts-ang., Betriebsräte		–	–	–	–	–	–	–	–	–	–	–	–	–	–
selbst. Berufe	H.u.G.	3	33,33	5	50,0	4	28,57	5	27,78	1	5,88	2	9,10	1	3,70
selbst. Berufe	Kaufleute	–	–	1	10,0	–	–	–	–	–	–	1	4,55	2	7,41
selbst. Berufe	Landwirte	–	–	–	–	1	7,14	1	5,56	1	5,88	–	–	–	–
selbst. Berufe	fr. Berufe	1	11,11	–	–	1	7,14	2	11,11	2	11,76	2	9,10	3	11,11
selbst. Berufe	gesamt	4	44,44	6	60,0	6	42,86	8	44,44	4	23,53	5	22,73	6	22,22
Arbeitnehmer	k.u.t Ang.	–	–	–	–	–	–	–	–	4	23,53	4	18,18	6	22,22
Arbeitnehmer	Facharb. u. Angel.	–	–	–	–	–	–	1	5,56	1	5,88	1	4,55	1	3,70
Arbeitnehmer	Hilfsarb.	–	–	–	–	–	–	–	–	–	–	–	–	–	–
Arbeitnehmer[31]	gesamt	–	–	–	–	–	–	1	5,56	5	29,41	5	22,72	7	25,93
Rentner, Pensionäre		–	–	–	–	–	–	1	5,56	2	11,76	2	9,10	4	14,81
Hausfrauen		–	–	–	–	–	–	–	–	–	–	1	4,55	1	3,70

29 Angaben in absoluten Zahlen.
30 Angaben in Prozent.
31 Ohne öffentlichen Dienst.

Berufsgruppenschichtung der SPD-Stadtratsfraktion – absolute Zahlen und Anteil an allen Stadträten der jeweiligen Berufsgruppe:

		1948[32]	[33]	1952		1956		1960		1966		1972		1978	
Öff. Dienst	Beamte	3	27,27	2	25,0	2	20,0	6	42,86	7	53,85	3	25,0	3	27,27
Öff. Dienst	Geistliche	–	–	–	–	–	–	–	–	–	–	–	–	–	–
Öff. Dienst	Angestellte	2	40,0	2	100,0	1	100,0	1	50,0	1	50,0	3	75,0	1	50,0
Öff. Dienst	Arbeiter	–	–	–	–	–	–	–	–	–	–	–	–	–	–
Öff. Dienst	*gesamt*	5	31,25	4	40,0	3	27,27	7	43,75	8	53,33	6	37,5	4	30,77
hauptamtl. Partei- u. Gewerkschafts-ang., Betriebsräte		–	–	4	100,0	3	75,0	3	100,0	1	100,0	5	100,0	4	100,0
selbst. Berufe	H.u.G.	2	33,33	–	–	1	20,0	–	–	–	–	–	–	1	50,0
selbst. Berufe	Kaufleute	1	50,0	1	25,0	1	50,0	1	14,29	1	100,0	1	50,0	1	33,33
selbst. Berufe	Landwirte	–	–	–	–	–	–	–	–	–	–	–	–	–	–
selbst. Berufe	fr. Berufe	1	16,67	1	50,0	1	50,0	–	–	2	40,0	3	60,0	3	42,86
selbst. Berufe	*gesamt*	4	28,57	2	13,33	3	30,0	1	8,33	3	30,0	4	40,0	5	41,66
Arbeitnehmer	k.u.t. Ang.	–	–	1	100,0	1	33,33	3	60,0	4	50,0	1	20,0	–	–
Arbeitnehmer	Facharb. u. Angel.	1	100,0	1	100,0	1	100,0	3	75,0	3	60,0	3	75,0	1	50,0
Arbeitnehmer	Hilfsarb.	–	–	–	–	–	–	–	–	–	–	–	–	–	–
Arbeitnehmer[34]	*gesamt*	1	100,0	2	100,0	2	50,0	6	66,67	7	53,85	4	44,44	1	11,11
Rentner, Pensionäre		–	–	–	–	1	50,0	–	–	–	–	–	–	–	–
Hausfrauen		1	100,0	1	100,0	1	100,0	1	100,0	1	100,0	–	–	–	–

32 Angaben in absoluten Zahlen.
33 Angaben in Prozent.
34 Ohne öffentlichen Dienst.

Berufsgruppenschichtung der SPD-Stadtratsfraktion – absolute Zahlen und Anteil an der SPD-Stadtratsfraktion:

		1948		1952		1956		1960		1966		1972		1978	
Öff. Dienst	Beamte	3[35]	27,27[36]	2	15,38	2	15,38	6	33,33	7	35,0	3	15,79	3	21,43
Öff. Dienst	Geistliche	–	–	–	–	–	–	–	–	–	–	–	–	–	–
Öff. Dienst	Angestellte	2	18,18	2	15,38	1	7,69	1	5,56	1	5,0	3	15,79	1	7,14
Öff. Dienst	Arbeiter	–	–	–	–	–	–	–	–	–	–	–	–	–	–
Öff. Dienst	gesamt	5	45,45	4	30,77	3	23,08	7	38,89	8	40,0	6	31,58	4	28,57
hauptamtl. Partei- u. Gewerkschaftsang., Betriebsräte		–	–	4	30,77	3	23,08	3	16,67	1	5,0	5	26,32	4	28,57
selbst. Berufe	H.u.G.	2	18,18	–	–	1	7,69	–	–	–	–	–	–1	1	7,14
selbst. Berufe	Kaufleute	1	9,10	1	7,69	1	7,69	1	5,56	1	5,0	1	5,26	1	7,14
selbst. Berufe	Landwirte	–	–	–	–	–	–	–	–	–	–	–	–	–	–
selbst. Berufe	fr. Berufe	1	9,10	1	7,69	1	7,69	–	–	2	10,0	3	15,79	3	21,43
selbst. Berufe	gesamt	4	36,36	2	15,38	3	23,08	1	5,56	3	15,0	4	21,05	5	35,71
Arbeitnehmer	k.u.t. Ang.	–	–	1	7,69	1	7,69	3	16,67	4	20,0	1	5,26	–	–
Arbeitnehmer	Facharb. u. Angel.	1	9,10	1	7,69	1	7,69	3	16,67	3	15,0	3	15,79	1	7,14
Arbeitnehmer	Hilfsarb.	–	–	–	–	–	–	–	–	–	–	–	–	–	–
Arbeitnehmer[37]	gesamt	1	9,10	2	15,38	2	15,38	6	33,33	7	35,0	4	21,05	1	7,14
Rentner, Pensionäre		–	–	–	–	1	7,69	–	–	–	–	–	–	–	–
Hausfrauen		1	9,10	1	7,69	1	7,69	1	5,56	1	5,0	–	–	–	–

[35] Angaben in absoluten Zahlen.
[36] Angaben in Prozent.
[37] Ohne öffentlichen Dienst.

Kontinuität und Wandel – neugewählte und wiedergewählte Stadträte:

	Neu im Amt gesamt		Wiedergewählt[38] gesamt		Von den Wiedergewählten CSU		Von den Wiedergewählten SPD	
1948	15	46,88	17	53,13	9	100,0	6	54,55
1952	14[39]	43,75[40]	18	56,25	7	70,0[41]	9	69,23
1956	11	34,36	21	65,63	9	64,29	9	69,23
1960	17	40,48	25	59,52	11	61,11	10	55,56
1966	10	31,25	32	76,19	11	64,71	16	80,0
1972	19	43,28	25	56,81	11	50,0	12	63,16
1978	17	38,64	27	61,36	16	59,26	10	71,43

Kreistagswahlen und Kreisräte im Landkreis Ingolstadt 1948 bis 1966

Sitzverteilung:

	1948	1952	1956	1960	1966
Sitze ges.	44	45	45	45	45
CSU	21	13	19	17	20
SPD	11	12	13	15	15
BP	–	10	6	–	–
FDP	3	–	–	–	–
KPD/DKP	2	1	1	–	–
BHE	–	6	6	4	2[42]
UdV	7	3	–	–	–
CWG	–	–	–	4	4
LBdM	–	–	–	5	4

---

[38] Zu den Wiedergewählten wurden auch die Stadträte gezählt, die vor der Gemeindegebietsreform Gemeinderäte in ihren aufgelösten Heimatgemeinden gewesen waren.
[39] Absolute Zahlen.
[40] Angaben in Prozent.
[41] Prozentualer Anteil der Wiedergewählten an der gesamten Fraktion.
[42] BHE/UW.

Berufsgruppenschichtung der gewählten Kreisräte gesamt:

		1948		1952		1956		1960		1966	
Öff. Dienst	Beamte	2[43]	4,54[44]	6	13,33	4	8,89	4	8,89	5	11,11
Öff. Dienst	Geistliche	–	–	–	–	1	2,22	–	–	1	2,22
Öff. Dienst	Angestellte	3	6,82	–	–	–	–	2	4,44	2	4,44
Öff. Dienst	Arbeiter	3	6,82	5	11,11	1	2,22	2	4,44	–	–
Öff. Dienst	*gesamt*	*8*	*18,18*	*11*	*24,44*	*6*	*13,33*	*8*	*17,78*	*8*	*17,78*
hauptamtliche Partei- und Gewerkschaftsangestellte		–	–	–	–	–	–	–	–	–	–
selbst. Berufe	H. u. G.	7	15,91	10	22,22	8	17,78	15	33,33	3	6,67
selbst. Berufe	Kaufleute	–	–	–	–	–	–	–	–	1	2,22
selbst. Berufe	Landwirte	24	54,54	17	37,78	15	33,33	11	24,44	10	22,22
selbst. Berufe	fr. Berufe	3	6,82	3	6,67	4	8,89	3	6,67	3	6,67
selbst. Berufe	*gesamt*	*34*	*77,27*	*30*	*66,67*	*27*	*60,0*	*29*	*64,44*	*17*	*37,78*
Arbeitnehmer	k.u.t. Ang.	1	2,27	3	6,67	1	2,22	2	4,44	10	22,22
Arbeitnehmer	Facharb. u. Angel.	–	–	1	2,22	9	20,0	5	11,11	9	20,0
Arbeitnehmer	Hilfsarb.	–	–	–	–	–	–	1	2,22	–	–
Arbeitnehmer[45]	*gesamt*	*1*	*2,27*	*4*	*8,89*	*10*	*22,22*	*8*	*17,78*	*19*	*42,22*
Rentner, Pensionäre		–	–	–	–	2	4,44	–	–	1	2,22
Hausfrauen		1	2,27	–	–	–	–	–	–	–	–

43 Angaben in absoluten Zahlen.
44 Angaben in Prozent.
45 Ohne öffentlichen Dienst.

Berufsgruppenschichtung der CSU-Kreistagsfraktion – absolute Zahlen und Anteil an allen Kreisräten der jeweiligen Berufsgruppe:

		1948		1952		1956		1960		1966	
Öff. Dienst	Beamte	1[46]	50,0[47]	1	16,67	1	25,0	1	25,0	1	20,0
Öff. Dienst	Geistliche	–	–	–	–	1	100,0	–	–	1	100,0
Öff. Dienst	Angestellte	–	–	–	–	–	–	–	–	2	100,0
Öff. Dienst	Arbeiter	–	–	–	–	1	100,0	–	–	–	–
Öff. Dienst	*gesamt*	*1*	*12,5*	*1*	*9,10*	*3*	*50,0*	*1*	*12,5*	*4*	*50,0*
hauptamtliche Partei- und Gewerkschaftsangestellte		–	–	–	–	–	–	–	–	–	–
selbst. Berufe	H.u.G.	4	57,14	7	70,0	5	62,5	8	53,33	2	66,67
selbst. Berufe	Kaufleute	–	–	–	–	–	–	1	100,0	1	100,0
selbst. Berufe	Landwirte	16	66,66	5	29,41	9	60,0	7	63,64	7	70,0
selbst. Berufe	fr. Berufe	–	–	–	–	1	25,0	1	33,3	3	100,0
selbst. Berufe	*gesamt*	*20*	*58,82*	*12*	*40,0*	*15*	*55,56*	*16*	*55,17*	*13*	*76,47*
Arbeitnehmer	k.u.t. Ang.	–	–	–	–	–	–	–	–	3	30,0
Arbeitnehmer	Facharb. u. Angel.	–	–	–	–	1	11,11	–	–	–	–
Arbeitnehmer	Hilfsarb.	–	–	–	–	–	–	–	–	–	–
Arbeitnehmer[48]	*gesamt*	–	–	–	–	*1*	*10,0*	–	–	*3*	*15,79*
Rentner, Pensionäre		–	–	–	–	–	–	–	–	–	–
Hausfrauen		–	–	–	–	–	–	–	–	–	–

[46] Angaben in absoluten Zahlen.
[47] Angaben in Prozent.
[48] Ohne öffentlichen Dienst.

Berufsgruppenschichtung der CSU-Kreistagsfraktion – absolute Zahlen und Anteil an der CSU-Kreistagsfraktion:

		1948		1952		1956		1960		1966	
Öff. Dienst	Beamte	1[49]	4,76[50]	1	7,69	1	5,26	1	5,88	1	5,0
Öff. Dienst	Geistliche	–	–	–	–	1	5,26	–	–	1	5,0
Öff. Dienst	Angestellte	–	–	–	–	–	–	–	–	2	10,0
Öff. Dienst	Arbeiter	–	–	–	–	1	5,26	–	–	–	–
Öff. Dienst	*gesamt*	*1*	*4,76*	*1*	*7,69*	*3*	*15,79*	*1*	*5,88*	*4*	*20,0*
hauptamtliche Partei- und Gewerkschaftsangestellte		–	–	–	–	–	–	–	–	–	–
selbst. Berufe	H.u.G.	4	19,05	7	53,85	5	26,32	8	47,06	2	10,0
selbst. Berufe	Kaufleute	–	–	–	–	–	–	–	–	1	5,0
selbst. Berufe	Landwirte	16	76,19	5	38,46	9	47,37	7	41,18	7	35,0
selbst. Berufe	fr. Berufe	–	–	–	–	1	5,26	1	5,88	3	15,0
selbst. Berufe	*gesamt*	*20*	*95,24*	*12*	*92,31*	*15*	*78,95*	*16*	*94,18*	*13*	*65,0*
Arbeitnehmer	k.u.t. Ang.	–	–	–	–	–	–	–	–	–	–
Arbeitnehmer	Facharb. u. Angel.	–	–	–	–	1	5,26	–	–	3	15,0
Arbeitnehmer	Hilfsarb.	–	–	–	–	–	–	–	–	–	–
Arbeitnehmer[51]	*gesamt*	–	–	–	–	*1*	*5,26*	–	–	*3*	*15,0*
Rentner, Pensionäre		–	–	–	–	–	–	–	–	–	–
Hausfrauen		–	–	–	–	–	–	–	–	–	–

49 Angaben in absoluten Zahlen.
50 Angaben in Prozent.
51 Ohne öffentlichen Dienst.

Berufsgruppenschichtung der SPD-Kreistagsfraktion – absolute Zahlen und Anteil an allen Kreisräten der jeweiligen Berufsgruppe:

		1948		1952		1956		1960		1966	
Öff. Dienst	Beamte	1[52]	50,0[53]	3	50,0	2	50,0	2	50,0	1	20,0
Öff. Dienst	Geistliche	–	–	–	–	–	–	–	–	–	–
Öff. Dienst	Angestellte	–	–	–	–	–	–	1	50,0	–	–
Öff. Dienst	Arbeiter	3	100,0	4	80,0	2	33,33	1	50,0	1	12,5
Öff. Dienst	*gesamt*	*4*	*50,0*	*7*	*63,64*	*–*	*–*	*4*	*50,0*	*–*	*–*
hauptamtliche Partei- und Gewerkschaftsangestellte		–	–	–	–	–	–	–	–	–	–
selbst. Berufe	H.u.G.	3	42,86	2	20,0	1	12,5	2	13,33	–	–
selbst. Berufe	Kaufleute	–	–	–	–	–	–	–	–	–	–
selbst. Berufe	Landwirte	3	12,5	2	11,76	2	13,33	2	18,18	1	10,0
selbst. Berufe	fr. Berufe	–	–	–	–	–	–	1	33,33	–	–
selbst. Berufe	*gesamt*	*6*	*17,65*	*4*	*13,33*	*3*	*11,11*	*5*	*17,24*	*1*	*5,88*
	k.u.t. Ang.	–	–	–	–	–	–	1	50,0	5	50,0
	Facharb. u. Angel.	–	–	1	100,0	7	77,78	5	100,0	7	77,78
Arbeitnehmer	Hilfsarb.	–	–	–	–	–	–	–	–	–	–
Arbeitnehmer[54]	*gesamt*	*–*	*–*	*1*	*25,0*	*7*	*70,0*	*6*	*75,0*	*12*	*63,16*
Rentner, Pensionäre		–	–	–	–	1	50,0	–	–	–	–
Hausfrauen		*1*	*100,0*	–	–	–	–	–	–	–	–

52 Angaben in absoluten Zahlen.
53 Angaben in Prozent.
54 Ohne öffentlichen Dienst.

Berufsgruppenschichtung der SPD-Kreistagsfraktion – absolute Zahlen und Anteil an der SPD-Kreistagsfraktion:

		1948		1952		1956		1960		1966	
Öff. Dienst	Beamte	1[55]	9,10[56]	3	25,0	2	15,38	2	13,33	1	6,67
Öff. Dienst	Geistliche	–	–	–	–	–	–	–	–	–	–
Öff. Dienst	Angestellte	–	–	–	–	–	–	1	6,67	–	–
Öff. Dienst	Arbeiter	3	27,27	4	33,33	–	–	1	6,67	–	–
Öff. Dienst	*gesamt*	4	36,36	7	58,33	2	15,38	4	26,67	1	6,67
hauptamtliche Partei- und Gewerkschaftsangestellte		–	–	–	–	–	–	–	–	–	–
selbst. Berufe	H.u.G.	3	27,27	2	16,67	1	7,69	2	13,33	–	–
selbst. Berufe	Kaufleute	–	–	–	–	–	–	–	–	–	–
selbst. Berufe	Landwirte	3	27,27	2	16,67	2	15,38	2	13,33	1	6,67
selbst. Berufe	fr. Berufe	–	–	–	–	–	–	1	6,67	–	–
selbst. Berufe	*gesamt*	6	54,55	4	33,33	3	23,07	5	33,33	1	6,67
Arbeitnehmer	k.u.t. Ang.	–	–	–	–	–	–	1	6,67	5	33,33
Arbeitnehmer	Facharb. u. Angel.	–	–	1	8,33	7	53,85	5	33,33	8	53,33
Arbeitnehmer	Hilfsarb.	–	–	–	–	–	–	–	–	–	–
Arbeitnehmer[57]	*gesamt*	–	–	1	8,33	7	53,85	6	40,0	13	86,67
Rentner, Pensionäre		–	–	–	–	1	7,69	–	–	–	–
Hausfrauen		1	9,10	–	–	–	–	–	–	–	–

[55] Angaben in absoluten Zahlen.
[56] Angaben in Prozent.
[57] Ohne öffentlichen Dienst.

Kontinuität und Wandel – neugewählte und wiedergewählte Kreisräte:

	Neu im Amt gesamt		Wiedergewählt gesamt		Von den Wiedergewählten CSU		Von den Wiedergewählten SPD	
1948	23[58]	52,27[59]	21	47,72	14[60]	66,67[61]	6[62]	54,54
1952	31	68,89	14	31,11	6	46,15	5	41,67
1956	24	53,33	21	46,67	8	42,11	5	38,46
1960	28	62,22	17	37,78	5	29,41	5	33,33
1966	11	24,44	34	75,56	14	70,0	11	73,33

Stadtratswahlen und Stadträte in Eichstätt 1948 bis 1978

Sitzverteilung:

	1948	1952	1956	1960	1966	1972	1978
Sitze ges.	20	20	20	20	20	24	24
CSU	12	9	10	11	10	15	16
SPD	3	3	4	4	4	5	5
BP	3	1	–	–	–	–	–
FDP	–	–	–	–	–	–	–
KPD/DKP	–	–	–	–	–	–	–
BHE	–	–	–	–	–	–	–
sonst. Flüchtlingslisten	–	3	1	–	–	–	–
FW/UW/PW	2	2	5	5	6	4	3
Sonstige	–	2[63]	–	–	–	–	–

---

[58] Absolute Zahlen.
[59] Angaben in Prozent.
[60] 1946: 24 Kreisräte der CSU im Ingolstädter Kreistag; der Kreistag bestand zwischen 1946 und 1948 aus 35 Mitgliedern.
[61] Prozentualer Anteil der Wiedergewählten an der gesamten Fraktion.
[62] 1946: neun Kreisräte der SPD im Ingolstädter Kreistag.
[63] Mittelstandsblock.

Berufsgruppenschichtung der gewählten Stadträte:

		1948		1952		1956		1960		1966		1972		1978	
Öff. Dienst	Beamte	5[64]	25,0[66]	3	15,0	4	20,0	4	20,0	6	30,0	8	33,33	8	33,33
Öff. Dienst	Geistliche	–	–	–	–	–	–	–	–	–	–	–	–	1	4,17
Öff. Dienst	Angestellte	1	5,0	1	5,0	3	15,0	5	25,0	1	5,0	1	4,17	1	4,17
Öff. Dienst	Arbeiter	–	–	1	5,0	2	10,0	1	5,0	1	5,0	1	4,17	–	–
Öff. Dienst	*gesamt*	*6*	*30,0*	*5*	*25,0*	*9*	*45,0*	*10*	*50,0*	*8*	*40,0*	*10*	*41,67*	*9*	*37,5*
hauptamtliche Partei- und Gewerk-schaftsangestellte		–	–	–	–	–	–	–	–	–	–	–	–	–	–
selbst. Berufe	H.u.G.	4	20,0	7	35,0	5	25,0	5	25,0	4	20,0	2	8,33	2	8,33
selbst. Berufe	Kaufleute	1	5,0	2	10,0	–	–	–	–	–	–	–	–	–	–
selbst. Berufe	Landwirte	1	5,0	–	–	–	–	–	–	–	–	–	–	–	–
selbst. Berufe	fr. Berufe	2	10,0	3	15,0	3	15,0	2	10,0	3	15,0	3	12,5	4	16,67
selbst. Berufe	*gesamt*	*8*	*40,0*	*12*	*60,0*	*8*	*40,0*	*7*	*35,0*	*7*	*35,0*	*5*	*20,83*	*6*	*25,0*
Arbeitnehmer	k.u.t. Ang.	3	15,0	2	10,0	1	5,0	2	10,0	3	15,0	4	16,67	4	16,67
Arbeitnehmer	Facharb. u. Angel.	2	10,0	–	–	–	–	–	–	1	5,0	2	8,33	2	8,33
Arbeitnehmer	Hilfsarb.	1	5,0	–	–	–	–	–	–	–	–	–	–	–	–
Arbeitnehmer[67]	*gesamt*	*6*	*30,0*	*2*	*10,0*	*1*	*5,0*	*2*	*10,0*	*4*	*20,0*	*6*	*25,0*	*6*	*25,0*
Rentner, Pensionäre		–	–	–	–	1	5,0	–	–	–	–	2	8,33	2	8,33
Hausfrauen		–	–	1	5,0	1	5,0	1	5,0	1	5,0	1	4,17	1	4,17

[64] Angaben in absoluten Zahlen.
[65] Angaben in Prozent.
[66] Ohne öffentlichen Dienst.

Kreistagswahlen und Kreisräte im Landkreis Eichstätt
1948 bis 1978

Sitzverteilung:

	1948	1952	1956	1960	1966	1972	1978
Sitze ges.	45	32	30	29	31	60	60
CSU	29	21	21	22	24	33	43
SPD	9	7	6	5	6	15	16
BP	–	–	–	–	–	–	–
FDP	–	1	–	–	1	–	1
KPD/DKP	–	–	–	–	–	–	–
BHE	–	3	3	2	–	–	–
sonst. Flüchtlingslisten	5	–	–	–	–	–	–
FW/UW/PW	–	–	–	–	–	–	–
Sonstige	2[67]	–	–	–	–	12[68]	–

[67] WAV.
[68] Landkreisblock der Mitte drei Sitze, Christliche Union der Mitte neun Sitze.

Berufsgruppenschichtung der gewählten Kreisräte:

		1948		1952		1956		1960		1966		1972		1978	
Öff. Dienst	Beamte	1[70]	2,22[71]	–	–	1	3,33	2	6,90	2	6,45	20	33,33	18	30,0
Öff. Dienst	Geistliche	–	–	1	3,13	1	3,33	1	3,45	1	3,23	1	1,67	–	–
Öff. Dienst	Angestellte	4	8,89	2	6,25	2	6,67	–	–	1	3,23	1	1,67	4	6,67
Öff. Dienst	Arbeiter	1	2,22	3	9,38	–	–	–	–	1	3,23	–	–	–	–
Öff. Dienst	*gesamt*	*6*	*13,33*	*6*	*18,75*	*4*	*13,33*	*3*	*10,34*	*5*	*16,13*	*22*	*36,67*	*22*	*36,67*
hauptamtliche Parten- und Gewerkschaftsangestellte		–	–	–	–	–	–	–	–	–	–	1	1,67	1	1,67
selbst. Berufe	H.u.G.	9	20,0	6	18,75	3	10,0	5	17,24	4	12,90	5	8,33	4	6,67
selbst. Berufe	Kaufleute	4	8,89	2	6,25	1	3,33	1	3,45	1	3,23	4	6,67	2	3,33
selbst. Berufe	Landwirte	18	40,0	14	43,75	16	53,33	14	48,28	9	29,03	8	13,33	8	13,33
selbst. Berufe	fr. Berufe	1	2,22	1	3,13	1	3,33	–	–	1	3,23	4	6,67	5	8,33
selbst. Berufe	*gesamt*	*32*	*71,11*	*23*	*71,88*	*21*	*70,0*	*20*	*68,97*	*15*	*48,39*	*21*	*35,0*	*19*	*31,67*
k.u.t. Ang.	Arbeitnehmer	2	4,44	2	6,25	1	3,33	3	10,34	4	12,90	11	18,33	11	18,33
Facharb. u. Angel.	Arbeitnehmer	4	8,89	1	3,13	3	10,0	2	6,90	5	16,13	3	5,0	4	6,67
Hilfsarb.	Arbeitnehmer	1	2,22	–	–	–	–	–	–	–	–	–	–	–	–
Arbeitnehmer[72]	*gesamt*	*7*	*15,56*	*3*	*9,38*	*4*	*13,33*	*5*	*17,24*	*9*	*29,03*	*14*	*23,33*	*15*	*25,0*
Rentner, Pensionäre, Stud.		–	–	–	–	1	3,33	1	3,45	2	6,45	1	1,67	2	3,33
Hausfrauen		–	–	–	–	–	–	–	–	–	–	1	1,67	1	1,67

69 Angaben in absoluten Zahlen.
70 Angaben in Prozent.
71 Ohne öffentlichen Dienst.

Kreistagswahlen und Kreisräte in Pfaffenhofen
1948 bis 1978

Sitzverteilung:

	1948	1952	1956	1960	1966	1972	1978
Sitze ges.	45	45	45	45	45	50	60
CSU	17	14	19	24	25	28	36
SPD	7	7	9	8	10	14	15
BP	11	14	10	–	6[72]	–	–
FDP	–	–	–	–	1[73]	–	1
KPD/DKP	–	–	–	–	–	–	–
BHE	–	10	7	5	–	–	–
sonst. Flüchtlingslisten	10	–	–	–	–	–	–
FW/UW/PW	–	–	–	–	–	8[74]	8[75]
Sonstige	–	–	–	8[76]	3[77]	–	–

[72] Listenverbindung mit Freier Wählergemeinschaft.
[73] Listenverbindung mit Parteifreier Wählerschaft.
[74] Zwei Sitze Unabhängige Wählerschaft, ein Sitz Freie Wählergemeinschaft.
[75] Freie Wählergemeinschaft.
[76] Listenverbindung Freie Wählergemeinschaft, BP, FDP.
[77] Zwei Sitze Listenverbindung GDP/UW, ein Sitz NPD.

Berufsgruppenschichtung der gewählten Kreisräte:

		1948		1952		1956		1960		1966		1972		1978	
Öff. Dienst	Beamte	4[79]	8,89[80]	4	8,89	4	8,89	2	4,44	5	11,11	12	24,0	10	16,67
Öff. Dienst	Geistliche	–	–	–	–	–	–	–	–	–	–	1	2,0	1	1,67
Öff. Dienst	Angestellte	8	17,78	2	4,44	3	6,67	2	4,44	–	–	–	–	3	5,0
Öff. Dienst	Arbeiter	–	–	–	–	–	–	–	–	–	–	1	2,0	–	–
Öff. Dienst	*gesamt*	*12*	*26,67*	*6*	*13,33*	*7*	*15,56*	*4*	*8,89*	*5*	*11,11*	*14*	*28,0*	*14*	*23,33*
hauptamtliche Partei- und Gewerkschaftsangestellte		–	–	–	–	–	–	–	–	–	–	–	–	–	–
selbst. Berufe	H.u.G.	12	26,67	18	40,0	10	22,22	9	20,0	12	26,67	9	18,0	10	16,67
selbst. Berufe	Kaufleute	3	6,67	6	13,33	7	15,56	10	22,22	5	11,11	3	6,0	4	6,67
selbst. Berufe	Landwirte	14	31,11	8	17,78	13	28,89	13	28,89	14	31,11	11	22,0	14	23,33
selbst. Berufe	fr. Berufe	3	6,67	2	4,44	3	6,67	6	13,33	3	6,67	1	2,0	4	6,67
selbst. Berufe	*gesamt*	*32*	*71,11*	*34*	*75,56*	*33*	*73,33*	*38*	*84,44*	*34*	*75,56*	*24*	*48,0*	*32*	*53,33*
Arbeitnehmer	k.u.t. Ang.	1	2,22	3	6,67	–	–	–	–	2	4,44	7	14,0	9	15,0
Arbeitnehmer	Facharb. u. Angel.	–	–	2	4,44	3	6,67	–	–	3	6,67	4	8,0	4	6,67
Arbeitnehmer	Hilfsarb.	–	–	–	–	–	–	–	–	–	–	–	–	–	–
Arbeitnehmer[81]	*gesamt*	*1*	*2,22*	*5*	*11,11*	*3*	*6,67*	*–*	*–*	*5*	*11,11*	*11*	*22,0*	*13*	*21,67*
Rentner, Pensionäre, Stud.		–	–	–	–	2	4,44	3	6,67	1	2,22	1	2,0	1	1,67
Hausfrauen		–	–	–	–	–	–	–	–	–	–	–	–	–	–

[78] Angaben in absoluten Zahlen.
[79] Angaben in Prozent.
[80] Ohne öffentlichen Dienst.

Abkürzungsverzeichnis

Abb.	Abbildung
ACSP	Archiv für Christlich-Soziale Politik
ADAC	Allgemeiner Deutscher Automobil-Club
AdbL	Archiv des bayerischen Landtags
AfS	Archiv für Sozialgeschichte
AG	Aktiengesellschaft
AGIP	Azienda Generale Italiana di Petrolio
Anm.	Anmerkung
APO	Außerparlamentarische Opposition
AsD	Archiv der sozialen Demokratie
AU	Auto Union
Aufl.	Auflage
BAK	Bundesarchiv, Koblenz
BASF	Badische Anilin- und Sodafabrik AG
BayHStA	Bayerisches Hauptstaatsarchiv
Bd., Bde.	Band, Bände
betr.	betrifft
Bez.	Bezirk
BGVBl.	Bayerisches Gesetz- und Verordnungsblatt
BHE	Block/Bund der Heimatvertriebenen und Entrechteten
Bl.	Blatt
BLD	Bayerischer Landtagsdienst
BLSD	Bayerisches Landesamt für Statistik und Datenverarbeitung
BMW	Bayerische Motorenwerke
BP	Bayernpartei
BP	British Petroleum
BWA	Bayerisches Wirtschaftsarchiv
BWK	Bundeswahlkreis
CAJ	Christliche Arbeiter-Jugend
CEL	Central European Line
CGB	Christlicher Gewerkschaftsbund
CGD	Christliche Gewerkschaftsbewegung Deutschlands
Cie.	Compagnie
CMV	Christlicher Metallarbeiter-Verband
CSA	Christlich-Soziale Arbeitnehmerschaft
CSU	Christlich-Soziale Union
CWG	Christliche Wählergemeinschaft
DAG	Deutsche Angestelltengewerkschaft
DDR	Deutsche Demokratische Republik
Degussa	Deutsche Gold- und Silber-Scheide-Anstalt
Ders.	Derselbe
Despag	Deutsche Spinnereimaschinenbau AG

DGB	Deutscher Gewerkschaftsbund
Dies.	Dieselbe, dieselben
Dipl.	Diplom
DKP	Deutsche Kommunistische Partei
DKW	Deutsche Kraftfahrzeugwerke
DM	Deutsche Mark
DMV	Deutscher Metallarbeiter-Verband
DP	Deutsche Partei
DPs	Displaced Persons
ENI	Ente Nazionale Idrocarburi
ERIAG	Erdölraffinerie Ingolstadt
ERN	Erdölraffinerie Neustadt
EWG	Europäische Wirtschaftsgemeinschaft
FDP	Freie Demokratische Partei
Fiat	Fabbrica italiana automobili Torino
FW	Freie Wähler
GdED	Gewerkschaft der Eisenbahner Deutschlands
GDP	Gesamtdeutsche Partei
Geb.	Gebiet
ges.	gesamt
gez.	gezeichnet
GL	Gemeindeliste
GmbH	Gesellschaft mit beschränkter Haftung
GuG	Geschichte und Gesellschaft
GWU	Geschichte in Wissenschaft und Unterricht
H.	Heft
Ha	Hektar
Hrsg., hrsg.	Herausgeber, herausgegeben
IfZ	Institut für Zeitgeschichte
IG	Industriegewerkschaft
IGM	Industriegewerkschaft Metall
IHG	Industrie- und Handelsgremium
IK	industrielle Kernsiedlung
IRO	International Refugee Organisation
JU	Junge Union
Jusos	Jungsozialisten
k.A.	keine Angabe
KAB	Katholische Arbeiterbewegung bzw. Arbeitnehmerbewegung
kath.	katholisch
Kfz	Kraftfahrzeug
KPD	Kommunistische Partei Deutschlands
KV	Kreisverband
KZ	Konzentrationslager
LBdM	Landkreisblock der Mitte
LBI	Landesverband der Bayerischen Industrie

LK	Landkreis
LK	ländliche Kernsiedlung
Lkw	Lastkraftwagen
LNF	Landwirtschaftliche Nutzfläche
LRA	Landratsamt
LTF	Landtagsfraktion
Mfr.	Mittelfranken
Munga	Mehrzweck-Universal-Geländewagen mit Allradantrieb
MW	Megawatt
MWi	Ministerium für Wirtschaft
MZ	Mittelzentrum
NATO	North Atlantic Treaty Organization
Ndb.	Niederbayern
NL	Niederlassung
NPD	Nationaldemokratische Partei Deutschlands
Nr.	Nummer
NSDAP	Nationalsozialistische Deutsche Arbeiterpartei
NSU	Neckarsulm
Obb.	Oberbayern
öff.	öffentlich
ÖTV	Öffentlicher Dienst, Transport und Verkehr
o.J.	ohne Jahr
o.O.	ohne Ort
o.P.	ohne Paginierung
Opf.	Oberpfalz
Pkw	Personenkraftwagen
PS	Pferdestärken
PW(G)	Parteilose Wähler(-Gruppen)
RDO	Rhein-Donau-Ölleitung
RM	Reichsmark
SA	Sturmabteilung
Schw.	Schwaben
selbst.	selbständig
SEPL	Südeuropäische Pipeline
SJ	Societas Jesu
SK	Stadtkreis
SKE	Steinkohleeinheiten
SPD	Sozialdemokratische Partei Deutschlands
SPK	Sozialdemokratische Pressekorrespondenz
SS	Schutzstaffel
St.	Stadt
StA	Staatsarchiv
Stud.	Studenten
TAL	Transalpine Pipeline
TÜV	Technischer Überwachungs-Verein

UdV	Union der Vertriebenen
US(A)	United States (of America)
UW	Unabhängige Wählerschaft
VfZ	Vierteljahrshefte für Zeitgeschichte
VIAG	Vereinigte Industrieunternehmen AG
VW	Volkswagen
VZ	Vertriebszentrum
WAV	Wirtschaftliche Aufbau-Vereinigung
ZDI	Zentraldepot Ingolstadt
ZfBLG	Zeitschrift für bayerische Landesgeschichte
ZfParl	Zeitschrift für Parlamentsfragen

Abbildungsverzeichnis

Photos und Werbematerial

Karten und Schaubilder

Produktionsstätten der Auto Union in Ingolstadt, Stand 1951–1954; Gerhard Mirsching, Audi. Vier Jahrzehnte Ingolstädter Automobilbau. Der Weg von DKW und Audi nach 1945, Gerlingen 1988, S. 25.
Ölfernleitungen und Raffineriestandorte in Bayern, Stand Juli 1971.
Straffe Zügel für die Industrie – Gesunder Raum den Menschen; Donau-Kurier vom 23. 10. 1962, Wirtschaftsbeilage, S. 3.
Einzugsgebiet Audi; Rainer Greca u. a., Gutachten Ingolstadt. Landesplanerisches Gutachten zu den Problemen und Chancen der Entwicklung des monostrukturellen Wirtschaftsraumes Ingolstadt, München 1992, S. 105.

Quellen- und Literaturverzeichnis

1. Archivalien

Bundesarchiv, Koblenz

B 149: Bundesministerium für Arbeit und Sozialordnung

Bayerisches Hauptstaatsarchiv, München

Bayerische Staatskanzlei
Bayerisches Staatsministerium für Wirtschaft und Verkehr
Nachlaß Otto Schedl

Staatsarchiv München

Landesarbeitsamt Südbayern
Arbeitsamt Ingolstadt
Landratsamt Ingolstadt

Archiv des bayerischen Landtags, München

Protokolle des Ausschusses für Wirtschaft und Verkehr

Bayerisches Landesamt für Statistik und Datenverarbeitung (Referat Wahlen), München

Mappen der kreisfreien Städte und Landkreise Eichstätt, Ingolstadt, Neuburg an der Donau
   bzw. Neuburg-Schrobenhausen, Pfaffenhofen an der Ilm, Schrobenhausen
Mappen der 41 kreisangehörigen Gemeinden des Landkreises Ingolstadt

Institut für Zeitgeschichte, München

Druckschriften
Zeitungsausschnitte

Archiv für Christlich-Soziale Politik, München

CSU-Landtagsfraktion
Bundeswahlkreis/Kreisverband Ingolstadt
Materialien zu Land- und Bundestagswahlen
Druckschriften

Archiv der sozialen Demokratie, Bonn

SPD-Bezirk Franken
SPD-Bezirk Niederbayern-Oberpfalz
SPD-Bezirk Südbayern
DGB-Landesbezirk Bayern
IG Metall

Bayerisches Wirtschaftsarchiv, München

Industrie- und Handelsgremium Ingolstadt
Bestand Schubert und Salzer

Stadtarchiv Ingolstadt

Serie A und B
Protokolle des Stadtrats und der Ausschüsse des Stadtrats
Haushaltsreden des Oberbürgermeisters
Photoarchiv

Archiv des Betriebsrats der Audi AG, Ingolstadt

Protokolle der Betriebsversammlungen
Betriebsvereinbarungen
Betriebsratswahlen
Akten zur Entwicklung von Lohn und Gehalt
Flugblätter und Druckschriften
Varia

Historisches Archiv der Auto Union GmbH, Ingolstadt

Personalwesen und Personalstatistik
Geschäftsberichte
nicht verzeichnete Akten

Zentralregistratur der Audi AG, Ingolstadt

Personalstatistik

Ablage der Abteilung Personalstatistik der Audi AG

Berichte über Entwicklung und Struktur der Belegschaft

DGB-Kreis Ingolstadt

Kreisvorstand
Delegiertenversammlung
Geschäfts- und Kassenberichte
Jugend-, Frauen-, Angestellten- und Beamtenarbeit
Ortskartelle

Korrespondenz und allgemeines Schriftgut
Politik, Institutionen, Verbände
Flugblätter und Druckschriften

IG Metall-Verwaltungsstelle Ingolstadt

Vertreterversammlung
Geschäfts- und Kassenberichte
Statistik
Bayernstreik 1954
Betriebe und Betriebsräte
Korrespondenz und allgemeines Schriftgut
Flugblätter und Druckschriften

Christliche Arbeiter-Jugend der Diözese Eichstätt, Ingolstadt

Protokolle und Rechenschaftsberichte
Organisation
Schriftverkehr
Katholische Arbeitnehmerbewegung
Katholische Betriebsseelsorge

Katholische Arbeitnehmerbewegung der Diözese Eichstätt, Ingolstadt

Protokolle der Diözesantage
Rechenschaftsberichte der Diözesanleitung

2. Gedruckte Quellen, Veröffentlichungen politischer Parteien, Reden und Schriften von Politikern, Memoiren und Tagebücher

Die Bundestagswahl 1965, hrsg. vom Vorstand der Sozialdemokratischen Partei Deutschlands, Bonn o.J. (1968/69).

Entwicklungsplan Ingolstadt, bearb. von Jochen Bauer u.a., 5 Teile, München 1971/72.

Erhard, Ludwig: Wohlstand für alle, Düsseldorf 1957.

Fischer, Georg: Vom aufrechten Gang eines Sozialisten. Ein Parteiarbeiter erzählt, Berlin/Bonn 1979.

Goppel, Alfons: Ein Land plant seine Zukunft, in: Schmacke, Ernst (Hrsg.): Bayern auf dem Weg in das Jahr 2000. Prognosen, Düsseldorf 1971, S. 11–29.

Guthsmuths, Willi: Raumordnung und Landesentwicklung, in: Raumordnung und Landesentwicklung. Aufgaben und Ziele in Bayern, München 1959, S. 3f.

Guthsmuths, Willi: Raumordnungspolitik und Landesentwicklung, in: Aufgaben und Ziele der Raumordnungspolitik. Grundzüge der Raumordnungspläne in Bayern, München 1962, S. 5ff. (Raumforschung und Landesplanung. Beiträge zur regionalen Aufbauplanung in Bayern 10).

Hahn, Carl H.: Meine Jahre mit Volkswagen, München 2005.

Jahresberichte des Landkreises Ingolstadt 1949–1960, hrsg. vom Landratsamt Ingolstadt, Ingolstadt 1949–1961.

Lotz, Kurt: Lebenserfahrungen. Worüber man in Wirtschaft und Politik auch sprechen sollte, Düsseldorf/Wien 1978.

Schedl, Otto: Energiepolitik als Bestandteil der Wirtschaftspolitik. Die Konzeption des Energiezentrums Ingolstadt-Neustadt, in: Gräfen, Edmund (Hrsg.): Musteranlagen der Energiewirtschaft. Das Energiezentrum Ingolstadt-Neustadt, Gräfelfing o.J. (1966), S. 3–5.

Schedl, Otto: Bayern und der Bund. Ökonomische Regionen in föderativer Sicht, in: Zeitschrift für Politik 14 (1967), S. 352–361.

Scheringer, Richard: Das große Los. Unter Soldaten, Bauern und Rebellen, Hamburg 1959.

Scheringer, Richard: Grüner Baum auf rotem Grund, Neuss/München 1983.

Scheringer, Richard: Chaos und Maß. Gedanken eines politischen Menschen an der Zeitwende, Kösching 1989.

Seidel, Hanns: Bayern – Agrar- oder Industriestaat?, in: Unser Bayern. Politik, Wirtschaft, Kultur, hrsg. von der Bayerischen Staatskanzlei, München 1950, S. 43–48.

Stenographische Berichte und Drucksachen über die Verhandlungen des Bayerischen Landtags, 1946–1978, München o.J.

Stenographische Berichte und Drucksachen über die Verhandlungen des Deutschen Bundestags, 1949–1976, Bonn o.J.

Strauß, Franz Josef: Die Erinnerungen, Berlin 1989.

3. Amtliches Schrifttum, Bibliographien, Nachschlagewerke und statistische Materialien

Arbeitskräfte und Arbeitsverfassung in der bayerischen Land- und Forstwirtschaft. Ergebnisse der Landwirtschaftszählung 1960, Teil 2, hrsg. vom Bayerischen Statistischen Landesamt, München 1964 (Beiträge zur Statistik Bayerns 244).

Bayerische Gemeinde- und Kreisstatistik, hrsg. vom Bayerischen Statistischen Landesamt, München 1942 (Beiträge zur Statistik Bayerns 132).

Bayerische Gemeinde- und Kreisstatistik 1949/50, hrsg. vom Bayerischen Statistischen Landesamt, München 1952 (Beiträge zur Statistik Bayerns 177).

Bayerische Gemeindestatistik 1960/61. Teil 1: Bevölkerung und Erwerbstätigkeit. Ergebnisse der Volks- und Berufszählung am 6. Juni 1961, hrsg. vom Bayerischen Statistischen Landesamt, München 1963 (Beiträge zur Statistik Bayerns 231).

Bayerische Gemeindestatistik 1960/61, Teil 4: Die Betriebsstruktur der Landwirtschaft, hrsg. vom Bayerischen Statistischen Landesamt, München 1963 (Beiträge zur Statistik Bayerns 234).

Bayerische Gemeindestatistik 1970, Bd. 4: Bevölkerung und Erwerbstätigkeit. Ergebnisse der Volkszählung am 27. Mai 1970 (Gebietsstand: 27. Mai 1970), hrsg. vom Bayerischen Statistischen Landesamt, München 1972 (Beiträge zur Statistik Bayerns 304).

Die bayerische Landesplanung. Grundlagen für die Aufstellung von Richtlinien zu einem Landesentwicklungsplan, hrsg. von der Landesplanungsstelle im Bayerischen Staatsministerium für Wirtschaft und Verkehr, Teil 1: Bestandsaufnahme, o.O. o.J. (1951).

Die bayerische Landesplanung. Grundlagen für die Aufstellung von Richtlinien zu einem Landesentwicklungsplan, hrsg. von der Landesplanungsstelle im Bayerischen Staatsministerium für Wirtschaft und Verkehr, Teil 2: Planung, o.O. o.J. (1954).

Die bayerischen Stadt- und Landkreise. Ihre Struktur und Entwicklung 1939 bis 1950, 2 Bde., hrsg. vom Bayerischen Statistischen Landesamt, München 1953 (Beiträge zur Statistik Bayerns 185).

Berichte über das Bayerische Gesundheitswesen, Bd. 59 für die Jahre 1950/51, Bd. 63 für das Jahr 1955, Bd. 64 für das Jahr 1956, Bd. 67 für das Jahr 1959, Bd. 68 für das Jahr 1960, Bd. 73 für das Jahr 1965, Bd. 78 für das Jahr 1970.

Biographisches Handbuch der Mitglieder des Deutschen Bundestages 1949–2002, hrsg. von

Rudolf Vierhaus und Ludolf Herbst unter Mitarbeit von Bruno Jahn, 3 Bde., München 2002.

Sechste Bundestagswahl in Bayern am 28. September 1969, Teil 1: Gemeindeergebnisse, hrsg. vom Bayerischen Statistischen Landesamt, München 1970 (Beiträge zur Statistik Bayerns 291a).

Findbuch zu den Beständen Auto Union AG, Horchwerke AG, Audi-Automobilwerke AG und Zschopauer Motorenwerke J.S. Rasmussen AG, 2 Bde., bearb. von Martin Kukowski, Halle an der Saale 2000.

Geschichte der Gewerkschaften in Bayern, eine Bibliographie, zusammengestellt von Wolfgang Kučera und Lutz Tietmann, Augsburg 1995.

Grundlagen und Ziele der Raumordnung in Bayern, hrsg. vom Bayerischen Staatsministerium für Wirtschaft und Verkehr, München 1962.

Handbücher des Bayerischen Landtags, hrsg. vom Landtagsamt, München 1948–1991.

Das Handwerk in Bayern. Ergebnisse der Handwerkszählung 1949 (Stichtag: 30. September 1949), hrsg. vom Bayerischen Statistischen Landesamt, München 1951 (Beiträge zur Statistik Bayerns 161).

Das Handwerk in Bayern. Ergebnisse der Handwerkszählung 1956, hrsg. vom Bayerischen Statistischen Landesamt, München 1958 (Beiträge zur Statistik Bayerns 205).

Das Handwerk in Bayern. Ergebnisse der Handwerkszählung 1963. Allgemeine Erhebung, hrsg. vom Bayerischen Statistischen Landesamt, München 1965 (Beiträge zur Statistik Bayerns 263).

Das Handwerk in Bayern. Ergebnisse der Handwerkszählung 1968 – Landesergebnisse, hrsg. vom Bayerischen Statistischen Landesamt, München 1968 (Beiträge zur Statistik Bayerns 294).

Kock, Peter Jakob: Der Bayerische Landtag. Eine Chronik, München 5. aktualisierte Aufl. 2006.

Die Kreisfreien Städte und Landkreise Bayerns in der amtlichen Statistik: Kreisfreie Stadt und Landkreis Eichstätt, hrsg. vom Bayerischen Statistischen Landesamt, o.O. 1969.

Die Kreisfreien Städte und Landkreise Bayerns in der amtlichen Statistik: Landkreis Eichstätt, hrsg. vom Bayerischen Statistischen Landesamt, o.O. 1975.

Die Kreisfreien Städte und Landkreise Bayerns in der amtlichen Statistik: Kreisfreie Stadt und Landkreis Ingolstadt, hrsg. vom Bayerischen Statistischen Landesamt, o.O. 1963.

Die Kreisfreien Städte und Landkreise Bayerns in der amtlichen Statistik: Kreisfreie Stadt und Landkreis Neuburg a.d. Donau, hrsg. vom Bayerischen Statistischen Landesamt, o.O. 1971.

Die Kreisfreien Städte und Landkreise Bayerns in der amtlichen Statistik: Landkreis Neuburg-Schrobenhausen, hrsg. vom Bayerischen Statistischen Landesamt, o.O. 1975.

Die Kreisfreien Städte und Landkreise Bayerns in der amtlichen Statistik: Landkreis Pfaffenhofen a.d. Ilm, hrsg. vom Bayerischen Statistischen Landesamt, o.O. 1969.

Die Kreisfreien Städte und Landkreise Bayerns in der amtlichen Statistik: Landkreis Schrobenhausen, hrsg. vom Bayerischen Statistischen Landesamt, o.O. 1967.

Landwirtschaftliche Betriebszählung vom 22. Mai 1949. Arbeitskräfte und Arbeitsverfassung in der bayerischen Land- und Forstwirtschaft, hrsg. vom Bayerischen Statistischen Landesamt, München 1950 (Beiträge zur Statistik Bayerns 155).

Landwirtschaftliche Betriebszählung vom 22. Mai 1949. Die Betriebe mit landwirtschaftlich und forstwirtschaftlich benutzter Fläche, hrsg. vom Bayerischen Statistischen Landesamt, München 1950 (Beiträge zur Statistik Bayerns 153).

Die Müllbeseitigung in Bayern am 30. Juni 1963, hrsg. vom Bayerischen Statistischen Landesamt, München 1965 (Beiträge zur Statistik Bayerns 261).

Öffentliche Wasserversorgung und öffentliches Abwasserwesen in Bayern im Jahre 1963, hrsg. vom Bayerischen Statistischen Landesamt, München 1966 (Beiträge zur Statistik Bayerns 268).

Planungsregionen, hrsg. vom Bayerischen Staatsministerium für Landesentwicklung und Umweltfragen, München 1973.

Probleme des bayerischen Arbeitsmarktes. Eine Untersuchung des Arbeitsmarktgeschehens 1966/67, hrsg. vom Bayerischen Staatsministerium für Arbeit und soziale Fürsorge, o.O. 1968.

Ein Programm für Bayern I, hrsg. vom Bayerischen Staatsministerium für Wirtschaft und Verkehr, Augsburg 1969.

Ein Programm für Bayern II, hrsg. vom Bayerischen Staatsministerium für Wirtschaft und Verkehr, Passau 1970.

Raumordnung – Landesplanung (Landesplanung in Bayern), München/Passau o.J.

Raumordnungsbericht 1971, hrsg. vom Bayerischen Staatsministerium für Landesentwicklung und Umweltfragen, München 1972.

3. Raumordnungsbericht, hrsg. vom Bayerischen Staatsministerium für Landesentwicklung und Umweltfragen, München 1976.

Raumordnungsplan Mittelbayerisches Donaugebiet (Vorentwurf), hrsg. vom Bayerischen Staatsministerium für Wirtschaft und Verkehr, Landesplanungsstelle, o.O. 1965.

Region Ingolstadt, hrsg. vom Bayerischen Staatsministerium für Landesentwicklung und Umweltfragen und dem Planungsverband der Region Ingolstadt, o.O. 1977.

Ritter, Gerhard A./Niehuss, Merith: Wahlen in Deutschland 1946–1991. Ein Handbuch, München 1991.

Sozioökonomische Regionen in Bayern, hrsg. von der Landesplanungsstelle im Bayerischen Staatsministerium für Wirtschaft und Verkehr, München 1965.

Stadtentwicklungsplan. Teil 1: Bestandsaufnahme, hrsg. von der Stadt Ingolstadt, o.O. (Ingolstadt) 1977.

Stadtentwicklungsplan. Teil 2: Ziele, hrsg. von der Stadt Ingolstadt, o.O. (Ingolstadt) 1985.

Stand der Trink- und Brauchwasserversorgung in Bayern am 1. Januar 1958, hrsg. vom Bayerischen Statistischen Landesamt, München 1960 (Beiträge zur Statistik Bayerns 217).

Statistisches Jahrbuch der Stadt Ingolstadt 1971, hrsg. vom Hauptamt der Stadt Ingolstadt, Abteilung Statistik, o.O. o.J.

Statistisches Jahrbuch der Stadt Ingolstadt 1992, hrsg. vom Amt für Stadtentwicklung und Statistik der Stadt Ingolstadt, Abteilung Statistik, Ingolstadt o.J.

Statistische Jahrbücher für Bayern 24 (1952), 25 (1955), 26 (1958), 27 (1961), 28 (1964), 29 (1969), 30 (1972), 31 (1975), 32 (1978).

Strukturdaten für den Raum Ingolstadt-Eichstätt-Neuburg, hrsg. von der Industrie- und Handelskammer für München und Oberbayern, München 1992.

Die Volks-, Berufs- und Arbeitsstättenzählung am 27. Mai 1970. Ausgewählte Strukturdaten für die Stadt Ingolstadt aus der Volkszählung 1970 zum Gebietsstand am 1. Juli 1972, hrsg. vom Hauptamt der Stadt Ingolstadt, Abteilung Statistik, o.O. o.J. (Statistische Hefte der Stadt Ingolstadt Nr. 1).

Wahl zum Bayerischen Landtag am 26. November 1950, hrsg. vom Bayerischen Statistischen Landesamt, München 1951 (Beiträge zur Statistik Bayerns 163).

Wahl zum Bayerischen Landtag am 25. November 1962, hrsg. vom Bayerischen Statistischen Landesamt, München 1963 (Beiträge zur Statistik Bayerns 237).

Wahl zum Bayerischen Landtag am 20. November 1966, Teil 1: Gemeindeergebnisse und Bewerberstimmen, hrsg. vom Bayerischen Statistischen Landesamt, München 1967 (Beiträge zur Statistik Bayerns 277a).

Wahl zum Bayerischen Landtag am 22. November 1970, Teil 1: Gemeindeergebnisse und Bewerberstimmen, Teil 2: Text, Tabellen und Schaubilder, hrsg. vom Bayerischen Statistischen Landesamt, München 1971 und 1973 (Beiträge zur Statistik Bayerns 309a und 309b).

Wahl zum Bayerischen Landtag am 27. Oktober 1974, Teil 1: Gemeindeergebnisse und Bewerberstimmen, Teil 2: Text, Tabellen und Schaubilder, hrsg. vom Bayerischen Statistischen Landesamt, München 1975 und 1978 (Beiträge zur Statistik Bayerns 340a und 340b).

4. Interviews

Fritz Böhm am 5. 8. 1998   Helmut S. am 24. 10. 1999
Franz Deß am 7. 10. 1999   Eduard W. am 24. 10. 1999

5. Zeitungen und Zeitschriften

Augsburger Allgemeine
Bayernkurier
Copilot
Donau-Kurier (Ingolstadt)
Frankfurter Allgemeine Zeitung
Frankfurter Rundschau
Ingolstädter Information
Kontakt (monatliches Informationsblatt
des katholischen Werkvolks im Diöze-
sanverband Eichstätt)
Mitteilungen der IG Metall (Verwaltungs-
stelle Ingolstadt)
Münchner Merkur
Pfaffenhofener Kurier

Die Presse (Wien)
Die vier Ringe (Zeitschrift der Freunde des
Audi)
Schrobenhausener Zeitung
Sozialdemokratische Pressekorrespondenz
(Bayern)
Der Spiegel
Süddeutsche Zeitung (München)
Die Welt
Die Zeit (Hamburg)
Der Zweitakter (Mitteilungsblatt der Indu-
striegewerkschaft Metall für die Beleg-
schaft der Auto Union – Werk Ingol-
stadt)

6. Stadt-, regional- und unternehmensgeschichtliches Schrifttum

Aicher, Ernst: Der Ausbau und die beginnende Auflassung der bayerischen Landesfestung Ingolstadt 1848–1918, Diss., München 1974.

Aicher, Ernst: Die bayerische Landesfestung Ingolstadt, in: Ingolstadt – vom Werden einer Stadt. Geschichten und Gesichter, hrsg. von der Stadt Ingolstadt u. a., Ingolstadt 2000, S. 140–169.

Audi 1977/78. Eine Informationsbroschüre der Audi NSU Auto Union Aktiengesellschaft, o. O. 1978.

Auf den Spuren der Auto Union AG. Fotodokumentation zum 75-jährigen Gründungsjubiläum am 29. Juni 2007, bearb. von Peter Kober und Martin Kukowski, Zwickau 2007.

Bader, Werner: Mit Babynahrung groß geworden. Die Pfaffenhofener Unternehmerfamilie Hipp schaffte es, ein Weltunternehmen als Familienbetrieb zu erhalten, in: Wohlhüter, Karl Jörg/Hogl, Kurt (Hrsg.): Tradition verpflichtet. Große Familien in Bayern, Regensburg 1999, S. 86–91.

Bauer, Karl: Das Werden und Vergehen des ehem. königlichen Proviantamtes in Ingolstadt, Ingolstadt 2002.

Der Bayernstreik 1954. Dokumente seiner Geschichte am Beispiel der Verwaltungsstelle Ingolstadt, bearb. von Wolfgang Windisch, Ingolstadt 1984.

Berninger, Rudolf: Die ESSO-Raffinerie Ingolstadt. Ein Beitrag zur Entwicklung der Mineralölindustrie in Bayern, in: Gräfen, Edmund (Hrsg.): Musteranlagen der Energiewirtschaft. Das Energiezentrum Ingolstadt-Neustadt, Gräfelfing o. J. (1966), S. 7–14.

Birzl, Günther/Kulbat, Elly: Unsernherrn. Bilder aus vergangener Zeit, Horb am Neckar 1989.

Böhm Max: Stärker als 10 Pferde. Die Motorisierung der Landwirtschaft bis 1950. Die Entwicklung in Bayern und im Raum Ingolstadt, Ingolstadt 2002.

Chronik des Personalwesens der Audi NSU Auto Union AG und ihrer Vorgängerfirmen, Neckarsulm 1979.

Chronik 1250–2000. 750 Jahre Stadt Ingolstadt – von „ingoldes stat" zur modernen Großstadt mit Flair, hrsg. von der Stadt Ingolstadt, Ingolstadt 2000.

30 Jahre IG Metall-Verwaltungsstelle Ingolstadt 1950–1980, Ingolstadt 1980.

Drummond, Stuart: Der Neubeginn der Demokratie. Politische Entwicklungen in Ingolstadt 1945/46, Ingolstadt 1984.

Eichinger, Helmut: Ingolstadt. Junge Wandlungen einer Stadt und ihres Umlandes, unveröffentlichte Zulassungsarbeit, Erlangen 1967.

Erdmann, Thomas: Das erste Automobil aus Ingolstadt. Die Geschichte des DKW Schnelllaster F 89 L, Teil 1, in: Club-Nachrichten 98 (1999), S. 4–11.

Erdmann, Thomas: Auf den Spuren der Auto Union. Ein Rundgang durch die ehemaligen Fertigungsstätten der Auto Union in Ingolstadt, Bochum 2007.

Ernst, Wilhelm: Heimatbuch Großmehring, Großmehring 1984.

Ernst, Wilhelm: Zur 900-Jahrfeier. Heimatbuch Oberhaunstadt, Eichstätt 2., ergänzte Aufl. 1987.

Etzold, Hans-Rüdiger/Rother, Ewald/Erdmann, Thomas: Im Zeichen der vier Ringe, Bd. 1: 1873–1945, Bd. 2: 1945–1968, Ingolstadt, Bielefeld 1992 und 1995.

Falkner, Renate: Die wirtschaftliche Bedeutung der Raffinerien für Ingolstadt, gezeigt am Beispiel der ESSO AG, unveröffentlichte Zulassungsarbeit, Eichstätt 1968.

Fegert, Hans: Luftangriffe auf Ingolstadt. Geheime historische Dokumente, Fotos und Zeitzeugenberichte aus den Jahren 1939 bis 1945, Kösching 1989.

Fegert, Hans: Die Luftangriffe und der Einmarsch der Amerikaner, in: Ingolstadt im Nationalsozialismus. Eine Studie, Ingolstadt 1995, S. 543–562.

Franz, Lothar/Kukowski, Martin: Landwirtschaft im Zeichen der Vier Ringe. Motoren und Fahrzeuge der Auto Union, ihrer Vorgänger und Nachfolger in Forst- und Landwirtschaft, Ingolstadt 2007.

75 Jahre Textilmaschinenbau, hrsg. von der Schubert und Salzer Maschinenfabrik AG, Ingolstadt 1958.

25 Jahre Wirtschaftsförderung in Ingolstadt, hrsg. von der Industrie-Förderungsgesellschaft Ingolstadt, o. O. o. J.

Ganser, Karl: Grundlagenuntersuchung zur Altstadtentwicklung Ingolstadts, Kallmünz/Regensburg 1973 (Münchner Geographische Hefte 36).

Gott will unsere Arbeit, hrsg. von den Diözesanleitungen des katholischen Werkvolks und der Christlichen Arbeiter-Jugend der Diözese Eichstätt, Ingolstadt 1963.

Greca, Rainer u. a.: Gutachten Ingolstadt. Landesplanerisches Gutachten zu den Problemen und Chancen der Entwicklung des monostrukturellen Wirtschaftsraumes Ingolstadt, München 1992.

Hausfelder, Edmund: Kommunalpolitik und Verwaltung in Ingolstadt während des Dritten Reiches, in: Ingolstadt im Nationalsozialismus. Eine Studie, Ingolstadt 1995, S. 124–141.

Hausfelder, Edmund: Kommunalpolitik und Verwaltung in Ingolstadt während der Weimarer Zeit, in: Ingolstadt im Nationalsozialismus. Eine Studie, Ingolstadt 1995, S. 25–39.

Hausmann, Wolfram: Ingolstadt – Süddeutschlands neues Raffineriezentrum, in: Geographische Rundschau 20 (1968) H. 6, S. 205–212.

Helwig, Wolfgang: Grundzüge des Raumordnungsplanes „Industrieregion Ingolstadt", in: Aufgaben und Ziele der Raumordnungspolitik. Grundzüge der Raumordnungspläne in

Bayern, München 1962, S. 7–10 (Raumforschung und Landesplanung. Beiträge zur regionalen Aufbauplanung in Bayern 10).

Henneke, Knut: Nebenerwerbslandwirt im Großbetrieb, in: Unser Land. Agrarmagazin für den Nebenerwerbslandwirt und die Bauern in Wald- und Bergregionen 4 (1988) H. 1, S. 16–19.

Hofmann, Siegfried: 170 Jahre erfolgreiche Partnerschaft. Ein Streifzug durch die Geschichte von Ingolstadt, Umland und Sparkasse, Ingolstadt 1997.

Huber, Brigitte: Wege aus der Stagnation – Ingolstadts Entwicklung zum überregionalen Wirtschaftsstandort, Teil 1, in: Ingolstadt – vom Werden einer Stadt. Geschichten und Gesichter, hrsg. von der Stadt Ingolstadt u.a., Ingolstadt 2000, S. 180–247.

Huber, Brigitte: Wege aus der Stagnation – Ingolstadts Entwicklung zum überregionalen Wirtschaftsstandort, Teil 2, in: Ingolstadt – vom Werden einer Stadt. Geschichten und Gesichter, hrsg. von der Stadt Ingolstadt u.a., Ingolstadt 2000, S. 254–291.

Ilsenmann, Wilhelm von: Die Shell-Raffinerie Ingolstadt, in: Gräfen, Edmund (Hrsg.): Musteranlagen der Energiewirtschaft. Das Energiezentrum Ingolstadt-Neustadt, Gräfelfing o.J. (1966), S. 17–23.

Industrieförderungsgesellschaft Ingolstadt GmbH, Ingolstadt 1984.

Ingolstadt baut auf. Ein Rechenschaftsbericht 1945–1960, hrsg. von der Stadt Ingolstadt, o.O. (Ingolstadt) o.J.

Ingolstadt baut auf. Ein Rechenschaftsbericht 1960–1965, hrsg. von der Stadt Ingolstadt, o.O. (Ingolstadt) o.J.

Ingolstadt plant und baut. Ein Rechenschaftsbericht 1966–1971, hrsg. von der Stadt Ingolstadt, o.O. (Ingolstadt) o.J.

Ingolstadt plant und baut. Ein Rechenschaftsbericht 1972–1982, hrsg. von der Stadt Ingolstadt, o.O. (Ingolstadt) o.J.

Ingolstadt: Mittelpunkt in Bayern, hrsg. von der Industrie-Förderungsgesellschaft Ingolstadt, Ingolstadt 1994.

Ingolstädter Begegnungen. Eine kommunalpolitische Gesprächsrunde, hrsg. von der Bayerischen Landeszentrale für politische Bildungsarbeit, 3 Bde., München 1980–1982.

Kellner, Karl-Heinz/Rudolf, Ernst/Strauß, Reiner: Untersuchung der lufthygienischen Belastbarkeit des Donauraumes zwischen Ingolstadt und Neustadt o.O. 1974.

Kipfelsberger, Maria: Ingolstadt: Raffinerien und Umfeld – Sozialstruktur und Landschaft im Wandel, unveröffentlichte Zulassungsarbeit, Eichstätt 1979.

Knemeyer, Franz-Ludwig: Die Neugliederung im Raume Ingolstadt. Rechtliche Möglichkeiten gegen die vorgesehene Auflösung des Landkreises Ingolstadt. Prozeßgutachten erstattet im Auftrag des Landkreises Ingolstadt, Würzburg 1972.

Kolbinger, Willihard: Eine politische Geschichte der bayerischen Kreisstadt Pfaffenhofen a.d. Ilm von 1945 bis 1996, Pfaffenhofen 1996.

Kral, Thomas: Entwicklungsprobleme der Deutschen Spinnerei-Maschinen AG Ingolstadt zwischen den beiden Weltkriegen, unveröffentlichte Zulassungsarbeit, Regensburg 1985.

Kraus, Stefan: Die Entwicklungskonzepte der Stadt Ingolstadt und ihre Verwirklichung nach dem 2. Weltkrieg, unveröffentlichte Diplomarbeit, Regensburg 1977.

Kubasta, Josef: Die politischen Strömungen in Ingolstadt von 1919–1933, unveröffentlichte Zulassungsarbeit, Regensburg 1978.

Kühnstetter, Andrea: Die Wirtschafts- und Sozialgeschichte Ingolstadts seit dem Ersten Weltkrieg, unveröffentlichte Diplomarbeit, Ingolstadt 1993.

Lamping, Heinrich: Die Neugliederung der Kreise im Raum Ingolstadt im Vergleich mit der Neueinteilung der Kreise in Bayern, Würzburg 1972.

Landkreis Ingolstadt, hrsg. von der Bayerischen Landeszentrale für politische Bildungsarbeit, München o.J. (1971).

Langewiesche, Marianne: Ingolstadt – ein Städtebild. Manuskript für ein Hörbild im Rahmen der Sendereihe Land und Leute im Programm Bayern 2, gesendet am 5. 6. 1966.

Markt Manching. Von der Keltenstadt zum Markt und Luftfahrtzentrum, hrsg. vom Markt Manching, Friedberg 1996.

Meier, Andrea: Die Entwicklungsphasen der Audi AG von 1945 bis 1972, unveröffentlichte Diplomarbeit, Regensburg 1989.

Michaelis, Karl: Die Erdöl-Raffinerie Ingolstadt der ENI, in: Gräfen, Edmund (Hrsg.): Musteranlagen der Energiewirtschaft. Das Energiezentrum Ingolstadt-Neustadt, Gräfelfing o. J. (1966), S. 25–31.

Mirsching, Gerhard: Audi. Vier Jahrzehnte Ingolstädter Automobilbau. Der Weg von DKW und Audi nach 1945, Gerlingen 1988.

Nauderer, Hans: Eingliederung und Wiederaufbauleistung der Flüchtlinge und Heimatvertriebenen in Ingolstadt, Ingolstadt 1986.

Niedenzu, Adalbert: Hazardwirkung und Hazardeinstellung, dargestellt am Beispiel der Raffinerien und Ölkraftwerke im Raum Ingolstadt, in: ders./Stöckl, Heinrich/Geipel, Robert: Wahrnehmung und Bewertung sperriger Infrastruktur, Kallmünz/Regensburg 1982, S. 17–90 (Münchner Geographische Hefte 47).

Plöckl, Josef (Hrsg.): 550 Jahre Stadt Schrobenhausen 1447–1997, Schrobenhausen 1997.

Pohl, Harald: Kommunale Wirtschafts- und Finanzpolitik in Bayern zur Zeit der Weimarer Republik. Dargestellt am Beispiel der Wirtschaftsregion Ingolstadt, Regensburg 1985.

Das Rad der Zeit. Die Geschichte der Audi AG, Bielefeld ²1997.

Rausch, Genoveva: Städtische Kultur und Kulturpolitik in Bayern. Die Geschichte des Stadttheaters Ingolstadt 1945–1975, unveröffentlichte Magisterarbeit, Eichstätt 1998.

Reiter, Aksel: Eine Festung wurde saniert. Die ehemalige Landesfestung Kavalier Elbracht, Ingolstadt, in: Die Bauverwaltung 57 (1984), S. 52–55.

Riedel, Gerd: Vom Kammergut zur Stadt – Aussagen der Archäologie zur Frühzeit Ingolstadts, in: Ingolstadt – vom Werden einer Stadt. Geschichten und Gesichter, hrsg. von der Stadt Ingolstadt u. a., Ingolstadt 2000, S. 10–21.

Rödig, Bernhard: Das unheimliche Werk im Wald. Der Rüstungsbetrieb Paraxol, in: ders./ Petry, Mathias (Hrsg.): Der Tag, an dem die Amerikaner kamen. Kriegsende in Schrobenhausen, Schrobenhausen 1995, S. 101–118.

Roegele, Otto B./Dorsch, Petra E. u. a.: Donau Kurier Ingolstadt – eine Zeitung mit Lokalmonopol. Eine Untersuchung des Hauptseminars des Instituts Kommunikationswissenschaft, München 1975.

Rosenberg, Christoph: Vom Zentral-Ersatzteillager zur Automobilfabrik. Die Anfänge der Auto Union in Ingolstadt, in: Ingolstädter Heimatblätter 47 (1984) Nr. 10, S. 37–40.

Schilling, Manfred: Die Entwicklung Ingolstadts zur Industriestadt, unveröffentlichte Diplomarbeit, Köln 1968.

Schönauer, Tobias: Zwangsarbeiter in Ingolstadt während des Zweiten Weltkriegs, Ingolstadt 2005.

Schönewald, Beatrix: Entnazifizierung in Ingolstadt. Eine Studie, in: Ingolstadt im Nationalsozialismus. Eine Studie, Ingolstadt 1995, S. 608–634.

Schönewald, Beatrix: Die NSDAP in Ingolstadt. Organisationen und die ihr angeschlossenen Verbände, in: Ingolstadt im Nationalsozialismus. Eine Studie, Ingolstadt 1995, S. 147–190.

Schönewald, Beatrix: Ingolstadt – vom Werden einer Stadt. Geschichten und Gesichter, in: Ingolstadt – vom Werden einer Stadt. Geschichten und Gesichter, hrsg. von der Stadt Ingolstadt u. a., Ingolstadt 2000, S. 34–61.

Schreiber, Detlef/Schlamp, Franz: Altstadtsanierung: zum Beispiel Ingolstadt, in: Die alte Stadt 8 (1981), S. 337–357.

Schuch, Stefan: Ingolstadt unter US-amerikanischer Besatzung 1945 bis Frühjahr 1948, in: Ingolstadt im Nationalsozialismus. Eine Studie, Ingolstadt 1995, S. 575–593.

Sedlmeier, Martin: Reichertshausen. Ein Streifzug von der Vergangenheit zur Gegenwart, Pfaffenhofen an der Ilm 1994.

Standort Ingolstadt. Zukunftsorientierter Wirtschaftsraum mit historischem Flair, hrsg. von der Industrie- und Handelskammer für München und Oberbayern, München 1992.

Steiger, Christian/Wirth, Thomas: Die entscheidenden Jahre. Audi 1965–1975, Königswinter 1995.

Stieß, Susanne: Die Schnupftabakfirma Lotzbeck & Cie., Ingolstadt 1928–1987, unveröffentlichte Zulassungsarbeit, Regensburg 1987.

Straub, Theodor: Josef Strobl. Ein Leben für Demokratie und Sozialismus, Ingolstadt 1987.

Straub, Theodor: Die Geschichte der SPD Ingolstadt. Vom Fortschritt zur sozialen Demokratie, in: Schutter Kurier. Sozialdemokratische Zeitung für Ingolstadt vom 13. 5. 1993, S. 1–31.

Straub, Theodor: Widerstand und Verfolgung am Beispiel Ingolstadt, in: Ingolstadt im Nationalsozialismus. Eine Studie, Ingolstadt 1995, S. 274–306.

Treffer, Gerd: Stadt und Wirtschaft am Beispiel Ingolstadt. Texte und Materialien, Pfaffenhofen 1983.

Uebe, Wolfgang/Furler, Markus: Wirtschaft, Bevölkerung und Infrastruktur in Stadt, Kerngebiet und Landkreis Ingolstadt 1980, Basel 1967.

Unsere Stadt Ingolstadt, hrsg. von der Landeszentrale für Heimatdienst, München o.J. (1962).

Unsere Stadt Ingolstadt, hrsg. von der Landeszentrale für politische Bildungsarbeit, München o.J. (1968).

Unsere Stadt Ingolstadt. Geschichte, Kultur, Landschaft, Bevölkerung, Wirtschaftsstruktur, Verwaltung und Finanzen, kommunale Einrichtungen und Aufgaben, hrsg. von der Landeszentrale für politische Bildungsarbeit, München o.J. (1975).

Unsere Stadt Ingolstadt. Eine Broschüre der Stadt für ihre Neubürger, Bamberg [2]1987.

Unsere Stärke: 1938–1988. 50 Jahre Kartoffelstärke Schrobenhausen eG, Schrobenhausen o.J. (1988).

Verkehrsuntersuchung Raum Ingolstadt. Bericht, bearb. vom Ingenieurbüro Andreas Wagner, München 1962.

40 Jahre CSU, hrsg. vom CSU-Kreisverband Ingolstadt, Ingolstadt 1986.

Vogl, Waltraud: Die ehemaligen Festungsanlagen von Ingolstadt. Heutige Nutzung und Auswirkungen auf die Stadtentwicklung, Nürnberg 1978.

Wagner, Hans: Courage aus einem Energiezentrum: Der „Donau Kurier", in: ders./Koch, Ursula E./Schmidt-Fischbach, Patricia (Hrsg.): Enzyklopädie der bayerischen Tagespresse, München 1990, S. 217–237.

Weber, Eva: Die Region Ingolstadt unter dem Einfluß der Automobilindustrie 1949 bis 1973, unveröffentlichte Diplomarbeit, Passau 1999.

Wech, Hans: Luftreinhaltung im Industrieraum von Ingolstadt. Bisherige Ergebnisse der SO_2-Überwachung vor und nach der Inbetriebnahme des Dampfkraftwerkes der Bayernwerk AG, in: Gräten, Edmund (Hrsg.): Musteranlagen der Energiewirtschaft. Das Energiezentrum Ingolstadt-Neustadt, Gräfelfing o.J. (1966), S. 32–39.

Weinzierl, Hubert: „Wie gern haben wir in der Donau gebadet." Ingolstädter Erinnerungen, in: Chronik 1250–2000. 750 Jahre Stadt Ingolstadt – von „ingoldes stat" zur modernen Großstadt mit Flair, hrsg. von der Stadt Ingolstadt, Ingolstadt 2000, S. 180f.

Werner, Hans-Joachim: Fritz Böhm – Streiter für Arbeit und Recht, in: ders./Hörmann, Siegfried (Hrsg.): Fritz Böhm – Streiter für Arbeit und Recht. Ein Beitrag zur Arbeitnehmer- und Betriebsratsgeschichte bei Audi, Kösching 1990, S. 29–196.

Witzmann, Karlheinz: Ingolstadt in der Landesentwicklung. Versuch einer Darstellung der historischen Entwicklung und der Funktionen und Strukturen der Stadt, der Erreichung der Ziele der Raumordnung für die Stadt und den Verdichtungsraum sowie künftiger Entwicklungschancen, in: Landesentwicklung und Stadtregionen in Bayern. Entwicklungen, Strukturen, Konflikte und planerische Konzepte. Arbeitsberichte der LAG Bayern, Hannover 1990, S. 211–233 (Akademie für Raumforschung und Landesplanung, Arbeitsmaterial).

Wohin steuern wir? Dokumentation zur wirtschaftlichen Lage in der Region Ingolstadt, hrsg. vom Planungsverband Region Ingolstadt in Zusammenarbeit mit der Bezirksplanungsstelle bei der Regierung von Oberbayern, o. O. o. J.

Würmser, Anita: Zulieferbetriebe der Audi AG Ingolstadt, Regensburg 1990.

Zukunft braucht Solidarität. Wandel der Gewerkschaften im Raum Ingolstadt. Ein Leitfaden. Begleitband zum regionalen Teil der Ausstellung Acht Stunden sind kein Tag. Geschichte der Gewerkschaften in Bayern, o. O. (Ingolstadt) o. J. (1998).

Zwanzig Jahre nach der Gebietsreform. 1972–1992: Der Weg zur Großstadt, o. O. (Ingolstadt), o. J. (1972).

7. Allgemeine Forschungsliteratur

Abelshauser, Werner: Die Langen Fünfziger Jahre. Wirtschaft und Gesellschaft der Bundesrepublik Deutschland 1949–1966, Düsseldorf 1987.

Ambrosius, Gerold: Gesellschaftliche und wirtschaftliche Folgen des Booms der 1950er und 1960er Jahre, in: Kaelble, Hartmut (Hrsg.): Der Boom 1948–1973. Gesellschaftliche und wirtschaftliche Folgen in der Bundesrepublik Deutschland und in Europa, Opladen 1992, S. 7–32.

Arbeitskreis für kirchliche Zeitgeschichte (Münster), Katholiken zwischen Tradition und Moderne. Das katholische Milieu als Forschungsaufgabe, in: Westfälische Forschungen 43 (1993), S. 588–654.

Balcar, Jaromír: Die Kosten der Erschließung. Kommunale Infrastrukturpolitik auf dem Land und ihre Folgen für die Gemeinden (1948–1972), in: Münkel, Daniela (Hrsg.): Der lange Abschied vom Agrarland. Agrarpolitik, Landwirtschaft und ländliche Gesellschaft zwischen Weimar und Bonn, Göttingen 2000, S. 249–277.

Balcar, Jaromír: Politik auf dem Land. Studien zur bayerischen Provinz 1945 bis 1972, München 2004.

Bauer, Franz J.: Flüchtlinge und Flüchtlingspolitik in Bayern 1945–1950, Stuttgart 1982.

Berghoff, Hartmut: Zwischen Kleinstadt und Weltmarkt. Hohner und die Harmonika 1857–1961. Unternehmensgeschichte als Gesellschaftsgeschichte, Paderborn u. a. 1997.

Bergmeier, Monika: Umweltgeschichte der Boomjahre 1949–1973. Das Beispiel Bayern, Münster u. a. 2002.

Bocklet, Reinhold: Kommunale Selbstverwaltung und Gebietsreform. Verstärkung oder Minderung der politischen Anteilnahme, in: Roth, Rainer A. (Hrsg.): Freistaat Bayern. Die politische Wirklichkeit eines Landes der Bundesrepublik Deutschland, Donauwörth 1975, S. 189–219.

Bößenecker, Hermann: Bayern, Bosse und Bilanzen. Hinter den Kulissen der weiß-blauen Wirtschaft, München 1972.

Bosl, Karl: Die „geminderte" Industrialisierung in Bayern, in: Aufbruch ins Industriezeitalter, Bd. 1: Linien der Entwicklungsgeschichte, hrsg. von Claus Grimm, München 1985, S. 22–39.

Boyer, Christoph: Zwischen Zwangswirtschaft und Gewerbefreiheit. Handwerk in Bayern, 1945–1949, München 1992.

Boyer, Christoph/Schlemmer, Thomas: „Handwerkerland Bayern"? Entwicklung, Organisation und Politik des bayerischen Handwerks 1945 bis 1975, in: Schlemmer, Thomas/Woller, Hans (Hrsg.): Gesellschaft im Wandel 1949 bis 1973, München 2002, S. 87–178.

Brandl, Ludwig: Joseph Schröffer (1903–1983), in: Gatz, Erwin (Hrsg.): Die Bischöfe der deutschsprachigen Länder 1945–2001. Ein biographisches Lexikon, Berlin 2002, S. 156–159.

Briesen, Detlef: „Kultur" oder „Gesellschaft" als Paradigmen für die Regionalgeschichte? Eine Replik, in: Westfälische Forschungen 43 (1993), S. 572–587.

Broszat, Martin/Henke, Klaus-Dietmar/Woller, Hans: Einleitung zu: dies. (Hrsg.): Von Stalingrad zur Währungsreform. Zur Sozialgeschichte des Umbruchs in Deutschland, München 1988, S. XXV–XLIX.

Brückner, Joachim: Kriegsende in Bayern 1945. Der Wehrkreis VII und die Kämpfe zwischen Donau und Alpen, Freiburg 1987.

Brüggemeier, Franz-Joseph/Engels, Jens Ivo (Hrsg.): Natur- und Umweltschutz nach 1945. Konzepte, Konflikte, Kompetenzen, Frankfurt am Main 2005.

Bühl, Walter L.: Die Sondergeschichte der Bayerischen Industrialisierung im Blick auf die postindustrielle Gesellschaft, in: Aufbruch ins Industriezeitalter, Bd. 1: Linien der Entwicklungsgeschichte, hrsg. von Claus Grimm, München 1985, S. 203–227.

Burghart, Heinz: Das Ende der „Provinz", in: Jenal, Georg (Hrsg.): Gegenwart in Vergangenheit. Beiträge zur Kultur und Geschichte der neueren und neuesten Zeit. Festschrift für Friedrich Prinz zum 65. Geburtstag, München 1993, S. 391–417.

Christaller, Walter: Die zentralen Orte in Süddeutschland. Eine ökonomisch-geographische Untersuchung über die Gesetzmäßigkeiten der Verbreitung und Entwicklung der Siedlungstypen mit städtischen Funktionen, Jena 1933.

Dahrendorf, Ralf: Bildung ist Bürgerrecht. Plädoyer für eine aktive Bildungspolitik, Bramsche/Osnabrück ²1966.

Dahrendorf, Ralf: Lebenschancen. Anläufe zur sozialen und politischen Theorie, Frankfurt am Main 1979.

Damberg, Wilhelm: Abschied vom Milieu? Katholizismus im Bistum Münster und in den Niederlanden 1945–1980, Paderborn u. a. 1997.

Dann, Otto: Die Region als Gegenstand der Geschichtswissenschaft, in: Archiv für Sozialgeschichte 23 (1983), S. 652–661.

Deutinger, Stephan: Garching: „Deutschlands modernstes Dorf". Die Modernisierung Bayerns nach 1945 unter dem Mikroskop, in: Weigand, Katharina (Hrsg.): Neue Ansätze zur Erforschung der neueren bayerischen Geschichte. Werkstattberichte, Neuried 1999, S. 223–247.

Deutinger, Stephan: Vom Agrarland zum High-Tech-Staat. Zur Geschichte des Forschungsstandorts Bayern 1945–1980, München 2001.

Deutinger, Stephan: Eine „Lebensfrage für die bayerische Industrie". Energiepolitik und regionale Energieversorgung 1945 bis 1980, in: Schlemmer, Thomas/Woller, Hans (Hrsg.): Die Erschließung des Landes 1949 bis 1973, München 2001, S. 33–118.

Ditt, Karl: Stadtgeschichte in Deutschland nach 1945: Bestandsaufnahme und Perspektiven, in: Storia della Storiografia 2 (1992), S. 115–140.

Ditt, Karl: Die Anfänge der Umweltpolitik in der Bundesrepublik Deutschland während der 1960er und frühen 1970er Jahre, in: Frese, Matthias/Paulus, Julia/Teppe, Karl (Hrsg.). Demokratisierung und gesellschaftlicher Aufbruch. Die sechziger Jahre als Wendezeit der Bundesrepublik, Paderborn u. a. 2003, S. 305–347.

Doering-Manteuffel, Anselm: Nach dem Boom. Brüche und Kontinuitäten der Industriemoderne seit 1970, in: Vierteljahrshefte für Zeitgeschichte 55 (2007), S. 559–581.

Edelmann, Heidrun: Heinz Nordhoff und Volkswagen. Ein deutscher Unternehmer im amerikanischen Jahrhundert, Göttingen 2003.

Eichmüller, Andreas: Landwirtschaft und bäuerliche Bevölkerung in Bayern. Ökonomischer und sozialer Wandel 1945–1970. Eine vergleichende Untersuchung der Landkreise Erding, Kötzting und Obernburg, München 1997.

Eichmüller, Andreas: „I hab' nie viel verdient, weil i immer g'schaut hab', daß as Anwesen mitgeht." Arbeiterbauern in Bayern nach 1945, in: Schlemmer, Thomas/Woller, Hans (Hrsg.): Gesellschaft im Wandel 1949 bis 1973, München 2002, S. 179–268.

Endres, Egon: Macht und Solidarität. Beschäftigungsabbau in der Automobilindustrie. Das Beispiel Audi NSU Neckarsulm, Hamburg 1990.

Engelberth, Hans-Rainer: Gewerkschaften auf dem Lande. Gewerkschaftsbund und Industriegewerkschaft Metall 1945–1971, Köln 1997.

Erker, Paul: Revolution des Dorfes? Ländliche Bevölkerung zwischen Flüchtlingszustrom und landwirtschaftlichem Strukturwandel, in: Broszat, Martin/Henke, Klaus-Dietmar/ Woller, Hans (Hrsg.): Von Stalingrad zur Währungsreform. Zur Sozialgeschichte des Umbruchs in Deutschland, München 1988, S. 367–425.

Erker, Paul: Keine Sehnsucht nach der Ruhr. Grundzüge der Industrialisierung in Bayern 1900–1970, in: Geschichte und Gesellschaft 17 (1991), S. 480–511.

Erker, Paul: Der lange Abschied vom Agrarland. Zur Sozialgeschichte der Bauern im Industrialisierungsprozeß, in: Frese, Matthias/Prinz, Michael (Hrsg.): Politische Zäsuren und gesellschaftlicher Wandel im 20. Jahrhundert. Regionale und vergleichende Perspektiven, Paderborn 1996, S. 327–360.

Erker, Paul: Industriewirtschaft und regionaler Wandel. Überlegungen zu einer Wirtschaftsgeschichte Bayerns 1945–1995, in: Lanzinner, Maximilian/Henker, Michael (Hrsg.): Landesgeschichte und Zeitgeschichte. Forschungsperspektiven zur Geschichte Bayerns nach 1945, Augsburg 1997, S. 41–51.

Exner, Peter: Ländliche Gesellschaft und Landwirtschaft in Westfalen 1919–1969, Paderborn 1997.

Falter, Jürgen W.: Bayerns Uhren gehen wirklich anders. Politische Verhaltens- und Einstellungsunterschiede zwischen Bayern und dem Rest der Bundesrepublik, in: Zeitschrift für Parlamentsfragen 13 (1982), S. 504–521.

Flügel, Axel: Der Ort der Regionalgeschichte in der neuzeitlichen Geschichte, in: Brakensiek, Stefan u. a. (Hrsg.): Kultur und Staat in der Provinz. Perspektiven und Erträge der Regionalgeschichte, Bielefeld 1992, S. 1–28.

Fogt, Helmut: Generationenverhältnisse und Politik in der Bundesrepublik Deutschland, in: Politische Studien 34 (1983), S. 555–565.

Frey, Alfons: Die industrielle Entwicklung Bayerns von 1925 bis 1975. Eine vergleichende Untersuchung über die Rolle städtischer Agglomerationen im Industrialisierungsprozess, Berlin 2003.

Fuchs, Thomas: Macht euch die Stadt zum Bilde! Über die Modernisierung des ländlichen Raumes, Pfaffenweiler 1996.

Gabriel, Karl: Zwischen Aufbruch und Absturz in die Moderne. Die katholische Kirche in den 60er Jahren, in: Schildt, Axel/Siegfried, Detlef/Lammers, Karl Christian (Hrsg.): Dynamische Zeiten. Die 60er Jahre in den beiden deutschen Gesellschaften, Hamburg 2000, S. 528–543.

Gall, Alexander: „Gute Straßen bis ins kleinste Dorf!" Verkehrspolitik in Bayern zwischen Wiederaufbau und Ölkrise, Frankfurt am Main/New York 2005.

Geipel, Robert: Wahrnehmung und Bewertung sperriger Infrastruktur durch die Regionalbevölkerung, in: Niedenzu, Adalbert/Stöckl, Heinrich/Geipel, Robert: Wahrnehmung und Bewertung sperriger Infrastruktur, Kallmünz, Regensburg 1982, S. 7–15 (Münchner Geographische Hefte 47).

Gelberg, Karl-Ulrich: Vom Kriegsende zum Ausgang der Ära Goppel (1945–1978), in: Schmid, Alois (Hrsg.): Handbuch der bayerischen Geschichte, Bd. 4/1: Das neue Bayern – von 1800 bis zur Gegenwart: Staat und Politik, München 2003, S. 635–1008.

Goch, Stefan: „Der Ruhrgebietler" – Überlegungen zur Entstehung und Entwicklung regionalen Bewußtseins im Ruhrgebiet, in: Westfälische Forschungen 47 (1997), S. 585–620.

Gömmel, Rainer: Gewerbe, Handel und Verkehr, in: Schmid, Alois (Hrsg.): Handbuch der bayerischen Geschichte, Bd. 4/2: Das neue Bayern – von 1800 bis zur Gegenwart: Die innere und kulturelle Entwicklung, München 2007, S. 216–299.

Görtemaker, Manfred: Geschichte der Bundesrepublik Deutschland. Von der Gründung bis zur Gegenwart, München 1999.

Goschler, Constantin: Reformversuche gegen siegreiche Traditionen. Bayerische Politik und amerikanische Kontrolle, in: Benz, Wolfgang (Hrsg.): Neuanfang in Bayern 1945–1949. Politik und Gesellschaft in der Nachkriegszeit, München 1988, S. 64–81.

Groß, Hans Ferdinand: Hanns Seidel 1901–1961. Eine politische Biographie, München 1992.

Grüner, Stefan: Industrie- und Strukturpolitik in Bayern zwischen Wiederaufbau und „Wirtschaftswunder" 1945 bis 1969/70, Habil.-Schrift, Augsburg 2007.

Grypa, Dietmar: Die katholische Arbeiterbewegung in Bayern nach dem Zweiten Weltkrieg (1945–1963), Paderborn u. a. 2000.

Häffner, Michaela: Nachkriegszeit in Südwürttemberg. Die Stadt Friedrichshafen und der Kreis Tettnang in den vierziger und fünfziger Jahren, München 1999.

Hammrich, Helmut R.: Kommiß kommt von Kompromiß. Das Heer zwischen Wehrmacht und U.S. Army (1950 bis 1970), in: ders. u. a., Das Heer 1950 bis 1970. Konzeption, Organisation, Aufstellung, München 2006, S. 17–351.

Hartmann, Peter Claus: Bayerns Weg in die Gegenwart. Vom Stammesherzogtum zum Freistaat heute, Regensburg 1989.

Hasiweder, Wolfgang: Geschichte der staatlichen Wohnbauförderung in Bayern. Von den Anfängen bis zur Gegenwart, Wien 1993.

Hefele, Peter: Die Verlagerung von Industrie- und Dienstleistungsunternehmen aus der SBZ/DDR nach Westdeutschland. Unter besonderer Berücksichtigung Bayerns (1945–1961), Stuttgart 1998.

Heinze, Rolf G.: Soziale Lage und Deutungsmuster von Arbeiterbauern, in: Poppinga, Onno (Hrsg.): Produktions- und Lebensverhältnisse auf dem Land, Opladen 1979, S. 194–209.

Henke, Klaus-Dietmar: Die Grenzen der politischen Säuberung in Deutschland nach 1945, in: Herbst, Ludolf (Hrsg.): Westdeutschland 1945–1955. Unterwerfung, Kontrolle, Integration, München 1986, S. 127–133.

Herbert, Ulrich: Liberalisierung als Lernprozeß. Die Bundesrepublik in der deutschen Geschichte – eine Skizze, in: ders. (Hrsg.), Wandlungsprozesse in Westdeutschland. Belastung, Integration, Liberalisierung 1945–1980, Göttingen 2002, S. 7–49.

Hettlage, Robert: Über Persistenzkerne bäuerlicher Kultur im Industriesystem, in: Giordano, Christian/Hettlage, Robert (Hrsg.): Bauerngesellschaften im Industriezeitalter. Zur Rekonstruktion ländlicher Lebensformen, Berlin 1989, S. 287–333.

Hilterscheid, Hermann: Industrie und Gemeinde. Die Beziehungen zwischen der Stadt Wolfsburg und dem Volkswagenwerk und ihre Auswirkungen auf die kommunale Selbstverwaltung, Berlin 1970.

Hinrichs, Ernst: Regionalgeschichte, in: Hauptmeyer, Carl-Hans (Hrsg.): Landesgeschichte heute, Göttingen 1987, S. 16–34.

Hockerts, Hans Günter: Integration der Gesellschaft. Gründungskrise und Sozialpolitik in der frühen Bundesrepublik, in: Funke, Manfred (Hrsg.): Entscheidung für den Westen. Vom Besatzungsstatut zur Souveranität der Bundesrepublik 1949–1955, Bonn 1988, S. 39–57.

Hockerts, Hans Günter: Das Ende der Ära Adenauer. Zur Periodisierung der Bundesrepublikgeschichte, in: Becker, Winfried/Chrobak, Werner (Hrsg.): Staat, Kultur, Politik. Beiträge zur Geschichte Bayerns und des Katholizismus. Festschrift zum 65. Geburtstag von Dieter Albrecht, Kallmünz 1992, S. 461–475.

Hockerts, Hans Günter: Zeitgeschichte in Deutschland. Begriff, Methoden, Themenfelder, in: Historisches Jahrbuch 113 (1993), S. 98–127.

Hockerts, Hans Günter: Rahmenbedingungen: Das Profil der Reformära, in: ders. (Hrsg.): Geschichte der Sozialpolitik in Deutschland seit 1945, Bd. 5: 1966–1972 – Bundesrepublik Deutschland. Eine Zeit vielfältigen Aufbruchs, Baden-Baden 2006, S. 1–155.

Hofmann, Stephan: Industriepolitik- und Landesplanung in Bayern 1958–1970, Diss., München 2004.

Hohensee, Jens: Der erste Ölpreisschock 1973/74. Die politischen und gesellschaftlichen Auswirkungen der arabischen Erdölpolitik auf die Bundesrepublik Deutschland und Westeuropa, Stuttgart 1996.

Hoser Paul: Die Geschichte der Stadt Memmingen. Vom Neubeginn im Königreich Bayern bis 1945, Stuttgart 2001.

Hubensteiner, Benno (Hrsg.): Ingolstadt, Landshut, München. Der Weg einer Universität, Regensburg 1973.

Hünemörder, Kai F.: Die Frühgeschichte der globalen Umweltkrise und die Formierung der deutschen Umweltpolitik (1950–1973), Wiesbaden 2004.

Huster, Ernst-Ulrich u.a.: Determinanten der westdeutschen Restauration 1945–1949, Frankfurt am Main 1972.

Immerfall, Stefan/Mintzel, Alf: Ergebnisse und Perspektiven der Forschung zur Parteienlandschaft in Bayern, in: Lanzinner, Maximilian/Henker, Michael (Hrsg.): Landesgeschichte und Zeitgeschichte. Forschungsperspektiven zur Geschichte Bayerns nach 1945, Augsburg 1997, S. 13–28.

Ipsen, Detlev: Raumbilder. Zum Verhältnis des ökonomischen und kulturellen Raumes, in: Informationen zur Raumentwicklung 1986, H. 11/12, S. 921–931.

Ipsen, Detlev/Fuchs, Thomas: Die Modernisierung des Raumes – Blockierung und Öffnung. Raumbilder als historische Bedingung regionaler Entwicklung in Nordhessen und Oberbayern, in: 1999 6 (1991) H.1, S. 13–33.

Istel, Wolfgang: Der Beitrag der Landesplanung in Bayern zur Landesentwicklung von 1945 bis 1970, in: Berichte zur deutschen Landeskunde 61 (1987), S. 391–423.

Jochimsen, Reimut/Högemann, Günter: Infrastrukturpolitik, in: Jenkins, Helmut W. (Hrsg.): Raumordnung und Raumordnungspolitik, München/Wien 1996, S. 196–222.

Kaelble Hartmut: Europäische Besonderheiten des Massenkonsums 1950–1990, in: Siegrist, Hannes/Kaelble, Hartmut/Kocka, Jürgen (Hrsg.): Europäische Konsumgeschichte. Zur Gesellschafts- und Kulturgeschichte des Konsums (18. bis 20. Jahrhundert), Frankfurt am Main/New York 1997, S. 169–203.

Karplus, Egon: Die Deutschen Werke. Ein Beispiel für die Stellung des Staates als Unternehmer in Konkurrenz mit der Privatindustrie, Diss., Gießen 1927.

Kielmannsegg, Peter Graf: Nach der Katastrophe. Eine Geschichte des geteilten Deutschland, Berlin 2000.

Kleßmann, Christoph: Ein stolzes Schiff und krächzende Möwen. Die Geschichte der Bundesrepublik und ihre Kritiker, in: Geschichte und Gesellschaft 11 (1985), S. 476–494.

Kock, Peter Jakob: Bayern nach dem Zweiten Weltkrieg, in: Treml, Manfred (Hrsg.): Geschichte des modernen Bayern. Königreich und Freistaat, Bamberg 1994, S. 375–498.

König, Karl: Die Stadtregionen in Bayern nach der Neuabgrenzung 1970, in: Stadtregionen in der Bundesrepublik Deutschland 1970, Hannover 1975, S. 87–104 (Veröffentlichung der Akademie für Raumforschung und Landesplanung, Forschungs- und Sitzungsberichte, Bd. 103).

Koopmann, Klaus: Gewerkschaftliche Vertrauensleute. Darstellung und kritische Analyse ihrer Entwicklung und Bedeutung von den Anfängen bis zur Gegenwart unter besonderer Berücksichtigung des Deutschen Metallarbeiter-Verbandes (DMV) und der Industriegewerkschaft Metall (IGM), 2 Bde., München 1979.

Korte, Hermann: Eine Gesellschaft im Aufbruch. Die Bundesrepublik Deutschland in den sechziger Jahren, Frankfurt am Main 1987.

Kramper, Peter: Das gescheiterte Reformprojekt? Die neue Heimat 1950–1982, in: Hesse, Jan-Otmar/Schanetzky, Tim/Scholten, Jens (Hrsg.): Das Unternehmen als gesellschaftliches Reformprojekt. Strukturen und Entwicklungen von Unternehmen der „moralischen Ökonomie" nach 1945, Essen 2004, S. 201–227.

Kruk, Max/Lingnau, Gerold: Daimler-Benz. Das Unternehmen, Mainz 1986.

Lanzinner, Maximilian: Zwischen Sternenbanner und Bundesadler. Bayern im Wiederaufbau 1945–1958, Regensburg 1996.

Lauschke Karl: Die Hoesch-Arbeiter und ihr Werk. Sozialgeschichte der Dortmunder Westfalen-Hütte während der Jahre des Wiederaufbaus 1945–1966, Essen 2000.

Lauschke, Karl: Strategien ökonomischer Krisenbewältigung. Die Textilindustrie im Westmünsterland und in Oberfranken 1945 bis 1975, in: Schlemmer, Thomas/Woller, Hans (Hrsg.): Politik und Kultur im föderativen Staat, München 2004, S. 195–279.

Lerch, Stefanie S.: Dr. Otto Schedl und die Energiepolitik in Bayern (1957–1966), unveröffentlichte Zulassungsarbeit, München 1997.

Lindner, Ulrike: „Wir unterhalten uns ständig über den Milchpfennig, aber auf die Gesundheit wird sehr wenig geachtet." Gesundheitspolitik und medizinische Versorgung 1945 bis 1972, in: Schlemmer, Thomas/Woller, Hans (Hrsg.): Die Erschließung des Landes 1949 bis 1973, München 2001, S. 205–272.

Lüdtke, Alf: Eigen-Sinn. Fabrikalltag, Arbeitererfahrungen und Politik vom Kaiserreich bis in den Faschismus, Hamburg 1993.

Lutz, Burkart: Der kurze Traum immerwährender Prosperität. Eine Neuinterpretation der industriell-kapitalistischen Entwicklung im Europa des 20. Jahrhunderts, Frankfurt am Main/New York 1984.

Lutz, Burkart: Die Bauern und die Industrialisierung. Ein Beitrag zur Erklärung von Diskontinuität der Entwicklung industriell-kapitalistischer Gesellschaften, in: Berger, Johannes (Hrsg.): Die Moderne – Kontinuitäten und Zäsuren, Göttingen 1986, S. 119–137 (Soziale Welt, Sonderband 4).

Maier, Hans: Fortschrittsoptimismus oder Kulturpessimismus? Die Bundesrepublik in den 70er und 80er Jahren, in: Vierteljahrshefte für Zeitgeschichte 56 (2008), S. 1–17.

Mauerer, Josef H.: Dr. Otto Schedl. Ein Oberpfälzer strukturiert Bayerns Wirtschaft um, München 1972 (Bayerische Profile 1945–1972, Nr. 8).

McGowan, Moray: Marieluise Fleißer, München 1987.

Meier, Robert: Bayern im Wirtschaftswunder. Unser Aufbruch in die 50er Jahre, Gudensberg-Gleichen 2007.

Milosch, Mark S.: Modernizing Bavaria. The Politics of Franz Josef Strauß and the CSU, 1949–1969, New York/Oxford 2006.

Mintzel, Alf: Die CSU. Anatomie einer konservativen Partei 1945–1972, Opladen 1975.

Mintzel, Alf: Die bayerische Landtagswahl vom 27. Oktober 1974. Triumph einer konservativen Partei: Ein wahlsoziologischer Sonderfall?, in: Zeitschrift für Parlamentsfragen 6 (1975), S. 429–446.

Mintzel, Alf: Geschichte der CSU. Ein Überblick, Opladen 1977.

Mintzel, Alf: Gehen Bayerns Uhren wirklich anders?, in: Zeitschrift für Parlamentsfragen 18 (1987), S. 77–93.

Mintzel, Alf: Regionale politische Traditionen und CSU-Hegemonie in Bayern, in: Oberndörfer, Dieter/Schmitt, Karl (Hrsg.): Parteien und regionale Traditionen in der Bundesrepublik Deutschland, Berlin 1991, S. 125–180.

Mintzel, Alf: Die CSU-Hegemonie in Bayern. Strategie und Erfolg, Gewinner und Verlierer, Passau ²1999.

Morsey, Rudolf: Prälaten auf der politischen Bühne. Zur Rolle geistlicher Parlamentarier im 19. und 20. Jahrhundert, in: Becker, Winfried/Chrobak, Werner (Hrsg.): Staat, Kultur, Politik. Beiträge zur Geschichte Bayerns und des Katholizismus. Festschrift zum 65. Geburtstag von Dieter Albrecht, Kallmünz 1992, S. 313–323.

Morsey, Rudolf: Die Bundesrepublik Deutschland. Entstehung und Entwicklung bis 1969, München 4., überarbeitete und erweiterte Aufl. 2000.

Müller, Winfried: Schulpolitik in Bayern im Spannungsfeld von Kultusbürokratie und Besatzungsmacht 1945–1949, München 1995.

Müller, Winfried: Schule und Schulpolitik 1950–1964, in: Liedtke, Max (Hrsg.): Handbuch der Geschichte des bayerischen Bildungswesens, Bd. 3: Geschichte der Schule in Bayern von 1918 bis 1990, Bad Heilbrunn 1997, S. 691–746.

Müller, Winfried/Schröder, Ingo/Mößlang, Markus: „Vor uns liegt ein Bildungszeitalter." Umbau und Expansion – das bayerische Bildungssystem 1950 bis 1975, in: Schlemmer, Thomas/Woller, Hans (Hrsg.): Die Erschließung des Landes 1949 bis 1973, München 2001, S. 273–355.

Müller-Jentsch, Walther: Basisdaten der industriellen Beziehungen, Frankfurt am Main/New York 1989.

Mutius, Albert von: Kommunalverwaltung und Kommunalpolitik, in: Jeserich, Kurt G.A./ Pohl, Hans/Unruh, Georg-Christoph von (Hrsg.): Deutsche Verwaltungsgeschichte, Bd. 5: Die Bundesrepublik Deutschland, Stuttgart 1987, S. 312–348.

Neu, Axel D.: Die Entfaltung der internationalen Erdölwirtschaft seit 1950, in: Pfister, Christian (Hrsg.): Das 1950er Syndrom. Der Weg in die Konsumgesellschaft, Bern u.a. ²1996, S. 179–200.

Nonn, Christoph: Die Ruhrbergbaukrise. Entindustrialisierung und Politik 1958–1969, Göttingen 2001.

Ogger, Günter: Friedrich Flick der Große, Bern u.a. 1971.

Oswald, Anne von: Volkswagen, Wolfsburg und die italienischen „Gastarbeiter" 1962–1975. Die gegenseitige Verstärkung des Provisoriums, in: Archiv für Sozialgeschichte 42 (2002), S. 55–79.

Packard, Vance: Die große Verschwendung, Frankfurt am Main 1964.

Perrone, Nico: Politica estera dell'ENI e neutralismo italiano, in: Rivista di Storia Contemporanea 16 (1987), S. 616–629.

Perrone, Nico: Enrico Mattei, Bologna 2001.

Petri, Rolf: Storia economica d'Italia. Dalla Grande guerra al miracolo economico (1918–1963), Bologna 2002.

Pfister, Christian: Das „1950er Syndrom" – die umweltgeschichtliche Epochenschwelle zwischen Industriegesellschaft und Konsumgesellschaft, in: ders. (Hrsg.), Das 1950er Syndrom. Der Weg in die Konsumgesellschaft, Bern u.a. ²1996, S. 51–95.

Picht, Georg: Die deutsche Bildungskatastrophe. Analyse und Dokumentation, Olten/Freiburg 1964.

Plato, Alexander von: Der Verlierer geht nicht leer aus. Betriebsräte geben zu Protokoll, Berlin/Bonn 1984.

Pörnbacher, Hans/Pörnbacher, Karl: Die Literatur, in: Schmid, Alois (Hrsg.): Handbuch der bayerischen Geschichte, Bd. 4/2: Das neue Bayern – von 1800 bis zur Gegenwart: Die innere und kulturelle Entwicklung, München 2007, S. 537–615.

Pohl, Manfred: Das Bayernwerk 1921 bis 1996, München/Zürich 1996.

Pohl, Manfred: Die Geschichte der Südzucker AG 1926–2001, München/Zürich 2001.

Pongratz, Hans: Bäuerliche Traditionen im sozialen Wandel, in: Kölner Zeitschrift für Soziologie und Sozialpsychologie 43 (1991), S. 235–246.

Poschwatta, Wolfgang: Industrialisierung und Regionalpolitik in Bayern, in: Goppel, Konrad/Schaffer, Franz (Hrsg.): Raumplanung in den 90er Jahren. Grundlagen, Konzepte, politische Herausforderungen in Deutschland und Europa – Bayern im Blickpunkt. Festschrift für Karl Ruppert, Augsburg 1991, S. 109–121.

Radkau, Joachim: Technik in Deutschland. Vom 18. Jahrhundert bis zur Gegenwart, Frankfurt am Main 1989.

Radkau, Joachim: Was ist Umweltgeschichte?, in: Abelshauser, Werner (Hrsg.): Umweltgeschichte. Umweltverträgliches Wirtschaften in historischer Perspektive. Acht Beiträge, Göttingen 1994.

Radkau, Joachim: Natur und Macht. Eine Weltgeschichte der Umwelt, München 2000.

Reulecke, Jürgen: Moderne Stadtgeschichtsforschung in der Bundesrepublik Deutschland, in: Engeli, Christian/Matzerath, Horst (Hrsg.): Moderne Stadtgeschichtsforschung in Europa, USA und Japan. Ein Handbuch, Stuttgart 1989, S. 21–36.

Reuß, Eberhard: Hitlers Rennschlachten. Die Silberpfeile unterm Hakenkreuz, Berlin 2006.

Riffel, Egon: Mineralöl-Fernleitungen im Oberrheingebiet und in Bayern, Bonn 1970 (Forschungen zur deutschen Landeskunde 195).

Ritter, Gerhard A.: Über Deutschland. Die Bundesrepublik in der deutschen Geschichte, München 1998.

Rödder, Andreas: Die Bundesrepublik Deutschland 1969–1990, München 2004.

Rödder, Andreas: Das „Modell Deutschland" zwischen Erfolgsgeschichte und Verfallsdiagnose, in: Vierteljahrshefte für Zeitgeschichte 54 (2006), S. 345–363.

Ruck, Michael: Ein kurzer Sommer der konkreten Utopie – Zur westdeutschen Planungsgeschichte der langen 60er Jahre, in: Schildt, Axel/Siegfried, Detlef/Lammers, Karl Christian (Hrsg.): Dynamische Zeiten. Die 60er Jahre in den beiden deutschen Gesellschaften, Hamburg 2000, S. 362–401.

Rühle, Günther (Hrsg.): Materialien zum Leben und Schreiben der Marieluise Fleißer, Frankfurt am Main 1973.

Schäfer, Wolfgang: Die Fabrik auf dem Dorf. Studien zum betrieblichen Sozialverhalten ländlicher Industriearbeiter, Göttingen 1991.

Schildt, Axel: Nachkriegszeit. Möglichkeiten und Probleme einer Periodisierung der westdeutschen Geschichte nach dem Zweiten Weltkrieg und ihrer Einordnung in die deutsche Geschichte des 20. Jahrhunderts, in: Geschichte in Wissenschaft und Unterricht 44 (1993), S. 567–584.

Schildt, Axel: Ankunft im Westen. Ein Essay zur Erfolgsgeschichte der Bundesrepublik, Frankfurt am Main 1999.

Schildt, Axel: Materieller Wohlstand – pragmatische Politik – kulturelle Umbrüche. Die 60er Jahre in der Bundesrepublik, in: ders./Siegfried, Detlef/Lammers, Karl Christian (Hrsg.): Dynamische Zeiten. Die 60er Jahre in den beiden deutschen Gesellschaften, Hamburg 2000, S. 21–53.

Schildt, Axel: Die Sozialgeschichte der Bundesrepublik Deutschland bis 1989/90, München 2007.

Schlemmer, Thomas: Aufbruch, Krise und Erneuerung. Die Christlich-Soziale Union 1945–1955, München 1998.

Schlemmer, Thomas: Gesellschaft und Politik in Bayern 1949–1973. Ein neues Projekt des Instituts für Zeitgeschichte, in: Vierteljahrshefte für Zeitgeschichte 46 (1998), S. 312–325.

Schlemmer, Thomas: „Bayerns Ruhrgebiet". Politik, Wirtschaft und Gesellschaft in der Region Ingolstadt 1948 bis 1975. Eine Studie aus dem Projekt „Gesellschaft und Politik in Bayern" des Instituts für Zeitgeschichte, in: Bauer, Theresia/Süß, Winfried (Hrsg.): NS-Diktatur, DDR, Bundesrepublik. Drei Zeitgeschichten des vereinigten Deutschland. Werkstattberichte, Neuried 2000, S. 181–213.

Schlemmer, Thomas: Zwischen Tradition und Traditionsbildung. Die CSU auf dem Weg zur Hegemonialpartei 1945 bis 1976, in: Mitteilungshefte des Instituts für Soziale Bewegungen 24 (2000), S. 159–180.

Schlemmer, Thomas: Zwischen Weimar und Bonn. Das westdeutsche Parteiensystem 1945 bis 1961, in: Rusconi, Gian Enrico/Woller, Hans (Hrsg.): Parallele Geschichte? Italien und Deutschland 1945–2000, Berlin 2006, S. 235–259.

Schlemmer, Thomas/Grüner, Stefan/Balcar, Jaromír: „Entwicklungshilfe im eigenen Lande". Landesplanung in Bayern nach 1945, in: Frese, Matthias/Paulus, Julia/Teppe, Karl (Hrsg.):

Demokratisierung und gesellschaftlicher Aufbruch. Die sechziger Jahre als Wendezeit der Bundesrepublik, Paderborn u. a. 2003, S. 379–450.

Schlemmer, Thomas/Süß, Dietmar: Una modernizzazione di segno conservatore? Il caso della Baviera, in: Cavazza, Stefano (Hrsg.): La rinascita dell'occidente. Sviluppo del sistema politico e diffusione del modello occidentale nel secondo dopoguerra in Italia e Germania, Soveria Mannelli 2006, S. 65–78.

Schlemmer, Thomas/Süß, Dietmar: An der Wiege der „zweiten Moderne". Gesellschaft und Politik in Bayern 1920–1975, in: Prinz, Michael (Hrsg.): Gesellschaftlicher Wandel im Jahrhundert der Politik. Nordwestdeutschland im internationalen Vergleich 1920–1960, Paderborn u. a. 2007, S. 433–447.

Schlemmer, Thomas/Woller, Hans: Einleitung zu: dies. (Hrsg.): Die Erschließung des Landes 1949 bis 1973, München 2001, S. 1–31.

Schlemmer, Thomas/Woller, Hans, Einleitung zu: dies. (Hrsg.), Gesellschaft im Wandel 1949 bis 1973, München 2002, S. 1–23.

Schmidt, Rudi: Der Streik in der bayerischen Metallindustrie von 1954. Lehrstück eines sozialen Konflikts, Frankfurt am Main 1995.

Schmidt, Wolfgang: „Eine Garnison wäre eine feine Sache." Die Bundeswehr als Standortfaktor 1955 bis 1975, in: Schlemmer, Thomas/Woller, Hans (Hrsg.): Die Erschließung des Landes 1949 bis 1973, München 2001, S. 357–441.

Schneider, Michael: Demokratie in Gefahr? Der Konflikt um die Notstandsgesetze. Sozialdemokratie, Gewerkschaften und intellektueller Protest (1958–1968), Bonn 1986.

Schönhoven, Klaus: Geschichte der Gewerkschaften in Bayern. Forschungsergebnisse und Fragestellungen, in: Eiber, Ludwig/Riepertinger, Rainhard/Brockhoff, Evamaria (Hrsg.): Acht Stunden sind kein Tag. Geschichte der Gewerkschaften in Bayern. Katalog zur Wanderausstellung 1997/98 des Hauses der Bayerischen Geschichte in Zusammenarbeit mit dem Deutschen Gewerkschaftsbund – Landesbezirk Bayern, Augsburg 1997, S. 24–33.

Schönhoven, Klaus: Aufbruch in die sozialliberale Ära. Zur Bedeutung der 60er Jahre in der Geschichte der Bundesrepublik, in: Geschichte und Gesellschaft 25 (1999), S. 123–145.

Schönhoven, Klaus: Wendejahre. Die Sozialdemokratie in der Zeit der Großen Koalition 1966–1969, Bonn 2004.

Schotter, Heinrich: Die bayerische Gemeindegebietsreform als Konflikt zwischen grundrechtlich verstandener Selbstverwaltung und staatlicher Reformpolitik, München 1980.

Schreyer, Klaus: Bayern – ein Industriestaat. Die importierte Industrialisierung. Das wirtschaftliche Wachstum nach 1945 als Ordnungs- und Strukturproblem, München/Wien 1969.

Schulenburg, Günzel von der: Die Wirtschafts- und Sozialstruktur ländlicher Gemeinden in der Umgebung des Volkswagenwerkes, Diss., Bonn 1964 (Manuskript der Forschungsgesellschaft für Agrarpolitik und Agrarsoziologie e.V.).

Schulze, Rainer: Region, Industrialisierung, Strukturwandel: Annäherung an eine regionale Perspektive sozio-ökonomischen Wandels, in: ders. (Hrsg.): Industrieregionen im Umbruch. Historische Voraussetzungen und Verlaufsmuster des regionalen Strukturwandels im europäischen Vergleich, Essen 1993, S. 14–33.

Schwarz, Hans-Peter: Modernisierung oder Restauration? Einige Vorfragen zur künftigen Sozialgeschichtsforschung über die Ära Adenauer, in: Rheinland-Westfalen im Industriezeitalter, Bd. 3: Vom Ende der Weimarer Republik bis zum Land Nordrhein-Westfalen, hrsg. von Kurt Düwell und Wolfgang Köllmann, Wuppertal 1984, S. 278–293.

Schwarz, Hans-Peter: Die Fünfziger Jahre als Epochenzäsur, in: Heideking, Jürgen/Hufnagel, Gerhard/Knipping, Franz (Hrsg.): Wege in die Zeitgeschichte. Festschrift zum 65. Geburtstag von Gerhard Schulz, Berlin/New York 1989, S. 473–496.

Seidl, Jürgen: Die Bayerischen Motorenwerke (BMW) 1945–1969. Staatlicher Rahmen und unternehmerisches Handeln, München 2002.

Sonnenberger, Franz: Die Rekonfessionalisierung der bayerischen Volksschule 1945–1950, in: ZfBLG 45 (1982), S. 87–155.

Südbeck, Thomas: Motorisierung, Verkehrsentwicklung und Verkehrspolitik in der Bundesrepublik Deutschland der 1950er Jahre, Stuttgart 1994.

Süß, Dietmar: Mikropolitik und Spiele: zu einem neuen Konzept für die Arbeiter- und Unternehmensgeschichte, in: Hesse, Jan-Ottmar/Kleinschmidt, Christian/Lauschke, Karl (Hrsg.): Kulturalismus, Neue Institutionenökonomik oder Theorienvielfalt. Eine Zwischenbilanz der Unternehmensgeschichte, Essen 2002, S. 117–136.

Süß, Dietmar: Kumpel und Genossen. Arbeiterschaft, Betrieb und Sozialdemokratie in der bayerischen Montanindustrie 1945 bis 1976, München 2003.

Süß, Dietmar: Die Enkel auf den Barrikaden. Jungsozialisten in der SPD in den siebziger Jahren, in: Archiv für Sozialgeschichte 44 (2004), S. 67–104.

Sywottek, Arnold: Wege in die 50er Jahre, in: Schildt, Axel/Sywottek, Arnold (Hrsg.): Modernisierung im Wiederaufbau. Die westdeutsche Gesellschaft der 50er Jahre, Bonn 1993, S. 13–39.

Tenfelde, Klaus: Bayerische Wirtschaft und Gesellschaft im 19. und frühen 20. Jahrhundert, in: Mehringer, Hartmut (Hrsg.): Von der Klassenbewegung zur Volkspartei. Wegmarken der bayerischen Sozialdemokratie 1892–1992, München u. a. 1992, S. 9–19.

Tenfelde, Klaus: Geschichte der Arbeiter in Bayern. Grundlagen, Entwicklungen, Typologie, in: Eiber, Ludwig/Riepertinger, Rainhard/Brockhoff, Evamaria (Hrsg.): Acht Stunden sind kein Tag. Geschichte der Gewerkschaften in Bayern. Katalog zur Wanderausstellung 1997/98 des Hauses der Bayerischen Geschichte in Zusammenarbeit mit dem Deutschen Gewerkschaftsbund – Landesbezirk Bayern, Augsburg 1997, S. 15–23.

Terhalle, Winfried: Die Landesplanung im Bayerischen Staatsministerium für Wirtschaft und Verkehr (1945–1970), in: Beiträge zur Entwicklung der Landesplanung in Bayern, Hannover 1988, S. 11–62 (Akademie für Raumforschung und Landesplanung, Arbeitsmaterial, Bd. 125).

Terhalle, Winfried: Entwicklung der Landesplanung in Bayern, in: Goppel, Konrad/Schaffer, Franz (Hrsg.): Raumplanung in den 90er Jahren. Grundlagen, Konzepte, politische Herausforderungen in Deutschland und Europa – Bayern im Blickpunkt. Festschrift für Karl Ruppert, Augsburg 1991, S. 35–45.

Terhalle, Winfried: Zur Geschichte der Landesplanung in Bayern nach dem Zweiten Weltkrieg: Landesebene, in: Zur geschichtlichen Entwicklung der Raumordnung, Landes- und Regionalplanung in der Bundesrepublik Deutschland, Hannover 1991, S. 105–133 (Akademie für Raumforschung und Landesplanung, Forschungs- und Sitzungsberichte, Bd. 182).

Tigges, Hans: Das Stadtoberhaupt. Porträts im Wandel der Zeit, Baden-Baden 1988.

Trischler, Helmuth: Nationales Innovationssystem und regionale Innovationspolitik. Forschung in Bayern im westdeutschen Vergleich, in: Schlemmer, Thomas/Woller, Hans (Hrsg.): Politik und Kultur im föderativen Staat 1949 bis 1973, München 2004, S. 117–194.

Troitzsch, Klaus G.: Die Landtagswahlen des Jahres 1970, in: Zeitschrift für Parlamentsfragen 2 (1971), S. 174–186.

Tuchtfeldt, Egon: Infrastrukturinvestitionen als Mittel der Strukturpolitik, in: Jochimsen, Reimut/Simonis, Udo E. (Hrsg.): Theorie und Praxis der Infrastrukturpolitik, Berlin 1970, S. 125–151.

Uliczka, Monika: Berufsbiographie und Flüchtlingsschicksal: VW-Arbeiter in der Nachkriegszeit, Hannover 1993.

Unger, Ilse: Die Bayernpartei. Geschichte und Struktur 1945–1957, Stuttgart 1979.

Van Laak, Dirk: Der Begriff „Infrastruktur" und was er vor seiner Erfindung besagte, in: Archiv für Begriffsgeschichte 41 (1999), S. 280–299.

Was erwartet den Nebenerwerbslandwirt in Industrie und Landwirtschaft?, in: Unser Land. Agrarmagazin für den Nebenerwerbslandwirt und die Bauern in Wald- und Bergregionen 4 (1988) H. 1, S. 2 ff.

Wellhöner, Volker: „Wirtschaftswunder", Weltmarkt, westdeutscher Fordismus. Der Fall Volkswagen, Münster 1996.

Werner, Emil: Die SPD in Regierung und Opposition, in: Mehringer, Hartmut (Hrsg.): Von der Klassenbewegung zur Volkspartei. Wegmarken der bayerischen Sozialdemokratie 1892–1992, München u. a. 1992, S. 279–294.

Wiater, Werner: Die Geschichte der Verbandsschulen in Bayern, in: Liedtke, Max (Hrsg.): Handbuch der Geschichte des bayerischen Bildungswesens, Bd. 3: Geschichte der Schule in Bayern von 1918 bis 1990, Bad Heilbrunn, 1997, S. 842–856.

Wildt, Michael: Am Beginn der „Konsumgesellschaft". Mangelerfahrung, Lebenshaltung, Wohlstandshoffnung in Westdeutschland in den fünfziger Jahren, Hamburg 1994.

Witzmann, Karlheinz: Historischer Rückblick auf die Tätigkeit der Landesplanung in Oberbayern, in: Beiträge zur Entwicklung der Landesplanung in Bayern, Hannover 1988, S. 63–89 (Akademie für Raumforschung und Landesplanung, Arbeitsmaterial, Bd. 125).

Witzmann, Karlheinz: Zur Geschichte der Landesplanung in Bayern nach dem 2. Weltkrieg: Regierungsbezirke und Regionen, in: Zur geschichtlichen Entwicklung der Raumordnung, Landes- und Regionalplanung in der Bundesrepublik Deutschland, Hannover 1991, S. 134–152 (Akademie für Raumforschung und Landesplanung, Forschungs- und Sitzungsberichte, Bd. 182).

Wolf, Konstanze: CSU und Bayernpartei. Ein besonderes Konkurrenzverhältnis, 1948–1960, Köln ²1984.

Wolfrum, Edgar: Die Bundesrepublik Deutschland 1949–1990, Stuttgart 2005.

Woller, Hans: Gesellschaft und Politik in der amerikanischen Besatzungszone. Die Region Ansbach und Fürth, München 1986.

Zapf, Wolfgang: Zum Verhältnis von sozialstrukturellem Wandel und politischem Wandel: Die Bundesrepublik 1949–89, in: Blanke, Bernhard/Wollmann, Hellmut (Hrsg.): Die alte Bundesrepublik. Kontinuität und Wandel, Opladen 1991, S. 130–145.

Zeitler, Peter: Neubeginn in Oberfranken 1945–1949. Die Landkreise Kronach und Kulmbach, Kronach 1997.

Zeller, Thomas: Straße, Bahn, Panorama. Verkehrswege und Landschaftsveränderung in Deutschland von 1930 bis 1990, Frankfurt am Main/New York 2002.

Zorn, Wolfgang: Bayerns Geschichte im 20. Jahrhundert. Von der Monarchie zum Bundesland, München 1986.

Zorn, Wolfgang: Bayerns Geschichte seit 1960, Regensburg 2007.

Register

Personenregister

Ortsregister

Der Ortsname Ingolstadt wurde nicht in das Register aufgenommen.

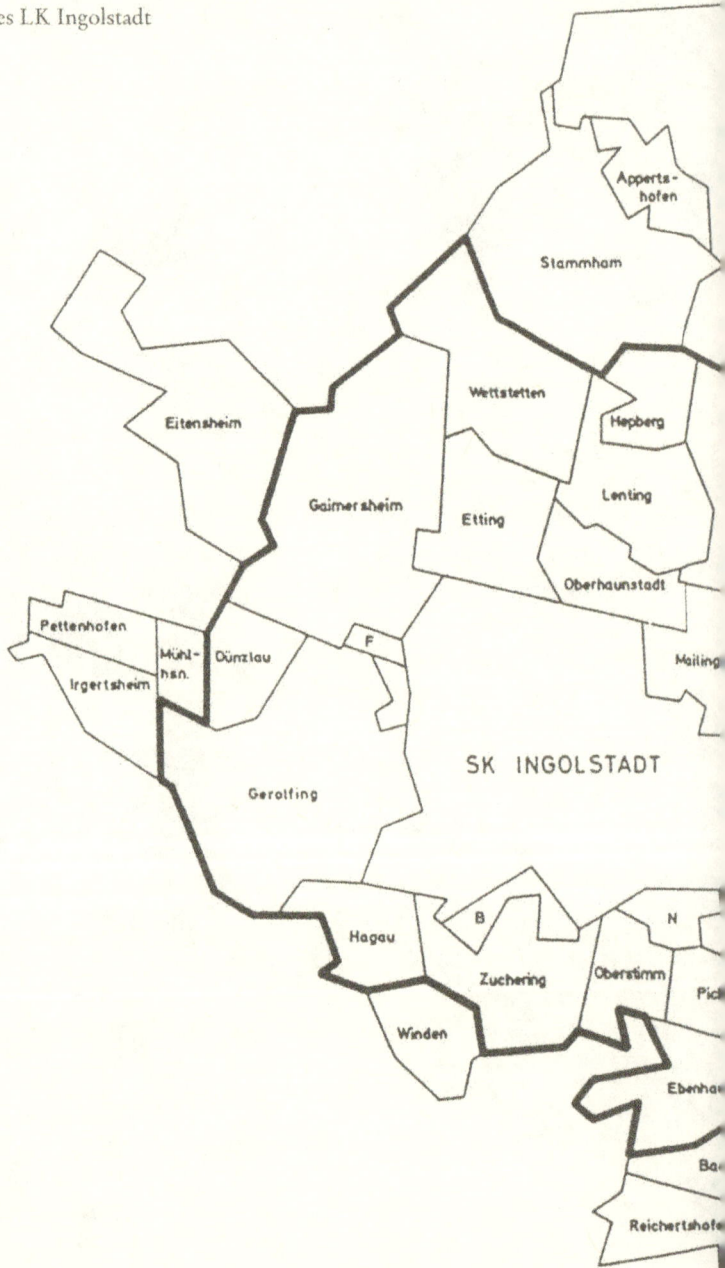

Stadt- und Landkreis Ingolstadt

Untersuchungsraum Kerngebiet Ingolstadt

Kernzone: SK Ingolstadt
Nahbereich: 21 Gemeinden des LK Ingolstadt

Brunnenreuth (B)

Demling

Dünzlau

Ebenhausen

Etting

Friedrichshofen (F)

Gaimersheim

Gerolfing

Grossmehring

Hagau

Hepberg

Kösching

Lenting

Manching

Mailing

Niederstimm (N)

Oberhaunstadt

Oberstimm

Pichl

Wettstetten

Zuchering

Apperts-
hofen

Stammham

Wettstetten

Hepberg

Eitensheim

Gaimersheim

Lenting

Etting

Oberhaunstadt

Pettenhofen

Mühl-
hsn.

Dünzlau

F

Mailing

Irgertsheim

SK INGOLSTADT

Gerolfing

B

N

Hagau

Zuchering

Oberstimm

Pichl

Winden

Ebenha

Ba

Reichertshofe

Kasing

Oberdolling

Unterdolling

Etting

Kösching

Theissing

Pförring

Oberhartheim

Demling

Wackerstein

Menning

Dünzing

Grossmehring

Manching

www.ingramcontent.com/pod-product-compliance
Lightning Source LLC
Chambersburg PA
CBHW030811100426
42814CB00002B/80